中国社会科学院近代史研究所

民国文献丛刊

顾维钧回忆录

中国社会科学院近代史研究所 译

第十二分册

中华书局

目　录

第十二分册

第七卷

再度出使华盛顿

下

（1950—1956）

第十章　沿海岛屿危机声中中美共同防御条约之实施

1954 年 12 月初—1955 年 5 月初

第一节　在困难情况下中国批准中美共同防御条约

1954 年 12 月初—1955 年 1 月中

中国立法院和美国参议院正在考虑批准中美共同防御条约期间,台湾海峡不断发生令人困扰的冲突事件,这使得许多人害怕引起一场世界战争,也使中美双方伤透脑筋,并采取一些新的战术措施。但双方对当时的形势以及在涉及如何遏制共产主义在东亚蔓延这个基本争论点的一些个别问题仍然存在许多分歧意见。

中美共同防御条约于 1954 年 12 月 2 日在国务院的国务卿办公室中签订。结束签字和办完相应的手续之后,叶公超外长要求与国务卿商谈另一个问题。叶外长说,印度尼西亚对荷属新几内亚的领土要求,给他提出了一个棘手的问题。中国是个亚洲国家,他作为中国代表团团长,不愿意采取一种将被人们认为是赞同一个欧洲国家在亚洲保持领地的姿态。但是,根据他所得到的情报,荷属新几内亚已经建立了一个共产党的基层组织,该基层组织是由共产党中国经由雅加达派去的特工人员组成的。为了那个地区的安全利益,他不希望看到这块领地被共产党用作向邻近岛屿渗透的基地。他知道美国驻联合国首席代表洛奇先生对于此事持模棱两可的态度。鉴于共产党的影响有在该岛西部增长的危险，他认为由荷兰继续保留这个领地可以保证那个地区的安全。叶要把他对这个问题的态度知会杜勒斯先生，并告诉他当联合国大会投票表决这个问题时，中国代表团将弃权。叶公超还说，看来荷兰人没有努力去游说各国代表团，因为据荷兰外交部长谈，他们仅能指望得到十四票，然而他们必须获得十八票才能防止印度尼西亚的提案获得三分之二的多数通过。叶外长询问杜勒斯，美国对此问题持何态度。

国务卿答道，他曾考虑过这个问题，认为争议中的领地对那个地区的共同安全至关重要，因为它位于菲律宾至婆罗洲一系列岛屿通向澳大利亚、新西兰的一侧。印尼政府的局势如此动荡不安，一旦那个岛屿遭到侵略威胁，很难指望它能保卫该地区的安全。况且印尼很快就要举行大选，共产党在那里的势力已经很大。所以他不想采取一种支持印尼政府在联合国所提要求的立场，免得被印尼共产党人利用作为借口，在选举中为自己捞到好处。美国在这个问题上的立场是中立的，美国代表团在表决时将弃权。叶外长说那也是中国的立场，他很高兴中美两国的态度一致。

饶伯森说，新几内亚西半部的土著民族也许还处于人类最原始的状态，他不知道他们怎样能被转变成共产主义者。

叶外长说，除了土人以外，荷属新几内亚还有中国侨民。关于该岛存在着一个共产党基层组织的情报，就是由住在那里的中国人带到台北的。事实上，这份情报表明拉布安和位于澳大利亚及新几内亚之间的另一岛屿的局势也不平静。

上述交换意见表明，中国政府当时那么担心共产主义通过颠覆、渗透或直接侵略的方式在亚洲扩展势力。它也表明在遍及整个亚洲的中国侨民聚居区域内，怎样建立了越来越多的共产党基层组织。几个月后，在我举行的一次宴会中，谈话也集中于同样的题目。那是在 1955 年 2 月 5 日,美国参议院批准马尼拉条约仅仅几天之后,我宴请了泰国大使朴·沙拉信,越南(指南越——译者注)大使陈文柯和菲律宾代办莱乌特里奥及他们的夫人,宴会是为即将前往曼谷的沙拉信大使钱行,他去那里筹备东南亚条约组织八个缔约国的外长会议,并作为全权代表与泰国外交部长旺亲王一道出席会议。

沙拉信大使在席间说,会议的日程已经安排就绪,整个会期将不超过三天。我建议在会议中最好能制定一项组织一支远东及东南亚国际安全部队的计划,这项计划并不要求立即付诸实施,只须与会国家同意在一旦需要集中时,提供所承担的数额。菲律宾代办莱乌特里奥公使说,他的政府曾经提出过这种建议,但未被通过,泰国大使沙拉信说,时机还不成熟,不能匆匆采取这一行动。可是越南大使陈文柯说,此类措施是必要的,它将成为遏制共产党人在亚洲发动进一步侵略的威慑力量。(总之,盟国的愿望终归是力图阻止再有更多的东南亚地区沦于共产党人的控制之下。越南奠边府的悲剧性失陷,首先是促成了马尼拉条约和东南亚条约组织的产生。)莱乌特里奥说,据他看来,南越的形势已经没有希望,他担心南越将被北越侵占。陈文柯不同意这种意见,他说南越正在建立一支强大的军队,是依靠美国的援助进行训练和装备的。

沙拉信大使认为会议决定在文化和经济领域中组织一些合作作为开端是好的。我问道,关于防止共产党的颠覆活动打算采取一些什么措施?他们三位都同意这很重要,应该为此做一些事。不过,沙拉信审度他自己国家的形势,觉得不必为了在中国共产党煽动和援助下由比滴领导的所谓自由泰国运动感到不安。他嘲笑叶外长所告诫的说法,即泰国华侨社团中的一些中国共产党人正与北平勾结,企图在泰国国内暗中破坏政府。沙拉信说泰国的华侨不关心政治,他们同时挂毛泽东和蒋介石的像,并且可能倒向任何将要获胜的一方。我怀疑是否果真如此。叶告诉我,沙拉信显然是低估了危险。

印度继续采取亲中共的态度也给中国政府带来了难题,这种态度不仅在每当国际上提出中国代表权和承认问题时给我们造成不利的影响,而且也影响到印度华侨界中的人士。1955 年 1月,《印度日报》编辑廖崇圣先生来访,他告诉我印度政府已经拒绝让他住在那里,他的居留证也被吊销,因此他不能再继续编辑他的报纸。这桩事是由于他的反共观点,印度在共产党中国大使馆的压力之下而这样办的。他说尼赫鲁就其个人而言,在国内事务中是反共的,但是出于害怕被侵略而讨好红色中国。他的影响很大,如果他一旦去世,还看不到有能与他相比拟的领导人。

从我们的观点看来,印度的态度是令人不安的,这已经是亚洲地区的一个老问题。此时,中国政府很关注日本共产党人日益频繁的活动,和日本国内不断增长的要求与共产党中国及苏俄关系正常化的压力。当 12 月 2 日叶外长和我与杜勒斯国务卿交谈时,我们也曾就日本的政治形势探询他的看法。叶问杜勒斯是否认为新组成的日本民主党总裁鸠山一郎将代替吉田茂出任日本首相,这将对日本形势产生何种影响?

杜勒斯答道,据他所知,鸠山并不像吉田那样亲西方,但他了解这位日本政治家年事已高而且健康欠佳,也许他(鸠山)正是为了这个原因才得以当选。

在场的饶伯森说,鸠山不会活得很长,他将被一位比较年轻、政治观点与吉田更加一致的人所接替。

我说我认为饶伯森先生指的是绪方副首相,饶伯森表示同意。

一星期后,董显光大使从东京报告,在 12 月 2 日他曾和美国大使艾利森进行了一次谈话,要点如下:

(1)艾利森告诉他,日本首相吉田 11 月份在美国时,曾主动谈起日本的共产党人正在给政府设置障碍,除非及时采取措施制止他们,否则后果严重,不堪设想。杜勒斯于是问吉田,日本政府是否已经考虑宣布共产党为非法。吉田答道,这个问题正在考虑中。今后无论他在不在政府里,他都将动员一切力量来解决共产党问题。

（2）他（董）问道,日本政治局势的不稳定和日本共产党的干扰活动,而且日本实业界正热衷于与共产党国家发展贸易,这些是否会影响到对日本的经济援助?艾利森说,美国现在正以价值一亿美元的剩余农产品援助日本,因此,无论局势如何,这项援助未必会停止。

（3）他（董）又问道,如果鸠山组阁,美国对日将采取什么政策?艾利森说,虽然鸠山曾经鼓吹调整日本与苏联及共产党中国的关系,并发展日本与共产党国家的贸易,那只不过是一种政治策略而已。艾利森还说,既然日本和国民党中国之间存在着条约关系,并且两国间的贸易也相当可观,他相信日本人不会忽视这个因素。

董大使和艾利森谈话后不久,吉田被迫辞职。12月9日日本国会选举鸠山为首相,并于10日就职。鸠山内阁的副首相兼外相是重光葵。次日重光葵宣布,日本准备在彼此都可以接受的条件下,与苏联及共产党中国恢复关系正常化,可是不能因此损害它与自由世界的合作基础。这样终于导致了日本与苏俄之间为使关系正常化而进行谈判,这项谈判在1955年大部分时间中一直在进行。

1954年12月16日,小富尔顿·刘易斯在台北访问了蒋委员长,他一开始是这样提问的:

问:日本在西太平洋反共防卫圈中所处的地位是否重要?

答:是的,日本在西太平洋的防务中占据着重要地位。

问:那么韩国呢?

答:韩国也很重要,如果韩国一旦沦入共产党手中,从军事上看,日本的地位就不巩固,西太平洋地区的安全也会遭到危害。

随后的问题涉及我们解放大陆的可能性,大陆民众以及苏俄、印度、北越这些国家对我们行动的反应。刘易斯还问起了新的中美条约,例如:

问:您是否相信与美国缔结的新共同防御条约对中共将有某些心理上的影响?

答:心理上的影响确实很大,只要你听一听他们对这个新条约的谴责得多么厉害,你就会知道他们已因这个新条约的宣布遭到了多么沉重的打击。

问:您是否相信根据这个条约,任何企图对台湾或其他包括于条约之中的岛屿进行侵略都将被击退?

答:我对此毫不怀疑。

问:万一共产党人入侵台湾成功(但愿别发生这样的事),将会对菲律宾、新西兰和日本产生什么后果?对澳大利亚又有什么影响?他们(共产党人)是否将试图一逞?

答:我们中国有一句成语:"唇亡齿寒",假如台湾沦入共产党人之手,很快你就会听到共产党人叫嚣"解放日本"和"解放菲律宾"。毫无疑问,日本和菲律宾是赤化侵略计划中继台湾之后的下一个目标。共产党人对于新西兰和澳大利亚或许还有些鞭长莫及,但问题的关键在于,一旦你纵容侵略者在某一地区未遭到多少抗击就轻易得逞,谁也不知道他们的侵略将在何时何地才能停止。

问:您是否预期到南朝鲜会乘国民党人反攻大陆之机,从共产党手中夺回北朝鲜?

答:我说不好他们会怎样办;但我认为他们应该对那种不测事件有所准备。

问:大陆上的红色分子此时是否有任何集结兵力的迹象,可以表明他们企图在以后几周或几个月内入侵台湾?

答:共产党很长时间以来就已准备入侵,他们随时都可能来,但无论他们什么时候来都将发现我们已严阵以待。

接着谈话回到了日本问题,刘易斯问道:

问:日本的许多领导人反复谈论这样的话题,即解脱他们的经济困境的万应灵药是与中国恢复全面贸易,从而为日本加工的产品在那里重建以前的市场,你同意这种说法吗?

答:即使在战前,他们有着廉价的劳动力和军队做后盾,日本人的对华贸易比起他们对美国这类国家的贸易来仍是微不足道的。何况现在他们的生产成本提高了,而中共对贸易又有严格的规定,并且对消费品的需求量很小,日本人将会发现他们所抱的与中共进行有利可图的贸易的希望只不过是一种幻想。中共同意与日本进行的任何贸易,他们都力求强加以种种政治条件,以便有利于他们对这个国家的渗透和颠覆活动。

刘易斯还提起当时中国共产党正在审判十一名美国飞行员的事,他想知道:

问:……他们的案件是否构成对军事停战协定的破坏?如果是的话,能否被认为是一种战争行动?或者认为这是结束军事停战协定的正当理由?

答:因为交换战俘是朝鲜停战协定的一个重要部分,扣留战俘或判处他们中任何人以监禁都构成对停战协定的严重破坏。不言自明,一方破坏停战协定就解除了另一方遵守协定的义务。

问:作为一位熟悉所谓"东方精神"的人您可能估计到,就毛泽东而论,他对这十一名美国战俘的作法是全盘棋局中的一着,但是您将如何解释他选定这个时间公布对这些人的定罪和监禁?您是否认为中共对待这些战俘的举动可能是在施加压力,以便达到被接纳参加联合国的一种迂回策略?

答:我对中共最近的暴行看不出有任何特殊意义,我也不认为他们此举是由任何时间因素所决定。这只是一种反美情绪的周期性爆发。他们发现不大容易使大陆中国民众经常保持反美情绪,所以必须不时地虚构一些所谓"美国阴谋",以使中国民众相信美国是真正的敌人。按照你的意见,中共是试图通过监禁这十一名美国飞行员来获得进入联合国,我认为那只能是他们的一种古怪荒谬的想法。如果他们不能通过武力威胁达到进入联合国的目的,又怎能指望通过讹诈的手法进入这个组织?这十一名飞行员并不仅仅是美国士兵,他们也是联合国的士兵。我看不出联合国在中国共产党人如此虐待这些联合国士兵之后,怎么还能接纳他们。

问:您是否相信通过没有附加条件或其他压力的合理协商和正式抗议,或许能逐渐达到使这十一名被囚禁者获得释放。

答:我认为这不再是美国一个国家的问题,而是涉及联合国的威信问题。如果中共不敢公然蔑视联合国,他们将被迫向正义低头,这些被囚禁的飞行员终将得到释放。然而,联合国必须准备采取一种更为积极的行动方针,用以对付万一共产党人仍不妥协的局面。

问:包括参议院多数党领袖加利福尼亚州参议员诺兰在内的许多美国领袖人物有各种议论,认为我们应当向毛泽东发出最后通牒,如果不释放这些美国人,我们就要对红色中国实行全面海上封锁。第一,您觉得我们的封锁能有多大的效力;第二,这样一种封锁对于红色中国的经济会产生什么后果；
第三，这种封锁对毛有什么影响。我提出这些问题
只是假设性的，不涉及这项特殊事件是否会发生，
也不涉及评论诺兰参议员或其他任何人采取这种
态度的优缺点。简而言之，问题的中心就是对红色
中国实行封锁会发生什么作用？

答：我不打算谈论封锁的技术细节，然而，我确
信它将影响中共的重大利益，给他们以致命的打
击。这肯定是为了谋求十一名美国飞行员获释而
采取的最后有效措施。

早在 12 月 3 日，我为叶公超举行宴会，邀请了参议员诺兰和
德克森以及他们的夫人、众议员周以德、雷蒙德·莫耶夫妇、约瑟
夫·布伦特先生、威廉·西博尔德夫妇，还有几位其他的美国人
和大使馆的一些人员。后来叶告诉我，诺兰和德克森都对他说中
美条约是好的，他们相信参议院会毫无困难地予以通过。

可是我注意到总的看来，诺兰在整个晚宴中很少谈论华盛顿
的政治或其他事情，这大概是因为他提出的使用海军封锁红色中
国，迫使他们释放 11 月底被当成间谍扣留、监禁的十一名美国战
俘的倡议刚刚遭到白宫拒绝的缘故。那天的报纸甚至推测他可
能失掉他在参议院中的共和党领袖地位。艾森豪威尔总统在上
午的记者招待会上宣布说，就他所知，“没有不导致战争的封锁”。
但是他的这种说法从历史上看是不正确的。当宴会结束后，诺兰
夫人向我问起，按照国际法的观点对于封锁有何见解时，我说在
国际法上“平时封锁”被公认为是一种仅在和平时期采用的惯例。
为了答复她询问这一论点的出处问题，我提到霍尔著的《国际法
大纲》和韦斯特莱克著的《国际法》两书都各用一章论述这个问
题。后来我又想起穆尔著的《国际法汇编》，它实际上包含了从上
个世纪到该书出版时某一国对另一国所实行的和平封锁的所有
案例，于是我也介绍给她，因为她急于研究这个问题，以便在这件

事情上帮助她的丈夫。第二天,12月4日,美国要求联合国大会着手解决十一名被俘飞行员问题。

4日下午,我接到政府致所有中国驻外使团关于最近签订的中美条约的宣传工作的电报指示和建议。从我国政府的观点来看,接受、通过和批准这个条约已成为当时非常急迫的问题;从电报的内容,即在宣传工作中应该着重的各点来看,也充分说明了这一点①:

(1)在苏联侵略目标指向中国自由领土、中共叫嚣攻台并对我前哨岛屿采取军事行动之际,中美共同防御条约之缔结,实为自由世界之行动答复。此后非惟自由中国之防卫安定无虑,美国及西太平洋自由国家之联合防线亦因之无懈可击,如声明第三段所言。

(2)反共抗俄乃全球性之持久斗争,中美共同防御条约签订后,无论在事实上或法律上,两国已成为反共盟国。我反攻大陆之准备,自可由台湾之巩固更进而加强。

又,美国与各国所订之共同安全条约中,明白指陈对抗共产党侵略者,当以本条约为创见,可见美国反共决心之坚定。

(3)条约对缔约双方安全有关之地区,即防卫义务所及之范围之规定,在相互对等,双方各以部分领土置于协防之下,如声明第二段前半所称;同段下半谓"规定经双方之协议,将包括缔约国所辖其他领土",尤富有弹性。

惟对目前在我控制下大陆沿岸岛屿之影响不宜置评。但仍应强调各该岛之战略重要性,及其目前防务得美方物质援助而日趋坚强之事实。

就我个人而言,我曾把国外各个方面对这项条约以及对台湾海峡形势的反应及时告知外交部。例如在2日我报告说,根据那

---

① 以下电文录自顾氏所存档案。——译者

天一份美国报纸从伦敦发回的电讯报道,英国外交部发言人透露,该部最近通过英国驻共产党中国代办正式发出警告,敦促中共政府克制自己,不要对国民党占有的岛屿采取任何鲁莽行动,以免因此引发危险局面。但北平对这个照会的反应颇为冷漠,看不出有采取缓和态度的迹象。据这份电讯说,英国同时也敦促美国同国民党中国在进行缔结安全条约时要倍加谨慎。英国外交部声明,英国对台湾海峡和大陆沿海岛屿的政策是要求各有关方面认识到那里存在的战争危险,避免做出任何欠考虑的行动。电讯还说,英国和美国已就台湾的军事行动交换了看法。

12 月 4 日,我向外交部报告,有一则莫斯科广播提到,最近缔结的中美条约显然是按照美国菲律宾军事条约及美国南朝鲜军事条约的模式炮制的,并说这个条约的内容清楚地表明其目的是为了延长美国对台湾和澎湖的占领。6 日我报告外交部说民主党参议员约翰·斯帕克曼在一次讨论亚洲问题的广播节目中谈到,他期待参议院迅速批准中美共同防御条约。他还透露,政府以前曾和参议院的远东小组委员会(他本人是其中成员之一)讨论过条约问题,该委员会已经同意进行研究并对这个条约的最后草案提出咨询意见。这位参议员称赞了这种党派之间的合作方式。

外交部次长沈昌焕在 6 日给我回说,台湾公众对于签订共同防御条约的反应总的说来很好,感到激励与鼓舞。3 日下午他举行了一次记者招待会,对十一个问题提供了书面解答,并对补充提问的几点作了口头答复。他说记者们一致表示满意。12 月 4 日的《中央日报》登载了所有细节。沈还说,外交部曾写好一份关于谈判和签订共同防御条约的最后报告,并已呈送行政院转送立法院供他们近期讨论。立法院将于年底休会,但将于 1955 年 2 月份复会,他想知道立法院批准这个条约以何时最为适宜。

关于换文的内容,沈特别提到虽然美方似乎已经以解释履行条约的不同步骤为名,逐渐公布了换文的内容,但我方仍然严格保密。例如,在前面提到的记者招待会上的书面询问和答复中,他仅仅解释说,中国和美国现在已经成为盟国,现在无论哪一方准备采取重大军事行动,当然应该和另一方磋商。他说我方衷心期望美方也能严格保守换文的机密,否则,在我们国家中会出现难以应付的强烈反对。但是他不能确定美方实际上能保守机密到何种程度,也不知道美国是否有必要在参议院公布换文。他想听取我的意见。

我在星期三(12月8日)作了答复。首先谈到批准条约的问题。我说,美国政府打算在1955年1月份将条约提交新国会请求批准。按照惯例,每年年初总统必须首先向国会提交一份有关各类国事的咨文。国会两院应该对这些国事进行立法审议并决定审议的次序,然后分类转交国会下属各委员会。一般说来,参议院外交委员会最早能够在1月底或2月初完成它的报告,并把报告提交整个参议院进行讨论。至于我方批准条约的最佳时机,我说考虑到我们的形势,看来应该在美国参议院开始讨论这个问题之前批准条约,因为很有可能那时在美国将有一两个参议员发表反对意见从而导致争议,并在台北引起一系列连锁反应。我又补充道,然而作为一个实际问题,我将和叶外长讨论研究何时可将条约提交立法院以及我们批准条约的适宜时间,然后我将通过电报向他全面转达。

说到换文问题,我回想起从一开始我们就曾要求美方保守秘密,但考虑到美国的政治形势和政府与国会之间的关系,究竟能保守秘密到什么程度,仍是个不能确定的问题。再者,当参议院着手讨论条约时,国务卿或他的代表不得不回答所提出的问题,即使证词是在参议院的秘密会议上提出,通常不对公众公开,恐怕也会出现一些泄密的情况。此外,正如他(沈)的电报所说,美国政府很容易以解释实行条约的程序为名,逐渐透露其内容。我告诉沈昌焕,因为这个问题事关重大,我打算向叶外长建议,我们应事先与助理国务卿饶伯森以及其他人士进行协商,希望达成一个清楚、明确的谅解。至于举行换文的时间,中国科的马康卫最近约见了谭绍华,告诉谭说国务院希望换文在那个星期五举行。

这个星期初,我出席了安斯伯里夫妇举行的宴会,发现外交使团团长莫尔根斯泰因也在场。但是女主人匆忙中忽略了礼仪,把我的座位安排在她的右边。我急忙调换了座位卡片,让这位团长坐在她的右边。安斯伯里夫人道了歉,她解释说,参议员兰格和夫人刚刚打电话来说,他们事先已接到了别的邀请,不能前来赴宴。另一位参议员也是如此。她因而不得不仓促改变她的座次计划。这种情况我是很理解的。

在宴会中莫尔根斯泰因和我交谈得很投机。我们说起美国的外交政策缺乏连贯性,总统以及其他政府领导人突然侈谈赞成和平共处竞赛,并且嘲笑谈论战争和强硬行动,这与他们不久以前所作的声明,鼓吹大规模的报复行动,并坚定要求共产党俄国和中国做出友好行动来代替口头上的温和言词的说法,适成鲜明的对照。

在星期四(12月9日),我和谭绍华还有外交部条约司的王之珍一起准备换文的中文文本,这个文本将提交国务院的中文专家斯特赖克过目,以便取得他的同意。中文文本虽然不需要国务卿签字,但我方已经同意由叶外长在中文和英文两种文本上批准签字。因此,我要求把中文文本也按时准备好,因为换文已决定在星期五下午六时举行。

星期四下午我前往纽约,出席当晚宋子文在那里为叶公超举行的宴会。次日我和叶外长一起在他下榻的亚当斯饭店一套房间里消磨了几乎整整一天,再次推敲下午六时将在华盛顿换文的中文文本。我们不得不匆匆将文本定下来,好让王之珍能按时把它送到华盛顿,王是专为此事和我一道来到纽约。当我们最终定稿后,由王担任誊清。他由于急着想赶乘四点十五分飞往华盛顿的飞机,誊写时漏掉了一个短语,被我核对出来。当时已经接近下午三点,他不得不全文重抄一遍。万幸的是他能及时抄完并赶往机场,叶的司机从拉瓜迪亚机场给我们打电话说,王正好在关键时刻登上了快要起飞的飞机。

我们忙得甚至连吃午饭都未离开叶的房间,吃的是叶亲手做的肉丝卤面,佐以乳酪作小吃,唯一的麻烦是临开饭时才发现盘子、刀、叉都不够用。叶派张慰慈到廉价品商店去买几套塑料制品,但张去了很长时间才回来,因为他对纽约街道不熟悉,不得不到处去找。

下午六点在华盛顿完成了换文手续①,叶外长和我给外交部次长发去电报,请他转呈蒋委员长和行政院长,报告换文完成并附上中文文本。在电报中还重申:第一,根据双方的谅解,这次换文只不过是行政性质的,不构成条约的一部分;第二,虽然美国已同意对换文保守秘密,决不率先公布,但考虑到美国的政治形势及政府与国会之间的关系,还难以肯定究竟能保守秘密至何种程度;最后,报告说我们已约定在 13 日与助理国务卿饶伯森讨论此事及其他有关问题,以期在国务卿启程赴欧洲之前达成某些明确协议。

12 月 13 日,我和叶公超、张慰慈乘飞机回到华盛顿。下午三点三十分,叶公超和我往国务院拜会饶伯森,我带着谭绍华公使作记录,美方则有马康卫在场。

宾主互相寒暄后,叶外长说了几句他近来的洛杉矶之行并在那里作了一次演讲之后,随即提到 1954 年 12 月 10 日完成的换文。

饶伯森回答说,他已见到中国的答复,一切事情都进行得很正常。

叶外长询问道,当共同防御条约提交美国参议院批准时,换文是否要一并送去作为附件以供参考? 叶说他在条约的谈判过程中曾经声明愿意保守换文的秘密,他希望能确切知道国务院按照美国的政治体制将如何对待这个问题,以便中国立法院 2 月份

---

① 换文文本见附录一。

复会时,他对此事能进行相应的处理。

饶伯森答道,国务卿将不得不把换文提交参议院。

叶外长说他希望进一步肯定"换文不是条约的一部分"这一谅解。

饶伯森说他不能像一位国际法学者那样谈论这个问题,可是他觉得按照国务卿的意见,没有办法阻止把这个问题提交参议院。他说国务院的法学家,例如弗莱格,认为条约和换文是重要的文献,如果换文被传播出去,它们将增强而不是削弱中国政府的地位。然而他向我们保证美国政府不会过早公布换文,尽管按照惯例,应该将换文通知参议院。他坚持认为,如果公众怀疑伴随着条约有一个秘密文件,那就会出现一种神秘的气氛,这将使条约难于得到批准。

叶外长说,中国立法院将于 1955 年 2 月 1 日复会,他期待条约不久就会被批准。因此,他探询道,据国务院的判断,参议院是否能迅速批准条约,并且将怎样对待换文问题,以便中国政府可以协调它的行动,或多或少采取类似的措施。

饶伯森答道,他说不准参议院什么时候批准条约,但是根据那些主要参议员们所持的赞成态度,他相信参议院能够迅速行动。他在条约开始正式谈判以前不久,就曾与这些主要参议员们磋商过。

我说,美国政府自然希望有一次关于条约的听证会。

饶伯森作了肯定的答复。他说参议院外交委员会将研究此事并举行听证会,在完成这一步工作后,即将条约提交参议院处置。

叶外长问道,马尼拉条约是否将和这个条约一道提出。

饶伯森说,马尼拉条约已由国务院提交参议院外交委员会并且已经举行了关于该条约的听证会。因此,可望在参议院下次会议开始时提出报告。他希望对于中美条约的审议将紧随马尼拉条约之后进行,他认为中美条约一直是受欢迎的。

叶外长说,他难以准确预料中国政府将如何处理这个问题,以求与美国政府所采取的行动相对应。他设想立法院也许会召开一次特别会议,如果是这种情况,条约可能于1月底获得通过。然而,他觉得如果中国立法机关批准条约的时间早于美国参议院的行动之前太久,那就可能给美国政府带来一些不便,因为在立法院中难免出现某些反对条约的意见,而这些反对条约的发言可能被美国的报纸报道。

饶伯森问道,是否预期到有一些反对意见?如果是这样,那么反对的根据是什么?叶外长回答说,中国的立法院也像任何其他立法机构一样是由许多成分的人组成,代表着各个不同方面的利益。如果一个人能以中国的一般情况为背景,在思想中形成一种概念,深切体会中国人民要求返回大陆的热烈希望和对此事能够自由行动的意愿,那么,他就会充分理解在这种讨论中将会遇到什么样的反对意见。但是批准条约的时间想必不会拖延过久。接着叶外长再次问起参议院是否能在2月份以前对条约作出行动。可是饶伯森又一次说道:"不能。"我说,对条约的讨论大概要在马尼拉条约批准之后。饶伯森说,他预料如此。

叶外长于是谈起另一个话题。他说,在条约谈判的后期曾经提出对沿海岛屿的补给支持问题,他想趁此机会再度提起这个问题。

饶伯森说,那是属于军事方面的问题,他不大有资格进行讨论,在他能对此发表意见之前,必须先与美国政府中的军方人员进行磋商。他又说,他了解到中国政府正在获得对沿海岛屿的某些支援,只要这种支援一直在进行之中,他认为再提出这个问题没有太大的意义。

叶外长说,应该记得保卫沿海岛屿以及对其进行补给支持的问题是在条约谈判过程中一并提出的,当时据他理解,后一个问题可以在缔结条约后的某一适当时机再度提出。他强调说,他最为关心的是原则问题,而不是支援这些岛屿的具体条款,只要解决了原则问题,履行条款就比较容易。他还说中国政府觉得必须对那些岛屿进行补给支持,因为一般认为那些岛屿的防务对于防卫台湾和澎湖是必不可少的。接着他提到中国当局和美国军事援助顾问团某些成员在台北讨论,讨论的中心是"履行台湾和澎湖列岛的正当防御"这句话,实际上,他们之间对于应该向沿海岛屿运送什么样的供应与装备存在着分歧。他说后一问题已暂时妥协,而且在蓝钦大使和雷德福海军上将的帮助之下,情况也大有改善。为了这个理由,他希望讨论原则问题。

饶伯森回答说,现在这两个国家之间已经存在着共同利益,一俟条约批准,"其他事情"还将出现,因此,他劝叶外长不要对这件事催逼太紧。我建议道,鉴于叶外长和饶伯森先生双方的意见,或许中国政府最好是向国务院送交一份目的在于规定补给支持一般原则的备忘录或照会,至于细节问题可以留给中国国防部和美国军事援助顾问团在台北磋商。

饶伯森回答说,现在这两个国家都必须批准条约,一俟条约批准之后,"其他事情"将随之而来。倘若中国政府坚持要向国务院递交备忘录或照会,他自然要转交给国防部;但他以个人资格发言,他愿劝告中国政府克制自己,不要这样做。他说条约是很好的,否则中国共产党人就不会对它进行如此强烈的攻击。

次日,12 月 14 日,艾森豪威尔总统与国会中的两党领袖会谈将于下一年执行的重要政策。后来发布一项声明,大意为:杜勒斯国务卿已提请参议院尽早审议、批准中美共同防御条约。声明也提到会谈涉及对中国共产党的政策,但未公布详情。

那天晚上,叶外长在双橡园举行宴会招待我和大使馆的职员。起初这意味着是一次告别宴会。叶曾打算在新年后离开美国,返回台北,但最近蒋委员长给他电示,要他继续留在美国直到参议院批准条约。可是,正像我们在与助理国务卿谈话中所了解的那样,这还需要一段颇长的时间。(后来,在 1955 年 1 月蒋委员长再次指示叶推迟归期。我前面已提到,这次他要求叶办理某些军事援助问题。)

12 月 18 日,我们收到沈昌焕次长对我们发往台北报告与饶伯森谈话经过的电报的复电。沈告诉我们,外交部关于签订条约过程及情况的最后报告已在 16 日提交行政院会议,并转立法院予以审议。现在估计立法院将在下周开始讨论这个报告。如果需要立法院目前的会议在年底休会之前批准条约,他认为是可以办到的,如果是这种情况,总统势必要在 1 月 10 日以前批准条约。不过,倘若我们认为需要稍微延缓一下进程,他认为这也可以提请立法院考虑,作延长立法院目前会议的会期打算。

关于换文问题,沈昌焕说,既然此事必须向立法院透露,他决定以口头报告行之。当他在 16 日向行政院会议进行报告时,他强调换文仅涉及到当前的中美军事合作部署。他还解释说,美方认为既然联防问题已有条约规定,关于共同会商的安排也应该以书面形式记载下来。沈告诉行政院会议,当讨论条约时,美方如何提出这一要求,我们如何立即反对,并提出,我们应当继续现在正在实行的安排,没有必要把它写成书面形式,而美方又是如何坚持,并解释说必须把双方的谅解写成书面形式以应付国会的反对。沈还告诉行政院会议说,我方当时坚持不应该在讨论条约的同时讨论这个问题,可以在条约签字以后再提出来。据此,美国于条约签署后就又提出了这个问题。经过多次讨论,双方同意了换文的措辞并在 10 日举行了换文。

沈昌焕说,在向行政院作以上报告时,他只谈了换文的主要部分,并没有通读全文。行政院会议当时讨论的也只是行政院将如何把换文通知立法院,最后决定由他(沈)在一次立法院的秘密会议上回答质询时,自行斟酌作一次口头报告,正像他在行政院会议上所作的那样。也就是说,他将不作任何书面回答;不递交任何书面陈述;当进行口头报告时,也不分发换文的全文。这样,他将能缓和各方面对这个问题过分重视,从而避免冲淡自条约签订后在民众心理上形成的良好影响。

在另外一份单独的电报里,沈报告说,行政院长刚刚通知他,那天(18 日)上午,他(俞鸿钧)、副总统陈诚和秘书长张群谒见了蒋总统,向他(总统)报告有关条约的最近情况。总统批准了行政院所决定采取的如何把换文内容通知立法院的步骤。当时蒋总统指出,我们不仅同意与美国的换文,并且要尽我们的最大努力去适应美国关于履行换文步骤的观点,以配合美国国内政治的需要。所以,他现在认为美国也应采纳我们的意见,给我们一份书面保证,答复我们所要求的在防卫沿海岛屿中进行补给支持问题。蒋总统说,美国在考虑我们对书面保证的要求时,也应该采取合作的态度而予以同意。他认为我们到那时就可以在我们国内政治上利用这一点。蒋总统着将此事的指示传达给叶外长,要叶仍继续与美方协商并推动这个问题的解决。

当天叶外长起草了一份复电,电文中说,既然立法院可以从下周开始对条约审议,他认为最好能在年底休会之前批准条约,因为没有特殊理由予以拖延。复电中关于换文问题说,由于美方在把这个问题向参议院外交委员会提出时必须附有报告,届时换文内容肯定会成为报纸报道的热门新闻,我们将无法隐瞒。再者,想要隐瞒此事的明显意图,必然会引起公众的指责和怀疑。因此,较好的作法是向立法院进行秘密报告时,将换文的全文读一遍。

叶外长接着提出一些支持条约和换文的理由。他说,第一,攻守同盟一类的条约现已不复存在。即便是大西洋公约也仅是以共同防御的名义缔结的,其他如美菲、美韩以及美澳等条约都是如此。第二,关于我方保持固有的自卫权问题,叶外长指出,须与美国协商之后才能使用武力,这与签订条约禁止进行反攻以光复大陆是截然不同的两回事,他要求沈次长对立法院仔细地说明这点。(他的意思是说,条约本身仅限于防御问题,只是在共产党人万一进攻的情况下,才规定在诉诸武力之前应先经过协商;但为了防止引起某种责难,说这项条约使得我们自己不能反攻大陆,因而永远无望返回大陆,他希望对此加以解释,即反攻大陆是另一个截然不同的问题,条约中对这一点完全没有涉及。)第三,为了防卫沿海岛屿,美国实际上一直在给我们以支援。他建议沈次长在秘密会议上也可以向立法委员们说明这点。他要求沈把所有上述内容报告给立法院长、张群秘书长和行政院长俞鸿钧,在与他们磋商之后再进行。

叶外长基本上是希望立法院能快一点行动,他不愿意我们的立法委员们受到美国国会开始对条约进行讨论时必然会发生的争辩和指责的影响。他还认为在台北早一些通过条约,可使美国通过条约容易些或迅速些。

就在同一天,特德·库普先生和一位哥伦比亚广播公司的电视记者前来看我,向我说明将在电视访问中提出的问题。前此我已同意于次日下午即12月19日接受电视采访,这次电视采访是午后两点在哥伦比亚广播公司的播音室进行的。刚巧叶公超将在同日午后六点出现在全国广播公司的电视节目中,两个节目所提的主要问题大致相同。但是我接受采访是仅仅在两天以前才安排决定的,哥伦比亚广播公司恳求我承担一个电视节目,说是以报纸上经常用大字标题报道的远东时局为题,所以我答应了他们。

星期一(20日)上午,我陪同叶外长前往白宫访问艾森豪威尔总统,由饶伯森指导我们进入总统办公室。这次访问像往常一样是提前安排的。我们谈得很愉快,尽管总统对叶外长提出的任何建议都未给予满意答复。

在互致问候之后,叶外长说明他奉蒋介石总统之命向艾森豪威尔总统转达一个口信,其内容有三点:第一,蒋总统要他代向艾森豪威尔总统致意,并表示对中美共同防御条约的缔结深感满意。叶说,按照蒋总统的意见,新条约不仅铸成西太平洋防务中的一个必要环节,而且也起到了增强中、美国民友谊的作用。蒋总统希望条约的良好效果不会由于当前某些国家鼓吹两个中国的理论和接纳红色中国进入联合国的倡议而遭到贬低。叶外长表示希望艾森豪威尔总统将能运用他的威望和影响去阻遏这种趋势。

艾森豪威尔总统认为中国是个文明古国，要善于保持耐心等待未来的发展。他还难以预料将来的世界发展会出现何种变化。

叶外长说，他想提请艾森豪威尔总统注意的第二点是关于沿海岛屿问题。他接着说：正如总统所知，这些岛屿并未包括在条约之内。他了解美国所以采取把这些岛屿排除于条约之外的态度的缘因，但他希望指出，这些岛屿，特别是其中较大的那一些，不仅具有战略价值，而且具有政治价值，所以中国政府决心加以保卫。蒋总统为此要求他向艾森豪威尔总统表明，希望美国能提供某些保证，表明美国政府对于中国政府保卫这些岛屿将给以补给支持。不然就可能造成一种印象，认为美国或是不愿意看到中国保卫这些岛屿；或者即使这些岛屿沦入共产党人之手也将毫不介意。如果使共产党人得到这种印象，那将是很不妥当的。

艾森豪威尔总统说，他当然不希望造成美国对这些岛屿是否会沦入共产党人之手感到无动于衷的印象，但是这些岛屿给美国提出了一个棘手的问题。他认为重要的事情是保证作为国民党中国基地的台湾的安全。美国的愿望是想看到台湾不受任何共产党侵略的危害。

叶外长接着提出蒋总统口信的第三点也就是最后一点，即关于延长武装部队训练计划问题，但得到的又是一个不明确的回答。他探询艾森豪威尔对于印度支那的局势有何看法。

总统答道，印度支那的局势并不是没有希望，尽管政治和军事问题存在着许多困难，他相信总能找出解决的途径。

我说，我知道柯林斯将军一直在印度支那。

艾森豪威尔说，柯林斯将军一直是在那里，并且干得很好。

饶伯森说，他知道柯林斯将军正干得很出色。

艾森豪威尔接着说道，据他看来，从共产党的侵略下拯救东南亚至关重要。如果能够稳定印度支那的局势,共产党企图夺取印度支那作为控制整个东南亚的踏脚石的计划就遭到挫败,中国共产党人想把中国大陆民众的注意力从国内形势中转移开去的政策就不能再继续下去,从而迫使共产党统治者更多地注意一些他们自己民众的问题。这样,共产党的影响就可能被阻遏和击退。就个人而言,他认为世界总的形势已经好转。他曾收到一些可靠的报告,表明苏联政府已经开始把更多的工作重点放在增加消费品和提高人民生活水平方面。这些都是好的迹象,相应地也就有了争取和平的较好机会。

叶外长谈起在艾森豪威尔总统的某篇演讲或声明中,有一段强调指出了自由世界在与共产党世界打交道中必须掌握主动权的重要性。他觉得那是一个正确、重要的论点,虽然他认为到目前为止还没有充分实现。照叶的意见,对于共产党世界应该施加除战争以外的各种形式的压力,以便遏制其影响。

艾森豪威尔总统表示同意,并说他相信今天和平的前景确实比过去好一些。战争是难以想象的,新武器的毁灭力如此巨大,即使是胜利者,当他们洋洋得意的时候,将发现一切已荡然无存。

谈到美国对外国的援助问题,艾森豪威尔说,位于自由世界中心的美国被人们认为负有特殊的责任,并且有许多国家要求它给予援助,包括像埃及这类的中东国家。美国正在尽它的最大努力,但是据他了解,没有一个得到援助的国家能够感到完全满意。另一方面,美国人民中有一部分人不能充分理解这种援助的必要性,特别是援助日本这样的国家。在美国政府看来,中国大陆的沦陷使它有必要把日本建成远东的堡垒;但是许多美国人民对日本军阀犯下的罪行依然记忆犹新,不能理解为什么美国今天要支援和扶助日本。他还说,甚至那些距离日本更近的国家如菲律宾等等,现在也不再那么害怕日本的战争威胁了。

叶外长说,就韩国而言,韩国人民反对日本的情绪仍然很强烈,要实现日韩关系的改善确实还需要一些时间。

艾森豪威尔总统接着请叶外长向蒋总统转达他的衷心问候。并请叶转告蒋,他让叶提出来要他(艾森豪威尔)注意的问题,将予以认真考虑。艾森豪威尔说,蒋委员长是亚洲的一位伟大领袖,很了解世界上那部分地区的问题。他所提出的任何问题,都将受到美国政府最郑重认真的考虑。他还请叶外长告诉蒋委员长,美国也必须考虑世界上其他地区的问题,当然还有它自己的问题。他不能预见未来的变化,但是他知道中国有着古老的文明和悠久的历史,因此,中国会深切了解忍耐的美德。他希望中国能耐心等待未来的发展。他说,再过几年,国民政府也许就能回到广州。

谈到这里已经到了向总统告辞的时候。叶外长起身道别说,他想告诉总统,在他经历过的所有谈判中,再没有比和助理国务卿饶伯森、国务卿杜勒斯在一起时更愉快的时光了。

我说他们全都是第一流的人物。

艾森豪威尔总统说,他也认为如此,并补充说,国务院有一伙很能干的人给他以臂助。杜勒斯先生毕生从事研究和处理外交事务,具有成熟的判断力;饶伯森先生则是国务卿的一位得力助手。

饶伯森说,能和杜勒斯国务卿在一起工作是他最大的愉快。他回想不起他的长官中还有谁比杜勒斯国务卿更为能干和使人愉快。

几个小时以后,我设午宴招待叶外长和中国科的马康卫及詹金斯。其他出席宴会的人有萧勃将军、谭绍华公使和谭伯羽等。安排这次宴会是为了马康卫能从叶外长处获悉有关吴国桢的缺点及其对蒋委员长和政府进行抨击一事的内情,因为甚至在最近,国务院还要求进一步澄清真相。宴会定在十二点半钟开始,但是当马康卫和詹金斯准时到来后,叶直至将近下午一点才来到,而这两位美国人必须在一点四十五分去见杜勒斯,所以谈话在进餐时进行,即便这样,当时也只有詹金斯一个人倾听了叶所说的大部分内情——这是件有趣而且重要的事，说明多年来蒋委员长纵容、庇护吴国桢到何种地步。

据叶公超讲，吴擅自命令他的财政厅长发行约八千多万元台北钞票，事先既未得到政府批准，事后又未立即向政府报告。吴对他的厅长的支持则是使事情激化的最后一个因素。吴坚持不得对台湾省政府的财政厅长作任何处分，并要挟说如果对财政厅长作了任何处分，他就要辞去省政府主席职务。这种非法行动由于吴的另一件专擅行为而更加严重。吴继续动用存在政府仓库中的稻米储备，此事同样未向政府报告。叶解释说，当库存枯竭的消息传出以后，几乎在居民中引起很大恐慌，米价因而暴涨。政府不得不采取紧急措施，召回按照合同装运稻米前往日本的船只，以便使本地的米价保持在合理的水平。

20日傍晚，我从艾德威尔德机场乘飞机前往波多黎各休假一周，叶外长在佛罗里达度过了同一周假期，然后我们在华盛顿重聚，共庆除夕之夜。

叶公超应我之邀在12月31日下午来到双橡园参加辞岁的中式晚宴。看来他经过在劳德代尔堡度假之后也晒黑了。（在那里时他常去深海处钓鱼。）经尼克松副总统介绍，通过佛罗里达州参议员斯马瑟斯的转介，他住到当地一位大旅馆经理的楼旁披屋里。他的女儿钓到一条旗鱼，他打算制成标本后送给大使馆。其他客人中还有傅冠雄和张慰慈。饭后我们一起开车出去在市里兜风，并在半夜以前准时赶回，每人手举一杯香槟来迎接新年。又是一年过去了，多么忙碌的一年，而光阴又流逝得如此之快。

在元旦的那一天，我又见到了叶外长，他应我的特别邀请来到大使馆出席新年招待会并向大家致词。那年在华盛顿地区的中国官员和当地华侨社团中普遍对于缔结中美共同防御条约感到满意。每个人都高兴地听叶的讲话。由外交部长在大使馆的新年招待会上致词这还是第一次，而且是在这样吉祥如意的日子里。接着进行了集体合影，参加合影的约有四百余人，包括来宾的夫人和孩子。随后招待了自助餐。

早几天(12月27日),大使馆代办谭绍华公使接到助理国务卿饶伯森的一个电话通知,说艾森豪威尔总统将于1月6日用公函的形式把中美共同防御条约送交参议院要求批准,饶伯森想到提前知会我们。谭绍华立即告诉饶伯森说,他料想换文将不至于和条约一道提交参议院,因为根据双方多次会谈,都认为换文不属于条约内容,因此不需批准。饶伯森肯定换文仅仅具有一种对条约进行解释的性质,其目的是为了便于条约的履行,所以并不要求批准。他本人和我们有着同样的理解。但是,他要在和国务院其他部门磋商之后,才能回答我们换文应不应该与条约一并提交参议院。

后来,饶伯森打电话回复说,虽然换文不需要批准,仍需与条约一道提交参议院以供参考。他还说,美国政府认为同时提交换文是应该遵循的正规程序的一部分,这样有利于避免将来出现进一步纠纷。并认为在当前情况下遵循这种程序,确实是最好的做法。

在台北时间12月28日,立法院举行了全体会议,用了一整天时间讨论条约。行政院长俞鸿钧和外交部次长沈昌焕相继作了口头报告,随后有二十名立法委员提出了质询,由俞和沈对所提问题进行了统一的回答,没有遇到什么困难。

29日下午立法院进入秘密的全体会议,俞鸿钧和沈昌焕就换文的意见及其内容作了汇报。据沈给叶部长和我的报告说,他们的汇报要旨是作如下的解释:为了准备反攻复国,我们首先必须保卫台湾,而鉴于我们当前的实际力量有限,这就意味着需要得到美国的支持和援助以及美国关于联防的承诺。为此,有必要与美国进行磋商,而且过去一直是这样做的,换文仅仅是继续实际上已在履行的协定。此外,换文还明确规定我们将保留固有的自卫权。

沈昌焕也向会议宣读了换文的全文并加以他的分析。接着,国防部次长黄镇球报告了共产党的战备活动和中、美军事合作的实际情况。据沈说,立法院各委员的反应极好,没有提出问题。因此已将条约提交外交委员会审议。

沈次长在给我们的报告中,还提到批准条约大概不会遇到任何严重困难,但在年底以前完成批准程序已不可能。十之八九立法院将不得不延长会期,以期外交委员会能在 1955 年 1 月 10 日前完成审议。

1 月 3 日,在华盛顿,我曾和陈之迈及顾毓瑞交谈,告诉他们美国政府把共同防御条约连同在条约规定区域内使用武力须取得共同协议的换文内容提交参议院批准,这必将引起人们注意和导致揣测。美国政府将不得不向参议院及公众说明,由于换文,不会有我们诉诸武力并把美国卷入对红色中国战争的危险。与此同时,同样的争论在我国国内也将引起猜疑和批评。顾与陈都是大使馆中从事宣传工作的人,所以我力图使他们理解,自从缔结了不包括沿海岛屿在内并附带有换文的共同防御条约之后所出现的微妙形势。我告诉他们,在条约区域内使用武力需要得到美方同意一点只是象征性的规定,并不意味着我们将放弃光复大陆的权利,或在采取行动的时机确实来到之时会束缚我们的手脚。

两天以后,沈昌焕从台北发来报告说,美国大使馆刚刚通知我国,国务院来电声称,美国政府将在本周内把换文递交参议院。国务院的电报还暗示,在公函到达参议院后,可能公布换文。沈很为此担心。他的电报指出,我国立法院正处于由外交委员会审议防御条约的阶段。当他向立法院汇报时,因为会议带有秘密性质,他可以充分说明有关中美军事合作的实际情况,从而使得立法委员们理解换文的意义,并获得他们的有利反应。但是,如果现在美国突然公布了换文,我方很难向公众进行同样充分的解释,因为这样做将意味着泄漏军事机密。沈担心披露换文内容不仅会引起民众误解,认为美国意在限制我们反攻复国,而且也将影响民心士气。再者,如果舆论开始议论和批评的话,他恐怕难以避免在立法院审议条约时出现困难的局面。

沈说他对此事很关切,但不知道是否能够与美方磋商,要求他们不披露换文的秘密而只将其送交参议院参考。如果这个要求太高而难以达到,他认为我们最低限度必须要求美方在1955年1月15日之前不要使换文的秘密公开。他觉得既然换文是属于双方共同的文件,美国似乎应该体谅我们的困难,而不至于认为我们的要求不合乎道理。

叶外长回电说换文应当暂时保密,他已派谭公使去与马康卫磋商,要求他把我们的观点立刻通知助理国务卿饶伯森。对方的答复大意是国务卿充分理解我国政府所处的困境,愿意尽最大努力帮助我们。可是,艾森豪威尔总统致参议院要求批准条约的公函已于1月6日送出,按照惯例,这种公函一经送到参议院,其内容就有可能被公布。此外,总统的公函既然已经发出,公布它的时间应属参议院考虑决定。国务院将立即与参议院磋商此事,但是否能够成功尚难逆料。

与此同时,国务院为了表示它和我们合作的精神,送给我们杜勒斯国务卿在1954年12月22日就条约谈判问题给艾森豪威尔总统的报告副本及总统致参议院要求批准条约的公函副本各一份。后者包括五个附件:(1)杜勒斯国务卿的报告;(2)条约全文;(3)两国共同声明;(4)叶公超外长和杜勒斯国务卿在签字仪式上的讲话;(5)互换的照会(换文)。

那天中午,艾森豪威尔总统对新召开的第八十四届国会发表了他关于国情咨文的演说。像往常一样,这个咨文是在众议院举行的参、众两院联席会议上提出的。我很高兴能为叶公超在众议院会场安排一个席位与所有外交使团的首脑们一道聆听总统提出每年一度的国情咨文。国务院礼宾司能为我这样做真是非比寻常,因为众议院的席位除了自己的众议员外,还要接纳参议员、内阁阁员,以及前参议员,容量极其有限。

叶外长的出席使我得有机会把他介绍给一些外国大使们，但不巧紧挨着他的是波兰大使，由于波兰政府承认了北平政权，我们之间没有谈话的交谊。至于总统的咨文，其中特别强调美国打算向自由国家提供援助，因为这些国家有决心抵抗共产党侵略，保卫本身的自由。这时土耳其大使和比利时大使走到我跟前低声说："您对此声明一定感到高兴吧！"确实我感到高兴。

会后叶外长和我去尼克松副总统的办公室，以后又一起参加他在国会大厦为欢迎叶而设的午宴。他作风朴素，亲自为叶外长、我，还有几个参议员调制饮料。约有十八位客人出席了宴会，包括民主党与共和党的六位参议员、六位众议员，其中有众议院外交委员会的詹姆斯、理查兹。在午餐和互相祝酒之后，参议员史密斯、斯帕克曼、曼斯菲尔德和众议员理查兹纷纷向叶外长提出问题。理查兹问起蒋经国并对他在幕后的巨大权力表示关切。参议员斯帕克曼则想知道，如果不经过战争我们如何能返回大陆。

晚间我在大使馆举行宴会，客人中有正在赴台北途中的魏学仁先生。他被推荐去见蒋委员长，因为蒋想和一些专家们探讨原子弹及氢弹问题。魏学仁曾在我们驻联合国代表团工作，他即将前往台北报告有关这类炸弹及导弹的最近发展情况。

次日晚上叶外长在谭绍华公使陪同下去到马康卫家中小酌，从那里他们再到市内的饶伯森家赴宴。可是晚间八点四十五分饶伯森打电话来问叶外长在哪里？他说包括一些老年人在内的客人们正急等入席，他们不能再饿着肚子站在那儿等候。我告诉他，叶外长一定正在从马康卫家去他家的途中，如果叶在九点以前不能到达的话，饶伯森先生就不必让其他客人久等。叶公超回到双橡园后对我说，谭公使夫妇和他的司机都不清楚去佛吉尼亚州亚历山大镇马康卫家的路途。结果，他再折返城里饶伯森家时已是晚间九点四十五分了。这类小波折是时常会发生的。

8 日晚间，我出席了玻利维亚公使庆祝该国再度获得独立的招待会后,在双橡园请大使馆的职员们吃照例每年一次的春酒。在这个宴会中我邀请了叶公超作为主宾,前领事、张群将军的女婿刘毓棠为特邀客人。他们两位那晚留在双橡园,后来一道去西雅图。当叶外长不在的时候,我尽可能地清理积压的公文和信件。

早在1月6日,我电告外交部,艾森豪威尔致参议院的公函已由白宫向报界公布。公函要求参议院对中美防御条约给予"尽早而有利的考虑",并说明缔结这项条约的目的是为了"制止中国共产党政权对条约区域实现其军事侵略野心之任何企图"。公函还说到杜勒斯国务卿和叶公超部长已经互换了照会,"此件虽非条约之一部分,但对履行条约之某些方面表明一致之谅解"。此外没有更多提及换文。杜勒斯的报告是总统公函的附件,该项报告较多地叙述了换文的内容,但不对外公布①。

第二天参议员诺兰和参议院外交委员会新任主席民主党人乔治接见了记者,两人都说他们认为参议院由于在考虑批准马尼拉条约和中美共同防御条约很可能一并考虑美国在东亚的外交及军事形势。乔治参议员期望参议院外交委员会首先讨论这两个条约,并对各方的不同观点进行公开投票表决。两位参议员都觉得参议院在讨论中美条约时不至于发生任何严重的对立意见。

沈昌焕次长从台北发来一份急电,指出换文的内容行将泄露。沈说,那一天的中央社华盛顿电讯仅报道了艾森豪威尔总统致参议院公函的全文,当日将不公布换文。但是,既然总统的函件已经提到换文,沈认为记者们一定会四处打听,很可能获悉其内容。况且美国新闻署已经把换文的原文用明码发往各美国驻外使团,而美国驻台北大使馆也已经收到总统给参议院的报告全文及换文的要旨。因此,沈觉得新闻记者们要取得一份这项材料

---

① 1955年1月6日艾森豪威尔总统致参议院的咨文和1954年12月22日杜勒斯国务卿给总统的报告,见附录二。

的抄件并不困难。

沈报告叶外长,他已和副总统陈诚及行政院副院长黄少谷讨论过这个问题。大家都一致同意,即便在美国新闻署传达换文要点以前我们不在台北公布此件,但是,一旦消息泄漏,无论泄漏的是换文全文或仅仅一部分,我们都必须立即公布换文主要部分的原文,并由沈负责答复所提出的任何问题和进行解释。沈说这样的安排似乎是我们为适应美国行动所能做出的最大努力。他要求叶外长批准此项行动计划并指示驻华盛顿大使馆知会美方。

1月8日上午沈昌焕在立法院外交委员会的审议会上作了报告。1月7日行政院已将换文的实质内容以书面形式通知立法院作为参考,并于8日上午转到了外交委员会。沈出席了那次会议。他说这个通知首先被提出讨论,委员们立即爽快表态,说立法院已认识到换文的必要性,认为它们是无害的,没有不利之处。但如被美方公布或泄漏出去,则将对我国民众的情绪造成巨大的消极影响,因为大多数民众肯定不能理解换文的背景。此外,如果共产党能弄到一份可靠的情报并据以大肆宣传,那时无论我们如何进行解释都不能消除这种印象,即我们光复大陆的政策已受到限制和约束。据沈昌焕说,委员会希望我国政府迅速要求美方保守换文秘密。沈接着说,委员中大多数持这种意见,据他看来,委员们发表的确实都是由衷之言。至于蒋总统对此事的观点,沈提到总统曾有过指示,他(沈)以前已向我传达过,就是责成叶外长与美方交涉,反复阐明换文的利害关系,从而要求美方保守秘密。

叶公超与我讨论了此事并于9日复电。大使馆也就美国新闻署以明码电讯向美国驻外使团传达艾森豪威尔总统给参议院的报告(包括换文的主要内容)一事与国务院洽谈。叶在他给沈的电报中说,国务院表示深为遗憾,允诺尽最大努力在参议院着手讨论条约时,防止公开换文内容。但叶说,由于换文的主要部分已用明码传达给各使团,老实说这个问题已无法补救。

叶的电报接着说,在美国只有华盛顿的合众社发出一条电讯报道了艾森豪威尔致国会的公函。电讯仅提到总统已将条约和换文交付国会讨论,并未具体说明总统函件或换文的内容,甚至也没有进行评论。几天以后,纽约和华盛顿的报纸都以显著地位刊载了有关新国会和美国总统公函的消息,但他们都没有发表或评论前面所说的合众社电讯。然而,当国会开始审议总统的报告时,普遍的意见是国会应对换文加以密切注意,特别是其中有关我国采取军事行动权利的规定。因此,事实上那时已不可能防止任何泄漏或要求换文保密。

无论如何,叶认为既然我们已经签署了这样的换文,我们就不可能设想对民众保密。他的意见是,与其等美国国会着手讨论这个问题时我们再作一番解释来进行弥补,不如在立法院批准条约之后立即直接或间接地公布换文全文,并随之发表一个简要声明,这对我们来说会更好一些。叶说声明的大意应该是:条约为中美联合防御的基础,因为双方共同承担保卫条约区域安全的责任,因此每当出现需要采取军事措施的时候,双方当然应该互相协商以取得一致意见。声明还应指出,条约规定联防区域将来通过双方同意可以扩大,但由于沿海岛屿一直处于共方的不断威胁之下,现在还不可能包括这些岛屿在内。为了显示我们保卫沿海岛屿的决心,而美国人又支持我们的这种决心,换文中申明了我们保留固有的自卫权利。

叶外长在电报中还指出,因为中国共产党人已经开始大肆攻击中美条约,所以当公布换文时,他们如何反应已无关紧要。至于任何可能的议论,说我们无力单独反攻以光复大陆,这已是公开的秘密,在美国则更是众所周知的事实,而共产党人也知之甚稔。但共产党的目的是通过政治手段得到台湾,这个条约的签订最低限度可以挫败这种意图。因此,公布换文不会削弱从公布条约的本身所得到的效果。

次日从中国前线传来的消息既广泛又使人心中不安。其实美国已于 12 月 4 日将中国共产党人以间谍罪名扣留、监禁十一名美国飞行员的案件提交联合国大会。其后不久,十六个参加朝鲜战争的盟国向大会提出一项建议,谴责北平违反朝鲜停战协定监禁那些飞行员并扣留其他希望被遣返的联合国战俘。12 月 10 日,大会采纳了这个建议,但同时也要求联合国秘书长哈马舍尔德寻求立即释放这些被囚人员的途径,哈马舍尔德为此已于 1 月 5 日飞抵北平。1 月 10 日哈马舍尔德与周恩来发表了联合声明,说他们之间的会谈是"有益的",他们希望"能继续保持建立于这次会议上的接触"。总而言之,秘书长的使命并没有完成,只是用温和的词句掩饰了这种失败。声明虽然被广泛加以宣传,但却缺少使人信服的实质内容。实际上,哈马舍尔德的这次使命只对中国共产党人有较大的宣传价值。

就在同一时期,中共飞机对大陈诸岛发动了猛烈袭击。我们台北的国防部于 1 月 10 日宣布,共方对大陈岛刚刚进行了内战以来最大的一次空袭,大陈岛北面七英里的一江山岛也遭到猛烈轰炸。

叶外长去西雅图停留几天,1 月 11 日回到华盛顿。我们讨论了新西兰鉴于中共对一江山岛和大陈岛等沿海岛屿轰炸加剧而向安全理事会提出的停火紧急建议。随后他电邀蒋廷黻和胡适来华盛顿磋商。那时沿海岛屿问题已成为美国报纸的重要新闻,我告诉陈之迈和顾毓瑞要谨慎地回答新闻记者、专栏记者和广播记者提出的问题。显然,有一批包括参、众两院在内的国会议员们担心美国支持我们保卫沿海岛屿将使美国卷入一场导致全面冲突的战争。

晚间叶公超和我在进餐时与蒋廷黻和胡适交换了意见。后来蒋廷黻(他留下来)说他像我们一样反对新西兰的提案,但他同意在我们能看清安全理事会的形势如何发展之前,暂不在联合国表明我们的态度。

叶和我单独讨论了他刚收到的国防部长俞大维的一份电报,

这份电报要求他与美国参谋长联席会议主席雷德福海军上将协商有关某些军事援助问题。雷德福也是叶的私人朋友。电报中有一项是请叶外长再度要求把沿海岛屿包括在条约之内,这种要求既不合时宜,也违反蒋委员长所作只限于寻求美国的补给支持的亲自指示。因此,当我随后往访饶伯森时,没有按俞的意见提及此事。

我对饶伯森的迅速接见表示感谢之后,立即说明了我想和他讨论大陈诸岛周围的形势。我说我知道中美之间的共同防御条约并不包括沿海岛屿,但我向饶伯森回顾了叶外长和我曾极力主张把这些岛屿纳入条约之中。我们了解美方的难处,然而把那些岛屿排除在条约之外是其不足之处。叶外长访问艾森豪威尔总统时曾再次提到沿海岛屿问题,并希望美国政府能够给予中国一些保证,一旦中共进攻这些岛屿,美国将提供补给支持。现在中共对大陈诸岛发动了猛烈空袭,我从台北的中国军事当局获悉,这次空袭的规模很大,甚至超过了共产党人在朝鲜进行的空袭。我国政府由于抵抗这些攻击,弹药消耗和飞机、舰艇的损失率很高。我确信美国对此局势同样关注。蒋委员长想要了解美国政府对局势的反应,特别想知道美国政府是否认为应该不惜一切代价防守大陈岛,以及如果认为应该防守时,如何才能达到目的等等。中国政府方面,正在尽它的最大努力保卫该岛。

接着,我说到关于这些岛屿的战略价值,军方看法不一。作为一个非军事人员,我对此没有明确的见解。但即使这些岛屿只存在有限的战略价值,如果中共占据了这些岛屿,显然就等于得到入侵台湾和澎湖的另一块踏脚石。此外,失掉这些岛屿虽然在军事上意义不大,但我担心,这将使台湾、海外以及中国大陆人民在精神上产生不良影响。而且这样一种事态发展对于整个亚洲人民的心理影响是深远的。他们将得出结论:没有任何力量能够阻止共产党的扩张,包括美国在内的自由世界不愿提供任何有效措施以制止亚洲共产党势力和影响的增长。这样一种看法是很不利的,特别是北平政权故意选定联合国秘书长哈马舍尔德寻求释放被他们非法监禁的十一名美国飞行员期间轰炸大陈岛,其目的在于向世界炫耀它的军事实力和无所顾忌,并打击作为自由世界领袖的美国的威信。我又说,联合国秘书长的请求遭到拒绝并未出我的意料之外,因为红色中国一贯漠视西方国家或联合国向它提出的抗议。因此我极力主张美国认真考虑大陈岛的局势。

饶伯森说他也不是一个军人,所以说不准大陈岛有多大的战略价值,但他完全同意这种见解,即这些岛屿的失陷将会产生深远的心理影响,而且对它们的空袭是故意选定在哈马舍尔德访问北平结束之时进行的。然而,他并不认为共产党人竟然会进而入侵台湾。他向我重新提起艾森豪威尔总统在几个月前曾经说过,中共如果要入侵台湾和澎湖列岛,就必须越过美国第七舰队。他说美国人民不喜欢战争,衷心希望建立巩固的世界和平。但是一旦被激怒奋起,他们是不夺得最后胜利决不罢休的。美国能实施的对策很多,能够对共产党中国实行有效的封锁,切断其一切供应,而共产党中国本身的资源,包括粮食,是有限的。他相信中共和苏俄都了解这一点,他认为苏俄也不愿意挑起一场对美国的战争。

我说我倾向于赞同他的意见,台湾和澎湖的安全目前还没有危险。然而我确信如果不采取任何措施阻止共产党人进攻大陈诸岛,他们将认为美国对这些沿海岛屿并不关切,于是会进而进攻诸如金门等其他岛屿。他们也许不会立刻这样干,但我毫不怀疑要是不采取有效的遏制对策,他们将进一步逐个夺取这些岛屿。如果竟然发生这种情况,那不仅对中华民国,而且对美利坚合众国都将造成严重的局面。我回顾虽然共同防御条约没有把沿海岛屿包括在承担共同防御义务的范围之内,但国务卿杜勒斯和饶伯森先生本人都曾经说过,他们要使共产党人捉摸不定,当这些岛屿遭到攻击时美国将作出什么反应,这是很重要的。现在共产党人已经对大陈诸岛发起了猛烈空袭,我认为美国应该采取一些制止对策,免得使他们认为自己可以为所欲为,而不会引起美国的报复。此外,我还担心最近的共方进攻,其目的也在于试探美国对沿海岛屿的真实态度。

饶伯森说,在这个关键时刻有一件重要的事情,那就是艾森豪威尔总统已将共同防御条约提交参议院审批,正像中国政府已要求它的立法院所做的那样。他认为对于保卫沿海岛屿将要采取的任何措施,都应该慎重考虑,以免在参议院会因此而出现复杂的情况。

我提起在谈判换文生效后的公布问题时,叶外长和我自己都曾对过早公布换文的可能后果深感不安。现在艾森豪威尔总统已将换文连同条约一道提交参议院,在他递送条约的公函中并且说明还附有换文,虽然它们不构成条约的一部分。所有参议员都可以得到条约文本,然而我注意到报纸没有公布换文的任何内容。

饶伯森说他的感觉一直与我们不同。

我说饶伯森先生当然比叶外长和我更了解他本国的人民。

饶伯森说他希望条约能尽快得到参议院通过,在涉及对大陈岛应作何等措置问题时,不得不考虑到这一点。他说有一天在一次午宴上参议员乔治告诉他,他(乔治)对一个消息感到非常不痛快,据说迪安·艾奇逊、托马斯·芬勒特、本杰明·科恩和切斯特·鲍尔斯等四位参议员联合向参议院中的民主党议员们提出一份备忘录,警告他们说美国在远东有被卷入一场与沿海岛屿有关的战争的危险,劝告他们不要通过共同防御条约。饶伯森感到高兴的是,去年10月他从台北回来后曾把缔结条约的建议通知了参议员乔治,并且亲自到佐治亚州的维也纳去会见了这位参议员,与此同时,他并把同样的事情通知了参议员曼斯菲尔德。

我说我知道这两位参议员都给了他赞同的答复。

饶伯森说他们对于缔结条约的建议完全没有异议。他又说,他获悉上面谈到的那四位先生的联合备忘录已送交民主党全国委员会供其党员们传阅。他担心那可能在参议院引起一些麻烦。但因参院外交委员会的参议员乔治和曼斯菲尔德以前都曾表态支持过条约,他相信条约会被通过的,虽然也许要经过一番长时间的辩论。

我说饶伯森先生真是具有远见,在去年10月与中国政府开始谈判之前就探询了这两个参议员的意见。我也希望那份备忘录不至于在参议院引起太多麻烦。我接着谈起发表在1月13日《报道者》杂志上的哈伦·克利夫兰的文章《混乱的水域:台湾海峡》,文中声称条约等于给美国设下两个陷阱。

饶伯森说他也看过这篇文章,这一切表明美国有一些人不赞成台湾的国民政府。实际上,如果不是由于1950年的朝鲜战争,当时的国务卿迪安·艾奇逊可能已经承认了北平的共产党政权。

我说我知道艾奇逊甚至在1949年9月就已作了这种表态。

饶伯森说,他确信艾奇逊完全赞成承认共产党中国。至于对大陈岛问题应该怎样措置,饶伯森说他正在暗自盘算,是否能把这个问题作为一桩共产党侵略案件向安全理事会提出,要求它进行干预,以便实现有利于和平的停战。

看来饶伯森仍然在试图回避叶、蒋和我的看法,我立即指出饶伯森先生刚才的一番话听起来很像是酝酿中的新西兰决议草案。但是我又说,我也想要知道,如果饶伯森先生的这个建议要提交安理会,究竟应该由中国、美国还是特别由某一其他国家提出。而无论如何,我个人看不出安理会能做出什么有助于大陈形势的决定。

饶伯森说,他能肯定的一点是,苏俄将否决安理会做出的任何有利于在大陈岛停战的决议。俄国人的这种举动将在全世界增强中华民国作为一个爱好和平和深受侵略之害的国家的地位。

我指出共产党人很可能不理会联合国。另一方面,一旦问题被提交安理会,它可能导致不利于我国的变化,正如中国大使馆在1954年10月就新西兰决议案致国务卿的备忘录中所提到的那样。

饶伯森说他仅仅是个人考虑,并未向杜勒斯先生谈及这个问题。国务卿对此可能有完全不同的看法,也许不赞成任何这类的主意。因此,他请求我在电报中不要对蒋委员长提起此事,因为他在与杜勒斯先生商议之前,只想听听我个人的意见。

我重申蒋委员长强烈反对去年10月提出的新西兰决议案。

饶伯森说那是在缔结有关台湾和澎湖的共同防御条约以前的事,现在既然已经签订条约,情况就不同了。

我于是说,我对美国如何能帮助中国政府应付大陈岛的局势而又不致卷入冲突倒有些具体意见。首先,我希望美国政府尽快发表一个声明,确认它对沿海岛屿有利害关系,对共产党人进攻这些岛屿表示关切,并保证在一旦出现共产党侵略时,给予中华民国以精神和物质两方面的支持。我相信这样一个声明将能有效地防止中国或整个亚洲人民认为美国对大陈形势漠不关心,中国政府不得不单独应付这种局面。第二,美国应该考虑派遣一名高级军官作为总统的特使前往台北与中国政府协商,这位特使应该拥有代表美国就地做出决定的权力,以便会同中国政府迅速而有效地处理大陈岛的问题。

饶伯森说,蔡斯将军在台北担任的应该就是这项工作。

我说蔡斯将军是个热诚的人,但我了解他的职权仅限于有关训练和使用军援装备的事项。尽管中国国防部与蔡斯将军保持着密切联系,可是蔡斯将军事先必须请示华盛顿,否则无权做出重要决定。再者,我听说蔡斯将军关于重要问题的报告常常由一些较低级的官员审阅,到达不了决策当局那里。

饶伯森说,太平洋舰队司令斯顿普海军上将随时从蔡斯将军处得到消息。

我指出在当前大陈一带的严重局势下,美国有必要派遣一些高级军事代表驻在台北,他们应拥有充分权力与中国政府协商问题并代表美国政府就地做出决定,就像柯林斯将军在印度支那一样,由于他拥有广泛的权力,所以到任不久就能针对南越局势做了大量工作。

谈到第三点意见时,我说美国如能给中国政府予明确保证,对保卫沿海岛屿将提供补给支持,这将是适合时宜的。而且一般说来,也将有助于增强中国军队和中国民众的士气。我回顾在叶部长及我本人与饶伯森先生、国务卿会谈时,还有与总统会谈时,都曾提到过这个问题,然而没有预料到共产党会这样快地发动进攻,虽然近两个月来中国政府得到的情报已经清楚表明,共产党将对沿海岛屿采取一些强硬行动。

第四点,我说中国政府希望美国政府命令第七舰队派遣一些有力的分队开到大陈岛周围,在保持安全距离下执行巡逻任务,这样一种行动不至于会使美国卷入与共产党的武装冲突之中,但能表明美国对沿海岛屿的关注,从而威慑共产党人使其不再继续进攻这些岛屿①。

第五,也是最后一点,我建议加速向中国政府交付军援计划中的急需项目,例如飞机、驱逐舰和登陆艇。由于国军在反击共方进攻、保卫沿海岛屿的战斗中损耗重大,迅速补充其急需物资是个迫切问题。

饶伯森说,他对我提出一些具体建议感到很高兴,他要求在场的马康卫记录下来,以便向杜勒斯全盘汇报,供其考虑。但他又再度说道,虽然他确信参议院最后终将批准条约,但美国政府现在如对沿海岛屿采取行动,是否会耽搁参议院对条约的批准,这个问题有必要慎重考虑。

我表示同意饶伯森提出的疑点,但希望这位助理国务卿能把我的意见充分转达给杜勒斯先生。我还补充道,我正期待着在近几天内亲自会见国务卿。

---

① 原编者注:第七舰队本来巡逻在包括大陈海域在内的台湾海峡区域,自从共产党人发动进攻后,就未在大陈岛附近露面。

饶伯森说，杜勒斯先生刚刚从纽约回来，他最近两天的时间将被国会占用，但他（饶伯森）认为杜勒斯先生肯定乐于会见我。我说这样，我就不指望马上会见国务卿，而等到下星期初再和他谈我已向饶伯森先生提出的建议。饶伯森说，这样很好。

在送我出来时，马康卫问起叶外长是否仍在华盛顿，他打算在首都逗留多久？我回答说，外交部长已经推迟了几天行期，以便会见雷德福海军上将，商谈某些有关军事援助的问题。马康卫又问叶外长在返回台湾之前是否仍将访问马尼拉。我说是的。于是我反问马康卫，他的办公室有没有收到任何从台北传来关于大陈形势的最近消息。马康卫说，他的办公室曾收到过台北发来关于大陈形势的电报，但那些都是从中国国防部收集到的情报。

饶伯森提到的那份民主党人关于中美共同防御条约的备忘录已被詹姆斯·赖斯顿用作当天早晨《纽约时报》的专论主题。合众社和美联社的电讯也加以引用。赖斯顿的文章说，民主党全国委员会向参议院外交委员会递送了一份秘密备忘录，列举了参议院中民主党人对中美共同防御条约的疑点和问题。赖斯顿接着胪列了这些要点，我将其扼要归纳成一则电文报告给外交部①：

（1）对台湾及澎湖必须由友邦掌握及保卫固无问题，但批准该约不啻正式承认台、澎为中华民国领土，而予中共于进犯台、澎时可借口内战，并非国际侵略。

（2）主张美为自身利害计，应使台、澎与中国大陆分开，不宜转认定其合法结成一体。

（3）多数友邦愿见台湾海峡和平而置之于联合国宪章之下，禁止用武，并适用人民自决之原则。

（4）怀疑中国政府所予不反攻大陆之诺言，因条约上未见明文规定云。

我在电报中还补充说，根据合众社和美联社的报道，前述备

---

① 此电电文录自顾氏所存档案。——译者

忘录实际上并不是民主党全国委员会分发的,而是由民主党的外交专家前国务卿艾奇逊、前空军部长芬勒特和前国务院国际事务顾问科恩提出的。我已经要求中央社用电报发一份该项报道的全文给台北,其剪报另行邮寄。

我曾责成陈之迈参事去调查了解赖斯顿的文章,陈报告说,他要求一位在美国国会的密友告诉他这件事的原委,后者经过一番探询后报告如下:

(1)确实存在一份由民主党全国委员会致参议院外交委员会中民主党成员的备忘录。

(2)赖斯顿所正确引用的备忘录内容,代表着民主党全国委员会中一些"史蒂文森派"的"如意算盘"。(巴特勒主席就是一个人所共知的"史蒂文森派"。)也代表着白宫中一些追随者的意见,但不包括总统。这两伙人的企图是要为批准条约设置障碍。

(3)可是,参议院外交委员会主席、参议员乔治已经对他的委员会同僚和政府代表明确表示,他认为对条约不会有"实质性的反对",条约将获得批准。

第二天我得到一份该项备忘录全文的抄件,看过之后知道确实是出自本杰明·科恩的手笔①。我在日记中写道:

> 科恩关于台湾和澎湖法律地位的备忘录,其影响在参议员,特别是民主党参议员中不断扩展,不过外交委员会的民主党主席、参议员乔治未为所动。备忘录的目的即使不是要中止条约,似乎也是想要推迟参议院对条约的批准。其着眼点在于宣传对台湾的托管,将其最后归属问题悬而不决,借此对北平表示妥协和屈服,以换取台湾海峡的停火。

---

① 见附录三关于拟议中的与中华民国缔结共同防御条约的备忘录。

这件事很使人心忧。13日叶外长致电沈次长转呈蒋总统和行政院长,电报说①:

(1)致沈次长第435号电计邀鉴察,棠约②如尚未经立法院通过,甚盼设法促其早日实现。

(2)连日此间各报及广播均发表民主党若干议员对该约之批评,其内容业经大使馆电呈在案。民主党中颇有人视该约为牵引美国卷入战争旋涡之陷阱。另有该党重要分子如前国务卿艾契生③等,则指其将永久巩固台湾地位,因而放弃美国对远东外交政策之弹性。并警告其本党参议员,于审查该约时必须审慎将事。惟参议院外交委员会主席乔治氏因于签约前已允在国会予以支持,故向记者声称,彼个人仍将支持该约。

(3)大致一向主张以两个中国并立而谋解决远东问题者,均直接间接起而抨击该约。

(4)换文中使用武力一段,今日《华盛顿邮报》已予披露。我似可在台将换文全部发表。

(5)职在此不便作任何声明。惟鉴于目前大陈情况,我于发表换文全部时,似应强调换文内所载我之固有自卫权,并声明此项自卫权之行使,不容为任何友邦所劝阻。

在另外一份致外交部的电文中,我报告了那天《纽约时报》登载的一条专讯④。

(1)441号电计达,本日《纽约时报》专载述前国务院参事寇恒⑤所拟有关中美共同防御条约备忘录,略谓寇氏曾将

---

① 此电文录自顾氏所存档案。——译者
② 棠约是中美共同防御条约的代号。——译者
③ 艾契生即艾奇逊。——译者
④ 此电文录自顾氏所存档案。——译者
⑤ 寇恒即科恩,艾其逊即艾奇逊,芬雷特即芬勒特,百尔斯即鲍尔斯,基能即凯南。——译者

初稿送请前国务卿艾其逊、前空军部长芬雷特、前驻印大使百尔司以及前驻苏大使基能等研读并提供意见,经寇氏参酌补充。该文未主张参院不可批准此约,仅指出若干缺点供诸参议员研讨,但若干民主党参议员认为不致因此而改变其赞助此约之立场云。

(2)本日《华盛顿邮报》谓美政府已将部长上年12月10日致杜卿①允诺于采取行动前须经双方协议之函件送参议院为中美共同防御条约中文件之一云。

13日美联社电讯报道了民主党参议员斯帕克曼的一则声明,大意为虽然无法百分之百地保证蒋介石总统不会企图以挑起一场共产党进攻的做法来把美国拖入战争,但杜勒斯国务卿与叶公超外长在12月10日的换文确已成为不致发生这种情况的最好保证,因此换文实际上已得到蒋总统同意决不把美国卷入战争。斯帕克曼是在参院外交委员会一次秘密会议上发表这些评论的,他是该委员会的一个成员。

杜勒斯国务卿在上述参院外交委员会会议上首次露面报告国际形势,他敦促委员会从速批准马尼拉条约以应付当时的严重局势。委员会主席乔治于是提议在批准马尼拉条约之前暂不讨论中美条约并得到赞同。后来我了解到参院委员会在2月1日下午开始考虑马尼拉条约,并于同天完成了这一议程,随后委员会将立即着手审查、考虑中美条约。

1月14日上午,台北立法院举行了一次全体会议,讨论外交委员会和国防委员会关于防御条约的联合报告。据外交部报道,在讨论中各个成员都热情发言支持条约,投票结果,立法院一致通过。它的结论报告是,请求总统批准条约。会后发言人召开一次记者招待会,宣称条约的通过是令人鼓舞的。

1月15日,我收到外交部一份报告,谈到蒋委员长关于换文

---

① 杜卿即国务卿杜勒斯。——编者

的指示。叶部长曾经建议,既然关于使用武力的关键一段还没有在美国报纸上透露,我们可以公布全文。但根据外交部的电报说,蒋总统指示,既然美国政府尚未公布换文的原文,我们也不要公布全文。外交部在那天只需简单发布一个声明,解释换文主要内容,并强调保留我们对所控制的全部领土的自卫权利。这个声明的英文文本全文在另一份电报中送达我处,但实际上从未公布过。

据沈次长后来说,他在发表声明前曾将草稿送交黄少谷副院长和主管宣传的负责人最后审定,他们一致认为立法委员们和各方面的领导人都对换文有明确理解,看来不存在任何疑点。即使当合众社报道换文内容的电讯(与《华盛顿邮报》上发表的相同)在香港的外文报纸上刊载以后,各方面也未出现不利反应。因此,在台湾当前尚无必要来宣传和解释换文的内容。

沈次长说,目前我们主要关切和担心的是如何事先防止美国那些反对者对条约的责难,当参议院开始审议条约时,这些人可能制造困难。虽然他准备的声明草稿对于这点已有充分考虑,但并不能保证人们不对条文妄加解释。此外,据最近抵达台湾的蒲立德说,美国的舆论对我们颇为不利,普遍担心我们把美国拖入战争。所以蒲立德觉得最好是不发表任何声明。沈说,因此他们已经决定采纳叶外长在上次电报中建议的方法,让纽约的中央社分社起草一份电报作为 14 日电讯,这份电报将述及各家美国报纸已经公布了换文;还将谈到公布换文的方式和细节,并引用载有换文原文的合众社电讯稿,外加评论说明换文不构成条约的一部分。

沈次长继续说,前述决定已于同日(15 日)晚上向副总统陈诚报告,要求他按照实际情况加以考虑。沈次长和俞鸿钧院长已在 12 月 29 日的一次立法院秘密会议上就换文的背景、过程及其全部内容等作了详尽报告,1 月 7 日政府还向立法院送去了换文的中、英文本供其参考。陈诚于是立即批准了中央社的电讯稿,

16 日早晨随即在各报公布。

总结一下那时台北各方面的情况，我可以说截至 1 月 16 日，政府主要担心的当地人民反对条约以及披露换文内容将对民心士气产生不利影响，已经得到了令人满意的解决，剩下的主要问题是如何促使美国参议院迅速通过条约，并继续请求美国对保卫沿海岛屿给予援助。

第二节　关于沿海岛屿的几项重大决定
——台湾决议；从大陈撤退和
在台湾海峡停火的建议

1955 年 1 月中—1 月末

叶公超外长和我知道，要同时促使中美共同防御条约迅速通过，并敦促美国帮助国民政府防守沿海岛屿（这是 1955 年 1 月中旬摆在我们面前的主要任务），殊非易事，特别是由于许多美国人民以及代表他们的国会议员们害怕被卷入一场亚洲战争。新西兰关于在台湾海峡停火的提案，看来很可能在安理会上提出，更增加了我们的困难。我们担心这会助长那种认为"两个中国"政策是解决中国问题的最好办法的错误想法。

在我们的困难后面还存在着美国政府亚洲政策的性质问题。叶外长于 1955 年 1 月 15 日给行政院长俞鸿钧的一封信中表达了他对这一问题的看法：

> 自塔夫脱去世，共和党实际已群龙无首。该党之不团结主要应归咎于缺乏一项在亚洲的积极外交政策。除各部长外，尚有少数人士仍在外交政策方面予艾森豪威尔以重大影响，其中包括乔治·马歇尔、保罗·霍夫曼、总统之弟米尔顿·艾森豪威尔、卢修斯·克莱、约翰·麦克洛伊、考尔斯兄弟（《展望》杂志拥有人），以及参议院中两党领袖。其中过

去多数曾为罗斯福服务而目前未在政府中任职。马歇尔的影响显然一直很大。保罗·霍夫曼、约翰·麦克洛伊、米尔顿·艾森豪威尔及考尔斯兄弟均系两个中国主张之著名支持者。众所周知,邱吉尔与艾森豪威尔私人间经常通信,英国亦持续对美国外交政策有重大影响……

对亚洲,其当前政策显系避免与共产党发生任何武装冲突,并消除一切争端及可能导致一场武装冲突之局面。俄国在联合国宣称台湾海峡乃"战争温床",此举较之共产党人宣称"解放"台湾尤能引起官方注意。关于台湾海峡实现停战之愿望明显反映于试探性之新西兰提案中,鉴于当前大陈形势之发展,此项提案可能再次提出。据闻英、法确信苏俄不拟在欧洲或亚洲直接或间接卷入对美之武装冲突,至少目前如此。艾森豪威尔认为若能阻止自由国家之任何挑衅性行动,苏俄即不致冒险发动针对美国之战争,在远东尤其如此。

与此同时,美、英为应付万一与苏俄发生战争之不测事件,均正武装自己。此等事实十分明显。美国已开始执行一项发展空军及原子武器之庞大计划。美、英两国科学家及武器专家之合作较前尤为密切。若干曾与弟交谈之高级将领皆嘲弄"共存"观点,并指出不断增加空军力量及原子装备实为对苏战争不可避免之迹象,甚至希望万一发生美苏战争,中共可能脱离苏俄。铁托主义将在红色中国兴起之信念仍流传甚广,尽管若干美国人士认为无非痴心妄想。

美国政府内外文武官员甚少支持逐步助我光复大陆之政策者。甚至周以德亦向弟告诫由于人所共知之原因,在电视露面时切不可提起光复大陆。周以德赞同我始终牢记光复大陆之最终目标,但劝我避免给人以要求美国于不久之将来助我们返回大陆之印象。弟曾晤鲁斯,询及其对艾森豪威尔亚洲政策之评价。鲁斯谓,只要美国本身尚未做好在亚洲进行任何战争之准备,而自由亚洲各国之联合力量又不足以与共产党中国相抗衡,艾森豪威尔即不可能提出积极之亚洲政策。鲁斯认为目前我之最佳政策乃利用在此悬宕时期已获得之美援,尽可能积聚力量,谋求进步。

于此必须奉告者为当前流行之两个中国论点,此种论点视两个中国为目前最佳解决方案。从各方收集之消息与迹象均证实弟原先之怀疑,甚至杜勒斯亦曾一度对此种似是而非之两个中国论寄予希望。当然,其本意乃为根本解决因中共占有大陆及国府意欲收复以解放受奴役之人民而出现之问题。

此种情况于参院对中美共同防御条约进行辩论之际,尤为明显,部分参议员深恐此项条约将使两个中国方案之实现成为泡影,盖批准条约将使美国受到约束,承认我为唯一中国政府。同时另部分参议员赞成此项条约主要乃因其为两个中国之论点提供根据。此两派不仅存在于国会,亦存在于社会舆论之中。总之,两个中国之论点将继续得势,盖当前普遍认为吾人依靠自身力量不可能返回大陆,而美国又肯定不会为我而与中共或苏俄作战。基于此种原因,弟曾向艾森豪威尔总统提出关于两个中国之疑问,并强烈反对新西兰在联合国之提案。在为缔结中美共同防御条约进行谈判期间,杜勒斯与饶伯森曾一再否认美国政府有任何欲利用此条约作推行两个中国论点根据之企图。但弟仍然怀疑甚至彼等本身亦未必完全摆脱此种想法。然而,平心而论,其所以坚持换文,主要乃为对付民主党之批评。民主党认为此项条约之结果将使美国被卷入与中共之战争,而非予我以永久约束。避免挑起事端。

据印度人士称,如果向中共提出两个中国之说,必将遭其反对;然则此种可能竟尔侥幸成为我坚决反对两个中国之助力也。两个中国论点之鼓吹推行者中,部分人仅出于阻止我对大陆提出主权要求;而另部分人之所以赞成此论点则系畏惧如我试图武力收复大陆,将使美国卷入一场第三次世界大战。此外尚有若干人士,包括我国某些挚友,则担心如我执意以自身有限之力量进攻大陆,无疑必将遭受失败,从而丧失我目前在台湾之地位……

叶部长还提到有关条约的问题,颇有意义,内容如下:

……首先,我方必须避免对此条约正式表示任何满意心情,应使美国诸参议员认为吾人有被拆台之感,同时又令中共猜测我仍对美讨价还价。此点至为重要。弟印象中,此项条约及换文已经收到效果。日昨自可靠消息来源获悉,周恩来曾告哈马舍尔德此项条约为入侵大陆提供依据。此语当然仅系阻止美国国会通过此条约之一口实。周恩来实与吾人相同,明知此项条约并未予我以任何入侵大陆之依据,充其量不过给我以反击之权利,而我之反击尚不可能达到大规模进攻大陆之程度。但此约确已在某种程度上对中共起作用,亦即使其明了,除美国国会已通过决议反对接纳红色中国进入联合国外,美国政府更承担保卫我主要基地之义务。由于此事紧随中共开始其侵袭台湾战争叫嚣之后发生,遂形成对中共提出需其深思之问题。此事可能成为中共发表其关于美国飞行员声明背后动机之一。现吾人可确信中共对哈马舍尔德提出条件之一即美国应向联合国并向中共作出保证,决不助我进行任何对大陆之进攻。

吾人现今应尽一切可能告知大陆人民,所有彼等自共方听悉之战争叫嚣无非虚声恫吓。换言之,我应作一切努力促使北平政权实行其入侵台湾之声言。弟敢断言共产党企图侵犯台湾实为无比之好事,吾兄必能同意此说。

叶部长在他的信中不止一次地提到英国对美国政策和政策制定者的影响。像我一样,他充分意识到必须密切注视英国的声明和行动,并尽量采取行动以缓解由此而对我们的地位可能产生的任何不利影响。蒋委员长在台北也已考虑到这个问题。1955

年1月6日他发给我一份电报转页,内容说①:对英外交可否在美乘便与英方公私各方面间接密商进行,如其能在道义上协助我复国,则其在我国原有权益以及其被中共所没收之财产将一律归还之意告之,其他两国商务彼如愿谈亦可开始商谈。如何?并与顾大使切商之。

叶外长和我详细地讨论了此事,审慎地答复道:对英外交我向暗留有转圜余地。但目前要对此事作任何推进仍有诸多障碍,我们指出三点:

(1)英人素重事实,近对中美新约虽未积极反对,但英当局论调则认为可以稳定远东局势,渐可形成两个中国。

(2)中共对英虽表面攻击,内实暗事好意联络。如对被击落之英机,已予赔偿,可见一斑。故我与英接洽,现似尚未至时机。

(3)叶外长在联合国开会期间与英方曾有接触,其态度似尚无转变。(我可以补充一个具体事例:1954年12月中旬英国驻联合国首席代表安东尼·纳丁在一次电视采访中谈到,若中共进攻台湾将导致联合国采取集体行动。英国作为联合国成员,将因此承担采取行动的义务。他的讲话后来在《纽约时报》上刊出。伦敦为了澄清它对这则报道的立场,立即声明如果中共进攻台湾,英国将不介入,并且不与共产党作战。评论家们把这解释为英国内部赞成和美国在亚洲合作的那些人与左翼分子及恐惧战争人士之间出现争论的另一个例证。然而,重要的是后一部分人掌握了决定权。)此事拟请准稍缓俟机再行推进,现已共同研究将来推进办法,容叶外长回国后面陈。

但蒋委员长几乎是立刻复电。复电以他个人的名义,指示叶外长说:"对英国接洽无论成效如何,此时应即着手进行,不可消极待时,请嘱顾大使就近积极策进为要。"

---

① 以下文字录自顾氏所存档案。——译者

叶外长在 1 月 15 日致俞鸿钧的信中这样写道①：

> 吾兄谅已知悉,弟已两次奉命告知英人,一旦我重返大陆,有意履行所有条约义务并归还英国被没收之财产。吾兄谅并已得悉弟曾复电建议,目前进行接触尚非其时,应等待将来发展。但最近一次命令指示立即着手进行。为此曾与顾大使商议此事,已决定若干措施,包括先派一友人前往伦敦探明是否可能进行一次接触,并预期能得到某些结果而又不致因此留有形迹。该友人将能会见若干下院议员及政府领导成员。

但主要的是叶和我对此都很怀疑,我们认为英国政府仍然极不愿默认我们对大陆的所有权;此外,中共现今正在尽最大努力改善他们与英国的关系。我们担心如果和英国接触并说明我们返回大陆后将给他们这样那样权益,这种做法可能使我们显得相当愚蠢。所以,我们决定竭尽全力执行命令,但在做法上留有分寸,以免影响我们的声誉。

关于这一点,正如叶外长在他信中指出的,他和我在英国有不少私人朋友,彼此间保持着联系。此外叶在信中还说②：

> 多年来杭立武博士在伦敦中英文化协会中保持一类似前沿性质之组织,供给陈源教授及数名其他人员薪水。杭之报告过去径送雪艇③,谅必已面呈委座。

> 外交部本身在伦敦亦安排一加拿大土生之华人作为秘密代理人,此人表面上从事商业作为掩护。英国外交部正式知悉其存在,此人直接用密码与我方联系。渠持有英国护照,因而可以离开及返回英国。通过密码电报或由可靠之人传送信件,我方可从此人得到相当准确之情报。此人与英国

---

① 录自顾氏所存档案。——译者
② 录自顾氏所存档案。——译者
③ 雪艇,王世杰。——译者

外交部有定期联络。此乃当日我方允许英国保留驻淡水领事时所作之安排。

叶外长致行政院长的信也提到军事援助问题,其中一点突出了台北在发出指示时缺乏协调。作为一个明显的例子,他举出最近曾向我们提出应该再次要求美国考虑把沿海岛屿包括在条约之内。他向俞院长回顾往事道,从刚一开始我们就要求包括沿海岛屿,而且在条约的谈判过程中我们又多次提出这个要求。但是很明显,如果我们过去坚持包括沿海岛屿,我们就不可能缔结这个条约。我们所能争取到的最好结果就是有一个补充条款说明条约区域有可能扩展,我们正是这样做的。叶外长说,但是几周以前大使馆武官萧勃将军从代理参谋总长彭孟缉将军处得到训令,要求把沿海岛屿包括在中美条约之内。11 日国防部长俞大维表示了同样的愿望。叶外长指出,在这个时候重提此项要求肯定会延搁条约的批准。他说,当然我们可以在条约之外,要求由第七舰队来实现这同一愿望。实际上我们正在设法进行此事,不过我们不敢说能够如愿以偿。

叶外长的信继续写道:

此外,尚须从另一角度考虑。假定美国竟然接受我要求,将沿海岛屿包括在条约区域之内,并假定共产党能被慑服,不敢对沿海岛屿采取行动,则亦将意味我方不能对大陆再开一枪。易言之,我方将不得不满足于立即停火,或我方完全中止任何军事行动,此正为所谓新西兰提案之目标所在。其唯一区别为美国不愿自己承担保卫此等沿海岛屿之责任,而由联合国号召和平,从而对共产党人造成声势,考验毛泽东是否敢于违反联合国禁令进攻沿海岛屿。杜勒斯争辩称,即使中共继续进攻此等沿海岛屿,中华民国亦不致有所损失,且由于此种行为将向世界表明共产党人为侵略者。实际上中华民国在道德声望上反有所得。我等拒绝接受此种论点,因我不需在中华民国及共产党政权之间划定一条明确分界线,从而导致形成两个中国之可能性。此外,此种对我禁令将使联合国有权在我及共产党人之间进行斡旋或与共产党人开展谈判,有如哈马舍尔德不久前关于美国飞行员问题之所为。

弟并非反对将沿海岛屿包括在中美条约之内,唯认为鉴于大陈岛形势最近之发展,考虑此项问题亟需谨慎。应考虑在我与共产党人之间保留一片自由地带,最低限度应可供我方从该地带经常袭击大陆,以便继续保持我对大陆之主权要求,同时提醒大陆人民,我军近在咫尺,将来能以更大力量打击共党。

弟已注意及委座前此之电示仅限于要求紧急后勤补充及支援。经仔细领会指示内容,委座并未责成再次催促将沿海岛屿包括在条约之内。唯俞大维部长之来电当亦系遵照委座之指示。

当然,吾兄必能理解弟对此并无任何埋怨。俞部长恐并未获悉弟电呈委座之内容及委座对弟之电示。关于沿海岛屿,弟曾仔细与委座反复探讨,并承核准目前不再提出此问题。至恳层峰能拨冗复核上述情事。沿海岛屿问题涉及诸多方面,需要确定解决此问题之最佳途径。而一旦下定决心,务必坚持吾人已作出之决定而不复动摇……

写好这封信的三天之后,整个沿海岛屿问题和美国对那些岛屿的政策由于中共重新进攻大陈两岛和一江山岛而受到震动。一江山岛是我们最北部的前哨基地,位于大陈以北数英里的浙江沿海。据报道,1 月 18 日上午中共进攻并占领了一江山岛。艾森豪威尔总统和他的主要顾问们对这个问题进行了商议,最后结果是由艾森豪威尔总统作出一份"三点决定",1 月 19 日经杜勒斯国务卿向叶外长和我宣布。1 月 24 日以比较笼统的形式提交国会,以备其通过成为国会的决议案。

18 日蒋委员长发来一份电报,到达大使馆机要室的时间是同日上午九点半左右,电文中提到共方飞机那天早晨再次轰炸大陈和一江山岛,但没有像报纸登载的那样谈及一江山岛被占领。我迅速致电外交部探询消息,打听我方游击部队在一江山岛抗御进攻的战绩以及共方伤亡数字和共军现在的行踪。一江山岛被占领的消息来得相当突然而且含混,我让大使馆做好准备以便答复新闻界必然会提出的问题。

由蒋委员长亲自起草发给叶公超的电报的真正目的是指示叶正式并立刻前往国务院和国防部,探询他们的真实意图和见解。蒋委员长指出,第七舰队原先在大陈周围的海、空区域内巡弋,但是自从 1 月 10 日共方集中轰炸大陈岛以来,该舰队甚至没有一艘军舰或一架飞机敢于靠近大陈周围,这使人难以理解。所以蒋委员长想要立即弄清国务院和国防部的真实意图,并了解他们认为我们的部队是否应该固守抑或放弃这些岛屿。他说:"要求尽快给我以明确而充分之答复,同时要求保证第七舰队将继续在大陈区域进行经常巡逻,从而在精神和道义两方面给我们以支持。"

叶外长约定在同一天上午十一时去会见参谋长联席会议主席雷德福海军上将。五天以前他已经把拜访的目的通知了海军上将。其中之一是递交俞大维部长有关军援的要求,包括把沿海岛屿纳入中美条约的要求,并与他讨论大陈的全面局势,特别着重于保卫沿海岛屿尤其是保卫大陈所急需的后勤支援。会谈之后,叶外长亲自对我概述了谈话的性质,随从交给我一份他做的会谈记录。

据这些记录所记,叶外长首先提起军队整编的事。这是雷德福海军上将最近访问台北进行高级会谈时曾和蒋委员长讨论过的问题,我在前面的章节中对此已经述及。第二,他提出俞部长迫切要求增加四艘驱逐舰、十五艘登陆艇和尽快交付 F-86 佩刀式喷气机及侦察机。他还提到蒋委员长要求建立一支多用途的小型海军。

雷德福海军上将向叶外长出示一份俞大维将军在台北交给他的备忘录,概要叙述了俞将军关于保卫台湾和沿海岛屿的战略思想。雷德福海军上将还把他在返回华盛顿途中收到驻台北美国军事顾问团转发给他的俞大维的一份电报的副本给叶看。他向叶保证将尽一切努力加快佩刀式喷气机的交付,但他提起他刚刚收到蔡斯将军一份电报,从中得悉已没有合格的喷气机驾驶员可供调配,所有的合格驾驶员能够被分配到最近交付的二十五架F-86喷气机上。他说训练一个驾驶员能够操纵F-86喷气机作战至少需要三个月的时间。换言之,即使能够加快飞机的交付,如果没有经过必要训练的飞行员去驾驶飞机,也不能立即对我们的空军力量有所加强。

叶外长敦促他道,缺乏驾驶员不应当延迟飞机的交付,这些飞机可用以补充损失的飞机或准备补充可能损失的飞机。他委婉地说,也许训练过程还可以缩短。

至于登陆艇,海军上将认为美国拿不出十五艘用以赠送。他说在西海岸可能有三四艘能够转作此用,斯顿普海军上将正在研究这件事。雷德福对建立一支功能齐全的小型海军毫无热情。首先,他认为我们所有经过充分训练的人员仅够配备两艘新增加的驱逐舰,我们将没有足够人员去配备例如一艘轻巡洋舰或更多的驱逐舰。此外,他觉得维持较多的舰艇会使我们政府出现财政困难。

叶外长没有把事情扯得太远,但坚持在当年年底之前应该交付我们四艘驱逐舰。

海军上将勉强同意,应允代为转达。他怀疑四艘驱逐舰是否能够同时全部交付,他说他将力促先交付两艘,稍晚一点再交付两艘。

叶使雷德福将军对事情的紧迫性得到深刻印象,他还慎重地表示,他将继续敦促此事。

海军上将接着提起政治部对我们海军人员的重大影响问题，这个问题他过去也曾对叶外长提过。他说，尽管蒋总统否认，他仍然认为海军人员的升降主要是根据政治军官的报告，而不是根据正规的海军考绩。

叶外长解释道鉴于过去海军中的背叛事件，我们不得不更加谨慎小心以防止背叛事件的再度发生，这种背叛是由于共产党的渗入而引起的。他向雷德福保证，如果雷德福能提出具体事例，说明任何军官不经考核本人的功过而被提升或黜降，蒋委员长肯定会欢迎的。

雷德福继续争辩道，任何与指挥官平行的权力体制将在各级人员中产生顾虑。最后他同意在海军中配备反间谍军官是必要的，但是他认为政治军官的地位不应该与指挥官平行。

叶外长说，政治军官的地位并非与指挥军官相等，而是低于指挥军官。据他所知政治军官无权决定技术训练和本单位的人员调动。

从叶外长的谈话记录看来，海军上将的主要反对意见似乎是对于政治军官的地位和传闻的事实，即政治军官径向政治部作秘密报告，并不参考指挥官的意见或与指挥军官磋商。他同意叶的看法，与其说这样做是个目的的问题，不如说这是个方法问题。

叶外长接着提出俞大维部长关于把沿海岛屿包括在共同防御条约之内的要求。

雷德福海军上将提起当他在台北时，俞大维将军就曾和他谈起过这件事，并且在他最近的电报中又再次提出了这个要求（俞大维通过美军顾问团转交给雷德福的电报）。雷德福说，那是不可能的，他知道当时要是我们坚持这一要求，也许我们根本就缔结不成这个条约。在目前这个时候，他无论如何也不能把这个要求向国防部长建议。

叶公超对雷德福说，他将保留这个问题准备与杜勒斯先生会谈。他认为俞将军希望稳定沿海岛屿局势的愿望肯定有其优点。

如果我们听任互相袭击继续下去,台湾和澎湖列岛被卷入敌对行动的可能性就会越来越大。这些沿海岛屿自然不能总像固定的靶子一样听任共产党人袭击而不还击,而唯一的有效报复方法就是反击大陆上的某些地点。另一方面,假若能够命令第七舰队把大陈包括在它的巡逻圈内,当必要时举行一次武力示威,共产党人很可能会停止进攻大陈,因为他们肯定不愿卷入与美国的冲突。

可是海军上将仍坚持说他不能向国防部长或总统提出这样一种建议。他请叶部长向俞大维将军解释,对俞来电中提出的这个特殊要求,他实在无法答复。

叶外长接着提请雷德福海军上将注意共产党人占领一江山岛和共产党空军继续轰炸上、下大陈岛的新闻报道,他问雷德福,为了阻止共产党的进一步攻击,美国政府是否有可能考虑对第七舰队下达特别紧急命令。

雷德福答道,他在台北时就已向蒋总统讲明,美国目前不能考虑采取这种措施。他补充说,他当时向蒋总统谈的仅仅是他个人的意见,但自从他由台北回来以后,他更加相信中国政府提出的这种要求将被拒绝。他接着详细叙述了保卫大陈的困难。他估计如果我们有一百架佩刀式喷气机和两倍于此数的常规型飞机,或许可能对那个区域的船只和岛屿在日间提供空中掩护。他说那意味着飞机必须在拂晓以前到达大陈,这就必须以台北为基地对那里进行轮番巡逻。即使如此,那些主要岛屿仍须依靠自己的力量防止夜袭。他的结论是如果共产党人真想要夺取那些主要岛屿,他很怀疑我们是否能够长期保住它们。他进一步评论道,在这些岛屿上打了败仗比起战略撤退对于我们的声誉和军队士气要造成更大的损失。雷德福直率地建议说,假若中国政府要求美国掩护大陈岛的军队撤退,这种要求现在很可能得到顺利的答复,他本人就将支持这个要求。

叶外长告诉他,我们从未决定从大陈撤退。俞大维将军要求

的这些紧急支援,实际上正是为了继续保卫那些岛屿所急需。他列举了需要保卫大陈岛的下列理由:

(1)我们不愿意让这个国家①中反对我们的人诽谤国民政府不为自己作战。虽然我们不想把所有的一切都押在大陈岛上,但我们也绝不能不让对方付出沉重代价就把这些岛屿拱手让给敌人。

(2)从大陈岛撤退将影响驻金门军队的士气。

(3)曾经给过台湾援助的美国,由于放弃更多的地区给共产党,将因此受到非难,这将是自由世界的又一次失败。

据记录所载,雷德福同意叶外长的所有理由。但他说他作为一个军人只能这样讲,鉴于我们在大陈所能使用的力量和敌人所能施加于那个地区的兵力,他几乎可以断定,如果共产党人决心拿下大陈两岛,我们是难以长期固守的。或者,要是共产党人愿意进行一场消耗战,他们也可以这样做,选择权操在他们手里。在这种情况下,即使美国给我们任何更多的供应品,也大有可能被迅速消耗或丧失。他一再说,据他看来,在大陈岛的军事失败将给各方面造成极坏的影响。

叶外长答道,正是为了避免这种军事上的惨败,我们才要求美国给我们及时的后勤补充和支援。

雷德福说,虽然他完全同情我们的事业,而且愿意看到那些岛屿能守住,但对我们来说是事与愿违,正如他曾经说过的,除非我们有一支庞大的空军和舰队可供支配,而可惜我们却没有。他反复说,整个局势取决于能否有充分的空中掩护。当叶外长谈到大陈岛作为观察站对台湾以及冲绳所具有的战略价值时,雷德福承认这个岛作为雷达侦察站对冲绳有一定战略价值,但认为这种价值抵不过美国将不得不耗费的后勤支援。即便提供支援,他说中国政府能否及时训练出足够的飞行员去挽救局势,也令人怀

---

① 这个国家,指美国。——译者

疑。说到这里,他们的谈话转向其他题目。

在 1 月 18 日的记者招待会上,杜勒斯国务卿正式回答问题时说,一江山岛没有特别的重要性,此外,它也不是由中国国民政府的正规军防守的。他还说道,保卫大陈岛"在任何意义上并不是防卫台湾和澎湖列岛所必不可少的"。杜勒斯虽然承认大陈岛上的雷达设备有一定价值,但他说这些设备的作用是否大于台湾的雷达设备还存在疑问。因此,大陈岛的地理重要性也是有限的。

杜勒斯还说他要继续敦促参议院批准中美共同防御条约。他也批评和驳斥了类似本·科恩的一些人对该条约的解释。他们认为,这个条约在国际法上可能起到这样的作用,使共产党人进攻台湾显得像是一场内战而不是一场国际侵略。杜勒斯说,如果美国由于它承担的条约义务而卷入保卫国民党的岛屿,那显然就是一场国际冲突。

关于一再得到高度吹嘘的联合国号召在台湾海峡停火问题,杜勒斯说,美国当然要遵守和平解决国际争端的原则,但应用这个原则涉及许多因素,在这一切因素中首先是应该与美国的盟国及中华民国商议。他说美国决不会背着中国采取任何行动,也不会不和与那个地区有关的盟国商量就参加任何停火的讨论。这是杜勒斯国务卿第一次公开谈论在台湾海峡停火的可能性。

1 月 18 日关于一江山岛陷入共军手中的报道被证明是失实的。18 日傍晚共方正式宣布他们通过两栖作战已经占领该岛,但 19 日早晨我军事发言人在公布前线战报时谴责共产党人的说法是虚假的,并指出那些全属谣言。外交部答复我探询消息的电报说,一江山岛的战斗仍在继续进行中,我方将士正坚守阵地。它进一步报道,共军于 18 日(当地时间)清晨以猛烈的海、空攻击开始进犯一江山岛,下午二时二十五分他们派出一百艘海军舰艇在空军掩护下试图登陆。但是我方守军勇敢地迎击这次进攻,展开了血战,结果使共军遭到惨重损失。19 日上午仍在与来自头门岛(在一江山岛北面)的共军继续战斗。共方炮艇在抵达一江山岛西部和北部的大量增援部队配合下,再次猛烈攻击我方守军阵地。

至于大陈两岛的战况,外交部的电报报道说,19日下午各种敌机约二百架对上、下大陈岛进行了密集轰炸历两小时之久,敌机在那里遭到我方炮火还击,被击落一架。18日晚间大陈南面的披山岛也受到敌人炮火攻击,前后约四个小时。另有一份由国防部发来经萧勃武官转交给我的电报中说,我方损失已经达到一千多人。

1月19日星期三上午,艾森豪威尔总统在华盛顿举行了记者招待会,这次招待会第一次允许电视和新闻片摄影。由于美国对保卫台湾已承担了义务,所以最先提出的问题就涉及最近发生于沿海岛屿的战斗的严重性。在回答问题时,艾森豪威尔像杜勒斯一样,虽然承认大陈岛作为观察站有一定价值,但并不认为那些被攻击的小岛和大陈对保卫台湾与澎湖有很大的重要性。他还说,他不知道蒋总统是否正计划采取强硬立场以抗御入侵者。

新闻界提出的第二个问题涉及艾森豪威尔对联合国或其他倡导者建议的台湾海峡停火的看法,总统的答复如下:

> 不错,我很愿意看到联合国在努力发挥其影响。我认为,世界上无论何处存在任何种类的战争和公开暴力行为,那里就始终有爆发大战的危险。

> 联合国能否在这个特定地方有所作为我不知道,因为很可能每方都将坚持那是一种内部事务。虽然从我们的观点看……让他们注意一下这个问题可能是件好事①。

人们问起哈马舍尔德前往北平的使命成败如何,总统的回答相当含糊,只声称当一件事情正在进行中时,不能认为就是失败了。他拒绝对"两个中国"政策发表意见,只表明那是"经常被研

---

① 《纽约时报》1955年1月20日第2页。

究的可能性之一",但他对此尚未形成任何成熟意见。

顾毓瑞当时正为大使馆收集那次记者招待会情况,有两位《时代》杂志的记者向他表示了对美国政府关于时局态度的深切关心。他们觉得美国正在逐渐满足中国共产党人的要求。他们对前一天杜勒斯国务卿在他的记者招待会上谈论停火问题时的漫不经心态度感到不解。把杜勒斯的评论和艾森豪威尔总统的记者招待会谈话结合在一起,他们认为那代表着一种对国民党中国政府不利的重大政策决定,最终可能导向另一个慕尼黑。

正如我后来向外交部报告的那样,所有重要的东海岸报纸都赞同艾森豪威尔在19日关于台湾海峡停火的谈话。最后我把《纽约时报》的社论归纳如下:

(1)美国当局在共产党的威胁面前实行一种两手政策。一手是建立美国的实力以抗拒侵略;另一手是在不牺牲原则的前提下,根据联合国宪章的要求寻求和平解决争端,力图维护和平,从而希望避免一场世界性的原子战争。把两手政策应用于远东局势,一手就是缔结了若干共同防御条约,其中最近与中国缔结的条约尤为重要。至于另一手,在朝鲜和印度支那的停火安排是其运用的实例,并将以此作为先例实现台湾海峡的停战。

(2)中美条约和两国间的换文已经建立了停火的基础。在当前的政治和军事形势下,我们方面没有理由因有人提出了停火建议而引起惊恐,因为我们已经坦率承认,没有美国的帮助与大陆人民的支持和响应,要想成功地进攻大陆是不可能的,而实现这两者的前景仍然是渺茫的。因此,美国期望我们方面不要反对任何由联合国倡导的停火建议。

(3)当然,停火必须不损害台湾作为全中国人民自由堡垒的作用,也不应干扰我国政府为了解放中国而可能采取的政治和精神方面的有效措施。联合国席位也应该属于我们的政府。同时应当敦促美国参议院批准中美共同防御条约,以保证台湾保留在一个友好国家的手中,并维护我政府成为中国人民寻求恢复自由的团结中心。

谈到东海岸几家主要报纸的观点时，我说，《纽约先驱论坛报》认为停火提案将使我们感到失望，并终止我们实现光复大陆的计划。但是它说我们已经得到美国对台湾地位的坚定保证，并已成为美国的一个盟国，因此我们应当理解，如果中美共同防御条约将把美国卷入一场亚洲战争，那么条约获得批准的希望就微乎其微了。《费城问询报》强烈拥护联合国采取行动实现终止战争和在台湾海峡停火。然而《巴尔的摩太阳报》认为联合国要进行停火谈判也非常困难，不仅我们一方将强烈反对，而且共产党人的讨价也会使人难于接受。虽然美国当局想在那个地区求得和平，但它肯定不愿轻易承受任何牺牲。

沃尔特·李普曼也写了一篇耐人寻味的关于台湾海峡停火问题的文章。摘要言之，他说中共关押美国飞行员与最近缔结的中美条约并非无关。一方面，周恩来告诉哈马舍尔德，美国积极支持台湾是对中国共产党的严重威胁；另一方面，杜勒斯国务卿把他与叶公超之间的换文送交参议院，以表示蒋介石总统未得到美国同意将不会进攻大陆。如此形成的局面很值得重视。联合国正是利用这个机会，根据当前政治和军事的现实情况，力求在台湾海峡实现停火的。在中共目前不能征服台湾而美国也没有力量护送蒋介石总统返回大陆的局面下，还不好说前述条约是否会引起美国与中国共产党人之间的战争。据李普曼的意见，美国不宜与任何软弱、易受侵略同时又不太可靠的国家结成同盟，只应对它的安全给以单方面的保证。但是美国却已经和我们缔结了共同防御条约。在这种形势下，如果能在上述条约获得批准之前，在联合国提出一项决议案，号召双方签订停火协定，这将有利于避免前面提到的因缔结上述条约而带来的不利局面。

1月19日下午十二点半，叶外长和我到国务院拜访了杜勒斯国务卿，约三小时后我们又会见了他，每次都有饶伯森和马康卫两人在场。这两次会谈非常重要，在会谈中杜勒斯第一次正式对我们表明,赞成我方撤出大陈两岛。在撤出大陈的意见取得一致以后,对于其他沿海岛屿的联防问题,他只提到金门是在联防范围之内。他还向我们透露了美方这一行动的全部过程都是由总统决定的。

叶外长一开始说,他已收到蒋介石总统关于共产党海、空军进攻大陈岛的紧急指示,一江山岛仍在中国游击队的防守之中,直到那天凌晨一点四十三分战斗还在继续进行,他不知道报纸对于一江山岛失陷的报道从何而来。当然,对这个小岛不能进行无限期的保卫,因为从军事观点来看它是守不住的。但大陈两岛作为观察站很有用。它们的战略价值也许有限,但如这两个岛屿落入共产党手中,就将使他们得到很大好处,因为共产党人从这些岛屿能够控制通往台湾海峡的入口。因此,蒋总统要求他向国务院探明美国对那些岛屿的态度和政策。中国政府决心保卫它们,但是不能无限期地防守,因为缺乏充分的海上支援和空中掩护。叶外长还说,中国政府决心保卫那些岛屿也由于不希望失去更多的领土,否则批评者们又会污蔑说中国军队不愿作战。

叶外长回顾在中美共同防御条约的谈判期间他曾极力主张把那些岛屿包括在条约之内。他指出失去大陈将对中国军队的士气和我们政府的声誉产生不利影响,也将损害美国在亚洲的威信。第七舰队以前一直在台湾海峡巡弋,但他了解到自从一周以前中共开始进攻大陈两岛时,舰队就再也没有在它们附近露面。如果能够命令第七舰队继续巡逻大陈区域,他肯定会对共产党人起威慑作用。另一方面,要是美国对大陈两岛发生的事情竟然漠不关心,中共必然要逐个进攻其他沿海岛屿,最终会试图侵入台湾和澎湖列岛。那时,双方将继续进行互相报复的行动。因为已经有了共同防御条约,这就有可能把美国卷入与共产党中国的武装冲突。他不希望看到美国被卷入。他认为只要命令第七舰队巡逻大陈区域,就能防止中共的进攻,从而使美国避免在这种局势下被卷入。

杜勒斯说,如果叶外长的建议只是要求美国装出一种威慑姿态,待需要行动时又复后退让步,则他的答复只能是斩钉截铁的"不"字。美国不愿也不能制造它准备行动的任何假象,而当形势发展到真正需要行动时,又从它的地位后退。这样也无助于国民党中国的事业。让中共猜谜的手段早已耍过,中共已经开始通过进攻大陈两岛来验证美国的真正意图,我们必须现实地对待这种形势。他的意见以及美国军事当局的意见是,大陈两岛的重要性不大,前一天在他举行的记者招待会上他就曾这样说过。他知道除非付出巨大代价,这些岛是守不住的。防卫大陈,需要两艘航空母舰的支援,还要派出美国在太平洋地区海、空军中相当大量的部队,每天要以二百架飞机实行昼夜轮番巡逻。那将意味着,仅仅为了保卫对这个区域的全盘战略中没有价值的一组岛屿,而牵制住相当数量美军部队。他又说,当然,叶外长说得对,如果美军驻扎在大陈区域,中共将不敢对他们进行任何攻击。他以开玩笑的口吻补充说,他倒希望中共进攻。但他随即说,这句话可不能引用,这是记录以外的话。

杜勒斯接着说,如何保卫这些沿海岛屿确实是个问题。他认为寻求联合国行动来实现双方停火也许是可取的,这一点他在谈判缔结共同防御条约时已经建议过。但他还没有下定决心,他还要和艾森豪威尔总统磋商。他认为就中国政府而言,从大陈撤军以便加强诸如金门等岛屿的防务,可能是明智的。那天他将和总统共进午餐,雷德福海军上将也将在座,将共同商量这个问题。所以他愿意在下午再用几分钟时间继续谈论这个问题。

叶公超说,在杜勒斯先生与艾森豪威尔总统讨论过这件事后,他将乐于和杜勒斯先生继续这次谈话。接着他提到12日我和饶伯森的谈话,在那次谈话中我曾提出过一些建议,其中一点是由美国派遣一位高级军事代表去台湾,与中国政府商讨有关保卫沿海岛屿事宜和必要时的撤退问题,他问国务卿对这一主张有何想法。

杜勒斯说,蔡斯将军已在台北,可以承担此项任务。

我说我了解蔡斯将军的权力非常有限,恐怕不能解决问题。

叶公超表示希望杜勒斯对这个建议加以考虑。

我说我希望国务卿也与艾森豪威尔总统商讨一下,可否以美国名义发表一项声明,对中国政府保卫沿海岛屿给以精神和物质上的支持。我并说,迄今为止,国务卿和总统所发表的关于大陈岛的声明,对中国政府及其抗御共方进攻的部队已经造成一定的损害,我希望美国能够代之以发表一些鼓励性的声明。

杜勒斯说他将对此加以考虑。第一次谈话至此结束。

在提到第二次谈话之前,我想说说我对美国建议撤出大陈的反应。我记得我当时的反应是非常失望。对我而言,已经完全清楚美国无意帮助我们光复大陆,只想致力于维持现状。从军事角度来看,我虽然不是一个军人或军事战略家,但觉得大陈两岛的位置就在长江口南面,正好处于华北和华南的中间,因此具有很大的战略重要性,如果今后要采取光复大陆的任何行动,大陈将有着无法估量的价值。另一方面,仅仅保有金门和它周围的小岛,只能有助于台湾的防务,但对光复大陆没有任何重大意义。

当然,美国政府去年秋天对新西兰提案的支持,就已提供了一个危险迹象,即美国不打算支持我们光复大陆,这是一个同样的朕兆。这项撤出大陈岛的建议结合着重新致力于在台湾海峡实现联合国倡导的停火,在我的心目中更明确地证实了美国的意图。

在此期间,我一直感到华盛顿仍然没有摆脱英国的影响。华盛顿历来看重英国,认为它在对待亚洲地区及与亚洲人民打交道上见多识广、经验丰富。自觉或不自觉地,华盛顿总是间接受到英国潜在影响的支配,而英国也知道这一点。就当前的这件事而言,英国是很同情共产党中国的。同时,美国政府对于该怎样做从未下定很大决心,现在面临着国会及公众相当大的压力,自不能让中国地区的事态发展到把美国卷入战争的地步。在这种情况下,它很愿跟随伦敦走。这不是一种考虑到美国根本利益的具有深谋远见的决定,而仅是在相当困难和令人迷惑的形势下所采取的最简便的解决方法。

在下午三点四十五分举行的会谈中,杜勒斯国务卿通知我们,经他与艾森豪威尔总统、雷德福海军上将就大陈问题进行会商后,做出了一项决定,它包括三点:

(1)按照美国的意见,中国政府从大陈撤军将是一项明智的措施,美国准备对撤军提供空中和海上掩护。

(2)在联合国采取某些行动之前,美国拟公开宣告它将参与保卫金门地区。

(3)美国将把这个问题提交安全理事会,供其进行考虑和采取行动,以实现停战。杜勒斯继续说,这是一个重大的决定。如果中共竟敢进攻金门,美国可能被迫不仅在金门地区,而且对金门后面的一些大陆地点采取行动,目的在于摧毁共方为入侵台湾和澎湖所作的任何军事集结。这样就有可能引起与共产党中国的战争。为此决定寻求国会对这一经过深思熟虑的措施加以批准,由国会两院以联合决议的形式,授权总统在一旦需要时采取必要的行动。杜勒斯打算在次日(1月20日)上午和几位国会领袖商谈此事。

杜勒斯接着说,不能指望联合国安全理事会采取有效行动,因为他深知这类行动的决议必将遭到苏联的否决。把这个问题提交安全理事会的目的在于,如果安全理事会的决议案因为苏联否决而失败,那将增强美国以及国民党中国在道义上的地位。

叶公超说,他为美国政府就它对大陈和其他沿海岛屿的态度及政策做出明确决定而感到高兴。但他强调大陈岛上的中国军队,即使告诉他们美国不会帮助防守这些岛屿,也决心打到底。

杜勒斯说,美国的观点是,假如这些人在没有任何希望守住岛屿的情况下继续战斗,那将是人员和物资的不必要消耗。正确的政策应该是,以重新部署兵力为借口,从大陈撤出军队,然后把兵力集结于必保地区。这个缩小了的阵地将比较容易防御。此外,有着美国参加维护金门安全的保证(金门后面的厦门港势所必然将是共产党方面对台湾和澎湖发动进攻的基地),这一行动将是美国和国民党中国之间合作精神的体现。他重申美国政府准备参加维护金门地区的安全。他指出"安全"这个字眼通常比"防御"一词的涵义广泛。它暗示,为了阻止共产党军队以进攻金门或台湾及澎湖为目的而在该地区进行任何集结,有不等共军发动攻击而先发制人,对金门后面的大陆发动攻击的可能性。问题在于如何消除撤退给中国人民的民心及中国军队的士气所带来的不良影响。杜勒斯认为由美国宣布此项保证,将能抵消由于从大陈两岛撤退这一行动而出现的任何不利影响。他反复说,美国的意见认为这种撤退是正确的战略。

关于这次会谈的叙述当然是根据我自己的记录,这些记录我还要继续引用。但国务院把它的记录整理成备忘录形式,随后交给了大使馆。在备忘录中也提到杜勒斯关于美国将宣布提出保证:

> ……需要有一致的行动。中国政府可能会宣布其重新集结兵力的意图……很可能美国也会宣布,在条约批准以前,美国将采取临时性行动以保证金门的安全,因为金门对于保卫台湾和澎湖至关重要……①

根据我自己的记录,叶外长告诉杜勒斯,他知道大陈两岛上的守军士气高昂,他们决心与任何入侵共军作战。他还说他要立即把这次会谈报告蒋总统,并想知道杜勒斯先生能否推迟与国会领袖们的磋商,以待他从蒋总统处收到新的指示。

杜勒斯考虑了一下说,推迟磋商是不可取的,相反,倒是应该尽快开始初步的磋商。杜勒斯接着重复说道,美国政府所作出的决定是重大的,它可能把美国卷入一场与共产党中国的战争,所

---

① 引自国务院 19 日下午会谈的备忘录,其全文见附录四(甲)。

以有必要获得国会和美国人民的充分支持。此时他不能肯定国会是否赞同政府的这一决定,特别是因为国会正处于民主党人的控制之下。他说,例如参议员乔治仍然不愿支持美国做出任何可能超出共同防御条约规定义务的行动。

这时我发言说,一旦我国政府同意美国所提从大陈撤退中国军队的建议,那就必须制定一项撤军计划并从速实行,否则共产党人将有机会阻挠这一行动。因此,美国公布为中国政府的撤军提供空中和海上掩护的宣告的时间必须妥善安排,以便防止共产党的任何破坏企图。

杜勒斯说,这正是他为什么要立刻与国会领袖们开始磋商的理由。

饶伯森说,他猜想叶外长要求国务卿推迟他与国会领袖们的磋商,也许是担心参议员们可能泄漏消息。

叶外长说,如果在这个时候让公众知道美国赞成从大陈撤退,那将对中国人民和中国军队的民心士气有不良影响。

我建议说,国务卿可以对国会领袖们讲明,美国所作出的决定还有待于得到台湾中国政府的同意。

杜勒斯说,当然应由中国政府决定对沿海岛屿怎么办,美国政府作出的决定也必须在取得中国政府的同意后才能付诸实施。据他看来,中国政府的选择不外乎以下二者之一:(1)放弃大陈,使用从大陈撤出的军队来加强金门的阵地,并有美国参加那里的防务;(2)试图坚守大陈和其他岛屿,结果一个接一个地失陷,直到最后甚至连金门也不能保持。据他看来,同意美国决定的好处是很明显的。他又说,正如他在那天上午会谈中所指出的,根据美国军方的意见,要想有效地防守上、下大陈岛将牵制住两艘航空母舰,并需要一定数量的海军部队和二百架飞机。即便美国真同共产党中国处于战争状态,也不会在与此相同的条件下去坚守这些岛屿。

叶外长问起美国对马祖持何态度,它正处于大陈和金门的中间。

我说马祖确实和金门同样重要，因为它靠近台湾北部的基隆，正如金门靠近台湾南部的高雄一样。

叶外长说，马祖实际上控制着台湾海峡的北部入口。

杜勒斯答道，美国的态度是帮助维护金门地区的安全。

叶外长问道，按照美国的意见，马祖是否也应当撤退？

杜勒斯说，那要由中国政府自己决定，美国不能协助保卫马祖。

叶外长于是说，关于美国已作出的有关沿海岛屿的决定，他当然还不清楚我国政府将会作出何种决定，他料想即使蒋委员长也不会独自对这个问题作出决定，他必然要和行政院长俞鸿钧及整个内阁商议。同时，重要的是这件事情应当保守机密，他希望杜勒斯在与国会领袖磋商时能注意这点。

我接着说，我想借这次会晤之机请杜勒斯先生阐明另一个问题。据得到的消息说，中共为释放美国飞行员已经提出了某些条件，我了解到哈马舍尔德已把这些条件转达给美国政府。

叶外长说，他收到中国驻联合国代表蒋廷黻博士的一份报告，蒋在哈马舍尔德回到纽约后曾在会谈中从他那里得知中共曾对他提出过四个问题，即：从朝鲜遣送反共的战俘去台湾违反朝鲜停战协定问题；中华民国和美国之间 的共同防御条约问题；联合国席位问题；和三十五名中国留学生从美国返回的问题。

杜勒斯说，中国共产党人既没有提出具体建议或条件，也没有与哈马舍尔德讨论大陈形势。

我说，具体地说，我了解到中共为释放美国飞行员提出过一个条件，就是要求美国保证不支持台湾中国政府任何进攻中国大陆的企图。

杜勒斯说，这不是真实的。

叶外长和我后来讨论了这次会谈，我们心中对于"在条约批准以前"这句话存在着疑惑,不知它是否意味着国会提出的、授权总统在他认为对于台湾和澎湖的安全有必要时可以动用军队保卫任何沿海岛屿的决议仅在批准条约之前有效。叶外长说他要给饶伯森通电话。我也于当晚越南大使馆的宴会后和饶伯森简短谈起这件事,因为我们都是这次宴会的客人。

我问饶伯森,叶外长和他通了电话没有? 他对此作了肯定的回答,还说那就是他参加宴会来晚了的原因。接着他向我详述了下面的谈话内容:他告诉叶外长,"在条约被参议院批准以前"这句话并不意味着美国保证参与维护金门地区的安全仅是一种暂时性措施,在条约被批准实施之后即告失效。叶外长向他指出,条约规定在共同协议下可以扩大其适用范围到其他领土。并说,因此中国政府将在条约生效后为了这个目的而提出一项建议。饶伯森当即对叶外长说,中国政府以后当然可以提出建议。他并向叶外长保证,无论杜勒斯先生还是他本人都没有利用"在条约被参议院批准以前"一语来欺骗中国政府的任何想法。他没有像中国人所想到的那句话的那种言外之意,他很高兴有机会给予叶外长这种保证。

我于是径直向饶伯森问道,拟议中的国会决议案,即授权艾森豪威尔总统参与金门地区的防务是否意味着属于共同防御条约批准之前的一种临时性措施。

饶伯森作了否定的答复,他说这个决议是准备用来处理沿海岛屿问题的一种手段,它是和为台湾及澎湖提供共同防御的条约并行的。拟议中的决议将既不提及金门,也不提及任何特定的沿海岛屿,只不过是授予总统全权,对那些可能受到威胁而总统又认为可能影响台湾和澎湖安全的任何沿海岛屿参与防卫,因为美国根据条约已对台、澎承担着防卫之责。

我说饶伯森先生的解释不仅重要,而且很有启发性,我要立即通知叶外长并报告我国政府。

次日,合众社一则电讯报道说,它刚从国会某方面获悉,国会领袖人物前往国务院听取国务卿的报告。电讯说,同时政府方面提到,政府将要求国会授权动用美国海军和空军保卫台湾及其邻近的岛屿,并掩护国民党军队从上、下大陈岛撤退。此外,防卫的界限将明确规定在授权行动的范围之内。电讯还说,美国国会赞同上述防卫范围的政策。但是国务院拒绝对上述的报道加以评论。

第二条电讯报道说,参议院外交委员会主席沃尔特·乔治声称,美国总统未得国会同意无权采取任何军事措施。它还报道该委员会中的资深共和党员参议员亚历山大·威利发表了一次谈话,大意为美国政策的基本原则是不抛弃中华民国政府,因为那个政府是美国的可靠朋友;所以美国将继续对中国政府履行它已承担的义务。

我给外交部送去一系列关于在华盛顿最近事态的发展和报纸上评论的报告。刚过中午,谭绍华通知我,马康卫刚才特地问起,我们是否收到我国政府关于美国建议的答复。我说我们尚未收到。

下午四点左右,我接待了美联社外交记者约翰·海托华。我对他叙述了沿海岛屿问题的背景,当时报纸上对此颇为重视。一小时后,我回访奥地利大使格鲁伯博士。谈话中,他对奥地利和约所强调的论点颇有意思。他说,俄国人把这个和约同西欧联盟协定中规定的德国重新武装问题以及法国对这项协定的批准联系在一起。

一江山岛的战斗在当地时间的晚上结束。后来外交部和国防部通知我,我方守卫部队全军覆没,共军的海、陆、空军协同进攻,空前猛烈,中共即使在朝鲜与联合国军历次作战中也从未发动过一场与此类似的攻击。1月19日共方派出一支八倍于我方守军的兵力,在二百多架飞机和一百多艘海军舰艇掩护下向一江山岛进攻,在付出重大损失后,从我方手中夺取了该岛。

那天晚上,我在华盛顿设宴招待叶外长和于斌大主教以及五六位其他客人,他们都是从台北来美访问的官员,我对于斌主教着重谈到我们想和越南、老挝及柬埔寨建立外交关系的愿望。他说他认识这里的越南大使,并提出愿去拜访该大使以促进此事。他还有意对西贡进行一次访问,以便与新总理会谈,他和这位总理熟悉。他第二天真的就来电话说他已会见过越南大使,得知他赞同建立外交关系的主意,也同意我们的平等、互惠对待我国旅越侨民的方案,放弃我们在第二次世界大战末期与法国所订旧条约中的特惠地位。但这位大使对此问题不熟悉,提出给西贡去电。我告诉于斌主教无此必要。

1月21日早晨报纸,竞相报道总统行将对国会提出的要求以及预期我们要从大陈撤退的新闻。这些报纸显然对正在发生的事情得到一些消息,消息也许来自某些参议员和众议员,因为杜勒斯国务卿曾和他们磋商或作过简要介绍。这一消息的过早公布使美国政府和台北都很尴尬。台北确曾来电这样表示。饶伯森来电话代表美国政府说,艾森豪威尔总统正考虑发表一个声明,纠正任何使人误解的过早传说。饶伯森解释道,杜勒斯国务卿在前一天曾与国会两党领袖会晤,和他们秘密磋商政府的意图,看来这次讨论走漏了消息,引起各家报纸出现许多不正确的报道。

饶伯森也急迫地探询,我们是否已经收到我国政府关于美国建议的任何答复。我问他美国原来的那个建议是否有所改变,他答道,美国方面一直在急切地等待我们的同意,以便尽快促进此事,他希望我们迅速给予答复。

同天上午十一点四十五分,叶外长和我到国务院对杜勒斯国务卿作了另一次访问。杜勒斯让我们看了总统关于沿海岛屿和台湾及澎湖防务给国会的咨文。他没有给我们看整个咨文,而只是其中的一部分,并说那是一份草稿,尚未经总统过目,总统还可能有所修改。他第一次告诉我们,马祖也将被包括在美国打算帮助我们防卫的岛屿之内。我们这方面,那天已收到蒋委员长发来的电报指示,可是在与杜勒斯约会之前没有足够时间将其全部译出,所以我们了解的仅是指示的一部分。叶外长首先发言。

关于大陈和1月19日他与国务卿的谈话,叶说他当天上午收到蒋总统的电报,要求澄清某些问题。他还曾把当天上午饶伯森对我说的话报告蒋总统,大意为艾森豪威尔总统正考虑发表一个针对昨晚和当天早晨报纸刊载的一些错误报道的声明。他相信台北一定会因广泛宣扬中国军队要从沿海岛屿撤退而感到非常不安。

杜勒斯说,在他与国会领袖们会商之后,显然走漏了消息。艾森豪威尔总统建议进行的事是向国会送去一份咨文,要求授予全权使用美国军队,在接到中国政府的要求时为中国军队从沿海岛屿重新集结提供空中和海上掩护。

叶外长说:"重新集结部队"这句话可能造成中国政府正在放弃一些沿海岛屿的印象,他很想知道能否找到另外的词语。

我建议用"部队的重新部署"。

杜勒斯说那是用在咨文草稿中的话。

饶伯森认为"重新集结"一词表达的是中国部队集中的意思,这是增强中国的地位而不是削弱它。他认为不会造成相反的印象。

叶外长指出,重要的是在咨文中不要说有损于正在抗御共产党进攻的中国军队士气的话。国务卿提出的建议仍在蒋委员长和台北我国政府考虑之中,他尚未收到中国政府已决定从任何沿海岛屿实现撤退的任何指示。

杜勒斯从他的办公桌上拣起一叠文稿,说那是总统送交国会咨文的底稿,叙述了台湾区域的局势,要求国会授予他全权动用美国军队参与台湾和澎湖的防务。他说在咨文中谈到美国根据共同防御条约所承担的义务只限于台湾和澎湖,该条约现已提交参议院审议和批准。为了履行这种条约义务,情况有时可能需要做出迅速的决断和行动以击退进攻或阻止进攻。通常国会在做出一项决定的过程需要一定的时日,当事态变化根据条约需要采取行动的情况出现以后,再去请求国会给予这种授权是不实际的。杜勒斯继续说,咨文中也包括一个建议,即如果收到中国政府的要求,国会将授权总统命令美国军队为从任何沿海岛屿撤退的中国军队提供空中和海上掩护。他补充说,咨文还进一步表明,为了保证台湾和澎湖的安全,美国有必要采取军事行动反击中共对某些岛屿的进攻,并参与某些影响台湾区域安全的有关地点的防务。

叶外长说,"如果收到中国政府的要求"这句话可能给人一种印象,即中国政府已经决定撤退,但事实并非如此。他愿意看到这句话的措辞修改成意为将来可能出现的意外事件。

随后讨论了一番这句话措辞的最好方式;大家同意这个句子应该改为"如果一旦接到中国政府的要求"。

我说据我的理解,咨文将不提包括在授权范围之内的任何沿海岛屿名称。

杜勒斯说"不会提",这种授权是笼统的,由总统决定哪些岛屿应视为对台湾区域的安全具有重要性。他说他最初对国家安全委员会建议仅包括金门区域,但参加安全委员会会议的一些人指出,共产党对马祖的进攻可能出于想攻击台湾区域的意图,这个岛的位置与金门非常相似。因此决定美国也应帮助防守马祖。他接着说,在咨文中将不提帮助防守金门和马祖,目前对此应该保守秘密。他进一步说他正在读着的这份咨文仅仅是草稿,尚待呈交总统批准,总统可能对其进行修改。

我问到是否可以这样理解,对包括马祖这点已经做出了决定,而且是个坚定的决定。

杜勒斯说"是的",他又补充说,在咨文中将不指明。

我又问包括马祖的决定是否已得到总统批准。

杜勒斯再次作了肯定的回答。

我又问道,据杜勒斯先生估计,总统提出的要求在国会中是否将遭到许多反对,国会通过这个拟议的决议案将需要多长时间。

　　杜勒斯答道,他的看法总统将在下星期一(1月24日)把咨文提交国会。他认为众议院将能迅速通过这个拟议中的决议案,因为众院的程序简便而严格。然而,参议院的程序却繁琐得多,他预料会发生辩论,特别是像参议员莫尔斯、朗、麦卡锡和詹纳等人都会争着发言。所以他认为需要五六天才能通过决议案。

　　叶外长提出,双方发布拟议中的撤退声明的时间至关重要,事先应得到中美两国政府的同意。

　　杜勒斯认为撤退声明可以由台北在总统咨文提交国会的同时发表。

　　叶外长说,那将是不可能的。中国的声明应该在撤退决定已经做出和撤退计划已经制订之后才能发布。中国政府将在它确已准备实行撤退计划或这个计划实际已在实施中时才发布声明。此外,中国军队仍在保卫大陈两岛抗拒共军进攻。他并且认为进行撤退时,必须有后卫掩护,否则敌人将乘机发起猛烈攻击以阻挠国军撤离。

　　杜勒斯认为那样做并无必要,因为美国空军和海军届时将在当地接应,使敌人不能对撤军造成危害。

　　饶伯森说,美国军队开至撤退区域后,当然要对危及撤退的敌机或敌舰开火的。

　　我说我懂得为撤退提供掩护是为了保证部队的安全,而美国的武装力量足以有效对付敌人的进攻,从而实现其掩护撤退的意图。

　　杜勒斯和饶伯森两人都说那正是目的所在。

　　叶外长说,他曾问过饶伯森先生关于"在条约被参议院批准以前"这句话的涵义,因为从字面上看,它似乎意味着总统要求国会授予全权以处理沿海岛屿的形势只是一种临时性措施,在该条约付诸实施之后,这种措施即告失效。但他了解这句话的本意并非如此。

杜勒斯说,本意不是那样。要求国会授权应付沿海岛屿局势是与条约不相干的两回事,在条约付诸实施之后,这种授权对总统继续有效。

叶外长接着问起关于要求联合国对沿海岛屿采取一些行动的建议一事。他回顾说,他曾问过国务卿,在国会批准总统提出的那项决议之后,是否仍将在联合国安全理事会提出一项决议案。他记得国务卿曾说过一定要这么办。叶外长继续说,如果这是实情,亦将毫无作用,因为一旦中国政府放弃了大陈两岛,就不大有可能企图再收复这些岛屿,这样联合国再介入这件事情将毫无意义。

杜勒斯解释道,他的意见是应该把拟议中的决议案尽早提交联合国安全理事会。当然,他预期国会的批准时间不超过五至六天,至于安全理事会,由于美国不能控制它的局势,所以很难预料安全理事会通过这项决议要用多长时间。

叶外长提醒国务卿说,中国政府一贯反对联合国关于台湾和沿海岛屿的任何决议。

杜勒斯说,他肯定认为这种联合国行动将有利于国民党中国的事业。根据联合国宪章,中美两国都有义务把任何威胁国际和平与安全的局势报告这个世界组织。他确信这个准备提交的决议案十有九成要被苏联否决。共产党中国从不尊重联合国的权威,只有一次例外,那是在 1950 年底,它派了一个代表去安全理事会。从那以后,它一直拒绝接受这个世界组织的裁决权。他接着说,根据情报,北平政权已下定决心反对联合国为处理台湾和沿海岛屿问题而采取的任何行动。周恩来在与哈马舍尔德谈话中曾表明,他对联合国就美国飞行员问题所通过的决议毫不理会,尽管哈马舍尔德是基于那个决议的授权才提出抗议的。杜勒斯还确信,这项新的美国政策,即总统提交国会的咨文中宣布的联合防卫金门区域和马祖的政策必然会激起北平政权更大的反对,并将对释放十一名美国飞行员的前景产生不利影响。

叶外长指出,准备提到联合国安全理事会的这个决议,最终可能导致一些会员国推行"两个中国"的想法,这是中国政府提出反对意见的主要理由。叶外长也提出建议,要求派一位高级别的美国代表到台湾与中国政府会商并就地做出关于沿海岛屿的决定。

杜勒斯说,他认为这是个好主意。

饶伯森说,这样做将很有作用。

叶外长说,虽然担任这项工作的适当人选理应留待国务卿去选择,但他认为也许能从美国太平洋总司令部的高级军官中遴选一人出任此事。

杜勒斯回答说,或许太平洋地区总司令斯顿普海军上将能够派一个人去台北。接着他说到蓝钦大使刚给他发来一份电报,报告中国政府提出的下列四项要求,请求指示:(1)把马祖包括在美国的联防计划内;(2)立即派遣第七舰队到大陈区域;(3)迅速批准共同防御条约;(4)为撤退提供运输工具。杜勒斯接着说,正如他早些时候告诉我的那样,把马祖包括在联防计划内的要求已经实现。关于第二项要求,他说已经命令三艘美国航空母舰从马尼拉驶往距上、下大陈岛很近的冲绳,它们现已在途中。至于第三项要求,他读了一段敦促早日批准条约的总统致国会咨文。至于第四项要求,他说根据他得到的报告,已备有供撤退用的充分运输工具。

叶外长表示了如下观点:既然美国将参加金门区域和马祖的防守以反对共产党进攻,那么,在条约批准之后,作一次换文以进一步肯定这一点将是适宜的。

杜勒斯说,美国参加金门区域和马祖的防守是根据总统的行政命令行事,这是与条约无关的事情①。

会谈结束后,饶伯森送我们走出国务卿办公室,我们在会客室又谈了一会儿。饶伯森说,他在 1 月 20 日星期四曾向国会领袖们进行汇报,他们之中有些人提到叶外长在 1 月 19 日星期三怒冲冲地中断了与国务卿的会谈,并声称他要返回台湾。

叶外长说那是不真实的,并告诉饶伯森当时的实际情况,那种情况似乎导致了新闻记者们得出毫无根据的结论。

饶伯森说,国民党中国确实没有比杜勒斯先生更好的朋友,他了解国民党中国在远东的重要性,一贯热心于支持国民党的事业。饶伯森又说,可以想象得到,国务卿对国民党中国的态度经常遭到不少人的反对,但他一直试图战胜这些反对意见。美国的对华新政策,在帮助防卫台湾和澎湖的同时,还暗示如果金门和马祖一旦遭到攻击,美国即准备与共产党中国作战。因此,新政策是增强而不是削弱国民党中国的地位。

我说我一贯认为杜勒斯先生是自由事业的一位伟大朋友并且了解远东的复杂问题。我曾经将我的这一想法告诉我国政府。

叶外长说,他也觉得杜勒斯先生像饶伯森先生本人一样富有同情心和理解力。

饶伯森极力劝说道,拟议中的联合国关于在沿海岛屿停火的决议案也是为了有利于国民党中国而策划的。他认为北平政权不会接受这个决议,因为它一直拒绝承认联合国对北朝鲜以及对现在被拘禁于共产党中国的美国飞行员案件的裁决权。此外,根据他的情报,毛泽东和周恩来已向印度的尼赫鲁、缅甸的吴努、联合国的哈马舍尔德和英国的艾德礼宣布,台湾问题是共产党中国的内部事务,决不能容忍联合国或美国的任何干涉。毛和周也指控美国在台湾是侵略者。因此,饶伯森非常怀疑,即使拟议中的

---

① 国务院再次交给大使馆一份他们自己的关于会谈要旨的备忘录。该备忘录正文见附录四(乙)。

停火决议提交到安全理事会,北平政权是否会同意派出代表前往安理会。

饶伯森接着说,另一方面,中国和美国都是联合国的创始国和安全理事会的常任理事国。基于这种身份,它们根据宪章都负有采取或支持某些措施以维护国际和平和安全的首要责任。美国不能摆脱这种责任,中国也不能。所以中国政府实在没有理由反对提出这项决议。再者,如果这项决议由于苏联的否决而失败;国民党中国却是支持这项决议的,那就会改善国民党中国的国际地位。

叶外长说,反对这项决议的主要理由,是因为它有导致两个中国的观点重新抬头的危险。由于报纸报道了通过安全理事会安排停火的消息,随着这种观点已出现了许多无稽臆测。蒋委员长已经把自己对这方面的担心和他对这个提议的反对意见电告了他。

饶伯森说,报纸的报道是令人遗憾的。不过,尽管它们有些扰乱视听,但其反应,在某种程度上却有利于国民党中国的事业。国务院对这件事情一直很谨慎,他奉劝中国方面也以小心为妙。因为在这种微妙形势下,说任何话都可能影响"国会山"的感情。

我说,我肯定认为中国方面没有泄漏消息。实际上叶外长一直十分谨慎,甚至把他的报告径直电呈蒋总统,而没有通过台北他自己主管的外交部。

饶伯森说,他担心的是中国政府发表声明反对拟议中的联合国决议,就像蒋廷黻博士所做的那样,因为这种行动于事无补。

叶外长说,他没有让蒋廷黻发表声明。

我说,不应该把蒋的声明看得和外交部长发表的声明同等重要。叶外长至今尚未公开表示过他对这个问题的观点。

那天晚些时候,为了阐明我们重视美国对从大陈两岛撤退问题发表任何公开声明应采用确切的措辞一事,我们给饶伯森送去一封短函,函中讲到:

关于今天上午我们与国务卿会谈的话题,叶外长和我本人都强烈主张,在咨文中涉及美国准备采取一些行动以协助从沿海岛屿撤退的那部分,应该说明中国政府已经而且正在坚定有力地防守这些岛屿,抗拒共产党进攻。但如果一旦美国接到中国政府的要求希望帮助实现从任何沿海岛屿撤退时,它必定提供援助……包含这种内容的声明将能较正确地表明沿海岛屿区域的实际军事形势,而且大有裨益于鼓舞目前正在保卫大陈和其他沿海岛屿抗拒共产党进攻的中国军队士气。假如您能把这个建议提请国务卿考虑,我们将非常感谢,并期望予以采纳。

我们还收到蒋委员长答复我们 1 月 19 日与国务卿两次会谈报告的复电,其中包括有蒋委员长的指示。我们仔细地研究了蒋委员长的电示并准备在次日与饶伯森举行另一次会谈。

就在同一天,参议院外交委员会主席参议员乔治宣称,艾森豪威尔总统将于 1 月 24 日送交国会一封有关台湾形势的公函。他还说明外交委员会将在那天下午批准马尼拉条约,并且在下周内开始讨论中美共同防御条约。

参议员斯帕克曼说,他个人不能理解,既然美国第七舰队已经承担了台湾的防务,为什么艾森豪威尔总统仍然需要国会为了这个目的而通过一个决议,而总统是拥有充分权力可以命令第七舰队在任何时间投入行动的。他认为中国的目前形势想必确实很严重。他说,起初他认为美国必须防卫沿海岛屿,但现在照他看来,美国已经从那个阵地后撤了。再者,如果把这个问题推给联合国,他认为美国捍卫台湾的政策必定也有所改变。

我把这一切报告了外交部。并补充道,参议员休伯特·汉弗莱刚刚建议把台湾交给联合国作为一个托管地,其理由是美国对远东无力承担全部责任。(汉弗莱是参议院外交委员会中联合国事务小组委员会主席。)

那天晚上举行了每年一度的白宫招待会,这给了我一个机会再次接触负责处理远东紧急局势的重要人士。新西兰大使兼驻联合国首席代表莱斯利·芒罗爵士说他了解我们的立场,但他仍将继续为向安全理事会提出他的停火建议而进行活动。他告诉我,新西兰、英国和美国曾经反复讨论过这件事。新西兰总理也正在美国,曾与美国当局磋商过这个问题。他期待这一建议能在本周内正式提出。

我告诉他,从一开始我们就反对这一建议。我解释道,我们不是反对和平,可是这个所谓的建议在共产党的侵略与抵抗侵略的自卫行动之间没有加以区别。此外,建议的言外之意使我们担心会带来导致接纳北平政权进入联合国的后患,并有造成两个中国的危险。所以,如果这个所谓的停火建议真的提出来,我们将继续反对它。大使说他充分理解我们的观点和感情,认为在这种情况下是很自然的。他接着说,他曾通过美方了解我们与国务院谈判的过程。

在招待会上我也和诺兰参议员进行交谈,他认为总统向国会提出的建议对我们的事业有利。尼克松认为美国政府所决定和采取的应付有关台湾、澎湖和沿海岛屿局势的一系列措施对我们都大有好处。杜勒斯告诉我,无论是在国务院还是在国会,情况对我们都有利,在纽约的联合国也是这样。饶伯森也这样说。或许他们讲的都是外交辞令,但我自己认为这的确表明美国政策正在坚定起来。

像往常一样,在总统的招待会后我们再去赴"小白宫"的比尔夫人招待会。通常并非所有出席总统招待会的客人们都受到邀请,只有被选定的人才应邀参加。我因而有机会向许多主要参议员、内阁部长和大使们招呼致意。室内保留着老式舒适的家具和装饰品,点着蜡烛和瓦斯灯,仅有几盏新安装的电灯。晚餐很丰盛,佐以盛在老式高脚刻花玻璃杯中的香槟佳酿。

第二天,1月22日中午,叶外长和我拜访了饶伯森,他急于想知道我们是否接到了我方对美国建议撤离大陈的答复。原来叶外长曾给他和杜勒斯一种印象,即我们可以在六或七个小时后得到台北的答复,但由于往复译电颇费时间,实际上这是做不到的。况且在目前的情况下,台北的文职和军事领导人还必须开会对此建议进行慎重的考虑和讨论并请示蒋委员长。

蒋委员长当时对于美国政府建议撤出大陈两岛以及向国会致送咨文要求通过一项特别决议的真实意图有许多疑虑。正如他最近一封电报所表明:他怀疑全部事情都是由于伦敦企图通过停火以实现两个中国的花招所致;他也怀疑美国的意图是以大陈撤退来交换释放十一名美国飞行员,这是哈马舍尔德与周恩来之间秘密谅解的结果;他还怀疑美国国会的决议是搁置批准共同防御条约的一种策略。

那天早晨美国报刊登载了更多的报道,这些报道谈到艾森豪威尔总统要求通过一项与我们撤离某些沿海岛屿有关的国会决议的意图。有的报道中特别提到了大陈岛。同时,报刊还登载了台北否认和反对撤退的报道。出现在《纽约时报》上的一篇这类标题的文章,甚至在某些措辞上暗示美国政府正以促成大陈撤退为条件与中共就台湾海峡停火问题进行讨价还价。这是最近报纸刊载文章类型之一,它增长了中国方面的疑虑。

叶外长在与饶伯森的会谈中首先谈到,他将让我交给助理国务卿一份电报的摘要。这份电报是委员长拍发给他,对他报告与杜勒斯国务卿在 1 月 19 日关于大陈形势进行两次会谈的答复。

我接着说,中国政府收到叶外长的报告后,已经决定接受从大陈撤退的建议作为目前情况下的唯一选择。中国政府了解美国将为撤退提供空中和海上掩护;还了解要求第七舰队参加防卫金门区域和马祖的总统行政命令在参议院批准共同防御条约之后仍继续有效。中国政府还进一步了解到,美国将在中国政府宣布撤退计划的同时,发表它准备参加防卫金门区域和马祖的声明①。

饶伯森说,中国政府对于两个声明将同时发表的理解是不正确的。艾森豪威尔总统致国会的咨文不会具体提到金门和马祖。总统仅要求国会全面授权,一方面是当从任何沿海岛屿撤退时提供空中和海上掩护;另一方面是当(总统)认为某一岛屿的安全对于台湾区域的安全关系重大时,美国应参加该岛的防卫。这些就是总统致国会咨文的实际内容。

叶外长说那不是要害所在,蒋委员长关心的不是总统提交国会的建议咨文,而是美国决定参加防卫金门区域和马祖的声明。显然,在国会通过总统提出授权给他这样做的决议之前,总统不能也不应发表这个声明。据叶外长的看法,撤退通告应该在完成撤离任务之后才能公布,否则中共将试图进行阻挠;美国决定参加防卫金门区域和马祖的声明应该与中国的撤退通告同时发表,以便抵消撤退对中国军队士气的不良影响。

我说这就是蒋委员长的意见,照我看来,这是一种自然而合适的步骤。

根据我在这次会谈后不久口述的记录中所记:"饶伯森对这种解释表示感谢,没有提出进一步的反对意见。"

我说,蒋委员长在电报中指示叶外长和我对美国政府讲明,虽然他将在原则上接受从大陈撤退的建议,但他并不认为这是目前情况下最为令人满意的解决办法。蒋委员长认为坚守大陈两岛能够阻止共产党人从北面侵入台湾海峡,因此放弃大陈两岛从战略观点来说是个错误,可能将来在军事方面导致严重的后果。按照蒋委员长的意见,放弃大陈会被共产党人看做他们的巨大胜利,只能有助于炫耀他们的威望并刺激他们进一步侵略的胃口,

---

① 作者注:以我们1月19日会谈报告为基础的蒋委员长指示,实际上仅提到金门区域,我加上了马祖。

从而使整个东亚形势更为恶化。撤退对中国人民和中国军队的民心士气所产生的沮丧影响将不利于台湾区域的安全,此外,它将使大陆上的中国人民和海外华侨感到失望,使亚洲人民对自由事业的支持更为动摇,对美国的领导能力引起更多的怀疑。

饶伯森说他不同意这种观点。因为杜勒斯国务卿在其他场合已经阐明过,即使美国与共产党中国作战,它也不能在像大陈这类的岛屿上消耗其兵力与物资。饶伯森强调说,撤退的建议体现了美国对北平政权的政策更强硬而不是软弱。他理解拟议中的撤退可能提高中共的威望并鼓励它们从事进一步的冒险,但正是为了这个原因美国才决定参与金门和马祖的防务,以便抵消撤退的消极影响。

提起从大陈撤退三万六千名军队和平民,我说那将是个重大任务,没有事先的缜密准备就难以实现。它需要详细的计划并要求美国提供支援和帮助,特别是提供必要的运输工具。

饶伯森对此表现得很踌躇,仅说中国政府可以向第七舰队司令普赖德海军上将提出这个问题。

我说,如果饶伯森先生能在原则上同意由美国政府提供必需的运输工具,我将甚为感谢。

饶伯森重复说,他仍主张将此事留待普赖德海军上将去考虑,这位海军上将无疑会在台北与中国政府讨论此事并向华盛顿提出建议。

叶外长建议说,美国政府可以出借一批船只,供中国政府用作撤退之需。

饶伯森再次答道,中国政府可以向普赖德海军上将提出为了实现撤退所需要的条件,普赖德海军上将会向五角大楼报告的。

我说,根据目前大陈周围的形势,第七舰队不但急需增强它的空军和海军部队,而且需要增加它在大陈区域的巡逻,以便有效地防止共产党对这个岛屿发动突然进攻。我说,在这一点上我很高兴看到美国政府抢先行动,命令普赖德海军上将立即前往台北与中国国防部共同制订一项撤退的全面计划,以避免任何损失。

饶伯森说他庆幸美国政府已经选派了一位正好是蒋委员长中意的人物。

叶外长说,中国政府信守志愿遣返的原则,无意撤退那些不愿意离开的人。

饶伯森表示赞成这个原则,他认为这个原则很重要。

我说还有一个问题,很明显,对于中国政府撤离大陈的决定及其撤退计划必须绝对保密。

饶伯森说他完全赞同这个观点,他补充说,在最近几天中,美国各报刊对于美国计划就大陈形势采取什么行动,发表了各种报道。这些报道并不完全正确,但这表明在某些方面出现了一些泄密情况。因此,他极力主张中美双方要十分注意,在发表撤退通告之前,必须对这件事情保守机密。

我说台北发表撤离大陈声明的日期和美国发表参与金门区域和马祖防务的决定的日期是件有待会商决定的事情。但在两国公布声明之前,对保密的需要是极端重要的。因为,正如蒋委员长在他的电示中所指出的,有关撤退计划的任何事先泄漏,将使中共能够利用这种局势,对大陈岛发动突然进攻。此外,也需要时间由中国政府制订计划并向中国人民解释撤退的战略理由,好让他们不致因此过分失望。

饶伯森对此完全赞成,并说他一定向杜勒斯国务卿着重提到这点。

我说蒋委员长强烈主张参议院应该尽快批准共同防御条约。因为已经有报道说,美国关于从大陈撤退的建议是受到哈马舍尔德和周恩来在北平实现某种交易的鼓动而提出的,美国建议撤退的意图是为了缓和远东的紧张局势,起到代替共同防御条约的作用。因而,条约的批准将被无限期地拖延。我接着说,还有一种流传广泛的猜疑,认为哈马舍尔德与周恩来关于所谓的台湾问题已经达成谅解。我力劝早日批准条约以消除这种猜疑。

饶伯森说,总统和国务卿都急于让这项条约在参议院尽快得到批准,在总统提交国会的建议咨文中有一段内容强调指出了早日批准该条约的重要意义。

我说蒋委员长希望美国政府予以注意的另一点是,鉴于中国政府已经忍痛接受了从大陈撤退的建议作为唯一的选择,它不可能再同意联合国所要采纳的停火建议。无论是哪个国家向联合国提出这一建议,都将遭到中国政府的强烈反对。我说蒋委员长像外交部长和我本人一样,担心采纳这个停火建议将导致协力推进实现"两个中国"的想法。我继续说,还有报道透露,哈马舍尔德与周恩来达成的秘密谅解是一项缓和共产党中国同美国之间的紧张局势以及作为释放十一名美国飞行员的条件。蒋委员长对此深感不安,指示我和外交部长要求美国政府把事实坦率地告诉他,因为坦率是促进朋友之间密切合作的最佳途径。

饶伯森答称,我所提到的报道毫无根据。哈马舍尔德是作为联合国的代表访问北平,与美国毫不相干,美国也没有要求他向北平传送任何信件或代表它表示任何观点。哈马舍尔德1月19日给国务卿的报告清楚表明,他没有与北平政权讨论过任何问题的解决方案,更谈不到就任何问题与中共达成谅解。饶伯森强调说,美国政府曾几次公开声明反对接纳共产党中国进入联合国。

叶外长说,美国有某些人一直在鼓吹"两个中国"的论点。因此在联合国提出的任何停火建议都可能是出于这一论点。

饶伯森说,他要衷心而诚挚地向叶外长及顾大使宣布,美国政府从未怀有两个中国的任何观点和想法,他恳求我们对他的话不要有任何怀疑。

我说不仅蒋委员长和整个中国政府,就连叶外长和我也都对联合国的任何停火建议的隐义感到忧惧,因此强烈反对这种建议。再者,我国政府明确指示叶外长和我要求美国政府不要支持这种建议。

饶伯森说他认为这一建议在安全理事会中肯定要被苏联否决,而且北平政权也不会承认联合国的裁决。他说中华民国和美国都是安全理事会的常任理事国,因此,根据宪章都负有促进国际和平和安全的主要责任。如果一个会员国向安全理事会提出一项在台湾区域停火的建议,美国试图加以阻止是不适宜的,事实上也不可能制止这种建议被提到安全理事会。

叶外长问到是否能得到一份停火建议的文本,并强调说在建议中应当明确指出,台湾区域的冲突是由于共产党的侵略而发生的;还应指出联合国应采取有效措施来对付侵略者。

饶伯森答道,建议文本尚未定稿,他应允在建议提交安全理事会之前与叶外长及我进行磋商。

当时我说,我已根据蒋委员长给叶外长和我的指示提完了各项问题。叶外长接着说,还有另外一件事情需要提请考虑,这就是在中国政府撤退之后,如何防止大陈两岛落入共产党手中。他问道,美国打算采取什么措施以便达到这个目的。

饶伯森说,他不希望看到这些撤退后的岛屿落到共产党控制之下,但应如何措置显然是个困难问题,他将对此进行研究。他接着提起那天早晨报纸上刊载的台北电讯说,中国政府已经拒绝了美国政府提出的从大陈撤退的建议。

我说这条新闻电讯显然是不正确的,因为我刚才已通知饶伯森先生,蒋委员长在原则上已经接受美国所提从大陈撤退的建议。

饶伯森从我的谈话中消除了疑虑,但是他说这些报道是很令人遗憾的,虽然国务卿对此不大相信,他仍然感到不愉快,因为他即将去白宫与艾森豪威尔总统会商沿海岛屿问题。

叶外长说,这则新闻报道丝毫不能反映中国政府的最后态度,而且他注意到这条新闻不是由政府官方发言人宣布的。

饶伯森说他为得知真实情况而高兴,他要立即向杜勒斯先生汇报,于是匆匆忙忙地离开会场而去。回来后他说,国务卿对他这个消息至感愉快,所以马上向在白宫的总统通了电话,总统开玩笑地说他一直劝杜勒斯先生不要看报,这件事足以向杜勒斯先生证明他(总统)这一劝告多么正确。

差不多与在华盛顿举行上述会谈同时,蒋委员长和蓝钦大使、蔡斯将军在台北也举行了会谈。据沈昌焕次长 23 日的来电说,蒋总统于 22 日在他的办公室接见了蓝钦和蔡斯,蒋夫人也在座,沈担任翻译。这次接见历时一小时四十分钟,其内容如下:

(1)蒋总统问道,最近美国改变对华政策与哈马舍尔德访问北平,二者之间是否有任何关系? 总统说,他认为美国的政策受哈马舍尔德访问北平这件事的影响很大。鉴于迄今为止表现出来的发展趋势,将来是不堪设想的。蓝钦大使说,哈马舍尔德访问北平在国际心理上及对美国舆论不是没有任何影响,但他自己并不认为这对美国政策产生了任何直接影响,因为美国对于沿海岛屿的政策从来也没有确定。从去年起,他几乎每月给国务院发一份分析远东形势的电报,催促早日确定政策。他认为美国政府一再推迟作出决定是由于这件事情的棘手性质。因此,他认为美国对于台湾的政策并未发生任何变化。

蒋总统说,哈马舍尔德访问北平的目的表面上是为了援救美国战俘,但是哈马舍尔德返回美国后的一切言行都是在为中共张目,甚至没有谈论释放战俘问题,只是大讲如何改进联合国与中共以及美国与中共之间的关系。蒋总统说这在他看来是不可思议的。此外,令人难以理解的是为什么美国政府也认为哈马舍尔德的使命没有遭到失败。按照他自己的意见,根据哈马舍尔德访问北平的各种行动看来,这件事对各民主国家有很严重的影响。

(2)蒋总统说,从大陈撤退仅仅是秘密策划的第一步,接踵而来的将是停火,中共进入联合国,随后是承认两个中国。屈服于中共之后的必然发展将是蒙受一个接一个的耻辱。也许现在美国尚无这种意图,但如果不采取预防措施,它最后必然坠入这样一种陷阱而无以自拔。

基于上述考虑，蒋总统要求蓝钦大使通知美国政府，我们坚决反对任何停火，因为：

（甲）在大陈撤退问题上，我们已经受到重大打击。假若我们继之再接受停火，则必然会丧失我国官兵和海外华侨的士气与民心。

（乙）中国人民听到停火的谈论，会立刻回忆起我们过去在大陆时由于美国的调停而产生的可悲教训。当然，导致在大陆失败的原因很多，但最大原因之一是由于调停而出现的停火和撤退。目前这桩事情的后果十分严重，因此我们必须坚决反对停火，而且希望美国也反对关于停火的任何议论。如果停火谈判导致中共进入联合国，我们绝不和他们并肩同坐，共处一室。美国从而在联合国中将失去一个朋友而得到一个敌人，这样做等于出卖中国。在这种情况下，不仅中国人民而且整个亚洲的人民都将完全失去他们对美国的信任。

（3）蒋总统继续说，饶伯森助理国务卿来台湾商讨新西兰建议时，我们当即指出这种行动显然出自英国的幕后策动。但饶伯森说此事与英国毫不相干。前几天的新闻报道说，英国与新西兰关于停火问题的讨论已经持续了几个月。要是饶伯森当时真不知道此种情况，那么他想必是为英国和新西兰所欺骗。蒋总统希望蓝钦大使提醒美国政府警惕国际上的秘密策划活动。

蓝钦解释说，新西兰建议纯属一项外交行动，目的在于使中共承担道义上的责任，从而平息一部分美国人民及美国的欧洲盟国的指责。此外，希望中国最初只保持沉默，等待另一方的国家出头反对。

蒋总统说，目前的形势已经发生变化，完全不同于饶伯森访问台湾时的形势。那时哈马舍尔德尚未出访北平，没有出现他随后所作的那番宣传，也没有议论从大陈撤退的问题。现在中共很可能不会反对停火，相反，他们正想依靠停火作为被接纳进入联合国的台阶。因此,美国应该提高警惕。

(4)蒋总统说,暗中破坏中美条约显然是中共的一个目标,这可以从哈马舍尔德进行的会谈中推测得知。现在,上述条约尚未生效,而美国则正在建议从大陈撤退,并倡议由联合国讨论停火。所有这些已经给我国人民和我国军队留下极坏印象。如果继续拖延批准中美条约,那又怎能使中国人民依靠及信任美国?美国在亚洲的威信必将一落千丈。这等于把亚洲拱手让给共产党。现在对我们最有利的事情是美国努力使上述条约得到早日批准和生效,以便证明美国决心不辜负亚洲人民的信任。

(5)蒋总统问蓝钦大使,现在的安排是否出自于哈马舍尔德带回的关于释放美国战俘的条件。他觉得如果援救美国战俘需要牺牲我们的利益,那么鉴于美国和中国之间的密切关系,美国尽可坦率地告诉我们。为了减轻美国的困难,我们愿意考虑如何对付我们的共同敌人,例如,释放苏联油轮及其船员以换取美国战俘的获释,甚至我们也可以作出牺牲从大陈撤退。他继续说,为了帮助美国,我们可以不计牺牲,但是这种便宜行事的退让应该有个限度。假若它竟然导致诸如讨论停火,容忍接纳中共进入联合国以及不反对讨论两个中国等,这种事态确将影响美国的根本政策,影响道德原则问题和美国对我们的态度,我们将坚决反对并与之斗争。即使从美国利益的观点来看,这样一种进展也将意味着严重失败。当然,我们确信美国现在尚无任何出卖朋友的念头,但是我们担心这种形势的演变可能导致我们不知不觉地落入中共、哈马舍尔德及国际绥靖主义者们设计的圈套。蒋总统说,因此他觉得有责任提出诚挚的劝告。

(6)蓝钦询问我们是否已接受从大陈撤退的建议并回复了华盛顿。蒋总统说,他已电示叶外长作了答复,大意为我们在原则上可以接受这个建议,但那将是对我们创巨痛深的考验。因为大陈的军民至今已经在困难的形势下奋斗了五年,他们都决心献出生命,从这些岛屿撤退,实际上要比在战斗中全体捐躯更为悲惨和痛苦。

　　蓝钦说,当美国政府声称将参与金门区域防务时,他本人不知道马祖是否包括在这个意图之内。他说从战略观点考虑,马祖似乎很重要。蒋总统说,在战略上马祖与金门不能分离,实际上二者都很重要。但根据华盛顿的声明,马祖未包括在内。(据沈次长查明,在接见时我们呈交蒋总统报告1月21日在华盛顿与杜勒斯先生会谈的电报尚未收到。)蓝钦问中国政府有没有向华盛顿说明马祖的重要性,是否曾要求过把马祖包括在联合防御的范围内。蒋总统说,这要等到他收到他的外交部长答复之后,届时他将考虑提出这个问题。

　　蓝钦说,在美国宣布它将参与金门区域的防务后,这个声明自然会抵消由于撤出大陈所产生的不利后果。蒋总统说,撤出大陈的困难是华盛顿难于想象的。五年来我们一直教育士兵们必须与他们保卫的地区共存亡,我们也曾激励大陈的居民们与那里的军队同生死。就在三天以前,他本人还给刘总司令写了亲笔信件,命令他死守大陈,以身许国。如果现在他(蒋总统)竟然下令撤退,他不知道将如何面对他的军队袍泽和大陈人民。所有去过大陈的人,都看到大陈人民的忠诚、爱国和他们表现出来的对政府的强烈爱戴和拥护。所有这些都使访问者深受感动。那里的人民深深憎恨共产党,决心抵抗共产党的屠杀。现在要求他们放弃誓死捍卫的一切——他们的土地、家园和祖宗坟墓——而撤退,事实上将酿成一场深重的人间悲剧。蒋总统说:"我不知道有何面目来见这些忠诚的父老百姓!"他继续说:"当一江山岛被猛烈轰炸时,政府曾命令该地的游击队撤往大陈,但游击部队的官兵说,他们早已下定决心要与那个地方共存亡,因此他们都决定履行誓言,贯彻死守阵地的命令。他们只想让敌人付出最高代价并决心战斗到最后一人。结果全体游击队员都为国捐躯。全世界都看到这个悲壮的英雄行动。"

　　蒋总统相信蓝钦和蔡斯充分理解我国军队与人民的感情和

心理,也充分理解我们面临的困难。他表示希望他们能够把这些情况告知美国政府以便使它也理解我们的牺牲和困难。蓝钦说,他已经把蒋总统对大陈的意见报告华盛顿,蔡斯将军说一江山岛游击队所表现的忠贞和英勇精神引起了美军顾问团官兵的极大尊敬与赞扬。虽然美国方面没有参加作战,但它也将因有中国这样的盟友而感到光荣。他还说,刚刚收到斯顿普海军上将一份复电,授权他在采取最后决定之前,组成一个小型委员会研究从大陈撤退的计划。他说,按照斯普顿海军上将的意见,应该派一个小组去大陈与当地驻军建立联系。此外,制订计划工作应该只有极少数人参加,并且应尽一切可能保守机密。蒋总统说,他希望早日选定适当的人派往大陈。

1月23日星期天,我和叶公超前往马里兰州贝塞斯达的公墓向刘锴大使母亲的坟墓献花圈,她上星期一因脑溢血去世。刘锴和他的八十岁父亲正等着迎接我们。刘的兄弟陪同我们以及张慰慈、郑宝南到那里去。之后,刘大使招待我们一行吃午饭,又在双橡园和我们一起进晚餐。我们的谈话转到加拿大对中国的政策,刘锴说圣·劳伦特和皮尔逊都曾对他说过,加拿大外交政策的基本原则是:在欧洲,加拿大追随英国;在太平洋和远东,它追随美国。但是当英国和美国的政策在以上任一地区出现分歧时,老实讲,加拿大就无所适从了。

就在那同一天,看到和听到的新闻报道,显而易见各方正焦急地等待着艾森豪威尔总统即将提交国会的关于大陈形势的咨文。大家注视着他是否会亲自宣读咨文。我对此持怀疑态度,因为那样一来就会使局势太富于戏剧性,而且他的意图可能被人误解。国会领袖们,带着几分保留,都对这一举动表示赞许,并允诺在他们的公开发言中予以支持。

星期一总统把他的咨文送交国会。这天上午,蒋荫恩带给我一份国务院发布的总统咨文的文本。那是一篇明确而坚定的声明,叙述了美国在这种局势下应如何处理,要求国会授给他全权使用美国军队保卫台湾区域以及与此目的有关地区的安全。他还明确声称,如果中国政府决定撤出大陈,他将下令以空中和海上掩护的方式对撤退加以援助①。

蒋廷黻在为美国全国广播公司就艾森豪威尔总统咨文所发表的谈话从收报机中传出,其大意为:他认为咨文中有两点令人满意:(1)它阐明了美国对于大陈形势的政策;(2)它表明美国的行动不依赖于联合国的行动。但他还不完全满意,他认为艾森豪威尔总统的步子迈得仍不够大。

我接到美国广播公司、全国广播公司和电视新闻社等单位邀请我在电视和广播中讲话的类似要求。经与叶公超磋商过这些要求之后,我们都觉得以不接受邀请为宜,因为在这种微妙局势下不好多加评论。事实上,我们刚刚起草了一份给台北的电报,要求它发表一项正式声明阐述我们的观点,在电报中我们还说到,我们两人始终不打算发表任何声明。但是各电台仍然坚持要我们两人中的一个出席讲话,理由是全国广播公司已经成功地让蒋廷黻在纽约这样做了。他们心目中一贯认为,我们若不应邀讲话就是不一视同仁,其实我们并没有这种想法。为了安抚他们,我们同意了在华盛顿作电视广播讲话。叶公超希望我讲。我于下午五点钟左右在我的办公室里发表了关于时局的简短声明,由全国广播公司、福克斯影片公司和电视新闻社录了音。我讲话的要点为:这项咨文是"明确而有建设性的一步",并表示我希望而且相信它将起到"遏止共产党进一步侵略的作用"。我还说:

> 中国军队正在斗志昂扬地抵抗共产党从空中、海上对大陈、马祖和金门等岛屿的攻击,还将以坚定的决心继续他们的抵抗。是否需要重新部署大陈岛的驻军兵力以便增强我国政府在台湾的军事地位,挫败共产党的进攻企图,这是一个应由中国统帅部考虑决定的重大问题。但有一点可以肯

---

① 国务院的新闻发布稿,见附录五。

定,无论中华民国政府可能采取何种决定,这种决定都要经过充分考虑,不仅要有利于其本身的安全,也要有利于西太平洋和整个自由世界的和平与安全的共同利益。

饶伯森给叶公超通电话,告诉他北平的周恩来已经对咨文发表了正式的反对声明,并抨击美国正在准备战争。周还断然反对联合国或美国干涉北平"解放"台湾和肃清背信弃义的"蒋政权"的计划。饶伯森说,杜勒斯国务卿特别嘱咐要注意这件事。据我所知,饶伯森的目的在于提醒我们,安全理事会关于停火的决议案肯定无疑地要遭到苏联的否决,并认为我们避免在安全理事会对停火决议案公开反对是明智的。他们仍然想要让"新西兰决议案"获得通过。

叶外长和我把艾森豪威尔总统的咨文全文及提请国会通过的决议草案电告外交部,要求他们迅速译成中文呈报蒋总统、副总统、五院院长和立法院外交委员会参考。另一封致台北的电报中包括我们对中国政府就咨文发表正式声明的建议。但电报首先报告了人们向我们评论美国政府政策的梗概。例如,我追述了尼克松、杜勒斯和饶伯森在白宫招待会上对我说过的话,即新措施对我们有利,将消除我们关于美国对中共态度是否坚定有力的任何怀疑。我提到那天一早,在公布了艾森豪威尔总统致国会的咨文后,不少同情我们的人接二连三地打来电话说,在咨文的建议中所表现出对我们帮助的程度确实出乎他们意料之外,因此应该使我们感到满意。

我也提到饶伯森曾来电话谈论北平所发表的正式声明以及我们可能要发表的评论。他说他的目的是希望我们不要发表任何反对新西兰建议的公开声明,以免显得与中共站在同等立场,我说叶外长和我的见解相同,认为美国与中共之间的关系表现得越来越紧张,因此我们不宜介入,只应听任形势自行发展。至于我们应该在安理会中对新西兰的建议采取何种积极行动,我们正在与蒋廷黻商议。

最后,我在电报中说,看来我们需要立即发表一个声明,说明:(1)我们对美国总统重申其对中共的坚定立场深为感谢和高兴;(2)我们认为保卫沿海岛屿与台湾、澎湖的安全之间有着密切的关系,我方军事当局应该继续和美国太平洋舰队协商,以便增强台湾和澎湖的地位,同时立即筹划防卫主要沿海岛屿的措施;(3)如果敌人侵犯任何沿海岛屿,我们将行使固有的自卫权利并进行反击,以保卫我们的领土。

此外,我们建议声明中应该提到 1955 年 1 月 23 日敌人曾企图侵占马祖列岛中的高登岛但未能得逞,用以表明马祖已经受到威胁。

当叶公超在那天晚些时候与行政院副院长黄少谷通电话时,得悉我们发出的那封包括有艾森豪威尔总统咨文全文的电报已经在凌晨四时(相当于华盛顿时间午后二时)收到,所以叶敦促他尽快发表一个关于咨文的正式声明。可是黄少谷说,包括有各项具体建议的另一封电报尚未到达台北,他应允一俟收到电报立即呈报蒋委员长予以采纳。

在此期间,华盛顿的众议院外交委员会已经就决议草案采取行动,草案内容如下:

> 授权总统为保卫台湾、澎湖和与该区域有关地区的安全而动用美国军队。
>
> 鉴于美国在与其他一切国家的关系中其主要目标是发展和维护公正而持久的和平;
>
> 鉴于西太平洋地区某些中华民国管辖下的领土现在正遭到武装攻击,中国共产党人已经和正在发出威胁,宣称这种武装攻击的目的是为了并准备武装攻击台湾及澎湖;
>
> 鉴于这种武装攻击如果继续下去,必将严重危害西太平洋地区的和平与安全,特别是台湾与澎湖的和平与安全;
>
> 鉴于西太平洋岛屿链条中(台湾即其中之一环)友好政府的领土安全对于美国及所有位于太平洋或临近太平洋之

一切友好国家的重大利益为必不可少;

鉴于美国总统于 1955 年 1 月 6 日提交参议院审议、并请其批准的美利坚合众国与中华民国之间的共同防御条约,承认在西太平洋地区武装进攻该条约内述及的台湾及澎湖领土将危害缔约国双方的和平与安全:为此

美利坚合众国参议院和众议院开会决定,

特授权美国总统,在其认为为实现维护台湾和澎湖安全不受武装攻击的特定目的有必要时,可以使用美国军队。此项授权也包括保护目前在友好政府管辖下的该区域内的其他有关地区,以及当总统判定为保证台湾和澎湖的防务有必要或认为适宜时,所采取的类似重大措施。

此项决议,当总统确认这个地区的和平与安全由于联合国采取行动或由于其他情况所形成的国际形势得到合理保证时,即将开始失效,并据实报告国会。

实际上,众议院外交委员会接到总统的咨文后,几乎立即开始举行了听证会,由国务卿杜勒斯和参谋长联席会议主席雷德福海军上将在秘密会议上作证。结果这一决议以全票通过。

会后,杜勒斯国务卿对新闻记者们说,国会通过这一决议能减轻战争的危险,否则危险将会增加。外交委员会主席理查兹说,雷德福海军上将在作证时曾经谈到,从军事观点考虑,自阿留申群岛到新西兰诸岛这一区域对于美国的国防至为重要,这个链条上如果有任何一个环节破裂,都将在西太平洋对美国形成严重局势。理查兹还说,据他看来,这个决议显然是为了授权总统在他认为必要时阻止共产党人进攻台湾。换言之,它纯系一项自卫措施,他本人对此深感满意。

总的说来,国会两党议员在各自的发言中都表示愿意支持这项决议。我在向外交部报告时,特别提到众议院军事委员会主席卡尔·文森的发言。他说他赞成授予艾森豪威尔总统广泛的权力。有人问他其中是否包括进攻中国大陆的权力时,他说,为保

卫台湾免遭攻击需要采取何种行动,应该由军事当局决定。

那天晚上刘锴大使和郑宝南来我处晚餐,我们商讨了应该采取什么行动应付新西兰行将提交安全理事会的停火决议案。我说既然北平已经断然拒绝考虑并且驳斥了这种论点,我们就不宜采取和他们相同的态度,而应该:(1)坚持这个决议应谴责北平为侵略者,并要求采取措施遏制侵略;(2)对这个决议投弃权票或反对票;但如果苏联行使否决权的话,我们应声明我们的反对票并不意味着否决。叶公超完全同意我的见解。我接着建议道,正如我头一天所说,须要求蒋廷黻发表意见,并就此项决议案的措辞问题与新西兰的芒罗及在纽约的美国驻联合国代表洛奇磋商。

下午五时,在与按照约定来访的美国广播公司记者谈话中,我说明建议停火本身并不像停火决议案所暗含的言外之意那样欠妥,也就是说,决议暗示着把双方同等看待,我们对于此点强烈反对。此外,我还说,安理会的行动不能奏效,除非它准备采取有力措施。当然,这显然是毫无可能的。

在台北,黄少谷在和叶外长电话交谈之后,即与张群秘书长、俞鸿钧行政院长及沈昌焕次长作了商谈。尔后,在收到了我们建议政府就艾森豪威尔总统致国会的咨文发表声明的电报后,他又和沈次长商谈了一次,沈次长随即与外交部其他高级官员进行了讨论。25日,黄少谷把所有磋商结果用电报通知了在华盛顿的叶公超和我。他在电报中说,他们都认为既然艾森豪威尔致国会的咨文尚未见到反响,我们立即发表声明表示满意,那可能在国会以及一切反对我们的人士中引起不利的反应,从而阻碍决议的通过或影响它的得票数。他们还顾虑这件事会影响及新西兰的建议,因为艾森豪威尔曾经说过美国将欢迎联合国行动。黄少谷说,但这还不是最后定论,张群和沈昌焕将晋见蒋总统请他作出决定,到那时外交部会详电答复。

黄少谷又说,他认为我既然已经发表了一篇评述艾森豪威尔总统咨文的记者访问谈话,而且这时候叶外长和我都在华盛顿,我作为大使发表的访问谈话当然可以被认为也代表中国外交部长的观点并被当作我国政府的态度。如果诚然如此,那么台湾稍晚一点发表声明亦将无损大局。

最后,黄少谷说,艾森豪威尔总统致国会的咨文和国会的决议草案都已在日报上发表,普遍反应良好。有关从大陈撤退军事人员及平民的各项工作正在台湾积极进行充分准备之中。至于对"重新部署我们军事力量"的声明如何措辞以及我们对新西兰建议应该采取什么步骤,黄少谷说他们都正在等待我们的意见。

25 日,在华盛顿,众议院进行讨论并以四百十票对三票通过了总统提出的决议案。众议院外交委员会提请全院讨论的报告中说:

(1)委员会议定在此项决议中不应指出联合防御的明确界线,以免不必要地束缚美国的手脚。

(2)此项决议已为参谋长联席会议全体一致通过。

(3)上述决议的目的在于阻止中国共产党的侵略。如果不采取此项决议,势必产生相反的结果,增加战争的危险。

(4)此项决议的目的也在于确切地说明,美国忠实地遵守联合国宪章所规定的义务,因而准备接受联合国倡导下的停火。但因时机紧迫,需要及时采取措施,为此已授予总统所要求的权力。美国不能等待设想中的联合国的裁决。

我把美国众议院的这些情况报告给台北,此外,还另电汇报了报纸上评论的要点。最重要的东海岸各家报纸已经发表了社论,支持总统致国会的咨文。《纽约时报》认为总统的目的首先是表明美国保卫台湾和澎湖的决心,排除中共方面对美国与中华民国采取联合行动可能性的任何怀疑;其次是获得国会的授权,在必要时采取任何需要的军事行动;第三是阐明美国的军事措施和中华民国的法律地位。总统的目的完全是为了维护与促进和平,使中共了解到必须悬崖勒马。

《华盛顿邮报》赞许这个决议有利于保卫台湾,但它又说,决议中关于保卫金门和马祖所使用的模糊语言似乎是为了便于同中共对话的目的,例如,倘若共产党人同意停火的话,美国将放弃金门和马祖。

《纽约先驱论坛报》认为总统关于沿海岛屿问题所采取的行动非常得当,因为美国对这些岛屿的关心与对台湾的关心大不一样。美国方面保卫这些岛屿的目的仍然是为了维护台湾的安全。再者,艾森豪威尔总统根据多年的军事经验,并未作出任何僵硬死板的安排,这有着防止泄漏军事机密的实际作用。

《巴尔的摩太阳报》评论道,中国主张固守金门和马祖的理由是要把它们当作光复大陆的基地,但因中国现在缺乏对大陆发动反攻的能力,这两个岛屿已经失掉它们的重大战略价值。此外,防守这些岛屿的困难最终将迫使中国放弃它们。但另一方面,倘若金门和马祖被中共占领,那就对他们进攻台湾大有用处。艾森豪威尔总统有见于此,所以决心阻止中共利用金门和马祖。

《费城问询报》提出了不同的见解,它认为使用第七舰队支援从大陈撤退是一种危险行动。沃尔特·李普曼在 24 日的专栏文章中也对拟议中的国会决议案表示异议。李普曼论述道,台湾不属于中国领土的一部分,它将来的地位应该按照当地居民的意愿和有关盟国的利益加以解决。他还认为台湾的边界应该仅仅包括台湾和澎湖,而不包括沿海岛屿。这些岛屿对于防卫台湾没有多大价值。因此,美国只应保卫台湾和澎湖,以便取得其他盟国的支持。

叶外长致电沈次长,为我国的宣传工作提供了一些艾森豪威尔咨文的内容。他指出,许多家美国报纸在过去几天中曾把台湾问题作为头条新闻,并认为艾森豪威尔的声明是他正在使其对中共的政策变得强硬的一种迹象。他说,在这个时候,看来我们应当尽最大努力邀请坚定的反共记者、专栏作家、广播及电视人员前往台湾,以便使美国对台湾的关注继续维持现在水平,并通过他们的舆论敦促美国政府保持它现已采取的立场。叶公超认为,当这些新闻界人士到达台湾之后,我们应当向他们介绍国军在一江山岛英勇战斗的事迹,并为他们访问金门与马祖提供方便条件。他还认为如有可能,应让这些记者去大陈看看。他提到近来流传的谣言说我们不打算防守大陈,还说这可能是出于美国政府的授意。他认为倘若能让这些记者前往大陈观察我们的军事设施和部队士气,我们就能借以驳斥那些说我们缺乏固守大陈决心的谣言。他请沈次长把上述意见提供行政院长俞鸿钧考虑,然后由俞院长酌情呈报蒋总统。

关于新西兰的停火建议,叶公超说那个建议在本周内还不可能公布。蒋廷黻已向新西兰及美国驻联合国代表重申了我们反对该项建议的理由。蒋廷黻还告诉他们,如果决定公布建议,我们将审查它的措辞,再决定届时如何投票。再者,新西兰和美国代表都已同意与我们磋商停火决议案的本文。

谭绍华公使交给我一份他所准备的关于停火问题的简要备忘录。谭绍华叙述道:

> 约翰·戴利的代理人昨晚(1955年1月25日)在电视中说,停火问题之所以提出来,是因为英国想要讨论政治问题,而美国则希望把事件限于军事方面。最后艾森豪威尔总统终于不等待联合国的行动就向国会送交了答文。这表明美国对于英国正在推行的两个中国计划不如对于停火那样关切。

谭绍华还指出,不幸下述情况都是实情:

> 联合国过去安排的每次停火,对于当时较弱一方的权益都有所损害。过去无论就阿拉伯国家、荷兰、巴基斯坦或韩国来说,莫不如此。这一切全都由于忽视了联合国宪章。我们对于目前正在讨论的停火应时刻警惕其危险性,否则我们将要比以往的受害者更加悔恨莫及。理由很简单,就因为我们的权益将会遭到更严重的危害。两个中国的论点一旦得

势,我们不仅将丧失相当多的领土和非常众多的人民,而且还要丧失这些年来把政治领袖们、武装部队、台湾、南洋及大陆人民维系在一起的希望。对于只讲实际的人说来,那种希望可能显得是空想,但对蒋总统以下所有的人说来却是很具体的。对总统和我们来说,光复大陆并非仅是个面子问题或感情问题,而是一项使命和道德义务。如果我们的美国盟友现在不能帮助我们光复大陆,它可能愿意与我们一起战斗,反击任何想使这种机会暗淡下去的企图。

美国众议院采纳了艾森豪威尔总统的"台湾"决议案,并将其提交参议院。1 月 26 日,参议院外交和军事委员会的联席会议以二十七票对二票通过了这个决议案。韦恩·莫尔斯和威廉·兰格不出所料投了反对票。第二天参议院全体会议对此开始了讨论。

26 日下午,我接见了新闻记者吉姆·卢卡斯,他来访问是为了探询沿海岛屿问题的背景以及美国关于防卫这些岛屿的政策。当时报纸上对于美国的意图充满了互相矛盾的报道。一些参议员,特别是韦恩·莫尔斯和休伯特·汉弗莱已经表示反对这个决议,因为它很可能把美国卷入一场保卫沿海岛屿,尤其是保卫金门和马祖的战争。

参议员凯弗维尔提出了一项修正案,内容为把保卫台湾及有关岛屿的责任推给联合国,只有在联合国采取行动之后才授予总统全权。参议员休伯特·汉弗莱提出了一项修正案,把总统的权力限制于仅仅保卫台湾和澎湖。这两个提案都以二十八票对零票被否决,但是时事评论者认为类似的提案可能使整个参议院的辩论难于结束。

次日上午,艾森豪威尔总统首先与国家安全委员会会商,接着与五角大楼的重要军官及文职官员会商,随后白宫发表了下面的声明:

总统在与国家安全委员会会商之后,又与正、副国防部长,陆、海、空三军部长,参谋长联席会议主席及成员会商,他们讨论了美国空军和海军部队在台湾区域的部署。总统说明了这些部队只计划用于防御的目的,任何将美国军队用于非紧急自卫或非直接防卫台湾及澎湖的决定均将由他本人作出,此项责任他并未委派他人承担。

普遍认为总统发表这个声明的目的是为了使那些参议员们放心,因为他们急待澄清一点,即批准这个决议案不至于因阻止战争反而导向战争,也不会使用美国军队去帮助我们夺回大陆。

在参议院的辩论中,参议员莱曼提出了以前汉弗莱建议过的修正案,参议员凯弗维尔和兰格也提出了修正案。但这些提案都被大多数参议员拒绝。28 日晚,参议院以八十五票对三票的点名投票通过了决议,并将其送交白宫由总统签署。

第三节 在执行关于大陆沿海岛屿的
决定中的一些问题

1955 年 1 月 27 日—2 月 7 日

1955 年 1 月 27 日下午,我陪同叶外长走访助理国务卿饶伯森。国会很快就会批准关于保卫台湾和澎湖列岛的决议,我们估计,一旦艾森豪威尔总统得到国会的授权,美国政府就会发表声明表示决心保卫金门和马祖,以利于保卫台湾,而且发表这一声明的时机将巧为安排,以便消除由于我们从大陈岛撤退并就此发表声明所产生的一切不利影响。叶和我正在为我方草拟相应的声明以便届时在台北发表。几天前行政院副院长黄少谷来信说,他和同僚们正等待我们对该声明措词的建议,而我们二人则决定将我们所拟的草稿与美方磋商后再寄往台北。这是我们准备在

27 日会见助理国务卿时提出的主题。

助理国务卿对此事另有想法,那天早晨,纽约《先驱论坛报》刊出一篇回顾他在 1954 年访台经过的专稿,其中声称当时他曾提出在沿海岛屿停火的问题,并取得我方的承诺不在联合国坚决反对此类建议,也不否定联合国的任何合理决议。同日稍晚,国务院发言人告知新闻界,1954 年 10 月助理国务卿饶伯森和蒋总统会谈中美共同防御条约和台湾与澎湖的安全问题时,曾谈到由联合国动议在沿海岛屿停火的可能性,但是并没有要求也没有取得我方任何形式的保证。饶伯森想要提请我们注意的正是这一点。

谈话一开始,饶伯森说,早晨纽约《先驱论坛报》的那篇报道使他感到莫明其妙。该文声称,在他上次访问台北时,蒋介石委员长曾向他保证中国政府不会反对联合国提出沿海岛屿问题和新西兰提出的决议案。他说近几天来他并未接见任何新闻记者,也没有同任何新闻记者交谈过;他从未说过有这样一项保证,他既没有要求,蒋委员长也没有承担这种保证。因此,所谓保证之说纯属虚构。他并说,即使他果真从蒋委员长那里得到过这样的保证,——实际并无此种保证——他也决不会把如此机密的问题告诉任何新闻记者。他已下令由国务院对该文发表声明正式否认。

叶外长说他已致电蒋委员长,请他对上述新闻勿予置信。

我说我很高兴饶伯森先生已经采取行动否定这一报道,因为这个消息必然会在台北引起许多疑惑。

饶伯森要看一看发布的新闻稿,一位办事员给他送来了,他一看原来是国务院新闻司长亨利·苏伊丹向新闻记者们宣读的一项声明,饶伯森对此颇为诧异。当时在场给他当助手的马康卫解释道,饶伯森先生曾请负责公共事务的助理国务卿麦卡德尔把这项否定用正式文件发布。现在看来,显然没有按他的意思办理。

叶外长接着说,他有一件紧急事要同饶伯森先生商量。早先他同国务卿曾经商定要就国军从大陈岛撤退一事发表某种声明,而且中国政府发表这项声明的时间要同美国政府发表的同类声明适当配合,以便抵消由于此次撤退而产生的不利影响。他并说,最好在中国的声明中说明,美国政府已经承诺对金门和马祖以及其他与台湾和澎湖的安全有关的地点进行协防。他估计在国会授权总统之后,美国政府将发表声明,表示决心帮助中国政府保卫金门和马祖以及其他沿海岛屿。叶外长并说,中国的声明将在美国的声明发表之后接着发布。

饶伯森说,他并不知道美国政府要发表什么声明。总统给国会的咨文已经由众议院通过,现在正等待参议院采取行动。美国的这些举动几天来经过新闻界的大肆宣扬,必已举世周知。他不认为总统会对外宣告美国决定帮助防卫金门和马祖。国务卿把这事告诉叶外长和顾大使只是为了让中国政府了解情况。美国政府无意使中共知悉美国打算帮助中国政府保卫那些具体的沿海岛屿的情况。

叶外长推测总统正在等待国会授权,一旦得到授权,他就要给太平洋美国部队司令发出总统命令,指示他参与金门和马祖以及其他有关地区的防务。

饶伯森答道,由总统发出的这类命令具有机密性质,其内容可以包括许多事项。他绝不相信总统会愿意把他下达给美国武装部队的行政命令公布于众。

我说总统已经采取的一切行动,如提交国会的咨文和拟议中的国会决议都是内部措施,而中国政府所希望的则是美国就其对沿海岛屿的政策和决心保卫这些岛屿发表一项公开声明。

饶伯森说,国务卿本人已将美国总统决定授权美国武装部队参与保卫金门和马祖一事通知了叶外长和顾大使。

我说这和美国政府公开发布的官方声明在效果上是不一样的。

叶外长说,他想在中国的官方声明中提及美国决定保卫金门和马祖一事。他随即将他和我准备好的一份中国的声明草案交给饶伯森,其内容如下:

中共自1954年9月3日起加强了对沿海岛屿的攻击,而且最近又占领了一江山岛,鉴于他们这种频繁不断的进犯活动,中国政府经与美国政府磋商后,决定重新部署大陈岛的驻军,以巩固其全盘军事地位,以便更有效地对付共产党的再度来犯。

根据1954年12月2日中美两国在华盛顿签订的共同防御条约而为我方盟国的美国政府愿为我国重新部署军事力量的计划提供帮助和支援,中国政府已经接受这一友好援助。

近年来我们两国在促进东亚与西太平洋地区自由与和平的事业中进行了密切合作。现又签订了上述共同防御条约,从而使此种合作成为神圣不可侵犯。为了进一步加强此项合作,美国政府向中国政府表明,决定参加金门和马祖地区,以及其他对保卫台湾与澎湖列岛至关重要的有关阵地和区域的防务。中国政府对于美国政府的参与表示欢迎,并认为这是两国在促进亚洲和太平洋地区的自由与和平以及自由世界的共同事业中团结一致的进一步证明。

饶伯森把声明草案读了一遍,指出在声明中提到的去年12月签订的共同防御条约还没有得到参议院的批准。

我说中国的立法院已经批准此约。由于美方迟迟未予批准,致使台北方面深感焦虑,甚至揣测纷纷,怀疑关于沿海岛屿问题的总统咨文和国会决议是意图取代此项条约,以及由于英国不赞成此项条约而施展阴谋诡计以致批准条约之事将无限期地推迟。

饶伯森说,国务卿和总统都同样渴望看到条约尽快批准,而且事实上杜勒斯先生已通知国会,他准备随时为支持此项条约出席作证。若不是由于大陈岛的情况导致发生了总统咨文和国会决议案之事，参议院外交委员会早就请他出席作证了。现在该决议已经由众议院通过，参议院将在本周内对决议案进行辩论和表决。此外海地总统马格卢瓦尔来华盛顿访问，并于当天在国会联席会上发表演讲，这也是参议院推迟讨论决议案的原因之一①。饶伯森又说，国务卿将要外出一个星期，因为他连续紧张工作了几个星期，需要休息几天，要等他回来之后才能出席参议院外交委员会作证。

我请饶伯森估计一下，这项条约要在参议院通过是否会遇到什么重大障碍。

饶伯森说，对此项条约会有一番争论。参议院外交委员会主席参议员乔治是支持条约的，但是他的党内就有许多人反对，有待他去说服。民主党左翼，例如由本·科恩和迪安·艾奇逊为首的"美国人争取民主行动组织"，（我插话说："还有前空军部长芬勒特。"）正在唆使民主党参议员们反对此项条约。他们这种行动与其说是反对条约本身，倒不如说是想把民主党的控制权从右翼手中抓过来。民主党内居然存在着这种内部政治对垒，说来也是不幸。但是参议员乔治向他保证，这项条约在参议院将会以颇为可观的多数票通过。因此各种新闻报道中所谓有人活动想把批准条约之事拖延下去等等，都是些无稽之谈。

叶外长说，饶伯森先生最好能花点时间把中国的声明草稿仔细看一下。如果饶伯森先生在审查完了之后能提出一些意见，那将不胜感谢。

饶伯森说国务卿正在找他，他想立即带一份声明草稿给杜勒斯先生。

叶外长说，他希望知道国务卿对这个声明有些什么反应。

---

① 原注：那天下午5至7时在泛美联盟为马格卢瓦尔总统和夫人举行招待会，我也受到邀请并打算前去参加。但是在我离开饶伯森的办公室后，匆匆赶到招待会，想和马格卢瓦尔一晤时，这位海地总统已经走了。

我说，事实上这份声明草稿也还没有向台北传递，因此应该说它还有待于中国政府的批准和修改。但是，如果在叶外长和我把这份声明呈报我国政府之时，能把国务卿的反应一并上报，那就可以节省一些时间。

这时叶外长说，他知道饶伯森先生有些事要通知他。实际上这次会谈是饶伯森的办公室安排的。但是饶伯森似乎对自己要说些什么并不明确，转而问马康卫。

马康卫提醒他要说的是新西兰驻华盛顿大使莱斯利·诺克斯·芒罗爵士要写给当时正担任联合国安全理事会主席的芒罗自己的一封信。信中述及中国大陆沿海某些岛屿存在着武装冲突，要求安理会注意这一态势。据说安理会将于下星期一，即1月31日开会，并且新西兰届时还将提议邀请共产党中国派代表到安理会来说明他们的观点。

叶外长说，他反对邀请共产党中国的代表参加安理会会议，因为这将意味着在事实上承认北平政权，特别是因为中共并非联合国的会员。

饶伯森说，根据联合国宪章，有关各方不论其是否为会员国都可以到安理会申述意见。他还回溯了1950年的朝鲜事件，当时在安理会的邀请下，中共曾向安理会派出一位代表伍修权。

叶外长说，当前的事件中并无争议，因为事实很清楚，问题是由中共的侵略而引起的，中华民国是受害者。他表示希望美国不要支持发出邀请的主张。

饶伯森说，美国不会提议邀请中共，但别国提出时也不能反对。

我说，既然此事正如叶外长所说，事实已很明显，就没有必要邀请共产党中国派代表出席安理会会议，如果出于礼貌而必须给他们一个陈述自己观点的机会，可以请他们写成书面材料提交安理会。如果北平自己进而要求为此事派出代表，他们的要求就必须提到安理会来讨论。那时中国在安理会的代表就有机会提出反对意见并予以否决。我问对于此事是否已经草拟了决议案？如果已经草拟了，其内容如何？

叶外长说，他想要一份决议草案副本。

马康卫回答说，新西兰已准备了一份决议草案，但是何时提出则要视安理会对这个问题讨论的进程而定。

我说由于拟议中的新西兰决议草案必须交安理会的全体成员传阅，如能目前就给中国政府一份，还可以节省时间。

饶伯森认为我的意见无可非议，于是着马康卫将决议草案和信件副本各给我一份①。

叶外长阅读了信件副本说，他不能同意将中华人民共和国与中华民国相提并论，就像双方是处于同等地位。他说联合国从未承认北平政权。按他的意见，所谓的中华人民共和国应该加引号。

饶伯森说，北平政权是安理会所要考虑的问题的有关一方，而且为了解决这一特定问题，还将请他们派出代表到安理会来，这正像朝鲜战争时期联合国把共产党中国当作停战协定的一方对待一样，并不意味着联合国在其他方面也承认北平政权。

我在看过决议草案文本之后说，这似乎同去年10月份给我和叶外长看的那个文本相似。

马康卫说，没有什么区别。

叶外长说，他对决议草案文本中的以下两句也认为不妥：(1)"呼吁中华人民共和国和中华民国立即停止敌对行动"；(2)"建议采取和平手段以防止敌对行动再次发生"。他说，首先，建议停火是没有必要的，因为在他的政府方面，如果未经按照共同防御条约和换文的规定先同美国商量，是不会在撤出大陈岛之后去重新攻占该岛的，近几年的实际行动也可说明此点。其次，这种停火是不公平的，因为它只约束了中华民国政府，束缚住它的

---

① 决议草案和信件的本文见附录六。

双手,而不能约束共产党,因为他们是不会接受的。

饶伯森同意,即使通过了新西兰提出的决议案,中国共产党也不见得会遵守它。他认为在周恩来对总统咨文和拟议中的国会决议大肆攻击,以及他们在朝鲜问题上一再拒绝承认联合国的权威之后,共产党是不会接受联合国的裁决的。而且,他认为安理会的决议案肯定会被苏联否决。

我说,如果问题提交到安理会,那么安理会所应该做的就是指明在沿海岛屿的敌对行动中,共产党中国是侵略者的事实,并对该侵略者加以谴责。

马康卫认为结局可能就是如此,但是他指出拟议中的决议本身并未对局势作任何判断。

叶外长说,中国政府对"采取和平手段以防止敌对行动再次发生"的建议也不能接受,因为这意味着应用两个中国的思想。

饶伯森强调说美国完全没有这种思想,并且曾告诉新西兰它不希望安理会的讨论扩大到超出沿海岛屿问题之外。

叶外长说,即使如此,美国驻安理会代表洛奇先生应该阐明,美国强烈反对决议中隐含有任何为接纳共产党中国进入联合国铺平道路的意图,或者导致两个中国想法具体化。

马康卫认为在洛奇的发言中提出这样的声明恐不十分恰当。

我说这只是一个处理问题的方法问题,我认为富有经验的洛奇先生自会有方法说明他的政府在这两个对中国政府极为重要和利害攸关的问题上的观点。我接着说,事实上台北的中国当局由于美国新闻界存在接纳共产党中国进入联合国的议论和两个中国的想法而感到十分不安。台北推测美国已受到英国的影响。英国一直希望北平政权能够加入联合国成为联合国的真正成员,而且华盛顿和伦敦两方已经取得谅解,以促使最终实现两个中国的想法作为他们之间的一种妥协。因此,重要的是美国不仅要在安理会说明他的政策和观点。而且还要谋求联合王国保证它不会趁机利用提出的决议案进行接纳北平进入联合国的活动或者推动实现两个中国的想法。我强调说明中国政府认为从英国得到此种保证非常重要。

马康卫说,伦敦和华盛顿之间已就促使联合国采取行动一事讨论了一段时间,并取得一项谅解,即联合国对这一情况的考虑应当严格局限于沿海岛屿问题,而绝不允许涉及台湾或其中立问题,或与此有关的其他政治问题。

我问这项谅解是否得到英国的保证。

马康卫作了肯定的回答,并且说英国将和美国一齐对新西兰提出的决议案给以支持并遵守所同意的限制。

我说我高兴地听到英国政府向美国保证不趁机利用此项决议案谋求接纳红色中国进入联合国或推行两个中国的想法。这是很重要的,因为只有英国同美国在这方面密切合作,才能够有效地对付第三方面有利于共产党的活动。

马康卫说,当然英国对共产党中国有它自己的政策。除了所许诺的在新西兰决议案问题上同美国密切配合之外,他们是不会放弃自己政策的,也不可能指望他们放弃。他认为这个决议案将再次谴责中共是侵略者,而如果苏联政府考虑到周恩来对所谓美国玩弄花招的谴责,则苏联驻安理会代表定会行使否决权,加以否决。

叶外长说,共产党的意图是无法预料的。他回忆 1945 年美国为促成中国政府和中国共产党之间的和解而作的斡旋,延安方面先是坚决反对,但是在两小时十五分钟之后又接受了马歇尔将军的提议。叶外长说,他还想到另一问题。去年 10 月提出邀请联合国出面调停金门一带敌对行动意见时,大陈两岛尚在中国政府手中。现在就要从大陈岛撤退了,他不禁要问,在安理会中提出关于沿海岛屿的决议还有什么意义?既然此项决议肯定要由安理会考虑并采取行动,那么将撤出大陈岛的行动推迟到安理会考虑此项决议并采取行动之后,不是更好吗?他说,如果一定要在安理会考虑和采取行动之前撤退,那就不啻将大陈岛拱手奉送给共产党。

马康卫说,这肯定是需要考虑的一点,他认为推迟从大陈撤退的日期没有什么坏处,他把叶外长认为重要而加以强调的几点做了记录。

叶外长和我知道台北对于美国对新西兰决议案的决定,特别是对要邀请北平政权出席安理会的决定的反感是非常强烈的。叶刚刚收到蒋委员长直接发来的一份电报,电报中十分率直地提出他的看法。蒋委员长说:

> 促成停火乃英国之一贯阴谋,意欲以此为手段使共党政权进入联合国,为所谓"两个中国"暗打基础,以期达到其最终目标。首先利用出卖中华民国以换取维护英联邦之远东利益;其次鼓励并促使美国集中其力量于欧洲。
>
> 饶伯森访台之时,弟曾立即指出,新西兰提案实系由英国于幕后策划,全力推动。饶伯森谓此提案与英国无关。然吾人所怀疑之点现已日益明显,英国于幕后策动此事已达数月。饶伯森谓美国对新西兰提案看法如下:
>
> (1)如美国能通过实现新西兰提案而促成停火,从而避免与共党作战,最符所望。
>
> (2)即便新西兰提案为苏联否决而美国不得不单独与共党作战,新西兰提案仍能使联合国介入台湾海峡问题。值此情况,美虽不能如韩战中以联合国旗帜对共党作战,至少能使联合国在政治及精神方面立于美国一方。
>
> 由饶伯森谈话即能洞悉美国观点乃至美国之感情。但我须提请美当局注意,一旦新西兰提案提出,将立即成为美所不能独自控制之事。无论苏联是否决定进行否决,均将成为联合国中之公共问题。而且,如虑及苏联帝国主义之狡猾手段及其与印度及英国之密谋策划,益之以哈马舍尔德经北平之行经催眠麻醉后所作所为,定将出现各种阴谋诡计以

影响新西兰提案使其向有利于中共方向发展。

若终于邀请中共到联合国参加讨论，或容其参加诸如日内瓦式会议，或其他新形式会议，或由哈马舍尔德秘书长再作一次旅行等等，所有此等意在促进此事之狡诈行径定当冲淡并完全挫伤美国国会决定及艾森豪威尔总统咨文所表现之勇气与积极精神。凡此种种终将造成牺牲中华民国之结果。故我须万分警惕，台湾虽已归还中国成为我国领土之一部分，彼等仍认为台湾问题为悬而未决之问题。甚至美国亦仅于最近方于中美共同防御条约中从法律上表明对此问题之立场，而民主党诸领袖仍然认为此乃错误之举。若美国国会不批准此项条约，台湾之地位在美国心目中亦仍无法律之承认。

因此，若容新西兰提案使形势长期恶化，其结果必将使"两个中国"之主张有所发展，或更有甚于此者，竟致引起托管台湾之错误提案。为此，诸兄应向美国说明：

（1）必须遏制新西兰提案以便排除无休止之政治阴谋。如美国坚持提出新西兰提案，其范围须仅限于单纯停火，而且美国必须首先取得英国集团对以下几点之保证：

（甲）英国应不仅承诺同意不利用此提案作为借口制造复杂局势，导致提出接纳中共加入联合国，或提出其他问题诸如台湾地位问题等等，且应进一步承诺如任何其他国家策划制造上述复杂局势，彼即与美国合作以挫败此种阴谋。

（乙）台湾海峡停火与朝鲜战争及印度支那战争之停火迥不相同。后者须取得双方同意实行停火，故为此而召开板门店会谈与日内瓦会议，实属理所当然。但台湾海峡之现状则不同，我方尚未开始反攻，且即使我方开始反攻，不论其在共同防御条约批准之前或后，我方均需先同美国协商。目前海峡战争全系去年9月3日中共炮击金门而引起，因此应该直接通知中共令其停火。如果共方尊重联合国之通知，停火即可立刻实现。故联合国实无必要与中共作任何会谈,而邀请中共参加联合国或参加由联合国主持之任何种会议,尤为不当。

若果能得到英国之上述保证,则美国即不致对新西兰提案之发展失去控制。

(2)我对新西兰提案之立场为坚决反对。如我不出此,即等于从此放弃收复大陆之要求、决心与努力。而且,此种形势之发展,将使我不能维持军队之士气与民众之斗志,即使对吾人自身而言,亦意味着我所从事之一切努力均将失去意义。

(3)然而,如美国参议院能及时于新西兰提案实际讨论之前批准中美共同防御条约,从而自美国立场确认台湾之法律地位,即对台湾之地位给以积极之法律承认,而美国若能取得英国之同意放弃其使中共加入联合国及造成"两个中国"之计划,则我即能慎重考虑如何调整我对新西兰提案之态度,以便适应美国政治策略之目标。

此番艾森豪威尔总统咨文及国会行将采取决定之态度均极积极而坚定,说明诸兄在困难情况下为应付此种局势曾作艰苦之努力。凡此均博得国内外之信任与欣慰。但总统咨文中含有有关联合国之部分及正在酝酿中之新西兰提案,实为一大漏洞。既然不能取消新西兰提案,则唯一办法即为设法使条约迅速批准,以争取尽可能消除或减少严重之危机。

至望吾兄及顾、蒋二公,对上述各点共赴全力,以期成功,并望将研讨新西兰提案之结论及诸兄认为我国应采取之步骤迅速电告。

在复电中叶和我联名报告了我们同饶伯森的谈话。我们在电文结尾时说,此事对我们确实非常重要,我们正同蒋廷黻商讨最佳的应付办法,不久将报告我们的结论。

叶外长和我也知道台北对于美国不论在中方的或美方的声明中提及在撤出大陈后协助防卫金门、马祖一节持明显的犹豫态度将感到十分不安。根据外交部沈次长 1 月 27 日的电报,行政院长俞鸿钧和他在 1 月 26 日上午举行的国民党中央委员会常务委员会会议上报告了最近形势的发展,与会委员表示对最近的发展情况能够理解,但是强调两点:其一是坚决反对任何停火安排,但是,更重要的一点是强调说明,撤出大陈对于我们自己的部队和百姓以及海外华侨的士气民心都会有极大影响,因此,必须采取措施以减轻不利后果。

　　蒋委员长以主席身份作了如下指示:

　　　　(1)撤出大陈计划适才开始制订,最后之决定有待于中美双方发表公开官方声明。在此期间,此事仍须保密。

　　　　(2)艾森豪威尔总统致国会咨文注意到我之观点。外交部叶部长与顾大使处理此事十分得力。咨文和授权法令均极坚定,业已挫败周恩来及哈马舍尔德之秘谋,使美国与中共之间无法再作任何安排。此次美国态度似尚诚恳,我不必有任何疑虑。

　　　　(3)我在原则上当然不能接受所谓停火建议;但采取何种步骤,则应视苏联所取步骤而定,如此筹划可较为明智。然我对英国集团之秘密阴谋仍应密切注意与警惕。

　　27 日接到行政院副院长黄少谷的另一封电报,他在这个问题上说得更为明确。电文说,已经决定我方关于撤出大陈岛的声明要同美国关于协防金门、马祖的声明同时发表。由于我们声明的方式和措辞对敌人和对自由中国的民众非常重要,其内容应大致如下:

　　(1)可以透露撤出大陈乃基于艾森豪威尔总统或美国政府之建议。

　　(2)可以说明此乃与美国政府或美国太平洋驻军当局协议之

结果,按照西太平洋全盘军事战略要求所做之部署。

(3)可以阐明这一行动乃基于我本身战略需要,因而主动调整防线,并重新部署部队以便集中军力。

黄说以上各点尚未成为总统或行政院长的指令。但有人认为第(1)项和第(2)项建议的方式可能更为有利于军队的士气和民众的感情。他询问我们的看法如何,是否应提出上述各点与美方讨论。他说他希望听取意见,因为他负责在美国和中国声明发表之前宣传工作之安排。

叶外长和我另有一个约会,要在1月28日上午十一时十五分到国务院拜访国务卿杜勒斯。在向台北电告有关美国和中国声明问题的更详细情况之前,我们想探明国务卿对我们所拟草案的反应。不过我们访问他的更具体的目的则是坚持声明协防金门和马祖的必要性。可是我们发现国务卿改变了主意,可能是有鉴于少数参议员的反对,这些参议员虽然人数很少,但却很坚决。

根据那次会见的记录,叶外长首先说他有几件紧急的事提出来和国务卿商谈。第一,关于撤出大陈,中国政府必须在台北发表声明,宣布为了加强沿海岛屿的防卫力量,决定重新部署大陈岛上的武装部队,以及中国已接受美国对撤出大陈提供援助的事实。前一天已经将中国政府想要在声明中包括的内容告知饶伯森先生,叶外长愿意知道国务卿对中国政府想要包括的几点内容的意见。根据参议院委员会在讨论总统提出授权保卫台湾和澎湖的要求时所发生的争论,他愿向国务卿保证,中国政府不想做出任何使美国政府感到为难的事。因此他认为有必要同国务卿作一次紧急磋商。

接着杜勒斯国务卿提出两点:第一,如果须对中美共同防御条约进行说明,不要采取使人认为条约已是一件已经完成的事实的说法。在问到条约可能在何时得到批准时,他说大约在2月中旬。第二,在提及美国决定保卫沿海岛屿的安全时,美国政府不愿提出具体岛屿的名称。换言之,他不希望看到声明特别提出金门和马祖,他解释说,国会决议的原来用语实际上包括比金门和马祖更为广泛的区域,当然这还要取决于艾森豪威尔总统个人的命令。

叶外长同意接受这两点意见。

国务卿又提出,关于在我们的声明草案中提到美国是中国的盟国这一点,最好不要同条约联系起来,而是回顾较长时期以来的联合。

叶部长也表示同意。接着他提醒国务卿,他和我曾提出要考虑某种方案,使得在中国政府的部队撤出之后能制约中共占领大陈。叶外长说他没有找到什么好的方案,但是他曾想到采取某种民政管理形式,而不采取定为非军事区或联合国托管之类的方式。

杜勒斯认为这可能是一种危险的意见,因为它会给可能导致对台湾本身托管的想法打开通道。他接着说,鉴于这种提法可能起如此的作用,他认为事实上完全有必要避免提出这种意见来。

叶外长同意必须想尽一切办法避免这种牵连作用,但是,他说使共产党得不到这些岛屿的想法是非常合理的,他希望国务卿考虑一下这个问题。

饶伯森也出席了这次会见,他说这件事本身是具有爆炸性的。他认为最好根本避免提及。

我提出这样的意见,在中国政府所要发布的关于撤出大陈的声明中,最好的办法是说中国政府只是撤出战斗部队而不撤出民政机关。

国务卿同意说在声明中包括这一点是一个好意见。这将使得中共处于为难的地位,因为如果他们想占领大陈,就必须动用武力,这就会使全世界认清他们是侵略者。

饶伯森也从心理战术的观点十分热心地支持这个意见。

叶外长说,这将会加强中国政府在争取和平中的地位,同时,如果中共在我们撤出战斗部队之后攻击或侵占大陈,那就表明中共是侵略者。

我问美国政府是否考虑要在国会通过决议之后跟着发表声明。我说我希望美国政府能发表这种声明以同台北所要作的声明相呼应。

叶外长支持这个意见，并且提出也许艾森豪威尔总统能宣布："美国政府将和中国政府磋商加强沿海岛屿的防御地位，以确保台湾和澎湖的安全。"

国务卿当即表示同意，说"这是一个好意见"，并指示饶伯森准备一份声明草案。他期待参议院在当天或次日将通过此决议，这样，"艾森豪威尔总统就能在1月31日星期一签署决议时作此声明"。

鉴于新西兰行将在安理会提出停火案，叶部长接着就将会谈转到推迟从大陈撤退的问题上来。他问，从心理学的观点来看，在安理会讨论停火案时把大陈岛让给共产党是否可取。他说这会使人们认为是一种怯懦的表现。再者，如果我们设法继续留在大陈岛上，就可以突出共产党的侵略罪行。因为即使安理会通过停火案或对这项提案作出某种方式的安排，共产党可能仍会继续攻击这些岛屿。

杜勒斯国务卿并不认为安理会能完成停火任务。他说安理会对于决议的争论，也许要持续一段时间。他在事实上坚决认为不必重视联合国的提案。他劝我们不要失去利用这次国会通过此项决议的机会作为平衡力量以抵消撤出大陈的不利影响，因为这个决议可使中国政府的地位有所加强。他说如果推迟撤出大陈，就不会有这种好机会了，也就没有办法来抵消不利影响。因此，他认为中国政府应充分利用这一时机，从一个在军事上看没有理由固守的阵地上撤退。

叶外长问道，艾森豪威尔总统是否会在将来的某个时刻宣布他的保卫金门和马祖的决定。

杜勒斯表示不能肯定。他说，他曾十分坚定地告诉叶外长，美国政府已经决定帮助中国政府保卫金门和马祖,但是他的意思并不是说这个决定可以包括进中国政府发表的任何官方声明中去。这是属于美国政府的政策问题。

叶外长指出,这个决定在国务卿同他谈话透露这一决定的第二天就在报纸上泄露出去了。他说在台北虽然有人要求政府证实这项决定,但是并没有泄露出去。叶进一步大胆设想在今后的一定时刻,艾森豪威尔总统很可能不得不宣布他决定帮助保卫金门和马祖以及某些他认为必要的有关地区。

杜勒斯国务卿只是说这完全是总统的事,他不能妄加揣测。他反而怀疑总统是否会作这样明确的声明,他认为总统会让事实本身来作自我表明。

叶外长其次指出当天早晨报纸报道的所谓艾登方案,这个方案的要点是提议将所有沿海岛屿交给中共。叶特别想要知道英国政府和美国政府之间就此事有无接触。

杜勒斯说,在这方面根本没有进行过磋商,英国政府也没有将这个方案告诉美国政府。他接着说,这一直是英国的政策,但是美国自然不能在这个问题同英国的看法一致。他解释说,英国一贯希望看到在中国共产党和国民党之间有某种界限。英国总是采取法律观点,认为台湾的处理是有待于国际协议的问题,中华民国政府按照任何法律都无权承继。他指出许多美国人也持此见解。他特别指的是"美国人争取民主行动组织"的备忘录和像本·科恩那样的人。他说,事实上有些民主党成员就持有英国人的观点。虽然如此,他再次向我们保证,在停火建议方面,英国人已同意不提出任何节外生枝的政治问题,而饶伯森在前一天和我们的谈话中也同样对我们提出了美国的保证。

在向国务卿告别时,叶外长谈到提议邀请红色中国出席安理会一事,说他认为这太遗憾了。

国务卿对此事则处之淡然。他说,他没有从任何方面得到确切信息说红色中国将会接受这一邀请。

叶外长说这是他个人的预感,虽然红色中国很可能拒绝停火,但是它可能接受邀请出席安理会,以利用这个机会得到宣传的好处。

最后,我重申希望艾森豪威尔总统能在国会通过决议之后发表一项声明。国务卿再次向我保证,并转向饶伯森要他立即准备一份声明草案。

随后我们给蒋委员长发去电报报告谈话经过。我们还准备了撤退声明的草案,修改了我们的原稿,加进杜勒斯的建议和我自己关于在大陈岛留下行政管理单位的建议。然后把它译成中文,把中英两种文本都送交外交部。我们要求沈次长在呈递总统和行政院长之前,同副院长黄少谷商酌修改并重新拟订。

我们新拟的英文本声明稿如下:

> 自 1954 年 9 月 3 日起,中共重又对沿海岛屿发动进攻并于最近占领一江山岛。鉴于他们此种再三而连续之侵略活动,中国政府在与美国政府磋商后决定重新部署大陈岛的防卫力量,以便巩固其全面军事地位有效对付共党之再度攻击。此次基于战略原因而采取之步骤并不影响各该岛屿上之行政管理工作。行政管理部门将一如既往,在政府授权与监督之下继续执行其职责。
>
> 美国政府与中华民国多年来之同盟关系,由于最近两国签订并正待美国参议院批准之共同防御条约而进一步加强。美国政府对中国政府重新部署兵力计划是提供所需之支援与帮助,中国政府已接受此一友好援助。
>
> 为促进中美两国在保卫台湾与澎湖中之密切合作,美国政府已向中国政府表明,决定参与对于保卫台湾和澎湖至关重要之有关阵地及区域之防务。中国政府对美国政府此项决定表示欢迎,并认为系两国在促进亚洲及太平洋地区之自由与和平以及自由世界之共同事业中团结一致之进一步证明。

当晚大约七时四十分,参议院通过了关于台湾的决议。当时我在日记中写道:这是令人惊喜的事,因为多数曾预料辩论可能持续到下星期一,而现在只是星期五。第二天,即 29 日早晨,艾森豪威尔总统签署了决议并发表了如下声明:

> 我对美国国会以几乎全体一致地投票通过了这个联合决议深表满意。我愿对国会议员和今天同我在一起的国会领袖们的伟大爱国热忱表示公开感谢。
>
> 在这次投票表决中,美国人民通过他们所选的代表向全世界表明,我们全国团结一致,决定帮助一个勇敢的盟国抵抗共产党的武装侵犯。
>
> 为了表达我们的这一信念,我们正在采取措施以保卫台湾地区的和平。我们准备支持联合国为结束目前这一地区的敌对状态所做的努力,但同时我们也团结一致决心保卫对于美国和自由世界的安全有重大关系的地区。

艾森豪威尔在上午八时三十分宣读了这一声明。八时四十五分助理国务卿饶伯森给叶外长打电话,对于总统声明中没有提到和我们磋商,也没有提到美国决定对我们撤离大陈岛给以帮助和支援表示抱歉。饶伯森说,他没有看到白宫的声明,而只是在无线电里听到的。他认为这项声明很不错,但遗憾的是国务院拟好的声明稿已经给了国务卿,而国务卿却没有交到总统手里,而是把它放在自己的口袋里了。由于参议院是在前一天晚上通过这个联合决议的,比预计要快得多。他去看总统签署通过的联合决议时过于匆忙,忘记向总统念一遍声明稿或将它交给总统。饶伯森说,随后艾森豪威尔和杜勒斯都匆匆赶到机场,一个去佐治亚州的亚特兰大度周末、打高尔夫球,另一个则去巴哈马群岛作一周垂钓。

这使叶外长和我非常不安。最近在国务院的谈判中,我们曾同意暂由美国发表一个不像我方要求那样具体的声明,但是这个声明要和我们自己的声明协调,并由艾森豪威尔总统于签署国会的决议后发出,日期大约在 31 日。现在美国的时间表突然提前,美国总统出于漫不经心竟然作出了另一种声明,诚属不幸。大家都曾为此紧张工作,美方也是如此。官员们匆匆往来奔走于国务院与白宫之间,而杜勒斯对参议院出乎预料地突然通过这项决议感到满足和激动,竟尔忘了及时向艾森豪威尔总统读一遍这份预备好的声明稿,更为糟糕的是他们两人随后都离开首都度假去了。

饶伯森对叶外长建议说,我们可以请台北发一照会给蓝钦大使,请求对大陈撤防给予支援和帮助,蓝钦大使已得到指示一旦接到要求将立即作出有利的答复。这一程序是为记录所必需的正规手续之需。然后,杜勒斯就会发出原由国务院准备好的声明。可是,叶和我感到时间因素很重要,我们经过修订的中方声明稿(饶伯森曾告诉过叶外长,杜勒斯认为此稿是很精彩的)应当在台北发表而不必再等美国的第二个声明。因此,我们赶紧将此事电呈蒋委员长,电报还传达了饶伯森有关程序上的意见,并说明雷德福海军上将已经密令第七舰队的普赖德海军上将,按照我们的要求在运输方面尽量给以最充分的帮助。当然,这要靠我们自己来推动有关撤防事项,并与在台湾的美国军事人员协商办理。

同日过午不久,我去看我的医生斯图尔特博士,因为我感到不适。他发现我的咽喉很红,说我得了咽喉炎。他劝我休息、停止参加社交活动和谈话,使我的声带得到休息。三天前他曾要我注射盘尼西林,但是我没有照办。那些日子工作很紧张,我没有过多考虑我的健康。总之,那时我未能很好休息,也没有让我的声带休息,谈话是大使职责的一部分,当时我实在太忙。

那天的午餐又晚了,并且经常被大使馆译电室的来往电话打断。鉴于当前出现的混乱局面,对如何向蒋委员长发电报告也在进行认真的讨论。台北的沈次长看到了我们在 27 日和饶伯森会谈的报告(他还没有看到 28 日同杜勒斯的会谈报告),针对饶伯森所说美国关于防卫沿海岛屿的声明不会具体提出岛屿名称一节发来电报。沈对美国在这方面的用意不甚明了,但是他指出,我们已经决定自动从大陈岛撤防,这是我们考虑到美国的声明会明确提出协防适用于金门和马祖,因而我们才主动作出这样的决定的。他说,如果现在美国向全世界发表声明,而不明确提出协防的具体岛屿名称,这就不仅不能收到使敌人捉摸不定的预期效果,反而只能在自由世界造成疑虑。沈以为如果美方愿意以照会形式通知我们协防的地区,我们也可以认作是一种可接受的方式。他的理解是,此事关系到条约生效后扩大条约所包括的地域范围的问题,而我们在华盛顿已向美国方面指出过。所以,如果美国能用照会通知我们,我们可以把它当作为执行条约第六条的换文或者作为条约生效后换文的一个附件。沈接着又说,立法院的一些委员在开会时也提到了这一点。他要我们考虑一下并作出决定。

另一份从蒋委员长那里拍来的电报也是 29 日发出和收到的。这份电报同样是依据我们报告 27 日同饶伯森会谈情况的电报,但不是依据我们最近所发的电报,显然这些电报的到达和翻译跟不上华盛顿形势的迅速发展。蒋总统的电报虽然很长,却是他本人起草的。他一定是感到很不安,因此就赶紧亲自起草而没有假手于他的秘书们。

关于饶伯森坚持说美国不愿在声明中提出共同防御金门和马祖一节,蒋总统说他对美方的这种态度感到震惊。他查阅了从 1 月 19 日以来我们报告在国务院会谈情况的全部电报,想看看这个问题是否都像他所要求那样说清楚,即关于撤出大陈岛和共同防御金门一带要发表一个美国声明,也要发表一个中国声明,这两个声明发表的时间由双方商定。他从我们关于 1 月 19 日与杜勒斯第二次会谈的报告中看到的正如上述。他注意到他在 1 月 21 日给我们的电报中曾指出说,以上情况可以看作是我们同意从大陈岛撤退的条件。他并提到我们的电报已表明，不论由哪一方面来看，我们并没有从这一立场上后退，即基本上如上述那样由美国发表声明（就是说美方后来将它所承担的义务扩充到包括马祖，因此在声明中也应提到马祖），这是我们同意撤退的条件。他指出虽然饶伯森在 22 日先是反对同时公布中国的声明和美国的声明，但终于同意在国会授权之后和我们共同商定日期同时公布。（应该说，这一点并非十分准确，因为在我们重申我们自己和蒋委员长对这件事的认识之后，饶伯森没再表示不同意，但并不是就此同意。确切地说，他是对我们的澄清表示感谢。）

蒋委员长以他对此事所进行的研究为基础，对此事概括理解为：

（1）因为美国同意宣布共同防卫金门一带以抵消由于我们撤退所引起的不利反应，我们才万分痛苦地同意从大陈岛撤退。其后美方又同意共同防卫马祖。美方的同意是我们同意从大陈撤退的依据。

（2）二公一再声称已与美方商定，于我们撤出大陈时由美方宣布协防金门、马祖。

上述两点构成中美间两项相互约束之协议。最后蒋委员长说，饶伯森突然推翻他已经同意的事，实在使他有些意想不到。就我方而言，我们认为绝对不能予以考虑。因此，他命令叶和我明确而肯定地要求美方遵守和履行以前的诺言。

（1）美国方面宣布协防金门和马祖；

（2）我方同时宣布撤出大陈。

蒋委员长的电报是在 1 月 29 日下午（当地时间）发出的。后据沈次长说，同晚蒋委员长曾邀蓝钦大使谈话。他首先告诉蓝钦，他对国会已经通过了授权决议表示欣慰和感谢。他接着指出新西兰将在安理会提出停火决议案一事。他说他看到报纸所载关于苏联和英国对此项决议提案的反应之后，感到十分关切，因为苏联的计划是破坏中美条约,而英国的意图则是破坏授权法的作用。他认为对此有必要密切注意。

我在此还要提一下,1月28日伦敦发出的一条特别电讯,报道了安东尼·艾登爵士1月28日晚的一次谈话。电讯说,英国外交大臣艾登建议以两个中国,即大陆和台湾都在联合国占有席位的方式作为台湾问题的解决办法。艾登认为共产党应控制大陆和沿海岛屿,而我们则控制台湾和澎湖,双方之间有广阔的水域相隔。艾登还说安理会在1月31日星期一开会时,肯定将向北平发出邀请,北平应该事实上在联合国有一席位。无疑这就是使蒋委员长感到不安的报纸报道。

蒋委员长在同蓝钦的谈话中,还指出叶外长从华盛顿来电报告说,中国和美国已经同意一项计划,即美国立即宣布协防金门和马祖而我们则宣布撤出大陈。但是,现在美国方面似乎又犹疑而不即时实行这个计划。他说,据他判断,美国一定是受到英国和苏联的压力,因此他想明确告诉美国政府,今后两三天是非常重要的关键,如果继续迟疑不决,而联合国又着手考虑停火决议,则局势势必要恶化到无法控制。如果敌人看到美国在授权法案通过后没有行动的表示,他们将会感到美国是虎头蛇尾,从而肯定会对沿海岛屿采取军事行动。因此,美国虽说极力设法避免战争,但反而会造成一种冲突的局势从而陷入进退两难之境。

蒋委员长告诉蓝钦说,如果美国不公开宣布或以照会说明共同防卫金门和马祖,我们也就无法宣布撤出大陈。这样就产生一个真空状态,如果敌人在此时进犯,中国和美国都会感到难于应付这种局势。以他之意见,美国千万不可受英国影响改变它自从签订中美条约以来所采取的坚定立场,也不应改变我们和美国业经双方同意的各自发表一项声明的安排。他告诉蓝钦说:一旦失去这个关键时刻,我们就要丧失行动的自由,我们就要承受英国和苏联的政治诡计的后果,而一旦发生这种情况,即使再想挽回局势也不可能了。他听说艾森豪威尔和杜勒斯要休假一周。但是,由于目前国际局势紧迫,他请蓝钦立即打电报给他的政府,请他们迅速作出明智的决定。

蒋委员长刚和蓝钦大使讨论了这些问题,希望能得到满意结果,但在第二早晨当地报纸就刊登了艾森豪威尔签署授权法案时的声明。根据随后沈次长来的一份电报所告,蒋委员长在看到声明之后非常生气,他指责美国完全靠不住,欺骗了我们,因为艾森豪威尔总统在他的声明中甚至没有提中华民国。蒋委员长说道:"它哪里配得上称作崇高的盟邦!"

是日下午,蒋委员长又同蓝钦大使进行了一次讨论。但首先他召来张群、黄少谷和沈昌焕,指示他们给在华盛顿的叶外长发电报(这是台北时间1月30日早晨的事),告诉他注意几点。当时蒋委员长已收到并看过我们关于最后一次和杜勒斯谈话情况的报告,他对这几位辅弼们指出,杜勒斯曾说关于美国协防金门和马祖的决定已经通知过我们,但是要求我们不要在任何公开声明中提及。杜勒斯还说过,关于协防的决定是美国的一项政策,但是今后是否对外发表或者让其在行动中自行表明,则应由艾森豪威尔总统决定。因此,第一,蒋委员长想要知道:"这是否意味着美国在将来是不是真正参加防卫金门、马祖还需要艾森豪威尔总统个人决定,因此美方过去所做的协防允诺现在已不再有效?"第二,蒋委员长说,根据我们1月29日的电报所述,艾森豪威尔总统已经签署了国会的授权法案并发表简短声明,因此,我们也必须在原来预定日期之前发表我方声明。他说,我们提出的所谓艾森豪威尔声明应是指报纸报道的艾森豪威尔在签署授权法案时所说的话,但他指出,在这个声明中只提到了台湾,并没有明确指出金门和马祖也包括在内,也没有提到中华民国。所以,他想要知道:"这是不是意味着美国认为这种声明就代替了美国一再同意发表的关于协防金门和马祖的声明。"

蒋委员长说,如果以上两点属实,则从1月19日起中美之间所讨论的基本建议就完全动摇了。叶外长及其同僚应当把自从1

月 19 日以来他们在交涉中同美国方面的多次讨论所一再得到的谅解作为依据,严肃而又积极地要求美方实践诺言。为了完全明确蒋委员长重申他在回答我们以前的电报时所说的话,也就是对我们关于 1 月 19 日和 21 日同杜勒斯谈话的电报中所述的原来美国建议的答复以及他对同美国达成的协议的理解,即:

(1)美方宣布它将协防金门和马祖;
(2)我们同时发表撤出大陈的声明。

蒋委员长说,为了缓和由于我们撤出大陈对舆论和部队士气的打击,至少应做到在我们与美方谈话之后叶外长和我在电报中所说的那样,如果美方坚决不同意对于协防金门和马祖发表声明,他们应给我们一件照会,正式通知我方他们要同我们协防金门和马祖,而我方则在我们自己的声明中将美方的协防予以公布。他说,必须说明由我们自己主动放弃大陈是个沉痛无比的打击。可是现在美国方面突然毁约,放弃他们以前关于协防金门、马祖的承诺,而希望由我们单方面宣布撤出大陈。蒋委员长说,这是我们绝对办不到的。

蒋总统在召见了张、黄、沈,并看他们将上述指示传达给叶外长之后(他们以 245 号电报发出),就约美军太平洋司令斯顿普上将共进午餐,这位上将将是在这天早晨刚抵达台北的。另一位客人是蓝钦,他在饭后被留下来会谈。

在蓝钦和蒋总统的会谈开始之前,蓝钦问在场的沈次长,要求美国帮助从大陈撤出部队的书面照会什么时候可以送到他的大使馆。沈私下告诉他,由于美方没有执行前已同意的原有安排,蒋总统深为不满,因此对于提出正式书面要求一事还没有作出决定。

据沈说,当蓝钦进去见蒋委员长时,蒋委员长请他将以下几点转达美国政府:

(1)自从执政二十多年以来,我在为人处事上的一贯精神是遵循这样一项原则，即个人利益可以牺牲，如果必要的话，在适当时机甚至国家的利益也可以牺牲，但是原则和正义则永不能牺牲。我个人和我的政府向任何友邦和联合国所做的任何承诺，我必定执行。自从政府迁移台湾之后，我即下定决心与台湾共存亡。不论友邦是帮助我们还是抛弃我们，我们也要战至最后一兵一卒。过去我们是这样，今天还是这样。

（2）在签订共同防御条约之后，美国一方面要求国会批准授权法案，另一方面同我们商定，我方将撤出大陈，美方则宣布协防金门、马祖。并经双方商定在授权法案通过后各自公布上述计划。现据叶外长最近电称，美国政府在最终阶段和最后一刻竟然表现犹豫而不愿执行原已同意之安排。对此，我深感惊异和不安。因为，如果美国方面在通过授权法案之后不采取任何积极行动以实现其坚定立场，我们的敌人就会看清美国在过去所做的一切准备只不过是空虚的姿态，因而可以采取军事行动。

事实上敌人已经动员其东北和华北的空军集中在上海地区，随时可以发动攻击。因此人们可以看到，结果必将是尽管美国想避免战争，但是它的犹豫态度适足以鼓励敌人扩大侵略，其后果是不堪设想的。局势演变到这种情况是由于美方改变主意所致，责任应由美方承担。

（3）为了补救这种局面，我们希望美国方面按照业经商定的计划协防金门、马祖，不能有丝毫变心。如果美国方面不发表正式声明，也不正式通知我方使我们能在自己的声明中加以点明，那么我们就不可能发表撤出大陈的声明。如果我们真的不宣而撤，那就只能表明我们是在欺骗自己，欺骗大陈的民众和我们国内与海外的民众，这是我们绝对不应做的。我对此问题已经反复深思，牺牲大陈、甚至牺牲台湾我决不后悔，但是原则和正义不容抛弃。

据沈说,蓝钦大使曾问中国方面在从华盛顿得到新的通知之前是否会采取任何行动,中国方面在美国政府有所部署之前,是否会采取从大陈撤防的步骤。总统回答说,在目前我们不拟采取任何步骤。他还说,他是重原则和正义的,因此,决不会做损害美国的任何事情。他相信美国也坚持原则和正义,也无意损害我们。但是,目前双方面临的问题是严重的,这不仅影响双方国家,也会危及远东。他因此希望美国当局不要把他看成是一个没有经验的总统。他们应当正视这种危险局势,并且本着君子的原则来处理,根据已建立的友谊,迅速而正式地发出他们的声明。

在那种声调下蓝钦和总统的谈话结束了。1月30日早晨我们在华盛顿收到的大量电报中,有一份沈次长拍来的电报就是向叶部长和我报告上述全部经过的。在收到那份电报之前,我已经从饶伯森处得知蒋总统曾同蓝钦谈话。29日下午六时,饶伯森曾给叶外长打来电话,当告诉他叶已经去纽约时,他就要求同我谈话。

我在笔记中记下了我们的电话谈话。根据记录,饶伯森告诉我刚接到蓝钦大使来电,说蒋委员长因为艾森豪威尔总统的咨文没有提到金门、马祖,也没有提美国协助撤出大陈,甚感不安。但是,饶伯森说,国务卿已经向叶外长和我解释过为什么美国不在声明中提金门和马祖。他设想我们一定已经将国务卿告诉我们的话向蒋委员长作了报告,只是蒋委员长见到蓝钦大使时,他还没有接到这个报告。他注意到蓝钦大使的电报是在台北时间晚上十一时二十分发出的。

我重申双方业经商定我方的声明同美国的声明在内容和时间上要配合一致,我们一直在等待收到美方声明的文本。

饶伯森向我解释说,他在早晨已向叶公超外长解释过了,即国务院原已准备了一份声明,但是在这份声明送到白宫之前,总统在早上八时三十分已经发表了他的声明。原先设想美国政府声明将在1月31日星期一发表,但是参议院通过决议在预料的时间以前,而总统在当天一大早签署了决议之后就发表了他的声明。他认为这是个很好的声明。

我说就其本身作用而言是好的,但是并未能如我们所要求的那样解决我们的问题。

饶伯森说他知道这很令人遗憾,他在早晨已向叶外长解释过了。

我说,叶外长和我不仅报告了杜勒斯先生在 28 日向我们解释的在美国声明中没有提到金门、马祖的理由,还报告了饶伯森先生在那天早晨怎样将这件不如人意的事告诉叶外长的。叶外长还获悉中国政府将向台北的蓝钦大使提出照会要求对撤出大陈给以支援和帮助;蓝钦大使将会立即给以有利的答复;随后美国政府在华盛顿将发出声明,在声明中将会说得更清楚,以满足形势的需要。

饶伯森说,由中国政府提出正式要求是必要的,因为,美国政府只有根据我们的要求才能对撤出大陈给以支援和帮助。

我说,叶外长已向中国政府提出建议,我认为很快就会得到批准和执行。(当时我还不知道蒋委员长作了相反的决定,这个消息在 30 日才到达我处。我说我希望蒋委员长在看到报告,特别是叶外长关于同饶伯森先生电话谈话的报告之后会了解情况,从而问题也会得到澄清。

问题并不那么简单。下午六时三十分,饶伯森又来了电话。他说这一天他忙于参加几个会议,刚刚才看到桌上放着的国务卿送来的备忘录。杜勒斯认为鉴于总统已有声明,经过思考之后,他认为不便于发表另一个声明。在他看来,总统的声明不失为一个好的声明,中国政府应利用国会的决议和总统的声明来发表自己的声明;不失时机地利用总统的声明来抵消撤出大陈的不利影响。

我说,在那天早晨饶伯森先生同叶外长谈话之后所发出的电报中,我们已向政府提出同样的建议,即立刻单独发表我们的声明,而不管美国政府是否再发另一个声明。

　　我对我的秘书口述了两个电话的内容,并指示他把记录拿给谭绍华,告诉谭打电话给在纽约的叶外长。叶刚刚去纽约,在他到达时就会接到谭的电话。我并指示谭,如果叶同意的话,立刻起草一份发往台北的电报,报告最近的发展并催促立即发表拟议中的撤出大陈的声明。

　　然后,我迅速换上晚礼服赶到斯塔特勒饭店,在那里,包括我在内的首桌贵宾要在晚七时集合去宴会大厅。这是由全国商业出版公司主办的一年一度的全国名流宴会,在这个宴会上授予前总统胡佛银羽奖章。这就是为什么所有的大使都被邀请参加,而我也很愿出席的原因。我到达正是时候。

　　我坐在尼克松副总统的右边和加拿大大使希尼的左边。尼克松说,参议院的投票是对我国同情的很好表示,我们一定感到满意。我对他敦促参议院通过决议表示感谢。希尼也同我交谈。他告诉我说,前总理麦肯齐·金(希尼起先是麦肯齐·金的私人秘书,后来是内阁秘书)很钦佩我,并且告诉他说,同我谈话很愉快,因为他常常发觉我熟审世界大事。我说,我对他也很钦佩。他还说,麦肯齐·金曾一度写信给温士顿·邱吉尔表示有意退休,邱吉尔答复他说:"不能退休,永远也不要退休。"希尼不认为邱吉尔本人会在那个时候退休,虽然当时有着这种传说。关于美国的外交政策,希尼的看法同其他外交官的看法一样,即谁也摸不透美国下一步要干什么。他接着评论道,美国人是很容易激动的。我说他们是易动感情的人。他也同意我的看法。

　　希尼问我是否看到报上的一则新闻,说苏联外长莫洛托夫对于台湾问题的态度比较缓和。又问我是否同意他的看法,即共产党中国并不像表面上表现的那样非常靠拢莫斯科。我不同意他的看法。我认为莫洛托夫的谈话是想迷惑西方各国的耳目以掩盖他的真正态度,他的真正态度在下星期一的安理会上就要表露出来的。

前总统胡佛在接受银羽奖章的仪式上作了一篇卓越而幽默的讲话。在讲话中,他告诉听众,在这个国家里政府机构在大膨胀,这是自从基奥普斯①建造了他要飞上月球的"月亮"船以后还没有任何一件事能与其相比拟。胡佛已发现有一千五百个联邦政府的机构从事于同私人企业相竞争的活动。他说,他可以称作改革家,还说"老改革家不会死"。他为政府一年制造二百四十亿宗文件而耗资四十亿美元感到痛惜。他说,问题是如何实行"文件的节制生育"。他针对日益增长的国债问道:"唉呀,债务,你叮在何处?"回答是它就叮在政府的办公桌上。

　　他的演说才能和他的幽默感给我印象很深,关于这一点我起初没有想到,因为他总是显得很严峻和沉默寡言。他的儿子是副国务卿小赫伯特·胡佛,我在几天后见到他,他告诉我,他的父亲总是富有幽默感,尽管很少有人知道这一点。我们是在墨西哥大使馆特略大使夫妇为这位副国务卿胡佛和他的夫人举行的宴会上交谈的。

　　我在墨西哥大使馆和另一位客人——乌拉圭大使莫拉——闲谈时,他告诉我总统的新内阁将于 1955 年 3 月 1 日在蒙得维的亚组成,他的政府要邀请我国政府派一位特使参加,他希望我能去。我告诉他给我一个照会,我可以发电向台北请示,不过我恐怕不能离开华盛顿去当特使,虽然我很想去(我不能不讲话礼貌些),因为目前正值沿海岛屿处于危机之际和联合国正在讨论停火问题,我在此地的工作使我无法分身。

　　在 1 月 30 日星期日早晨,如我以前所述,从台北发来传达蒋委员长和政府对美方拒不在声明中提出金门、马祖和对美国总统在签署决议时所作声明的反应的大量电报到达了大使馆的译电室。但是,事实上我当时没有时间把这么多电报都看完,因为在电报译出之前,我得赶往纽约与叶外长和蒋廷黻会商,为 31 日星

---

① 基奥普斯,是古代埃及的一个法老。——译者

期一在安理会讨论停火提案作准备。

碰头会在下午一时左右举行,参加的有胡适、张慰慈、叶公超、蒋廷黻和我。我们首先讨论如何对付新西兰的决议案,或者毋宁说是在台湾海峡地区停火的动议。叶外长已经收到台北关于我们应当采取的立场的复电,复电日期为1月29日,要求我们考虑并决定以下几点:

(1)我似应与美协商得到其同意,并取得英国保证,除使新西兰提案限于停火外,如新西兰提案遭否决,彼应认为目的已经达到,不再提出停火问题。再者,美应同意尽力阻止其他国家在联合国大会中提出同样动议。

(2)我于安理会提出对新西兰提案看法时,应该着重说明沿海岛屿之战争乃苏联对我国侵略行动之升级。我已经在联合国提出对苏联之控诉,如今安理会讨论停火问题应该视苏联为事件之另一方。毫无理由请中共参加,更无理由将我与中共相提并论。当然,此种观点很难为其他国家所接受,但我仍可将其作为无可非议之理由提出,从而维护我们始终一贯之立场。

蒋廷黻已经准备了在安理会开始进行辩论时的一篇发言稿,叶外长建议删去引用范佛里特将军讲演中的话,而加上点明中共是由苏联支持的侵略者。他还提出删去把敌对行动说成是内战的任何提法。整个讨论在这种情况下持续到下午三时,叶去看宋子文,蒋廷黻去看安理会的美国代表洛奇。在叶看望过宋子文回来后,蒋来了电话。他说洛奇还没有看到苏联指责美国侵略台湾的决议案,但是并不反对把它纳入议程,因为洛奇预期苏联的决议案不会排在新西兰决议案之前进行讨论。叶乘五点钟的飞机去华盛顿,而我则在星期一中午回去。

莱斯利·芒罗爵士1月28日写信给安理会正式要求安理会考虑台湾海峡的敌对行动,苏联代表也刚刚要求安理会召集开会讨论"美国在台湾区域和中国的其他岛屿对中华人民共和国的侵略行动"。苏联的正式函件和决议草案是在 1 月 30 日提交的。苏联的决议草案是建议美国立即从中国领土撤退其全部军事力量,并强烈要求禁止在台湾区域的军事行动,以便于非北平控制下的所有军事力量从该区域的岛屿撤出。它还引征和谴责美国的几种行动,认为这是"侵略行动"和"公然干涉"中国的内政。

31 日星期一安理会开会,首先通过议程。临时议程上有两项:新西兰提出的要求和苏联提出的要求。但是在讨论议程开始之前,苏联就发动了关于中国在安理会的代表权问题的争论,并正式提议驱逐蒋廷黻博士。但是洛奇动议安理会作出决定,不考虑逐出我们或有关北平席位的任何提案。他还提议在表决时他的动议应优先于苏联提案。美国的两个动议的表决都是十票对一票(苏联投反对票)。在投票前的短暂辩论中,蒋廷黻指出苏联的动议是苏联帝国主义和侵犯中华民国的又一个事例。这个论点是他在关于议程中包括新西兰提案和苏联提案的辩论中要提出的主题,也就是说,问题的根源是苏联的侵略。他当时能够而且也确实辩论说,新西兰的提案显然是不切实际、见解肤浅的,因为这个提案并没有指明问题的根源,而苏联的提案则不过是宣传而已。

在主要的辩论之后进行投票,投票结果是以九票对一票决定将新西兰的提案列入议程(苏联投反对票,蒋弃权);以十票对一票决定将苏联的提案列入议程(蒋投反对票)。还有一个决定也是十票对一票(苏联反对),决定在结束新西兰提案的讨论之后再提出苏联的提案。

这些决议处理完之后,安理会主席莱斯利·芒罗爵士要求安理会同意他早在辩论开始时提出来的提议,就是要邀请北平派代表参加讨论新西兰的提案并请秘书长哈马舍尔德转达这项邀请。尽管蒋廷黻极力反对这个提案,投票还是以九票对一票通过了,蒋是唯一投反对票的,苏联代表索鲍列夫弃权。但是,美国代表洛奇既支持这一动议,又强调说他的政府支持这一动议和美国反对共产党中国在联合国的代表权问题毫无关系,也不意味着美国反对承认北平政权的既定态度有任何改变。

这一天安理会的最后决定是,推迟对新西兰提案的进一步讨论,以便能够发出邀请并收到回音。秘书长哈马舍尔德按照决议发出了邀请。

叶外长于1月30日星期日晚从纽约返回华盛顿时,他把自从他29日下午离此前往纽约之后所收到的全部台北来电都看了一遍。然后,打电话给助理国务卿饶伯森,得知饶伯森和雷德福上将已前往白宫进见艾森豪威尔总统。后来中国科长马康卫电话告诉叶外长,饶伯森和雷德福上将一起去见艾森豪威尔总统,是因为他接到蓝钦大使一份电报,报告他同蒋委员长最近一次谈话的情况。

大约在晚上九时,饶伯森自己打电话告诉叶外长有关他在白宫谈话的情况。他说,他口头报告了蓝钦大使的电报内容,1月19日国务院的谈话记录内容,以及叶外长、我和其他的人一再要求美国政府发表声明宣布美国要帮助防卫金门、马祖,以配合我们从大陈撤出部队。艾森豪威尔总统告诉他(饶伯森)说,杜勒斯国务卿19日所告诉我们的话确实是正确的。总统说,他起初原想在他致国会的咨文中明确提出金门、马祖,但是经过考虑后又改成后来公布的词句,为的是加强声明的伸缩性。他还说,他已经指示杜勒斯把这层意思通知我们。

饶伯森说,他告诉艾森豪威尔说蒋委员长对于美国政府说话不算数很感恼火,并且怀疑美国不愿声明协防金门、马祖的根源在于对19日国务卿对我们所许的诺言有意食言。艾森豪威尔总统回答说,这确实不是美国的本意,他肯定可以向我们说清楚。再者,他已经指示美国驻中国大使把这一点通知蒋委员长。

叶外长问饶伯森说,国会已经通过授权法案,艾森豪威尔总统也已经作出决定,为什么总统又不愿公开声明美国参加金门、马祖和其他有关地区的防务。他接着还说,我方仍然认为只有公开宣告美国协防,才能减轻我们撤出大陈的不利后果。他说,我们的总统和我们这些在华盛顿的人无法理解美国的立场。如果说其理由是担心国会会反对通过这项决议,那么,汉弗莱修正案已被否决就足以回答这个问题。叶还指出不宣布协防金门、马祖会使共产党怀疑我们还将放弃没有明确提出的其他岛屿。他建议除指明金门和马祖外,再加上如"对保卫台湾与澎湖有关的其他区域"这样的词句,那就清楚了。

饶伯森并没有直接回答,只是说艾森豪威尔总统已经草拟了几道命令。我们一旦见到了这些命令,就可以正式向美方提出要求。叶问他这些命令中说些什么,是否包括协防金门、马祖的命令。饶伯森说在电话中不便细说,但这些命令和杜勒斯国务卿在19日告诉我们的话的内容是一致的。

叶外长和饶伯森谈话以后,便草拟发给蒋委员长的电报,报告这次谈话内容。他并报告蒋委员长,他审阅过从19日起每次会谈的记录和我们发给他(蒋委员长)的一些电报,并考虑到饶伯森方才所说各点,得出以下结论:

(1)艾森豪威尔总统与杜勒斯国务卿原同意声明协防金门、马祖,后来于21日杜勒斯国务卿出示总统致国会咨文初稿,职等当即询及何以不明确提出协防金门、马祖,杜勒斯答称,经过考虑之后认为一般声明之范围可以回避有意省略的东西。职等未就此点争论,但再次强调要求美国于国会通过决议之后,发表一项明确表示协防金门、马祖的声明,并于时间上与我撤出大陈之声明相配合。杜勒斯国务卿虽认为理应如此,但并未十分重视。次日晨,职等又向助理国务卿饶伯森提出,饶伯森并未表示反对,并同意报告国务卿。嗣后,每次会谈,均强调此点,直至27日饶伯森突建议我方改变计划,于我方声明中采取笼统词句而不具体点明金门、马祖。于是职等转而要求代之以两国政府换文。但杜勒斯国务卿仍不愿接受我方要求。此即至目前为止所经过之概况。

（2）艾森豪威尔与杜勒斯对国会决议似持有不同看法。杜勒斯一直向我们强调决议对共产党之打击,而艾森豪威尔总统则强调其和平意义。

（3）至于协防金门、马祖问题,美方迄未表露对已作协议有食言之意。揣测其所以反对明确提出金门、马祖,可能系由于以往与英国曾有协议。

叶答应在星期一,讨论蒋委员长1月29日来电中所提出的问题。

如前所述,我自己是在星期日中午回到华盛顿的。到达后我挤出一点时间去看我的医生,然后同叶外长商议。我在日记中将我们面临的情况总结如下:

> 蒋委员长对总统声明未提金门、马祖,也未提中华民国而只提"我们的勇敢盟邦"很为恼火。他对蓝钦大使表示愤怒,并说他将不履行已经同意的撤出大陈计划。蓝钦也像饶伯森那样感到不安。国务院打电报着蓝钦向蒋委员长善为解释,但是蒋委员长不愿接见蓝钦而只让他去见沈昌焕次长和董显光大使。董显光是从东京被召回,为的是协助草拟关于从大陈撤退和保卫金门、马祖的声明的。

> 双方都非常混乱。

那天早晨,助理国务卿饶伯森几次打电话给叶外长,敦促他积极采取行动,让台北不要发表提到美国参加防卫金门、马祖的声明。他说如果台北发表这样声明,美国政府就要公开否认。他说艾森豪威尔总统已经感到很厌烦,并表示也许他（艾森豪威尔）本人和蒋委员长终究不能合作。还说:"蒋委员长真是一个独裁者,难怪旁人如此称呼他。他居然想要指挥我。"

报纸在过去几天曾集中注意于美国防卫金门、马祖问题。星期六的报纸以显著位置登载台北 1 月 28 日的电讯。这则电讯引用了来自美国高级人士的消息说,事情已很清楚地表明,美国还将帮助防卫与金门、马祖有密切关系的地区。星期日的《纽约时报》刊登伊利·艾贝尔的文章,报道了艾森豪威尔总统签署国会决议和所附声明的情况。艾贝尔指出这一要点,即决议中有意不具体提到金门、马祖是为了给美国在停火谈判方面留有余地。他说美国政府承认金门、马祖毫无疑义是中国的领土,美国高级官员已表明美国愿以它对沿海岛屿的防卫来换取停火。星期一早晨《华盛顿邮报和时代先驱报》刊载的约翰·海托华的文章也采取了同样态度,声称美国正准备同北平谈判停火,很可能要利用金门、马祖作为主要的交换筹码。他还说,美国不可能在军事上过多地卷入,即使中国共产党对国民党的阵地进行强烈袭击也是如此。

星期一晚七时左右,饶伯森又给叶外长打来电话,目的是通知叶,美国政府业经以艾森豪威尔总统的名义发电报给蓝钦大使转达蒋总统。这位助理国务卿提出将于饭后来拜访叶给他看这份电报的文本并讨论一下发这封电报的客观情况,而叶外长则邀请饶伯森和马康卫来双橡园和我们一起便饭,饶伯森接受了。他们在八时三十分到达,我们饭后在书房里谈话。

已经有些醺醺然的饶伯森给叶和我看上述那份艾森豪威尔致蒋总统的电文,已用无线电发到台北的美国大使馆转达。电文如下:

> 美国政府并未改变在华盛顿同叶部长交谈中所提出的基本立场。美国仍然坚定不移地决心与中国政府密切联合,以维护自由中国的生存,反对共产党日益增长的侵略威胁。美国舰队在这个地区的存在和驻扎台湾的美国空军联队就是美国政府这种意图的具体证明。参议院正在加速审议批准共同防御条约,已将听证会从 2 月 7 日提前到 2 月 2 日。
>
> 议会以压倒多数票表决授权总统在他认为对保卫台湾

和澎湖反抗武装攻击有必要时,可以动用美国的武装部队,这项授权还包括在他认为对保卫台湾和澎湖有必要而现在是在友好国家控制下的有关地区也可以动用美国武装部队加以保卫。在目前情况下,总统的目的是帮助防卫金门和马祖以对付武装攻击,如果他认为这种攻击实际上是准备和有助于发动对台湾和澎湖的武装入侵并已具有危及台湾和澎湖安全的性质。因此,共产党人如在此时发动对金门、马祖的进攻致使这些地区有失守的危险,则总统将会认为这就属于此种性质。

我们是单方承担保卫"有关地区"的义务的,此点已由杜勒斯国务卿向叶部长作了充分解释。我们把中美两方公开声明的词句局限于美国国会的决议范围的理由,也由杜勒斯国务卿向叶部长作了解释。

本文件乃有关目前美国立场之绝密文件,中国政府切勿泄露。①

在读完了这份文本之后,叶外长认为这份文件虽好,但只能缓和由于美国拒不同意在任何公开声明中提及沿海岛屿所造成的恐惧和疑虑,而对抵消中国政府从大陈岛撤出部队必然导致的士气上的不利影响方面仍然起不了什么作用。叶说,美国继续反对在任何官方文件中提到金门和马祖,其结果已引起了中国政府的猜疑,认为美国有意保留这些岛屿以便作为将来同英国人或俄国人讨价还价的筹码。他说,艾森豪威尔总统的电文,就其向中国政府重申早已许诺过的帮助防卫金门、马祖的诺言来看,尽足以消除对这方面的疑虑。

我接着说,但蒋委员长认为有必要提出这些地名以便抵消从大陈岛撤退的影响。我还说,在我方这是军事上的必需,蒋委员长是在美国将发表关于金门、马祖两岛的声明的谅解之下才作出

---

① 本函件或文件之本文是会见之时,由马康卫口述给大使馆随员王涌源的。

接受美国劝告撤出大陈的决心的。

饶伯森重复他以前一再说过的意见,强调任何官方声明要和艾森豪威尔总统致国会咨文相一致的必要性,并警告叶外长和我,如果不顾美国政府在这方面的困难,不和美国商量就发表声明的话,他的政府会认为有必要加以否认。

叶外长向饶伯森保证,我国政府不会不事先通知美国政府就将这两个地名写入声明,从而使美国政府陷入困境。

助理国务卿一时误解叶外长所提保证的精神,误认为叶的发言暗含威胁之意,即中国政府可能不同美国商量或者仅仅通知美国而不等取得同意就发表声明。

叶外长解释说,他并非此意。他说,事实上如果中国政府在声明问题上不愿同美国商量,就不会作如此长时间的讨论了。

我说,中国政府只是想同美国政府合作,并且希望美国政府也能谅解中国政府要求将这两个地名写入公开声明中去的真正原因。

饶伯森再一次重复他所说过的话,即中国政府的声明不要超出国会决议的授权范围之外。他接着作了一个较长的说明,阐释美国政府在有关沿海岛屿问题上所能采取的唯一合法立场。他解释说,所有美国同其他国家缔结的防卫条约,包括北大西洋公约组织的条约,都是从美国自己的安全出发,同中华民国缔结的共同防御条约和国会关于沿海岛屿的决议也是如此。简而言之,此项决议除对台湾和澎湖的基本防务外,决不使美国在台湾海峡承担更多的义务。美国国会根据台湾海峡的当前局势,已授权总统采取他认为必要的任何步骤以保证台湾和澎湖的安全。总统在签署决议时已发表了声明。艾森豪威尔总统可能决定采取的任何行动只属单边性质,他不能把这种授权形成对中华民国承担的国际义务,如果他承诺了这种义务,那就超出决议的基本授权范围了。如果中国政府声明美国曾保证防卫金门与马祖,那就似乎是在国会授权总统之前,两国政府之间已经达成一项双边协议了。即使现在决议已由国会批准,美国政府的合法立场也依然未变。

饶伯森进一步说明,杜勒斯先生向叶部长所作的保证当然依旧有效,这一点已在艾森豪威尔总统致蒋总统的电文中说清楚了。再者,现在台湾海峡已经集合了五艘航空母舰、多艘驱逐舰和辅助舰只以及潜水艇等,正在警戒之中。它们停泊该处等待总统命令以帮助中国政府撤出大陈。如果此时中国共产党进攻金门、马祖,第七舰队就会立即对付这种挑战。他辩解说,美国政府向中国表明信守诺言的决心再没有比这更为有力的证明了。行动是诺言的最诚实证明。

叶外长从他的口袋里拿出从那天早晨出版的《华盛顿邮报和时代先驱报》上剪下来的一篇约翰·海托华写的文章,文中提出了美国拒绝指明沿海岛屿名称的若干可能理由,但所举的这些理由大多数是欺骗性的。叶外长告诉饶伯森,海托华所提的几点理由恰恰是由于美国政府拒不在声明中提这两处地名而使中国政府感到疑虑的地方。

饶伯森看了一遍之后,把这份剪报扔在桌上,十分激动地说,他希望中国政府在制订外交政策时不要过分相信报纸所说的,而要相信他的政府的官方保证。

我说叶部长所讲的并不意味着中国政府不信任美国政府,而是说这种疑虑是存在的。

饶伯森说,叶部长已从国务卿得到了保证,这种疑虑是没有根据的。美国政府无意承认共产党中国,或者接受英国的"两个中国"的观点。美国政府不愿发表另一项声明提出协防金门和马祖,其原因是希望不要引起国会的疑虑。中国方面固然有困难,艾森豪威尔总统方面也有他的难处。

我说这实际上是个小问题。中国政府认为有必要在它自己的公开声明中提出这两个地名。我还说,我认为可以寻求提出这两个岛屿名称而不致引起美国政府为难的方式。

饶伯森说,他看不出如何将这两个地名提出而又不致使人联想到美国政府同中国政府曾达成双边协议的方法。

叶外长说,当共同防御条约得到批准之际,中国政府应当可以请求美国政府考虑扩大条约范围。但是中国政府现在并非要求这样做,中国政府只是渴望向世界表明,美国政府已经表示它要在中国军队从大陈撤防以后帮助中国保卫这两处岛屿。

饶伯森说,这恰恰是美国政府所反对的。

我接着提出折衷办法,即在我方的声明草案中"有关地区"字句之后加上"包括金门和马祖"字样。我说,加上这样几个字可以解决中国方面的困难而又不会改变与美国基本立场有关的字句的意义。

饶伯森说,对于加入如此字句一事他得报请上级指示。

马康卫接着说,他已通知谭绍华公使,美国愿以"美国认为必要的"一词代替叶和我所草拟的草案最后一段中现在的措辞。

叶外长说,他不知道我国政府对这个意见的反应将是如何,因为由他和我草拟的整个草案已经被我国政府所否定了。

我指出谈判人员所拟出的任何草案都要经过有关双方政府的最后批准,这是当然的。

叶外长接着说,我国政府接受马康卫先生所提出的美方希望插入的辞句,要依美国是否同意我所提出的措辞而定。

这时,饶伯森似乎平静下来。谈话转入不相干的题目,谈的大半是关于饶伯森所谓"新闻界可恶的不负责任"。

1月31日台北时间下午五时,蓝钦大使到外交部会谈。他告诉沈昌焕次长说,根据他收到的来自华盛顿的资料,美国政府还没有同意公开声明协防金门、马祖。沈告诉他说,根据外交部收到的叶外长和国务卿晤谈讨论的报告,双方将分别发表关于协防金门和马祖的声明,因此对于这一点是不会有所误解的。

蓝钦随后拿出一份关于我们要从大陈撤防的声明草案给我们。他强调说这是他个人试拟的,还没有报告给国务院。他要求我们保密,仅作参考。

沈告诉蓝钦说,这个草案的辞句似乎稍为明确些,不足之处是没有提到金门、马祖。按照我们的看法,如果在我们的声明中不提金门、马祖,整个问题就不可能解决。

蓝钦大使接着又拿出他试为美国草拟的一份声明,说明以下两个主要点:

> (a)基于战略原因,中国将在美国协助下从大陈撤防。
>
> (b)美国方面,根据授权法已经同中国讨论并且同意保卫双方认为对保障台湾与澎湖不受军事攻击有必要的其他地区的安全。

蓝钦告诉沈,这个草案也没有呈送国务院,国务院也没有命令他准备这个草案。事实上他不知道他的政府是否愿意发表这样的声明。如果美国政府愿意个别发表声明而以国务卿的名义发出,不知我们认为如何。然后他把声明草案给沈看,沈看过后他收回,放回到他的公事包里。

沈在向叶报告这次会晤时说,他并没有要求把这份声明留下来作参考,为的是表示我们对此草案并不感到很热衷。他说,他告诉蓝钦,美国政府能发表单独声明,那是很好的。如果是那样,则用总统的名义或者用国务卿的名义只是一个形式问题,必要的是明确提出协防金门、马祖,以便抵消我们撤出大陈所产生的不利影响。

沈还告诉蓝钦说,蒋总统对美国总是无限信任的,可是现在美国突然改变了它原来的意图,这不但使蒋总统感到失望,也使他在高级军事将领面前处于尴尬境地。沈解释说,自从艾森豪威尔总统建议从大陈撤防,我们的军事当局和行政当局就怀有许多疑虑,顾虑会给我们带来许多损害。为了让这些人放心,蒋总统曾认真地指出,美国对协防金门、马祖的真诚意图肯定会实现的。所以如果美国在帮助我们从大陈撤防时不声明协防金门、马祖,那就会给我们的总统造成最大困难,并进而导致中国政府和人民对美国丧失信心。

据沈说,蓝钦听他说了这些话之后显然有所感动,想要说些什么而又说不出。不过,他最后还是问叶外长是否已经将外长和我在华盛顿起草的声明草案电报外交部。蓝钦想知道他能否向国务院报告我国政府正在研究此草案。沈说外交部已经收到这项草案并呈递蒋总统。但是,总统认为此草案并不符合我们的期望,不值得研究。因此,我政府未予考虑。蓝钦问,是否可以说中国政府不想采取任何步骤,而认为必须等待美国的行动。沈说是这样,并说我们认为最重要的是将协防金门和马祖一事由美国方面作出声明,或者由美方给我们一份内容明确的照会,这样我们就可以在自己的声明中提出来;任一方式都是可行的。

那天深夜沈次长致电叶外长报告他同蓝钦晤谈情况。叶和我在我们同饶伯森和马康卫在华盛顿谈话之后看到这份电报。沈的另一份电报进一步报告说,他已在会见蓝钦几小时之后谒见了蒋委员长,蒋委员长给了他两个指示:一个是关于联合国的停火案的;另一个是关于我们所提立即发表我们在华盛顿所拟的声明,并按照美方的意见立即向蓝钦大使提出帮助从大陈撤退的要求之建议的。后一指示的大意是我们的建议应留待审核考虑,现在不要向美方提出。我们应当继续遵照沈次长 30 日 254 号电报所传达的蒋委员长的指示行事,最少也得要求美方给我们一个照会。

沈在电报中接着说,在那天晚上的讨论中,陈诚、张群、俞鸿钧和黄少谷等人要他将他们的意见转达给叶,即他们认为中国和美国原来经过讨论的安排是十分令人满意的,但在最后时刻出现了造成使双方不快的纠纷,这实在是不幸之事,但就我方而言则是无法避免的。他们希望外交部长发挥他一贯的忍耐和坚定,继续谈判,以争取有利的转变。电文并说,正当他自己给叶的电报在译码待发之际,他收到叶 30 日发的两封电报,他将在次日凌晨将这些电文递呈总统。显然,沈还未获悉华盛顿最近的消息,蓝钦大使也还没有收到艾森豪威尔的电报并转送蒋委员长。

我由于患了咽喉炎而喉痛,第二天大部时间卧床,给秘书口述我将于 2 月 3 日在纽约海外新闻俱乐部发表演说的部分讲稿。一清早我还与叶共同草拟呈报蒋委员长关于星期一晚与饶伯森和马康卫讨论情况的电报。当然,我们并没有在电报中加进饶伯森所说的蒋委员长和艾森豪威尔不能合作的话。

叶还草拟另一份电报,报告关于参议院批准条约的最近发展,我们关于如何对待联合国形势的看法,以及我们关于大陈撤退声明的建议。由于台北继续坚持我方的声明一定要提到金门、马祖,而美方则坚决不同意,也由于当时杜勒斯不在华盛顿,而饶伯森显然不敢做任何可能超出艾森豪威尔的决定的事,又不愿向艾森豪威尔提出解决问题的新方案,这使我们在华盛顿走进了死胡同。因此,叶在电报中说,如能在台北由沈次长和蓝钦讨论此问题可能对我们较为有利。他认为如果此事转到台北,由我方提出另一解决方案,至少在杜勒斯国务卿回到华盛顿之前可能取得一些进展。(我们已得到通知,杜勒斯将于 2 月 6 日星期日回来。)

同日(2 月 1 日,星期二)在台北,蓝钦大使在收到上文说到的那份机密文件和国务院的最近指示之后,准备先将它们交给沈次长,因为蒋委员长仍不想见他。他在下午到外交部会见沈次长,将文件当面交给他,并说明美国没有改变帮助我们反抗共产党侵略和保卫金门、马祖的立场,但是仍然不愿对此作公开声明。他刚收到他的政府的指示,命令他将上述文件的内容当面转达蒋总统,那份文件业经艾森豪威尔总统批准。

几个小时以后,沈次长把该文件呈送给蒋总统,为的是在陪同蓝钦谒见之前先向蒋总统作一汇报。次日一早(当地时间)蒋委员长通知沈他将在上午十时会见蓝钦。为此,沈立即发电报给叶外长,问他有什么建议。叶在华盛顿时间星期二午后不久收到电报,随即将要向蒋总统汇报的一些观点回了电。叶认为蒋委员长最好先向蓝钦表示对艾森豪威尔总统的函件内容感到满意,但是认为蒋委员长可以接着告诉蓝钦,在我们撤出大陈的声明里一定要提到金门、马祖,否则就无法抵消撤出大陈的不利影响。他认为蒋委员长还可以说他已经发电报指示在华盛顿的叶对美方坚持此点。

其后沈再次电告关于蓝钦同蒋委员长会晤的要点,这次会晤他也在场。据他电报所说,蓝钦将该文件的内容告诉蒋委员长,并且解释了美国的立场,他的解释和饶伯森在华盛顿对我们所说的措辞相同。他要求蒋委员长谅解美国的立场并接受这个解释,并立即安排美国协助从大陈撤退的具体细节,以便能够开始进行这项工作。

蒋委员长说,美国政府备忘录的内容和大使的解释使他了解美方的实际困难。他特别提到艾森豪威尔总统、杜勒斯国务卿、蓝钦大使、雷德福海军上将和饶伯森助理国务卿的认真努力和诚意,并且说因为中国和美国之间的关系是亲密而又相互信任的,他不愿将困难强加于人。但是,虽然我们可以不坚持美国公开声明参加金门、马祖的防卫,但我国政府目前的既定政策则是以声明协防金门、马祖为基础的。由于美方不能公开声明这一点,我国政府就面临一个十分困难的问题,就是如何对我们的文武官员和同胞进行解释,以及如何抵消撤出大陈的不利影响。因此,他希望美方也能理解我方的苦衷并同意我们在我们的声明中提到协防金门和马祖。他还说,他已电告叶部长立即同国务院联系磋商此点,并请蓝钦大使也电告美国政府,催促他们对我们的困难给以友好的考虑。

蓝钦同意立即照办,并且说他自己已向他的政府建议与我方同时发表声明,当然声明的措辞仍须符合国会决议。现在他已得到回答,说这个问题正在进行考虑中。

蒋委员长接着说,根据东京来电,英联邦总理会议在讨论远东问题时提出一个荒谬的建议,要拿我们的沿海岛屿来交换停火。英国还提出一种荒谬观点,鼓吹沿海岛屿应交给共产党以及台湾的地位尚未经确定。蒋委员长指出,如果我们现在从大陈撤防,公众就会认为这是屈服于英国集团的压力,也是我们将放弃所有沿海岛屿的开始。再则,我们部队的士气和人民的感情会遭受严重打击。蒋委员长说,因此他对于这类阴谋活动十分重视,并希望美国立即警告英国停止这种活动和言论。蓝钦同意蒋委员长的意见,并且同意立即报告美国政府。

蒋总统接着告诉蓝钦说,一方面我国政府准备声明我们从大陈撤退,另一方面立即在安理会控告苏联侵略我国。他要求美国政府支持我们。蓝钦又说他一定报告他的政府。沈在报告这次会晤时还说,关于后一点,蒋委员长已经指示张群将军召集与这个问题有关的人员开会讨论并草拟一份报告。沈要求我们以及蒋廷黻提出看法,以便呈报蒋总统。

蒋委员长那天早晨在接见蓝钦之前曾召见了陈诚、张群、俞鸿钧、黄少谷和沈昌焕。他们在收到叶外长和我报告31日星期一晚上在双橡园谈话的电报之后,曾在一起议论发表声明之事。他们向蒋委员长报告议论的结果之后,蒋委员长对他们作出以下指示:

(1)我们必须设法在我方声明中提及金门、马祖。

(2)助理国务卿饶伯森提出增加的"美国认为必要的"一句应取消。

(3)提到大陈民政机关的字句应删去。

(4)全部措辞应当简练。

沈向华盛顿传达这些指示时,还提及蓝钦刚才告诉蒋委员长关于他建议美国政府与我方平行发表声明之事,并说他现已收到国务院的回电,说正在考虑中。沈说,在这次会晤之后,他又和张群、黄少谷交换了意见,都认为如果美国政府同意发表一项声明,那么，为了实事求是，双方的声明草案应事先交换，以确保二者互相吻合。因此，他们要求叶外长和我一方面以蒋总统的指示为基础，修改我们的草案后呈报总统审批；另一方面与美国联系，再一次交换意见。

我们将有关此事的实况电复沈，请转致陈、张、俞、黄，过去几天我们曾一再催促国务院对我方提议在我方声明稿中添加金门、马祖字样一节给予答复。他们的回答是，艾森豪威尔总统尚未作出决定。最后一次我们要求答复时，中国科科长马康卫说，据他个人推测，此事大概要等国务卿休假回来决定。当我们问及美国政府对蓝钦大使提议的中美双方同时发表声明的意见是否已做出决定时，马康卫答说还未做出任何决定。他接着说，他只能秘密告诉我们，他那个部门里的有关人员现在正从事草拟一项声明，以备呈上级审核采用。

在我们的电报中叶和我指出，当前情况下，如果美方能同意在我们的声明中明确提出金门和马祖，则指示中提及的其他各点都可由我方单独决定。因此，我们建议我们致电的几位先生应立即对声明的措辞向蒋总统请示，并随时与蓝钦商量，以便早日作出决定。在这方面，我们重申最主要之点是我们是否要明确提出金门、马祖，至于其余的措辞，在作出决定之前没有必要同美方商量。在声明中提及大陈民政机关和暂时保有其地的目的是为了归罪于共产党，但此点原系由我们在华盛顿起草时写入并经杜勒斯国务卿同意的。如果蒋总统认为此点不利，当然可以取消，无须再征求美方同意。

我们还指出，在 31 日我曾再次提议金门、马祖应在声明草案中明确提出，叶已告知饶伯森和马康卫，说我们前拟的声明稿已为我国政府所拒绝，因此，我们的讨论只能认为是有条件的，一切仍须等待台北的决定和美国的反应。

我们电报的其余部分是报告联合国形势，我们作一简要警告，说如果我们按政府的意见办理，在安理会提出我们指控苏联的议案,将会弊多利少,在另发的一份电报中详细说明。事实是我们经过和在纽约的蒋廷黻一起研究后,认为政府的上述意见不妥,不宜提出。

实际上在我们面前有两种选择:一种是向安理会提出一项提案,指控苏联侵略我国,并要求联合国制裁苏联;另一种是对新西兰提案提出修正案,同样指控苏联并要求同样的制裁。但是,在考虑安理会十一个成员国的态度并估计他们之中谁能支持把我们的提案列入议程时,我们担心不能得到必需的七票;至于同意对苏联实行制裁的票数就会更少。因此,我们决定不提这样的正式提案,因为我们知道即使能将其列入议程,也无法阻止邀请中共参加会议以说明他们态度的提案,而苏联只会更高兴给予中国共产党人这种额外的机会,以进行他们的宣传。另一方面,如果我们等中共出席安理会会议说明他们的态度以后再提出我们的提案,苏联就会行使否决权否决我们的提案。如果出现这种情况,我们就将处于非常困难的境地。再者,如果我们的提案不能列入议程,就会暴露出我们政治地位的孤立。

至于对新西兰的提案提出修正案,可以绕过列入议程的程序,这样我们可以观察新西兰提案的发展,根据情况决定采取的步骤。但是实际上我们已经在 1954 年秋,当助理国务卿饶伯森从台湾回到美国并和我们讨论新西兰提案时,就曾经向他提过这一点。我们告诉他,如果新西兰提案能指明中国共产党是侵略者,我国政府就能支持这项提案。我们还在给美国的备忘录中说明这个观点。当时美方认为新西兰提案的目的是集中于停火,而不是判断事情的谁是谁非。现在美方认为,如果我们向联合国提出类似上述的提案,或者要求对现在的新西兰提案予以修正,是不会通过的。再者,不管我们的提议采取什么形式,即使美国能够支持我们,恐怕也不会得到必需的七票。即使真的得到了七票,苏联肯定会予以否决。换句话说,提出请求谴责苏联不会得到任何实际利益。我们将这个意见报告了政府。

我们还说明,目前国际上的注意力集中在停火提案上。新西兰和英国都向美国保证,在安理会讨论停火问题时他们都不涉及政治问题。他们在安理会的代表 31 日的声明,无论如何还是符合这一保证的。可是,在讨论苏联的提案时,英国就未必能遵守它对美国的保证了。而且,如果我们提出单独的提案,英国肯定会把它作为单方面提案看待而更加认为没有义务遵守对美国所提的保证了。

还有另外一点需要考虑,苏联很可能会否决停火提案。但是如果万一此项提案通过而我们又提出另一议案,我们的行动既不能否定这项提案,也不能缓和所谓两个中国这个错误思想的宣扬。因为那些发起这个论点的人一般认为中国共产党已经取得大陆的事实上的政权,而不考虑诸如共产党取得政权采取的是什么样的手段,或得到什么样的支持等问题,也不认为这些问题还有什么可供进一步争论的价值。至于联合国本身,它肯定不会以共产党以前的侵略为理由而帮助我们收复大陆。

我们还应考虑,我们最初提出针对苏联的那项议案原来是打算在安理会提出的,由于恐怕苏联行使否决权而最后决定在联合国大会提出来。而且,我们指控苏联侵略的这项提案从未成立。总而言之,叶外长和我认为再次提出这个提案的意见不妥,相应电告政府。

蒋委员长 31 日着沈次长向叶外长传达有关在联合国提案的另一指示,他说:

> 由于苏联在安理会提出反对美国之提案,新西兰提案之作用及效果定将减弱。苏联提案之主要企图不仅为破坏中美条约,还在于削弱美国国会所决定之建议,并将美国逐出西太平洋;较之破坏巴黎和约从而重新武装西德尤为恶劣。我须提醒美方承认此点,并抓住机会利用各种手段,包括公众舆论与国会舆论,以激起对苏联的义愤,从而实现早日批准中美条约。望电告叶部长充分利用时机,尽力为此而

斗争。

叶外长在2月2日的同一份电报里回答并解释未在安理会提出反对苏联提案的原因,并说关于利用辩论新西兰提案的有利时机来展开我们的宣传活动一事,我们已经作好逐步推行的充分准备。他解释说,一次把我们可能说的话都说尽是不可取的,这样我们就难以避免以后重复申说从而丧失长期持久的宣传作用。

关于近来台北某些人主张的另一点,即强调台湾和澎湖是中国领土的一部分,他认为这个论点是妥当的,但是从心理上说,不宜过分强调,因为台湾和澎湖现在是属于我们政府主权范围之内,在我们管理下的领土,这已为全世界所承认,是共产党的空喊所不能动摇的。但是,如果我们过于强调了这点,叶认为只能引起外界对我们论点的怀疑,给人以自感不安的印象。

事实上,我们那时确实感到不安。早些时候,已有关于英国外交大臣艾登解决台湾海峡危机方案的报道。这个方案是将全部沿海岛屿让给北平,在敌对双方之间留下一条一百英里宽的水域。它强调这些岛屿确实是中国领土的一部分,而台湾和澎湖列岛的地位在法律上则尚未落实。最近又报道说,英联邦国家的总理全体一致认为我们政府应交出沿海岛屿作为在海峡停火的部分交换条件而仅局限于占有台湾和澎湖列岛,等待国际上以和平方法对台、澎的法律地位作出裁决。据报道这项一致意见是1月31日英联邦总理在伦敦的十天会议开始时所达成的。蒋委员长本人已注意到这项报道,并曾提请蓝钦大使注意。

叶外长在华盛顿拜访了几位国会议员,向他们明白表示,我们对于从伦敦发出的电讯感到非常不安,并且询问他们所知道的实际情况。2月1日,无线电报道诺兰参议员在白宫会见艾森豪威尔总统。过后不久,叶会见了诺兰参议员。诺兰说:"据我判断,美国政府并没有改变它的政策,在报纸报道的艾登方案上迁就伦敦,也就是把全部沿海岛屿都交给共产党……我还认为,现在在联合国的戏剧性表演肯定不会导致接纳共产党进入联合国。"参议员周以德(叶在 1 日也见到他)也说了类似的话。此外，他们二人认为美国同意邀请共产党参加安理会的会议是一个错误。

叶据此电告台北请他们放心。但是伦敦又有新的消息。2 月 2 日的《华盛顿邮报和时代先驱报》报道说：

> 英联邦总理会议今日(2 月 1 日)一致同意一项解决台湾问题的"两个中国"方案。但印度总理尼赫鲁阐明他认为这个解决办法仅是台湾最后回归北平统治的过程中的一个步骤……在这次会上(上午的全体会议)达成一项关于解决远东危机的目标和策略的协议。
>
> 这个协议看起来似乎是尼赫鲁在当时把他同情红色中国对台湾的要求的看法暂时搁置一边，以便集中解决沿海岛屿问题。与此同时，其他联邦总理们显然同意台湾的最后处理不能因此受到这样或那样的不利影响。
>
> 由于尼赫鲁很快要继续其旅程前往莫斯科，他要向苏联政府说清楚的英联邦的一致观点无疑会有一定的分量。
>
> 尼赫鲁肯定会告诉莫斯科，如果同意停火，而且沿海岛屿问题也有个和平解决办法，英联邦就将准备考虑下一步办法，促使国民党中国退出安理会而由红色中国加入，这样台湾就成为留待将来解决的问题了。

2 月 2 日下午在台北，蒋委员长召见沈次长，让他注意法国新闻社发出的另一则伦敦电讯。蒋委员长告诉沈，这则电讯说，英国为了作出进一步的迁就，即将要求美国澄清关于台湾的几个问题：(1)关于我们全部撤出金门、马祖和大陈岛的问题；(2)关于全部沿海岛屿交给共产党以换得停火的问题；(3)关于使沿海岛屿中立化的问题。

蒋委员长重申，在此时发表我们撤出大陈的声明将显然表明我们的行动是英联邦采取的立场的结果。如果在我们从大陈撤退之后英国再次提出这种主张,他认为这对我们的事业将更为不利。因此,他指示沈立即通知蓝钦大使,请他报告美国政府,弄清是否英国政府已经正式表明以上主张,或者确有这样的计划。他要求美国给我们一个明确答复。此外,为了阻止英国在此刻否认有此项计划,而在我们撤出大陈之后,又把这个计划提出来,他希望美国明确地告诉英国,美国坚决反对英国的主张,以便使其完全取消。

根据另一份情报,英国还表示,如果联合国的停火努力失败,他们要安排另一个日内瓦会议讨论台湾问题。蒋委员长注意到这份情报,他说我们不仅坚决反对这种阴谋,也不可能参加这样的会议。因此他告诉沈说,我们应请蓝钦把我们的态度报告美国政府,并请美国政府对此给予充分注意。蒋委员长认为,我们一定要在事先向英国指出局势的可能发展,强调我们的坚决反对,以便粉碎这个阴谋。

遵照蒋委员长的指示,沈约蓝钦到外交部会晤,当天蓝钦即前来拜会。沈说明以上各点,并要求蓝钦电告美国政府给我们一个明确而肯定的答复。随后沈发电报给叶外长,以便我们能够同时在华盛顿提出这个问题。

次日,2月3日,蒋委员长径电叶外长,说明当前最重要的工作是力促迅速通过中美共同防御条约。他说最好能在英联邦总理会议闭幕之前通过,使该会议没有机会在闭会宣言中提出任何对我们不利的话,诸如主张沿海岛屿中立化或将其让给共产党。虽然就我方而言,这类声明不会产生什么具体影响,但蒋委员长认为在心理上的影响对我们肯定是很不利的。他说只有促使共同防御条约尽早通过,这种使人担心的反感才能预为防止。蒋委员长想知道杜勒斯国务卿是否能够在原计划归期之前返回华盛顿以实现此事。

事实上,我们一直随时使台北了解参议院批准条约一事的发展,但是并没有什么重要的情况。艾森豪威尔总统 31 日致蒋总统的函件中说参议院关于中美条约的听证会已从 2 月 7 日提前到 2 月 2 日举行。在 2 月 1 日,参议院以八十二对一的投票表决批准了马尼拉条约(反对票是兰格参议员投的)。诺兰参议员在 1 日同艾森豪威尔总统和一些主要的共和党国会议员谈话之后告诉记者说,参议院外交委员会要在 2 日开始讨论中美共同防御条约。他期望这项条约能够在下周内送国会全体会议讨论。2 月 2 日参议院外交委员会在一些参议员反对之下开会讨论此约。尽管一些参议员要立即开始考虑此项条约,另一些人则坚持参议院应首先听取国务卿杜勒斯和参谋长联席会议主席雷德福的作证。为此,决定推迟考虑条约至下星期一(2 月 7 日)下午,并通知国务卿届时出席报告。

2 月 3 日国务院告诉我们说,国务卿将在 2 月 6 日星期日返回华盛顿。3 日我们将这一情况电告蒋委员长。叶外长还在电报中说,他听说以前曾草拟反对此项条约的备忘录的本·科恩将出席参议院委员会会议作证。叶还说,少数委员会成员会提出问题和在作证时插话反对此项条约。但是当叶询问某参议员时,据告反对此项条约的现在只有两三位委员会成员,尽管在讨论中可能会增加到五六位,但预料批准此项条约是不会有问题的。

叶指出共和党领袖和民主党参议员乔治将会尽力阻止任何修改条约或对条约有任何保留的提案。据参议员乔治说,他在自己的党内仍有充分的控制力量,不是阻止修改条约的提案提出来,而是通过投票表决击败这类提案。参议员诺兰原拟提出一项保留,要求美国政府将金门包括在中美联防的范围之内,但是参议员乔治极力促使他放弃这个计划,以免民主党借机提出一项相反性质的保留。总之,叶虽然在 3 日的电报中报告迅速通过条约的前景良好,但是通过的程序下周内还不能开始。

2 月 2 日和 3 日的报纸充满了关于中国情况的报道,着重报道沿海岛屿的前途未定。首先,是上文提及的来自伦敦的消息。其次,有的报道共产党准备在我们撤出大陈之际(这在当时是公开的秘密)袭击大陈。第三,有的报道蒋委员长迟迟不同意由第七舰队执行从大陈撤退国民党中国部队的原因是他希望取得美国对防卫金门、马祖的保证,关于这一点正在华盛顿进行磋商。2月2日,艾森豪威尔总统在例行的记者招待会上,首先有人问他是否得到"任何暗示",表明蒋委员长要求"你或美国政府发表一项公开声明,或提出某种形式的保证,表明我们认为金门、马祖是台湾防务的一部分",艾森豪威尔避免作直接回答。他说,双方代表之间的会谈经常在进行中,双方观点并不总是一致的。鉴于当前的微妙形势,主要是联合国所面临的情况,他认为最好不要再多说什么,而是已经说过的就要坚持。基于同样原因,当有人问到是否美国空军和海军部队已被授权在攻击中共的飞机或舰只时可以进行"穷追"时,艾森豪威尔也没有作答。

3日晨,我必须从华盛顿乘飞机前往纽约,在海外新闻俱乐部午餐会上发表我已准备好的演讲。中华新闻社的一位先生到我住的旅馆里来看我,并陪我一同去俱乐部。这个俱乐部都是由在远东作过至少一年记者的人组成的社会性的友谊组织,许多出席的人是第二次世界大战期间在各国或朝鲜战争期间在朝鲜的战地新闻记者。

我所选的题目是《台湾海峡的局势》。我概括地叙述了它的历史,阐明它现在的形势,根据共产党的目标以及国际共产主义的最终目的来说明它的重要性。在将军事方面的形势轮廓地介绍之后,我就对准下述问题发表意见:

> 情况大家公认是严酷的,但还不像有些人尤其是欧洲人所看成的那么严重。台湾地区的美国海、空军的和平意图已经正式一再宣布,没有理由对此怀疑。如果中华民国政府为了加强其全盘军事地位而决定重新部署原驻大陈岛上的武装力量,美国海、空部队就将给他们以援助。国民党的武装部队也将其行动限制于抵抗和反击敌人的攻击。在此形势中,侵略者是中国共产党,他们与大本营设在克里姆林宫的

国际共产主义结盟并获得其支援。共产党用来袭击沿海岛屿的三种型号的飞机都是由苏联提供的。

我还考虑了防卫沿海岛屿的战略上的、政治上的和心理上的影响，并且告诉大家如果这些岛屿不战而失，就会助长共产党的威风并鼓励它的侵略本性。我说：

> 以我来说，我知道美国的政策既不是软弱也不是绥靖。庞大的美国空军和海军在台湾地区的存在就是美国坚定立场的有力证明。但是我不敢说，这个伟大国家的一些同盟者的态度和政策也是如此。远见和勇气似乎已经让位于恐惧和姑息。从西欧的主要首都发出的新闻陆续报道结束沿海岛屿地区的战争状态的新方案，响起了一片失败主义的古怪腔调。他们非常慷慨于牺牲别人的领土，希望借此绥靖共产党人。可是，鉴于国际共产主义的坚定不移的目标和根据他们一贯破坏盟国团结的既定政策，对于自由世界的事业说来，再没有比自由世界国家表现出胆怯和不团结更为危险的事了。……

> 根据以往经验，不论局势看来多么严酷，我并不认为在沿海岛屿地区会有任何全面冲突的危险。只要美国保持像中华民国那样的坚定，决定反击可能对他们发动的袭击，共产党人就不会故意挑起大战。他们知道，他们自己或甚至俄国人都还没有准备好能和自由世界进行一场全面战争并能有把握取得胜利。如果他们甘冒战争风险，他们肯定要被击败……因此，所有希望和平而想避免战争的自由国家——我国的这种感情也不亚于别人——考虑问题时不能胆怯，胆怯是一种懦弱的象征，只会受到共产党的欢迎，而应该具有基于团结和力量的勇气，才会使共产党慑服。有了这种勇气，自由世界方能充满信心，面对未来。

会后，美国全国广播公司、美国广播公司、哥伦比亚广播公司和电视新闻都录下了我演讲中的一些词句。台湾中央广播电台有一位同美国全国广播公司合作的年轻的中国女记者写了一篇中文的简短访问记在台北广播。

3日下午，叶公超从华盛顿给我来电话说，饶伯森曾和他通电话，说北平拒绝了新西兰停火建议，还拒绝了派代表出席安理会的邀请。叶还说，他将于下午前往拜会助理国务卿讨论这个问题以及那天中午传送给他的一份新的美国声明草案。他答应把结果用电话告诉我。

叶还会见了参议员亚历山大·史密斯。这位参议员邀请叶外长在中午一时到他的参议院办公室便饭。史密斯参议员首先问叶外长对国会刚通过的防卫台湾和澎湖的决议是否满意。

叶外长表示对这个决议大体上满意，但是遗憾的是美国竟认为有必要在安理会支持停火的提案，这件事引起了许多令人不快的关于"两个中国"可能性的揣测。外长提请参议员注意，当时正在伦敦进行的英联邦会议在鼓动"两个中国"思想方面的潜在危险。他说，在他看来，联合国的停火建议似乎不符合自由世界的总的利益，也不符合刚刚谈到的国会决议中所表示的反共立场。他认为，至少可以说停火建议是强调了终止敌对行动而忽视了侵略的责任。

史密斯同意叶的看法。他也是从一开始就反对这个停火建议的。但是他觉得差强人意的是在现在的情况下，美国总统对共产党中国不可能有比他刚刚签署的决议案更为强硬的态度了。这位参议员然后征询叶外长对于一个假设的建议的意见。显然，在他谈到这个假设的建议时，实际上已由某些方面提出来了，但他对这点并没有明说。这位参议员问道：如果自由世界的主要大国能够达成协议以发表联合公开声明的形式，或者以对苏联和共产党中国传递某种外交信息的形式，说明它们（民主大国）要采取及时的联合行动反对世界上任何地区的共产党侵略，这种联合行动将不仅限于冲突的地点，而是有可能扩展到侵略的来源所在，叶外长对此是否感到满意？

叶外长说，如果设想的声明只是停留在警告上，他是不会满意的。他说，这和艾奇逊的遏制政策实质上并无不同，而这个遏制政策已变成我们所说的"供摆设的纸老虎"。外长提出，如果要想加强自由世界的地位，就必须向苏联和共产党中国清楚指明，各大国不会承认侵略的结果。那就是说，如果要发表一个联合声明，就应包括宣告这样的内容。这就意味着各大国不仅不会承认共产党在领土和人口上的进一步扩大，而且对于过去所占有的也概不承认。声明中至少应包括某些内容以纠正这种印象，即认为我们允许共产党保留从上次战争结束以来的一切既得利益。

史密斯说，这是另外的一个好的补充。他个人赞同这个意见，但是，这需要联合王国撤销承认共产党中国，而他认为这是不可能的。

叶外长说，他所提出作为参议员上述主张的这一补充意见，其实应该是美国政府决心反对共产主义的态度。他建议美国应该从国会刚刚通过的决议进一步在实际上采取这种立场。他向史密斯指出，美国有它自己的不平凡历史。早期的移民者来到美国逃避宗教迫害，早期的革命者曾与英国殖民主义进行斗争并且通过斗争终于得到独立。美国之所以能够及时地成为一个伟大国家，不仅是由于它的财富和工业力量，而且还由于它的道德和正义力量。在外交政策中，道义上的懦弱表现会损害美国在自由世界心目中的传统尊严。叶外长举出美国在反对接纳红色中国进入联合国时所采取的立场为例来说明美国政府如何一贯不敢正视其中所包含的道义问题。他说，红色中国完全是由于操纵程序而排除在联合国之外的，美国在联合国的代表从来不敢指明中共政权是苏俄所制造的傀儡政权，或者说是苏俄侵略的产物。

这位参议员说，他很赞赏叶外长关于美国历史的评论，但不能同意叶所批评的美国代表在联合国所采取的立场。他指出，美国代表在联合国大会上曾不止一次地称苏俄为侵略者。美国在任何国际集会场合，都不惧怕这样直说。

史密斯参议员又问叶，据叶判断苏俄是否会否决停火决议案。叶回答说，苏联会这样做的。但是，他说，即使周恩来拒绝来安理会参加停火决议案的讨论，恐怕联合王国和印度仍要想方设法使邀请的大门长期敞开。参议员又问，怎样才能避免这种情况。叶说，最好的办法是随着中共拒绝对它的邀请之后，马上举行辩论，使这个提案尽早地被苏俄否决。他说，如果安理会届时请求中共重新考虑此项邀请，并恭候它重新考虑后的答复，这就未免太失尊严了。

史密斯说他完全同意。

叶外长在向这位参议员告辞时，问他是否能就所讨论的这个提案提供更多的情况。

史密斯说，目前正由某些高层人士考虑和讨论中，还没有成为确定的提案。

这次会见之后，叶电请沈次长转报蒋委员长，并另将谈话作了口述记录，我回到华盛顿时看到了这份记录。下午四时三十分，叶往国务院拜访饶伯森。

这时，叶已收到蒋委员长2月3日的电报。强调促使中美共同防御条约迅速通过的重要性，这是第一点。第二点是关于我们撤出大陈声明的意见。蒋委员长说，如果这次撤防只由我们单方面宣告，那就有必要提到金门。如果美国顾虑提到金门可能影响条约的批准，蒋委员长说，我们的声明可以推迟到国会批准条约之后发表。但是，到了可以发出声明时，蒋委员长还是认为双方同时发表更好。总而言之，尽管美国坚决反对具体提到金门或马祖，蒋委员长实际上并没有改变他的看法。

下午五时四十五分，我从纽约给叶外长打电话了解他同助理国务卿谈话的结果。简言之，他告诉我饶伯森认真到几乎毫不客气的程度。饶伯森告诉他,如果我们在声明中提到保卫金门和马祖,美国政府就要公开加以否认。他甚至明白表示艾森豪威尔总统的忍耐性已经快到尽头了。

后来我看到谭绍华所作的上述谈话的记录。据记录,两位会谈主要人物及中国科的正副科长马康卫和马丁以及谭绍华出席了这次会晤。饶伯森首先问叶外长对美方声明草案是否有什么意见,该声明草案已经在中午给了他一份,同时已用电报传给蓝钦大使以便通知中国政府。草案文本如下:

中华民国政府已经宣布将其在大陈岛(在台湾以北二百余哩的一群小岛)的武装部队重新部署到其他地方。它曾要求美国部队保护与帮助这些武装部队的重新部署以及撤出愿意离开这些岛屿的平民。美国政府已经命令第七舰队和其他美国部队协助这一行动。

美国政府曾进一步告知中国政府,美国政府的目的是和1955年1月29日批准的国会决议相一致的,即保卫和维护台湾的安全。为了达到此目的,美国政府将对中华民国进行援助以防卫美国认为对防卫台湾和澎湖所必不可少的、现在在中华民国控制之下的地区与领土。

希望这些步骤会有助于制止共产党的攻击和恢复西太平洋的和平与安全。

外长说,这里并没有新内容,却相当使人失望地看到其中没有提到金门和马祖,而中国政府则曾一再指出,为了抵消撤出大陈所造成的不利影响,明确提及协防这些岛屿是非常重要的。正像他已经通知饶伯森,他个人所拟的中方声明草案中国政府未予采纳,其原因主要是没有提到这些岛屿的协防。为此,他刚刚建议中国政府,中方声明草案的研讨可以在台北进行。他接着说,他高兴地注意到美国政府声明草案的内容已由蓝钦大使转达中国政府。

饶伯森说,正如国务卿以前所说明的,在声明中提出金门和马祖是没有可能的。

叶外长接着说,他听说蓝钦大使曾对国务院提出由美国政府发表一项平行的声明的建议,他询问对这个建议是否已采纳执行。

饶伯森回答说,作为对中国政府所提要求的回答,美国政府将于适当时机发表声明,但不是一项与中国声明平行的声明。他强调这项声明无论如何一定要严格限制在国会决议的范围之内。饶伯森主张中国政府应当立即利用决议通过后的有利心理时机,迅速行动,不要再事等待。

叶外长回答说,看来似乎拖延的原因是很明显的。中国政府除等待美国政府同意在美方或中方的声明中要提到防卫金门与马祖外,并无其他动机。中国政府热切希望美国政府会在它的声明中提到此点,从而中国政府也将同样在它的声明中提出来。

饶伯森不客气地并以严肃而不耐烦的态度答复说,如果中国政府发表声明提出协防金门、马祖,"美国政府就要公开加以否认"。他坚持说,在事态发展的每一个阶段都已将美国的立场向叶部长表明,他(饶伯森)的答复是以国务卿的观点为依据的。这时,他迅速转身翻阅他的案卷并宣读一份节录,大意是 1 月 28 日国务卿和叶外长及我之间的会谈记录。按他的说法,那是美国政府最后的立场。他接着说,谈判是在最高层进行的,事实上是在国务卿和叶部长本人之间进行的,不能看作是"和一群无足轻重的下属"打交道。

叶外长承认,在 1 月 28 日国务卿已表明了美国不能考虑叶所提的将金门和马祖的地名加进去的要求。但是,他再次提到 1 月 19 日的会谈记录,他在收到国务院的这份会谈记录时已经立即拍电报转达中国政府。他说,根据以上情况,中国政府怀疑美国政策正在发生根本的转变并不是没有理由的。不过他表示,通过蓝钦大使转达的艾森豪威尔总统的电报使蒋总统感到很放心。然后他重申抵消从大陈撤退所产生的影响是非常重要的,为此他愿知道美国政府是否同意在中国的声明中提出金门、马祖。

饶伯森肯定地回答道:"不行。"他说:"如果你们这样做,美国政府将被迫发表公开声明予以否认。"不过,他向外交部长保证,美国关于防卫金门、马祖的诺言都将继续有效,"尽管我们不能将此事公诸于世界"。他接着说,这种保证是真心实意的,而不是仅为暂时取悦于中国政府的好听言词。他进一步说,这不是他个人的意见,而是按照国务卿的指示而重申国务卿的立场,这方面他(饶伯森)是不能改变的。

叶外长说,美国声明草案在抵消由于撤出大陈所造成的不利影响方面不会使情况有所改善。

饶伯森坚持说,这是一个好声明,是在当时情况之下所能做出的最好声明。

叶外长接着转入停火提案这个问题。鉴于伦敦可能伺机在联合国提出新的提案,以及安理会的辩论可能延长二至三个星期这一事实,他觉得从中国和自由世界的立场出发,在这个时候推迟从大陈撤防也许是可行的。

饶伯森说,如果共产党拒绝新西兰的提案,(实际上根据那天下午的新闻报道,他们已经这样做了。)美国政府并不感到奇怪,但是,他仍坚决以为中国政府不应再事拖延,所以他极力主张中国政府应尽快向美国政府提出要求,帮助它重新部署大陈岛的中国部队。他接着说:"如果你们拖延而共产党在二三天后进攻这些岛屿,那就将产生非常混乱的局面,因为,如果你们的政府不提出援助的要求,美国便不会发出命令,而我们的第七舰队和在那里的其他武装力量由于没有接到命令便什么也不能做。"他说这种拖延是令人遗憾的。鉴于艾森豪威尔总统对蒋总统提的保证,中国政府不应该再犹豫,不然的话就有可能产生某些推测,认为中国政府的拖延另有动机。

叶外长着重答复说,中国政府只不过是等待美国在其声明中提到协防金门和马祖。对中国政府可能有其他动机的揣测是没有任何根据的。他说,假设他的政府提出请求,美国政府无疑会对重新部署大陈的武装力量提供必要的帮助,和空军、海军的掩护。他用假设的口气问道,是否继这种援助之后还必须伴随以美国和中国之间对加强金门与马祖的防卫计划方面进行协商。

饶伯森回答说,他认为这是当然的事,两国官员间应立即就对保卫台湾与澎湖所必需的其他地区的防卫进行磋商,尽管他不能确切说明磋商会得出什么结果,因为他不是一个军人。他继续说,如果中国政府要求对重新部署武装力量给以帮助,会立即得到支援。他提醒叶外长,国务卿曾告诉过他,美国确有意防卫金门与马祖,这不是扩大条约所包括的地区范围,而是在国会的决议范围之内,尽管"不能公诸于世"。

叶外长再次告诉饶伯森说,将谈判中心变动一下转到台北,也许是一个好主意。

饶伯森说,还是在华盛顿继续谈判为好,因为外长和大使都直接接触这里的政治环境,对气氛的感受要比远在万里以外的人的感受更深切一些。不管怎样,他强调说,中国方面的进一步拖延会产生复杂情况,而且艾森豪威尔总统正在等待中。他说:"我担心的是他的耐性,正如你们担心蒋总统的耐性一样。"他接着说,这个决议在国会两院几乎是一致投票通过的。他又一次重复说,中国政府应抓住这次国会有压倒多数支持的时机迅速行动,不要等到这股热情消沉下去。

叶外长说,他迫切希望能够有一个解决办法,可以使得至少在他自己的政府的声明中提到金门与马祖的防卫。

饶伯森回答说,艾森豪威尔总统不能改变国会的决议,他对蒋总统所做的保证已经是尽力而为的了。他坚持说这个保证是真诚的,而不是口头说得好听而不付诸实行。

交谈之后,叶口授一个简短报告立即电告台北,随之又将谈话全文发电报告。在第一个电报中他着重说明饶伯森仍然认为我们的声明不应提金门和马祖,但是他(叶)曾对饶伯森强调说,除非他们或我们在声明中提到金门和马祖,否则我们是不会满意的。叶外长还提出他个人的意见说,如果他们能够同意在我方声明中写入金门和马祖之地名,我们不妨同意他们将"美国政府认为必要的"这句话写进去,因为即使不加进这句话,那个有关协防金门、马祖的句子也肯定具有判断在于美国政府的涵义。再者,他说加上这句话也同他们必须对保证美国自己安全的任何地区加以防卫这一法律立场相一致,而这一点对美方说是有其技术上的必要性的。最后他又提出关于声明草案的谈判应在台北进行,因为沈次长可以及时与行政院长和总统商量,并取得他们的指示,而且美方在把电文译成电码,从电码译出电文和电讯传递等方面都比较迅速。

次日(2月4日)晨我乘飞机返回华盛顿,并直接去办公室。我急忙在谢里登花园饭店设午宴招待一些台湾高级职员,他们在美国接受六个月的训练后即将返回台湾,这天下午就要离开华盛顿。这些人员包括来自化工厂、矿产公司、经济部、招商局、交通局、民航空司、农林局、经济部金矿局和行政院的主计处的主管人员。我还顺便邀请了王季澂公使,他是前往黎巴嫩建立新使馆的。

叶外长也是这次午宴的客人,他留下来和我讨论日前的事件,特别是他同史密斯和饶伯森的谈话。傍晚时我陪他去国务院拜会小赫伯特·胡佛和饶伯森。当时杜勒斯不在华盛顿,由胡佛副国务卿代理国务卿。这次去会见副国务卿胡佛是由饶伯森自己提出来的,我认为这是为了让我们了解局势的紧迫性和严重性,以及就拟议中的从大陈撤防,必须立即向美国提出援助的要求。如果不提出这一要求,第七舰队的五艘航空母舰、三十二艘驱逐舰、一百余艘其他舰只,以及美国空军十八航空队的战斗轰炸机和第十三航空队的战斗机虽已到达大陈附近海域,但由于艾森豪威尔总统还没有对他们发布命令,所以他们不能采取行动;而总统只有根据中国政府提出援助要求才能发布命令。

首先由饶伯森接待我们,然后陪同我们到胡佛的办公室。在进去之前他停下来向叶建议,最好将昨天叶告诉他(饶伯森)的情况,即关于蒋委员长在台北召集的由中国高级官员参加的会议的情况告诉胡佛,说这样做是有用的。饶伯森认为这会有助于说明蒋委员长现在的态度,以及他为什么对美国的意图怀有疑虑。在走进办公室时,我们发现不单是胡佛,还有副国务卿帮办罗伯特·墨菲和中国科的马康卫在场。于是叶外长开始了这次谈话。

根据我的记录,叶外长说,关于大陈的局势,经过过去几个星期他同国务院官员的商谈,已经解决了一些障碍。为了说明局势,他愿将日前告诉过饶伯森先生的情况告诉胡佛先生。叶接着说,在1955年1月19日,杜勒斯先生告诉他关于美国决定参加金门的防卫,同时提出中国部队应由大陈岛撤出。在回答问题时,杜勒斯先生曾说,美国要发表决定协防的声明,同时由中国政府声明从大陈撤防。他(叶)还曾极力主张将中国和美国协防马祖包括进去。1月21日,国务卿告诉他和我说,已由国家安全委员会作出决定,声明将包括由两国协防马祖与金门。全部会谈内容业已全部报告蒋委员长,详尽的谈话记录副本也同样已经送他参考,包括国务院所作的1955年1月19日会谈概要记录。

叶外长接着说,蒋委员长在收到他的报告之后,召开了最高级文武官员会议。在蒋委员长宣布从大陈撤防的意图时,有人认为这将不利于台湾地区的安全与保卫,并且使金门、马祖面临共产党的攻击,因而表示反对。为了克服反对意见,蒋委员长告诉与会的人员说,叶外长已从美国政府得到保证,美国要帮助中国政府防卫金门和马祖,美国的这一决定将包括在由美国政府公开发表的一项关于我们从大陈岛撤防的声明之中。蒋委员长指出,除去外交部长关于这件事的电报报告之外,他还收到华盛顿会谈的详细记录,也肯定了这一点。因此,当蒋委员长随后又从外交部长的报告中得知在最近的谈话中,国务卿告诉他不仅国会的决议没有具体提到金门和马祖,而且美国的声明也同样不提这两个岛屿的名字之后,他处于非常困难的境地,感到失望,也觉得无法向政府的高级同僚们解释这件事情。

叶外长接着说,那天早晨他接到蒋总统的电报,指示他通知国务卿,就说中方的声明一定要提到美国参加防卫金门和马祖,因为不如此,这个声明就不能减轻撤出大陈对中国军队士气和中国人民民心的不利影响。叶还说,他和我都充分理解美国抵抗共产党侵略的基本政策,是和中国政府的基本政策相同的,但我们打算发表的中方声明对于排除公众的任何误解是有必要的。

胡佛摆出一副严肃的表情说,他也希望这剩下的是个能够克服的较小障碍。他在头一天晚上见到艾森豪威尔总统,愿将总统的立场告诉叶部长。总统告诉他说,在他(总统)和国会领导人之间有一个明确的谅解,就是在国会决议或美国政府的公开声明中都不提任何沿海岛屿的具体地名,总统对为台湾安全必要的任何岛屿都不应承担由美国协防的国际义务。总统作为美国军队的总司令,可以独自决定在情况需要时做什么,但不能违背在国会的诺言。总统在由蓝钦大使递交蒋委员长的声明中已经提出保证说,美国当前的意向是以协防金门、马祖作为从大陈撤出中国武装部队的条件,这个声明仍然有效。但是,总统不能对此作公开声明,也不同意中国在台北发出的声明中提及此事。

他继续说,美国政府对台湾海峡的局势十分关心并深为不安。美国了解到中国将从大陈撤防,已经命令第七舰队向该地区进发,以便在撤防时给予帮助。大批的海军和空军部队已经进入战位。第七舰队司令好几天前就敦促美国政府发出命令,指示他应该做什么和不应该做什么,并且还报告说,他也许再等不了二十四小时了。这位司令提出的理由很明显,这些部队是匆匆受命到那里去对付紧急情况的,因此没有时间安排轮机人员和其他军官们轮班值勤。他们有的人不得不一天二十四小时坚持在工作岗位上,已无法再如此继续下去。司令官向政府提出,如果在二十四小时内接不到命令,他有可能认为有必要将舰队开回冲绳。胡佛强调说,这是一种令人不安的情况,但是,如果中国政府不要求帮助从大陈撤防,美国政府是不能给舰队发出命令的。

叶外长说,他理解美国政府在美方声明中提出协防金门、马祖的困难。不过,中国政府现在所提议的是只在中方声明中提出金门、马祖。他说,在中方声明中"包括金门、马祖"这几个字是加在"美国政府已向中国政府表明,决定……"这一句话之后,这样这句就成为:"美国政府已向中国政府表明,决定帮助保卫美国政府认为对台湾和澎湖等地的安全必要的阵地和区域,包括金门、马祖。"这样并不会改变这句话的原意。

墨菲同意在美方声明中加进这几个字,不过这只是把金门、马祖作为沿海岛屿的例子提出来。

我说,原来的句子本身表明,所有现在在中国政府控制下的沿海岛屿都包括在内,而现在反对加进"包括金门、马祖"这几个字,可能会引起怀疑,认为美国是意图将这两个岛屿排除在所提的沿海岛屿之外。我接着说,我相信不会是这样的。

胡佛说,"肯定不是这样的",艾森豪威尔总统已在给蒋委员长的声明中将他的意图说得很明白。但是,公开提出这两个岛屿的名字,那是违背总统与国会达成的谅解的。

饶伯森说,国务院曾给蓝钦大使专门的指示要他去见蒋委员长,可是经过两天,大使仍未蒙接见。但蓝钦曾见到外交部次长沈昌焕和现在台北的中国驻东京大使董显光博士。饶伯森担心沈次长和董大使不完全清楚在华盛顿进行的谈判的整个情况。

叶外长说,他确信沈次长对于全部谈判是清楚的,因为他肯定看到了叶本人给蒋委员长的全部报告。至于董显光,叶外长指出他对于时事问题具有广泛的知识。

饶伯森说,国务院不仅指示蓝钦大使向蒋委员长作一些说明,而且还告诉他在华盛顿进行谈判的背景,并且指示他对于蒋委员长可能提出的与整个微妙问题有关的询问应如何回答。鉴于台湾地区的紧急情况和大量美国海军和空军力量的出现,蓝钦大使能够尽快见到蒋委员长面谈是极端重要的。

叶外长答应给蒋委员长去电,请他接见蓝钦大使,不要迟延。

饶伯森谈到叶刚刚告诉胡佛的关于饶伯森本人在前一天对他的陈述,当时他曾告诉叶外长,万一共产党攻击大陈岛上的中国部队而美国部队由于没有接奉华盛顿的命令——华盛顿只有根据中国政府的要求才能发出命令——不能帮他们撤出大陈,共产党有可能将中国部队彻底粉碎。他重复说,台湾海峡的局势十分严重,不应耽误时间。

我说,我个人有一个问题要问一下。因为迟延是由于在中国的声明中提出或不提出协防金门、马祖这个问题,而且由于当前局势要求迅速作出决定并采取行动,我设想,如果中国政府根本不发表任何声明,而单纯依赖于艾森豪威尔总统给蒋委员长的声明中所提出的保证,也许是克服这一困难的办法。我说,这仅是我个人的设想,叶部长未必同意我的意见,而且中国政府也确实没有作过任何不发表声明的表示。但是,假若中国政府决定这样做,我倒想知道美方会有什么反应。

胡佛回答说,如果台北不对撤出大陈作任何公开声明,美国并不介意,他认为中国政府最了解如何评价和对待中国的公众舆论。他所急切要求的是中国政府应该迅速决策和行动,因为在当前情势下不能再丧失时间了。

我说,为了避免再有任何误解,我想总结一下会谈,关于美国政府的态度可以归纳为如下四点,不知是否正确:

(1)如果中国政府期望美国帮助从大陈岛撤防,应立即提出请求。

(2)蒋委员长应尽快接见蓝钦大使,这是很重要的。

(3)在任何情况下,美国都不能在另一项公开声明中提出协防金门和马祖。

(4)美国政府也不同意中国在撤出大陈的声明中提出协防金门和马祖。

胡佛说这是正确的,还说他听说台北在准备另一个声明。

饶伯森说,那是蓝钦大使报告的。

叶外长说,大概是如此,因为他所拟并建议中国政府采用的草案已经遭到政府的拒绝。事实上,虽然他曾将在华盛顿同国务卿谈判过程中问题的发展情况充分而迅速地报告了蒋委员长,但是蒋委员长仍责备他在中国声明的草案中删掉了金门和马祖,使他感到失望。叶接着说,他已建议中国政府在台北另行准备一份草案,并与蓝钦大使商讨。

墨菲建议,最好由国务院致电蓝钦大使,要求他告诉蒋委员长说,叶外长在这里进行谈判很得力,再没有人能比得上他这么好地代表他的政府了。

叶外长说,他想提出另外一个问题,并想了解胡佛先生的意见。他以前曾向饶伯森先生提出此问题,但是没有得到确切的答复。他问,一旦开始了撤离大陈的行动,美国政府是否将立即指定一些高级军官同中国军事当局商议如何最好地协防金门和马祖。

胡佛答复说,第七舰队的普赖德海军上将已经得到美国政府的命令,要他到台湾去与中国政府商议从大陈撤防的计划,指定的协商范围很广泛,其中就包括刚刚提到的问题。事实上,他认为几乎可以肯定普赖德上将一定已经就制定从大陈岛撤防的计划一事同中国当局商讨了这个问题,或者现在正在这样做。

那天晚上,叶外长和王季澂公使参加由我的空军武官举行的晚宴,我没有参加而是留下来草拟电报,将我们同杜勒斯不在华盛顿期间的代理国务卿小胡佛的会谈报告给蒋委员长。那次会谈之后从可靠方面获悉,艾森豪威尔曾指示胡佛对于我们请求支援和帮助撤防应定一个时限,但是胡佛出于外交上的原因没有提出来,因为他恐怕可能被误会为一种哀的美敦书。他只提出说这个请求提得越快越好,最好是在二十四小时之内。这一点也报告了外交部。

第二天(2月5日)早晨,我们得到台北沈次长的电话。他说在过去几天中,他一再请蒋总统对于从大陈撤退问题给予指示。

他并与政府各部首脑以及蓝钦大使商讨,以便沟通信息。蒋总统终于在当地时间5日下午五时召集军事和行政首脑开会,并告诉出席的人说他要立即对美方发出照会,要求美国政府明确表示将对我军民人等在撤离大陈时给以帮助和保护。至于我方关于撤出大陈的声明,沈说政府仍在考虑其内容与形式。

在当地时间下午七时三十分,沈递交蓝钦如下照会:

> 我荣幸地指出,最近中华民国代表与美利坚合众国代表之间在华盛顿,就中国共产党对中国大陆沿海岛屿进行武装攻击所造成之军事局势,举行了会谈。

> 会谈结果,中华民国政府决定从大陈岛撤出其武装部队,以进行重新部署与集结。愿离开这些岛屿的民众可随同武装部队一并撤离。

> 在将中国政府之决定通知阁下时,遵照中国政府指示并代表中国政府,我荣幸地请求美国政府对于从大陈岛撤出武装部队和疏散转移民众,给以协助,提供掩护。

> 如蒙阁下将中国政府以上请求立即转达美国政府,并将美国政府之答复示知,将不胜感激。兹建议,一旦从美国政府方面得到肯定答复,由中美双方军事代表拟订之撤出大陈岛计划即由两国政府军事人员付诸实行。

沈还告诉蓝钦说,我们对于美方所提的关于撤退的声明内容没有不同意见,并且同意在美国选择的时间发表①。至于我方自己的声明,沈告诉蓝钦说,仍在考虑之中。但是,他(沈)接到指示,保证此项声明内容与美方声明并无原则不同。蓝钦问到我们的声明在发出之前,是否要先交给国务院看一下。沈答复说:"我想是这样的。"

叶和我收到沈次长关于上述情况的电报后,叶致电沈指出,

---

① 这里所说的声明,是指在2月3日中午递交叶外长并于同日发往台北蓝钦大使递交外交部的美方声明草案。

除其他事项外,艾森豪威尔总统坚决反对在我方或美方的公开声明中提出具体地名,我如果继续坚持,只会拖延大陈撤防及有关加强金门、马祖防卫之磋商。因此叶说,现在似乎有必要权衡得失,作出选择。

他还指出,我们建议民政管理机构包括警察部队留在大陈岛上,这是为了强调共产党的侵略,并给人一种我们并没有把领土放弃给共产党的印象,特别是在讨论联合国停火建议的前夕和讨论之际。叶说,如果这一点能由政府批准,即可寻求在联合国名义之下美国对于大陈岛之保护;即使做不到这一点,而最后撤退不可避免时,美国十分可能帮助我们从大陈岛撤出民政人员。他进一步指出,归芬兰所有而受到苏联侵略威胁的奥兰群岛就是由联合国在这种方式下解决的,保留着民政管理机构的奥兰群岛继续属于芬兰的领土。他接着说,从外交上着想,他提到这些,仅是为了解释我们过去提出建议的理由,而不是要求政府重新考虑,除非政府愿意如此考虑。

叶还提出,作为最后一着,沈可试向蓝钦探询是否有可能在我方的声明中大致说明两国之间已达成协议,或已进行过磋商如何加强沿海岛屿防务以保证台湾和澎湖的安全,以及美国政府目前将参加这些沿海岛屿的防务。他认为这种折中方式或者以类似语调将其内容写进声明,可能会使双方均感满意。

在美国方面,国务院大概是在收到蓝钦大使递交的与我们所收到的沈次长的报告类似的报告之后,对新闻界发布了声明。2月5日的这个声明,与饶伯森2月3日给叶外长看的声明不同之处,仅在于第一句话上。原来的草案说,我国政府已"声明将自大陈重新部署其军事力量",后来的文本则说我国政府已"通知美国政府,它将重新部署其军事力量"。至于美国对于我们要求帮助撤退的正式照会的答复,蓝钦大使早已收到指示,对我方的正式要求作及时和有利的答复。

次晨,从八时四十五分开始,饶伯森和叶公超频频通电话磋商解决我方声明中的其余问题。饶伯森说,国务院接到蓝钦的电报,说是中国政府要发出的中方声明仍然包括协防金门和马祖的内容。饶伯森还说国务院正草拟它自己的一项新的声明以满足我方的要求。

这期间有个令人烦恼的事情。沈曾告诉蓝钦说,台北要在当地时间下午六时发出中方声明,而不顾是否得到美国的同意,因为蒋委员长在使最后的中方声明草案适应美国的愿望和感情方面已经做到了尽头。蓝钦给国务院的电报中所包括的这些消息使饶伯森感到焦灼和为难,特别是由于杜勒斯国务卿远在巴哈马群岛,他要负起全部的责任重担。

沈次长发来的我们自己的报告连同声明的英文本在上午十时方收到,到十一时译出。沈说,6 日早晨在台北,蒋总统曾召集会议讨论我方声明草案,经过仔细讨论,最后由蒋总统批准如下:

> 中华民国政府为适应抵抗国际共产集团侵略之新形势,本中美两国共同防卫西太平洋区域两国领土之精神,并经与美国政府会商,决定重行部署外岛军事,将大陈岛屿之驻军转移使用于金门与马祖等重要岛屿,以集中兵力,增强台湾及其外围岛屿之防务。

> 美国政府为增进中美两国保卫台湾、澎湖之密切合作,经向中华民国政府表明,据认为对于确保台湾、澎湖有关之各地区与领土,美国决定与中华民国共同防卫,美国并决定对我大陈区兵力之转移与部署,予以协助与掩护。

> 中华民国政府对于美国政府此项决定,业经表示欢迎,诚以此举更足证明中美两国为维护亚洲与太平洋区域之自由安全,以及为实现自由世界之共同目标,而团结一致。

沈说,蒋总统提出第二段中的"表明"一词应改为"保证",但是经过他(沈)一再说明美国的态度之后,蒋总统最后同意用"表明"一词和加上的"据认为"三个字。

沈说,他本人在当地时间 2 月 6 日下午四时将声明草案亲自交给蓝钦大使。蓝钦说他知道他的政府对于第一段中的"金门与马祖"字样可能不会接受。沈对蓝钦解释说第一段说的仅属我方政府的事,与美国的协防无关。如果我们在第二段中用"金门与马祖"字样而美国政府加以反对,那是可以理解的,但是现在仅是在第一段中提到金门和马祖,因之他对美国政府的反对不能理解。他迫切要求蓝钦大使向他的政府解释,说明我方已经充分注意到美方的希望,但是我们也必须注意到保持我方的民心与士气的必要性。他恳切希望美国政府能够同意。蓝钦说他将迅速把这个问题电告国务院,请求指示。

按沈的电报所说,沈还告诉蓝钦,据他的体会,蒋委员长认为这个草案是我们的最后和最大的让步,不论美方同意与否,我们势将不得不在 6 日晚上公布此项草案。(正是这个问题使饶伯森感到非常为难。)他接着说,他也认为这个草案很合理,如果美方仍然反对,我们只能认为美国未免逼人过甚了。

我们阅过声明的英文本之后,就立刻交给饶伯森。他强调国务院对于所用词句仍可能有不能同意之处,他要求我们推迟发表。叶外长则告诉饶伯森说,他完全同意沈次长在台北告诉蓝钦的话。他还说:"这件事现在已不在我的掌握之中了。"

饶伯森要求再作一次谈话,于是叶邀他共进午餐。我告诉叶说,我的厨师这天刚好休例假,提议到外边餐馆去,但是叶已经约好了国务院的客人,他建议只要有炒饭和汤就可以了。我告诉我的膳食男仆给北京餐厅打电话叫了供五个人午餐的五六个菜。等到二时十五分饭菜送到,幸而国务院的代表饶伯森和马康卫到二时二十五分才到。饶伯森的话主要是告诉我们在我方声明中不要提金门和马祖。

在一开始,饶伯森交给叶外长一份经过国务院修改准备在台北发表的中国政府的声明草案。他说国务院官员开了一次会,出席的包括五位律师,研究了中国的草案,提出了几处修改意见,现已包括在这份修订草案之中。

叶外长和我看了这个修改过的草案,其原文如下:

> 中华民国政府为适应抵抗国际共产集团侵略之新形势,
> 决定重新部署外岛军事,将大陈岛屿之驻军转移使用于金
> 门、马祖等重要岛屿,以集中兵力增强台湾及其外围岛屿之
> 防务,并本中美两国共同防卫西太平洋两国领土之精神,及
> 时通知美国政府。

> 美国政府为增进中美两国保卫台湾、澎湖之密切合作,
> 已向中华民国政府申明,决定共同防卫台湾与澎湖。美国并
> 决定对我大陈区兵力之转移与部署,予我以协助与掩护。

> 中华民国政府对于美国政府此项决定,业经表示欢迎,
> 诚以此举更足证明中美两国为维护亚洲与太平洋区域之自
> 由安全,以及为实现自由世界之共同目标,而团结一致。

叶外长说,国务院的修改草案和原来的中国草案没有多大差
别。我说我很高兴金门和马祖这两个"有魅力的"名字,保留了下
来。我说,好像在词句上作了一些文字游戏,特别是把中国草案中
的长句子分开来了,我注意到在中文文本第一段中略去"并经与美
国政府会商"一句,指出这样修改的目的,似乎是要在中国政府决定
重新部署大陈岛上的武装部队这件事,使美国完全摆脱开。

饶伯森说,那正是个重要之点。中国政府有全权重新部署它
自己的武装部队,美国政府不想干预这一权力。从主权角度来
看,修改的草案对中国政府要好得多。他说他自己不是一个律
师,但是在国务院召开的会议,有五位律师出席,他们都认为中国
草案中关于美国在撤出大陈问题上的地位措辞不很清楚。考虑
到中国草案的目的,他们把第一段末尾一句修改为:"并本中美两
国共同防卫西太平洋区域两国领土之精神,及时通知美国政府"。

当我正想提出改用"业已及时通知"的字眼时,饶伯森说上述
修改文本在大约三个小时之前已电告蓝钦大使。马康卫在回答

我的问题时说,通常国务院发出的电报,包括双方译电在内,只需两个半小时即可到达,因此蓝钦大使一定已经收到这份包括所提修正内容的电报。

饶伯森要求叶外长支持对中国声明的修改本。叶说,由于他的原草案未被我政府采纳,他已请台北直接与蓝钦大使拟订具体草案文本。不过,他愿打电报给沈次长,告诉他饶伯森先生刚刚谈到的关于对辞句的修正意见,并对他指出二者差别不大。叶外长即席对张慰慈口述电文。

叶和我个人的意见认为,沈所电告的我方声明草案似乎符合美方的观点,但是鉴于饶伯森的迫切要求,我们同意电沈把我方声明的语气进一步调低。饶伯森在下午三时三十分离去,电报正准备发出。但是在三时五十分纽约中华新闻社的任玲逊来电话传达这个新闻社的一则消息,其中包括已经在台北发表的我方声明全文。这份发表的声明全文,表明为了满足美方的反对意见,又作了多处修正。叶和我认为这个最后的文本,实际上即使从美国的观点来看也是无可非议的。因此,叶电话告诉饶伯森,同时我们扣下待发的电报。

下午六时三十分接到沈次长电报,告知我方声明的最后文本,其中没有转弯抹角的地提协防金门、马祖问题,而只是说中国部队要从大陈重新部署到金门和马祖。这样一来声明的第一段就成为[①]:

> 中华民国政府为适应抵抗国际共产集团侵略之新形势,决定重行部署外岛军事,将大陈岛屿之驻军转移使用于金门、马祖等重要岛屿,以集中兵力,增强台湾、澎湖及其外围岛屿之防务。

第二段成为:

[①] 以下录自 1955 年 2 月 7 日台湾《中央日报》。——译者

中华民国政府本中美两国共同防卫西太平洋区域两国领土之精神，关于将大陈岛屿驻军转移使用一节，曾与美国政府举行会商。

声明的其余部分和沈的以前草案相同。

我在日记中记录了这些事件和中国草案最后文本的概要之后，接着写道："这样，可以避免的事故又一次成为过去而未造成危害，只是产生了一些麻烦而已。"

随后沈来电解释说，蓝钦已同意将我方声明草案全文电报国务院，但是他（沈）由于没有得到蓝钦进一步的答复，认为蓝钦可能还没有接到国务院的复电，因之他要求张群和黄少谷副院长给予指示，黄又报告给俞鸿钧院长。他们一致认为由于美国方面已经公布了关于撤退的声明，我们的声明也应即刻发表，最迟要在7日（地方时间）晨见报。但是由于蓝钦大使认为美国不能同意在我方声明的第一段中提到金门、马祖，而我方对这个问题又不能完全置若罔闻，黄指示可将"曾与美国政府举行会商"一句写在第二段中。于是外交部立即备妥修正的声明草案，等到7日凌晨一时仍未收到美方回讯，于是他们就发表了这个修正后的声明，并专函通知蓝钦。

那天下午，蓝钦电话通知沈说，他已在早晨六时接到国务院的复电。按此复电，国务院认为我们在我方声明草案中所作的变动无关紧要，我们既已将修正后的声明发表，也无不可。虽然在我方声明中仍有"金门、马祖"字样，但是比原草案已经更接近美方的观点。

在华盛顿，饶伯森在7日上午大约十时半来电话说，杜勒斯已于昨晚从巴哈马群岛回来，看到中国发表的声明后认为很满意。另一方面，我收到外交部传达给其他在国外的中国使团的通报①，电中简单说明关于撤防的情况，并且提出在任何公开宣布这

---

① 通报见附录七。

一事件的场合应当强调之点。这就是说,事实上我们已找到了对国内国外解释这种形势的满意方式。至此,整个风暴算是过去。

7日的新闻报道指出大陈撤防进行顺利,未发生事故,也未遇到共产党的任何干扰。除中国政府的舰只外,美国方面参与其事的所有兵种的武装人员共约四万八千人,包括五艘航空母舰、三十二艘驱逐舰、二个航空联队和包括登陆舰、运输舰在内的一百三十多艘舰艇。这的确是一桩完成得非常迅速的巨大工作。

第四节　台湾危机的缓和

1955年2月—5月

一、中美共同防御条约的批准与生效,大陈撤防的完成及安理会停火决议的搁置

1955年2月—3月中

在宣布撤离大陈岛以后,中国沿海各岛屿及其周围的紧张局势依然未见缓和。事实上,由于在那里出现了协助撤退的大量美国海空军部队而更暂时加深了各个国家和人民对战争的忧虑,尤其因为北平于1955年2月3日拒绝参加讨论这个问题的安理会会议,以致由联合国倡议在这个区域停火的希望破灭。

中国共产党已拒绝出席这次安理会会议,除非驱逐安理会中的国民党代表。总的看来,他们的声明既粗暴无礼又带有侮辱性。我们曾经怀着一线希望,认为共产党的这种反应将促使问题在联合国得到处理,即安理会将在没有中共代表出席的情况下讨论新西兰提案,苏联则很可能使用否决权来阻挠通过决议。然而事态的发展并非如此。在各国首都,在联合国的各国代表中间都在进行讨论,议论各种可行的办法。例如:在中共代表缺席的情

况下,应否召开另一次安理会会议来继续讨论停火建议?是否应把新西兰建议搁置起来,而由各代表讨论苏联提出的在那个区域缓和紧张局势的建议?可否把新西兰提案移交给"小型联大",即联合国大会临时委员会去处理?可否在联合国之外另组织一个像处理印度支那和朝鲜问题的日内瓦会议那种模式的会议来讨论停火问题?是否可以安排非正式的、非官方的试探性谈判?等等。

据传英国和印度赞成对寻求海峡停火作一次新的试探。英、印外交使节在莫斯科屡次访问苏联外长莫洛托夫引起外界猜测,以为这一新的试探已在进行之中。但是人们知道,至少华盛顿对于在联合国渠道之外处理这个问题并不热心。随后,1955年2月7日,《纽约时报》在头版刊登了詹姆士·赖斯顿的一篇文章说,美国力主派遣一个联合国观察团前往台湾及澎湖,就那个区域的任何侵略行动提出报告。

赖斯顿谈到,由于中共拒绝派出代表前来安理会讨论新西兰提案,美国政府在与其驻联合国主要代表磋商数日之后,出于打破僵局的愿望,现正考虑要求联合国派出一个观察小组前往台湾及澎湖地区,就任何侵略行动提出报告。由于预计到苏联将会使用否决权来阻挠安理会的这一行动,美国也想通过协商,由联合国开一次大会,或召开一次小型联大来作出派遣观察小组的决定。

我立即让谭绍华博士给助理国务卿饶伯森打电话,询问《纽约时报》的这篇文章是否准确,并表明我方坚决反对派出观察小组。谭并且要求饶伯森把此点向杜勒斯转达。谭对他讲,如果那篇报道失实,我们希望国务卿正式予以否认,从而澄清气氛。稍后,我们接到饶伯森的电话,说杜勒斯国务卿已经指示他通知我们,赖斯顿撰写的文章毫无根据,国务院将发表声明予以否认。

当天中午,杜勒斯国务卿与饶伯森助理国务卿出席参议院外交委员会,对中美共同防御条约提出了他们的见解。杜勒斯在事前已拟好他的声明并向报界发布。蒋荫恩给我带来了这份新闻发布稿。声明包括下列各点：

（1）敦促委员会尽速批准该条约，否则将不仅危及西太平洋及东南亚的整个反共形势，而且将会导致国际共产主义阵线的侵略行动，并危及所有自由国家的人民和美国自身的利益。

（2）美国衷心寻求和平，但绝不以牺牲其安全与荣誉作为取得和平的代价。因为这样一种行动只会鼓励侵略者无厌的要求，并最终导致战争。目前共产党正在试探美国的决心，因此，美国必须保持坚定和耐心，以准备应付任何事态的发展。

（3）如果我方想对共产党采取任何军事行动，我们必须首先取得美国的同意。（这确实是第一次正式而公开地透露"换文"的内容，表明美国对台北的实际控制程度。）

（4）此项条约将再次向中华民国及全世界提供保证，美国决不把台湾与澎湖列岛作为和中共谈判的抵押品。

我将上述情报电告外交部，并附带陈明，参议院外交委员会主席乔治在会后宣称，国务卿在委员会上的证词长达三个小时。乔治并透露：杜勒斯曾被明确地询问，这个条约是否确实已把金门和马祖的防御包括在内。他答复说，他个人认为条约中共同防御规定范围的任何延伸，都必须通过专门的法令对条约加以补充。从乔治的谈话中可以看出，美国承担义务的范围问题，特别是此一义务是否包括金门与马祖这两个重要岛屿的问题，仍然是美国公众和国会极为关切的事情。

次日早晨，《纽约时报》刊载了7日从伦敦发来的一条电讯，报道英国敦促以撤出金门、马祖作为在远东建立安定局面的下一步骤，尽管艾登外相在下议院答复关于两岛前途的质询时，他本人对此拒不表态。另一条发自新德里的电讯说，据当地报道，苏联已倡议在联合国之外召开一次不包括国民党中国在内的关于远东的会议，大概这就是莫洛托夫在莫斯科向英、印两外交使节表达的意见。

沃尔特·李普曼在 8 日他的专栏文章中阐述,从大陈岛撤退,可以加强国民党中国的地位。他也同样主张从金门、马祖撤退。他说,这样就可集中所有力量来保卫台湾和澎湖列岛。他还认为,一旦从这两岛撤离,不论共产党中国同意与否,都可以立即实现在台湾海峡的停火,而台湾及澎湖列岛将不再受到中国共产党进攻的威胁。同时,中国国民党想借美国武装力量协助他们进攻并光复大陆的幻想也可以消失;两个中国的局面就可以形成。李普曼个人认为,这一行动当然不可避免地会对国民党中国的民心和士气产生某些严重的后果,但他感到,最终总是要从沿海岛屿撤退的。李普曼的结论是:美国当局既已决定不帮助国民党中国进攻并光复大陆,因为这可能引起一次世界大战,那么,保卫这些岛屿是没有意义的。

　　那天早晨《华盛顿邮报》的社论认为从大陈岛撤退是实现停火的第一步。它也主张从金门、马祖撤退,以便划出一条清楚的防御线。它论证说,如果这样做了,在法律上和道义上就会较容易地获得各盟邦的支持,并且便于派遣一个联合国观察小组去监督双方的活动。

　　我将这些文章的剪报于 8 日发往外交部,并通知部里:因为此类评论近来在报上不断出现,大使馆正在多方设法,让友好的记者们撰文驳斥已经提出的各项议论。当天下午我接见了《芝加哥太阳报》的弗雷德里克·库。他是前来核实一下他从五角大楼和国务院得到的关于金门和马祖问题的消息的。他总是千方百计地力图弄清真相,这和一般的记者有所不同,那些人往往对自己的报道的准确程度还没弄清楚,就匆忙地发出电讯。

　　同一天,参议院外交委员会以十一票对二票批准了中美条约。投反对票的两个参议员是兰格和莫尔斯。委员会主席乔治参议员声称,鉴于远东不稳定的局势和苏联国内的政治发展,决定立即把条约提交参议院全体会议于次日(2 月 9 日)进行讨论。他希望参议院将于 10 日完成立法程序。他所提到的苏联国内的政治发展,当然是指马林科夫出人意外地辞去苏联部长会议主席一事。

外交委员会提交参议院全体会议的书面报告,包括三项保留或理解:

(1)参议院理解:条约第六条规定的某些条款,如经共同决定,可以延伸到其他地区实行,惟须得到参议院三分之二票数的同意。

(2)参议院理解:条约不影响或改变第六条所指各地区的法律地位或主权。

(3)参议院理解:条约第五条规定之各项义务,仅在外界发动武装攻击的情况下适用。缔约国任何一方如自中华民国所控制之领土上发动任何军事行动,必须事前取得另一方的同意。(这样一来,如果参议院通过了外交委员会的此项认定,则换文中取得的一致意见,实际上将被参议院承认为条约的一部分,尽管这一"理解"在法律上的效力还是不完备的。)

翌日上午十时半,我陪同叶外长往访众议院外交委员会主席詹姆士·理查兹。会见开始时,我首先表示:我和外交部长有机会对理查兹先生作礼节性的拜会,当面晤谈,甚感高兴。

理查兹对他能欢迎我们来访,表示快慰。

我谈到,沿海岛屿问题一直是报纸和人们广为议论的题目,并询问理查兹先生,国会里对此问题的一般看法如何,特别是有关保卫金门和马祖的问题。我说,如他所知,以前中国政府是在压力下才撤出大陈岛的,但金门和马祖必须保卫。

叶外长接着说:没有一个政府情愿或竟会放弃它的任何领土。大陈岛的情况是,中国政府本身不能提供足够的空中掩护来保卫它,而美国政府又不愿帮助保卫该岛。

理查兹说,这正是国会对此问题通过两院联合决议的理由。

我说,众议院一致投票通过决议,几乎是没有前例的。这充分表现了美国在这个问题上的团结一致。我赞扬了理查兹作为众院外交委员会主席在取得如此成就中所发挥的卓越作用。

理查兹说,他并不是唯一促使这项决议获得通过的人。在沿海岛屿问题上,众议院支持中国政府的情绪实际上是全体一致的。也许共产党不能体会到这次投票的重要意义,因为在投票这件事情上,他们实在太习惯于全体一致了。当时如果能有少许反对票可能会更好一些。但在此事上的完全一致,显示出决议所体现的美国政策是得到两党支持的,并反映出了美国人民的感情。

叶外长提出了我们的主要问题。他说,大陈岛撤退之后,应由中美两国对保卫金门和马祖作出各项安排。并说,至关重要的是,一旦该两岛遭到攻击时,台湾与两岛之间的供应线必须保持畅通,并在补给和装备的支援上取得美国的保证。

我补充说,至于保卫这两个岛屿所需要的人力,中国政府将毫无困难地提供。

理查兹说,他不能代表美国政府发言,他也不知道金门、马祖一旦遭到共产党攻击,他的政府实际上将如何对待。但是,作为众议院外交委员会主席,他要对我们申明:当上述国会决议第一次在众议院讨论时,他就已清楚地理解,一旦金门、马祖遭到共产党攻击,美国政府将协助保卫。他又补充说,雷德福海军上将在外交委员会上作证时,曾认为金门、马祖对台湾与澎湖的安全至关重要,因为共产党控制下的厦门港距离金门很近。这位海军上将又说,金门和马祖自然将被共产党用作进攻台湾和澎湖的集结点。

叶外长说,只要这两个岛屿留在中国政府手中,共产党就必须从南北两方长途迂回,才能进攻台湾和澎湖,而这种做法并不是很实际可行的。守住金门、马祖,将加强台湾与澎湖的安全,从而使美国更能避免因保卫台湾和澎湖而卷入同共产党的一场战争。

我说,在中国海岸线上,厦门港是上海以南最大的港口。如果共产党攻占了金门,他们将把厦门建成一个重要的潜艇基地,这自然将对美国在西太平洋的地位构成威胁。

理查兹要叶外长和我转告蒋委员长，他将全力支持这种意见，即保持通往两岛的交通线畅通无阻，并向该处提供装备及其他必需物资，借以帮助中国保卫这两个岛屿。他还要我们转告蒋委员长，当他和他的几位同僚在听取有关该项国会决议内容介绍时，他的理解是，美国政府将帮助保卫金门、马祖，而且他并不是唯一如此理解政府意图的人。如果金门、马祖竟然遭到共产党的进攻，而政府又拒不援助国民党中国去保卫它们，他将在众议院挺身而出，公开宣布他的理解。他相信还有其他具有同样理解的人，会像他一样作出相同的声明。

我说，我获悉在总统和国务卿就此问题向国会作情况介绍时，他们曾保证要帮助防卫这两个岛屿。

理查兹说，他不愿用"保证"这个词，但是他确切理解，美国政府将帮助防卫这两个岛屿，他并且希望蒋委员长知道此事。

叶外长说，杜勒斯先生也向他说过同样的话。

我说，中国政府原想在其公开声明中提到协防金门和马祖，但未能得到美国政府的同意，因为它与国会曾有默契，政府将不公开宣告它将参与防卫该两岛的意图。

理查兹说，他对此事并无所知，但他认为把我们的防御计划向敌人暴露出来是不明智的。作为例证，他说，假如我们预料敌人将向国会山进犯，守军肯定不会预先宣布他们认为敌军将从哪个方向进攻，以免他们转而攻击其他阵地。

理查兹又转到另一话题。他说，他想知道一些关于蒋委员长的长子蒋经国将军的事情。他本人一直对于这位青年将军的活动感到不安，他曾见过蒋经国和蒋委员长的次子蒋纬国。根据他的情报，蒋经国在武装部队中握有大权，尽管部队中的某些部门反对他的活动，但惧怕他。他听说蒋经国曾在俄国留学，对于苏联那一套做法很熟悉，将来也许有一天会夺取政权并控制政局。他知道此人曾一度谴责他的父亲。理查兹认为他若一旦掌握大权,也许又要重弹旧调。随后理查兹回忆起他和孙立人将军的一次会晤。他的印象是,孙是个很能干的将军。他想知道叶和我对蒋经国和孙立人的看法,尽管他知道我们对此发表任何意见都有顾忌,因为我们是在国民政府中任职的。

叶说,他和蒋经国及孙立人都很熟悉。孙是个能干的军人和善战的将军,很像范弗里特将军。但是照叶看来,孙是在唱独角戏,他不是一个善与人们相处的人。

理查兹明白了叶部长的解释,并评论说,美国也有像范弗里特那样善战而不懂政治的良将。

叶外长说,蒋经国只不过是蒋委员长的个人代表或跑腿的。诚然,他本人下面也有一大群跑腿的;但是,除去蒋委员长为了叫他完成某项具体任务而授予的权力之外,他没有什么权。叶想象不出蒋经国有任何发动政变夺取政权的可能性。叶说,如果蒋委员长出了任何事故,还有副总统在。根据宪法,应该而且将由副总统继任总统。

理查兹问我和叶外长对俄国最近的事态发展有何想法,他说马林科夫的下台来得颇为突然。

叶答道,那显然是马林科夫与赫鲁晓夫个人争权的结果。并说,很清楚,从今以后,苏联统治者们将把重点放在重工业上,这与马林科夫的增加消费品生产的政策适成对照。此外,苏联统治集团对马林科夫与西方和平共处的政策也不赞同。

我说,赫鲁晓夫控制着苏联共产党。去年 10 月间他曾率领苏联代表团去到北平,和北平政权谈判了一系列新的协定。据报道,中国共产党的领导人们认为赫鲁晓夫是一位实干的、有生气的人物。我又说,值得注意的是,在宣布了布尔加宁取代马林科夫之后,莫洛托夫在最高苏维埃会议的报告中,比过去大大加强了对中国共产党在远东立场的支持。

理查兹说,很难理解俄国国内究竟发生了什么事情,但是他为这种新的发展感到不安。

这时,我和叶起来告辞。理查兹再次要求我们把他的话转达蒋委员长。叶表示希望理查兹先生能重访台湾。我向他保证,如他前往访问将受到热烈欢迎,并希望理查兹夫人也能同往。他说,他的妻子一定愿去,尽管她不喜欢乘坐飞机旅行。

这次会见后,我回大使馆应下一个约会,接待新任法国大使德姆维尔先生的礼节性拜会。这位新大使也是我在联合国安全理事会担任代表和在伦敦开外长会议时的老友。他来到后不久我们就兴致勃勃地倾谈起来。据悉孟戴斯-弗朗斯总理已于2月5日的投票中失败下台,我于是问起此事的后果。他认为巴黎内阁的倒台并不重要,因为在所有民主国家里这是常事,而且法国为了内阁更迭已经形成了一个固定的程序。他说,虽然也许需要几天时间才能成立一个新的内阁,但这种更迭不会影响法国的政策,法国的政策主要是由一批有效率、有经验的文官来执行的,这和英国一样,而同美国的情况不同。美国政党政府的更迭,其影响是巨大的。

至于马林科夫的倒台,他认为这主要是马林科夫和赫鲁晓夫之间个人争夺权力的反映,不会导致苏联外交政策的改变。他说,无论如何,苏联知道它还未作好同西方打仗的准备。

同一天,2月9日,参议院全体进行讨论中美共同防御条约。在讨论中,参议员沃尔特·乔治强调了该条约对于美国在西太平洋防御系统的重要性。他说中华民国是最强的反共阵线组成部分之一,并且说台湾的实力是防止共产党侵略的一个强大的有利条件。参议员霍兰提问,参议院外交委员会报告中所提到的三项谅解是否构成美国关于该条约的保留。乔治答称,在形式上它们不是保留,但考虑到该条约的特殊情况,这些谅解在实质上等于保留。他说,而且杜勒斯国务卿在作证时也曾清楚地对上述各项谅解表示同意,因此,它们实际上具有保留和解释的效果,应当受到尊重;尽管外界也把它们看作是一种道义上的约束。

韦恩·莫尔斯参议员提出两项修正案:(1)增加一些词句以

防止台湾和澎湖的主权或法律地位在条约通过后得到任何好处；(2)删去任何宣布共同防御和抵抗武装进攻的行动将适用于"经共同协议所决定之其他领土"的词句。两个修正案都未获通过，分别以五十七票对十一票和六十票对十票被否决。支持莫尔斯的人大都是民主党保守派和共和党的兰格参议员。（后者是出自他的孤立主义观点。）

关于主权和地位问题又进行了讨论。参议院外交委员会的报告从开罗会议和波茨坦会议所作的决定中作了引证。报告阐明，虽然那些决定并未明确规定台湾和澎湖列岛的主权，但自从中国控制了上述岛屿以来，美国的行动已在实际上承认了中国在台湾和澎湖列岛的主权的合法性。在辩论中，乔治参议员指出条约并未影响或涉及台湾和澎湖列岛主权问题。诺兰参议员反驳说，中华民国政府对于这些问题自然有它的信念和理解。

当晚，参议院对条约的辩论结束，付诸表决，以六十四票对六票决定批准中美共同防御条约。这样，参议院作出的决定比乔治参议员希望的还快。

与此同时，大陈岛的撤退进行得相当顺利，尽管据报告，中国共产党曾警告说：美国海军参加这一行动可能会引起一场大战。在此期间发生过几次事件。2 月 8 日美国空军击落了中国共产党八架飞机中的二架，中国共产党的飞机当时在黄海上空追逐一架美国侦察机。其后，在 2 月 10 日，中国共产党击落了一架美机，那架飞机是在掩护撤退中巡逻该地区时沿海岸进入中国领土上空的。不过，美国宣称共产党施放高射炮并非出自敌意，因为美国驾驶员在雾中偏离了他的巡逻区。美国还宣称，它预期撤退将于 2 月 14 日以前完成。

我于 2 月 10 日在华盛顿双橡园设午宴为叶外长饯行。前一天晚上，当我访问理查兹众议员归来后，我收到了外交部次长沈昌焕给叶的电报说，蒋委员长要外交部长立刻回去，因为撤退问题已经作出了安排。叶立即遵办，并决定于 2 月 11 日星期五离开华盛顿。我在星期四安排了这次有二十二位客人的午宴,和一次在国务院的约会,以便叶能向杜勒斯和饶伯森两人辞行,并向他们提出最后的几点建议供作参考。

在午餐会上,我向叶部长祝酒,说我对他在此长期停留取得效果显著的成就感到欣慰。约一个小时以后,在国务院的会见中,叶部长率先发言,他告诉杜勒斯说,他将于星期五下午离开华盛顿返回台北,特来辞行,并向他表示感谢,感谢杜勒斯先生和他的助手们在两国共同利益的问题上给予他的合作与忠告。

根据我的记录,杜勒斯当时说,在中美共同防御条约的谈判中和在其他事项的讨论中,他为能与叶部长合作而感到高兴。

我说,国务卿和部长的共同努力是卓有成效的,这令人特别满意。

杜勒斯说他有同感。现在参议院既已批准了这个条约,他想恐怕不能和叶部长就在华盛顿当地交换批准书,以便使条约立即得以付诸实施。

叶外长提醒说条约规定批准书须在台北交换。

我指出中国方面的批准书在一个月前就由蒋总统签署了。我说我相信美国批准书一到台北,双方即可交换。

杜勒斯问这需要多长的时间。

马康卫当时也在场,他答道,一切都可以很快准备就绪,也可以将文件用飞机送到佐治亚州,让总统在那里签署,然后就可以安排把文件航空送至台北。

杜勒斯问到是否必须由总统签署,或者可以由他本人签了就行。

马康卫说,经总统授权应该是可以的。

杜勒斯说,他忘了条约规定要在台北交换批准书。但是,他想要说清楚的一点是,鉴于目前的形势,两国既已批准了条约,交换批准书和使条约生效就越快越好。

叶外长说,按照中国辞行的习惯,他要问国务卿是否有临别赠言,使他受惠。

杜勒斯说,蒋委员长一直在强调光复大陆这个最高使命。每年他都向人民保证,不久他就能完成这一使命。这种强调和保证如此之多,以致看起来台湾政府的存在仅仅是为了打回大陆去。可是年复一年,收复大陆并未实现,人民不由得产生他们正在受骗的感觉。这样的声明也给美国在与它的各盟国打交道时增加了困难,因为他们对此事很敏感;这也是可以理解的。在他看来,蒋委员长和他的政府在面对国际共产主义威胁的情况下,对于中华民国在自由世界中扮演的角色,应当有一个较现实的、长远的概念。时刻不停地把光复大陆作为目前最高的目的来谈论,而又不能独立去实现它,这种做法至少是不现实的。世界上其他各国都很清楚,台湾政府约有三四十万军队,而大陆上的共产党则有十倍于此的兵力;如果蒋委员长竟然试图不借助外力,或不等待有利的时机就去光复大陆,这任务将是不可能完成的。

杜勒斯继续说,国民政府不要强调回到大陆的意愿,而应清楚明白地表明它的政策是继续加强实力,等待良机,以实现光复大陆的使命,这才是更为明智的政策。他无法预言这个机会何时到来——是下周,下月,明年还是两年后,但他肯定总有一天这是要到来的。他确信共产主义政权由于其本质所限,不能永远持续下去。苏联领导人中的性格冲突和个人权力的争夺,在过去几天中已又一次表面化了。这些内部纠纷肯定会削弱苏俄的力量。另一个可能的变化,是由于人民大众对共产党的严密控制政策不满而发生动乱。苏联人民大众的不满情绪已为苏联要大炮不要黄油的政策所加剧。这个政策体现在苏联为了备战,把重点放在发展重工业而不放在生产消费品上面。此外,共产党政权也可能因为它在挑衅政策方面走得太远而导致一场全面战争。

杜勒斯说,所有这三种可能的变化也会在共产党中国发生,每一种变化都将给蒋委员长的政府提供机会,以达到光复大陆的最高目的。中华民国政府必须等待可以提供重返大陆最佳机会的一系列事件的发生。例如,中国共产党内部的夺权斗争也许会发展到某种程度,以致使整个局势从内部退化到一定地步,那时蒋委员长的部队进入大陆,就能提供足够的力量来打破平衡,并推翻共产党的政权。再者,群众动乱也许将爆发到某种程度,那时人民会邀请国民党军队在大陆沿海登陆和他们联合起来,胜利地完成共同使命。此外,中国共产党也许要在北朝鲜或印度支那再度燃起战火,或促使越盟进军越南。不论是哪一桩事件发生,都将引起一场全面战争。这场战争将使蒋委员长的部队在军事上发挥牵制作用,并获得进军大陆的机会。

叶外长认为杜勒斯的话是稳妥的想法,他也有同感。他说,事实上他和他在台北的同僚们也一直在按照这个方式思考。但是蒋委员长已经建立了这样一个传统,每年在"双十节"那天发布公告,强调光复大陆的决心和完成这一事业的日期已经临近,企图以此来提高台湾军民的士气。

我说,我也同意杜勒斯先生的话,这的确是一项稳妥的政策。但那些对蒋委员长不是一贯同情的人们也许会说,蒋委员长不强调解放大陆的愿望,他就是在实际上接受了两个中国的观点。他们将会说,至少在等待重返大陆的机会的过渡时期中,蒋委员长是有这种想法的。

杜勒斯说,事实胜于雄辩。现已存在两个中国,正如有两个德国、两个朝鲜和两个越南一样。尽管美国并无承认大陆上的共产党中国的意思。但美国的各盟国中已有几个国家承认了北平政权。人们不能否认或忽视这种现实的局势。

我说,杜勒斯先生谈到的实际情况确实如此,但对国务卿所主张的要中华民国政府遵循的稳健政策必须加上一项附带条件,那就是要不断地对北平共产党政权施加压力,使它在过渡时期不会发展而变得更加强大。确实,对所有共产党国家,全都需要加以这种限制条件。换句话说,自由世界必须不断地增强本身实力地位,同时向共产党国家施加压力,以使这项稳健政策不会导致共产党国家在此期间变得更为强大，更加有力，从而更能执行它们不变的扩张统治政策。我说，简言之，自由世界应当实行一项积极的、建设性的政策来对付共产主义世界。我又补充说，我知道杜勒斯先生针对国际共产主义建立实力地位的政策是一项积极的，而不是消极的政策，但对于美国的盟国就不能这样说了。

杜勒斯说，他正是这样想的。他要把对共产主义世界的压力保持下去，以便当它继续执行一项在最后必然给它带来最终失败的政策时，将会感到极度紧张。通过迫使各共产主义国家经常对要黄油还是要大炮的政策进行辩论，自由世界会加剧它们的统治者个人之间的夺权斗争并激起人民大众的不满和动乱。当然，在这样做的时候自由世界应当小心从事，不要把共产主义世界逼迫得太紧，否则，它的领导人们就会感到不得不诉诸武力来反对自由世界，从而促使一场全面战争爆发。

杜勒斯说，当苏俄试图在国内兼有大炮和黄油，并满足它的各卫星国特别是共产党中国对于武器和装备的越来越多的需要时，确实把手伸得太长，而且在滥用它的资源。他说，这必然是非常吃力的，因为苏联的军队比美国的军队多得多，但这支军队却是建立在只有美国四分之一的工业潜力的基础之上的。杜勒斯又说，他最近曾和阿登纳总理谈话，据他看来，阿登纳很可能是在世的最伟大的政治家，没有一个德国人比他更切盼两个德国统一的了。但阿登纳曾向他说，鉴于苏俄和西方民主国家之间现存的局势，德国统一的目的在最近的将来是不能实现的，因此，阿登纳为了达成统一，决定等待适当的时机，并耐心地观察未来的发展。与此同时，他认为必须在政治上和军事上重建西德的实力，并使他的同胞明了他们需要信念和忍耐。杜勒斯希望蒋委员长能认识到这样的政策对他的国家来说也是明智的。

谈到这里，叶外长说，他不愿在这方面多所议论，但有一个问题想征求杜勒斯先生的高见。现在国民党军队既已从大陈岛完全撤退，他认为两国的高级军事当局有必要共同商讨防御金门、马祖的方法和手段。

杜勒斯说,这是个好主意,虽然他不知道马祖是否能够防御。他听说中国政府在那个岛上大约有一万名士兵。

叶外长说,马祖是个比较小的岛,那里的驻军不到一万人,岛上还有一个小的海军站。

杜勒斯询问那个岛屿距离大陆多远,是否有五十英里。

我答复说,马祖位于闽江口,离大陆海岸较大陈岛更远。

马康卫说,他不确切知道马祖和大陆的距离数字,但他的印象是马祖比金门远得多。

饶伯森说,他完全赞同国务卿关于中华民国政府要在远东发挥作用就应采取更为现实和长远的眼光的劝告。他和国务卿共事已有两三个月,始终觉得国务卿的观点是健全的,他百分之百地同意他的观点。报纸上刊登的报道和文章常常是正好与政府的真正政策相反。就在当天早晨他就读到了德鲁·皮尔逊在《华盛顿邮报和时代先驱报》写的专栏文章,皮尔逊在文中说杜勒斯先生一直怀有承认共产党中国的念头,并且近来已能影响艾森豪威尔总统接受他的想法。饶伯森说,他反对这样的政策,从未一时一刻赞同过这种政策。

杜勒斯说,他通常不大重视读报,特别是关于他本人的任何报道,因为如果所说是实,那仅是重复;如果不实,不知道也罢。

叶外长说,《华盛顿邮报和时代先驱报》一直在奉行着一种对我国政府不友好的方针。

杜勒斯说,他认识该报的社论撰写人埃礼士腾。此人对于任何对国民党中国友好的行动都要加予批评。

饶伯森解释说,埃礼士腾对蒋委员长不满是因为中国政府免去了他的顾问职务。

杜勒斯说,有一天饶伯森先生请他注意詹姆斯·赖斯顿的一篇文章。文中谈到,政府的一位高级官员告诉他说,美国政府已经决定提议由联合国派遣一个联合国观察小组到台湾去。杜勒斯说此事完全不确。他强调说,他从来也没有这种想法。况且,这样一个观察小组不经台湾的中国政府的同意和批准就到那里去,将是不可能的。作为报纸消息不确的另一例,他想起 1951 年在旧金山召开对日和会的时候,报上报道在他的口袋内装有日本首相吉田的一封信,信里答应在与盟国代表谈判时,同国民党中国缔结一项和平条约。杜勒斯说,这也是纯属虚构。

叶外长接着说,最近几天各报登载了许多有关提议在联合国外召开国际会议讨论台湾问题的报道。他说,如果杜勒斯先生能阐明美国政府对此事所持的态度,他将非常感谢。

杜勒斯答复说,就在昨天他还告诉英国大使说,美国政府将不背着国民党中国参加任何会议讨论台湾问题。

当叶外长问及英国大使说些什么的时候,饶伯森答道,既然美国政府已经对他清楚地表明态度,英国大使还能说些什么。

谈话结束,叶与我一道告辞。就在办公室外,我们见到一群记者。叶外长对他们所提的一些问题的回答不幸引来了不利的后果。次晨《纽约时报》的头版头条出现了这样的标题,《台湾说美国保证防御所有的沿海岛屿》。登在标题的下面是,"叶外交部长的声明被认为是与参议院批准协议时所坚持的谅解相抵触"。以下是文章的原文:

> 当叶公超向杜勒斯国务卿和负责远东事务的助理国务卿饶伯森告别时,他说了这番话……
>
> 他说,他已和杜勒斯先生讨论了几件共同关心的事情。他的关于美国保证防御沿海岛屿包括金门与马祖在内的谈话,看来是与昨夜参议院以六十四票对六票批准台湾防御条约时所坚决主张的"谅解"相抵触。
>
> 由杜勒斯先生同意的这些谅解之一(虽然并不包括在条约之内)规定除非条约作了特殊修改,美国没有义务在台湾和澎湖列岛之外采取军事行动保卫国民党人。
>
> 不过,艾森豪威尔总统根据 1 月 28 日通过的国会决议

的条款,可以命令第七舰队及其航空母舰上的飞机为捍卫金门和马祖而战,如果他认为那些阵地对于台湾的防卫是必要的。

叶先生的话似乎暗示,总统已经答应了给国民党这样的援助。……

今天早些时候,国务院对台湾海峡国民党海军司令梁序昭少将的声明浇了冷水。这位海军少将说,他已得到保证,每当需要的时候,美国航空母舰上的飞机将协助防卫金门、马祖。

一位国务院发言人做了这样声明:"国务院不知道有任何这样的义务。大概这种决定需要由总统来作。"

叶先生像梁将军一样地断然肯定。当他被问及是否得到过美国对金门和马祖给予军事援助的保证时,他答复说,华盛顿已经许诺帮助国民党防御"有关的阵地和领土"。

一位记者问:"那是指金门和马祖吗?"

叶先生答道:"当然,保证包括所有的沿海岛屿。"

当另外一个记者提出所谓"要防御的阵地和领土"是指美国认为对于保卫台湾和澎湖是必要的那些阵地和领土。叶先生说:"我们也可以这样认为。"

叶外长立即给饶伯森写信解释,他说:

我晨读到《纽约时报》头版文章时,我很生气。在那篇文章里,我的话被错误地引用,说我讲过美国已经保证防卫所有的沿海岛屿。

情况是这样发生的。我和顾大使一离开你的办公室,我们就遇到了一群新闻记者。这些记者显然预先知道我的来访,一直在你的办公室外等待采访。他们问了许多问题,而所有我的答复都很简短,因为我急于离开。向我提出的问题之一是哪些沿海岛屿将由美国防卫(或大意如此),我的答复是:"据我了解,美国将防卫被认为对台湾和澎湖的安全必不可少的那些有关的阵地和地区。"提问题的人又接着问我这是否意味着所有的沿海岛屿。我答复说,可以意味为所有或任何沿海岛屿。然后,我问那位记者,他是否在为敌人收集情报,他笑着答说"不是"。

他要求饶伯森把信转交杜勒斯。此外,当他再遇到记者们的时候,希望能尽力把这个误会解释清楚。

那天下午,饶伯森设午宴为叶外长饯行。除我以外,客人中有诺兰参议员、史密斯参议员、理查兹众议员、雷德福海军上将、特文宁将军、艾伦·杜勒斯、谭绍华、马康卫和顾毓瑞。饶伯森向叶外长祝酒,说他是个卓有成效的谈判者。叶在答词中说,饶伯森先生献身于他的国家的利益,并对中国问题了如指掌。他接着说,饶伯森是谈判中的一位真诚的朋友。

午间,当我和叶去赴午宴时,气候如春,温度是华氏五十五度。但午餐后,我却是在大风雪中给叶送行的。尽管能见度很低,但飞机还是起飞了,我想可能是依靠雷达导航。后来我听说,他乘的那架飞机是起飞的最后一架。其后所有原定起飞的其他飞机全部停飞,直到当晚八时。

我从飞机场一回到大使馆,就接见了新任意大利大使曼利奥·布罗西奥,他是来作礼节性拜会的。他是个中年人,不是职业外交官,他是意大利伊诺第总统的朋友。

在寒暄之后,布罗西奥说,他虽然不是职业外交官,但他在本国和其他欧洲首都做过一些外交方面的工作。他多次听到我的名字,认识我很高兴。他希望我能以我的经验和意见给他以帮助。

我问到意大利国会是否有可能批准有关西欧问题的伦敦和巴黎协定,并补充说,我知道意大利下院已通过该协定。

布罗西奥说,意大利上院将于2月底或3月初讨论这个协定,他预料上院将予通过。如对此问题的辩论拖延下去,投票表决将不得不推迟到总统选举之后。他说，按照意大利共和国的宪法，下院每五年一改选，上院每六年一改选，总统则每七年改选一次，总统选举将于本年举行。他继续讲，他对总统伊诺第极为尊敬。总统既是学者，又是政治家。他在离开罗马前曾见到总统，并试图劝他再竞选连任第二届总统。但总统告诉他有两个理由谢绝这样做。第一，他已经八十多岁了；第二，他觉得任何人都不应担任总统七年以上。但是由于许多朋友包括布罗西奥在内的劝说，伊诺第总统也许再度出任候选人。如果他这样做，他的当选将是肯定无疑的。不过，总统向他讲过，他要在选举前夕再作决定；因为他如果现在决定不参加竞选并宣布了这个决定，那将使他的政党的总统候选人遭到反对党的政治攻击；如果他决定参加竞选并宣布这个决定，那也许会影响政府在国会里的立法程序，包括有关西欧的伦敦和巴黎协定在内。

布罗西奥说，按照意大利宪法，国会是按比例代表制由普选选出。从理论上讲，这个原则是健全的，因为他能使每个选民团体都有代表；但在实际上，由于不同政党的利益常有冲突，他们之间缺乏统一性，这使得成立一个稳定的政府相当困难。他认为，为了使民主制度成为可行，经验表明，多数统治是代议制政府最实际的形式。

我说，在推进政府稳定方面，法国有类似的困难，因为它的国会也是建立在比例代表制基础之上的。

随后，布罗西奥问我对台湾海峡形势有何看法，是否有爆发一场全面战争的危险。

我答复说，我认为没有那种危险。我相信中共对金门和其他岛屿的轰炸，其目的是为了试探美国的真正意图。美国与中华民国缔结的共同防御条约对联合防卫台湾和澎湖作了明确的规定，而最近的国会决议很清楚地表明，美国将协助中国防卫对于台湾和澎湖的安全有重要意义的任何一个沿海岛屿。因此，共产党不仅要考虑国民党中国的武装力量，而且还要把美国的武装力量也计算在内。共产党是讲现实主义的,它不会冒一场全面战争的风险。俄国更不会鼓励中共去冒险发动一场全面战争,如果它感到没有把握战胜它的敌人的话。

我把谈话转到一个新话题。我说,我知道布罗西奥先生曾在莫斯科任大使一载有余。我问他对于赫鲁晓夫取代马林科夫担任苏联头号人物,他认为有什么重要意义,以及这次的突然变动是否可能影响苏联的外交政策。

布罗西奥回答说,当他在莫斯科时,他认识克里姆林宫所有的领导人,他并且一直在观察俄国国内形势的发展。世界其他地方曾猜测说,这一变动是出自两个领导人关于生产更多的消费品和提高俄国人民的生活水平政策上的分歧。他说,也许是如此,但那仅是次要的。他认为马林科夫倒台真正原因是争夺个人权力的结果,而政策上存在分歧的说法仅仅是一个借口。他认为这个变动不会对俄国政策有多大影响,政策将和以前一样。他还认为权力斗争将在俄国继续下去。当我说到马林科夫虽被撤销部长会议主席职务,他仍然是一位副主席时,布罗西奥说,那是暂时的,如果六个月之后马林科夫像贝利亚那样被行刑队处决,他是不会感到奇怪的。

当晚较晚时,据报道,美国军队已完成了帮助大陈岛撤退的任务。晚十时半,国务院宣布:

> 负责协助及掩护中国军队从大陈岛转移和平民从大陈岛撤退的美国海、空军已经完成了他们的任务。
>
> 这些美国部队现将恢复他们的正常活动,但仍将警惕地注视着任何显然是准备攻击台湾的中国共产党军队的集结和活动,并准备在需要时采取适当的军事行动。

其后,外交部打来电报,告知撤防行动已经完成。2月14日晨,我又收到台北另一份电报,内容是蒋委员长致艾森豪威尔的致谢信。我奉命将信立即转交。我的转致函原文如下:

亲爱的总统先生：

我荣幸地向阁下转交蒋总统的下开信件，这是我刚刚收到的。

当胜利完成武装部队从大陈岛的转移之际，我愿向你表达我的深切感谢，感谢你指示美国军队向中国政府提供的帮助与合作。我并愿对美国军官和士兵在行动中所表现出来的效率和崇高精神表示我的钦佩之忱。

蒋介石

谨致最崇高的敬意

顾维钧谨启

2月12日星期六那天，报纸上又充满了中国的消息。有一篇发自华盛顿的电讯说，根据前一天晚上国务院的声明，大陈岛的撤退已告完成。2月11日《纽约时报》登载了一条伦敦发来的电讯，宣布英国工党已经撤销了以前曾要邱吉尔就美国是否打算把国民党军队从金门、马祖以及大陈岛撤出一事发表声明的要求，因为美国已经向英国政府提供了一些"关于那些岛屿的前途的令人放心的消息"，而这些消息业已通知反对党。还有一条报纸消息是根据前一天2月份安理会主席秘鲁的贝劳德博士的声明。该声明说，安理会将于星期一（2月14日）开会，继续讨论台湾海峡的战斗，此项讨论是按1月31日安理会通过的同一议程而安排的，换言之，新西兰的提案将优先讨论。最后，《纽约时报》又有一篇头版报道，重提叶公超在10日离开国务院办公室后向记者们的声明。

那个星期六我在家工作，接到叶公超从旧金山打来的电话，告诉我他已经买到一张泛美航空公司飞往檀香山和马尼拉的午夜机票。他叫我打电报通过驻檀香山总领事送给斯顿普海军上将，告诉他的启程时间，我照办了。后来，在看过《纽约时报》后，我给叶本人打电报，请他注意那上面的一篇文章。文章的标题是，《蒋的助手缓和了关于美国任务的态度》，其副标题为"叶修正关于防御沿海岛屿的'保证'的谈话在首都引起轩然大波"。

这篇电头是"华盛顿,2月11日"的电讯说,叶在国会山群情愤慨议论纷纷之际,试图改善事态,说他并未打算给人以美国已给予他的政府以具体保证的印象。至于国会山上的愤慨议论,电讯说,虽然乔治参议员认为叶说的那些话是为了说给他的国内听的,企图借以保持台湾民众的信心和勇气,其他参议员们则不那么心平气和。莫尔斯参议员已经会见总统本人,要他驳斥叶的讲话。莫尔斯指出,在1月间参议院辩论时,政府发言人给人的印象是对金门和马祖并没有承担义务。他说,他不相信艾森豪威尔总统曾作过这样保证。如果叶在说谎——他相信叶是在说谎,他要求政府予以驳斥。莱曼参议员说,叶的话可能是未来的严重困难的先兆。汉弗莱参议员表达了他的意见,要求杜勒斯对于防卫沿海岛屿问题作政策性的坚定声明。文章强调了以下两种说法的区别:美国对防御所有沿海岛屿作出"保证";和在共产党发动进攻时,根据当时的情况,如果美国认为这些岛屿对于防卫台湾和澎湖是必要的话,将作出决定是否参与此等近海岛屿的防卫。

星期日报纸上出现了更多的有关金门和马祖问题以及美国的任务问题的混乱报道和专栏作家述评。显然,这都是在华盛顿政界中由于叶外长的误解或失言而激起的。正像参议院外交委员会的乔治参议员所说的那样,叶的话很可能是说给国内的人听的。2月15日星期二,蒋荫恩告诉我说,从前在伦敦《每日导报》工作的一个新闻记者想见我。他还报告说,驻国务院的记者们仍在谈论叶公超关于美国承担协防金门和马祖的义务问题所说的不幸的话,这些话已被国务院再次否认,并导致国务院说,这个误解一定是由于对新闻记者谈话时不谨慎或缺乏应付经验所造成的。

星期二我向外交部报告,参议院外交委员会的汉弗莱参议员给杜勒斯国务卿写了一封信,要求美国对中美共同防御条约所持的立场和美国防卫台湾的决定予以澄清。汉弗莱表示,不能允许负责的官员们作出相互矛盾的声明和根本不同的解释,以致造成不安和混乱。他认为美国对于同台湾、沿海岛屿和中华民国的关系应当明确地表明立场。他提到叶外长与杜勒斯国务卿关于沿海岛屿问题的谈话和杜勒斯在参议院外交委员会所作的声明,是不一致的一个例子。

我在电报中,也提到莫尔斯参议员所作的类似声明。我说,莫尔斯已特别请求杜勒斯国务卿或艾森豪威尔总统公开说明关于美国对防卫金门和马祖的保证的实际情况。他说,让蒋总统和叶外长信口发表声明,给美国人民一种美国将参与防卫金门和马祖的印象,这是很不明智的。在此我可以补充一句,第二天晚上,杜勒斯在一次演讲中,事实上确也曾企图澄清这个问题,并表明美国政府的立场,但这对抑制关于金门和马祖的防卫问题的公开辩论,并未起到什么作用。

早些时候,在2月14日星期一,安全理事会复会继续讨论。十一个代表中的六个(新西兰、土耳其、英国、巴西、法国和美国)发言,对北平拒绝参加讨论新西兰提案表示遗憾。所有代表都同意,在当前的情况下,最明智的途径是休会,以便进行进一步的探讨和磋商。不过大家也都同意,安理会仍将继续处理新西兰提案,因而并不结束对这一问题的考虑。据此,苏联动议,安理会应进行议程中的下一项,即控诉美国在台湾区域侵略中国共产党政权的苏联提案,结果以十票对一票遭到否决。于是安理会在一经主席召集立即复会的条件下休会。

2月16日晨,《华盛顿邮报》刊载一篇该报记者约瑟夫·艾尔索普从台北发来的特别报道。我在一封电报里告知沈次长,艾尔索普根据"高级权威当局"向他吐露的情况,叙述了在金门与马祖问题上中国和美国之间发生误会的事情。这篇文章我概述如下:艾尔索普叙述道,最初杜勒斯国务卿告知叶外长说,一俟国会通过决议,艾森豪威尔总统将立即发表声明,其大意为美国认为金门和马祖地区对台湾和澎湖列岛的防卫是紧密相关的。这一保证曾清楚地记录在国务院的正式谈话记录里面,叶也得到了一份记录。但后来艾森豪威尔总统觉得他不能支持杜勒斯的诺言。于是,叶外长带着有此保证的记录找饶伯森助理国务卿对证。饶伯森向白宫作了报告,仍无下文,等等。

我在电报中接着讲,全文很长,但它的要点似乎是责怪美方食言,而它的影响已经引起各方面的注意。我说,据我看来,不论事实如何,此事已成过去。鉴于今后在共同防卫台湾、澎湖列岛和沿海岛屿的问题上极需真诚合作,我们应当认识这一点,而不要对过去发生的事情过于重视,也不要感情用事,因为那将给反对我们事业的人以借口来指责当局。

我解释说,为什么美方在处理沿海岛屿问题上走了这样的弯路呢?这是由于以下事实,国会中几个强有力的成员坚决反对美国采取任何积极政策,他们的态度很可能是公众中害怕美国会被卷入一场大战的恐惧心理的反映。美国政府有其内部困难,正如我方必须注意到武装部队的士气和公众的情绪一样。所以我们双方必须理解彼此的处境,以便预先排除对两国将来合作的任何不利影响。

是日稍晚时,中国科的马康卫就艾尔索普的文章和大使馆联系。他在电话上告诉谭公使说,这类新闻报道对两国都是不利的,因为它描述了外交谈判及其内容,而这些内容是两国都应该保密的。他说,1 月 19 日谈话的简要记录是应叶外长的请求而交给我们作为参考的,这完全是出于善意。现在艾尔索普的文章提到了它,并且还夸大了这件事。他说这真是遗憾。

几天后,我从外交部得到消息。他们说,我建议注意未来的合作而不计较过去的误解的电报已呈交蒋委员长。他们也索取艾尔索普用来指明其消息来源的确切英语词句,并要我寄去几份英文原文。据我回忆,那就是我最后听到的有关这件事的情况。一直到现在,没有揭露过艾尔索普究竟是如何获得他的消息的。但他曾用过"高级权威当局"这个词,看来好像是暗指蒋委员长本人。

16 日上午九时,杜勒斯国务卿在纽约向外交政策协会作了一次讲演。他关于美国的亚洲外交政策的讲演要点如下:

(1)美国将坚决防卫台湾和澎湖,因为这些地方是西太平洋防务的重要组成部分。中美共同防御条约是美国决心防卫台湾的一个具体例子。虽然该条约的范围仅包括台湾和澎湖列岛,但国会的防卫台湾决议则已授权总统防卫与上述防卫范围有关的其他地区。因为大陈岛对台湾的防务无关,美国才协助我们从那里撤退。这一步骤确实是中华民国和美国双方为了和平作出的巨大牺牲。

(2)有人曾提议中华民国也应从其他沿海岛屿撤退。但这一行动对和平与自由的事业是否有利,殊可怀疑。中国共产党已经诉诸武力,并已宣布他们将武力入侵台湾的决心。这就是即使中华民国再作让步也不大可能满足中国共产党的野心的证据。因此,美国防卫诺言的价值不在于沿海地区本身。用杜勒斯的话说:"美国无意也并未承担防卫这些沿海阵地的义务。"它的基本目的是保卫台湾和澎湖不为武力所夺取。换言之,如果有必要,美国将为这后一种目的而防卫金门和马祖。自从大陈岛撤退以来,中国共产党已经把对大陆沿海地区的防御和向台湾与澎湖的进攻结合起来。当然,美国不愿首先采取军事行动,但对于中国共产党的活动不能不采取预防措施。

(3)美国仍然希望联合国将能促成停火。虽然中国共产党拒绝参加讨论,但他(杜勒斯)仍然希望他们会改变态度。

我把以上各点向外交部作了报告。我也说,参议院外交委员会主席民主党参议员乔治和共和党参议员布里奇斯都称赞了杜勒斯国务卿,认为他把倘若中国共产党进攻,于必要时美国将参加防卫金门和马祖这个主张解释得很明晰。

次日,参议员威利在答复一位新闻记者提问时说,如果中国共产党胆敢进攻金门和马祖,美国必然感到有参与防守该两岛的义务,以便向共产党显示美国保卫台湾的决心。诺兰参议员说,防卫沿海岛屿对于台湾和澎湖的防务是极关重要的。他说,美国不应接受在中国大陆沿海十二海里之内的所有战略地点都应属于中国共产党的这种主张。亚历山大·史密斯参议员在参议院声称,中华民国必须防卫金门和马祖,以便能对大陆施加有效的威胁,使中国共产党不敢违反朝鲜和印度支那停战协定而再次进行侵略。他也认为,台湾、南朝鲜和印度支那的军队应保持足够的力量,以使得他们能在任何时候抵御共产党的进攻。乔治参议员说,他感到杜勒斯16日的演说的意图是想阐明,美国将不积极鼓励或支持蒋总统去进攻和光复大陆。这位参议员也感到,中国共产党进攻台湾的新的威胁可能是企图削弱国民党军队的士气和促使其瓦解。

在那一个星期中,从2月14日到20日,我的约会日程表已经排满。例如,15日弗丽达·乌特丽夫人举行了一次庆祝迁居的鸡尾酒会。她是许多关于中国和德国的书籍和文章的作者。她举行的宴会虽然叫做庆祝迁居宴会,但像是为了招待德国人而设的。据说在宣传与公共关系方面她近来一直为他们工作。西德国会上议院外交委员会成员赫伯特·洛温斯坦亲王在宴会上作了一次很好的讲话。他巧妙地迎合了美国赞成德法合作的心情,把德法合作说成是为了保证欧洲安全的一件自然而不可或缺的事情。他极力主张,虽然美国很自然他对亚洲感到兴趣,但不应忘记苏俄的真正目的是控制欧洲。自从西方在伊朗、希腊和柏林显示了力量和决心以来,苏俄在过去几年里较为小心谨慎。但是它总希望美国被牵制在一场亚洲战争中,趁美国无力在欧洲起到重要作用之时来实现其夺取全欧洲的计划。

16日我接见了由国外业务署中国科新任代理科长劳伦斯·威尔西先生陪同来访的雷蒙德·莫耶先生。莫耶曾有两年多时间主持过国外业务署在菲律宾的分署,这次他即将第一次访问台湾。然后,我出席了立陶宛公使扎迪基斯夫妇的招待会。那天是立陶宛国庆日,扎迪基斯夫人对我出席招待会很高兴。她向我保证她对我们的事业很同情。我告诉她,那是整个自由事业的一部分。我也和捷克流亡的政治家奥苏斯基先生及他的儿子谈了话,他们两位都是这个招待会上的客人。我从立陶宛公使馆到萨格雷夫俱乐部去参加得克萨斯州众议员汤普森夫妇为众议院议长萨姆·雷伯恩举行的招待会。我为雷伯恩的健康情况一如往昔感到高兴。我见到国会山和华盛顿社交界以及政府中的许多朋友。有不少民主党人和共和党人在场,因为民主党员雷伯恩作为众议院议长深孚众望。

当天已经宣布了杜勒斯在出席曼谷东南亚条约组织各国第一次理事会之后将访问老挝、柬埔寨、越南以及缅甸。我给饶伯森助理国务卿打电话,告诉他蒋委员长亲自邀请杜勒斯国务卿在曼谷会议之后归途中访问台北商谈。蒋委员长的这一指示是外交部刚刚电报通知的。但我不能和杜勒斯直接取得联系,因为他正在纽约发表演说。因此,我请饶伯森转告国务卿,是否可由我面见他五分钟或者和他通电话,借以得到他的亲自答复。

东南亚条约组织的公约在中美条约最后听证开始之前,即已由美国参议院批准。那时已制定计划,要八个签字国的外长在曼谷召开组织会议成立常设机构,在公约生效后立即付诸实施。上文曾述及我于 2 月 5 日设晚宴为泰国大使饯行,他将启程前往曼谷筹备东南亚条约组织会议,并作为全权代表和泰国外长一道出席。后来,不到一周又宣布会议将于 1955 年 2 月 23 日召开,杜勒斯将于 18 日启程前往曼谷,然后他计划去仰光和在 3 月 2 日召集驻亚洲多数国家的美国使节在马尼拉开会。在这个旅程表上又增加了对印度支那各国的访问。

很明显,当我在 16 日接到蒋委员长的指令时,时间已很紧迫,而杜勒斯的日程表早已排满。尽管如此,美国方面却极为合作。饶伯森助理国务卿次晨就回电话告诉我,杜勒斯对提出的邀请很感兴趣。如果可能,他将重新安排他的访问日程表,以便访问蒋委员长并和他面谈。杜勒斯认为,鉴于远东的紧张局势,这次访问将是很有益处的。不过饶伯森要我告诉台北,这次访问在完全确定之前,先不要向报界透露消息。饶伯森也提到约瑟夫·艾尔索普的文章,说他前一天已在报上看到了这篇文章。他感到在这个时候,从台湾发出这样的报道,弊大于利。他说,这是很不幸的。我答复说,我也有同感,并已就此事打电报给我国政府。

我和饶伯森谈话之后,立即致电沈昌焕次长转呈蒋委员长。几小时后,当饶伯森又来电话告知新消息时,我又立即电告外交部沈次长。饶伯森说,杜勒斯让他转告我,他将高兴到台北访问半日,为的是和蒋委员长面谈。他感到在目前远东的微妙形势下,这次谈话将是有益的。不过,杜勒斯要重新安排他的日程表将费些周折,因此,他要我电告蒋委员长,杜勒斯先生将于访问台北前三四天从曼谷电告他的确切日期。他将从马尼拉去台北,也许同蒋委员长共进午餐以便畅谈,随后立即乘坐自己的飞机返美。

我已告知饶伯森,蒋委员长也高兴地邀请饶伯森本人前去台北(饶伯森将陪同杜勒斯去曼谷),因为他是委员长的老朋友。饶伯森说,国务卿当然也要他陪同前往,但他将从台北回到马尼拉,重新主持派驻亚洲各国的使节会议。饶伯森再次要求我们在拟议中的访问确定之前,不要作任何宣传,以免杜勒斯万一在最后一刻不能成行时,造成失望和误解。对于国务卿以及中国方面的一些人来说,这些天是激动的日子。

2月18日,国务院首席新闻发布官苏伊丹被记者问到有无可能召开一个国际会议来研究台湾形势问题。早些时候,在2月12日,苏俄广播过一个建议,提倡召开一个不包括国民党中国在内的十国会议来讨论台湾问题。据报道,这和以前在莫斯科私下外交谈话中向英国人提出的建议一样,但被英国人拒绝了。英国人感到应当把国民党中国包括在内,因为美国不大可能参加一个没有中国在内的会议。2月14日，印度驻苏代办为了这个建议曾再度拜访了苏联外交部长。通讯记者们对美国的反应作了多方猜测，但华盛顿未作确切的声明。不过当苏伊丹被问到美国是否将参加一个不包括中华民国在内的讨论台湾局势问题的会议时，他肯定地说，美国不参加。此外，他补充说，美国是否决定参加一个包括中华民国在内的会议，将视组织该会议的计划而定，不过那种会议不应类似1954年的日内瓦会议。

当天从台北传来消息说，国军在距离台湾西北一百二十五海里的一次海空战斗中击沉了一艘潜水艇和二十一艘其他船只。后来，一位政府发言人把这次战斗称为沿海岛屿冲突中最大的海空战斗。这个消息与艾森豪威尔总统关于大陈岛撤退问题答复蒋总统2月14日的信函一齐登载在几家美国晨报上。复信内容如下：

> 我已收到你友好的来函，感谢美国武装部队在中华民国武装部队从大陈岛转移时所提供的帮助。

> 这一共同努力的方式我极为满意，我并且深信对于取得成功的美中双方官兵，这也会使他们感到满意。他们为了保卫和平与自由，参加了这次我们两国间的密切而有成效的合作行动，他们理应感到自豪。

> 德怀特·艾森豪威尔

国务院收到由我送交的蒋总统致艾森豪威尔总统的原函的收据和一份艾森豪威尔的复函于同一天上午送到大使馆，可是前一天白宫已把艾森豪威尔复信的内容和蒋委员长原函的内容都一齐公布了。在台北常常发生的这类事件如今在华盛顿也发生了。美国国务院经常不得不解释说这是不幸的，但是在大使馆得到这个声明之前，台北也已把它发表。就此事而言，当大使馆收到复函前，美国就已经向新闻记者们发布了这个消息。显然，在政府各部门之间常常缺乏协调。

艾尔弗雷德·詹金斯刚从中国科调到美国驻沙特阿拉伯大使馆作副手。他到大使馆来辞行。他告诉我说，为了最近要去芝加哥作两次讲演，他推迟了行期。他发现中西部的人对远东的局势很感兴趣，但是除了新闻记者外，消息都不大灵通。但当他们知道事实时，一般都赞同国务院的政策。我问他，是否他也发现大多数美国人是反共的，虽然他们爱好和平并反对战争，他们还是赞同他们的政府坚持反对共产党的威胁和侵略。詹金斯说，这正是他在全国各处向美国听众讲演时所发现的情况。他说，在答复一次提问时，他告诉那个提问人，英国人的行为一般是正当的，但不是永远正确。当然，他指的是英国对北平的绥靖政策。

那个周末，我去纽约参加一些约会。20日星期日，我接待了宋子文博士，他是来听取关于美国对沿海岛屿的意图的介绍的。他听他的台北朋友们说，蒋委员长因为美国不肯公开宣布帮助我们防卫金门和马祖感到沮丧。21日，我在哥伦比亚广播公司的万花筒节目中露面（一次晚间会见之类的题目）。会见前先在播音室有四十五分钟的情况介绍。哈伦·克利夫兰先生，当时的《报道者》杂志编辑，以前的经济合作署中国科科长，是向我提问的人。主持人是拉里·勒叙厄尔。正式节目是友好地讨论他们向我所提的问题，那些问题包括：台湾海峡停火，两个中国的想法，不打一场把美国牵涉在内的战争国民党政府就显然不可能收复大陆等。但在我发表了我不同意他们观点的理由后，他们没有提出所有想向我提问的问题，或者当他们提出问题后，并未反驳我的答复。因为那仅是十五分钟的节目，在广播过格伦表的广告后实际上只有十一分钟的问答时间。

第二天我又被邀参加会见节目，这次是哥伦比亚广播公司比尔·伦纳德的《这里是纽约》节目。那天是假日，是华盛顿的诞辰，我在凌乱的、迷宫般的哥伦比亚广播公司的大楼里花费了不少时间才找到比尔·伦纳德。当我们会面后，先进行了一番闲谈，据他说是为了让我放松一下，然后他提出一些问题，我予以答复。除了与台湾海峡冲突有关的一些问题外,他提出来吴国桢对国民政府和对蒋委员长的攻击以及蒋委员长的儿子蒋经国将军在台湾的作用问题。回答这些问题给了我一个澄清当时流传的误解的机会。这个节目结束后,我就离开纽约飞回华盛顿。

晚上我参加了雷·亨利的宴会,包括主人在内共有四十八人。那次宴会计划得很周到,因为既有代表五大洲的八位大使,还有陆军部长、空军部长、参谋长联席会议主席雷德福海军上将、内政部长麦凯、邮政总局局长萨默菲尔德等人和几位杰出的民主党人。我想这可能是为了庆祝什么喜事。很快就知道亨利先生已被授予1954年最佳广播奖。比利时大使西尔弗克鲁亚和其他在场的资深的外交使团代表们很得体地向主人祝酒,祝贺他获得的荣誉。由于只有他和另外两位系的是黑领带而不是白领带,他说这是"当晚的黑三剑客",这给他的祝酒词增添了轻松的调子。饭后有舞会,但我很早就离开了。

次晨,我派谭公使去见马康卫,交谈美国批准书送达台湾的延误问题。2月10日,参议院批准了中美共同防御条约后,杜勒斯就告诉叶外长和我说,鉴于当前的形势,交换批准书、把条约付诸实施越早越好。但是蒋总统早在一个月前就签署了批准书,因此那只是艾森豪威尔总统在华盛顿签署和国务院把批准书送往台北的问题。批准书将在台北交换。10日那天,我们得到的印象是可以很快地实现。

当谭公使于23日从国务院回来时,他告诉我说:马康卫在调查之后发现美方批准书已在20日由艾森豪威尔总统签署,其他各种文件也都准备好,并将用外交邮袋于次晨寄出,很可能于3月1日到达台北。马康卫又说,在曼谷会议结束后,包括蓝钦大使在内的美国使节将在马尼拉开会三天。当蓝钦从马尼拉回到台北,批准书的交换就可举行。

同一天,众议院外交委员会主席理查兹在众议院发言批评了政府对金门和马祖的政策。叶外长曾和他谈过有关金门和马祖的重要性,而他也曾答应过支持帮助中国防卫金门和马祖的主张。

理查兹的发言可概括如下:当提出保卫台湾的决议时,他曾被告知,美国将参加保卫金门和马祖。但现在当局的决心像是已经动摇,而美国方面最近的迹象显然表明他正在计划用中华民国占有的土地作为和共产党中国谈判的交换物。理查兹说,他相信牺牲金门和马祖以换取和平是不可能的事,因为中国共产党从不遵守诺言。他感觉到从现在起,整个形势的关键在于美国是否准备防卫金门和马祖的问题。他批评了英国外相艾登,说他趁在曼谷召开东南亚条约组织会议的机会,准备再次怂恿美国用放弃金门和马祖的办法来安抚中国共产党。我把以上情况报告给叶外长,并请他转告蒋总统和行政院长。

次日,参议院外交委员会主席乔治反驳了理查兹的说法。他宣称,他没有得到任何确切印象,说明政府决心防卫理查兹谈到的那些岛屿。这样,就又把这个问题在众目睽睽之下搁置起来了。

另一个沿海岛屿南麂岛是我们最北端的一个阵地,也是一个引起猜测的话题。各报屡次报道我们即将从南麂岛撤退。24 日国务院发言人在答复记者提问时说,美国从未和中国谈过是否从该岛撤退的问题,这应当由中国自己决定。他又说,中国从来没有请求过美国在这种行动中给予帮助。

所有这些情况,甚至对我说来也感到有些茫然。因为仅在几周前,我曾要求得到一些有关沿海岛屿情况的情报,外交部在答复时对南麂岛是这样描述的:

　　一个多岩石的岛屿,长约一千八百二十八米,宽约六百四十至七百三十米,周围有一群小岛,位于温州湾附近,距温州湾约四十英里,距共产党在浙江路桥新建的喷汽式飞机基地约七十五英里,距大陆二十四英里,地处台湾西北约一百五十英里。南麂岛控制着连接福建和浙江两省沿海航道的要冲,形成台湾防御外围最北端的前哨基地。

南麂岛的北面约十英里,是它的姊妹岛北麂岛,该岛也是一个有一群小岛围绕的多岩石岛屿。

1954年南麂岛大约有两千居民,还有在黄玉新(音译)团长指挥下的一千名士兵卫戍该岛。在大陈岛撤退之后,南麂岛上的居民大部已经撤离,而卫戍那里的部队却加强了。这些部队的装备很好,他们拥有抵御登陆艇所需的二十和三十七毫米的平射炮和一些更大的炮。

此外,台北曾多次在公开声明中宣称将不惜一切代价保卫南麂岛。因此,我于24日晚打电报给外交部询问实际情况。但是,第二天从那里撤退已是既成事实。事情的发生是这样的:2月22日美国通知我们说,他将不帮助我们防卫南麂岛①。所以,我们就作出从南麂和北麂群岛撤退的决定,撤退的行动已于2月25日完成。一篇在26日从台北发出的电讯说,南麂岛的部队已经重新部署在马祖——当时成为我们最北面的前哨阵地。

次日《华盛顿邮报》在头版刊登了一篇特写说,据闻进入南麂岛的共军携有新从苏联获得的远射程大炮,这是为了加强轰击金门。这篇文章又说,有人把这解释为"事态在加速发展",这可能导致在远东摊牌。事实上,当时的报纸登载了许多这类战争恐慌的消息。28日《华盛顿邮报》报道说,中共部队已由朝鲜调回,可能是准备进攻台湾。就我个人来说,我不相信会有这样一次摊牌,我从前也没有这样想过。

在此期间,我曾放下华盛顿的工作稍事休息。我于2月26日启程前往佛罗里达州的冬季公园,带着顾毓瑞作伴同行,这是为了参加罗林斯学院建校七十周年纪念的庆典。晚上,大约有二百五十人参加了创始人纪念周的晚宴,随后又有长达一小时的招待会。佛罗里达州州长和我都在迎宾队列中。我被授予了荣誉

---

① 见卡尔·蓝钦所著《派驻中国》一书第223页。

奖章,据说我是四年来获得这种奖章的第二个人。国务院的戴明先生是该大学的校友和董事,实际是董事会主席,在十天前的2月16日,他代表麦基恩校长邀请我并提出要授予我名誉法学博士学位。当我说到我于1947年已由该大学授给我这个荣誉时,校长建议授予我荣誉奖章并敦促我接受,以便为他们的学院增光。

在26日的晚餐会上,戴明先生向大会介绍了我,他在致辞中提到我在过去四十余年里作过的事情,然后校长向我颁发了奖章。我即席发言,作受奖答辞。我发言的中心思想是指出世界上自由所面临的危险,和教育的作用在于启发人民对这种危及所有爱好自由人们的危险的性质有所认识。晚餐后有很有意思的音乐节目,多半是由外国学生演奏的,由学校不同科系的教授们作指挥。

翌晨,我在校园中的诺尔斯追思教堂作了礼拜,由另一所大学的校长布道。这篇布道强调在现代社会中人们缺乏时间作思考。例如,他说西部某学院院长有一天给他来信,说他们那里的思维学系有空教席,请他去担任。另有一位朋友对他说:"我喜欢阅读莎士比亚的作品,只是里面引经据典太多了。"这些小故事都很有启发性,也很有趣。

随后,我出席一个专门研究远东局势的学生小组会议,共有约十名对远东局势、特别是对有关沿海岛屿局势感到兴趣的教授和学生参加讨论。从他们向我所提的问题来看,他们显示出对这方面很感兴趣,也有很多知识。会后举行了露天午餐会。当麦基恩院长陪我到花园中观赏中国竹子和参观学院收集的玻璃器皿时,我又得到一次机会和他讨论各种问题。

紧接着就是庆祝会的主要活动,这是露天的,称得上生动活泼的知识宝库,大约有两千人参加。讲演人中有佛罗里达州州长勒鲁瓦·柯林斯,他讲到什么是好的政府和人民的作用。他说,好的政府就必须和人民的利益相一致。我第三个讲演,以《亚洲在十字路口》为题。电影明星詹姆斯·卡格尼讲了土壤保持的重要性,表现出他对这个题目曾作过不少研究。蒂法尼公司的艺术设计家很生动地介绍了他们公司的建立和成长过程。一位在管弦乐队任指挥的音乐家也讲了话。但因时间已晚,讲台前面演说人使用的扩音器发生故障,节目被打断了两三次,一位耶鲁大学教授的讲话被麦基恩推迟了,他将在第二天小教堂的集会上讲。晚上还有几次盛会,包括一次在麦基恩校长家举行的自助晚餐宴会。他家是一座位于湖边的美丽住宅。在那里,我和柯林斯州长夫妇谈得很愉快,并且看了一场学生们的歌舞表演。次晨,1 月28 日,我回到华盛顿。

28 日晚,我出席内政部长麦凯和夫人在"F"街俱乐部举行的晚餐会,那是个交际聚会。我是位高级大使,因此座位被排在麦凯夫人的右边。一共坐了四张圆桌,每桌十二人,包括内阁各部长和其他大使们。坐在我右边的是卡尼夫人,她的丈夫是海军作战部长,刚刚启程去台北,与杜勒斯国务卿一起同中国政府商谈在沿海岛屿周围和台湾海峡的军事形势。(杜勒斯即将从曼谷抵达台北。)据当天下午我的武官报告,雷德福海军上将也已前往台湾。可是雷德福却出席了晚宴,并告诉我他根本不去台湾。

晚宴后,我和澳大利亚大使及韩国大使交谈。澳大利亚的斯彭德询问台湾海峡的局势和美国将怎么办。他发现很难了解美国的意图,他认为美国的政策很不稳定,并且总是为了适应国会和舆论的各种不同需要而经常改变。

第二天,3 月 1 日下午,我接见了我们在联合国代表团的江鸿志(季平),并在当晚为他及其夫人设宴洗尘。他曾返台述职,刚从台北回来。他给我带来国防部长俞大维的一封信。俞告诉我,无论有无美国的支援,我们将不惜一切代价保卫金门和马祖。俞又说,我们迫切需要美国飞机,因为共产党已迅速地集结一支空军,并且在台湾海岸对面正在建立一批新的空军基地,意图进攻台湾。如无空中掩护和制空权,我们就难以牢固地保卫沿海岛屿。俞部长认为美国军事当局一向低估共军的空军力量。他曾陪他们在沿海共产党飞机场和简易机场上空进行了侦察飞行,使他们相信了共军的空军力量不可轻视,他对此感到欣慰。他还感到高兴的是,蒋委员长授权给他可以下令攻击海岸共军。这次采取的是全面授权形式,因为如果每次都要请命将会贻误战机,收不到效果。他下达的攻击命令已使得他把共军的高射炮阵地查出来了,并迫使共军派遣战斗机起飞,从而暴露出他们的各个空军基地。我认为这些都作得很巧妙。俞大维希望我将来在演讲时要强调中共的空中优势和我们从美国获得空中增援的需要。

同一天《纽约日报》报道了缅甸总理 2 月 28 日的声明说,周恩来愿接待一个美国非官方代表团来讨论被拘留的美国空军驾驶员案件以及北平和华盛顿之间的其他紧张问题。据说华盛顿绝不可能同意。3 月 2 日《纽约时报》刊载伊利·艾贝尔的一篇特别电讯说,3 月 2 日,美国通过其驻日内瓦总领事又一次要求北平释放被"无理拘留"的四十一名美国公民。文章还说,美国政府正在利用去年 6 月在日内瓦会议时所建立起来的外交渠道,这是指自从 1954 年 6 月以来,美、中两国关于被囚人员的问题已经会见了十一次。

杜勒斯国务卿终于定在 3 月 3 日到达台北与蒋委员长会谈。3 月 2 日外交部电报进一步通知我说,中美共同防御条约的批准书将于 3 日午间在台北互换,由叶公超外长代表中国和杜勒斯国务卿代表美国。这样美国对批准书的拖延就巧妙地掩饰过去了。

杜勒斯在预定的那天上午抵达台北和蒋介石委员长会谈,但先要交换批准书,这对于杜勒斯和叶公超都是一个愉快的时刻。他们在中午十二时半签署了交换批准书的议定书,使共同防御条约生效,两人都发表了适当的声明。叶外长说,他深信条约,"不但可以阻止共产党在西太平洋区域再发动任何侵略,并且对于整个自由世界获致永久和平与安全,必有很大贡献"。杜勒斯国务卿在答辞中说:"全世界之自由人民均已感觉在自由大业中有一致团结之必要,我们在此中共侵略威胁之地,保证中美两国之共同努力,以崇高的信念,深信自由必能伸张。"随后,杜勒斯在下午和蒋委员长进行的会谈顺理成章地成为一次会商。这是根据条约规定的第一次会商,此次会商安排得很好。

杜勒斯国务卿在离台返美前,又发表了一个较长的声明,据报纸报道①,他说:

> 台湾是今日中共最积极加紧推动其侵略企图的地区。……因此,他们已经公然以武装攻击威胁美国所承诺协防的一个地区。

> 中国外交部长和我今天交换了批准文书,中美共同防御条约于焉生效。……我们并已根据条约第四条举行第一次会商,该条规定缔约国将经由其外交部长或其代表,就本条约之实施随时会商。

> ……此时尚不可能明白宣述将如何进行该一防卫。就有关中华民国而言,条约范围包括台湾及澎湖,及对此等岛屿所发动的武装攻击。1955 年 1 月 19 日,经实际上一致通过所制订的公共法案第四号对美国总统授权,得使用美国武装部队,确保台湾及澎湖的安全,加以防卫,防卫现在友人手中之其他有关地点,并采取依总统判断对确保台湾及澎湖凡属适当的其他措施。

> 依照此一权力,美国继续估量中共政权的言行,以判定他们在台湾区域的军事行动、准备及集结是否在事实上构成对台湾发动的一个攻击的第一阶段,并制定美国是否必须据此一假定行事。若如此,即不能假定防御将为静止的,将限于台湾本身,或侵略者将在其发动其攻击所自的区域享得庇护。

> 根据公共法第四号,使用美国武装部队及其使用范围之

---

① 杜勒斯声明中文译文录自 1955 年 3 月 4 日台湾《中央日报》。——译者

决定,将由总统依照当时情况,及对中共意向的估计自行采取。

然而由于刻在友邦之手的马祖与金门岛屿,对于台湾的防御,具有一种如前所述总统可能判定防御此等岛屿对于确保乃属适宜的关系,我们的咨商因之亦曾包括中华民国的此等沿岸据点。

美国热诚希望中共将不固执战争作为推行其政策的一个工具。艾森豪威尔总统已说道:"我们将欢迎联合国采取可能使此一地区积极的敌对行动是一终止的行动。"联合国此刻在探讨达成一个停火的可能性,其他爱好和平的国家也在为此致力。但是我曾明白的宣布,除了与中华民国相互合作,美国将不参加任何涉及中华民国领土或权利的谈判。中共经常声称爱好和平,现在他们有了一个机会,来实行他们所宣传的。美国和中华民国唯有坚定立场,别无他途。

叶外长参加了杜勒斯和蒋委员长的会见。3月9日他给我发来一份机密电报,谈到会见的要点如次:杜勒斯说,这是基于共同防御条约第四条规定的第一次会商。杜勒斯接着说,过去提供美援有时时间太慢,数量不足,这是因为没有一个完善的两国军事合作计划作为提供援助的基础。现在既然已经缔结了条约,情况就不同了。杜勒斯希望双方军事当局将尽快地就有关台湾、澎湖和沿海岛屿的防卫应采取的必要措施开始谈判。

蒋委员长对条约的生效表示满意,并对美国再次成为我们的盟国表示感谢,并补充说,我们必须勤恳地合作。他又说,不得到美国同意,我们肯定不会采取任何行动来光复大陆。他说,过去中美军事会议缺乏实际性。他建议并主张立即成立一个中美联合参谋长会议,在讨论台湾和澎湖的防务问题之外,还讨论共同防卫金门和马祖。同时,他希望美国对我们训练九个预备师的计划早日协助实现。杜勒斯先生当即告诉卡尼海军上将,让他与中国军事当局讨论此项计划并加以执行。卡尼海军上将于杜勒斯离台后将和斯顿普海军上将留下来继续研究军事问题。

关于共同防卫金门和马祖的问题,杜勒斯说,过去曾发生过误会,对此他是有责任的。条约与国会的授权法案,除了涉及台湾和澎湖的防卫之外,也授权美国总统可以对任何其他有关地区的共同防卫作出决定。他(杜勒斯)拟于行前发表一项声明,尽可能明确地宣布:金门和马祖的防卫是在总统权限之内的,而且他此次访问台湾是为了防卫问题以及和我们会商金门与马祖防务的需要。

当谈到联合国的停火提议时,杜勒斯说,虽然这一提议已被延迟处理,但仍有被重新提出的可能。他也提到美国对此的态度包括两点:

(1)美国肯定地希望台湾海峡能有一个短期的和平与安定,但绝对没有认为台湾海峡是所谓两个中国的边界的观点,也没有迫使我们同共产党一起坐到会议桌上寻求妥协的任何设想。美国寻求的只是停止敌对行动。

(2)美国不想在联合国内迫使我们接受停火建议,但因苏联完全知道中国共产党要反对这个建议并肯定会使用否决权,所以美国希望我们不要一开始就提出强烈的反对意见。

蒋委员长说,我们可以克制,不采取主动攻击来光复大陆,但我们决不可能接受停火建议。这种建议是建立在为两个中国铺平道路的阴谋之上的。此外,因为它没有指出苏俄和中国共产党应负侵略责任,这种停火缺乏彻底性。但目前我们不能说将来我们对此提案要如何投票,必须等到投票时方能作出决定。

杜勒斯希望我们能很快释放苏联油船陶甫斯号和那些未曾要求政治避难的船员们。蒋总统说,释放他们必须有补偿条件。他说,释解被共产党中国囚禁的美国飞行员就可作为补偿内容提出。但杜勒斯说,那不必要。他仍然希望我们从人道主义观点和国际惯例来考虑释放问题。

杜勒斯阐明他对中国未来的看法。他认为我们重返大陆的机会不限于也不依赖于军事胜利。例如,苏联的内部冲突就可能导致共产党中国的分裂。大陆的经济形势恶化也是一个依靠暴力的政治制度不能永存的证据。此外,苏俄与中国共产党由于他们战略上的失误,都可能和美国发生一场直接对峙与冲突。那时,美国肯定会实行从台湾、朝鲜和东南亚作战的"三叉"战略,从而给我们一个重返大陆的机会。但不能把重返大陆看成是件指日可待的事情。因此,照杜勒斯看来,为了避免不利的国际反应,我们不应过分宣扬这件事情,也不应过分强调军事力量是重返大陆的唯一手段。

蒋委员长说,为了保持民心士气,我们不能让光复大陆的基本国策逐渐变得含混不清。他说,由于我们的大陆同胞渴望得救,他更加痛感不可能逃避这个责任。因此,他不能不表明我们的目的,否则将使那些同胞失望。这就是叶外长通知我的有关杜勒斯和蒋委员长会谈的内容。

会谈之后,杜勒斯即离开台北。在其后几天中,中国方面的最高将领和美方的卡尼海军上将、斯顿普海逼上将、普赖德海军上将以及蔡斯将军进行会谈,讨论了防卫的需要和计划的细节。会谈的同时,中国共产党海军进攻了马祖北面的高登岛,并炮轰了小金门。3月5日,据报卡尼海军上将声称,美国将加速提供陆、海、空军的援助,随之还可能增派美国军事顾问。他公开声明,会谈的目的是求得双方完全互相了解并制订保卫台湾和澎湖列岛的计划,使条约付诸实行。

3月3日晨,我从华盛顿到弗吉尼亚州的迈耶堡教堂参加中国海军陆战队司令周雨寰将军的葬礼。周患癌症到美国就医,但未能减轻癌细胞的扩散,治疗无效而逝世。大使馆和美国海军商量后,安排了在那个教堂举行悼念仪式。仪式简单而隆重,中国人参加的很少,因为我让大使馆通知了所有的中国官员和侨民。有一连美国海军陆战队和许多名誉执绋人维护送葬,其中包括美国海军陆战队代表。当时陪同杜勒斯国务卿远在远东的卡尼海军上将的夫人、莫耶先生和卡尼小姐也在场,还有美国海军陆战队司令谢泼德的夫人。下午我到军事空运局机场去送载有周将军棺木和周夫人的飞机去台北,卡尼夫人带着她的儿子和儿媳也去送行,还有一位代表谢泼德司令的军官。

杜勒斯国务卿于3月6日从他两周的亚洲旅行回到华盛顿。所有的大报都这样报道,他比以前任何时候都更相信美国需要一项坚定的政策,以阻遏共产党在那个地区的进一步扩张。3月7日《纽约时报》上刊载的一篇文章强调说,自从杜勒斯国务卿回国以来,美国当局根据军事和政治条件,已经对形势重新估价,并感到:

(1)美国必须坚定地对付中国共产党的威胁,否则东南亚的和平与安全和美日关系将受到危害。

(2)他们必须增加对国民党中国的军援和对东南亚的经援来支持盟国的防务。他们还必须帮助解决导致东南亚各国和日本意见分歧的赔款和其他问题,以便把日本的严重经济问题等等减轻到最低限度。

同一篇文章也叙述了美国官方对台湾海峡军事形势的分析如下:

(1)在下半年中,中国共产党不大可能对金门和马祖发动全面攻击,但会加强他们对那些岛屿的远射程炮轰并夺取马祖附近的小岛,再从那里进攻和炮轰马祖。

(2)国民党军队不大可能从马祖撤退。美国的负责官员们并未获得像台北所传说的有关撤出马祖的任何消息。

(3)美国将对沿海岛屿增加军援来对付中国共产党的进攻,并加强台湾和澎湖的防空力量。

(4)如果采取了这些措施之后,还无法缓和沿海岛屿的局势,美国肯定不能让中国共产党占领中华民国更多的领土或使美国从日本到马来亚的防线遭到削弱。

同时,有记者问众议院军事委员会主席卡尔·文森,为什么杜勒斯国务卿不愿明确地说明美国是否将参加保卫金门和马祖，他答称,他尚未和杜勒斯谈此问题,但他认为如果金门和马祖的防卫对于台湾的防卫十分重要,这两个地方就应被包括在不予发表的声明中作为美国防线的一部分。他说这样就可以继续使中国共产党陷于猜测之中,而又对国民党无损。

杜勒斯国务卿预定在 3 月 8 日晚向全国广播,讲关于美国参加曼谷会议,关于他主持美国驻远东国家使节会议和关于他在台北与蒋介石的会商等三个问题。事先发布这一消息清楚地表明美国反对共产党进一步侵略东亚的坚定立场,它包含这样的警告:如果发生这样的侵略,美国将利用它的优势兵力和实力从三个方向——朝鲜、台湾和印度支那——对大陆进行报复。消息指出,引起他关切的近因就是北平曾屡次宣布其夺取近海岛屿和进攻台湾的意图。

8 日在伦敦,艾登外相再次主张通过"妥协"来解决台湾海峡的危机,尽管他也赞同美国在远东为避免战争所作的努力。他所谓的"妥协"涉及我们从金门和马祖撤出以换取中国共产党放弃使用武力来达到对台湾和澎湖的控制。从他在下院的演说中也可以清楚地看出,他一直有着就台湾问题召开大国会议的想法。不过他指出,在目前的情况下,由于英美对金门和马祖的观点不同,关于台湾问题的会议没有召开的希望。过去几天的其他报告说,英国已较为接近美国的立场,并且开始认识到坚守当前防线的必要性。

杜勒斯在他 8 日的演说中并未进一步澄清美国对中国共产党进攻金门和马祖的明确反应,虽然有许多人热切地希望过他将这样做。他只是说,必要时总统将在权衡"保住这些阵地的代价"和它们"对于台湾防务的全面价值"之后作出决定。据 3 月 9 日《纽约时报》一篇文章说,杜勒斯当天在出席参议院外交委员会一次秘密会议时,对于有关金门和马祖的声明也没有补充什么。

但是,这篇文章说,杜勒斯向外交委员会就台湾形势讲了下列要点：

(1)美国不打算用金门和马祖来讨价还价换取停火。

(2)除了在金门对面的大陆海岸上有新设的炮位以外,并无中国共产党为了企图侵略而作军事集结的迹象。

(3)截至目前,中国共产党进行的空军调动不像是即将发动侵略。

我于 3 月 8 日给叶公超打电报,简短地报告了《纽约时报》报道的艾登演说。因为早些时候曾有关于蒋委员长和国务卿在台北的会谈不甚融洽的报道,我也告诉叶说,一篇 3 月 7 日从台北发出的合众社电讯说,他(叶)已经否认了曾有过任何不融洽。我还告诉叶说,我尚未去看过杜勒斯国务卿,因为自他回国以来,既要谒见艾森豪威尔总统,又要出席国会两院外交委员会,还要准备向全国讲演,一直非常忙碌。至于饶伯森助理国务卿,他还没有回到美国。最后,我要求叶外长把杜勒斯在台北会谈的要点告诉我,这在我见到杜勒斯时,会有帮助。如我上文所述,叶外长给我的有关会谈的报告于次日到达。

过了好些天,我收到了那次会谈的全部记录。3 月 14 日,中国科科长马康卫在和谭绍华公使谈话中说,他听说我方曾备有杜勒斯和蒋总统最近在台北会谈的全部记录,他询问大使馆是否已收到了一份。他又说,按照过去的惯例,可能也送交美国驻台北大使馆作为参考。他也提到麦克阿瑟第二曾作了谈话记录,但仅是个不完整的提纲。马康卫并未明说向我们要一份,但从他讲话的语气来看,那正是他心里想的。因此,我报告了外交部,并说,如果有妥当可靠的人来美,我也要他给我带一份来作我个人的资料。

外交部于次日就答复了我,说明我方准备的谈话记录已送交蓝钦大使两份,请他把其中的一份送给杜勒斯国务卿。至于给我的那一份,他们将尽快通过另一渠道送来。实际上,约三周后,我于 4 月 4 日才收到,此外还有一份蒋委员长和饶伯森助理国务卿的补充谈话记录。

3月9日晨我回拜了西班牙大使何塞·马里亚·阿雷尔萨。我等了一会儿大使才出来。他为让我等待表示歉意,并解释说,他刚通过长途电话和他的外长交谈。那是关于富尔顿·刘易斯想见佛朗哥元帅的请求。他说,数周前刘易斯向他表示想访问西班牙并采访佛朗哥元帅。他答应将为他安排一次会见。但是刘易斯先生突然于上星期四(3月3日)离美去西,当他到达马德里之后,发现佛朗哥元帅由于有其他约会,不能在他计划停留两天的时间内接见他。刘易斯感到很生气,并从马德里打长途电话给他(阿雷尔萨),接着又派代表见他,抱怨未给他约好。(这些踏遍全世界的美国新闻记者自认为多么尊贵,我们把他们称为天之骄子。)阿雷尔萨对我说,他认为美国人颇为急躁,全不替别人着想。但他还是请他的外长替刘易斯安排去会见佛朗哥。他说,现在刘易斯将先去西德会见阿登纳总理,等他在本月中旬一回到马德里,佛朗哥就接见他。

西班牙大使随后说,他们的外长方才问了他一个问题,他希望我对此发表意见。(我想阿雷尔萨告诉了他们的外长我在等候见他。)那是关于台湾海峡局势的问题。那天早晨从东京发出的一则合众社电讯说,美国高级军事当局的意见是,红色中国和美国在几周之内有发生战争的可能,外长问他在华盛顿对此有何新闻,并说他愿得到我对此的评论。大使又说,前一天晚上杜勒斯先生向全国的广播报告给他的印象是,美国将坚决不让步,他想知道我对此如何看法。

我答复说,我有同样的印象。最近,国务卿到泰国、缅甸、老挝、柬埔寨、南越、菲律宾和台湾的旅行肯定是一件好事,那能使他在现场看到真实情况。杜勒斯先生已得出明确结论:实际局势比表面现象更为危险。在台北,杜勒斯先生和蒋总统进行了会谈。据我所知,美国太平洋舰队司令斯顿普海军上将和美国第七舰队司令普赖德海军上将以及中国高级军事当局也参加了会谈。

他们交换了意见并制订了抗击中国共产党进一步进攻的合作计划。

大使问我,照我看来中国共产党是否会挑起一场和美国的全面战争。

我答复说,这很难说,但毫无疑问共产党会试图进攻沿海岛屿之一,借以试探美国的真正意图。

阿雷尔萨认为,美国不能不参加金门、马祖的防卫和向中国提供物资援助。他问我们是否能在没有美国支持下守住那些岛屿。

我答复说,我的政府已增援了驻在那些岛屿上的卫戍部队,防御工事也正在加强。我相信国军在受到攻击时能够守住。不过,如果共产党倾全力进攻,没有美国的支持,我们的军队单独防卫这些岛屿将是困难的。我认为在共产党进攻的初期,美国不会出来参加防卫那些岛屿。但是,如果共产党坚持攻击这些岛屿的目的是为了向台湾本身发动进攻,我毫不怀疑美国将帮助我的政府保卫它们。我说,如美国不那样做,就将造成一个很严重的局面,从而导致亚洲人民得出结论:不能信赖美国的承诺,共产党集团远比美国强大。我又说,从杜勒斯先生昨晚的广播判断,他似乎对此点了解得非常清楚。

西班牙大使问我如何看待杜勒斯如下的声明:如果中国共产党竟然对中华民国又一次发动侵略,美国就将不仅保卫台湾和澎湖,而且会通过朝鲜和印度支那反击大陆。

我说,北平政权把台湾看成眼中钉,现正把注意力集中于台湾。但它的总的目标是夺取整个东南亚以及夺取朝鲜作为控制日本的垫脚石。我说,北平政权和其他极权主义政权一样不能克制自己,而必然要进行其扩张和征服计划。红色中国和美国开战的危机就在于此。因此,我对杜勒斯先生最近访问亚洲感到高兴,因为这使他对于那里的局势能得到比艾登爵士更清楚的看法。

阿雷尔萨说，英国人从来也不懂得亚洲的重要性，或共产党对整个自由世界的威胁的严重性。他的国家像中国一样，曾是共产党侵略的牺牲品，所以它能够理解这种危险和进行抵御的需要。

随后我提到了直布罗陀，这是英国与西班牙有争议的地方，我询问直布罗陀现在的法律地位如何。

西班牙大使答复说，此事说来话长。简言之。它起源于乌得勒支条约，这个条约结束了西班牙争夺王位的战争。当时法国支持一个觊觎王位者，英国则支持另一个。在战争结束时，乌得勒支条约规定原属西班牙一部分的直布罗陀由英国占领并拥有所有权，而其宗主权则仍属于西班牙。在特拉法尔加战役中西班牙海军被英国击败。其后，西班牙失掉了它的殖民地，成为一个弱小国家。英国一直在侵占直布罗陀界外的西班牙领土。他接着说，条约为英国占领直布罗陀规定了三个条件：（1）英国将准许西班牙人自由进入直布罗陀；（2）英国将禁止越界走私；（3）英国将尊重天主教。但实际上，英国一直允许继续越界走私。它还在西班牙向直布罗陀移民这件事情上设置重重障碍，而却让犹太人、希腊人、非洲人和印度人移入直布罗陀。西班牙由于弱小，没有要求英国履行它在乌得勒支条约上承担的义务，而英国则越走越远，甚至在上次大战中越过西班牙边界修建空军基地。

阿雷尔萨回顾过去的历史说，当时邱吉尔曾告诉驻伦敦的西班牙大使阿尔巴公爵说，一俟战争结束，英国将本同情之心考虑把直布罗陀交还西班牙。但当英国战胜后，它就忘了自己的诺言。阿雷尔萨继续说，当他任驻布宜诺斯艾利斯的西班牙大使时，前英国驻阿根廷大使约翰·鲍尔弗爵士告诉他说，英国是同情西班牙要求收复直布罗陀的愿望的，但是英方的困难实际上是自尊心问题，因为直布罗陀象征着大英帝国的力量。但在西班牙人的眼中，自从英国对克里特岛及苏伊士运河失去控制以来，今日直布罗陀代表着英国在欧洲的唯一殖民地。西班牙已向英国表明,它要求的仅是英国遵守乌得勒支条约。换言之,英国应当承认西班牙对直布罗陀的主权,并让西班牙国旗在岛上的市政厅飘扬;而西班牙则可以容许英国像现在一样使用它的海军基地和飞机场。西班牙不想把这件事弄成和英国的严重争端,或甚至把这一争端像希腊对待塞浦路斯问题那样提到联合国去。它所要的只是在这个问题上和英国达成一项和解,因为直布罗陀是西班牙人民感情所系的一块领土。阿雷尔萨认为,如果英国人肯从这个观点来看问题,那就不难找到一个互相满意的解决办法。此外,西班牙人民极其富于感情,如果英国愿在直布罗陀问题上和解,那么,在困难时英国人将肯定会得到西班牙人民的合作。

我说,我从来就认为西班牙人民是热心肠的。英国如能在这个问题上与西班牙达成和解,那确实符合英国的利益,这既能满足西班牙的愿望而又不须要求英国放弃它现在享用的设施。

大使完全同意我的意见。他说,当伊丽莎白女王要往英联邦旅行时,英国政府把直布罗陀包括在她的旅程之内。佛朗哥元帅知道他的人民的心情,他和英国政府提及这个问题,并建议鉴于西班牙人民对此问题的感情,女王最好取消去直布罗陀。邱吉尔认识到这一点,表示赞同,但其他人则坚持原议,因此,女王访问了直布罗陀。但西班牙的舆论强烈反对,并威胁要给女王制造麻烦。佛朗哥元帅不愿在女王访问时发生什么不幸的事情,因此,命令西班牙人民不要举行任何示威,而以高贵的方式加以处理。当女王访问该岛时,没有一个西班牙人出席为招待女王而举行的官方集会,西班牙各报也未提到这次访问。他相信,这次抗议的强烈潜流给女王予深刻印象。另外,他认为伦敦没有接受佛朗哥元帅的劝告,确是不幸,因为这次访问只是增加了西班牙人民对英国的敌视。他接着说,当然,在西班牙方面,它用不着诉诸武力就能解决这个问题。直布罗陀一切都依靠西班牙——它的物资供应,它的商业和它的飞机场。但佛朗哥元帅是个温和的人,他不愿做得过火,而是希望有一天这个局面能够以友好的方式解决。

我说，我确实希望这件事能够办到，因为那将有助于英国的真正利益。我们的谈话到此即告结束。

几周后，我和另外一位大使晤谈。他的国家和英国在领土问题上有争执。这位大使是希腊的乔治·梅拉斯，争执的领土是塞浦路斯。塞浦路斯人为获得自决权曾一直和英国斗争，并得到希腊政府的支持。希腊政府期待占多数的讲希腊语的塞浦路斯人选择和希腊合并。谈话的时机是我回拜这位大使的时候。我发现他对英国反对把塞浦路斯交与希腊的政策深感不满。例如，他说英国只知道自己的利益，它所有关于原则、自由和正义的话都是虚伪的。

英国政策也是我和从伦敦来的陈尧圣先生谈话中的一个题目。他于3月17日下午来见我，我邀他晚上来吃饭和叙谈。当我任驻英大使时，他是我的一等秘书，并继续任职到英国承认北平政权之时。他告诉我，过去在伦敦大使馆的同事们在生计方面各自都搞得不错，他们中间的大多数人在经营中国餐馆，并且干得很成功。我听了很高兴。

陈先生认为英国对国民党中国的舆论目前不会有什么好转的前景。他解释道，主要原因是英国人确实怕打另一次会带来贫困后果和有着原子弹和氢弹的破坏性战争。

我问他关于邱吉尔将要退休的谣传，并问到如果此事属实，谁将接任的问题。他说，艾登已被选定接替邱吉尔，但最后可能被当时的财政大臣巴特勒所取代。后来，在1955年4月5日，邱吉尔辞去首相职务，从而结束了所有关于这位顽强的八十多岁老人会不会退休或下台的揣测。不过，他并未完全退休，而是作为元老继续留在下院。4月6日安东尼·艾登正式接任首相。

自从英国承认北平政权，伦敦大使馆关闭以来，陈先生就奉派留在英国，他在一个新闻处继续工作。那个新闻处起到与英国人民联系的作用。通过他的工作，不仅做到向英国人民传播关于台湾的消息,而且不时搜集到一些有关英国情况的消息,特别是有关英国政府领袖在国会中对共产党中国以及对台湾的态度。这样,他的新闻处证明是有用的,并且实际上现在仍在伦敦继续存在。我还必须说明,所以把这个工作委托给他,因为他是国民党的老党员。事实上,当他 3 月来访时,他是在去台北革命实践研究院外交组受训后,奉蒋委员长命令回英国的。

3 月 10 日我在双橡园设午宴招待的客人是周锦朝,他是旧金山华侨团体中的政治活动积极分子,一直在为美国民主党工作。当天下午他将拜会汉弗莱参议员。这位参议员最近在旧金山联邦俱乐部作了一次讲演,主张托管台湾,并把国民党中国在联合国安全理事会的常任理事席位让给印度,或让给红色中国而给印度增添一个席位。我告诉周说,汉弗莱从未到过远东,也未专心研究过亚洲局势,或亲自去那里作过调查。我要周去鼓动汉弗莱作这样一次旅行,我们将向他提供一切机会使其能了解台湾的情况和台湾问题对于自由世界的影响。我还让周锦朝告诉汉弗莱,台湾的真正力量并不仅限于在台湾的六十万军队,它最大的潜力存在于大陆上渴望台湾前去解放他们的中国人民的心中。我们一旦在大陆沿海的某些地点登陆,他们就会团结在我们进击部队的周围。

周锦朝走后,在和汉弗莱会谈两小时半之后打电话给我说,汉弗莱对于周告诉他的话很感兴趣,并表示在他能够离开时,很愿作一次私人旅行。不过,周建议不要由我出面邀请汉弗莱去访问台湾,而是让他自动前去。我说,无论如何,如果汉弗莱决定去台湾,我将向我国政府建议给他热烈的欢迎,并向他提供有关台湾和大陆全局的事实与数据。

下午我去访问越南大使陈文柯。我必须赶紧去,因为他将离开华盛顿去作大约为时九天的旅行。我在开始谈话时就向他表示歉意,说在这样短促的时间内约见他,而我要和他讨论的事情实际上又不很急迫。不过,我了解到他将于翌晨离开华盛顿在全美作一次长途旅行,要过些时候才能回来。

陈文柯说,他将于星期五上午离开,去访问美国各地,包括西雅图在内,作一系列的讲演。

我说,我要和他讨论的话题是中华民国和越南建立外交关系的事。在台湾的中国政府欢迎越南获得完全独立,并尊重它的主权和独立。中华民国对越南面临共产党在亚洲的威胁也怀有很大的同情,这种威胁对中华民国也是相同的。我的政府想和越南建立外交关系的意愿已通过美国的帮助向他的政府提出来了。但是,我最近收到我国政府的两封电报,要我向他(大使)提出,希望他直接把此事向他的政府报告,供其考虑,并予答复。我接着说,在建议两国建立外交关系时,中国政府认识到现在的形势,这种形势自然会影响及中华民国与法国缔结的有关在印度支那中国侨民的地位和待遇的协议。如果越南政府想知道中国政府关于这些事情的观点,我的政府要我对此作些解释。

我接着作了大意如下的解释。我说,简单讲来,有两类问题。第一类问题包括法国政府在海防港为了从中国或向中国自由运输货物而提供的特殊便利问题,还有在印度支那用铁路运输的来自中国或运往中国的货物免交过境税问题。当然,在现实情况下,这些规定不再适用。还有中国侨民在越南法院中的法律诉讼和合法地位问题;此外,尚有世世代代以来中国侨民在印度支那所享有的传统权利和特权问题;这些和以上问题完全不同,当然应当保持。但中国政府也准备和越南政府友好地着手研讨对中国侨民的待遇问题。

越南大使说,他知道我所提的这些问题。他说,在印度支那的中国侨民,除了商业与法律的权利和港口便利之外,在越南一直是享受特权的。他还知道我所特别提到的协定一定是 1946 年 2 月 28 日中法之间缔结的那个协定。

我同意他的说法,并说,印度支那变换了的局势,已使得那个协定的许多条款不适用。我接着解释道,第二类问题主要是有关在印度支那的中国侨民的国籍和双重国籍问题。

陈文柯说,根据越南的法律,出生在越南的中国人被认为是越南人,但他知道中国政府一向把他们看成是中国公民。

我说,双重国籍问题不仅是越南一国的问题,它也出现在大多数东南亚国家中。但是我国政府准备在建立外交关系之后与越南政府讨论此事,期望在公认的国际法原则的基础上找到一个解决办法。

陈先生说,他将很高兴把中国政府的提议连同中国方面对我所提问题的观点报告给他的政府。但他说,在建立外交关系之前,两国应先互相承认,而他不知是否两国已经这样做了。

我说,我国政府提议建立外交关系就很具体地意味着对越南政府的承认。

陈先生认为承认不是个严重问题。他问我建交是否意味着越南将派一个外交使团到台湾以及接待一个中国政府的使团。他说,越南很贫穷,并且,由于是个新国家,它还没有一个经过训练的外交家班子。为了这些理由,虽有三十多个国家已经对越南给予承认,他的政府除在巴黎有一个高级专员外,只在华盛顿、罗马、曼谷、东京和马尼拉派有外交使团。他不知和中国建交之后,他的政府是否需要在台北设立一个大使馆。

我答称,当建立外交关系的协议一经达成,将完全由越南政府决定何时在台北建立使馆。这也是中华民国与大多数南美洲国家之间的情况。虽然为了保护在大多数拉丁美洲国家的华侨,中国在那些国家里都设立了大使馆或公使馆,但很少拉丁美洲国家在中国政府离开大陆前的大陆或现在的台北派驻有外交使节。我肯定,如果在两国建立的协议缔结之后,越南政府为了大使刚刚提到的那些理由,要延缓派遣一个外交使团到台北,我国政府对此会谅解的。我又说,如果他愿把我国政府的建议和我刚刚解释过的见解向西贡的越南政府转达,并将它的反应转告我,我将不胜感谢。

大使说,他将乐于立即去办理此事,并尽早把越南政府的答复通知我。

陈大使于 3 月 21 日刚一得到越南政府的答复,就和我联系。尽管答复是否定的,中国政府仍然急于建交。我于 3 月 23 日在国务院会见助理国务卿饶伯森时,就抓住机会向他谈及此事。我说,我国政府愿和所有三个印度支那国家建立外交关系,并说我国政府感谢美国驻那三个国家的大使在这方面的帮助。我告诉饶伯森,大约在十天前我曾有机会和越南驻华盛顿大使提到此事,他答应向他的政府报告,并将答复通知我。两天前南越大使从西贡政府得到答复。虽然他们同情这个建议,但认为由于南越和国民党中国的局势,目前尚非建交时机。因此,我向饶伯森表示,希望美国政府继续斡旋,以期达到我国与三个印度支那国家建立外交关系的目的。

饶伯森说,他完全赞同国民政府想得到尽可能多的国家的承认的意愿。

我说,我国政府鉴于共产党中国在东亚的威胁,感到有必要让那里的自由国家形成一个联合阵线来加以抵制。

饶伯森对我的看法表示同意,并说,南越也有内部困难,因为各种宗教教派正威胁着要推翻政府。但他一定记住我的请求,并将尽力促其实现。

我接着提起我国政府和西德政府建立外交关系问题。我说我国政府也愿和西德——一个强烈反共的国家——建交。我解释道,中国驻雅典大使和在巴黎的代办已经分别与在那两个首都的德国外交代表接触,并提出这个问题,但直到现在并无进展。如果美国在机会适合时能从中斡旋,以实现中国政府和西德互换使节的意愿,中国政府将不胜感激。

饶伯森说,他一定记住这件事。

一个多月之后,在 4 月 25 日,我接见了于斌大主教,他刚从菲律宾和印度支那旅行归来。他向我报告了他与越南总理吴庭艳和美国驻印度友那代表柯林斯将军的谈话。据大主教说，吴庭艳曾暗示，关于和中华民国交换外交使团问题，南越有外交上的困难，其言外之意是指美国不同意。当于斌见到柯林斯时，他发现柯林斯对我们的意愿并不热情。柯林斯说，我们可以等一等，对建立外交关系应有耐心。他的理由是，南越由于内部政治分歧，并且事实上正处在内战之中，应当避免某些行动，例如，与台北建立外交关系这种行动，以免给它的政敌以更多的借口来攻击吴庭艳政府。

于斌大主教赞成吴庭艳执行强硬政策统一南越。他说，他劝吴庭艳既不要向法国也不要向美国的敦促让步，法、美都在促使他和反叛的三个教派妥协。他告诉吴庭艳说，这些教派和中国的军阀一样，并无爱国心，只图私利，因此对他们必须镇压。吴庭艳告诉他说，他的主要困难在于法国暗中支持这些反叛的教派。于斌向我解释说，在日本侵略时期，这些教派曾与法国人合作反抗侵略者，并和法国人发展了友好的谅解与协作。现在法国人正在供应他们武器和装备来反抗以吴庭艳为首的政府。照于斌看来，吴庭艳是个真正的爱国者和虔诚的天主教徒；而且，他的兄弟是一个天主教神父。

后来，叶外长在5月从台北给我来信说，于斌大主教很可能会告知我，美国反对我们和越南建立正式外交关系。他说，他正在要求蓝钦证实此事。不过，在此期间，我们在西贡的领事馆已和吴庭艳取得直接联系，而吴庭艳对于互换外交使团这件事的答复是赞同的。叶说，台北正在密切地注视西贡的局势发展，并等待适当的时机采取进一步的措施。

3月11日在台北，国务部报告了几周来中国共产党对国民党占据的一个沿海岛屿进行了最猛烈的炮击。这次的目标是金门，而上一次猛轰的目标则是马祖北面的高登岛。

同一天在华盛顿，白宫与杜勒斯都否认了早些时候的报道。

那些报道说,艾森豪威尔总统和杜勒斯国务卿在防御沿海岛屿问题上意见不一致。代理副国务卿罗伯特·墨菲在西雅图国际贸易博览会上的演说中指摘性地提到英国主张放弃沿海岛屿的建议,他说,美国已明确地同意防卫台湾,并说防卫台湾并不限于仅仅防卫台湾本岛。

另一个向广大公众显示美国明确承诺防卫台湾的迹象是3月13日美国国外业务署的通告,那个通告说,美国正在把四千八百万美元的追加援款交付国民党中国,用于加强它的防守部队,这笔款项将由艾森豪威尔总统从支援东南亚国家武装部队的七亿美元特别款项中筹拨。该款是用来为武装部队购买供应品并从经济方面帮助国民党支撑沉重的防务负担的。

翌晨,《先驱论坛报》登载了一篇有趣的文章。这实际上是两篇文章合而为一,就美国对台湾及沿海岛屿承担的义务与采取的态度提出了各自的意见。一位作者斯图尔特·艾尔索普,他相信美国对台湾海峡的政策的真正目的仍然是实现停火,至于如何进行"交易"来促其实现,杜勒斯国务卿和艾登并无真正的巨大的意见分歧,他们只是为了同一目的唱着不同的调子而已。另一位作者罗斯科·德拉蒙德则说:

(1)美国当局正在迅速地作出结论,如果中国共产党进攻金门和马祖,美国将必然用它的海、空军力量协助防守,美国当局认为这一步骤利多于弊。美国参谋长联席会议认为,如果美国使用原子武器和国民党军事力量对大陆上的军事设施发动一次大规模的空袭,金门和马祖就可以稳固地守住。

(2)艾森豪威尔总统、杜勒斯国务卿和参谋长联席会议一致赞同对于中国共产党的进一步扩张应采取坚定立场;但在美国国家安全委员会中意见有些分歧;此外,威尔逊国防部长与汉弗莱财政部长和艾森豪威尔的看法也有轻微差异。不过,艾森豪威尔总统已经命令威尔逊对于金门和马祖的防守不要公开地表示他的观点。(威尔逊的观点是贬低防守它们的重要性。)

杜勒斯国务卿举行了他于2月15日从台湾归来以后的第一次记者招待会。他说,如有必要,美国将在任何地方,包括金门和马祖的大战中使用战术原子武器,如果中国共产党对那些岛屿的进攻被认为是对台湾攻击的一部分。他又说,如果那种情况发生,美国将不再以任何原因抑制国民党中国和韩国对中国共产党发动进攻。当杜勒斯被具体地问到,如果中国共产党要求得到金门和马祖作为放弃侵略台湾的条件,那时美国将持什么态度?他答复说,那要看当时他们的真正意图是什么,不过,他觉得共产党的话是信不得的。

　　事实是,英国想要促成这样一笔交易的立场(有些美国人支持这个立场)是不现实的,我相信杜勒斯会同意这种看法。要使共产党提议或同意接受用占领金、马来交换他们放弃攻打台、澎是不可能的。他们过去是,现在仍然是坚持台湾是中国的一部分这个原则(这原先是由国民党中国这样坚持的),任何"交易"都会使他们对那个原则的坚持成为问题;即使他们做到口头上同意这种"交易",我很清楚他们决不可能真想那样去做。

　　关于杜勒斯从远东回来后第一次记者招待会的报告由大使馆报送外交部,让部里知道对台北有关的报道和批评是我一贯的做法。我于1955年3月16日又发出一份有关当天早晨《纽约时报》的社论的报告。社论说,随着美国与中华民国的联盟的进展而引起的意见上和战术上的分歧,不至于或希望不会削弱联盟本身。这里所指的意见上和战术上的分歧,是关于防守金门、马祖和停火问题。3月15日从台北发出的一则美联社电讯,曾提到叶外长在立法院作报告时说,蒋总统于3月3日在和杜勒斯会谈中已拒绝了在台湾海峡停火的意见。叶又说,国民政府将"坚决保卫"金门和马祖。电讯说,叶的声明把中国和美国的分歧揭示出来了。

　　《纽约时报》的社论解释说,中国共产党和苏联一直在不停地侈谈进攻台湾与反对停火,所以,蒋总统和叶外长也要阐明国民党中国的观点。只要共产党继续夸耀,蒋总统为了提高他的部队的士气,就不得不继续驳斥共产党方面的这些威胁。社论强调,尽管有这些敌对的挑衅,为了贯彻艾森豪威尔总统所宣布的政策,即寻求结束台湾海峡战斗和不诉诸武力的解决办法,美国不应改变它的对华政策,也不应改变它对沿海岛屿的态度,它必须在艾森豪威尔政策的基础上对此问题作出决定。虽然美国真诚地愿意看到中国从中国共产党枷锁中解放出来,但这必须通过中国人民自身的努力来实现。因此,美国要保卫作为自由中国的一部分的台湾和澎湖,以便使之成为中国最终解放和统一的旗帜。但在目前情况下,美国不愿介入或参加如艾森豪威尔总统说过的,就美国而言至少是一种侵略性的战争。该社论对国务卿于3月15日所作的强硬声明是一篇有趣的对照,那个声明包括一项宣告:一旦台湾遭受攻击,美国有意使用原子武器。

二、顶住了放弃金门马祖的压力;共产党采取了和解政策
1955 年 5 月初—5 月中

1955 年 3 月 18 日《芝加哥太阳报》记者弗雷德里克·库先生来访,问我关于所传澳大利亚总理孟席斯建议解决沿海岛屿及台湾问题新方案的内容。孟席斯是 3 月 13 日来华盛顿作短期访问的,据说他将和美国政府高级官员商讨在台湾危机中及整个远东的联合防御战略。我也听说孟席斯曾提出一些建议,但我对库提供不了什么具体内容。

库于是告诉我关于印度克里希纳·梅农最近来访,与艾森豪威尔会谈,但结果使梅农失望的消息。他说,艾森豪威尔在接见梅农时,杜勒斯及印度驻美大使也在座,因此,梅农不便按照尼赫鲁的指示,提出他的计划来试探美方或艾森豪威尔个人对尼赫鲁打算在北平与华盛顿之间进行调停的看法,并探询美国,美方将准备作出多大的让步以回答中共作出一项保证。库说,调停的事将在万隆开始,在那里尼赫鲁将再次和周恩来作私人会见。听库

的口气,我觉得这个主意大概是梅农首先提出,然后向尼赫鲁建议,并来美亲自试探美方的反应。库所说的万隆会议,当然是指本年 4 月 18 日将在印尼万隆市召开的亚非会议。

万隆会议之前,1954 年底,东南亚国家在印尼茂物召开了一次会议,会上由印尼总理提议召开一次有非洲及亚洲独立国家参加的会议。可是在邀请名单中,实际上并没有中华民国及其他少数几个国家如以色列及南、北朝鲜等国。在将参加的国家中,不用说,共产党中国及印度将是要角。还可以料定,会议的主题将是反对殖民、保持中立,还有可能要支持中共。但无论如何,总是反西方的。因此,对未来的这个会议,不仅我国政府,连同美国政府及其欧洲盟国也感到惴惴不安。弗雷德里克·库的报告说,印度可能与周恩来在万隆商讨解决台湾危机的办法。此项消息,使我国政府对该会议深感忧虑,自然也怕中共的国际地位进一步提高,并离间我国同友好及有外交往来的国家的关系。

18 日晚,我会见了主管远东事务的助理国务卿,不过,这仅是一次社交拜会,我并未提到孟席斯方案。当晚,助理国务卿饶伯森夫妇在布莱尔饭店以自助晚餐形式招待远东各国驻美代表团的团长。此次自助晚餐是采用固定座位方式,座次是严格按照外交礼节安排的。作为一位主客,我坐在饶伯森夫人的右边。她在桌上对我说,坚持这种安排,使国务院礼宾人员大为懊恼。她告诉我,除了没有汤,这其实是一顿正式的宴会。这是一次颇为新颖而惬意的晚餐。在我这一桌上,副总统尼克松坐在女主人对面。在饶伯森那一桌上,尼克松夫人坐在他的对面。我曾和副总统进行了谈话。他对我说,他从中美洲回国后,在本国各地旅行演说中所得的印象是,美国人民是希望和平的,但同时也不希望政府不惜任何代价去追求和平,并也不赞成对共产党采取任何姑息政策。

3 月 21 日,国务卿杜勒斯在纽约广告俱乐部又发表了一篇相当重要的演说,我向外交部做了汇报。杜勒斯说,中国共产党人之所以感到他们自己如此强大,过低估计非共产世界的力量和决心,并声言他们已为自己取得了许多成就,这并非由于他们自己有力量,而是由于自由世界国家的容忍和自我克制,以及他们对和平的爱好。他警告说,不要把自由国家的这些美德误认为胆怯和害怕,他们的自我克制与容忍是有限度的。杜勒斯指出,美国国会通过了保卫台湾的决议,可以使中国共产党正视现实,有所克制,因此,和平或许仍有希望。他说,中国共产党的侵略性并不比当年希特勒的侵略性小,他们也不像苏联,当年苏联在十月革命后是集中力量做内部的调整工作的。所以说,中国共产党所走的道路可能更加危险,更具有战争煽动性。

很显然,杜勒斯要采取强硬的立场,因此,他强调时局的危险性,意在使大家有所准备。同时,这位战争边缘政策的制造者大概意在明告共产党,如果他们(共产党)走得过远,美国是不会熟视无睹的,并且是有充分准备的。他提出的是以一种切合实际的方法使共产党不能只是一味蛮干下去,为所欲为。

我已约定于 23 日拜访助理国务卿作正式会谈。虽然国务卿最近的声明表明其立场很坚定,但我也像台北政府一样,担心所有这些讲话乃是表面形式,并具有妥协性。在约定往访的前一天晚上,我患感冒,觉得浑身不舒服,很早即上床休息,但没有用,因此,我在按照事前安排于 23 日下午去拜会饶伯森时,乃是勉力支撑去访问和会谈的。我是急于想知道,例如,传说中的澳大利亚总统所拟议的解决台湾海峡危机方案的内容。

一开始我便对饶伯森说,我是为了解三四件事情而来见他。首先,我国政府感到不安的是,报上所传最近在华盛顿和杜勒斯国务卿及艾森豪威尔总统会谈的澳大利亚总理孟席斯,曾提出一个他所拟订的解决台湾海峡危机的方案。最近一连三天,我已收到我国政府拍来的三封电报,询及有关该方案的消息。我说,这就是我所以来拜访他的原因,因为他或许能对这件事予以澄清。

饶伯森说,他并未听到关于此项所谓解决台湾问题新方案的任何报道。或许澳总理对此事保密到这种程度,连美国政府都不告诉。他说,他不能根据报纸上的报道行事,因为报纸上所说的不尽可靠。他举例说,当初在公布雅尔塔协定时,《华盛顿邮报》的查默斯·罗伯茨曾写文章说,罗斯福总统事先曾和蒋委员长商议过,对斯大林所作的让步,蒋予以同意。

我插话说,那确乎不是事实。

饶伯森说,据他所知的确不是如此。在雅尔塔,罗斯福总统确实说过他要就东三省权益对苏俄让步这一问题与蒋委员长商议,但在雅尔塔会议后两个月他死去之前并未这样做,直到 6 月间蒋委员长才得到这一让步的通知。他说,尤其令他吃惊的是,《纽约时报》首席记者竟然也写了一篇与查默斯·罗伯茨的报道相似的报道。这位助理国务卿接着说,孟席斯总理之来,主要并不是商讨台湾问题,而是为了澳新美安全条约。澳总理对保卫马来亚更为关切,前后开了两次会,他(饶伯森)本人都参加了。其中一次是阐述美国关于保卫台湾及沿海岛屿的政策。澳大利亚对台湾局势现状及今后的发展当然非常关注,因为它对当年日本南侵是以台湾为基地,首先攫取菲律宾一事记忆犹新。他说,孟席斯表现出比英国更为了解美国的观点,并具有充分同情。

我说,我想澳大利亚是同意英国放弃金门、马祖以换取台湾海峡停火的主张的。

饶伯森说,澳大利亚军方觉得那些沿海岛屿距离大陆太近,没有多大战略重要性。他们认为,不值得为了保卫这些岛屿付出巨大的牺牲。但是,他们对保卫台湾的重要意义是很清楚的,也知道美国对保卫金门、马祖的政策是看共产党攻略这些岛屿是否是作为袭击台湾本土的前奏而定。他说,杜勒斯已就美国观点向孟席斯作了解释,正像他最近访问台北时向蒋委员长所解释的一样。对于这一点,孟席斯完全了解,并寄予同情。

我说,我想安东尼·艾登虽然似乎尚未放弃其以金门、马祖换取台湾海峡停火的念头,但他此次访问远东(这是在职的英国外交大臣第一次对该地区的访问），会深深感到在中共的侵略政策之下，整个远东局势的严重性。

饶伯森说，艾登对中共在远东扩张政策的真正威胁已经有较清晰的了解，并且甚感不安。他看到中共已经在打马来亚、香港以及远东其他地区的主意。不过，英国的态度必然与美国有所不同。英国承认北平政权为中国的合法政府，而美国则只承认中华民国的国民政府为中国合法政府。这些都是事实，不能加以否认。此外，邱吉尔政府也有其本身的内在政治问题。保守党议员在下院里的席位仅为有限多数，而且两党的大多数人士都赞成承认中共的政策。

饶伯森接着说，在这次国务卿离开台北之后，蒋委员长曾挽留他小住一些时日，以便和他作个人商谈。饶伯森向蒋委员长解释说，美国认为与英国联合具有头等重要的价值和意义，和英国在一起，美国就能在处理各种国际问题上有更多的成就。但彼此在基本政策上应完全容许有如刚才所说的分歧。由于有分歧，英国对出现的某些情况，就不会像美国那样处理。不过归根结底，在重大关键问题上，英国还是会同美国趋于一致的。他说，从国民党中国的利益着想，英国保守党政府能够继续存在，也是十分重要的。就已知的艾德礼和贝文对台湾及北平政权的态度来看，如果在即将到来的英国大选中工党再度执政，美国肯定无法与工党政府合作。

我说，从艾登自曼谷回去后最近在国会的演说判断，他似乎仍主张放弃金门、马祖给中共以换取停火，我怀疑英国仍在推行这样的想法。

饶伯森回答说，他不知道有任何这样的动向。他说，正如艾森豪威尔总统在一次记者招待会上清楚地表明的那样，美国赞成停火的想法，但并不想用放弃沿海岛屿来换取停火。美国也从未背着中华民国谈论过放弃任何属于它的领土，这一点国务卿已告诉了蒋委员长。

我说,这才是公正的。我敢断言,美国绝不会重演它在雅尔塔会议所做过的事。

饶伯森说,美国无权在未经取得别的国家的同意就妄谈要那个国家放弃其领土。他记得蒋委员长曾告诉过杜勒斯,国民政府坚决反对停火谈判。英国对于谈判停火之事也不热心,事实上它和国民党中国一样,也反对停火谈判。不过一切要看中共的态度如何而定。因为中共已经明确拒绝了一切停火建议。假如它仍和以往一样不愿商谈,而仍坚持要解放台湾,那就谈不上停火的问题。

我问饶伯森是否感到局势严重。

饶伯森回答说,他确实感到严重。北平从来未停止宣称其解放台湾的意图,它把占领大陈岛看作是进一步接近解放台湾,而且谈到为了同样的目的要占领金门和马祖。

在临别时,我提起关于中华民国与印度支那三国以及与西德建立外交关系的问题,并和饶伯森进行了探讨。

饶伯森说,有两件事须和我谈:第一件是中美共同防御条约向联合国备案的问题。

我说,我的使馆已向美国国务院中国科谈过此事,我很愿通过他(饶伯森)得到回复。(在这里我想要补充一句,外交部3月12日给我的电报首先提醒我注意,既然中美共同防御条约已经生效,要我询问美方是否打算向联合国备案。电报说,我方是愿意备案的,但不应包括换文。因此我马上请谭公使到中国科去见马康卫,把消息传给他,并着重说明我方的意见,那就是,如将条约送交备案,换文不应包括在内。马康卫说他将立即同法律顾问处商议,然后,向他的上司助理国务卿请示并明确答复我方。)

23日饶伯森对我说,他曾同杜勒斯讨论此事,但杜勒斯表示不明白中国政府为何只愿将条约向联合国备案,而不愿把换文也一同备案。国务卿认为,中美两国作为联合国的成员国,有义务把双方之间的一切条约、协议送交联合国备案,何况换文已经在

《国会议事录》上全文披露过。

我说，我可以理解杜勒斯的看法，因为如果换文不与条约一起送交联合国备案，若有成员国问到换文的内容时，就还须追认有过换文这回事。我说，不过我认为我国政府之所以迟迟未将换文提交备案，乃是因为在提交立法院审议时仅提交了换文的大要，始终未曾提交换文的全文。因此，如须一起送交备案，我当向我国政府建议，说明换文并非条约的组成部分，只不过是对条约某些内容的解释。而且换文并非与条约同时签字，而是在条约签字八天之后才举行互换仪式的。这一点应在致联合国的说明书上讲清楚。

饶伯森认为可以这样做。

我又说，如果我国政府同意把换文与条约一起送交联合国，最好两国在事前商议一下送请备案函件的措词，以使两方的信在语气上尽量一致。

饶伯森认为这是个好主意，他一定会把美国的函件草稿给我一份。我答应他，我将立即向我国政府汇报，以便做出决定。随后，饶伯森讲到他要谈的第二件事，这涉及到毛邦初案件以及索回存在毛手里的美国国库券问题。

以后两天，我闭门不出，多半时间卧床休息。到星期六（26日），我觉得身体好些，于是去办公室把积压的工作加以清理。我让傅冠雄起草一份呈报蒋委员长的报告，由孔令傑上校回台湾时面呈。报告内容是关于美国政府首脑们对沿海岛屿局势的态度，以及盛传的可能于 4 月中旬发生一场战争的描测。

那一天《纽约时报》及《纽约先驱论坛报》都刊登文章说，美国军方认为，台湾海峡战争迫在眉睫。《纽约时报》在头版显著地位用大字标题报道："美国预料中共 4 月间将向沿海诸岛进攻，正考虑全力防卫。"《纽约先驱论坛报》的报道与此相似。两报都说，美国最高军事当局认为，中国共产党将在 4 月中旬先进攻马祖，然后在 5、6 月间进攻金门。如果美国不参与防卫，中共将很容易地拿下这些岛屿。因而,美国关于参预防卫这两个岛屿的政策届时将面临重要的抉择。如果美国决定采取行动,则战事将不会仅限于金门、马祖。按照报上的文章所说,到那个时候,军事首脑们还会劝说艾森豪威尔使用战术原子武器,在战争中破坏中共的工业潜力及交通中心,以遏止中共的扩张野心。

几天前,白宫宣布要向国会两党领袖简要汇报,已定于30日向众议院领袖汇报,31日向参议院领袖汇报。《纽约时报》26日的文章推测,在这些会议上,艾森豪威尔总统也许会首次宣布一项新的"强硬政策"。这两家报纸的文章还说,美国认为,沿海岛屿的命运对于我们的军队士气有很大关系,因此,只要中共发动攻击,我们就一定要坚决还击,而如果沿海岛屿被中共攻占,也意味着美国在亚洲的严重失败。至于苏联,据信虽然它仍将给中共以军事物资和装备方面的支持,但由于美国的空军占有优势,还不至于直接参战。

星期二(29日),《华盛顿邮报》文章继续强调战争威胁,认为如中共攻击金门、马祖,总统打算使用小型原子武器以摧毁大陆的空军基地及中共的空军。不过报纸又说,美国是否进行干预,决定权仍取决于一人,即艾森豪威尔总统。

同时,艾森豪威尔总统本人也显然很想抑制有关战争的议论。《纽约时报》华盛顿3月28日的文章说,总统不同意,更不喜欢周末报纸上所刊登的传闻。他不认为中共将攻占金门、马祖,也根本不同意上周所传的军方意见。他说他知道传闻的来源,并认为这种来源是"片面的,就是说仅来源于某一个人或某一个机构"。当然,他并未轻视这种严重危机,但他认为,中共不大可能刚好在万隆亚非会议召开之前突然发动一场全面战争。并且,中共还没有为发动大规模战争而进行准备的迹象。文章还说,总统的上述结论,得到了国家安全委员会及国务卿杜勒斯的支持。后来才知道,原来是总统自己让吉姆·哈格蒂向报界透露这些传闻的。

同一天(3月29日)的早晨,我邀请孔令傑来共进早餐,并要他告知我他将回台之事。他说,他的姨父和姨母(蒋委员长和蒋夫人)要他再回台一次。当时我把我两天前写好的给蒋委员长的信托他带去。我在信中报告了美国舆论赞成缓和台湾地区的紧张状态,反对美国参加保卫金门、马祖。不过基层舆论虽然强烈盼望和平,但也并不赞成政府对中共姑息。孔令傑说,他对国会方面的某些意见有所了解,对于美国对沿海岛屿的政策感到有点悲观。他同意我的看法,认为现在存在着一种由左派人物、民主派人士、英国姑息派、印度中立派协调一致地掀起一股浪潮,即惧怕中共与美国在台湾地区进行战争,这就形成了要美国政府放弃金门、马祖,并同北平求得和解的压力。

　　我还要补充说明一下,所说的4月中旬就要在台湾海峡爆发战争的预言,乃是海军作战部长卡尼上将所说的。他是在3月24日一次私人宴请新闻记者的宴会上说的他个人看法。不过卡尼是国民党中国的忠诚朋友,他坚决主张美国防卫金门、马祖,并向中国大陆进攻。他在谈他个人的看法时,虽然没料到会被某些人所利用。据说,在4月5日的一次听证会上,他告诉参议员们说,他只不过是讲到中共的潜在能力,而不是谈它的实际企图。

　　29日晚,我参加了菲律宾驻美代办莱乌特里奥和夫人的招待会,欢送新任美国驻菲大使霍默·弗格森及夫人。原驻菲大使斯普鲁恩斯海军上将已于1月下旬辞职,弗格森于1954年11月在参议员改选时竞选失利,最近才被委派接替斯普鲁恩斯的。他已收到我的贺信,并向我致谢。我说,因为他必然忙于准备行装,所以不必再烦他作复了。

　　离开菲律宾大使馆后,我赶赴萧勃将军和夫人为欢迎博尔特将军和夫人而举行的招待会。这位美国将军即将从副参谋长的职位上退休,去当美国汽车铸件公司的副董事长。他为了他的公司业务,将到远东旅行。我稍事逗留,同这位将军闲谈了几句。然后,又匆匆赶去参加墨西哥驻美大使德·特略和夫人为招待副总统尼克松及夫人而举行的自助餐宴会。这是个约有三百人参加的大型宴会,但和其他许多人一样,我也并未吃饭就告辞了。

第二天晚间,我又参加了意大利驻美大使布罗西奥及夫人为欢迎意大利总理马里奥·谢尔巴及外交部长加埃塔诺·马尔蒂诺而举行的招待会。他们两人是 27 日到达美国作为期十二天的友好访问的。令人奇怪的是,招待会上每个人都向这位总理致敬,而我的几个朋友却悄悄告诉我说,这位总理的政府不稳,恐怕在他回去不久就会垮台。

同一天,艾森豪威尔总统举行了记者招待会。随后,又由杜勒斯陪同接见了众议院两党领袖。在记者招待会上,总统自然被问到上周所传的战争恐怖之事。他再一次说,他并未得到任何可以证实预言所说金门、马祖即将遭到攻击的消息。他说,谈论远东马上就要爆发战争对于和平事业并无好处,他要他的最高军事顾问们加以注意。

顾毓瑞于 31 日向我汇报说,据可靠消息,此次在接见众院领袖时,总统曾要求杜勒斯谈谈最近的国际局势,他谈了一个多小时。在汇报后有人又提出一些问题,整个会议开了两个半小时。顾说,据当时在场的一位重要议员透露:杜勒斯曾就美国对外政策向他们作了一个全面的、清晰的分析,涉及到以下各点:

(1)中共似乎决意不惜一切代价要拿下台湾及澎湖列岛。

(2)台湾海峡的局势是紧张、严重而危险的,但绝不是没有挽救的余地。

(3)中共在金门、马祖对岸逐渐集结力量,其军力究竟有多大,尚无准确报告。美国所得到一切情报,均来源于国民党方面,这是我军侦察部队获得的,他们完成任务日益出色。

(4)关于中共对沿海岛屿的意图,也还没有准确的估计。他们也许会在两周内也许会在几个月内发动攻击。但这些预计全属推测。

(5)美国不到必要时,将不宣布其是否将帮助我们防卫沿海岛屿的决定。但是,这些岛屿如果陷入中共手中,那在亚洲所产生的不利影响将是巨大的,我们的士气也将大受挫伤。因此,就现在的趋势看,美国将帮助我们防卫这些岛屿。英国、法国对此事的看法则过于天真幼稚。按杜勒斯的话来说:"不能仅靠看地图来解决这样重大的问题。"很清楚,对这个问题做出决定肯定是很难的,如何帮助我们防卫同样也是困难的。可以设想使用原子弹,而使用原子弹将会杀害无数平民百姓,国民党人也不愿发生那样的事情。(顾毓瑞说,关于这个问题他曾问这位提供消息人,是否使用有限的核武器更合适些,例如原子弹炮。他回答说,是这样的。)

(6)美国可能用两种方法在军事上援助我们:一是根据我们的吸收能力加速执行军事援助计划;二是补充我们在战斗中的损失,例如给我们另一艘驱逐舰,以代替在大陈岛损失的护航驱逐舰。

(7)杜勒斯表示他对最近的远东之行、特别是台湾之行非常满意。

(8)美国领导人对越南局势恶化非常担心。

(9)美国对最近英、法提议的四国会议不抱多大希望,即使俄国愿意合作,在今年秋季以前也不可能举行。

由于此次白宫会议是秘密的,所以 31 日报纸所载的会议情况不够详细。在散会时,议员们答复记者的提问,也仅是扼要的。有意思的是,例如《纽约时报》的文章,着重强调会议再次保证台湾局势没有立即爆发战争的危险。此后关于 31 日白宫与参议院领袖们开会的报道,也同样说明,局势虽然严重,但不会马上发生战争。

3 月 31 日,《纽约时报》的社论着重论述美国在台湾局势问题上的孤立,事实的确是如此。一些国家联合起来公开反对美国参与防卫金门、马祖,一周以前加拿大也参加到这个行列之中。莱斯特·皮尔逊代表加拿大政府说,他不认为这些岛屿所引起的冲突需要加拿大来支持国民党中国。换句话说,如果美国插手,那就只有美国单独去干。我个人一向的看法是,美国以它的实力与地位,确实能够比以往更有信心、更坚定地带头去做,一旦做起来,它的盟国是会站到它的一边的。

《纽约时报》社论说,总而言之,艾森豪威尔总统的与共产党暂时妥协的政策,在西欧已取得若干成就,因为西欧各国经过批准巴黎协定,团结本已逐渐巩固,可是在远东,因为美国对金门、马祖的政策,使得那些国家似乎有些分歧和混乱。美国的盟国最近在对待美国防卫台湾和澎湖的问题上本已逐步减少了分歧和争论,但却都表示反对美国参加保卫沿海岛屿。如果美国因防卫这些岛屿而卷入一场难以预见其结果的战争,那恐怕就要由美国单独进行这场战争了。社论说,因此,美国此时应当重新检讨它对沿海岛屿的政策,并重新予以说明,以使其立场不为人所怀疑。社论相信,这样就会使美国既主张国民党中国从沿海岛屿撤退,而同时又给予中国以更多的援助,并派美军驻在台湾,以表明其坚守台澎之决心,这就不致败坏国民党中国的士气。社论说,这样,也会使美国在其联合国内的朋友中,及其他盟国中获得新的信赖。

第二天早晨,查默斯·罗伯茨在《华盛顿邮报》发表文章说:"华盛顿正在做出新的努力,为金门、马祖的困难处境寻找出路。"他说,一方面,杜勒斯向英国提出想重开联合国会议讨论这一事件,但英国反对,因为英国认为联合国举行辩论会,只能给共产党提供宣传讲坛,而结果所得,则是苏联投的否决票;还因为英国主要是希望美国决定究竟要多大代价才肯放弃金门、马祖。另一方面,华盛顿正在研究是否能做到共同保证台湾免遭共产党侵略;而英国内阁也同时在讨论我们撤出金、马的可能性。

一则美联社电讯说,根据消息灵通人士透露,美国、英国、澳大利亚、新西兰正在讨论是否可以做出防卫台湾的联合保证。英国还建议我们撤出沿海岛屿,以使这项联合保证能够成为可能,并且生效。不过国务院发言人对此不愿加以评论,而只是说,国会已经以压倒多数票通过决议,授权总统决定是否参与保卫沿海岛屿。这位发言人还说,总统对远东的军事及心理因素,以及对盟国的情况非常熟悉,所以,"没有人比总统能更好地做出决定"。

同一天,参议员韦恩·莫尔斯提出一项决议案,声明国会反对使用美国军队保卫金门、马祖,主张在联合国监督下从那些岛屿撤出。这项决议案是由纽约州参议员莱曼、明尼苏达州参议员汉弗莱及路易斯安那州参议员朗等人联合提出的。莫尔斯说,问题的实质是,"我们是否真的要把中共认做侵略国而在大陆上进行作战"。莫尔斯的决议案遭到参议员诺兰和乔治的反对。乔治指出,这一决议在他的委员会审议时会遭到反对而交回重新辩论表决。

4月2日,国务院突然宣布,在美国受过专门技术训练的七十六名中国学生可以"自由出境"。自从朝鲜战争爆发后,就不允许这些学生离开美国,理由是怕他们在朝鲜战争中为共产党出力。国务院否认此举与换取中共释放在大陆上被囚禁的美国人有任何牵连。但是,国务院说:"美国希望在大陆上的各类美国人,无论以何种理由向中共当局申请返国时,中共能予放行。"

三天之后,杜勒斯在他举行的记者招待会上也谈到这件事。当他被问到让中国学生回国一举,是否意味着美国宁愿和平而不要战争时,杜勒斯说:

> 就广义而言,你可以说这是表明我们愿意与中共保持一种你们可以称之为在文明和和平的基础之上的关系。我们并不想以任何人作为人质,实际上这些人从来也没有被当作人质。我们现在正敦促由司法部办清各种必要的法定手续,等到这些手续完结后,我们就宣布这些人可以自由离境。以同样的方式,我们最近在香港送还在海上风暴中被我国救护的七名中共方面的渔民。某些方面曾建议我们拘留这些人作为交换品。我们不赞成以人做交易。我们希望我们的这

些行为和榜样可以对中共有所影响。

又有人问,国务院这样做是不是出于哈马舍尔德的建议和要求,杜勒斯说:

> 不是的。哈马舍尔德所谈的仅是属于联合国军司令部的战俘,他并未格外提到平民的情况。就我所知,我们事先并未告诉过哈马舍尔德先生关于释放这些非军事人员的事。

我所说过的七个渔民的事,倒是告诉过他的。

在答复其他问题时,杜勒斯对大家都关注的有关台湾地区的战争或和平的可能性问题发表意见说:

> (1)远东的局势是严重而危险的。是和平还是战争全视中共发动的挑衅而定。在美国政府方面,我们要继续尽力消除这种危险局势,希望台湾海峡的停火能够实现。

> (2)美国正在同英国、法国、澳大利亚、新西兰、印度和加拿大商谈台湾问题,希望消除战争危险,以维护和平。不过这些努力是否奏效,还要看中共是否愿意放弃使用武力。

有人问,加拿大已公开宣布,如果金门、马祖发生战争,他们不愿支持美国。这是否说明盟国之间产生了分裂。这位国务卿回答说:

> 不是。相反,由于我此次加拿大之行的结果,我们两国政府之间的了解比以往更好更密切。我们从来没有希望过,如果台湾地区发生战争,加拿大会参战。他们并未签订过有关那个地区的任何条约,也从没有人期待他们作这种支持。我认为对这一问题现在双方已有谅解,在这方面我们两国的关系比以往更好。

至于谈到有些议员及其他一些人认为国务院应当明确表示共同防卫金门、马祖的立场。杜勒斯说,防卫台湾及澎湖,美国负有条约义务。但是,"除了保卫台湾及澎湖之外,我们并未承担任

何种类的其他义务(无论是明说或暗示的)以致约束着美国"。他然后继续阐述说:

> 现在你们要开始问到,如果台湾、澎湖遭到攻击,我们该怎么对付?这是问题的症结。有人主张我们应该在事前明确说明我们要保卫台湾及澎湖,以履行我们的义务,并且说明我们在履行义务时要做什么,不做什么。可是,我们如果把所承担的义务扩展到防卫中将要使用的特定手段时,我们就要陷入困难的境地。我们当然有保卫我们美国的义务。但是还没有谁要求过我们应公开明确声明,如果我国遭到某种意外攻击时,我们将采用什么手段来进行防卫,而这种攻击的类型还不能预先知道。我再三重申,我们唯一承担的义务是保卫台湾及澎湖。所以,对我们来说,我们要在该地区实行保卫战,这是没有任何问题的。

当有人问到,在这方面,他的意思是否是说美国不是为了维持国民党军队的士气而援助国民党防卫金门、马祖,杜勒斯说:"除非这对保卫台湾及澎湖是生死攸关的。一切都要归结于此。"

4月5日当天,纽约州参议员诺兰发表一篇演说,他反对以放弃金门、马祖作为换取停火的条件,也反对把台湾交给联合国托管。托管之说,在当时也是甚嚣尘上。举例说,参议员汉弗莱在一次演说中,众议员亨利·罗伊斯(也是民主党人)在众议院发表的谈话中,都表示赞成把台湾归联合国托管,"以保证不受侵略的威胁,并促进台湾人民实行自治"。共和党众议员梅尔文·莱尔德曾说,托管的说法会把问题的本质掩盖起来。据我想,诺兰参议员是想利用在纽约演说的机会,说明这种托管提议的危害性。诺兰还主张,在四国会议召开之前,美国应当就大家熟知的问题同不参加会议的国家的首脑,如蒋总统等商讨。

总的说来,在杜勒斯国务卿5日记者招待会之后,美国报刊的报道表明,美国国内反对美国参加防卫金门、马祖的意见日益增加。在刚刚出版的这一期《外交》季刊（外交学会主办的刊物）上，发表了阿瑟·迪安的长篇论文，阐述了承认共产党中国，以换取它作出相应的让步，将会改善美国的国际地位的观点。迪安并未说出他心目中所想的是何种让步，但他呼吁对"两个中国"的理论重新加以研究。由于迪安以前在板门店曾代表美国参加谈判，又因为他和杜勒斯有交往，因此，8日在报摊上出现的本期季刊，马上使人猜想到，这反映出国务院的观点有了改变。但国务院新闻发布官苏伊丹否认国务院对迪安的文章负任何责任。

4月11日，艾德莱·史蒂文森（1952年民主党总统候选人）向全国发表广播演说。该演说获得报界的广泛赞许。史蒂文森在演说中呼吁美国及其盟国发表联合声明，谴责在台湾海峡使用武力；或者由美国及其盟国提出一项谴责"任何使用武力改变台湾现状"的决议。他说，这些国家应当协同一致，反对对该地区的侵略，"直到台湾的最终地位能用独立、中立、托管、公民投票或其他任何最明智的方式获得解决为止"。他说，台湾一经得到这样的保护，则金门、马祖无论对美国或对国民党中国来说，其重要性即不复存在了。他还警告说，如果美国不这样做，而是去保卫金门、马祖，那美国就很可能陷于孤立的境地。任何赞成美国防卫这两个岛屿的论点，都将被第三次世界大战的危险所压倒。

杜勒斯12日在记者招待会上评述史蒂文森的建议时说，这是按他自己的想法提出的建议，但"这正是政府过去一直并且现在仍在探索的途径"。不过史蒂文森似乎认为，国民党中国是可以"不予考虑及不必重视"的。杜勒斯说，国民党中国是我们的一个"忠诚的、可以依靠的"盟国。他还说，目前尚无召集联合国特别会议来处理停火建议的打算，但是，一如我们以往屡次明白表示的，美国仍希望停火。

4月13日杜勒斯对教会联合通讯社作了一次简短的发言，重申他以往提出的要求中共对台湾放弃使用武力，并且进一步说，这并不意味着要他们放弃对于台湾的主权要求。据说，三天后杜勒斯在加拿大渥太华对莱斯特·皮尔逊也曾扼要地谈到这一想法。

4月17日,我和一位国会朋友密谈。他告诉我,最近美国一部分报界和宗教界以及民主党内重要分子同英国联合发起一场宣传运动,旨在反对美国帮助我国防卫沿海岛屿金门和马祖的政策。他们主张美国只能用和平办法消除台湾海峡的危险局势。这就是说,只要能消除这一产生麻烦的根源及发生第三次世界大战的危险,即使放弃沿海岛屿也在所不惜。他们希望能够形成公众舆论。这位朋友说,据他的消息来源,这种主张,很可能对美国政府产生影响。

这位国会议员接着说,美国当局现在为了表示重视保卫台湾,拟将在台湾的军事援助顾问团的地位提高。他们感到蔡斯将军没有足够的威望,他不是西点军校的毕业生,在军界的地位及声望都不高,因此他的报告往往不为当局所重视。现在政府正在考虑委派军界地位较高、声望较隆的军官如魏德迈将军这样的人。当然魏德迈对我国很熟悉,但不知我国对他这个人或是对他的这项任命的看法如何。因此这位先生说,他以个人资格来征求一下我们的观点,并要求我不要作正式汇报。据他所讲的内容及口气来看,这件事还在保密,当局尚在考虑之中,他们所考虑的也并非魏德迈一人,甚至也未在原则上决定是否作此委派。

这位消息提供者说,魏德迈曾在1952年总统选举中竭力支持塔夫脱而反对艾森豪威尔,因此现在他与白宫的关系不够密切。这次大概是由共和党右派提名。最近以来,共和党左派和民主党在国内及外交问题上勾搭得很紧,给总统找麻烦,所以艾森豪威尔现在对共和党右派势力有所倚靠,有可能倾向于依赖他们的支持。因而有可能接受右派的推荐委派魏德迈担任此职。

我马上直接电告蒋委员长,告诉他我听到的情况,以及我个人对此事的意见。我希望知道蒋委员长的看法,要他考虑后秘密地通知我,以便我作适当的答复。四天以后,蒋委员长答复我说,已收到我的电报,得悉其内容,并表示如果魏德迈能到台湾来工作,他衷心表示欢迎,并要我代为转达。不过这件事最后落了空。

5月间,乔治·史密斯准将被任命为驻台北军事援助顾问团副团长,不言而喻,他将接替蔡斯将军。蔡斯于1955年就要退役。

我的那位朋友于6月9日前来秘密地告诉我最近的情况。他说,上次他第一次向我谈话的时候,美国当局是想选择一位蒋委员长所熟悉的高级军官去台湾,所以提到了魏德迈将军的名字。不过,原来的目的是和我们商谈金门、马祖问题,想在不影响公众信心及军队士气的情况下,放弃沿海岛屿。那是一次为了一个特殊目的的特殊使命。后来因为这件事关系到美国政府的外交机密和军事政策问题,才决定以派遣雷德福海军上将及助理国务卿饶伯森去台湾担负此项任务更为适宜。(我们这次对话大约是在极端秘密的雷德福-饶伯森访台使团到达台湾七星期后进行的,我以后将要谈到,这个使团使得台北大为沮丧。)

我把以上情况于6月10日向蒋委员长作了报告。并说我于6月9日会见雷德福海军上将,并借此机会向他提到据说要提高驻台军事援助顾问团的地位一事。雷德福说,这已是过去的事了。现在一切有关中美联防政策的重要军事问题,均交由第七舰队司令普赖德海军上将处理,并且他已经常与我方接触商谈。至于蔡斯将军,他将完全致力于有关训练方面的技术工作。

早些时候,在4月11日那个星期内,我接见了周世光先生,一位吉林省的国大代表,他是以侨务委员会代表身份来美国参观的。他是陈诚副总统的朋友,并和于斌大主教有亲密联系。我想,大概因为他和于斌是同乡。是由陈诚建议并通过陈的帮助而来美国的。他很实际。他对我说,陈诚将军曾告诉他,除非在某种有利的国际条件下,收复大陆才有希望,否则难以实现。

我在那一星期内看了两部影片,都是有关原子战争的。当时对于战争与和平,以及可能使用原子弹的问题正在议论纷纷。这些影片是我的空军武官衣上校向美国空军借来的。影片描绘了第一颗氢弹爆炸的情况,以及此种炸弹的威力。但自从影片拍摄以来,这种炸弹的威力又有了很大的增加。第二部影片名叫《自我防护》,描述在战争时,如果爆炸了原子弹或氢弹,如何找掩体以保护自己的安全。

4 月 11 日我接见了曾宝荪女士,她是曾国藩的曾孙女。她是来告诉我,她最近参加联合国妇女地位委员会的情况的。她说,会上苏联代表逼迫得很紧,要撤销她的出席资格,声言她无权代表中国,只能代表国民党反动集团。她给苏联代表以强烈的驳斥,并要求会议主席把苏联动议从程序单上删去。后来,在美国代表发言予以有力支持之下,主席撤销了苏联提案。她说,会议的气氛有时很紧张,弄得她很疲乏,以致她要求台北免去她作为参加道德重整会议代表团成员的职务。

那天下午,我接见了刘锴大使,他是来华盛顿探望母亲①后,即将返回渥太华之前来看望我的。我们就美加两国在台湾海峡危机上的政策交换了意见。他说,加拿大外交部长莱斯特·皮尔逊,对于我们的事业及沿海岛屿问题,总是倾向于英国观点。最近,在加拿大政策方面他更受到加拿大国会议员的压力。他说,这些人的观点更接近于英国工党的观点,对我们事业更为不利。至于谈到盼望和平及惧怕核战争,刘说,加拿大对此问题比以往任何时候都更加敏感,其部分原因是因为在地理位置上,加拿大正处于苏美两国之间的缘故。

第二天,我接见了斯·马歇尔准将,他在退役后是一位军事历史学家,也是《底特律新闻》的编辑。他打算到台湾住三个月,研究并撰写关于台湾情况的文章。他还研究过共产党在朝鲜作战的战术,并写了几本书,其中之一是《水道与交叉火网》,已经公

---

① 原文是 him mother,him 显然是 his 之误。但刘锴的母亲已去世,所以原文之 mother 恐为 father 之误,当指他父亲。

开出版。其他都是保密的,他对我说,只供美国军队阅读。作为他搜集的一些材料的例子,他对我说,共产党在战争中使用各种乐器及叫喊在火线上引导和指挥他们的部队。后来,美军从他的报道中知道了之后,也使用这些办法。这帮助他们在对共产党的战斗中取得了多次胜利。我给他一封信,介绍他去见外交部叶部长和当时的新闻局局长吴南如。我还写信给蒋夫人介绍他的情况和工作。他极想拜访她,向她和蒋委员长致敬。

晚间,我参加了菲律宾代办莱乌特里奥和夫人在菲律宾大使馆招待美国新任驻韩国大使威廉·莱西及夫人的宴会。我向莱乌特里奥致谢,感谢他为我的次子去菲律宾长久居留所进行的关说。我们还就菲律宾政坛领袖们作了有趣的谈论,诸如奎松、罗哈斯、季里诺、麦格赛赛及罗慕洛等。

我们在谈话中并未涉及最近菲律宾对台湾局势的态度,但在几天以后,我收到一份外交部发来的关于这个问题的电报,虽然简短,但可供参考。该电报是根据我国驻菲大使的报告而写的。电报中要我转发一份给纽约的蒋廷黻博士。电报说,菲律宾总统及副总统都说,不管美国是否参与防卫金门、马祖,菲律宾对保卫台湾的政策不变,但他们的内心是忧虑重重的。如果美国不参加保卫,那将对菲律宾国民的心理产生不利影响,从而鼓励那些在这个问题上赞成保守中立的菲律宾人的主张。一位有地位的老资格政治家雷克托参议员早就说过,美国对金门、马祖的态度,实际上是初步表明美国要从远东完全撤退。雷克托极力主张菲律宾人民要从现实观点出发,重新考虑对美国及中国的态度。因此,他主张接纳中共进入联合国。菲律宾报纸及亲美的立法界领袖人物,都要求美国参加防卫金门、马祖,并主张美国重申保卫台湾及菲律宾的坚定立场,否则菲律宾人民将会对美国失去信心。这就是外交部的通报。我想,外交部所以要把这些告诉蒋博士和我,是希望我们以这些事实作为一种理由,敦促美国加强支持台湾。因为,这表明如果美国的立场软弱,则不仅影响中华民国,也将使菲律宾人民对美国失去信心。

19日我再次接见《芝加哥太阳报》的弗雷德里克·库，他是想来了解一下我所理解的美国对沿海岛屿及台湾的政策，以及我国的政策的。据他说，克里希纳·梅农曾两次来到华盛顿。第一次就是他早先告诉我的，是作为尼赫鲁私人特使来试探美国对同北平直接谈判的看法的。第二次是来会见国会中的领袖人物，也是为了同一目的。第一次他未能向艾森豪威尔谈及此事，因为有杜勒斯和印度大使在场。第二次访问时，这个问题未能很好地为国务院助理国务卿胡佛及国会的一些人所接受。库说，只有参议员乔治倾听他的话，并表示赞成。

当天下午，我去法国大使馆回访顾夫·德姆维尔大使。我们谈及世界局势及战争与和平的前景。我说，只要国际共产主义不放弃他们统治世界的目标，战争的危险就总是存在。不过我不信莫斯科已做好这种准备。这一情况足以说明当前共产党采取和平攻势及宣传共存的原因。法国大使认为，共产党人不会放弃他们征服世界的目标，否则他们就无法幸存。苏联国内目前存在着意见分歧和权力之争，其卫星国又存在着经济紧张与不宁，为了对付这些问题，以及消化过去十年来所获得的利益，苏联也想有一段平静的时间。他说，现在只有中国共产党才形成对和平的真正危险，美国也有此种想法。他认为共产党中国乃是一个大国，它有巨大的武装力量和人力，广阔的领土，它的一行一动对战争与和平举足轻重，不但对亚洲，即对整个世界也是如此。中共是一个新成立的政权，唯其新，所以它才热衷于革命扩张和军事冒险。

同一天我去回拜意大利大使布罗西奥先生。我们谈到美国对台湾及对远东的政策。他同意现在流行的看法，认为不值得为保卫金门和马祖冒全面战争的风险。我提出了我国不同看法的理由，而他则认为放弃这些岛屿以换取停火是符合中华民国利益的；因为他认为，如果没有美国参加战斗，看不出我们怎么能收复大陆。我于是把我们的希望和我们的政策的道理讲给他听。我说,我们的最大力量不在台湾而在大陆,那里的人民迫切期待台湾的军队去解放他们。我说,当然,这是一件大的任务,不能掉以轻心,只能精心地进行准备,并密切注视有利于我们的工作和成功机会之国际局势的发展。

14日晚,我参加了助理国防部长麦克尼尔及其夫人在海军航空站的塞阔亚号游艇上举行的宴会。这次船上的宴会是一次愉快的聚会。被邀请的有雷德福海军上将和夫人、博尔特将军和夫人。博尔特把我叫到一旁告诉我最近一次在华盛顿他的家中招待苏联武官和助理武官的经过。那是个小型宴会,只限于他们三位军人和他们的夫人。饭后,他们到另一房间去密谈。当俄国人问到,如果中国共产党进攻台湾地区并占领了沿海岛屿,美国将采取什么对策时,博尔特将军说,那就意味着和美国开战。我敢断定,博尔特的这番话一定会马上被用电报传送到莫斯科,因为博尔特被认为是一位美国军事机关的重要人物。

15日(星期五),我忙于写两篇讲演稿。第一篇题目是《为什么中国大陆人民反对共产党的统治》,是准备在佛罗里达州圣彼得斯堡慈坛社社员俱乐部讲演的。第二篇题目是《台湾海峡局势危险何在》,是打算在陆海军俱乐部宴会上讲的,地点也在圣彼得斯堡。星期六,我把这两篇讲演稿重看一遍,然后交付油印。之后,我就搭美国航空公司班机飞往纽约去观看中国戏剧俱乐部在哥伦比亚大学麦克米伦剧院举行的业余演出。观剧的约有三百人,大多数是中国人。共演了两出中国戏。星期天,我原拟搭下午三点的飞机从纽约直飞坦帕,可是我迟到了一分钟,飞机已经起飞,于是我不得不等候一个小时改乘下一班只飞至亚特兰大就停的飞机,直到晚十时半才抵达坦帕。有一位名叫戈德纳的先生前来接我。他告诉我,在陆海军俱乐部有一鸡尾酒会欢迎我;并说顾毓瑞今天下午已由华盛顿飞来,现在正为我照应着。在市长派来的警车护送下,一路开绿灯,我们急驰通过所有交通路口,刚好在晚十一时前到达圣彼得斯堡。我被介绍给四对夫妇,他们一直留下来等着我。我喝了一点酒,谈了几句话,然后去斯旺尼旅馆。我又困又饿。飞机上不供饮食,在亚特兰大飞机场上,我只有时间嚼了半块三明治。(在吃的方面,我永远不会完全美国化。我一向不喜欢三明治,它和中国食物太不一样。)

18日(星期一)的日程是,上午十时举行记者招待会,然后到各处观光。中午我在圣彼得斯堡慈坛社社员俱乐部演讲,题目是《为什么中国人民反对共产主义和共产党统治》。在演说之前午餐时,圣彼得斯堡代理市长赠给我一把该市的钥匙,使我成为该市的荣誉市民。演说后,俱乐部送我一座瓷圣坛,是俱乐部一位会员的妻子所做的。下午我在一次电视访问中露面。晚间我去陆海军俱乐部作第二次演说。在欢迎我的晚宴之后,演说在大厅里举行,以便容纳更多的人。在我讲话的四十分钟过程中,会场寂静无哗,听众聚精会神,直到我讲完为止,这给我以深刻的印象。

我的第一个演讲题及以前的言论,也正如我与意大利大使所谈过的一样,主要目的在于反驳当前流行的看法,认为放弃沿海诸岛以换取停火符合中华民国的最大利益。持这种观点的人认为这些岛屿并非用来保卫台湾,而是为了收复大陆时作战之用的。中华民国要收复大陆,没有美国的联合行动是没有希望的,而这种联合作战看来已经不大可能。我演讲的目的,还在于重申中华民国收复大陆的想法并非不切实际。因此,我详尽地举出各种理由,说明中国人民反对共产党的统治。

他们对于国民政府最后会返回大陆,把他们从共产党的枷锁下解放出来并不失望。台湾的中国政府已肩负起这项解放民众的崇高使命。它不会把这种使命看成轻而易举。但是它坚信这一天终将到来,那时各种因素集合在一起,就能保证收复大陆获得成功,把自由还给中国人民。

在我的第二篇演讲《台湾海峡局势危险何在》里,我直截了当地反驳放弃金门、马祖给红色中国,以换取停火的言论,实际上也是反对各种有关绥靖的观点,包括各种决定台湾最后地位的方案(如艾德莱·史蒂文森最近大事宣传的),以及两个中国之说等等。我申辩说,最好的解决方法莫过于自由国家坚定地联合起来,遏制共产党的侵略。我在结束演讲时说,我国政府的主张是,无论有没有美国协助,对任何对沿海岛屿的攻击,都将予以坚决抵抗。

我回到华盛顿约一个星期后,接见了沃尔特·克尔。他是《纽约先驱论坛报》驻华盛顿办事处的负责人,刚上任不久,是来对我作礼节性拜访的。他说他已读过我在圣彼得斯堡陆海军俱乐部的演说词。他说,演说词的说服力及全面说明台湾政府对沿海岛屿问题的观点,给他印象很深,因此,他建议在他的报纸上全文登载,并已这样做了。他感到这篇演说在使美国人了解中国的立场方面会起到很好的作用。我记得,在此之后,演说词随即摘要刊载在《纽约先驱论坛报》上,并在下一月的《读者文摘》上予以转载。刊出之后的第二天,《读者文摘》寄来一张支票,我将它退回,说我不能接受这笔钱,但他们又送了来,说这是他们的方针,在登载文章后要付报酬,并说,如我自己不愿接受这笔钱,可由我任意支配用途。

19 日和 20 日我在圣彼得斯堡稍事休息,其间部分时间是由那位在飞机场接我的戈德纳替我安排的,有钓鱼和游泳。其实我发现,在我旅馆房间前面的那个海滩就非常美,沙子很细,像面粉一样,又柔软又光滑,比大西洋沿岸的迈阿密或基韦斯特海滩都要好。过去的几年,我在那里度过几个假期。21 日(星期四)临去华盛顿前,我又最后一次跳进大洋中洗了个海水浴。

当我在圣彼得斯堡的时候,国务卿杜勒斯去佐治亚州奥古斯塔艾森豪威尔总统的休假总部去找总统商谈,太平洋舰队司令斯顿普海军上将于 4 月 16 日即已会见了总统。据说杜勒斯和斯顿普两人曾讨论了远东的一般局势,特别是台湾的局势。但在事后分别答记者问时,两人都强调并没有什么紧急情况。另外,杜勒斯在17日会见艾森豪威尔总统以后,作了一个全面声明。他说向总统报告,中共在台湾对岸大大加强其空军攻击力量的集结,这即使不是有即将发动进攻的意图,也会在实际上增强共军随时发动攻击的力量。杜勒斯说,这种集结有其"非同小可的用意"。他还说,艾森豪威尔总统的反应是,向正要在万隆召开的亚非国家会议呼吁"力求摈弃以武力去实现国家的扩张"。

万隆会议在第二天(4月18日)开幕。周恩来19日在大会发言,内容包括预料之中的一些问题:"大多数亚非国家,包括中国在内,由于殖民主义的长期统治,经济上还很落后","美国(一手)在台湾地区继续制造紧张局势","亚非以外国家在亚非地区建立的军事基地越来越多。他们公开鼓吹原子武器是常规武器,准备原子战争";"中国人民解放自己的领土台湾和沿海岛屿的意志是正义的"。

4月20日《纽约时报》登载,"美国人争取民主行动组织"宣称,有四十一位著名自由人士向总统呼吁,不要介入金门、马祖的战争。另一则消息说,由国务院及国防部联合通告,助理国务卿饶伯森及参谋长雷德福海军上将接受总统命令即将去台湾。这个通告是在他们离开美国之前两小时宣布的。通告还说,他们去台湾是"鉴于在该地区的紧张状况继续不断,此行之目的是按照中美共同防御条约第四条规定,与国民政府领导人举行定期会商"。并说,"只要中国共产党武力进攻台湾的威胁存在,这种会商就要继续下去"。

4月21日,伊利·艾贝尔在《纽约时报》上发表文章,谈到在华盛顿不胫而走的一则谣言。他说,"猜测的主要内容"是说政府选派饶伯森和雷德福二人去台湾,"是要向国民党首脑们亮开一则为他们所不喜欢的消息,美国不打算在金门、马祖这些沿海岛屿上冒与共产党中国开战的风险"。

4月22日下午,我离开华盛顿去纽约参加宴会,宋子文也被邀在座。我们谈了话。他特别问到雷德福和饶伯森突然去台北的目的是什么。他对局势感到不安。我说,我还没有听到什么消息。虽然雷德福在离华盛顿之前想来见我,但当时我在佛罗里达州。我告诉宋,我想美国不大可能也不愿意向我们施加压力,让我们从金门、马祖撤退,尽管他们有可能这样建议。因为在共同防卫这些岛屿的问题上,美国在国内受到公众舆论和国会情绪的支配,在国外则受到其盟国意见的影响,使它难于坚持其联防金、马的态度。

《纽约日报》上刊登一则 4 月 22 日发自伦敦的电讯说,英国政府正在讨论这个问题,即如果国民党中国从金门、马祖撤退,可以暂时保证划定一条台湾与共产党中国之间的分界线。电讯说,不过这些议论尚未成熟到可据以制定政策的程度。电讯还说,英国事前并未得到雷德福和饶伯森去台的通知,也不知道他们去台的目的。不过他们希望此行的目的是劝告国民党政府放弃金门、马祖。

4 月 23 日,周恩来在万隆发表演说,演说的和解调子使很多旁观者大为惊奇。虽然大家都了解他上次发言的宣传性质,也明白他的和解调子显然是向与会者讨好,因为这些人大多不赞成他过去的军事立场,也知道他想赢得亚非的普遍支持,使红色中国能够获得承认并进入联合国;尽管如此,大家仍对其和解调子感到惊奇。周在发言中说:

> 中国人民同美国人民是友好的。中国人民不要同美国打仗。中国政府愿意同美国政府坐下来谈判,讨论和缓远东紧张局势的问题,特别是和缓台湾地区的紧张局势问题。

当时杜勒斯还未回到华盛顿,副国务卿胡佛代表政府发言。他马上拒绝了周恩来的提议,说除非中国共产党同意中国国民党以平等地位参加讨论。他还说,中国共产党应首先表示诚意,例如,同意释放囚禁在中国的美国人;接受尚虚悬着的联合国安理会邀请参加讨论终止台湾海峡的敌对状态;与此同时,他们必须实现在该地区的停火。

虽然美国的上述答复立场很坚定,但是台北的反应仍然是十分不安。一方面他们正在等待雷德福和饶伯森的到来,二人的使命,在华盛顿新闻通讯中已普遍报道,乃是来劝说政府放弃金门、马祖,以作为促成停火之新行动的一部分。另一方面,从万隆传来的周恩来宣布愿与美国直接谈判台湾问题的建议,无论在与会的亚非国家中,还是在美国的欧洲盟国中,都很受欢迎。所有这些国家一定会对美国施加压力,要它的态度更为和解些。甚至在美国国内,一些权威人士也主张谈判。参议院外交委员会主席、参议员乔治马上说,美国政府的高级官员应该表示愿意与北平商谈。他驳斥那种认为进行这种谈判就是姑息的看法。众议院外交委员会主席理查兹没有像乔治那样直截了当,不过也认为"对中共的建议应予研究"。

24 日上午当地时间十一时,雷德福和饶伯森到达台北,他们和蒋委员长及其他高级官员的会谈从下午四时半谈到八时。晚饭后继续谈了一会儿。有报道说,参加会谈的人有张群、叶公超及蓝钦大使。四时半会谈刚开始时,中央通讯社发出一则记者会见外长叶公超的特别报道。报道说,叶外长申明政府绝对不与中共代表坐在一起谈判。晚十一时半,政府发表一项公报说,会议就"有关中美共同防御条约的实施问题"交换了意见。我所得来的关于这一事件的消息都不是第一手资料,乃是根据当时的报纸及无线电广播得来的。

杜勒斯国务卿回到华盛顿后,4 月 26 日接见新闻记者。他们的一些问答如下:

问:国务卿先生,你同意不同意参议员乔治的意见,即使国民党中国不能参加会议,美国也应坐下来与红色中国会谈?

答:这要看所谈的是什么内容,还要看是否有迹象表明这种谈判双方都具有诚意。我们不愿背着中华民国谈与它利益有关的事。

问:国务卿先生,我相信你所说的是你想查明共产党是否具有诚意。你预备采取什么步骤来查明。

答:我们可以通过友好国家的政府去探明共产党心中想的是什么。举例说,在万隆会议的最后一天,周恩来的谈话是含糊不清的。他的话的要旨是,任何会议也不能否认人民中国有主权去"解放"台湾。如果这意味着共产党不准备谈在该地区的停火问题,也就等于意味着他们不愿意放弃通过武力实现他们的野心,那么很明显,我就看不出有什么要和他们谈判的理由。

问:国务卿先生,如果照共产党的提议举行官方会谈,这样是否等于半承认红色政府?

答:不是。以前我们和他们谈判时对此已经讲得很清楚。请记住,我们同中国共产党谈判已不是什么新鲜事了。我们和他们在朝鲜谈判过停战协定,我们在日内瓦与他们进行过一些谈判。对这两次会谈,我们说得十分清楚,事实上,在决定召开日内瓦会议的柏林决议上已经明确说过,和共产党一起谈判绝不包含外交上的承认。当然,再有其他的任何会谈,这一点仍是明确的。

问:国务卿先生,如果共产党同意国民党人参加,你是否愿意与中共直接进行谈判,还是愿意由联合国主持会谈?

答:我们相信会谈还是由联合国来主持为好,我不放弃在联合国主持下进行此事的希望。昨天晚上,我第一次有机会读到万隆会议的最后公报。读后使我印象深刻的是,公报提到联合国之处如此之多,几乎每一段都提到联合国,谈到联合国的各种活动。既然公报内容也是中共所同意的,也许他们不像去年1月联合国邀请他们来商谈时那样对联合国反感了。

问:国务卿先生,你是否计划采取某些步骤,使联合国对此事重作努力?

答:在对此事是否可能取得成功还没有初步了解的时候,我怀疑恢复联合国的努力是否会有什么用处。

问:国务卿先生,我们是否肯定要通过友好国家向中共探询? 我想你说过我们可能这样做。

答:我是说过我们可能这样做,因为这种事情需要审慎从事。万隆会议上谈的事情正陆续传来,有一些我是今天上午才得到的,事实上是由友好国家政府转来的。因此,我们还没有机会拟出任何确定的方案,不能像对某些既定的事情一样,用过去时的口气谈出来。

问:国务卿先生,你是否认为中共提议和我们举行双边会谈以及俄国人不久以前提议举行十国会商台湾问题这几件事值得重视?

答:我注意到了这几件事,我认为有一定的重要性。

问:在这两个建议中,你认为哪一个好?

答:我认为苏联建议的十国会议的参加国名单把国民党中国排斥在外是不能接受的。事情主要得看会议所要讨论的主题而定。譬如说,会议的议事日程本身在很大程度上就决定了谁应参加会议,但我们一直也不知道会议打算讨论的是些什么问题。

问:国务卿先生,你的意思是不是说,你并不拒绝考虑双边会议,你不排除它,是不是?

答:我不排除。

问:国务卿先生,开头你说,你认为这有某种重要性,但你并未说明你认为有什么重要性。

答:看起来在台湾海峡地区,中国共产党实行的是独立自主的方针。我认为在基本政策上,它无疑还是与苏联协调一致的,共产党的纪律使得中、苏两国都得按照基本路线执行。可是,确实在细节方面,在执行一致同意的原则中,中国共产党享有比欧洲卫星国家大得多的独立性。

问:国务卿先生,周恩来的提议不仅涉及台湾这一特定问题,还涉及一般的远东问题。就我们的立场说,你是否认为,在未和中共谈判更大范围的问题之前,先解决台湾问题,或者是有可能一开始就谈判更大范围的问题,而把台湾问题作为其中的一部分来谈判?

答:我觉得首先需要确定的是,是否我们必须准备在该地区作战,或是有可能在该地区实现停火。任何人也不能在别人的大炮威胁下很好地解决问题。迄今为止,在台湾地区有的只是战争威胁。在台湾海峡地区,中共一直,而且仍在大量集结兵力,特别是空军。他们直到最近还在进行激烈的宣传,说要夺取台湾,并说沿海岛屿如大陈岛等,对实现他们的武力计划有用。所以我说,你不能,至少是美国不能,在别人用手枪对着脑袋的情况下来进行谈判。首要的事就是要看在该地区有无停火的可能。这件事可以通过双边谈判,或者在联合国讨论,或在其他场合下谈判。但是我认为,停火是进行其他任何事情之前必不可少的先决条件。在进一步谈其他问题时,中国国民党的利益自然要占重要地位。

问:国务卿先生,国民党中国是否已接受停火这一概念?他们是否准备接受在该地区停火?

答:他们已经表示反对在该地区停火。在这一点上,我们和他们的意见并不完全一致。我记得,当初在新西兰把这件事列入安理会议程时,国民党中国即发表过声明,表示他们并不赞成在该地区停火。

问:国务卿先生,你曾说过,讨论过停火问题之后,在其他方面的讨论中,国民党的利益就要占重要的地位。据此,你的意思是不是指,在讨论停火问题时,并不一定要国民党参加?

答:不一定要国民党参加,因为停火涉及的是美国的利益,美国是承担了对台湾遭受到攻击时要做出反应的义务的。如果我们能够得到保证,说台湾不致遭到攻击,我们就会接受谈判的建议。

问:国务卿先生,请允许我提出一个问题,有人谈到周恩来在万隆所下的这一招棋并不完全出乎意料之外,而是事实上你曾得到一些消息,或者至少是料到这一点,这从你与总统在奥古斯塔谈话中看得出,而且此项消息或许在助理国务卿饶伯森及海军上将雷德福去台的使命中起一定作用。

答:我可以这样说,无可讳言,我们一直希望万隆会议能使中国共产党采取更为和平的态度。我曾说过,我感到未来之事,在很大的程度上要看中国共产党在离开万隆会议时,是感到已为他们用武力夺取台湾开了绿灯呢,还是感到那样做将会招致他们想保持友好的亚洲自由国家的反感呢?我并不认为中国共产党在精神上道义上有了什么改变,但我确实认为,他们可能已认识到这一事实,即从他们的立场着想,真正的和平,而不是空谈和平而同时却进行战争,乃是最好的政策。果真如此,那将是令我们十分高兴的事。

问:我还希望我所提的问题得到进一步说明。就是,是否这些问题对雷德福及饶伯森台湾之行起一定作用?

答:是有一定作用,但并不能说起决定性的作用。

问:国务卿先生,今天上午你能对我们谈多少关于雷德福和饶伯森的使命吗?

答:除了说那一地区的局势危急之外,可谈的很少。我们很难预料万隆会议之后,情况究竟会变好还是变坏。我已经谈过,中国大陆那边正在进行集结,这些集结有明显的军事含义,其中一些则含有政治意义。由于台湾海峡情况有了新的发展,因此,派助理国务卿饶伯森和海军上将雷德福去对海峡情况作政治和军事上的考察,并进行再一次的高级会商,似乎是有用的。这是一次对各种因素作一般的全面的研究,不论是政治的,还是军事的,而且以派高级人员进行个人亲身的直接考察,如现在所做的这样,似乎更为有益。这些事仅靠电报传递信息,往往效果不佳。

问:国务卿先生,你能不能劝说国民党政府对停火的概念能更加赞成一些?

答:除了上面所谈的而外,我没有更多可说的。饶伯森和雷德福去台湾,并不是向国民党中国施加压力,乃是以盟国及伙伴的身份去讨论正在发展的情势。我坦白地说,直到今天,我还不完全知道他们讨论的结果如何。

问:你是不是希望国民党能比较地接受停火概念?

答:美国事实上是希望能停火,这不是什么秘密,总统在其致国会的咨文中说得十分清楚。对于这件事,国民党政府和我们之间观点上是有某些分歧的。我说不好他们在台北已谈到什么程度,以及所谈的结果如何,因为我还没有听到……

问:国务卿先生,你的意见是否可以归结为:现在是轮到我们主动去同中共接触了,或者是我们还必须听到更多的中共关于召开像周恩来倡议的那种和平会议的意见?

答:我不知道应该"轮到"谁的问题。不过我可以这样说:当我们面临着像台湾地区这样严重的问题时,我们行事不能拘泥于外交礼仪。已提出的建议可能是真诚的,也可能并无诚意;可能有实质性的东西,也可能没有实质性的东西。

我们认为这次建议提出的场合使之能比在其他场合提出具有更大的可信程度。这是当着很多国家的面向他们提出来……

既然是在这种场合提出的声明,我们有意作进一步的探索。至于此事的进行,我们如果能够得到中共自发的进一步澄清,固然很好,但我们也不会坐等,而是要对事情加以探究,看其中是否有什么实质性的东西。

如我所说,有一句意义含混的话,即"解放"台湾是他们不可侵犯的主权。我以前说过,我们并不指望在这场斗争中的双方,无论是国民党还是共产党放弃他们的抱负和目标。充其量我们只不过希望能做到如德国、朝鲜或越南那样。但是,即使他们仍然保留着他们的要求和野心,他们是可以宣布放弃使用武力来达到这种要求和野心的。现在我不知道周恩来的发言是不是意在对我过去关于这件事所说的话作出反应。这就是我所认为值得进一步推敲的事情之一。

问:仅就我国政府方面而言,你能否告诉我们你是通过什么手段去了解当前所发生的事情的?巴基斯坦总理穆罕默德·阿里今天早晨说,他曾和周恩来谈过话。周恩来告诉他说,对话之门仍开着一道缝。周还对他说,重开谈判有成功的可能,或是暗示有这种可能。阿里还说,周恩来曾和他谈到解决当前危机的方法,他认为周的建议是合理的。但阿里并没有详细谈。你是否已要求他告诉详情,或是要他把美国对他们谈话的反应传过去?我们现在正在做什么?这是我想知道的。

答:我想我在回答前面的问题时已经说得很清楚了,就是我们还没有做任何事情。这个消息才刚刚得到,它需要我们冷静而明智地行动。仅是在几分钟之前,我们才通过巴基斯坦大使馆得到你刚才所说的消息。我们还未来得及收集全部有关的资料,在得到所有的有关资料之前,我们不打算采取什么措施。……

我随即致电台北叶公超部长,说此间当局对台湾海峡局势表现出不确定和犹豫的态度,不敢采取坚定立场。前天,在答复周恩来在万隆会议上主张直接会谈的建议时,国务院发表一个谈话,提出一些条件,其中有一条是我国(中华民国)应该以平等地位参加会谈。可是今天上午国务卿在答记者问时,实际上又说,即使中华民国不参加会谈,只要中华民国的利益不受损害或歧视,美国也愿就停火问题与中共直接谈判。我说,美国国务院大概是为了应付反对派的宣传和美国国内部分人害怕战争的心理。同时也可看得出,美国在行动上举棋不定。

我说,我想去见杜勒斯国务卿,探明他对此问题的意见。我想在台湾与雷德福及饶伯森的秘密会谈大概已经结束,并要求把会谈的要点秘密告知,以便于我在此地与杜勒斯会谈。

杜勒斯在新闻记者招待会的谈话要点,已由中央通讯社发往台北。我在致叶外长的另一封电报中说,杜勒斯在招待新闻记者时所说的,较之4月23日的国务院声明又退了一步,尽管该声明是由副国务卿胡佛按照艾森豪威尔的指示发出的。杜勒斯谈话的调子显得更和解,尤其是他表示美国愿就停火问题与中共直接会谈,而并不坚持一定要我们参加。我还进一步说明,我现在确切地知道,杜勒斯的这一步实际上是出于响应参议员乔治的建议,也是由于美国友邦的忠告,即鉴于万隆会议的气氛,美国应当采取更为妥协的态度。

26日晚我接见黄仁泉。当晚他要出席众议院外交委员会主席詹姆斯·理查兹的宴会。他问我在与理查兹谈话时,应该怎么说才好。他说理查兹肯定会问他,我们对沿海岛屿问题的态度,以及雷德福及饶伯森在台北会谈的情况。我告诉他,我还未接到有关他们二人在台北会谈内容的报告,不过我敢肯定,不管美国是否参加联防,我国政府要保卫金门、马祖的决心不会改变。我还告诉黄,理查兹早就了解,当初杜勒斯在国会讨论关于沿海岛屿问题的决议时所作的简要情况汇报中曾说,在我们按照美国的意见从大陈岛撤退后,美国将参加金门、马祖两岛的联防。

在杜勒斯接见新闻记者之后,不少参议员感到,美国与中共的对话很清楚地表明是在出卖盟国以换取与中共妥协,因此,这些参议员们打算在参议院提出质问。杜勒斯听到这一消息,马上前往参议院做秘密解释工作。据我从秘密渠道获得的消息,杜勒斯告诉与会参议员说,周恩来在万隆会议上受到东南亚国家的敦促,故意做出温和而和解的态度,以争取主动。因此,美国也不得不表示和平的态度,以避免激怒东南亚各国。不过,他说,在与中共商谈之前,他当然要提出一些条件要中共接受。虽然杜勒斯没有说出这些条件的内容,但他说,如果中共同意这些条件,那就证明他们确实怀有和平诚意。他进一步向参议员们表示,他绝不会出卖盟国,他诚恳要求参议院对此事放心。

我把我所获悉的情况于 4 月 28 日向外交部汇报,并进一步说,我了解到,白宫一位重要官员已将此项与中共直接举行双边会谈的政策交付国务院,但不一定是总统本人已做出了决定。这是另一个迹象,表明美国对中华民国仍有深厚的好感,而政府则在摇摆不定。

4 月 29 日晚我在一次招待会上会见助理国务卿帮办西博尔德,我问他饶伯森回来没有,他说已回国了,但须到星期一上午才能回到国务院,他已先直接回到里士满家中。我从叶外长对我 26 日电文的回电中,获悉蒋委员长同饶伯森和雷德福台北会谈的概要。据叶说,他们的会谈并无结果。叶外长的电报是大使馆译电室在当天下午收到的,电报说明要我亲译。电文说,饶伯森和雷德福带着指示到达台湾,他们俩首先向我们重申:

(1)美国绝不参与任何处置台湾的建议。
(2)美国继续承认我们为中国唯一的合法政府。
(3)美国将继续阻止中共进入联合国。

不过,他们接着说,自从 1 月间国会通过决议后,美国大众及国会中的舆论更强烈地反对美国为我们防守金门、马祖。自由世界国家也都怕美国参加联防有可能导致世界大战,因此他们大都公开反对美国这样做。美国军事评论家也不认为这两个岛屿有什么战略价值,也不认为防守这两个岛屿对防卫台湾及澎湖有何必要。此外,鉴于中共在大陆沿岸集结军事力量,如我们要想保持这些岛屿,我们将不得不大规模地轰炸大陆沿岸的油库和空军基地,或是使用原子导弹。但是美国从来也不愿意率先发动一场战争。而且,美国如果为了金门、马祖而从事一场战争,则一般公众将不会容许。

叶部长在报告中继续说,当时饶伯森及雷德福说,由于以上理由:

> 艾森豪威尔总统甚感处境困难,再三考虑之后,认为无法实践对我所作联防金马之诺言,然又不愿看我毫无代价放弃金马,因而建议于适当时期及适当地点与我总统会晤,并由中美两国发表联合声明,宣布对自温州至汕头之中国沿海实行封锁,然后由我主动撤出金门、马祖。美国并愿重申其声明,如共党进攻台澎,美即于我对大陆采取军事行动之同时,向大陆采取军事行动。

据叶部长说,蒋委员长答称,自从撤出大陈岛以后,我们一再声明要保卫金门、马祖。如果我们再次食言,放弃这两个岛屿,则不但我国军民不能理解,不会原谅政府,而且海外华侨也会对政府失去信心。我们将继续信守条约义务,如果不得到美国同意,绝不单方面向大陆进攻。因此,我们仍希望艾森豪威尔总统也同样实践他早先对我们所作的诺言。

叶外长在电报中还说,这二位先生于临别时表示,美国将继续供应我们装备和给养以保卫台澎并加强去沿海岛屿参加战斗的美国空军力量。

叶外长在电报结尾处说:

> 是为此事之概况。至于美将采取之其他措施,则尚未得悉。就我方而言,自不应再提任何方案以示让步。据测,如美国表明不容金马落入中共之手,则中共肯定不敢进攻两岛。

> 保卫金马,须依靠我自身力量,并保持制空权。依目前

实际形势判断,我仍占上风,然如共军倾其所有空军来犯,则我将难以抵挡。但我防卫金马之实力仍相当可靠。敌军几千来犯,定难得逞。如果我于此时自动撤出金马,则我之部队、人民以及海外侨胞,将对政府完全失去信心。请将此电转达蒋、胡二公一阅。此事中美双方约定绝对保守机密。

第二天(4月30日),范佛里特将军打电话来说,他最近访问台湾,受到蒋委员长和蒋夫人的盛情款待。我国人民的善意使他非常高兴。他对我们军队士气之旺盛印象很深,但对华盛顿美国政府于沿海岛屿的政策则感到焦虑。我告诉他,不论有没有朋友帮助,我们都决心要保卫该两岛。他对我们的决心十分赞许,并认为只要我们立场坚定,事情终会好转。

约在三个星期以前,空军武官衣上校受美国空军斯通将军之邀,将陪他一起去台北访问,为期大约十天。他来征求我的同意,我当即予以批准。衣上校与斯通将军从台湾返美后,立即于5月2日来向我报告。他说此次回去未见到蒋委员长,因为当时他知道蒋委员长对美国关于沿海岛屿的摇摆不定政策,以及雷德福和饶伯森之突然访台,显然是为了劝他放弃金门、马祖,感觉非常不快。我问衣上校对台湾的士气及民心的印象如何。他说,他们似乎是只好待在台湾,并且似乎不大知道西方关于可能发生核战争的谈论和恐惧。

当天下午,我出席了伊拉克代办举行的庆祝国王费萨尔二世生日的招待会。我出席这个招待会,是在履行我坚持的一项方针,即经常要在一些国家的国庆日或独立日的庆祝会上露面,即使有时几乎是勉强撑持着出席的,因为在长时间工作,包括约定的走访或接见之后,总是感到很疲乏。

5月3日孔令杰到双橡园来看我。他的密友黄仁泉在这以前曾来问过我关于饶伯森和雷德福在台北和蒋委员长谈话的内容。不过,我知道孔自己已从台北获得了会谈内容的报告,他并非直接向我打听消息,只是随便谈谈而已。我告诉他,美国不可能像上次他们曾迫使我们从大陈岛撤退那样逼迫我们从金门、马祖撤退，那次从大陈撤退对于改善局势一无所补。我还把我在圣彼得斯堡陆海军俱乐部的演说的大致内容告诉他。就是说，不管有无美国的帮助，我们也决心防守这两个岛屿。我说，这是一条我们所应遵循的明智政策，特别是我们的英勇守卫，将会使美国人视之为符合他们自身的利益，而于适当时刻给我们以援助。孔令傑对此完全同意。

至于拟议中的北平与美国直接谈判一节，我说，鉴于美国国内公众舆论以及国外盟国的压力，我认为美国不能不举行某种形式的谈判，但我怀疑这种谈判是否能获得什么结果。谈到拟议中的四国会议，我说，鉴于英国在 5 月 26 日将举行大选①，来自伦敦的压力定会大得使华盛顿难以拒绝举行高级会谈或召开四国会议以讨论国际问题。

我曾不止一次地谈过 1955 年所提出的四国会议，现在我想详细叙述一下这个问题的背景。首先我回忆起过去苏联曾每隔一段时间就提议召开四巨头会议，过去几年曾断断续续地讨论过这个问题。但是英美两国在 1955 年 1 月间曾说，虽然他们赞成召开，但须在巴黎协定批准之后，使包括一个由新武器武装起来的西德作为成员的西欧联盟得以形成并作为整体加入北大西洋公约组织，而不是在此之前。

3 月下旬这一问题在美国又重新提出，当时是参议院外交委员会主席乔治在电视广播和随后的记者采访中建议召开巨头会议，如我向外交部汇报所说，3 月 21 日新闻记者们要求他重申他的建议时，他照办了，并且说，此会之召开，须在巴黎协定批准之后。他主张由艾森豪威尔总统在年底以前尽快召集，目的是要避

---

① 温士顿·邱吉尔爵士于 1955 年 4 月 5 日辞去首相职，4 月 6 日由艾登正式继任。这可能增加了美国共和党政府对英国 5 月大选中保守党得胜机会的担心。

免一次世界大战。乔治主张参加的国家数目应当有所限制。有人问道，要不要邀请中国共产党，他说，这次还不可能。

对于此事，报界曾要求国务院加以阐明。国务院发言人说，国务院的意见与参议员乔治的意见并无多大不同。美国政府认为，在巴黎协定生效之前，召开任何这类的会议都不会有结果。国务卿杜勒斯曾说得很清楚，在批准巴黎协定之后，国务院要考虑召开一次与苏联之间的国际会议问题。但是召集这个会议必须有先决条件作为协议的基础，特别是德、奥问题。此外，发言人还说，这一点，美、英、法已在 1954 年 11 月 29 日致苏联的照会中说得很清楚。

第二天，3 月 22 日，总统在白宫举行每周与共和党领袖们的例会之后，参议员诺兰告诉一位记者说，参议员乔治提议的召开各国巨头会议一事，已经充分加以讨论。他说，艾森豪威尔总统曾表示，现在他既无意也不想恢复当年罗斯福总统个人单独处理外交的方法。艾森豪威尔还说，到现在为止，还未见到苏联有什么行动让美国有可能同意举行四国会议。总统曾提出好几条作为召开四国会议的先决条件，即：苏联应：(1)首先要与奥国签订和平条约；(2)表示同意德国实行一次使德国统一的选举；(3)同意建立一个统一、自由的朝鲜。诺兰还说，美国政府的立场很坚定，在巴黎协定未批准之前，无意于举行这种会议。

同一天，国务院发言人简要地说，参议员乔治对于召集四国会议的意见和国务院意见一致，并说，杜勒斯国务卿以前在芝加哥演说中说过，美国不反对召开一次国际会议。白宫发言人也说，诺兰上午的发言完全反映了总统的看法。参议院共和党政策委员会主席、参议员布里奇斯说，总统已经说了，虽然现在还不是举行这样会议的适当时候，但是政府确实正在考虑召开会议的正反两方面的意见。

在同一周周末，法国已经完成批准巴黎协定的立法程序。星期一(3 月 28 日)国务院发言人在答记者问时说，鉴于法国已经批准了巴黎协定,英、美、法三国通过外交渠道对召集四国会议问题的讨论已经加紧。而且,三国外长还打算在他们出席北大西洋公约组织会议时,对此问题进一步讨论。

大约以后一个月左右,西方国家提出的召开四国会议的一些先决条件已经实现或部分实现。就其签订对奥和约来看,证明苏联政府颇有和解之意。5月2日,四强代表会面,完成了必要的准备工作。至于巴黎协定,全部十五个条约国家均在5月5日交存了批准书,这正是在我和孔令杰谈话的两天之后。当时我说,我觉得英国对美国的压力已大到使美国不得不赞成举行四强会议。

5月10日西方政府照会苏俄,正式提议召开政府首脑会议。最高级的会议之后将继之以第二级的会议,对政府首脑们作出的决定"以最富成果的方法、机构和人员进行细节研究"。苏联政府反应良好,布尔加宁元帅宣称他的政府对这一计划抱"积极态度",但是正式的答复直到5月末才收到。

叶外长关于饶伯森和雷德福两人在台北会谈的通报中提到他们二人曾建议艾森豪威尔总统与蒋总统会晤,然后中美两国发表共同声明封锁中国海岸,我们接着声明撤出金门、马祖。5月4日,罗伯特·艾伦在《纽约邮报》上发表一篇歪曲事实的文章,把此事透露给美国公众。那篇文章开头说,蒋委员长有他自己的计划,想举行一次"最高级会议"。并说,国会领袖们已获悉蒋曾向饶伯森和雷德福提过,说他想和艾森豪威尔举行会谈,因为这种会谈可以提高我军的士气,并向中共表明,美国无意订立任何有损于我国利益的协定。艾伦还说,凡是支持蒋总统的人都赞成这个主意。

这篇文章似乎是故意歪曲事实。文章甚至说蒋总统在这以前曾两次表示愿意和艾森豪威尔会谈:一次是在1952年艾森豪威尔当选总统后去南朝鲜检阅驻朝美军时;一次是在1953年朝鲜停战协定缔结之后。

我向台北叶外长电告情况,并随即用信将这篇文章附寄前去。我说:

> ……此文之基调,除歪曲事实外,反映出作者之不友好态度。此事本不足奇,盖此报与艾伦本人对我国之事业向无好感。唯堪注意者,国务院与国会中,定有人暗中谈论并推动此事。为不连累饶伯森,已请谭绍华将此文剪送马康卫。但并未对此文加以评述,若无指示,亦不拟采取任何步骤以纠正其错误。

> 据悉蓝钦往见委座告以饶伯森、雷德福两人将去会见时,委座甚感烦乱,嗣后之会见均甚勉强。望能由密途或交妥靠来美人士带下当时之会谈记录。

5月4日晨,我乘首都航空公司飞机去匹兹堡,准备在去匹兹堡对外政策协会的会议上发表演说。参议员迈克·曼斯菲尔德也将同时发表演说。应协会主席之请,我们大家一齐照了象,并在我所住的威廉·佩恩旅馆房间里共同接待访问记者。在午餐会上,曼斯菲尔德在我之前发言。他的演讲题是《台湾远景》。在演讲中,他主张台湾中立,由世界各国发表声明予以支持,对中国冲突中任何一方使用武力进行谴责,最后达到台湾托管或公民投票等比较长远的解决办法。不过,总的说来,他并非针对中华民国,而出自对1956年总统选举的政治考虑,因为他过去对美国政府的远东政策曾有过大量批评。

我自己的演说题是《台湾海峡局势趋向何处?》我这篇演说从多方面反对美国与中共举行公开谈判,并进行说理抗辩,认为如果要举行谈判,则中华民国的利益就应该得到保障,我在描述了北平最近的侵略行动后说:

> 北平政权一方面在台湾海峡制造了威胁性局势,一方面又通过其代言人周恩来在最近万隆会议上宣称他们的政策是和平的,他们愿意与美国举行谈判以缓和远东国际紧张局

势,特别是台湾海峡地区的局势。中共突然化装成和平鸽,似乎已产生了他们所想获得的效果。自由世界群起欢迎,认为是个喜讯,掀起了与中共和平解决问题的希望。

不过我相信,我们中国人,不论是在台湾,在海外,或是在大陆,对中国共产党在万隆会议的发言一点也不会感到兴奋。我们中华民国在大陆上与中共打交道已积累了许多惨痛的经验。我们知道,列宁教导的共产党的标准战略,一直是与非共产的资本主义世界打交道,无清规戒律约束;为了达到目的,一切手段,如威胁、强制和欺骗,都可以使用。以这种战略为根据的战术之一,就是"打打谈谈,谈谈打打"。

很显然,周恩来在万隆会上戏剧性的声明,表示了北平的和平意图,并提出愿和美国直接谈判,其目的是多方面的。这次会议集亚非二十九个国家的代表于一堂,为中共提供了一个讨好他们的难得机会;也是一个不寻常的,可以进行宣传和心理战的讲坛,为北平政权表现为奉行和平政策赢得同情和赞许,并把美国描绘成为"战争贩子"。

共产党发言人意在助长中立倾向和鼓励中立国家。这些国家虽然常常一再声明决不偏向世界两大集团的任何一方,但总是批评非共产党国家的共同政策,在事实上始终是倾向共产党阵营。他的用心尤其在于表明中共是如何地有理性和如何地爱好和平,试图削弱和瓦解马尼拉条约签字国建立和发展集体防务以防止中共侵略的努力。此外,虽然他们不可能有诚意和严肃的意向使会谈谈出成果,但周恩来和他的同志们知道,如果同美国直接谈判这一招得逞,就会大大提高他们的声望,给亚洲人民以一种印象,认为他们的力量和影响能容易地迫使自由世界最强大的国家向他们的意志低头,响应他们的号召而直接谈判。这种印象自然会造成一种等于实际上承认北平政权的假象。

过去的可靠经验告诉我们,同共产党打交道时要小心,特别是自由世界已经领教过了板门店和日内瓦谈判的教训之后……果然如此，紧接着周恩来在万隆会议发言后的次日，他就收回了他的一部分声明。他对会议说，北平政权有权"解放"台湾，而且这种权利是不容任何国家干涉的。自此以后，共产党北平广播便向全世界扬言，在提出与美国直接谈判时，要划清一条界限，就是说，缓和台湾地区紧张局势是国际问题，而解放台湾则是内政问题，这是不容谈判的问题。换句话说，中国共产党无意于和平解决所谓的台湾问题，除非照着他们的条件行事，而是下定决心以武力拿下这个岛屿。这种解释至少是与共产党多次反对台湾海峡停火相一致的。

就自由世界来说，美国与共产党实行双边会谈，究竟能谈出什么结果，是令人怀疑的。更大的可能倒是，如果谈判真的实现，中共一定会竭力加以利用以达到其宣传的目的。……

对中国共产党来说，金门、马祖问题是次要的，甚至是不受重视的。不过如果有慷慨大方的第三者们愿意无偿赠送，他们当然不会不接受……

当然，举行直接谈判是容易的，而且在当前国内、国外诸多方面都在施加压力，要不惜一切代价以结束台湾海峡地区的危机的主导环境下，要拒绝谈判或许是困难的。可是，共产党倡议直接谈判的诚意如何既然还是个未知数，即使未经智者殚思也能知道自由世界采取任何途径都须特别小心。一次失败的会议，或是得出一种对共产党的要求一味姑息的结果，将不仅对自由世界的威信，而且对真正的和平事业会带来非常重大的损害。

鉴于共产党有其固定的目标，所以任何会谈都不会产生结果。不过，如果美国一定要同他们会谈，那么有两个重要的问题必须时刻在念：一是为了正义和公平，凡是对中华民国的利益有影响的问题,不能提出讨论;如果共产党提出来,则在这一点上绝不能让步。……另一个问题是,与这些人所共知的不讲道义的共产党打交道时,切不可因追求成功而妥协,以至于牺牲自由世界所珍视的、对于促进永久和平必不可少的原则,以换取有名无实的休战……

在指出了这几点之后,我于是总结说:

共产党不承认,也不会遵守自由世界众所公认的道德及伦理标准,但他们生性就是服膺坚定不移和实力地位。他们是现实主义者,因此,可以有把握地说,只要说清楚决不考虑放弃金门、马祖,只要在台湾的中国政府下定决心,——我敢肯定地说,绝对没有任何理由作别的设想——不惜任何代价保卫沿海岛屿,共产党是不敢冒战争危险去招致致命失败的。尽管共产党对沿海岛屿不断发动间歇性的试探攻击,但台湾海峡的和平是不会受到严重妨害的。只有大西洋两岸及亚洲部分地区的自由国家表示惧怕战争,倾向于姑息,才会导致共产党侵略者误以为这是真正的软弱迹象,从而鼓励他们去冒重大危险……

我发给叶外长一封电报,以回复他关于雷德福和饶伯森在台北与蒋委员长会谈情况的通报。我说,在答复他们时,我们的态度是恰当的、庄严的,因为我们不能与我们多次的声明相矛盾,答应放弃金门、马祖。我还说,我认为我们不作反建议,以表示有退让之意,这是最明智的。我于是告诉叶外长说,白宫及国务院听了饶伯森和雷德福的报告后,现正在秘密研究其他可能的步骤。不过他们或许要在三强外长在巴黎商谈(杜勒斯国务卿将去参加)之后才能作出决定。另一方面,外间有很多关于与共产党谈判的谣传,因此我已经与杜勒斯约定去拜访他,以试探他对此问题的意见。最后我问,饶伯森和雷德福在离台前有没有提及美国与中共举行双边会谈一事?我们对此是否有过什么表示?我想知道这些,以便为第二天下午四时与杜勒斯的会谈事先做好准备。

次日早晨收到了叶外长的答复。他说,在那两位先生离台之前,他们还不知道有双边会谈之说,因此也没有谈论过此事。叶说,至于我们的态度,这已在 4 月 24 日他的声明中予以阐述,这就是说,我们绝不接受和北平政权坐到同一谈判桌上的任何建议。

下午四时,我去国务院会见杜勒斯,想从他那里得到关于美国与中共直接会谈以及他参加即将到来的北大西洋公约组织理事会,和英、美、法三国外长在巴黎非正式会谈的政策的想法。据说该外长会议计划要讨论远东局势及中国沿海岛屿问题。杜勒斯向我明确保证,他绝不会未经取得我国同意或事前未经和我们商量,就对任何会影响到我们的利益的事进行商讨。不过在其他成员国政府的要求下,他将向北大西洋公约组织理事会作关于远东局势的报告。

据会谈记录所载,会谈时饶伯森和马康卫都在座。会谈时,我首先发言。我说,国务卿事前大约也已料到了我来拜访的目的。我说,美国和中共政权之间举行双边会谈的问题已经成为报纸和国会广泛探讨辩论的题目。我注意到,艾森豪威尔总统及国务卿在答复新闻记者的提问时,也作了一些赞同此种会谈的声明。我推测,鉴于美国国内及欧、亚友好国家的普遍情绪,总统和国务卿才不得不作这类声明的。不过,我国政府却很想知道英国对此事的真正态度如何。据我所知,雷德福海军上将和饶伯森先生在台北时未曾提出这个问题。

饶伯森说,在他与雷德福海军上将同蒋委员长会谈后离开台湾以前,一直都不知道周恩来在万隆会议发言一事。

我说,这一点我是知道的,不过我是想从国务卿这里了解美国对于同北平政权谈判的权威性意见。

杜勒斯稍事考虑片刻,然后审慎而有条理地说,美国一直希望台湾海峡停火。他知道国民政府对于停火有不同看法。当新西兰在联合国安理会上提出停火建议时，国民政府的意见已完全为大家所知。他接着说，就他所知，此项提案已被搁置，因为北平政权拒绝派代表参加讨论。他不知道北平代表在万隆会议上提议要和美国谈判究竟具有多少诚意，不过，他想了解北平作此倡议的真正意义与目的何在。他说，他知道有些国家正在设法摸清北平政权的真正意图，不过他们这样做乃是出自他们自己的主动，并未与美国商量。

我说，我知道巴基斯坦、印度和英国在北平曾试图探询共产党的意图。我还说，根据国务卿刚才所说，我料想这些国家的探询并非出自美国的要求。

杜勒斯说："完全不是。"他接着说，甚至英国在指示其驻北平代办去与共产党政府接触时，事前也未和美国商议。他说，据他所知，英国代办尚未见到共产党的外交部长。他很怀疑，英代办为此事而去，是否能获得接见。他又说，在美国方面，我们并未采取任何步骤与北平接触以探明他们心里想什么。他在等待，看北平是否会发表声明放弃在台湾地区使用武力。杜勒斯掉过脸去问马康卫，周恩来是否已返回北平。

马康卫回答说，尚未回到北平。并说，周大概是离开北平在某个地方休息。

杜勒斯接着说，美国的意思是等着瞧，看看中国共产党是否愿意接受停火。

我指出要实现停火，按照合法的手续其先决条件必须至少有两方参加订立某种协定。依目前情况看，我国政府一向声明反对这种停火，而美国又未从事针对中共的任何敌对行动，因此，我国政府看不出如何能使停火实现，除非不是像上述那么严格合乎法规，而是由北平单方发表一项放弃在台湾地区使用武力的声明。

杜勒斯说，这正是他所想的。他说，如果北平政权能够公开声明，不打算用武力解决问题，那么，美国政府就准备和它谈判别的问题,以缓和台湾地区的紧张局势,不过他可以向我及我国政府保证,美国政府绝不会在国民政府不在场或是未经它的同意,而去谈判任何足以影响国民政府利益的问题。他说,他和总统在每次记者招待会上都说得很清楚。

饶伯森说,国务卿在上星期二(4月26日)的记者招待会上对这一点讲得特别清楚。

杜勒斯说,他想我大概已经读过他的声明。我说我已经看到。

杜勒斯说,他还要说明一下,在这一点上,他所说的与国务院前几天的声明并无不同之处。他的意思是指,在讨论可能影响到国民政府利益的问题时,须有国民政府在场或是事先征得它的同意。但这不能理解为与北平开始谈判所必须遵守的严格条件,没有国民政府在场或未经它的同意,美国只与共产党商谈有关美国利益的问题,这一点他可以绝对保证。

我说,我很高兴听到国务卿的这番话,这令人很放心。我说我了解到,饶伯森先生在台湾会见蒋委员长时,也已作过类似的保证,并重申美国的立场是不承认北平政权和反对它加入联合国。我想,我可以向我国政府报告说,美国政府的这项政策未变。

杜勒斯答复说,绝对没有变。并说,我可以把他所说的话认作是绝对的保证。

我说,我个人认为,所提到的谈判即便能实现,也是谈不出什么结果的,因为北平并无诚意。我回忆周恩来在万隆会议上提议与美国直接谈判的第二天,就收回了他的一部分发言,而在缓和台湾地区紧张局势和"解放"台湾之间划了一条明确界限。他认为前者是可以谈判的国际问题,而后者则属于国内问题,是不容外国干涉的。

杜勒斯说,他已注意到了周所说的两者的区别。他在上星期二的记者招待会上已提到了这一点。

于是我说,据报纸所载,台湾问题在下周的北大西洋公约组织会上,美、英、法三国外长将会加以讨论。

杜勒斯说,他正被邀请在巴黎召开的北大西洋公约组织理事会上就远东局势作一次报告,包括台湾地区局势在内,特别是因为他刚刚从远东回来。会上可能有一些讨论,不过只是一般性的讨论。

我也料到在理事会上将有一番讨论,但是我说,我了解在北大西洋公约组织理事会开会之前,美、英、法三国外长将先行讨论。伦敦及巴黎报纸都约略谈到,台湾问题也将在会上提出。

杜勒斯说,这件事并没有列入议事日程,他想不会正式讨论这个问题,但有可能进行非正式讨论。

我说,英国的麦克米伦(在艾登继邱吉尔任首相后,哈罗德·麦克米伦任外交大臣)及法国的比内都曾表示,要设法弄清楚美国的对台政策。

杜勒斯说,列入议事日程要讨论的是越南问题。不管怎样,如果国民政府不在场或是在未得到它的同意之前,他不会讨论对国民政府利益有影响的问题。他说,他已让饶伯森和他一道去巴黎,因为他预料法国渴望和美国讨论越南问题。

我谈到有一家报纸的巴黎消息说过,法国总理富尔曾说过,在研究远东局势时,应当面对现实。富尔认为,对中国大陆上一个统治五亿多人民的政府,不能无限期地置之不理。他显然是指承认共产党政府问题而言。我说,因为美国是反对承认北平政权的,我怕法国领导人会利用承认北平政权问题,迫使美国政府在越南问题上采取一种对法国有利的态度。

杜勒斯说,他想向我保证,他不会在承认问题上与法国讨价还价,也不会在没有国民政府在场或事先得其同意,而讨论任何对它的利益有影响的问题。

我说,这样我就放心了。

杜勒斯要我把这种保证传给台北。我说,我很乐于照办,因为这件事也是我国政府感到高兴的事。我说,中国人一回忆到雅尔塔会议,就感到沮丧与失望。我相信,美国将来再也不会重演雅尔塔会议的事了。

杜勒斯和饶伯森二人都说,以后再不会有雅尔塔之事发生了。

在和杜勒斯谈话之后,饶伯森说,自他回华盛顿以后,总想和我谈谈。我说我也是这样,很想找机会和他谈谈。所以,在和杜勒斯会谈后,我马上和饶伯森会谈,马康卫仍在座。

饶伯森一开头就说,他可以理解,对美国的台湾政策,台湾有疑虑和不安之感。但是,这种感觉是没有理由的。他认为中国政府有充分理由接受国务卿和他自己所作的保证。他可以重申,美国反对台湾中立化,反对承认共产党中国,反对共产党中国加入联合国。他发现蒋委员长总是认为美国没有自己的外交政策,而是受英国的影响。他似乎相信,美国对台湾局势的看法是受伦敦的唆使,可是事实并非如此。英国承认了共产党中国,美国并没有追随英国的路线,而是仍然反对承认。如果美国屈从于英国的压力,那么它也早就承认北平政权了。他觉得,在他和蒋委员长的讨论中,蒋委员长对台湾问题和其他问题,总是从台湾立场和中华民国的利益出发。饶伯森说,他可以理解为什么会这样,不过蒋委员长似乎不大了解,美国看待台湾问题不能单纯认为是一个地区性问题,而必须从整个世界着眼。

饶伯森接着说,美国对全球负有责任,在欧洲和亚洲都有盟国。它在苏联周围的国家中有空军及海军基地。如果美国一旦为了保卫台湾而与中共开战,它必须有盟国的支持。如果发展到同苏联作战,那么美国就必须利用盟国领土上的海空军基地以攻击苏联。没有这些盟国的友好和谅解,美国是不能利用这些基地的。蒋委员长似乎不能理解美国的处境,就如同他本人,也许并非总能理解蒋委员长对此问题的看法一样。

我说,关于蒋委员长有一件事必须说明一下。他在处理外交事务上,总是遵守中国所承担的条约义务和责任。他提出的看法总是不超过那些范围。

饶伯森说，对这方面不必担心，美国也会信守共同防御条约所规定的义务的。如果台湾遭到攻击，美国就会参加防御，美国人民也会予以支持。

我说，我对美国会忠于条约义务并不存有疑虑，但是困难在于防卫所谓沿海岛屿，特别是保卫金门和马祖。

饶伯森说，关于这些沿海岛屿，杜勒斯已在多种场合向叶外长做过解释，说明保卫金门、马祖是单方面承担的义务。国会决议授权美国总统可以做出判断，决定是否要参加保卫这些沿海岛屿。此项决议明确规定，只有总统自己能做出决定，以判断共产党对这些岛屿的进攻，是否表明有向台湾本岛进攻的意图。在目前情况下，总统尚未做出决定。如果在紧急情况下，他决定参加保卫这些岛屿，美国的公众舆论会给予支持，而盟国也会支持的。不过，美国最近的民意测验表明，大多数人都反对美国为了金门、马祖而卷入与共产党的战争。

我说，关于美国当前的公众舆论，我的印象好像是有一种有组织的活动，在向美国政府施加压力，要它放弃金门、马祖。而这种努力还不限于美国报界和国内某些方面。我相信，还有国外成分参与其事。

饶伯森说，他不怀疑，确有国外成分参与其事。有一些外国人在努力设法避免因这些岛屿而引起战争的危险。

我表示相信，一些报纸关于美国打算放弃金门、马祖的报道，乃是某些有关方面故意放出来的空气，用以影响美国的政策。我记得在雷德福海军上将和饶伯森先生突然动身去台湾之后，马上有二三家报纸记者告诉我说，他们的使命是劝说中国政府放弃这些岛屿，他们想和我对证一下。我告诉他们说，我不相信使团是为此目的而去的。我坚决认为，美国不能也不会采取这样的态度。这倒不是我对使团的目的有了什么讯息，而是这种说法不合乎常识和道理。

饶伯森说,我不相信新闻记者关于使团目的的说法是完全正确的。他很高兴我把我个人的观点告诉了他们。① 但是台湾的中国政府和人民则似乎并不是总能理解美国政府的立场和意图,而产生一些不必要的疑虑和不安。他回忆最近行政院长俞鸿钧在立法院的发言中说,他(俞)恐怕华盛顿可能会发表关于其对台政策的惊人声明。饶伯森说,他不了解俞先生心中所想的是什么。他自己想不出美国方面会发表什么影响到国民党政府利益的声明。他强调说,他可以断言,美国仍是中国政府的忠实盟国。他要求我把此项保证转达给我国政府。

我说,这对我是又一次很好的保证,我将很高兴报告台北。

然后饶伯森谈到即将在巴黎召开的北大西洋公约组织会议。他说,诚如国务卿已经告诉我的,美国准备和法国谈印度支那问题。至于台湾问题,并未列在外长会议的议程上。他个人认为,在目前情况下,讨论印度支那问题,没有法国参加比有它参加还要容易些,因为法国所考虑的越南问题是从法国的利益出发,从这个问题会不会影响法国在欧洲的地位出发,而不是考虑越南本身的利益及越南人的意愿,或是亚洲当地形势的要求。饶伯森说,法国总是认为,印度支那只是次要问题,它自身利益才是最重要的。

和往常一样,我把与国务卿的谈话全文电告叶外长及蒋总统。至于我和饶伯森的谈话,其内容大部分都是他与雷德福一道去台北时,向蒋委员长作过的有关美国观点的解释,但他的解释显然没有产生所期望的效果。我于6日电告了叶外长,并且口授了在国务院两次会见的纪要。

过后我便到纽约去见蒋廷黻博士,是叶外长让我把关于饶伯

---

① 编者注:从叶部长给顾博士的通报的内容来看,饶伯森的答复是骗人的。不过叶的通报不全面,在饶伯森方面,可能说的是他的使团的一般目的。这种目的在艾森豪威尔的回忆录中有所述及。艾尔索普的一篇登载在1958年12月《星期六晚邮报》上、传读甚广的文章里也有所说明。二者的节录,见附录八。

森—雷德福在台北会谈情况的电报带给他看的。因为飞机迟到，当天蒋未能见到我。第二天（5 月 7 日）一早，他到我的旅馆来，我把叶外长对我的回电给他看，并让他把消息转告胡适，当时胡正好到哈佛大学演讲。我没有给蒋留下电报抄件。他告我，最近见到洛奇大使，从他那里得知美国仍想通过联合国安排停火。洛奇说，如果苏联在安理会投否决票，美国就把问题提交联合国大会。

当我于星期一回到华盛顿时，我见到叶外长的电报。该电是回复我电告与饶伯森会见情况的报告的。叶说，我没有必要再和饶伯森讨论或辩论金门、马祖问题。我们所要说的已由蒋总统反复说过了。因此，我们现在可能做的事，就是表示我们将继续尊重和恪守条约义务和我们的保证，并希望美国也能这样做。叶还说，饶伯森的态度和言论实在不能令人满意。最后他加上一句说，以上所述，仅供参考。

艾森豪威尔总统派雷德福及饶伯森去台北劝说蒋委员长在金门、马祖问题上作些让步，这表示美国对整个局势举棋不定，甚至是反复无常的。遇到公众意见或是国际局势发生变化时，它就改变主意。

因为印度站在中共一边，而英国则总是采取姑息政策，甚至澳大利亚、新西兰及加拿大的立场也不十分稳定，所以美国感到它在国际上相当孤立，刚刚开过的万隆会议，进一步表明出现了一些不久以后被称为"第三世界"或是不结盟、或中立化的国家，力求共产党继续保持其较好的一面，从而有一个和平世界，以便致力于经济及社会的发展。不过过去我感到，现在仍然感到，美国人的头脑有些简单。

这是真正的一场心理战争。共产党世界的战略的一部分是，他们所说的并不是他们真正所想的。如果真正碰上美国的力量，他们是绝不会愚蠢地跳进油锅和美国硬拼的。不过，因为当时美国的政治制度要求政府经常注意民意的变化，又因为当时白宫感到美国在国际上相当孤立（我的猜测），因此政府似乎要竭力防止卷入中国沿海岛屿的战争中去。至于在国民政府领导人方面，他们看到以往的妥协无济于事，看到大陈岛撤退未能对台湾海峡局势有所改善，因此，坚决反对再作让步。但是尽管他们在 5 月份以及其后几个月里的态度多么"顽强固执"，可是台湾海峡局势缓和下来了。并未采取什么"绥靖措施"，而局势却平静下来了，这是因为中国共产党感到，在那个地区如再继续采取露骨的进攻政策，将不再对他们有利。

第十一章　国际紧张局势之缓和
及其对中华民国的影响

1955 年 5 月—12 月

第一节　1955 年 7 月的四强首脑会议

1955 年 5 月—7 月

　　1955 年 5 月初,北约组织会议在巴黎举行,把西德纳入了这个组织。5 月 9 日晚,杜勒斯国务卿还在参加北约组织会议之时,艾森豪威尔总统授权他在某种条件下可同意举行由艾森豪威尔和其他三强,即英国、法国和苏联国家首脑参加的会议。四强外长已定于 5 月 14 日在维也纳开会,签署奥地利国家条约。这样不言而喻,美国的杜勒斯、英国的麦克米伦和法国的富尔将会利用这个机会同苏联外交部长莫洛托夫讨论拟议中的最高级会议。

　　西方为同苏联举行这次会议的正式提议,是在 5 月 10 日由美国、英国和法国分别以内容相同的照会送到莫斯科的。照会提议四强政府首脑在他们的外交部长陪同下举行会谈。四强外交部长还将在首脑会议之前单独举行会议,为首脑会议作准备,并且在首脑们同意了会议日程以后,在第二次会议上进行首脑会议的具体工作。5 月 14 日,莫洛托夫在维也纳宣布他的政府同意在夏天举行四强会议。那天正是四强和奥地利外长签署奥地利国家条约的前一天。

　　即将举行政府首脑会议的新闻在美国和海外的许多阶层中受到热烈欢迎,认为是世界和平的先兆,或者至少是走向缓和冷战紧张局势的第一步。但是在台湾的国民政府及其支持者却只能以焦虑的心情观察形势。如果四强开会,众所周知的站在中国共产党一边的苏联将有代表出席。它自然会乐于推动所谓的中国共产党的事业。英国、其次是法国,则倾向于劝说美国对共产党中国采取更和解的态度。所有这些都会在损伤国民党中国的情况下有利于中国共产党的事业。

5月12日,一直是国民党中国坚定朋友的美国众议员周以德和我在一个鸡尾酒会上晤面。他告诉我最近他给艾森豪威尔总统写了信,对于四强首脑会议的潜在危险向他提出了警告,在这个会议上美国可能被迫对有关远东问题作出让步。周以德唯恐美国在企图试探苏联真正意图的过程中被卷入错综复杂的境地,或者难于避免这种麻烦,从而会落入苏联的圈套。周以德说艾森豪威尔在复信中作了良好的暗示,他也看出了内在的危险,但是申明美国政府的立场是坚定的,并且绝不会改变对国民党中国的政策,这使人感到安心。

我把我和周以德的对话向外交部作了报告。我在电报中还附上刚刚在《芝加哥太阳时报》公布的民意测验结果。关于美国是否继续反对共产党中国政权或遵循和解的政策的民意测验表明,被调查的人中有37%认为美国政府的态度太软,1%认为太硬,53%认为美国政府的政策是合宜的。关于他们是否支持国会授权艾森豪威尔总统处理台湾危险局势的问题,73%是赞成的。该报的报道还说,在1954年11月,82%的参加民意测验的人赞成并支持中华民国,5%支持共产党政权,并且根据专家的计算,在过去五年中这个十六对一的比数一直保持稳定。

在那个时期,我经常参加一些招待会、酒会和类似的活动,希望这些活动能提供饶有兴味地交换意见的机会,或者,像我遇到周以德那次鸡尾酒会的情况,希望能搜集到一些重要情报。所以在我遇到周以德的当天,我还参加了由几位知名的华盛顿社会人士在"F"街俱乐部举办的招待会并且遇到不少国会领袖,其中包括前众议院议长约瑟夫·马丁,参议员诺兰夫妇,他的父亲和继母,副总统尼克松夫妇,参议员希肯卢珀夫妇,参议员兰格夫妇。从那里出来,我又去参加由老挝公使在他们的公使馆举行的所谓庆祝宪法日的招待会。这是符合于我的一贯作法的,以参加这种国庆日庆祝活动作为一种亲善的姿态。

5月16日下午,我参加了由土耳其大使埃尔金和夫人举行的招待会。他们已被调往西班牙任职,为此举行招待会和他们的朋友们告别。埃尔金和我闲谈时说,马德里对于土耳其而言也是一个重要的岗位。西班牙位于地中海的另一端,并且和土耳其一样是强烈反共和反俄的。他将直接去马德里,以便在佛郎哥大元帅去夏都圣塞瓦斯蒂安之前呈递国书。

当天晚上,我参加了多米尼加共和国大使萨拉查夫妇为特鲁希略首次当选多米尼加共和国总统二十五周年举行的招待会。这位大使自抵美莅任后迄未来访,但由于他特意写信邀我参加,同时和所有依然同中华民国维持外交关系的国家发展友好关系是我一贯的策略,所以应邀前往。他似乎对我的参加颇为重视,并拍摄了招待会上我们二人在一起的照片。

第二天晚上,我参加了洛塞尔·蒂特夫妇举行的晚宴。蒂特先生是掌管技术事务的助理商务部长。当谈到原子能用于和平目的的进展时,我向主人询问还需要多少时间才能使这种能源有利可图地用来代替煤和石油。他说科学家告诉他约需五年,可是官方意见至少需要十年。

5月18日,我参加了威廉·李夫妇为美国驻捷克斯洛伐克大使阿历克西斯·约翰逊夫妇举行的鸡尾酒会。由于我到达时大多数客人已经莅临,并且正在花园里享用饮料和茶点,大使和我得以畅谈。约翰逊在回答我的问题时说,捷克人比其他卫星国的人民生活水平要高一些。捷克人似乎对他们国家的局势,即受莫斯科的统治已然听天由命。由于工业和贸易日趋繁荣,从而使一般捷克人的生活颇为舒适,对于政治局势也就没有什么怨言了。

他还告诉我,他对大量中国学生被北平政权送到捷克学习工程技术,以及布拉格红色中国大使馆为数众多的驻在人员印象特深。他说他在社交活动中碰到过北平的代表,但避免接触。

5月19日晚我作为杰琪·马丁小姐的客人参加了由全国女记者俱乐部举行的宴会。宴会进行得很令人欢畅愉快。在客人中间有许多大使,而我是唯一由亚洲来的。当点着国家名称一一介绍时,我们都起立,并鞠躬致意。由俱乐部成员演出的有关当时政界、华盛顿社会和新闻界中流传的话题的滑稽短剧,优雅而幽默。例如,对于总统是否再次参加1956年竞选的讳莫如深的态度的几种推测;还有关于民主党参议员斯图尔特·赛明顿、林登·约翰逊、"蓬尾浣熊"埃斯蒂斯·凯弗维尔与罗伯特·克尔一伙密谋在1956年打败GOP①;关于玛米②对在白宫草坪做滚鸡蛋游戏和在后草坪打高尔夫球的抱怨;以及关于杜勒斯、威尔逊、辛克莱·威克斯、麦凯、本森及米切尔几位部长们的滑稽剧。艾森豪威尔总统和夫人观看了全部演出,并且和别人一样开怀大笑。当一头装在笼子里的得克萨斯州的小牛被弄到台上时,出现了高潮。宴会主持人宣布,这是林顿·约翰逊和萨姆·雷伯恩(两人都是得克萨斯州人)送给这次演出的礼物。宴会主持人还宣布要把小牛送到总统在葛底斯堡的农场,因为这样小牛才会习惯于总统的牧场。艾森豪威尔夫妇由参议员约翰逊、议长雷伯恩和节目主持人领到台上观看小牛和照相。这是一桩罕见的事,并且只有美国才能举办这种活动,而且每个在场人都心情愉快,尽管有些滑稽剧对某些在场的显赫人物的讽刺非常尖刻。

第二天傍晚有一个由古巴大使为庆祝古巴独立而举行的招待会。会上介绍了古巴军队总监马丁·塔马约准将。古巴大使在他的女儿协助下接待来宾。塔马约将军不大会讲英语,显得有

---

① GOP,即Grand Old Party简写,是共和党的别称。——译者
② 玛米,艾森豪威尔夫人。——译者

些局促不安。在我的日记中记道,这次招待会是一次大型的豪华的自助宴会,在四个房间里的桌子上摆满了各种各样美味佳肴。

我一向在某种程度上重视这些,并记录在我的日记里,因为说服外交部长和外交部使其相信在特殊情况下,例如在国庆日等场合举行规模较大备有适当茶点的招待会是多么重要。一般说来,在这方面费些精力是值得的,因为这可给不了解这个国家情况的许多人一种印象,并且通常可以传播非常好的印象。这样作可能花费稍大,但实际上需要追加的预算是有限的。甚至像利比里亚、巴基斯坦、缅甸、泰国,以及一些拉美国家如多米尼加共和国等比中国小得多的国家,都举行很盛大的招待会,并备有很丰盛的食品,因为他们认为这是值得的。从我收到的 1954 年日内瓦会议的报告来判断,中共也认识到在公共场合从这类开销中获得的"宣传"价值。但是主管我们外交预算的人显然对国外的需要毫无所知,因此,关于如何举行体面的招待会而又尽量把开支控制在预算许可的范围之内,总是一个问题。委员长本人似乎了解外交使团在国外的需要,特别是在重要首都的需要,并有时特别拨款给我,作为有关蒋夫人和蒋经国将军进行正式访问时的招待费。这些拨款和我个人不时的捐廉,有助于使收支相抵。

5 月 23 日,我参加了两个招待会。一是加拿大大使希尼夫妇为庆祝伊丽莎白女王生日举行的招待会。另一个是法国大使顾夫·德姆维尔夫妇在法国大使馆为前总统樊尚·奥里奥尔夫妇举行的招待会。奥里奥尔总统在接见我时非常热情,并回忆起不太久以前曾和我在巴黎晤面。实际上这是十八年前的事,当时任勃鲁姆内阁财政部长的奥里奥尔曾为孔祥熙和我举行宴会。这是一次令人怀念的宴会,是约有四十位宾客参加的使用金餐具的大型宴会,这种金餐具只有波旁王室曾在国王宫廷中使用过。从那以后我们时常会面,直到 1940 年二次世界大战高潮时我随法国政府离开巴黎接连迁往图尔、波尔多及维希为止。在那次宴会上我们曾进行过一次长时间的友好交谈。

一周后,我参加了由南非联邦大使霍洛威夫妇在大使馆举行的庆祝联邦日招待会。这是一个正式的庆祝会,我亲自前往向他们祝贺。我还参加了阿历克西斯·约翰逊大使女儿的婚礼。泰国、澳大利亚和老挝的大使和他们的妻子也参加了婚礼。国务院有饶伯森和马康卫两对夫妇和其他人员参加。那是简单的教堂婚礼,紧接着在教堂交谊区餐厅里举行了招待会,但排队等待的时间很长。

第二天,我接待了前来作礼节性拜访的古巴大使;对洪都拉斯大使作了回访;参加了意大利大使布罗西奥夫妇为庆祝意大利国庆日举行的招待会,还参加了珀尔·梅斯塔举行的鸡尾酒会。我是在1918年到1920年举行的巴黎和会上初次认识古巴大使米格尔·安赫尔·坎帕博士的。从那以后,他曾两次在哈瓦那任外交部长,又曾任驻意大利、巴西和墨西哥大使。在他来访时,我们曾谈到拉美的共产党问题。他认为当时的共产党间谍总部是设在墨西哥和危地马拉。古巴以前曾是这种间谍总部中心,但自从古巴和莫斯科断绝了外交关系以后就不再是了。断交是他任外交部长时的事。他说,目前在古巴已无苏联公民,只有少数白俄。

洪都拉斯新任驻美大使卡洛斯·伊萨吉雷教授曾在几个星期前对我进行过礼节性访问。他比他的前任巴列年轻得多。他很友善、能干、多才多艺。他既是议会议员、政治家和有关教育文化方面约十五本书的作者,又是外交家。至少,这是我们第一次晤面时了解到的。在我回访时,我又得知他还是一位诗人。他答应送我一本他的十四行诗集和他著的题为《思想和反映》一书。他告诉我,若干年前印度诗人泰戈尔对他讲过,一本好书不能只读一两遍,而应是许多遍,这话给他留下极深刻的印象。因此,他曾阅读桑塔亚那的著作和圣经好几遍,而每次重读这些著作时,总会发现一些新的东西。我向他讲述了孔子讲的关于"温故而知新"的话,因为他也是儒家经典著作的崇拜者。他说他喜欢自然美,并常常一连几个小时在夜间仰望天空,凝视着满天星斗和明月,享受着意识上的宁静。

意大利大使馆的招待会是豪华的,备有美味佳肴和很多香槟酒及其他饮料。这在当时似乎是一种重新兴起的风气,特别是新到任的人,大都要举行非常豪华的招待会。随后我从意大利大使馆又直接去参加珀尔·梅斯塔夫人在喜来登花园饭店举行的酒会。在那里我遇到塞莱斯特·霍姆斯。当时她是著名的广播明星和电视美人,酒会就是为她举行的。和往常一样,梅斯塔的招待会的规模完全和她的名气相当。共和党人和民主党人都来了。议长马丁也到了,不过来后只和女主人握一下手便离去了。他对我说,梅斯塔夫人和他已有三十年的友谊,如果他不到场(哪怕是只露面一分钟),她是不会原谅他的。

梅斯塔夫人是前美国驻卢森堡大使,当时正要去亚洲旅行,包括去台湾访问,这是我建议和怂恿她做的。所以那天上午当叶外长由台北给我打电话时,我曾问他曾否接到我的电报,其中建议蒋夫人在梅斯塔夫人出发前给她发欢迎电。叶说他已收到电报,并将很快去见蒋夫人请示此事。他想毫无问题,她会乐于参与欢迎梅斯塔夫人的来访。

次晚,古斯塔夫·斯图尔特夫人为梅斯塔夫人即将出访亚洲举行了晚宴。根据女主人的请求,我提议为梅斯塔夫人干杯,并赞扬她对世界问题的积极关心,以及她在作出判断之前,亲自观察事物的客观态度。我还向她祝酒称颂她是"华盛顿的一位著名的女主人,对人对事客观的观察家,成功的外交家,不知疲倦的旅行家,有才能的演说家和优美高雅的女士"。她看上去异常高兴。出席宴会的有希腊及秘鲁大使和他们的妻子,还有前意大利驻美大使罗索和他的妻子。有两位音乐家作了生动的演出。伯克迈耶夫人和她的妹妹表演了二重唱;罗伯特·古根海姆夫人表演了单人舞,伯克迈耶大使和我的妻子表演了最新的伦巴舞。

我在几天后为梅斯塔夫人举行了茶会。她要和我讨论她访问台湾的日程。她还要拜会蒋委员长,并希望准许她把会见的情况录下音来,以便她回国后能以他本人的声音重新广播。她说,她原来计划访问南美,但根据国务院的一位高级官员的建议,她决定改往亚洲旅行。我祝贺她作出这样的决定,因为当时亚洲涉及许多全世界关注的和平与战争的问题。

我还愿意提及我为几个曾在远东服务的美国空军人员以及他们的妻子,和古泽骏一夫妇举行午宴的情况。最初,只计划邀请约翰·奥哈拉将军和夫人、新任驻台美国军事援助顾问团空军组组长约瑟夫·劳克林上校和夫人、我的空军武官衣复恩上校和他的妻子,以及戴维·奥斯本夫妇。随后,我得知古泽骏一正在华盛顿,但只停留一天半,从而无法单独为他们安排一次宴会。所以我也邀请了他们。但为如何作好这次安排颇费了一番斟酌。

古泽骏一先给我打电话,叫我不必等他和他的妻子,尽管就座好了。随后,他和一个日本译员来了,因为他不会讲英语,也知道我不会讲日语。我的男管家对额外客人的莅临感到意外,因为已经安排好了席位。我立即请约来的杨振邦想办法,他是我预先考虑到翻译问题而请来参加午宴的。他讲的日语非常流利。当杨以非常流利的日语向古泽打招呼时,古泽看出这种情况,就把他的译员打发走了,从而解脱了当天的困境。在杨君的出色协助下,我和古泽在午宴前后进行了愉快的交谈。原来,杨和古泽曾在东京同一所高中上学,并且住在同一区里。古泽骏一夫人是日本首相鸠山一郎的女儿,英语讲得很好,在外貌和举止上都很时髦。此外,可喜的是,奥斯本夫妇是在东京结婚并在台湾度过蜜月的,能说流利的日语。奥哈拉将军也曾因公事去过几次日本。所以,尽管由于不可能为古泽骏一一家安排一次单独的宴会,而有点鲁莽地邀请了他们,可是宴会进行得还是很顺利。这就是充满着麻烦和困扰的外交生涯的一个方面。往往会发生这类事情,忽而一些人出乎意料地来了,而你觉得应该款待他们,可是他们停留的时间短暂,使你只得临时张罗,而且希望取得最佳效果。

前不久的 5 月 17 日,公开发表了周恩来向中共全国人民代表大会常务委员会所作报告中的一项声明。在声明中,周再次提出中共的建议,即和美国进行直接谈判,以便缓和台湾地区的紧张局势。他说北平愿在可能情况下争取用和平方式解放台湾。同时他仍反对国民党中国参加任何国际会议,并且强调共产党政权"解放"台湾的"主权"不应受影响。

同一天,蒋荫恩到我的办公室来访,并带来美联社约翰·海托华先生的建议,建议同经过挑选的一些首都新闻界人士举行一次讨论远东形势的记者招待会。这个主意是好的,但鉴于局势的微妙和美国政府的立场以及美国公众和国会的意见,我认为对于这种记者招待会,选择适当的时机是重要的。

那时,美国各阶层的舆论似乎是非常倾向和平。艾森豪威尔政府显然对缓和远东以及欧洲的紧张局势很感兴趣而且抱有希望。当时不仅有机会可能在四国首脑会议上提出远东局势问题,而且美国政府对周恩来早些时候在万隆会议上提议的美国和共产党中国会谈已原则上同意。事实上,在日内瓦两国之间已经断断续续地举行了领事一级的会谈,因为美国极为盼望使被扣押在共产党中国的美国军人和平民获得释放。美国还一直关心在台湾海峡实现停火问题,因为海峡的局势当时虽不像以前那样紧张,但仍有潜在的危险。另一方面,台湾政府和公众仍激烈地既反对停火也反对美国和中共直接会谈,以及带有"两个中国"政策味道的解决远东问题的所有其他提议,或者至少是,反对可能涉及国民党中国的基本利益的交易,例如对于红色中国的联合国席位,台湾或金门及马祖地位的讨价还价。局势诚属微妙之至。

然而重要的是我有一个向公众回答问题从而提出我国政府的观点的机会。因此,我后来接受了5月22日在"青年想知道"电视节目上露面的邀请。

这个节目是在喜来登花园饭店里拍摄的。主持人斯蒂芬·麦考密克非常有能力、和蔼而又机灵。我的提问者是由美国退伍军人协会在各州从竞争者中挑选出来的约三十名男孩子和女孩子。他们很聪明,并且看来是有准备的。他们提出了有关四强会议及其与台湾海峡局势的关系,我方的态度,中共的活动,及美国应付局势的政策,包括停火,以及接纳红色中国进入联合国等问题。有些问题是直截了当的,甚至是尖锐的。

次日,《纽约时报》在第一版刊登出有关我在电视上露面和在"青年想知道"节目上答问的报道。它说我是第一个承认停火可能性的蒋将军助手,暗示我们最后会同意台湾海峡停火。虽然直到那时为止,台北总是拒不同意。报道还说,外交界(指国务院)在评价我的声明上是谨慎的,认为我是一时不假思索地回答问题的,并且他们怀疑,这既不代表我个人的观点,更不代表我国政府的观点。

从我的答复中引申出来言外之意,确实是不应该的。如果把我据以答复的问题也发表出来,将会澄清问题,可是提问并没有一并发表。根据副本,提出的问题是:"你的政府曾多次说过他们不会同意停火。那么,你是否会说,另一个选择就是战争?"我回答:

> 不,我不一定这样想。到目前为止,是共产党中国在不时地攻击我方。我们是进行防御的。为导致停战或缓和台湾紧张局势所要做的就是北平政权停止任何继续诉诸武力的行动。

由于我对这一棘手的局势很清楚,我答复得很小心,但一些记者却试图用适合他们自己想法的方式来解释我的发言。这就是为什么当人们和新闻记者谈话时,总要特别小心。这次,如我说的那样,《纽约时报》刊登了一篇只有回答而没有提问的报道,并且也未发表我当时所做的解释。我让顾毓瑞告知中央通讯社的任玲逊给台北发一简短电报以纠正这种情况,而没有像顾毓瑞建议的那样发表一项本人的声明。

不幸的是,这还不是事情的结局。5 月 26 日叶公超由台北来电说,来自不同首都的报道表明对我的发言有严重的误解。中央社5月24日伦敦电讯说,《曼彻斯特卫报》发表了一篇社论声称,5月22日电视访问节目中关于台湾海峡停火的答复,可以认为是我方对美国和中共进行直接谈判的态度上的适度转变。董显光大使由东京报告了合众社5月25日发自日本的电讯,其中该通讯社评论说,这是我方高级官员首次承认了停火的可能性。此外,5月25日香港《工商日报》刊载了一篇题为《顾维钧的严重失言》的社论,对我进行了极为严厉的抨击。5月24日香港英文日报《华南日报》说,就此事而论,中华民国已经同意停火。后者是登在头版的文章。

叶外长还说,当天早晨台湾各报纸均报道了以大使馆发言人名义对该报道进行更正的声明。这已由中央社随同5月24日电讯发出。但是台北各方面对此事极为注意。他叫我将真实情况详细电告。

我指出,美联社也曾发出一条电讯,但它只是不加任何评论地如实报道,因此没有在任何方面引起或产生任何误解。此外,《纽约时报》在其有关电视会见的华盛顿报道中评论说,从我的讲话作出任何推断时要谨慎从事。它不认为我的言谈表明我们可能或将会同意停火。

我告诉叶外长,最近美国舆论极力鼓吹和平而害怕战争,因此,我在作出回答时特别小心,对于我国的立场和美国的公众舆论都给以相应的重视。所以我只是阐明目前台湾海峡的紧张局势是由于中共肆无忌惮地诉诸武力所致。我绝对没有说,或者暗示我们能同意签订一项停火协议。但是合众社一直是以制造麻烦来引起读者的好奇心而著称,这次竟通过改换谈话的要旨以及借增添补充说明故意加以曲解而走向极端。我告诉叶,那就是在各方面造成误解的主因。香港《工商日报》没有查明该报道的由来及其真实性而轻率地发表了一篇攻击我的社论,依我看来只能给其素来被公认的声誉造成某些伤害。我告诉叶,假如他能把实际情况告诉他们,我将会非常感激。

我是在早晨发出电报的。中午俞国华前来辞行,他是回台北去就任中央信托局局长职务的。前一天晚上,我曾为他们夫妇饯行。当天中午,我交给他一封致蒋委员长的信,向他报告美国国内有关台湾海峡局势的最新情况和目前的舆论,以及美国政府和两党领袖均正热衷于 1956 的大选,并为来年竞选而为他们各自的立场针锋相对地进行准备。次日下午,俞飞赴台北,我到机场为他送行。华侨界和中国官员的所有重要人物也都去机场送别。我祝愿他成功和一路平安。

5 月 26 日下午四时,我请任玲逊把有关我在“青年想知道”节目上所谈我对台湾海峡停火问题的态度向台北发一详电。我告诉他,叶公超已经电告我,由伦敦、东京和香港发出的报道都表明对我的发言有误解,并且香港《工商日报》甚至发表措辞强烈的社论,对我的“失言”进行毫无根据的人身攻击。任听后欣然同意照办。

问题是一些不很正派的新闻记者喜欢采取不是旨在向公众正确传达和报道事实的态度,而是为了引起和助长猜测及好奇以哗众取宠。他们对于事实不是认真负责的。他们所追求的是能引起和挑起争论或激情,从而使人们把注意力集中于电讯的写作者身上,使他们扬名于世。这不是值得赞扬的体面手法。

印度驻联合国代表克里希纳·梅农在北平的邀请下,由尼赫鲁总理派赴北平探讨台湾局势的解决办法。梅农因此由 5 月 10 日到 21 日在北平耽搁了十一天,在此期间,他和周恩来举行了多次会谈。5 月 30 日梅农在新德里宣布,中国共产党人将在几小时后释放朝鲜战争以来被中国共产党关押的四名美空军人员,以作为走向缓和远东紧张局势的一个步骤。他在一次记者招待会上宣布,其他被关押在共产党中国的美空军人员不久也将获释。

5 月 31 日,四名空军人员被释放了。同一天,联合国秘书长达格·哈马舍尔德要求北平释放其他关押在中国的美国人。前此提及过 1954 年 12 月,联合国曾责令他设法使所有联合国战俘从朝鲜获释。据报道,6 月 1 日四名获释空军人员在会见记者时曾说,哈马舍尔德 1 月间北平之行"和我们获释有很大关系"。

所有这些,对于中国共产党人来说,都是非常好的宣传,是把他们描述为通情达理、诚心希望缓和国际紧张局势的宣传;对于那些想利用所有这些意在言外的东西来促使中共和美国直接谈判的人来说,也是很好的宣传。报刊上的各种文章都推测行将举行谈判,并且金门和马祖、联合国的代表权等问题将会摆在讨价还价的桌上。

台北自然忧虑西方国家会被中国共产党人的和平攻势所欺骗。具有明显亲中共倾向的尼赫鲁,毫无疑问会继续使印度在共产党中国和西方之间充当"调解人"的角色,并且在当前的气氛下会取得某些成功。我密切注视着其后几周事态的进展。

6 月 3 日,梅农到伦敦就他在北平和周恩来交换意见的情况同英国首相艾登和外交大臣麦克米伦会谈。6 月 4 日《纽约时报》由伦敦发出的电讯说,梅农要飞往加拿大同莱斯特·皮尔逊会谈,随后到纽约参加与联合国有关的会议。6 月 7 日,尼赫鲁抵达莫斯科同苏联领导人会谈。同一天在华盛顿,杜勒斯国务卿在记者招待会上说,台湾地区战争的危险已经缓和。他说,一项非正式停火正在生效。他把局势之所以改善,一部分归之于万隆会议对周恩来的影响,以及中立国家对台湾争端不应以战争来解决的信念。他说他曾接到一些友好国家关于他们的代表和周恩来在万隆会谈的报告,他并希望梅农抵达美国后,能从梅农那里得到更多有关北平态度的消息。

6 月 8 日,《纽约时报》专文报道杜勒斯在记者招待会上曾声明以下两点:

(1)美国政府正在考虑放松自由世界同共产党中国进行贸易的限制。

(2)对西方来说,这种放松将会是和共产党中国谈判的"王牌"。

6 月 11 日,参议院外交委员会主席、参议员乔治抓住后一点,呼吁改变美国反对日本同共产党中国进行贸易的立场。乔治说,只有那些有严密军事用途的货物才应由日本对共产党中国禁运。《纽约时报》的主张和这位参议员的声明反映了当时流传的设想,即包括解除对共产党国家禁运货单在内的开放东西方贸易问题将于即将举行的四强首脑会议上讨论。

当时苏联政府已正式同意西方三强提出的关于召开四强首脑会议的建议,并于 5 月 26 日将同意此建议的照会分别递交三国政府。随后,美、英、法共同研究确定并建议苏联以日内瓦为会议地点,7 月 18 日为四强首脑开会日期。三大国的上述建议照会是 6 月 6 日向苏联政府发出的。国务院在 6 月 6 日公布这一新闻时,还宣布三国外长将于 6 月 16 日和 17 日在纽约开会为四强首脑会议进行准备,而且此次纽约会议也将是拟在旧金山举行的四国外长会议的前奏。(纪念联合国成立十周年的仪式将于 6 月 20 日在旧金山举行,所有联合国成员国的外长均被邀参加。事实上,叶公超外长最近已电告我,他拟参加。)6 月 13 日,在致西方三国驻莫斯科大使馆的照会中,苏联同意首脑会议于 7 月 18 日在日内瓦召开。

6 月 14 日,我拜会了代理助理国务卿威廉·西博尔德,其时饶伯森正休假两周。这次拜访系因当天早上谭绍华来电话说,中国科科长马康卫刚来过电话问我可否去见西博尔德一谈。虽然马康卫没有说明要讨论什么主题,但我推测是关于克里希纳·梅农的来访和美国的态度问题。梅农是 6 月 10 日到达纽约的,随后不久来到华盛顿。关于他对首都的访问,我在日记中写道:

> ……他的到来使我非常忧虑。显然,他是想说服美国和红色中国直接谈判,并改变美国反对红色中国进入联合国的政策。

事实上,我一直在想亲自拜会西博尔德以便尽可能打听有关梅农来访和关于首脑会议日程的主要信息,所以这是一次幸遇的良机。结果,我的猜测是正确的。西博尔德希望我放心,说美国在未与我方单独磋商之前不会讨论涉及中华民国的事务。

　　根据我的谈话记录,西博尔德一开始就为如此仓促地通知我去会见他表示歉意,说明这是为了把美国的意图明确告诉我,因为报刊上正在讨论远东问题。

　　我说,实际上我早打算就克里希纳·梅农访问华盛顿一事拜会国务院,因为据报道梅农正企图促成美国和共产党中国之间的直接会谈,而且我想了解美国的立场。

　　西博尔德说,这恰是他约见我的目的。他打算随时让我,并通过我使我国政府了解美国的立场。梅农和总统此刻正在白宫会谈,有国务卿和印度大使参加。他不知道这次会谈的性质,但他愿意告诉我,梅农是自己主动来的。美国没有邀请他,也没有请他担当华盛顿和北平之间的调解人。当天下午三时还为梅农安排会见国务卿,但会谈是否会举行,将取决于白宫会谈的进展。西博尔德重复说,他尚不了解梅农对总统讲了些什么。但他补充说,美国只是想听取梅农所了解的北平对各种问题的意图和态度。

　　我说,我了解到梅农的使命是为华盛顿和北平直接会谈铺平道路,我希望知道美国对此问题的态度如何。

　　西博尔德说,美国未曾对这种直接谈判作出承诺,但正像总统在一次记者招待会上所明确的那样,如直接会谈对某种有益的目的有利,美国也不会反对。

　　我说,我想知道在这种会谈中会讨论什么。我说,我很想了解,因为我感到这可能涉及我国的利益。我表示我迫切希望不在背地里讨论影响中华民国重大利益的问题。

　　西博尔德要我放心,如果举行拟议中的会谈,美国肯定不会那样做。

他并答复说,会谈将讨论释放被共产党中国关押的美空军人员,以及在台湾海峡不使用武力的问题。

我说,我看不出怎能讨论避免在台湾地区使用武力的问题,而不涉及我国政府的重大利益。因此,我表示希望在美国和北平讨论任何与我国政府有直接利害关系的事项之前,先和我国政府磋商。我说,如能随时告知我梅农和美国政府之间会谈的要点,我将非常感谢。

西博尔德再次说明,他约见我的目的就是向我保证美国不会背地里同梅农或北平讨论任何影响中华民国利益的事项。

我对他的保证表示感谢,然后谈话转入另一个话题,我说尼赫鲁正在访问俄国,并且我了解他的访问还将持续几天。我想知道国务院是否收到美国驻莫斯科大使馆发来的有关尼赫鲁和克里姆林宫领导人之间会谈要点的报告。

西博尔德答复说尚无任何音讯。他认为按照共产党人的惯例,在尼赫鲁访问结束后,俄国人和尼赫鲁将会发表一项联合公报,从公报中有可能了解到有关会谈要旨的某些情况。

我提出,据我了解,莫洛托夫在维也纳借签订奥地利和约之机,曾和杜勒斯先生讨论了拟议中的首脑会议的议程问题,并且莫洛托夫提出的议题之一是在四国政府首脑会议后举行包括共产党中国在内的五大国会议。我还了解到国务卿反对举行五大国会议。

西博尔德肯定了美国反对莫洛托夫提议的五大国会议。

我说,依我看来,共产党人主张召开的五大国会议会造成很大的危害,就自由世界的利益而言,并无任何裨益。

西博尔德说,美国已由经验吸取了教训,不希望再有另一个日内瓦式的会议。

我推断首脑会议的议程问题将会在旧金山由四大国外长再次讨论并确定下来。

西博尔德说:“是的”,并补充说,美国的意图是不讨论任何具体问题,只讨论全球性质的一般问题。此外,美国的观点是远东局势不应包括在首脑会议的议程中,但其他参加的政府可能采取不同的观点。

我认为俄国大概会提出缓和台湾海峡紧张局势问题,而英国和法国也可能要求讨论这个问题。

西博尔德说,他不知道英国要提出什么,但几乎可以肯定的是,法国要提出印度支那问题并要求讨论。但他重申,美国的观点是具体问题应当留待外长讨论,而首脑会议应当只讨论全球性质的问题。

当我起身告别时,我再次表示我希望西博尔德先生将会随时告知我梅农和美国政府之间会谈的要旨,特别是有关影响我国政府重大利益的事项。

两天以后,我在国务院西博尔德的办公室拜会了马康卫,因为在西博尔德不在时由马康卫代理助理国务卿帮办职务。当时正在进行全国性的防空演习,作为演习一部分,在响起警报表明敌人核弹来袭之后,西博尔德作为一万五千名政府工作人员之一,要离开华盛顿,撤退到秘密地点,这是第一次检验国家应付氢弹突然袭击的能力。

马康卫向我相当全面而扼要地介绍了有关 14 日上午梅农和艾森豪威尔总统和当天下午梅农和杜勒斯国务卿会谈的情况。根据我的记录,马康卫开头说,克里希纳·梅农在白宫和艾森豪威尔总统和随后在国务院同杜勒斯先生的会谈实际上没有揭示出很新的东西,并且正如他(马康卫)在前一天告诉我的那样,梅农谈话的内容确属无关紧要。在和总统的会谈中,梅农似乎有不少保留,每个参加会议的人都得出一种印象,梅农有些话没有说,或许是想留到以后的会议上谈。马康卫手持一叠用打字机打得很密的文件读给我听,并或多或少地用他自己的话来解释其含义。看来这份打印的文件是国务院所做的会谈记录。马康卫说,在白宫会谈中,梅农说他到过北平和伦敦,并且感到那里的和平气氛很浓厚。

我插话说,梅农也到过渥太华。

马康卫说,梅农没有提到那点,虽然他可能到过那里。紧接着,他说梅农告诉艾森豪威尔总统,北平没有要求他向美国转达任何音讯,他也不能代表它说话。梅农表明,他自己对和平很关注,并且愿意尽全力促使国际紧张局势缓和。他感到北平对和平的愿望是诚恳的,并认为最近释放四名美国空军人员就是北平愿为缓和国际紧张局势作出贡献的证明。

我问,梅农是否说过他是代表尼赫鲁的。

马康卫回答说,梅农没有那样说过,但是不言而喻,梅农是奉尼赫鲁之命出访的。他说,梅农告诉艾森豪威尔总统,他相信其余在押的美国空军人员也终将得到共产党中国的释放。北平还准备和美国举行直接会谈,其主要目的是寻求缓和远东地区国际紧张局势的办法。梅农补充说,在此广泛基础上进行的协商中,次要的释放空军人员问题也可加以讨论。杜勒斯先生强调说,美国并不认为释放其余战俘的问题是小问题,而是把它当作一个很严重的问题。艾森豪威尔总统告诉梅农说,根据朝鲜停战协定,释放现在被共产党中国扣押的美国人是共产党中国承担的一项重要义务,对此问题不应再进行谈判。必要的谈判已经举行过了,并且产生了朝鲜停战协定,其中规定双方释放所有的战俘。因此美国不会为释放由共产党中国扣押的其余美国人举行进一步会谈,而是共产党中国有责任将他们释放。艾森豪威尔总统还告诉梅农,美国百分之百地忠于它所承担的义务,不但对国民党中国如此,对其他国家也是如此。马康卫解释说,总统是暗指美国和中华民国之间缔结的共同防御条约。

接着,马康卫,梅农向总统说,他访问美国的目的是探索缓和紧张局势和促进和平的可能性,因为除非国际紧张局势得到缓和,否则就可能有战争,并且依他看来,战争是不可想象的。因此,他愿意有幸再次拜会总统作另一次会谈。艾森豪威尔总统说,下两周内他将很忙,在 7 月初以前,他不可能再次会见梅农。梅农说能安排和总统在 7 月初举行另一次会谈他非常高兴。

马康卫说,白宫会谈是在 6 月 14 日星期二上午举行的。当天下午三时,根据梅农的请求,按约定时间梅农拜会了国务卿。但当他到达后坐在杜勒斯的办公室内时,他保持缄默并望着天花板约十五到二十秒钟,显然在思索怎样提出他的话题。杜勒斯原打算让梅农先开口,但不能等待过久,于是就开始了谈话。他告诉梅农,美国的政策是和平的政策,并且渴望缓和国际紧张局势。他认为美国已经为这一目标作出贡献,并指出在朝鲜战争时,美国虽然面临严重的挑衅,并且公众舆论曾要求联合国军队渡过鸭绿江,但美国仍克制自己不去进攻侵略的根源。杜勒斯说,美国和平意图的另一个证明是不顾诸多困难,签署了朝鲜停战协定。杜勒斯还说,国民党中国通过撤守大陈岛也对缓和台湾地区的国际紧张局势作出了贡献。另一个证明是,尽管共产党中国在沿海岛屿的对面修建了五处新的空军基地,以及在沿海岸线持续集结兵力,而国民党中国仍奉行克制态度。现在该由北平来作出一些缓和国际紧张局势的事情和放弃黩武政策了。

马康卫说,国务卿接下去说,如果北平诉诸武力,这就意味着战争,而如果苏联参加到这场冲突中来,那就意味着第三次世界大战的开始。随着核武器的进步,战争只能导致大陆上几千万中国人灭亡和沦于赤贫,而且他知道,共产党中国是没有适当的手段为其受难的人民提供救济的。他重申,现在是该由共产党中国做些缓和紧张局势的事情了。

梅农说,他认为共产党中国是诚心为和平而努力的,并且渴望缓和国际紧张局势。他同意杜勒斯的说法,即一旦美国和共产党中国之间发生战争,苏联会支持共产党中国,至少是在物资方面。但这种战争对所有的人都将是毁灭性的,不会有胜利者。他确信,所有的人都会遭受无可弥补的损失和破坏。因此,他急于探求缓和紧张局势的办法,以促进和平事业。他告诉杜勒斯,在北平他曾力请释放四名美国战俘作为缓和国际紧张局势的贡献，并向中共当局指出，重要的是要通过宣布释放，以便在缓和紧张局势方面获得最大的效果。最后商定，他将是向西方世界宣布释放的第一个人。他补充说，他成功地说服了共产党人让他这样做，因为他是把释放战俘的问题作为缓和国际紧张局势的广泛问题的一个方面提出来的。哈马舍尔德也尝试过，但失败了，因为他是从朝鲜停战协定所规定的义务的狭窄基础上，而不是作为缓和国际紧张局势和促进和平事业的广泛问题的一部分向共产党人建议的。梅农确信，现被共产党中国关押的其余美国人如果不是作为一个单独的问题，而是作为缓和国际紧张局势的总的问题的一部分提出的话，也将在适当时候被释放。

杜勒斯向梅农指出，美国的观点是，释放其余的战俘问题是不须磋商的，根据现有的朝鲜停战协定，这是共产党中国方面的义务。拒绝这样做，就构成一种破坏协定的行为。梅农说，共产党中国曾邀请美国战俘的亲属去看望他们，但他不明白为何美国不允许他们这样做。杜勒斯说，美国人民对共产党人破坏朝鲜停战协定，扣押美国战俘很愤怒，美国政府不能听任更多的美国国民落入共产党人手中，任凭他们处置。共产党人有一种扣押外国国民作为人质以要挟其政府的做法，正像俄国在和德国及日本谈判和约时，为了讨价还价，仍旧扣押德国和日本战俘的做法一样。杜勒斯补充说，美国人民不能忍受在会谈的过程中眼看他们的同胞在狱中受难。

梅农表示希望，美国不要把释放扣押在中国的美国战俘作为开始直接会谈的一项条件。他说，此事可在直接会谈缓和国际紧张局势总问题的过程中加以讨论。梅农还说，印度愿意向想去看望关在共产党中国的美国战俘的亲属保证人身安全和离开共产党中国的自由。他认为北平还将欢迎更多的美国新闻记者到大陆去，以及更多的红十字会的活动安排。但杜勒斯说，美国护照条例不允许美国人访问共产党国家。事实上，美国公众舆论正为仍有大批美国人被共产党中国扣押所激怒,并有一部分人主张采用强有力的措施使他们获得释放。杜勒斯说,过去曾经这样做过,但在如今条件下,美国政府不愿采取激烈手段使他们获释。

梅农然后说,美国通过允许中国留学生回到中国大陆也可以为缓和紧张局势作出贡献。杜勒斯告诉他,凡是要离开美国的所有中国留学生都已经离开了,只有一个例外。对于那些不愿走的留学生不能强迫他们离开,正像不曾阻止那些愿意离开的留学生离去一样。一个例外是涉及一位掌握机密情报的学者。但是,杜勒斯确信此事正以某种方式处理,以便该学者于最近获准离开美国。

马康卫接着说,梅农提出沿海岛屿问题时说,共产党中国希望用和平手段得到这些岛屿。他看来是在暗示,即放弃这些岛屿对共产党中国开始和美国直接会谈将是一个诱因。梅农还说,北平对于在大陈岛所作如此彻底的焦土政策,以致没有给老百姓留下任何生存手段一事非常恼火。至于台湾问题,梅农说他推断共产党中国不会在直接会谈中讨论台湾的解放,而要根据中国人民的意愿。这个问题将不是会谈的题目。

杜勒斯对梅农说,美国将忠于它的义务。在和中华民国会谈缔结共同防御条约的过程中,美国考虑了红色中国的要求,并且他确信该条约绝不影响到这些要求。他告诉梅农,台湾曾被日本统治很长的时间,甚至在过去的历史中也不总是构成中国大陆的一部分。中国人民以他们的耐心而闻名,他希望中国共产党人也会显示出这种传统的中国人的耐心。梅农说,在直接会谈进行的时候,中国共产党人不会借助武力解决这个问题的。

当我向马康卫谈到这些听来像是一种隐蔽的威胁时,马康卫还说,显然共产党中国正希望得到沿海岛屿作为和美国开始直接会谈的一种条件。

在接着谈及有关杜勒斯和梅农会谈的情况时,马康卫说,梅农极力主张共产党中国和美国之间的直接会谈不必是正式的。

他认为会议的性质应属非正式的,这样不致因法律上的考虑,例如关于他们各自的地位,以及双方之间的关系而操心。但杜勒斯认为这不一定有利于开始直接会谈。他说,不首先确定协议的若干基础而着手会谈是徒劳的。如果仓促地开始会谈,会谈就不会得出结果,而最终的失败或僵局只会使形势恶化,以致害多利少。

梅农概括起来说,直接会谈问题本身可分为三点:(1)有无可能安排此种会谈?(2)如何缓和国际紧张局势,以及双方可以做出何种努力?(3)议程应当如何?至于举行会谈的地点,梅农认为或是新德里,或是伦敦,或是莫斯科,都是很合适的,而这三者中,他认为新德里最好,因为印度对双方都友好。至于议程,梅农认为没有必要确定。他说,双方进行直接接触这一事实,就将是对缓和国际紧张局势的一种贡献。他又重复说,印度对美国和对共产党中国都友好,并补充说,他乐于促进美国在亚洲的影响和声望。他说,因为印度政府是牢固地以人民的授权为基础的,所以印度是处于最佳位置来为和平事业作出贡献。在印度,无须害怕共产党在印度内部活动。此外,印度最关心的是避免第三次世界大战,如果战争一旦爆发,印度也必然会被牵连进去。

梅农在结束他和国务卿的会谈时,再次表示他确信共产党中国真诚渴望和平并有意和美国一起为缓和国际紧张局势而努力。依他看来,中共政府是受到人民支持并具有军事力量的。他因此认为,通过把美国和共产党中国引向直接会谈将对和平事业有贡献。当杜勒斯指出,他对共产党中国的和平愿望有疑虑时,梅农似乎很激动,他走向正在踱回自己办公桌的国务卿,恳求他相信他并和他一起建立希望。他还要求再一次会晤,以便继续会谈。

我对马康卫说,可能梅农需要一些时间去把他在华盛顿的会谈通过新德里向北平报告,并获悉它的反应。我问马康卫是否已确定了杜勒斯和梅农再次会晤的日期。马康卫的回答是否定的。他说,梅农大概将在纽约或旧金山同杜勒斯再次会谈,梅农也将到旧金山去参加联合国成立十周年庆祝大会。

我问，是否梅农提出过接纳共产党中国加入联合国的问题。

马康卫答称，梅农没有提出。他说，显然梅农保留着一些什么，但马康卫表示，如果梅农在下次会谈时提出这个问题，他不会感到惊异。

我感谢马康卫对这次会谈内容全面而简要的介绍，并请他代向国务卿表达我的感激之情。我说，我将立即向台北报告，并认为我的报告肯定将大有助于解除台北许多焦虑和忧惧。在梅农和杜勒斯先生或总统举行下次会谈后，我希望再次获悉有关情况。

马康卫说，杜勒斯先生曾要他随时让我充分获悉情况，他认为国务卿肯定还会这样做。

至此我向他告别。由于我在那天其余的时间里忙于各种约会，我在我的办公室呆到很晚，以便把我和马康卫谈的长篇报告电告台北。6月17日，我还把和西博尔德及马康卫谈话的记录副本寄给在旧金山的叶外长，他为参加联合国纪念大会刚刚抵达那里。由于蒋廷黻博士离开纽约去和叶会晤之前，曾给我打电话询问有关梅农在华盛顿会谈的性质，我在说明信中请叶外长把我的谈话记录也给蒋一阅。

6月20日，我接见了《芝加哥太阳时报》记者弗雷德里克·库先生。他是前来和我闲谈他所听到的有关梅农和艾森豪威尔及杜勒斯会谈的情况的。他说这些情况是他由"一位国务院高级官员"那里采访来的。他说，梅农此次访问，使美国领导人对他产生了比他以前历次的访问为好的印象。他(梅农)强调美国政府可以做到四点，以表示对缓和国际紧张局势作出贡献的意愿，并以此作为对北平为同样目的释放四名美国战俘的报答。这四点是：(1)允许美国战俘的家属到红色中国看望他们；(2)释放在美国的中国学生，使他们能够回到红色中国；(3)让更多的新闻记者访问红色中国；(4)从沿海岛屿撤退。虽然这些话距实在情况不远，但我对之未加可否。库接着说，梅农没有提到接纳红色中国进入联合国的问题。他似乎很满足于他的消息的准确性。随后,他问及有关我们方面在旧金山和日内瓦会议上的情况。他想知道叶外长将在旧金山说些什么,以及他是否到美国东部来。他为采访首脑会议还要去日内瓦,然后去德国,在那里他要写出一系列四篇文章。他想知道我们是否派人去日内瓦进行观察。

6月17日中午,叶外长由旧金山给我打来电话。除其他事项外,他要我协助安排他和也去旧金山参加联合国会议的杜勒斯国务卿举行一次会谈。于是我与马康卫联系。他告诉我说,杜勒斯将由西博尔德陪同于6月20日星期一动身去旧金山。因为将有四十位以上的外长参加会议,杜勒斯认为他到旧金山后将非常忙碌,但他相信他还是能够接待叶外长的。我立即把这消息电告叶外长,并建议最好在杜勒斯抵达后,和西博尔德联系。

6月21日叶外长在旧金山到杜勒斯下榻的马克霍普金斯饭店拜会了他。一周后,叶外长寄给我他们的会谈记录。记录说,在礼节性寒暄后,叶外长告诉杜勒斯,有关梅农同他(国务卿)和艾森豪威尔总统会谈的要旨,他已收到我的初步报告,报告主要根据国务院提供的资料,对此他向国务卿致谢。可是,他了解到梅农和国务卿在纽约有过第二次会谈。他希望国务卿能够让他获悉有关这方面的新情况。

杜勒斯向他保证,他将使叶外长随时了解到他或总统可能同梅农的任何进一步接触,可是他说不准他和梅农,或总统和梅农是否会有另一次会晤。实际上,他对除宣布释放四名美国空军人员外,周恩来是否确曾委托梅农带来任何信息或使命颇有疑惑。他记起,梅农在纽约第二次短暂的会晤中,对其在第一次会谈中告诉国务卿的情况没有补充新的内容。在两次会晤中,梅农曾极力促使他讲出美国愿意提出什么作为继续释放由中国共产党人扣押的美国人的交换条件。但他在第二次会晤时只是重申美国认为拘禁美国飞行人员是违背朝鲜停战协定的行为,并有悖于一般国际惯例。如果中国共产党人是体面和文明的话,他们应当无条件释放所有的美国飞行人员。他在两次会晤时都提醒梅农,如果美国政府为了争取释放被中国共产党人扣押的几批美国人或全部美国战俘而付出任何代价的话,则它将受到国会和美国公众的严厉批评。国务卿说,他曾几次试图迫使梅农承认周恩来曾请他(梅农)为释放战俘而寻求交换的条件,但梅农对此非常谨慎,并一再答称周恩来不曾提出任何条件,是他(梅农)本人渴望更多的战俘获释,以及通过美方愿与共产党中国建立正常关系的某些表示来缓和当前世界紧张局势。国务卿接着说,由于他洞悉梅农的诡计,他只是重复说,美国认为共产党中国是侵略者和国际公法的破坏者,由于这些理由,美国不认为共产党中国是它愿意与之建立关系的正当的政府。

叶外长询问梅农是否提出过接纳红色中国进入联合国的问题。

国务卿回答说,在这方面,梅农根本未曾提出过接纳红色中国的问题。他倾向于认为梅农只不过是个好管闲事的人,总想把自己置于众目共视的舞台上,并显然为他受到公众的注意而欣然自得。他还记得,梅农曾详尽地谈到中国共产党人期望和平,以及他觉得他们的愿望是十分真诚的。

叶外长问国务卿杜勒斯,英国人对梅农的谈话是怎样认为的。

国务卿微笑着让外长放心,说英国人向来是以不会轻易受骗而特别闻名的。但英国人出于政治上的原因,自然不会对梅农的活动表示不满,虽然英国人对任何美国官员从未谈过赞同梅农的想法。

杜勒斯国务卿然后问叶外长,苏联"陶甫斯"号油轮的水手是否已被释放。

叶外长说,在他离开台北时,国防部正为释放做出最后的安排。据他当时了解,有八名水手已决定申请政治避难,并且正由美国专家对他们进行审查。

国务卿表示希望此事件尽快结束。他不明白,为什么中国政府要费这么长的时间来审查这些人员。他记得以前他曾亲自向蒋介石总统提出过此事。他说,他不明白为什么这些人被扣押这么长的时间,并接下去说,在美国已经指责中国共产党人非法拘留美国飞行人员之后,中国国民党人竟干出了类似的勾当,这似乎是很出人意料的。

叶外长认为这种对比不大恰当,不过他承认我国政府本应当迅速地处理这次事件。

国务卿还提到对被拘留者的待遇问题。事实上他曾被告知,"陶甫斯"号的水手们曾遭受长时间的鞫问,并且实际上使用了各种手段迫使其中一些人承认他们想要申请避难。他的意见是,中国政府本来可以通过一些水手早日申请避难获得政治上的好处,可惜业已错过时机。

叶外长请杜勒斯放心,如果那些水手还没有释放,他将设法使他们很快得到释放。然后叶又回到梅农的活动问题。他向国务卿吐露了一个消息,即他由台北收到有关梅农和周恩来会谈的某些情报,这可能是美国政府所关心的。扼要地说,周恩来似乎在开始同梅农会谈时重复了他对哈马舍尔德讲过的话,即列举了美国对中国人民犯下的种种罪行。这个指责性的长篇讲话及其翻译几乎占了四十分钟。接着梅农提及西方对亚洲的无知和传统的高傲态度;谈到万隆会议的成功;最后是建议成立一个包括亚洲和非洲大国在内的永久性组织的必要性。周恩来告诉梅农,中国和印度一样是要和平的,但他不能容忍任何国家伤害或侵犯中国的主权。据说他还向梅农保证,"中国人民在亚洲没有领土野心"。似乎是在以后的会谈中,梅农和周恩来还同意万隆会议每年召开一次,最好是在每届联合国大会之前举行。

叶外长然后谈到他收到的有关这同一主题的另一份报告。在该报告中,据说梅农还曾和周恩来讨论了阿富汗、泰国、印度尼西亚和缅甸的中立化问题,目的在于使这些国家脱离自由世界。

同时,印度将承认印度尼西亚、朝鲜、日本、中国台湾和菲律宾是中国共产党人势力范围下的地区。

国务卿对这份报告显得相当感兴趣,并说这份报告听上去似乎是可信的。

叶外长还补充说,他确信印度和其他一些亚洲及非洲国家想使万隆会议制度化。外长然后问国务卿,四大国间对即将在日内瓦举行的首脑会议的议程达成了哪些一致意见。

国务卿回答说,在维也纳时,俄国曾提出四大国会议专门解决欧洲问题,而在其后召开的包括共产党中国在内的五大国会议时再讨论亚洲问题。美国和联合王国都拒绝了有红色中国参加的五大国会议的想法。但莫洛托夫到达纽约后又提出同一提议,并再次遭到美国拒绝。至于首脑会议,国务卿告诉叶外长说,还没有达成什么一致的议程,但他获悉莫洛托夫确曾随身带来一份议程草案,在最近几天内可能提交其他三国外长。不过国务卿推测,大概会商定以下的项目:(1)欧洲安全问题,包括德国统一问题的商讨;(2)裁军问题,包括常规武器和核武器;(3)和平利用原子能问题。他补充说,美国将提议、联合王国也将支持的是讨论国际共产主义向苏联以外的领土扩张的问题。国务卿说,这将先发制人,占苏联的上风。

叶外长问,如果布尔加宁坚持讨论台湾问题或接纳红色中国问题,美国将如何应付?

杜勒斯国务卿说,他不认为俄国会坚持讨论这两者中的任何一个问题。他说,美国和联合王国实际上已商定反对任何涉及亚洲的议题。他又补充说,如果俄国坚持讨论刚才所提的两个问题,美国将反提议由朝鲜撤出所有中共军队,和由共产党中国撤出所有苏联顾问,以及苏联停止援助共产党中国和共产党朝鲜。他确信俄国不可能接受这些提议中的任何一项,那么讨论中国问题也将作罢。

叶外长表示希望国务卿将随时使他了解有关四大国会议议

程的新进展。然后他提出一个新问题,即正在美国和欧洲广为流传的所谓缓和问题。他确信国务卿懂得俄国人所说的"缓和"意味着什么。

杜勒斯笑着问叶外长,面对这一局势的最好办法是什么? 他确信俄国的"缓和"概念来自其内在的某些软弱性,其确切的性质很难弄清,我们不应被这种战术行动所愚弄。他说,麻烦的是这里的和欧洲的人们也渴望"缓和",并愿意看看在达成某种暂时性安排方面我们能做到什么程度。

叶外长也认为苏联的国内局势大概需要一个喘息时期。他说,问题是我们应否让俄国人摆脱这种处境。他认为这正是对俄国施加更大压力的良好时机。不然,我们会给俄国一个外部得以巩固,内部得以稳定的机会。然后叶外长问,是否艾森豪威尔总统考虑把联合国席位或沿海岛屿给予红色中国以安抚英国人和民主党人。

国务卿杜勒斯似乎对这种联想感到有趣,并说,他没有从艾森豪威尔总统处得到暗示,即他必须把联合国席位给予红色中国以便使他自己再次当选。恰恰相反,他倒倾向于认为,如果任何一个总统候选人公开提出把联合国席位给予红色中国的话,将会减少得选的机会。

叶外长接着问,是否他可以认为,美国将肯定地继续反对接纳红色中国进入联合国的活动。

国务卿回答说,美国可能在即将到来的联合国大会上采取同样的程序方式。

当时在座参加会晤的西博尔德插言说,他担心我们今年可能得不到那么多的票数来支持延期讨论提案。他恐怕埃及可能改变态度。

杜勒斯同意西博尔德的意见,但预计没有被中立阵营击败的危险。他建议中国政府努力做拉丁美洲的工作,并先使他们一致起来。他还问中国政府和阿拉伯国家的关系是否良好。

叶外长回答说,阿拉伯国家对中国问题的投票总是分裂的。阿拉伯联盟国家的一半将投票赞成排除讨论中国代表权的提案,而另一半则将弃权。

国务卿问西博尔德,美国是否能争取后一半的国家合作。

西博尔德对此表示怀疑。

叶外长然后问,美国是否能够帮助他的政府和联邦德国建立外交关系。他说明他的政府一些时候以来曾试图和波恩政府恢复外交关系,但失败了。他说,他还希望美国政府协助促进他的政府和越南建立外交关系。中国政府事实上已和吴庭艳总理就此问题有所接触,由此再迈进一步就可正式建交。如果美国驻西贡大使能非正式地向吴庭艳提出此事,从而提高中国政府在吴庭艳心目中的地位,叶将不胜感激。

杜勒斯答应请美国在波恩和西贡的大使探讨此事。

叶外长接着提出军援问题,关于这个问题我将在以后述及。这是他们会谈的最后一个问题。

6月22日晚,尼赫鲁和布尔加宁在莫斯科签署了预期的联合公报,标志着尼赫鲁访问的结束。公报于次晨发表,并在西方报刊中被广泛报道。除其他内容外,公报要求彻底禁止核武器和实质性的裁减常规武器。公报还表示"迫切希望"共产党中国对台湾的"合法权力"能够"通过和平手段"予以满足。公报重申,两国深信继续拒绝接纳中华人民共和国进入联合国是造成远东和其他地方许多麻烦的根源。

同一天在旧金山,轮到叶外长在联合国纪念大会上发表讲话。由于在前面几个讲话中不止一次地提到中国代表权问题,叶在他的讲话中有一段一般地攻击了共产主义,并且指出大陆上的中共政权不是以和平而是以战争为基础的。他以这种语气又讲了两句话。这时会议主席范·克莱芬斯敲了他的小木槌,要求叶不要离大会的议题太远。根据《纽约时报》报道,叶在他继续讲完之前,提出了"强烈的抗议……并得到了欢呼和鼓掌的支持"。我在 6 月 24 日写给叶的信中说,我希望他寄我一份他的讲话副本。我补充说,范·克莱芬斯打断他的讲话确实是使人感到不快和不公正的事,但他的及时反击完全得当,因而大会报以雷鸣般的掌声,我觉得这是完全应该的。

6 月 23 日下午,根据我的请求,我到国务院拜会了饶伯森。我的主要目的是讨论美援的某些事项,在我们谈完这些之后,我趁机问助理国务卿,梅农是否又会晤了杜勒斯国务卿。

饶伯森回答说,他刚刚度假两周返来,还没有收到旧金山发来的有关梅农会晤国务卿的报告。

我接着说,尼赫鲁终于结束了他在俄国的旅行并和布尔加宁联合发表了一项公报,公报除其他情况外,强调了他们的共同观点,即共产党中国有权拥有台湾,也有权进入联合国。我说,我把这视为一种迹象,即俄国会在日内瓦首脑会议上提出这些问题,并希望美国对这两个问题保持坚定不移的立场,无论如何不要受其影响。

饶伯森说,公报没有揭示出新的东西,布尔加宁和尼赫鲁一直是这样讲这些事情的,美国的态度一直不变。

我说,我特别萦绕于怀的是,如果在日内瓦会议上提出这些问题,美国要继续反对。

饶伯森说,总统和杜勒斯先生都曾公开表明,美国不会背着台湾的中国政府讨论任何影响其切身利益的事情。

我说,这种立场已向我国政府保证过,我将再次把饶伯森先生刚才的说明向台北报告。

饶伯森说,他只是重复总统和国务卿讲过的话。他自己不能向我作出保证。但他将把我讲的向国务卿报告。

我向他道谢并说,我听说梅农正努力促成北平和华盛顿之间的直接会谈,我相信此事不会取得任何满意的结果。

饶伯森说,美国关心的是释放被拘留在共产党中国的美国人。对于他们的释放不会进行正式谈判,因为这种拘留是对朝鲜停战协定的破坏。在缔结朝鲜停战协定时,所有谈判都已经完成,而这些人是联合国部队的一部分。因此,主要是联合国有责任为释放他们而努力。但是美国不能不从事某种会谈,例如在日内瓦举行的会谈,结果有二十二名美国公民被释放。为了使目前被共产党中国扣押的其余美国公民得以释放,依他看来,有三条途径可循:(1)为了使他们获释而接受共产党人强加的任何条件,这是美国不能做的,因为这涉及美国不能放弃的一些原则。(2)走向战争,如同某些美国人所主张的那样,但值此原子时代,战争是不可想象的。饶伯森说,氢弹和原子弹的破坏力是如此之大,甚至科学家也不能说出其限度如何。没有任何对这种可怕的核武器有些知识的人会期望战争。和核弹相比,落在广岛的第一颗原子弹不啻是个"爆竹"。例如,还没有人能说清放射性微粒回降对儿童的影响。可能要在四五十年以后,科学家才能搞清楚这种微粒回降对人类健康和生命的影响,以及所引起的遗传变异对儿童的影响。(3)至于第三条可取的途径,就是像美国一直在做的那样,继续以极大的耐心进行这种非正式会谈,以便说服共产党人释放现在他们手中的美国国民。

我说这种态度是可以理解的。首先中国共产党人根本不应扣押这些美国国民,而他们这样做显然是破坏了朝鲜停战协定。但这却是共产党人的手法,起先做一些他们也知道是非法的事,而过一些时候又作为他们的善意及和平愿望的一种姿态来取消它。他们释放四名美国空军人员就是如此。我说,我个人认为共产党人急于释放更多的被监禁的美国国民,这就是他们一直在叫嚣让被监禁的人的亲属到共产党中国去探望的原因。这会给共产党人一个借口,即由于他们亲属的恳求,以人道主义理由释放更多的美国人,从而降低美国政府的声望,并且不仅在美国人民面前,而且在自由世界面前,使之丧失威信。

饶伯森说,美国对此很清楚,所以并未改变关于亲属探望的主意。但是它将以很大的耐心继续抓紧此事,唯一的目的是使这些美国国民获得释放。

6月28日上午,我和我的高级人员举行会议,讨论愿意留在美国的中国学生的问题,但美国移民当局则想把他们逐往台湾。我在这里提出此事,是因为中国共产党人想利用这些学生作为和美国接触的讨价还价条件,所以对待留美中国学生问题很快就会引起世界注目。由上午会议讨论的摘要可以看出,除了中共代表权问题外,学生问题是多么复杂。

在我们的建议下,众议员周以德曾考虑对援外法案提出修正案,以便再次延长期限,在此期限内凡愿留在美国的中国学生可以留下并工作。但当他和参议员诺兰商量后,周以德放弃了这个主意。另一方面,使周以德惊异的是,移民当局,实际上是该局的第二号人物告诉他说,台湾的中国政府不愿意接收被送回台北的中国学生。所以周以德要我们给移民局写一封信否认这一说法。这就是上午会议的背景。

讨论之后,鉴于我国政府所面临的接收渴望或愿意前往台湾的中国留学生问题的复杂性,我排除了向移民局写任何书面声明的作法。经行政院批准,我们教育部于5月份曾发布一些规定,帮助这些留学生去台,即在经济上资助他们的路费和在台湾等待合适职业期间的膳宿费,并优先分派工作。但实际上,政府在两个方面,也就是说,在发给经济补助和提供就业机会这两方面都是有限度的,台湾大学就有许多的毕业生仍在赋闲,等待分配工作。此外,防止共产党渗入的安全问题需由安全警察进行甄别,他们是不同于和此事有关的各政府部门如外交部和教育部而独立工作的。安全警察总是试图甄别和排除尽可能多的人回台,以免冒放进共产党间谍的危险。即便对于那些允许进入的人,甄别程序也是缓慢的。

两天以后,我接见了埃德蒙·李,他是在中国多年的传教士,他仍对中国人民关心,并曾帮助这里的中国学生安排在美国居住。事实上,他时常代表学生和美国政府移民局打交道。我们讨论了使馆会议上提出的一些问题。

在这方面，我还想提一下在美国的中国文化联系顾问委员会的工作，它是教育部的附属机构。教育部政务次长吴俊升于 1954 年 12 月曾数次来访。他是在参加联合国教科文组织在蒙得维的亚举行的会议之后来到华盛顿的。有一次他来访的目的是讨论最近教育部长张其昀致我的一封信，通知我要成立一个正式设在大使馆里的顾问委员会，其目的在于为留美中国学生提供咨询，和促进中美文化交流。我告诉他，由于缺乏资金和人员，让大使馆处理留美的中国学生问题是多么困难，而且让大使馆为他们向教育部负责也是不现实的。我说，当然大使馆得接受委员会的报告并将其转致教育部，但对其内容和建议不能负责。我想吴博士肯定已给联合国教科文组织一种印象，即在中国大使馆设有一个特别部门，代表教育部处理联合国教科文组织的工作，可这是不真实的。

后来，在大使馆外单独成立了顾问委员会，但和大使馆保持密切联系。5 月 11 日，我在该委员会在大使馆举行的会议上讲了话。该委员会是在大使馆举行首次会议，我被邀请作了指导性的发言。我提出了和为数近三千名留美中国学生及大约六百名在美国各大学、学院以及其他教育机构从事教学工作的中国学者接触的一些具体意见。我感到我们应当通过向他们寄发尽量多的关于台湾的情况、发展和问题的资料，安排定期的集会或会议，例如早期的中国学生暑期集会，以及协助那些想回台湾的学生返回台湾等办法，激励他们对国家事业的关心和忠诚。我的非正式讲话讲了约四十分钟，并在讲话后离开会场。会后郭秉文博士告诉我，我的建议完全被接受了。

一个半月后，当对待留美中国学生问题变得较为突出，并已在一些公开的声明中直接同释放仍被扣押在共产党中国的美国公民问题联系起来时，我收到教育部捎来的口信，口信是由李熙谋带给我的，当时他正途经此地前往日内瓦参加国际原子能会议。口信的一部分是建议我协助顾问委员会的中国学生工作和促进在美国的中国文化交流事宜。我告诉李说,大使馆已在做着此项工作。李说,他本人要去访问美国的中国学生中心,并鼓励他们,特别是受过科学训练的人返回台北工作。

杜勒斯国务卿在 6 月 28 日举行的记者招待会上,重申美国愿同共产党中国进行直接谈判的愿望。但是,他断然否认直接会谈将会构成任何形式的承认。至于在任何其他安排下讨论远东的问题,他说,中国共产党人坚持在这种场合上,必须把国民党中国排除于任何国际会议之外,因而已使事态陷入僵局。他还说,美国不打算在四强会议上讨论远东问题。他重申美国在没有中华民国参加下,绝不"讨论涉及中华民国的实质性问题"。

7 月 2 日至 7 月 12 日,我离开华盛顿作短期休假。在华盛顿,7 月是个非常炎热的月份,大多数使团负责人和政府领导人都离开首都,或去海滨,或去他们的别墅。我自己则不远离纽约地区,而在韦斯特切斯特山间俱乐部打打高尔夫球,及在俱乐部的游泳池和长岛海湾游游泳。

在我离开华盛顿前,我的日程安排之一是参加叙利亚新大使为叙利亚外长哈立德·阿兹姆和夫人举行的招待会,这位外长是旧金山会议后到华盛顿来的。我愉快地接受了邀请,因为我要和叙利亚的法里德·扎伊奈迪恩大使建立良好关系,特别是因为阿拉伯国家在联合国对中国代表权问题的投票至关重要。我的朋友、曾经担任过叙利亚驻华盛顿大使的胡里,当时调任驻伦敦大使。我简短地和外长谈了几句,他给我的印象似乎是位寡言厉色的人。这时助理陆军武官过来和我攀谈,并在我整个拜访过程中加以照料。他告诉我,在国联时代他曾在日内瓦见过我。

缅甸总理吴努于 6 月 29 日抵达华盛顿作为时三天的正式访问。7 月 6 日他在纽约,并在那里举行了记者招待会。我一直颇为关注地观察他的行动,因为他很可能和梅农一样试图促使美国同中共达成某种和解。但是使我为之惊异的是,我由记者报道得知,他曾在记者招待会上说,从他在华盛顿的会谈中获得的印象是:大多数负责人不反对共产党中国进入联合国,对他们来说,这个问题乃是一个"时间安排"问题。此外,他再次提出美国和共产党中国直接会谈的建议,并补充说,他认为杜勒斯国务卿正在考虑他的建议。他甚至说,他认为台湾的地位问题可以在直接谈判时磋商,并且这个问题在即将召开的四强会议上将是不能不加以讨论的。像梅农一样,他说,他期望其余的美国飞行人员将能尽早得到释放。

次日上午,我给在华盛顿的谭绍华公使打电话,谭于我不在时执行代办职务。他说,助理国务卿饶伯森正约他去会面,并将简要地告知他有关吴努在华盛顿的会谈,以及克里希纳·梅农和美国政府领导人举行的另外的会谈。

同一天,记者分别访问了参议员斯泰尔斯·布里奇斯和众议员理查兹。参议员布里奇斯颇为坚决地要求把吴努所说的不反对共产党中国进入联合国的所有美国官员的名字完全披露出来。众议员理查兹批评说,如果吴努所说属实,肯定在华盛顿有很多不负责任的人。

当天晚些时候,国务院和白宫都正式否认了吴努总理声称的有关美国官员对代表权的态度问题。国务院发言人亨利·苏伊丹否认美国反对红色中国在联合国席位的政策有何改变。他说,不论吴努先生说了些什么,也不会减弱美国的反对。白宫新闻秘书哈格蒂则说明吴努和艾森豪威尔总统或杜勒斯国务卿在上周会谈中,并未提及中共在联合国的代表权问题。

在饶伯森和谭绍华谈话时,前者证实吴努同总统及国务卿正式会谈时从未提及接纳红色中国进入联合国的话题。根据谭关于他和饶伯森会见的报告,谭在开始谈话时述及他所获悉的吴努在记者招待会上讲的话。

饶伯森马上回答说,自艾森豪威尔总统以下的美国当局,对缅甸总理的这种声明颇感诧异。并且,他们都有些不快,因为艾森豪威尔总统和杜勒斯国务卿从未对吴努讲过此事。在吴努同杜勒斯谈话时,饶伯森每次都在场,只有杜勒斯到机场为那位总理送行时除外,这些都有记录保存着可供参考,这些记录表明未曾触及此事。

饶伯森继续说,吴努对美国的最近访问,包括和艾森豪威尔总统及杜勒斯国务卿的会见。可是吴努后来所说的话,是把他个人的期望当作是包括美国当局在内的一般观点,从而混淆了世界舆论。这的确是不适当的。而且他的声明,整个说来在世界上,特别是对亚洲人民定会产生不利的反响。这就是为什么白宫发言人不久前要否认艾森豪威尔总统曾同吴努总理谈过此事。与此同时,国务院发言人也作了类似的声明,并进一步申明,美国政府从未改变反对接纳中共进入联合国的政策。吴努在访问中虽曾一般地谈到有关亚洲问题以及如何缓和那里的紧张局势问题,但会谈从未触及接纳中国共产党进联合国的问题。因此,饶伯森特地请大使馆上报中国政府,并请其对吴努所说的话不要置信。与此相反,美国反对接纳中共进入联合国的立场是昭然若揭的。此外,国会通过的最新援外法案也使此点非常明确①。

饶伯森还声称,美国对于中华民国的政策并无任何改变。在将于7月18日开幕的日内瓦会议上,美国认为讨论的重要问题应限于裁军及欧洲的各种问题,诸如德国的统一等等,至于亚洲问题则不应包括在议程内。因此,他所领导的远东司连一位专家也未派往日内瓦去。他说,他愿再次重申,美国在背地里或未经中华民国同意,绝不讨论可能对其有影响的任何问题。

谭公使说,他将立即向我报告,并说中国政府获悉饶伯森先生的谈话后,将会感到更加安心。然后,他借此机会提出一个问题,即国务院是否已收到我国政府关于四大国会议的备忘录。饶

---

① 1955年7月8日签署的共同安全法中规定:"中共政权未曾表明其履行联合国宪章的意愿,因而不应承认其在联合国中代表中国"。

伯森和当时也在座的马康卫都说没有收到,但表示一俟到达他们
手中,他们将非常仔细地予以研究。

饶伯森还说,他已把克里希纳·梅农抵达美国后同艾森豪威
尔总统及杜勒斯先生会晤的一般情况告诉了我们。最近,梅农再
次拜访了艾森豪威尔总统和杜勒斯先生,他这次谈的和他以前所
谈大致相似。饶伯森说,总的说来,梅农先生仍然认为他的使命
是关于世界和平利益的问题,并再次提出美国和中国共产党人直
接谈判是他要达到的一项目标。

谭绍华当即指出,梅农在向报界声明中,把目前被中国共产
党人扣押的美国公民同愿回大陆的留美中国学生联系起来。谭
公使问饶伯森如何看待这种联系。饶伯森回答说,依他看来,这
是性质截然不同的两回事。他认为梅农故意把这两件事混为一
谈是非常不适宜的。

谭绍华在离开饶伯森的办公室时还和马康卫交谈了几句。
他告诉马康卫说,据报道艾森豪威尔总统曾通过梅农给尼赫鲁总
理一封信。他很想知道信的内容是什么。马康卫说,他自己没有
看到那封信,不过梅农来到美国时,曾带来尼赫鲁总理致艾森豪
威尔总统的一封信。他料想那只是社交礼节上的信件,很可能总
统的信也只是一般复信。但他将尽力查明。倘使获悉些什么,他
将告知谭公使。

第二天,7月8日,尼赫鲁总理在他去莫斯科和苏联领导人会
谈之后一个月抵达伦敦。7月9日《纽约时报》刊载由伦敦发出
的一则电讯说,他到伦敦是为了就日内瓦四大国会议和英国领导
人会谈,并且料想他要建议把会议涉及的范围扩大到包括远东问
题,诸如台湾和共产党中国要求联合国席位的问题。7月10日,
尼赫鲁总理离开伦敦。他在离开时对新闻记者讲的事情之一是,
苏联领导人肯定将作好在日内瓦讨论包括台湾前景在内的远东
问题的准备。但他承认,他们也许乐于非正式地讨论这些问题。
《纽约时报》刊载的另一则电讯报道,尼赫鲁对报界发表意见说,

英国显然反对在日内瓦正式讨论远东问题,但却有兴趣听取苏联对远东形势的评论。

当我于 7 月 12 日回到华盛顿时,我遍阅了堆积的信件。7 月 6 日外交部电告我,外交部将送交台北美国大使馆一份备忘录,表明我们对即将召开的四大国会议的立场,并要求大使馆向美国政府通报此事。正是根据外交部的电报,作为代办的谭绍华才问询饶伯森和马康卫已否收到该备忘录。电报还说,参加在日内瓦举行的联合国经济及社会理事会会议的中国代表团顾问郑宝南已被指定以观察员身份参加四大国会议,在当地和美国代表团保持紧密接触,并收集有关资料和情报,要求我和美国政府联系为郑提供方便。

还有一封郑宝南给我的信,告知我关于他的任命,以及到目前为止他为这项工作所作的准备。他要我在他执行任务中为他出主意,就像一年前召开的关于朝鲜和印度支那问题的日内瓦会议时他任观察员期间我曾做过的那样。

谭绍华作为代办,已将郑的任命通知国务院,并请美国代表团予以合作。国务院同意立即将此信息转致美国代表团,并在适当考虑后,告知我美国方面将指定谁和郑接触。

我立即给郑写信,以便让他能配合上这些进展,并向他提出一些建议。我还特地建议他和已赴日内瓦的《芝加哥太阳时报》的弗雷德里克·库保持联系,因为库告诉我,他的报纸已特派他去对会议进行采访。我告诉郑,我和库相识多年,他曾来看我,并问及我们观察员的姓名以便合作。

7 月 7 日发来的另一份外交部电报说,政府已决定不将有关四大国会议的备忘录送交美方。在谭绍华拜访饶伯森之前显然他未曾见到这封电报。该电解释说,由于美方已一再声明反对在会议上讨论远东问题,以及由于杜勒斯国务卿在旧金山曾向叶公超外长作过类似的声明,并且以非常明确和坚定的措辞来表明他的立场,又由于我们的立场已为美方所熟悉,看来已无送出有关我方观点的书面声明之必要。因此,外交部决定暂时不送。如果美方向大使馆问及此事时,电报建议由我自行斟酌答复。电报还问我是否知道美方已指定谁同郑宝南保持联系。

为了解后一问题,我请谭绍华于下一周用电话向国务院中国科询问此事,这样可给国务院时间以便作出决定。谭在电话中得知,国务院已指定参事道格拉斯·麦克阿瑟第二和郑保持联系。我立即将此情况电告外交部,并说麦克阿瑟是杜勒斯的工作人员中的一位干员,由于他在国务院的职务极为重要,同他保持联系是有益的。与此同时,我拍电报给我们的驻巴黎大使馆,告知郑宝南这一信息。

7月13日,杜勒斯去日内瓦为日内瓦会议做准备工作,并同英国和法国外长会商。在起程时向报界发表的声明中,他对三个西方大国对在日内瓦可能出现的问题保持一致看法的能力表示乐观。但是,他也担心,即将到来的会议将是"一个开始而不是一个终了",并且不能期望在那个会议里会做出"重大的实质性决定"。

7月14日,我参加了由迈伦·考恩夫妇举行的鸡尾酒会。在酒会上,世界银行的奥弗比表示担心日内瓦会议可能出现对国民党中国不利的结果。他对华盛顿宣称不打算在日内瓦讨论远东问题的官方声明不大相信。他说政府对成功的期望太强烈了。

艾森豪威尔总统于第二天晚间起程赴日内瓦。在他临行的前夕,他对全国广播和电视的讲话是满怀希望,盼望出现新的和好与谅解精神。他认为,如果出现这种情况,将是朝向世界和平迈出的一大步。他呼吁美国人民为和平祈祷。

会议按计划于7月18日在日内瓦开幕。艾森豪威尔总统在开幕辞中提出裁军的新途径。他建议作为第一个步骤,要有一个检查武器的"报警系统",以防止"可怕的突然袭击"。苏联的布尔加宁宣布他的政府将为早些时候由艾森豪威尔倡议的和平利用原子能的共同努力作出贡献。艾登首相为解决东西方之间悬而未决的问题的主要建议是，在美、法、英、苏和统一的德国之间签订一项共同防御条约。会议未出现惊人之事。

当天在华盛顿，我去国务院签署中美和平利用原子能的协议，代表美国签字的是饶伯森。随后，饶伯森邀我和他在大厅里作简短谈话。他是想告知我，总统和国务卿都反对在日内瓦会议上讨论远东问题。他说，人们都清楚知道，他们是反对把远东问题包括到会议议程里面的。因此他们没有带任何远东问题专家到日内瓦去。美国政府的立场是，没有国民党中国参加，不应讨论会影响其利益的问题。这一点英国人和法国人都清楚，并同意美国的立场。他要我告诉我国政府，对此会议台北方面不必有任何疑虑。

我说，即使英国人和法国人同意美国的立场，我认为俄国人也会提出讨论远东问题。

饶伯森说，俄国人也理解美国的立场，因此在他们的代表团中，也没有包括任何远东问题专家。他说，可能发生的情况是，俄国人可能建议在日内瓦会议后举行远东会议。按照俄国人的意图，那个会议自然要包括共产党中国。

我问，对于这种建议，美国的立场如何？

饶伯森回答说，除非有国民党中国的代表参加此类会议，美国将反对这种建议。他补充说，美国也不会在日内瓦和共产党中国的代表进行会谈。他指出，虽然自去夏以来，美国和北平政权的代表已在进行会谈，但所谈内容仅限于纯属与美国利益有关的问题，例如释放仍被共产党中国扣押的美国战俘问题，被其拘留的美国国民的待遇问题，以及在靠近朝鲜边境袭击一架美国飞机的事件等。这些会谈和现在进行的日内瓦会议是完全不相干的。会谈结果已有约二十名美国国民获释，但会谈决不会涉及任何与国民党中国利益有关的问题。

接着，饶伯森说，李承晚总统曾和美国政府商量，假如日内瓦会议将讨论朝鲜问题，他将派一名韩国大使去日内瓦。美国政府坚决反对这样做,因为由韩国派来这样一位重要人物,可能给人以将要讨论朝鲜问题的印象,而美国的立场是反对在日内瓦会议上讨论任何远东或亚洲问题的。饶伯森还说,国会山的领袖们对他未参加赴日内瓦的美国代表团一事很惊异。他告诉他们,在代表团中不包括任何远东专家,这是经过深思熟虑的政策,否则将给人以美国可能准备讨论远东局势的印象。

我说,我很高兴听到饶伯森先生重申美国反对在日内瓦会议上讨论远东问题。我告诉他,我国政府曾打算递交美国政府一份备忘录,把中国政府反对在日内瓦讨论任何可能涉及中华民国利益问题的立场记录在案。但是,在我报告了美国政府的立场及杜勒斯先生在旧金山亲自告诉中国外交部长美国反对在日内瓦会议上讨论远东局势之后,中国政府鉴于美国政府对中国政府的立场已有相当清晰的理解,决定暂时放弃此举。我补充说,我一定把饶伯森先生刚才对我讲的有关美国继续反对在日内瓦会议上讨论远东问题的坚定立场向我国政府报告。说到此处,我们分手。

7月19日来自日内瓦的新闻报导表明,尽管艾森豪威尔总统具有非常和解的态度和他向苏联国防部长、他的个人朋友和二次大战时的同事朱可夫元帅提出了呼吁,可是由于苏联和西方之间的观点差距依然很大,关于德国统一问题没有达成协议的可能性。至于远东,布尔加宁曾暗示他可能提出诸如远东局势和台湾之类的问题,这些问题对国际紧张局势正在起作用,但不在会议议程之内。

据另一来自新德里的报道,尼赫鲁总理希望日内瓦会议将为考虑远东问题"准备一些基础"。但是由于他认为台湾问题不能在中国共产党人缺席的情况下加以考虑,他认为应当在日内瓦会议后召开一个讨论远东问题的国际会议。

7月20日,来自日内瓦的报道表明,关于欧洲安全问题的第二天的讨论已无达成协议的希望。可是,关于在艾森豪威尔总统邀请下,艾森豪威尔总统和朱可夫元帅举行的两个半小时的午宴会谈却没有报道。会谈时只有波伦大使和作为译员的特罗扬诺夫斯基在座。不过一般认为午宴会议也没有结果,因为朱可夫元帅只能转述他同他的同事们商讨过的事,而不能代表苏联代表团讲任何东西。

当天下午,由于我为别的事情约定下午四时去国务院拜会饶伯森,能够有机会向他探询有关日内瓦会议的最新进展。我告诉饶伯森,我在前一天晚报上注意到苏联总理布尔加宁曾经表示,除会议议程上的问题外,还有对国际紧张局势起作用的其他问题需要进行讨论,例如远东局势和所谓的台湾问题。我补充说,看来布尔加宁将在会议终了前提出这些问题。

饶伯森答称,正像他在两天前告诉我的那样,在直接有关国家没有代表出席的情况下,美国将反对讨论任何有关这些国家的问题。联合王国和法国事实上也同意美国反对在没有有关国家参加下讨论涉及他们利益的任何问题。例如,法国同意在没有越南代表出席下不应讨论印度支那问题。美国曾使法国注意到这一观点,即越南现在是一个独立国家,不应在其背后讨论影响其利益的问题,对此法国是赞同的。饶伯森说,日内瓦会议可能的结果是达成一项协议:即在晚些时候在所有涉及其利益的国家出席下举行远东会议来讨论远东问题。

我说,到目前为止,似乎日内瓦会议并未取得多大的进展。

饶伯森说,这对于他不是意外之事,因为没有人对会议有过多期望。可悲的事是人们到处都要求和平,没有人要战争,但他们不理解造成国际紧张局势的问题是由来已久的,不可能通过在日内瓦为期四或五天的会议加以解决。会议的主要目的不是解决导致远东和西方分裂的所有困难问题,而是识别造成紧张局势的争端,并探求一项最终解决的可能途径。

我说,当然,正在举行会议这一事实本身就是一种缓和的迹象。

饶伯森表示同意,并说没有人真正期待会在首脑会议上出现奇迹。美国正以小心慎重的态度参加这次会议。大家都知道这一事实,过去美国与苏联曾达成五十二个协议,而莫斯科只执行了其中二或三个,其一是关于俄国参加对日作战的协议,这一项俄国恰在战争结束前约五天做到了;另一个协议是同意苏军占领柏林周围地区,但必须为方便盟国军队通过其占领地区,留出一条通道。其余五十个协议均未执行。

我说,那是典型的共产党态度,他们只遵守和执行那些符合他们利益的协议。

我和饶伯森讨论的其他重点是军事援助和我国政府愿同西德及越南建立外交关系问题,实际上这是饶伯森开头谈起的。他说,叶外长最近曾向杜勒斯国务卿谈及中国政府愿同西德及越南政府建立外交关系的事。他说,杜勒斯先生认为这是取得这两个国家承认的好主意,因而曾让国务院为此目的和波恩接触。不过,美国以前曾向西德政府提过此事,但被告知它还不准备承认大陆中国或台湾中国。所以他(饶伯森)一直在研究这一问题,并认为克服波恩政府犹豫不决的一个办法是向其建议,可以应用承认中日和平条约的方式对中华民国予以承认。换言之,承认台北的中国政府应以适用于现在和今后所有在其管辖下的领土为范围。他不知这一建议中国政府是否同意。

我说,我将向我政府报告,并将告知它的答复。我说,实际上我国政府曾直接或间接地和波恩接触过,以求得和他建立外交关系,但没有成功。作为其拒绝的理由,波恩一度曾说当年预算无此项目,另一次则称它和大陆有贸易关系。所以我有个印象,即波恩政府在其内心深处有不愿明确说明的某些想法,我现在明白它所想的是什么了。然后我说,我国政府同样渴望和越南政府建立外交关系。

饶伯森说,国务卿也曾让他在西贡提出这一问题。他记得有些是关于越南华侨的对待问题。

我告诉他大致有两类问题。第一类属于上次战争结束时与法国签订的协议所给予的某些特殊权益,包括使用海防港的某些特权。但中国政府已准备放弃这种特权,特别是由于形势已大为改变。此外,中国政府完全同情南越方面对这些特权所持的民族主义精神,特别是因为中国本身曾有一个时期经受过外国列强在其境内享受特权。另一类属于越南华侨的国籍问题。饶伯森先生知道,迄今中国一直是采取承认国外华侨双重国籍的政策的。但我国政府准备和越南政府磋商,以便按照国际法有关国籍问题的一般准则和实践找出一项解决办法,以使情况简单化。我补充说,当然,在印度支那有些华侨也世世代代享有某些特权,例如在内地耕种和内河航行,这些特权他们迫切希望保留。事实上,这些特权是在我说的两类权利之外的。但中国政府准备在建立了外交关系后和越南政府检讨整个问题。我自己已和越南大使晤面,并告诉他中国政府对这些问题的一般态度,并请他向他的政府转达中国政府愿同其建立外交关系的意向。

饶伯森说,他获悉中国在西贡的总领事已和越南政府接触。

我说"是的",已经将中国政府的态度告知越南政府。根据几天前我收到中国外长拍来的电报,中国总领事最近拜会了南越总理,并告诉他中国政府准备承认南越。他觉得南越总理对两国建立外交关系问题持赞许的态度。几天以后,南越外长告诉中国总领事,他的总理将把和菲律宾及中华民国建立外交关系问题提交内阁考虑。现据报道,菲律宾总统麦格赛赛对南越已经或即将给予承认。

饶伯森说,他收到一份报告,说菲律宾已承认南越。有鉴于此,他将立即请美国驻西贡大使莱因哈特先生利用他和越南政府的关系从中斡旋。随后他告诉在场协助工作的中国科副科长克拉夫先生为此目的准备一份电文尽快发出。

我对美国政府愿为此目的提供协助表示感谢。我还表示确信,建立外交关系对南越和我国都有利。

当天来自南越的新闻报道集中于西贡发生的骚乱。据报道，骚乱是由于在印度支那停战一周年之际，学生们在首都举行大规模示威游行表示反对，同时还反对共产主义和停战委员会所谓的亲共倾向。显然其目的是要把在日内瓦举行的四大国会议的注意力吸引到南越的不满上来。但是根据 7 月 21 日来自日内瓦的报道，英、法和苏联要求吴庭艳政府遵守 7 月 20 日生效的停火协定中的条款，同北越政权一起讨论选举问题，以便于 1956 年 7 月使国家统一。这三个大国自然都已签署了日内瓦协议，而南越同美国一样，都没有签字。

关于就日内瓦会议议程上的某些重大问题达成协议的可能性方面，尽管西方和东方在表面上都有寻求和解的态度，但 7 月 21 日的报道远不如以前乐观。而更多的注意力却被引向艾森豪威尔的富于戏剧性的提议，即苏联和美国交换他们军事设施的全部蓝图，并开放双方的领土，由对方的飞机进行无限制的空间检查。至于布尔加宁，他的声明是建议会议应讨论远东局势，包括台湾问题和中国共产党人进入联合国问题。而尼赫鲁在新德里的声明，则倡议举行另一次首脑会议来讨论由于前一天他称之为"蓄意策划的"骚乱所引起的南越险恶局势。我认为这些是对日内瓦会议参加国施加压力，迫使其让步，而联合王国的艾登自然是不会太倾向于追随美国反对这种提议的。最近的报道还表明，作为一种保全面子和促进交往及交换意见和新闻的措施，有可能在降下东西方会议的帷幕时达成某些协议。但是，据说德国统一和安全问题肯定是缓议，而将按照外长们的建议，在稍后的 10 月会议上加以讨论。

7 月 22 日《纽约时报》所载来自新德里的电讯，提供了从大使馆获悉的有关艾森豪威尔总统和尼赫鲁总理交换书面意见的新消息。电讯说，两人就有关包括被关押的美国空军人员问题在内的美国—中共关系问题和美国同共产党中国进行谈判的可能性问题交换了电报。并说，此举是尼赫鲁发端的，他通过梅农向艾森豪威尔发出第一个信息。后一报道和马康卫曾经对谭绍华讲过的相符。载于 7 月 23 日《纽约时报》的另一则电讯说,艾森豪威尔在给尼赫鲁的一封电报中曾建议,驻日内瓦的美国和中共总领事就两个政府间悬而未决的问题进行商讨。如果成功的话,他建议会谈可以升到大使级,也就是说驻瑞士首都伯尔尼的两国大使将接替这项工作。

第二天,当参议院外交委员会主席参议员乔治在华盛顿重申他主张的美国—中共直接磋商时,似乎某种协商计划确实已在执行之中,尽管并不一定是该参议员所极力主张的形式。乔治极力主张会谈应在今后六个月内举行,并应在部长级进行,亦即在中共外交部长周恩来和国务卿杜勒斯之间进行。该参议员还极力主张放宽对共产党中国的禁运货单。他是在一次电视记者招待会节目中露面时提出他的建议的。

首脑会议提前一天于 7 月 23 日结束。7 月 25 日,艾森豪威尔总统在回到华盛顿后向美国公众作了一次无线电和电视晚间广播讲话。他报告了日内瓦会议所取得的"和平成就",并且谈到举行日内瓦会议所显示出的对和平的极大关切和渴望。他没有直接提到共产党中国和美国在同一天发表的声明,即由双方大使进行的美国—中共双边会谈将于 1955 年 8 月 1 日于日内瓦开始。

第二节　美国—中共在日内瓦的会谈及中国在联合国的代表权问题

1955 年 8 月—12 月

一、日内瓦会谈的"第一项议程"——被扣留的平民问题及在联合国的代表权问题

1955 年 8 月—9 月 10 日

1955 年 7 月 25 日,北平和华盛顿宣布他们已同意自 8 月 1

日起在日内瓦举行大使级会谈。国务院的声明内容如下①：

> 美利坚合众国和中华人民共和国通过联合王国的外交途径通信的结果，同意过去一年双方在日内瓦的领事级代表们的会谈应该在大使一级进行，以便有助于愿意回到他们各自国家去的平民的遣返问题的解决，并有利于进一步讨论和解决双方之间目前有争执的某些其他实际问题。双方大使级代表的第一次会晤将于 1955 年 8 月 1 日在日内瓦举行。

随后在同一天，国务院发布了一份更为详尽的声明如下：

> 国务院今日宣布，去年美国和中共政权之间在日内瓦断断续续举行的，有关愿意回到各自国家的平民回国问题的会谈将在 8 月 1 日以大使级会谈继续进行。

> 美国将由驻捷克大使阿历克西斯·约翰逊为代表。约翰逊大使系 1954 年日内瓦会议的美国代表团成员之一，当时曾同中共代表在日内瓦就当时被扣押在中国的美国公民回国之事开始进行谈判。共产党代表也提出了在美国的中国留学生问题。

> 在交换情况后，由领事级代表继续进行了会谈。虽然在美国公民回国方面取得一些进展，但迄今结果仍属不佳。

> 自周恩来 4 月份在万隆会议上宣布愿意和美国举行直接对话，有几个国家的政府已间接地在北平和华盛顿探测举行这种会谈的可能性，并建议最好由大使一级继续日内瓦的会谈，冀以达成有关拘留在中国的美国平民回国的协议，并便于对目前有争议的其他实际问题进一步讨论和解决。此种会谈将增强联合国争取释放美国战俘之努力。

> 已经表明，这些对话和以前同中共进行的磋商一样，并不涉及外交上的承认。

---

① 声明译文参照 1955 年 7 月 26 日《人民日报》。——译者

《纽约时报》和《华盛顿邮报》在刊载几项声明时说,美国官员已经表明,会谈将讨论拘留在大陆的美国飞行员及美国平民的释放问题,并将限于两国之间直接有争议的事项而不涉及一般性的远东问题。《纽约时报》的文章说,艾森豪威尔总统那天上午会见国会领袖时强调了后一个条件。至于把平民遣返到中共一方的问题,该报引用国务院发言人苏伊丹先生的谈话说,据他了解,"没有发生过申请去红色中国的中国平民未能自由离去的情况"。另据报道,苏伊丹拒绝明确回答一位记者提出的是否将讨论美国希望台湾海峡停火的问题。他只是劝告记者们避免对新会谈的议程作过多的推测。可是,他强调美国曾多次说过,它不想"背着中华民国进行范围广泛的实质性会谈",以及从美国的观点看来,"其主要目的是使被中国共产党扣押的美国人获得释放"。

新闻记者们自然对苏伊丹提出的不要过多推测的劝告未作理会,并在当天和次日的报纸上出现很多推测性的、对国民党中国来说有害的议论。这种推测的主题都是有关远东的根本问题,如台湾的地位和共产党中国在联合国的席位问题,以及会谈将不仅讨论双边问题,而且会谈不久将提高到部长级等等。

国务院由于希望平息国民党中国对此事的焦虑和不安,曾电示台北美国大使馆向我国政府就此事进行解释,并在华盛顿和我大使馆联系。由于饶伯森和我都不在首都,谭绍华在负责远东事务的代理助理国务卿马康卫的邀请下拜会了他。会晤是在 7 月 25 日下午五时进行的,中国科副科长克拉夫会见时也在座。

根据谭公使的报告,马康卫谈的要点是,美国任命了一位大使级的代表参加将于 8 月 1 日开始的日内瓦会谈。对此国务院刚刚发出了两个声明,他料想谭公使已经看到。这些声明的草稿只是在前一天才拟出,但已将其内容电告美国驻中国大使馆并指示将其转达给叶外长并在必要时加以解释。因此,马康卫说,中国政府一定已经获悉。请谭来谈的目的是说明美国政府对于被中共扣押的美国公民非常关心,因此必须尽力使他们获释,但它并没有改变对国民政府的政策。因此,他希望请大使馆报告中国政府并请放心。如果看过声明后有甚么问题,他希望谭公使随时提出。

谭公使答复说,大使馆将立即报告我政府美国丝毫没有改变它的政策。然后他说,"并有利于进一步讨论和解决双方之间目前有争执的某些其他实际问题"一语的范围似乎很广泛,他想知道其准确的意义是什么。马康卫回答说他也不完全清楚其实际范围。但是,据他理解,将包括中国共产党人在大陆所作而为美国所不满的各种行为。例如,毫无理由地关押美国公民;美国商人遭受的损失以及取消美国在华的宗教和文化事业。总之,他说:"将不涉及中华民国的要求、权利和基本利益的问题。"关于上述询及的语句他补充说,国务院已在给美国驻中国大使馆发出的电示中提及此事并指示大使馆通知叶部长,所要讨论的只限于美国和中共之间的"双边关系问题"。

谭公使然后提出居留在美国的中国留学生问题。他说,美国政府总是把它当作一个行政问题因而应当按照美国法律予以处理。谭公使询问美国是否仍然坚持这种态度。马康卫回答说,美国仍然承认在美国的中国留学生是中华民国的国民。如果中共要某某学生返回大陆,他们必须分别提出学生的姓名,美国将区别情况,个别加以考虑。共产党中国不能认为它自己对目前居留在美国的中国留学生有保护权。

谭公使说,声明提出有几个国家曾要求美国和中共进行协商。他询问系指哪些国家。马康卫说,英国、缅甸、印度、巴基斯坦和印度尼西亚都曾提出建议,而印度的态度特别明朗。但是举行会谈的目前安排完全是由英国促成的。

谭公使说,声明中包含"通信的结果"一语,他问,这种通信是何时进行的。马康卫说,举行双边会谈的协议只是在三四天前达成的,但在两个星期之前已有此种谅解的迹象。中共开始建议以7月21日作为开始会谈的日期,但美国不愿把这种双边会谈同在日内瓦举行的四大国会议混淆起来。因此,拟议的日期改到 8 月 1 日。

我于 7 月 26 日回到华盛顿。当天晚上,我参加了两个庆祝国庆日的招待会,一个在利比里亚大使馆,另一个在哥伦比亚大使馆。我还有一个机会通过顾毓瑞探明国会议员周以德对最近局势发展的看法。如我在 27 日向外交部报告中所述,我秘密获悉:

(1)虽然艾森豪威尔总统一再向公众宣称,苏联在日内瓦曾表明它诚恳地希望和平和友谊,但在研究了所有的信息之后,他仍然得出结论,认为苏联所作的声明只有一半是真诚的,另一半则是为了宣传的目的。因此,他不相信苏联已改变了它的基本政策。

(2)虽然艾森豪威尔总统倾向于设法和苏联达成一项解决办法,周以德认为杜勒斯国务卿在即将举行的外长会议上未必会受苏联的愚弄。

(3)在秘密对话中,苏联一方提出沿海岛屿的问题,并说它们是属于中国大陆的,因此应当交给中共政权。美方对此表示反对,并回答说,如果苏联所称是正确的话,那么北朝鲜应当还给南朝鲜,北越应当还给南越,以及东德还给西德。此外,在另一次会议过程中,美方提出讨论苏联的欧洲卫星国问题和共产党在美国及其他国家的活动问题,其目的在于对抗苏联关于讨论远东问题的提议。(顺便提一下,这是国务院曾向我方表明的,一旦俄国人要求讨论远东问题时,国务院将采取的策略。)

(4)关于美国和中共将要进行谈判一事,就在首脑会议开始前已经商讨过,并取得一致意见。但是,通过周以德的努力,推迟了对外宣布,意在表示这一问题和国家首脑会议没有联系或关系。

当杜勒斯 7 月 26 日在每周记者招待会上讲话时,他本人对即将到来的日内瓦会谈透露出更多的情况。特将载于次日《纽约时报》上他的讲话摘录如下：

> 去年4月在万隆会议上，中国总理周恩来先生提议应和美国举行双边会谈。他说："中国人民不想和美国打仗，中国政府愿意同美国政府坐下来谈判。"

> 国务院于1955年4月23日立即做出反应说："美国一贯欢迎能给世界带来和平的任何努力，如果这种努力是真诚的。"接着在其后的记者招待会上（1955年4月26日），我引用了周恩来先生的声明，并说："那是否是一个真诚的提议尚需拭目以待。或许中国共产党人只是玩弄宣传把戏，但我们打算设法把这件事弄清楚。这样做的时候，我们当然不会改变对我们的盟国——中华民国保持诚信的方针。"

> 从那时以来的进展表明，有可能通过继续去年已在日内瓦进行的会谈并将其恢复到原来的大使级水平从而获得有益的结果。

> 注意到交战状态的缓和。

> 十五名联合国战俘中的四名已被释放。还有几名美国公民已被释放。这些成果虽然是微小的，但还是有价值的。中共的好战行动，例如曾在一江山岛和大陈岛炫耀过的那种情况，未再重演，而在台湾地区出现了接近实际停火的状况。中共以前关于台湾和反对美国的好战的宣传，最近有所收敛。

> 此外，同中华人民共和国有外交关系的各国政府都表明他们相信中国共产党有遵循和平途径的意愿。

> 在这些情况下，美国于7月11日向周恩来先生提议，最近在日内瓦举行的领事一级的对话应稍事升格，并扩大范围。

> 该提议是通过联合王国居间提出的，联合王国代表本着美国在共产党中国的利益。这一提议迅速被接受，并在商定

日期之后,达成一项与之有关的相互同意的公报,并于昨日上午在北平和华盛顿两地同时公布。

事情很明显,美国的提议无论怎样都不含有外交承认的意义。同时明确了我们不准备在此种会谈中以任何方式做出有损于我们的盟国——中华民国的权利的安排。

约翰逊将代表美国。

在8月1日的日内瓦会议上,美国将由我们的驻捷克大使阿历克西斯·约翰逊为代表。一年前最初开始此种会谈时就是约翰逊大使代表美国和中共会谈的。在那以前,他作为国务院一个部门的官员,主要从事于朝鲜停战的谈判。

美国主要关心的是使仍然拘留在共产党中国的美国平民回国。在这一点上,我们准备同中共讨论少数愿意返回共产党中国的在美的中国留学生的情况,而中共毫无根据地断言他们是被阻止回国的。

我们还想加强联合国所作的努力,以便使作为朝鲜联合国军司令部的成员现已成为战俘仍由中共拘禁的美国人回国。

至于其他可能考虑的实际问题,美国希望切实采取预防措施,以免再次发生诸如击落一架国泰航空公司的班机(1954年7月23日一架英国飞机在海南岛附近被击落)之类的事件,致使一些美国人丧生和一些美国平民受伤。

当然,基本问题是我在4月26日的记者招待会上指出的,即"我们是否必须在该地区备战,抑或在该地区有停火的可能"。

反对诉诸武力。

美国认为,不管目前对立的国家的分歧多大,这种分歧不应通过诉诸武力来解决,因为这很容易挑起国际战争。美国本身是一贯本着这一信念行动的。

凡是接受我们军事援助的任何国家，都被要求遵守如下的明确条件，即不得将军援用于侵略目的。毫无疑问，东德是德国的一部分，但阿登纳总理已做出庄严的保证，即他不会用武力统一他的国家。

毫无疑问，北朝鲜是韩国的一部分，但我们同大韩民国签订的安全条约清楚地表明，美国不会把其保护延伸到我们所承认的属于大韩民国合法管辖地区以外的地区，并且我们不认为进攻武力是一种合法的手段。

毫无疑问，北越是越南的一部分，但我们在谈及有关印度支那停战时曾说，我们反对为了使越南统一而重新进攻。

中华民国和中华人民共和国都声称由另一方掌握的领土是中国的一部分。但关于美国和中华民国订立的共同防御条约，双方同意，除作为共同协议事项，显属行使固有自卫权利之紧急性行动外，中华民国将不使用武力。

劝告所有方面禁止使用武力。

我们认为不诉诸武力的原则不仅对美国及其盟国有效，而且对所有方面都有效。

我们希望在即将举行的会谈中弄清楚，中共是否根据联合国避免使用威胁或武力以致妨害各国之和平的原则接受停火的概念。

毫无疑问，中共会提出他们自己的问题。我们将洗耳恭听是些什么问题，如果这些问题直接涉及美国和共产党中国的话，我们打算加以讨论，以便达成一项和平解决办法。

正如艾森豪威尔总统昨晚所说："只要与美国的体面、正义，以及获得和平的权利的概念一致，美国将全力以赴。为此目的，只要有真诚的目标和取得进展的诚意，我们愿和苏联人以及其他人合作。"这就是指导我们继续和中共在日内瓦会谈的原则。

在国务卿事先准备好的讲话后,接着有一段提问和回答时间。当要求杜勒斯对参议员乔治提出的关于美国与中共举行外长级会谈的提议给予评论时,杜勒斯没有排除他在稍后一些时候和周恩来会晤的可能性。但他的意思是,这样一种会谈的条件是:大使们就释放被扣留在中国的美国人的安排方面已取得成就并且证实北平将"接受停火的概念"。第二天即7月27日,艾森豪威尔总统也在记者招待会上说,会谈可能最后升格到外长一级。

人们可以很好地回顾一下过去,问一问在共和党政府时期事情怎么会发展到这步田地。对于共和党的当政,国民政府曾以莫大的热情寄予期望,并且它的当政是以"第七舰队不再从事庇护共产党中国"的决定开始的。在这届政府的初期,我曾受到某些影响,认为我国政府已在策划并准备开始进攻和光复大陆,而且认为美国政府对这一目标是同情的。这就是为什么,当我国政府极力主张商订中美共同防御条约时,我曾告诉他们通过这一行动可以得到某些好处,但也有很大的不利。我希望他们从更多的角度加以考虑。但政府急于行事,终于签署了条约(其应用范围是有限的)及有关的换文,在换文中,国民政府保证不同美国磋商不得从事重大的军事行动。

总之,中共同美国在日内瓦举行会谈的决定,以及此种会谈甚至会升格到外长级的可能性,不仅是当时苏联和共产党中国的和平序曲的产物,也是东西方对于缓和紧张局势的明显倾向的产物。此项或类似的决定乃是中美共同防御条约签字和生效后的必然发展。实际上,对于美方来说,中美共同防御条约的效果(如果不是目的的话),就是默认有两个中国的局面,一个在大陆,另一个在台湾。这是一种以间接方式接受并承认在大陆上有一个和台湾政权分立的政权的事实,而那个台湾政权将继续得到美国承认,但与大陆无关。而一旦默认和接受这样一种两个中国的局面,自然会开始寻求同另一个中国直接打交道的方式,只差实际的外交承认罢了。

台湾公众对于宣布日内瓦会谈的初步反应包含在由政府新闻局局长吴南如签发的政府声明中。声明说,政府对"美国寻求立即释放由中共非法拘留的美国平民和军事人员所作的任何努力"并无异议。但对于将被拘禁的美国人与在美的中国留学生交换一事可能达成的任何协议,是否明智和适当,表示怀疑。声明说:

> 关于那些可能误入歧途而想回到大陆的在美中国留学生,应由美国政府决定是否应让他们的知识和技能为北平傀儡政权所利用。美国强制遣返那些不愿回到大陆的中国国民的任何做法,无论从政治及人道主义的理由而言,均将受到非议。

声明进一步宣称,政府已收到美国政府的保证,即日内瓦的谈判并不"意味着对中共有任何程度的外交承认",而且不"涉及中华民国政府的要求、权利或基本利益"。

7月27日晚我参加了参议员霍然·凯普哈特在李威廉先生家中举行的晚宴。实际上菜单和晚宴完全是中国式的,并且是由协助款待客人的李氏夫妇准备的。这位参议员为了表示亲善和促进贸易即将去南亚和东南亚以及日本和朝鲜旅行。他拥有一家公司,他想使其产品在亚洲市场上销售。所有亚洲国家的大使和代办都在场,只有印度的代表未到。饶伯森也到了。自助晚餐后,参议员同大多数客人去玩扑克牌。我同饶伯森进行了交谈。

我提到中共和美国之间即将在日内瓦举行会谈一事。饶伯森告诉我,给约翰逊大使的指示清楚地表明,他不能讨论影响我们权利和利益的任何问题,而且只能听取中共方面所讲的问题。饶伯森要我们不要感到不安。依他看来,这次会谈肯定不会有成果。

饶伯森还说,过去几天报纸的大字标题说美国已同意讨论台湾问题,实际上是没有事实根据的。他和杜勒斯国务卿看到这些消息后都感到很不愉快,并且他本人已经质问了某报的记者。接着我问他关于参议员乔治主张在中共政权和美国之间举行外长会谈之事。饶伯森回答说,这不是国务卿的意见,而且当杜勒斯国务卿听说此事的时候,他非常不高兴并感到诧异,他说乔治的提议实属毫无道理。

7月28日,我把我和饶伯森的非正式谈话电告叶部长。他在7月25日曾给我来电,提到参议员乔治主张举行部长级会谈及放宽对共产党中国禁运货单之事。叶想知道,乔治的声明究竟是为了姑息呢,还是对民主党内左翼压力的一种反应,或者都不是,而是幕后有白宫和国务院的支持。

7月27日,也就是我电告我同饶伯森非正式谈话之前,我已复电说,我已深入探究了参议员乔治在7月24日提出的关于美国和共产党中国举行部长级会谈的主张的由来和背景,似乎他是有所为而这样做的,因为他在民主党中占有重要地位,并且因为他一直认为目前重要的任务是促进苏联和美国之间的和解以维护世界和平。我忆及几个月前他曾主张召开各国首脑会议,并且他的倡议得到来自很多方面的赞同,结果他在党内,在国会和在公众舆论中的声誉大为提高。

在7月24日,我继续报告说,乔治又进一步主张召开外长会议。从他个人的立场看来,这是一个适时的倡议。因为我已查明,在7月11日已经做出了8月1日在日内瓦举行中共政权和美国会谈的决定,并且国务院已派代表将此事分别通知国会中的一些重要成员。作为参议院外交委员会主席的参议员乔治就是被通知的人员之一。我然后向叶部长指出,在这方面显而易见的问题是,如果在会谈过程中,共产党中国的态度是和解的,而且同意释放被拘禁的美国人时,将采取什么步骤。值此之际,中共要求举行更高一级的会谈并不是不可能的。这样,一直赞成在共产党中国和美国之间举行高一级的会谈以便缓和两国之间的紧张气氛,以及主张通过所谓的停火以解决台湾问题的参议员乔治,当了解到美国官方对形势的估计和他的观点有些相似时,就会抓紧时机在国务院正式宣布美国和共产党中国之间即将举行大使级会谈之前亮明他的观点,这样他就可以把事先提出另一次建议归功于己,从而为他本人以及民主党捞到一种具有首创精神的声誉。我说,这一行动和来年的大选不是没有关系的。

我接着告诉叶,虽然华盛顿有人也怀疑美国官方曾授意参议员乔治提出这次建议,但这种看法似乎并不正确。虽然白宫和国务卿杜勒斯特地给乔治以方便并殷切期待他的帮助,但他们究属不同的党派,并且在内心仍有深刻的敌对性,而且都在精心筹划在公众舆论中取得优势。此外,共和党政府也不可能容许这种引导人民的倡议落在敌对党手里。不管怎样,我告诉叶,我已经约定在 7 月 29 日去拜访参议员乔治,我将向他报告会谈的情况。

7 月 28 日上午,我参加了在白宫举行的向艾森豪威尔总统赠送"和平利用原子能邮票集"的仪式。邮政局长萨默菲尔德主持仪式,艾森豪威尔总统对人数有限的外交使团来宾和一些其他人员,包括大多数内阁部长及艾森豪威尔的几位阁僚,即席讲话。实际上,国务卿、国防部长和洛奇大使也各被赠送一本这种新邮票集。仪式后,我向杜勒斯国务卿说,我收到一件叶外长致他的专函,我将通过饶伯森先生转交给他(函件当天上午刚到)。杜勒斯说他将高兴地阅读该函。

我和饶伯森的会晤是在这个仪式结束后立即进行的。我主要告诉他关于我们对阿历克西斯·约翰逊大使和共产党政权的王炳南即将在日内瓦举行直接会谈的关注。辞别出来时,我碰到刚由布拉格到来的约翰逊大使。他是为了在去日内瓦执行他的特殊使命之前,来华盛顿进行磋商和听取指示的。他说他将在两天内启程。

根据我同饶伯森对话的记录,这是一次涉及很多方面的很长的对话,我提出的第四个话题是即将举行的日内瓦会谈。我说,由昨天晚上我们的非正式谈话,我了解到,在给约翰逊大使有关 8 月 1 日在日内瓦举行同中国共产党人谈判的指示中,他不能讨论会影响中华民国政府的要求、权利或基本利益的问题。

饶伯森说那是正确的。

我说,国务卿在另一天记者招待会上所作的声明提到台湾海峡停火问题,在台湾的公众、报刊和立法院人士中引起很大的疑虑。台湾海峡经常发生的敌对行动是北平政权和我国政府之间的事,美国并没有牵涉进去。我不十分清楚,美国怎么会同北平政权讨论停火问题?

饶伯森回答说,虽然美国并未牵涉到敌对行动中去,但根据去年 12 月同中华民国签订的共同防御条约,它承担共同防卫台湾和澎湖列岛的任务。如果敌对行动继续下去并波及台湾和澎湖,美国必然会被牵涉进去,因此,美国深感关注,唯恐会被卷入一场国际战争。美国人民不愿意为了实现越南或朝鲜的重新统一而走向战争,虽然在后一情况下,李承晚总统是急于用武力来实现此事并公开宣布了他的意图。美国人民也不愿意用武力重新统一德国。因此,在中国的情况下,美国人民也不愿为实现它的重新统一而卷入一场战争。此外,作为联合国的成员,中国和美国都已同意放弃以武力解决国际争端。他说,当然他知道北平和台湾都反对停火,并宣称这个争端是国内问题而不是国际问题。但他重申,它们之间的敌对行动如果持续和扩展下去,就会发展为一场国际战争,并牵涉到美国。

我说,我国政府已经保证,不同美国磋商不会进行任何重大的军事行动,并且将继续遵守这个诺言。但是,如果美国广为宣传这一诺言,则将毁掉中国大陆人民对最终解放的希望,并将降低台湾军民和海外华侨的士气。如果美国告诉共产党这项诺言,并用以换取共产党放弃使用武力的许诺,这种努力很可能是要失败的。况且,即使共产党作为一种寻求美国在有关台湾问题上让步的策略同意作出一项许诺,我认为也不可能指望他们会长期信守不渝。接着我问道,在日内瓦会议上美国是否将主动提出停火问题。

饶伯森说,会议的主要目的是讨论和促使现被共产党中国扣留的美国人获释。

我指出,由于中共反对停火,我们未必会提出这个问题,美国方面是否将这样做?

饶伯森回答说,新西兰的决议案已在联合国提出了这个问题,虽然北平政权断然拒绝了它,但这个问题仍然保留在联合国议事日程上。

我再次追问,如果共产党人不提的话,美国是否将提出这个问题?

饶伯森回答说,像杜勒斯先生在 4 月间记者招待会上所说的那样,美国只是希望缓和台湾海峡的紧张局势。它所寻求的是要中国共产党做出放弃使用武力的声明。如果共产党不提这一问题,美国也未必提出。

我然后问,如果共产党作为一项策略行动,不同意做出不诉诸武力的许诺,那么下一步将是什么? 美国是否有意于讨论台湾问题? 关于这个问题,共产党人肯定会提出他们的要求的。

饶伯森回答说,关于程序问题已经进行了研究,但还没有作出肯定的结论。但他个人认为,如果共产党要求讨论台湾问题,美国会说那应和中华民国政府讨论。国务卿曾再三声明,美国将不同中国共产党人谈判影响中华民国利益的问题。饶伯森接着说,中国政府不必对日内瓦会议过于焦虑。美国对中华民国的地位颇为重视。中国政府拥有亚洲第二大反共武装,并且占据着重要位置。据报告,中国大陆的景况很不令人满意,而且在人民中间存在着很大的不安。对中国政府来说,出现不必诉诸武力而能光复大陆的机会只是时间问题。

我说,依我看来,所谓的台湾问题,实际上没有什么可谈判的。

饶伯森说,有一个问题即台湾的合法地位还不很明确。对日和约只规定日本放弃对台湾的统治权,但未明确该岛应该归谁。当然,中国政府已有效地占领了该岛,这他是了解的。但是,他补充说,他曾和叶外长详细地讨论了这点,他不愿再予重复。

我指出,就台湾的合法地位而言,开罗宣言、波茨坦协定以及日本投降文件,都已清楚地表明台湾应归还中国,而且那只能指的是中华民国。

饶伯森说,"中国"这个词是意见分歧的根源。北平政权声称台湾属于大陆中国,而在台湾的中国政府坚持台湾属于由它代表的中华民国。实际上是有两个中国。承认北平政权的国家,认为大陆中国是台湾和沿海岛屿应当归属的中国。但是只承认中华民国的美国所持的立场,是承认它们属于国民党中国。

然后我提到经由我大使馆转送的叶外长致国务卿的私人函件。我表示希望杜勒斯先生能按叶信中提出的要求,在日内瓦会议期间,于适当时机发布一项声明,大意是:"(1)美国不愿看到在亚洲有更多的领土和人口置于共产党统治之下;(2)美国无意承认世界上任何地方的侵略结果。"我说,我认为这两点和美国一再宣布的政策是完全一致的,因此,我认为杜勒斯先生作出这种声明不会有何困难。

饶伯森个人同意此两点是和美国政策一致的。他还说,一旦收到此函,他将立即转交杜勒斯先生,并听候国务卿的意见。我告诉他信件正在打印,约在中午送到①。

我提请饶伯森注意的其他事项是我国政府愿意同西德及南越建立外交关系,及"陶甫斯"号事件。(即关于 1954 年 6 月被我海军在台湾海峡地区截获的苏联油轮"陶甫斯"号事件,对于它的处理及对于政府已提供政治庇护的船员的处理。)我同饶伯森谈到上述问题时,首先提到上星期我同他所谈有关我国政府愿意和

---

① 参见附录九 1955 年 7 月 28 日叶外长致杜勒斯国务卿的信件。

西德建立外交关系,以及他所建议的这一提议的适用范围应与中日和约相类似等话题。

我告诉饶伯森,我已经把他的建议详尽地向外交部作了报告,现接复电,首先要我对美国的协助表示谢意,并阐明我政府对与西德建立外交关系问题的观点,即此问题的适用范围与中国和西德之间缔结和约不发生连带关系。目前,我政府只打算发表一项声明,结束两国之间的战争状态,对西德予以承认,并宣布同它交换外交及领事代表。建立这种关系之后,可以开始谈判和着手缔结两国之间的友好和贸易条约。我补充说,叶外长还想知道,饶伯森先生提请我注意的他所建议的方案西德政府是否可以接受,或者是否已受到西德的注意。

饶伯森回答说,可能我对他上次说的话有所误解。该项方案根本还没有告诉西德。已经进行的是美国政府应中国政府的要求,已和波恩接触,以促使西德政府承认中国政府。但后者态度相当坚硬,声称它不打算承认任何一个中国。鉴于波恩的这种态度和美国期望中国得到西德的承认,国务院采取措施探索重新与波恩接触的可能性,自然首先希望了解它所提的方案中国政府是否可以接受,因此还没有将该方案告知西德政府。

我说,这恰是我所理解的,并已相应上报过的。

饶伯森说,他以前曾从我处获悉中国政府也和波恩接触过。他询问有何反应。

我说,正如我以前告知他的,答复是相当含糊其辞的。此外,我推测西德所以不愿同我国政府建交,其原因可能是因为西德一直和中国大陆有着广泛的贸易往来。

饶伯森说,这是事实。最近几年西德的出口贸易增长了,并且他了解到它的汽车出口已为英国出口的两倍。他还获悉,阿登纳总理对苏联的政策和态度很敏感。由于阿登纳将于9月初访问苏联,饶伯森认为,即使现在再次与之接触,西德政府也未必准备就与我国政府建立外交关系问题作出答复。他说,因此他建议等阿登纳由莫斯科回国后再提这个问题更为明智。

我说,我认为这个建议是稳妥的。由于仅是几周时间的等待,我认为我国政府肯定会同意暂时推迟此事。然后我提到上次我谈到的有关我政府和南越建立外交关系的意愿,并对饶伯森先生同意致电美国驻西贡大使莱因哈特请其加以协助表示感谢。我想知道是否已有回音。

饶伯森说:"还没有",但他预料不久即有回音。

至于"陶甫斯"号事件,我说,在四十九名船员中,二十九名选择回苏联。对他们的遣返已和驻台北的法国大使馆作了安排,因为法国大使馆愿提供协助,作为此事的中间人。据我了解,这些人已飞离台湾以便返回俄国。其余二十人,十一人已决定留在台湾,中国政府也已同意给他们以政治庇护。另外九人愿意去美国,对此已和驻台北的美大使馆进行联系。我政府并让我请求美国政府抓紧处理,并作出明确的决定。

饶伯森回答说,此事实际上属移民局管辖,他们一直在研究。据他了解,在获准进入美国前,移民局要求这些人持有台湾的再入境许可证件。

我说,我能够理解需要再入境许可证的原因,因为我设想如果查明他们当中的任何人是不受欢迎的话,移民局能把他们送往某个地方。

饶伯森说,的确如此。

当时也在座的中国科新任副科长克拉夫说,据昨日美国驻台北大使馆拍来电报,再入境许可证已经颁发。

我说,听到这个消息我很高兴,并希望美国方面能加速处理。

饶伯森说,他将立即向移民局交涉此事。

同日上午,我同一位美国重要人物作了另一次会谈。他秘密地告诉我,他对于中共和美国之间的对话颇为担心。他感到有出现类似过去希特勒对苏台德区提出要求时发生过的某种情况的可能。虽然当时英国和法国有过各种表示，但一旦德军入侵致使捷克斯洛伐克立即灭亡时，这些国家都是袖手旁观的。他认为，虽然我国应当和美国紧密合作，但同时我们必须坚决不再对我国领土的任何部分作出让步。并且，虽然这种坚定立场可能得不到美国当局的谅解，但他认为，我们肯定会得到美国公众舆论的支持。我告诉他，这正是在当前形势下我国所坚持的立场。

次日上午，我在参议员办公大楼拜会了参议员乔治。这位民主党参议院外交委员会主席承认他赞同美国和共产党中国之间举行高级会谈，但他说这要在以后某一时期而不是在目前。

根据我的记录，我先开始谈话。我说，我早就希望和他会谈。我说，作为参议院外交委员会的负责人，他一直起着非常重要的作用，所以我一直以极大的兴趣注意着他的讲话和声明。我说，最近世界的事务似乎进展得很快。紧接着四强政府首脑会议之后，宣布了美国同北平政权代表将在日内瓦举行会谈。其结果在台湾产生一种不安的感觉。台湾的新闻界、立法界以及公众舆论，一般说来对日内瓦双边会谈的可能后果忧心忡忡。

参议员乔治也认为世界事务进展迅速。他说，首脑会议没有达成任何协议，但是已在各处造成和谐的气氛。

我议论说，苏联代表似乎摆出一种和解的态度，但没有对任何重大问题让步。

乔治表示同意说，他不了解苏联代表真正的想法是什么。他说不清楚导致苏联和解态度的原因是什么，但他认为总是有一定原因的。

我说，我倾向于认为是内部原因。显然苏联需要更多的时间来建设它的经济。现在他看到在欧洲西方的地位已经大大增强，对它来说，继续实行霸道和恐吓政策将是危险的。它态度的转变似乎和共产党后退两步以便日后前进三步的策略是一致的。

乔治说，无论如何，公众似乎对于造成较为良好的气氛是满意的，各方都有宽慰的感觉。然后他说，他认为对于中国人民来说,没有感觉不安的理由。当他发表声明主张过些时候美国同共产党中国举行部长级会谈时,他想不到国务院会在第二天就发表了关于日内瓦会谈的声明。但是据我所知,他是一直赞成美国同共产党中国举行直接对话的。这位参议员接着说,他了解感到不安的不仅是中国人,参议院中的他的某些同僚也有同感。参议员诺兰也是感到忧虑的,但依他看来,这没有什么理由。当然他不能代表总统和国务卿随便讲话,但他知道他们两位都反对在没有国民党中国参加的情况下在日内瓦讨论涉及中华民国利益的问题。实际上,总统和杜勒斯先生都曾一再公开声明这一观点。他认为,令人遗憾的是,他在参议院的一些同僚虽然具有和总统同样的信念,竟会表现出对政府如此缺乏信任,特别是这种忧虑是毫无根据的。自然,他理解参议员诺兰来自距亚洲比大西洋海岸近三千英里的加利福尼亚海滨。

我说,地理对于一个人的政治观点常常起很重要的作用。我认为,在太平洋海滨的人们对于远东正在发生的事情自然很可能比在大西洋海滨的人们更敏感。

乔治说,地理能影响一个人的政治观点,这是毫无疑问的。但是他指出,日内瓦会谈将主要涉及释放仍被拘留在共产党中国的美国公民及中国留学生返回中国大陆的问题。

我说,台湾之所以感到不安,是由于可能将在日内瓦讨论台湾海峡的停火问题。

乔治说,这个问题将会讨论的,但是,他理解其目的是探明中国共产党是否准备放弃其诉诸武力的政策。美国是想从他们那里得到在解决国际问题上放弃使用武力的声明。美国人民反对战争,并且反对在国际事务中使用武力或以武力相威胁。

我说,中国共产党一再宣称他们反对在台湾海峡停火,但是作为一项策略,并不排除他们会同意作放弃使用武力的声明,但未必真正打算遵守这样的声明,其目的是为了赢得心理上的优势,并借此提供一个良好的借口,以便在对他们有更大利益的问题上要求美国作出让步。

乔治说,日内瓦会谈可能讨论其他问题,但他向我保证,就他所知,在没有国民党中国参加下,这种讨论不会影响到它的利益。他知道我国政府基于和共产党人同样的立场,反对参加这种会议,但他认为,通过委托第三者为中间人在会上为国民党中国维护利益,可以克服这个困难。他补充说,他觉得台湾海峡的局势仍然是富于爆炸性的,并且共产党可能攻击马祖和金门。

我说,根据我收到的报告,共产党一直在沿着滨临沿海岛屿的海岸上集结他们的兵力,修建新的空军基地,扩建已有的老基地,布置更多的炮兵阵地,并调动更多的陆海军部队进入该区。

乔治说,北平和莫斯科有密切联系,可能同意在这个地区执行缓和政策而不攻击沿海岛屿。

我说,那是可能的。但是依我看来,还有另外一种可能性。苏联在欧洲采取旨在缓和西方紧张局势的和解态度可能是出于它在亚洲的扩张欲望,因为在欧洲,西方的军力已经集结得如此强大,以致一向是现实主义的苏联很容易看得清楚,对于它来说,已不再可能靠继续搞冷战取得更多领土。另一方面,我接着说,西方盟国在有关亚洲的政策方面并不都是团结一致的,自由国家在那里的力量也尚未充分建立起来。在那里有一个真空,可能诱使共产党人进行利用。事实上,克里姆林宫一直对控制亚洲给予极大的重视,把这作为征服欧洲和统治世界的准备步骤。因此,我很高兴地注意到,新闻上的报道,说美国已决定把原子武器运往日本及冲绳,这将给共产党人以深刻的印象,他们在估计国际形势和考虑任何地方的军事力量方面,总是持现实主义态度的。

乔治说,除冲绳和日本外,还将把一些原子武器运往台湾。他同意只有真正的实力才会给共产党以深刻印象,而美国必须保持警惕。

当天中午我接待了土耳其新任大使海达尔·格尔克先生。这是礼节性的拜访。我发现格尔克是一位比较年轻的人。他告诉我,他曾在莫斯科、罗马、华沙及东京任职,并且曾担任过土耳其外交部的局长及副秘书长,以及土耳其总统的秘书长。我们没有讨论什么实质性问题。

下午我乘飞机去纽约赴一些约定的约会。当我不在时,助理国务卿饶伯森和大使馆联系要求谭公使下午五时去见他。在他们会见时,马康卫也在座。

饶伯森告诉谭公使,日内瓦会议将在8月1日举行的声明宣布后,对于会谈的议程,报界多所推测,使美国当局感到颇为烦恼。国务院当时正在为约翰逊大使拟订系统的指示,以便由他带出作为谈判的方针,但尚未完全草拟好。他们打算在次日或隔日把指示的概要电告美国驻华大使馆以便秘密传送给叶外长。但是,因为他了解中国大使馆对此非常关心,他愿把指示的要点告诉我们,同时他希望我们把要点电告中国政府。指示要点如下:

(1)这次的会谈是前一年会谈的继续,其目的是使现在仍被中共拘禁的美国公民重获自由,并且也便于恢复讨论和解决美国同中共之间存在的其他有争议的实际问题。但是,这次谈判将坚决不涉及承认中共政权的问题。此外,关于所谓"其他实际问题",将不涉及中华民国的权利和其他重大利益。

(2)所有的对话和谈判必须严格保密,必须避免公开宣布。

(3)美国政府愿意同中共讨论"其他实际问题",因为不愿看到能够解决的其他问题悬而未决。

(4)虽然美国战俘问题仍由联合国负责处理中,但美国认为自己应采取主动,以使战俘能重获自由。

(5)美国将试图得到中国共产党人同意克制自己,不再攻击民航飞机。

(6)美国绝对不能做出"任何政治上的让步",作为释放美国公民的交换条件。

(7)美国也希望中国能够放弃使用武力,因为诉诸武力将立即危及世界和平。但是必须理解的是,中国的一分为二(即中国被分裂的事实)一般来说同德国及越南的情况相似,并且彼此情况的差别是很小的;因此,所有这些国家的统一问题应被视为内政问题。

(8)至于有关居留在美国的中国留学生问题,美国已经再三重申,如果有任何愿意回到中国大陆去的人,美国不会对他们加以任何限制。

(9)如果中国共产党人提出"其他实际问题",美国代表将仅把提出的问题内容记录下来,然后电请政府给予指示。该代表将不作任何许诺或同意。

关于第八点,饶伯森补充说,除一人外,其余的都未完成他们的学业、现仍居留在美国。但愿意回到中国大陆的中国留学生,都须对美国的安全没有任何影响。可是,美国不打算为他们支付旅费,而必须由共产党方面支付。美国现在打算要求一个第三国如英国,指定一位官员来处理这些事情。

饶伯森然后说,前一天中午叶外长通过大使馆送来的信件,杜勒斯先生已经阅过,杜勒斯先生一定会把该信件牢记在心。最后,饶伯森再一次声明,该指示是极为机密的,因此认真地要求我政府对此严守机密。

7月30日周恩来在全国人民代表大会的发言中提到中共对于即将举行的日内瓦会议所持的态度。他说:"美国在华的平民人数很少,他们的问题是容易解决的。"他提议在被扣留的美国平民问题上由第三国作为双方的中间人。他还提到美国的贸易封锁及禁运政策,并说,应当有可能"取消这种障碍,以便各国之间的和平贸易不受干扰"。

周对台湾问题还作出一个颇为引人注目的声明。他说:

> 只要美国不干涉中国的内政,和平解放台湾的可能性会继续增长。如果可能的话,中国政府愿意同台湾地方的负责当局协商和平解放台湾的具体步骤。应该说明,这是中央政府同地方当局之间的协商。所谓"两个中国"的任何想法和

做法,都是中国人民坚决反对的。

按照杜勒斯的历次公开声明,美国曾要求北平方面,在解决国际争端,包括台湾问题上,放弃使用武力。作为针对这种要求的明显行动,周的声明是一次高明的宣传活动。但他实际上不过是提出要国民政府承认自己是"地方政府",并且作为地方政府开始投降谈判。

北平又进一步利用8月1日同美国开始会谈的宣传优势。会谈在日内瓦开始的当天,共产党代表王炳南就宣布北平决定释放仍被扣留在大陆的十一名美国飞行人员,并说他希望这会对会谈有良好的影响。

按照哥伦比亚广播公司及电视新闻社的要求,我就北平释放十一名美国空军人员一事分别录制了讲话录音。我还让驻华盛顿大使馆向报界发布了下述声明:

> 报界报道北平释放十一名美国空军人员。就此而论,是一个好消息,我为他们及其家属高兴。但是一定要记住,他们是本不应该被监禁的。他们的被监禁首先是破坏了国际法和日内瓦公约精神。按照朝鲜停战协定,他们本应在两年前就和其他战俘一起被遣送回国的。北平现在主动释放空军人员,就像截路强盗放弃他们的一些掠夺物一样。这一行动应当如是加以认识,特别是正值日内瓦会议召开的这个时刻,中共这样做只是为了制造一种转变的印象,其目的是在此紧要关头进行宣传,以寻求美国在极端重要的远东问题上作出让步。

国务卿杜勒斯在第二天即8月2日举行他的每周记者招待会,并且不出所料,记者们向他再次提出有关美国—中共日内瓦会谈的许多问题。他的一些回答显示出他对中共比以前更加赞许的态度。他认为"一般来说周恩来演说的调子表明在放弃使用武力方面较他以前说的又前进了一步"。然而,杜勒斯避免留下任何印象,使人以为目前的大使级会谈因此可以发展为他同周恩来之间范围更广的会谈。他说,他不认为部长级会谈是一个必要的步骤。此外,艾森豪威尔总统在两天以后举行记者招待会上,支持杜勒斯对此问题的意见。据新闻报道,其他美国官员的意见大意是,在大使级会谈以后举行部长级会谈的可能性取决于:首先释放全部美国公民;其次是中共作出令人信服的表示,即他们已经放弃以使用武力作为实现他们对台湾野心的手段。

同一天,我正在喜来登花园饭店的餐厅进午餐时,注意到黎巴嫩大使马利克博士也在那里独自就餐。因此,饭后我走到他的餐桌并同他闲谈起来。他在联合国享有很高的声誉,同时兼任黎巴嫩驻联合国的代表,我特别想向他探询联合国方面有关中国代表权问题的情况和阿拉伯国家可能采取的立场。

前文提过,当叶外长和杜勒斯国务卿 7 月间在旧金山晤面时,他曾谈到我们对于接纳红色中国进入联合国的活动的关心。当时在座的西博尔德担心今年我们可能得不到足够的票数支持通常的延期讨论的提案。他恐怕埃及可能改变它的立场,不再支持任何延缓讨论代表权问题的意见。然后杜勒斯国务卿问及我们同阿拉伯国家的关系,并说他认为我们应当努力把拉丁美洲的票拉过来。

自从那次对话以来,四大国首脑会议已在日内瓦举行,产生了一种“较友好”的气氛,随后几乎紧接着宣布和召开红色中国同美国之间的日内瓦会谈。在此背景下,各方面已在越来越多的议论接纳红色中国进入联合国的动议,我感到由于联合国第十届大会开幕的日期已经临近,这种活动可能得势。

马利克博士回答我第一个问题说,他曾率领他的代表团去过旧金山和参加过万隆会议。在万隆,他和周恩来晤面数次。周通过与所有代表表示友好的做法曾经赢得了良好的印象,并且,由于他是一位富有魅力的人物,无疑已经给人留下了很深刻的印象。他曾问周,是否中国学校教授马克思主义。周回答说,只有马克思主义的某些部分被译成中文并在中国学校讲授。周的谈话也给他(马利克)以深刻印象。

我说,中国共产党人仍然是马克思主义者。一些马克思的教导已被毛泽东在一篇称为《新民主主义论》的论著中做了修正,以便适合中国的情况。

马利克谈起和周在一起的有一位姓 Ling① 的中共政府的副总理,他说话很少,但给他的印象是精力充沛。还有一位姓浦的哈佛大学毕业生,当他和周谈话时浦作口译。

我问道,在万隆会议上,印度的尼赫鲁居于幕后,不像周那样起重要的作用,此事是否属实?

马利克博士回答说,不见得是这样。毫无疑问,尼赫鲁操纵着会议,是会议的最有影响的人物。至于印度尼西亚,我也曾问过他有关情况。马利克说,印度尼西亚代表不怎么出面活动,或许因为他们是主人,愿意对其他代表表示礼让。

我接着问,有多少阿拉伯国家出席了万隆会议,以及他们一致的程度如何。

马利克答说,有八个阿拉伯国家派代表参加了会议,除六个阿拉伯联盟成员国外,还有苏丹和利比亚。一共邀请了二十九个国家,二十八个国家接受了邀请。只有一个英联邦的自治领未接受邀请,但他回忆不起该国的名称了。至于亚洲国家,只有四国未被邀请,包括南韩和国民党中国。

我提到埃及似乎在向北平政权献殷勤,并问他在万隆会议上是否看到有这方面的迹象。

马利克回答说,他看到很多这方面的迹象。周和纳赛尔常常在一起交谈,并有几次共进午餐和晚餐。

我问,是否他认为埃及将承认北平政权。

---

① 查中华人民共和国参加亚非会议的代表是周恩来、陈毅、叶季壮、章汉夫、黄镇,其中陈毅为副总理。并没有姓 Ling 的副总理。担任口译的浦先生是浦寿昌。
——译者

马利克答称，在万隆会议上他们似乎相互献殷勤。他认为，可能埃及首先计划的是同共产党中国进行贸易。

我问他对共产党中国本年度被接纳进入联合国的可能性的看法如何。

马利克回答说，此事可能发生。不能把这种可能性排除在外，即某些国家可能提出动议并压倒美国而取得足够的票数使提案强行通过。他说，中国共产党人在万隆会议造成的良好印象，以及由于最近的首脑会议和目前美国同共产党中国举行的日内瓦会谈而出现的友好气氛，这一切都有利于鼓励那些赞成接纳共产党中国进入联合国的国家，虽然美国强烈反对此事，但给人的印象是它将会接受既成的事实。对于国民党中国来说，重要的是和拉丁美洲国家合作，他们在一起形成一个很重要的集团。

我说，这是十分正确的，并且，事实上这是一个拥有十九或二十张选票的集团。

马利克说，拉丁美洲集团的票数可能没有这么多，因为有三四个国家不和别的国家投一致的票，但这仍然是联合国中很重要的集团。

我问，阿拉伯联盟的成员国将如何投票？我说，据我了解，在许多场合阿拉伯联盟国家往往有分歧，一些国家这样投票，而另外一些国家那样投票。

马利克说，诚然如此。阿拉伯联盟国家对重要问题的态度常常取决于拉丁美洲国家的态度。他认为两者合起来能阻止任何对共产党中国有利的投票。

我问他对中东的军事形势有何看法，是否像前些时候报导的那样紧张？

马利克回答说，形势是紧张的，但他不认为会发生武装冲突，因为一直在执行扩张政策的以色列不会冒战争的危险。他说，在中东最有影响的强国仍然是联合王国而不是美国。联合王国在那里有着重大的利益，并且一直在密切地注视局势。

我说,我了解在美国的犹太人有很大的影响。但我想知道马利克先生是否认为,一旦以色列和阿拉伯国家之间发生战争,美国一定会站在以色列一边,尽管我知道美国反对以色列诉诸武力的任何行动。

马利克说,依他看来,英国是决定性的因素。

我说,在伊拉克与联合王国之间,以及阿拉伯联盟与约旦之间,都有联盟关系。如果以色列真的进攻伊拉克,英国及约旦都将援助伊拉克。

马利克说,英国是承担义务的,但它是否将实践它的承诺还须拭目以待。总起来说,他不认为中东会爆发战争,尽管他认为,在未来的较长时期内,局势仍将保持紧张。

与马利克谈话几天后,我打电报给外交部。我说,每一年外交部都要认真地考虑我们在联合国的代表权问题,外交部每年也给各驻外使馆发出指示,要他们向友好的大国提出此问题并争取支持。由于本年的局势更为紧急,我设想外交部已经对之进行了研究并在计划如何应付。我建议,鉴于最近的发展情况,外交部在二年前发出的备忘录可以加以修改后再次使用。我补充说,在华盛顿,我们自然将最密切地注意,并定期和美国商谈此事。

然后,我报告了我在最近曾遇到黎巴嫩大使,并借此机会同他讨论了这个问题。我也报告了他认为本年的局势对我们来说是险恶的,以及与此问题有关的他的观点。我还指出,我们一直持有这种见解,即代表权问题不应在资格审查委员会讨论,以及在目前的情况下,对此点应特别加以注意,以便防止英联邦国家歪曲联合国宪章的含义,并采取会危及我方的某些闪电式行动。我说,我已经向蒋廷黻博士提出这个问题,现谨报请部长参考。

我致台北的电报恰和一份外交部的来电交叉。外交部的来电和以往一样,说已为第十届联合国大会准备了一份有关我方代表权的备忘录。外交部还把第九届大会的工作条列为一张表,并将两者送往各驻外使馆参考,以便采取步骤取得他们各自驻在国的支持。此外,外交部曾将一份备忘录送交台北美国大使馆,要求美国政府在这一时期与我合作,并代表我们向可信赖的政府提出此事。各文件正邮寄给我,并要我在收到文件后向美国提出此事,设法取得其合作。

我在 8 月 4 日向外交部发出的另一份电报说,纽约的一位有地位的美国朋友对我讲,他对最近报纸上从不同来源的消息所报道的四大国会议以及美国同中共的直接对话颇为忧虑,所有这些都是对我们不利的。基于这个理由,他告诉我,他特地来到华盛顿拜会艾森豪威尔总统、尼克松副总统、杜勒斯国务卿以及财政部长汉弗莱,以便同他们交谈,并向他们提出问题。在这样做了以后,他特地来告诉我他所获得的印象。他认为美国政府无意承认中共政权,并仍强烈反对接纳它进入联合国,因为该政权未曾以任何具体的方式表明其对和平的诚挚愿望。但是,美国关心金门及马祖的联合防御。由于西方盟国到现在一直未能理解金门及马祖对防卫台湾及澎湖的重要性,美国担心,如果这些岛屿遭到进攻,美国将很难取得这些盟国同意出来参加联合防御。

8 月 4 日下午,我拜会了巴拉圭大使恩西斯科·贝略索先生,为我们两国建立外交关系作准备。在两周以前我拜会乌拉圭大使时,也曾采取过类似的步骤,并且两者的反应均良好。

在早些时候拜会乌拉圭大使何塞·莫拉先生时,我告诉乌拉圭大使,在旧金山中国外长曾和乌拉圭外长对话,两人都是来参加在该市举行的联合国十周年庆祝仪式的。两人原则上同意两国建立外交关系,自然,这要在互惠与友好合作的基础上经过他们各自政府的批准。他们还答应在他们回到本国后即行开始采取步骤,以便实现建立外交关系的期望,同时两国都指定他们驻华盛顿的大使为此目的保持联络。

我说,我获悉我国外交部长曾于 1955 年 6 月 25 日或 26 日发出一封致乌拉圭外长的函件,确认三点协议,并表示希望乌拉圭外长给他发出确认上述对话的函件。

莫拉说,他的外长曾告诉他有关那次会晤的情况,但没有告诉对话的详情。他说,他的外长离美后,曾访问包括哥伦比亚、委内瑞拉和巴西在内的一些拉丁美洲国家,一直到昨天才回到蒙得维的亚。

我说,那可能是迟延答复中国外长函件的原因。

莫拉说,他将把我方才告诉他的话给他的外长拍发电报报告,请求早日答复。他补充说,他对两国之间应当建立外交关系抱有同感,因为他认为两国之间可以发展有利的货物交换。

我说,两国之间还可以进行文化合作。

莫拉说,乌拉圭人民非常欣赏中国的古代文明,并愿意多知道一些中国的文化。

我告诉他,近年来已有一些我的同胞前往乌拉圭,并且有一个中国图书馆已由日内瓦迁到蒙得维的亚作为它的永久性馆址。

莫拉说,他已听说此事,并且乌拉圭人民对于把这个有价值的图书馆的永久性馆址选在他们的国家感到非常荣幸。他问道,中国是否在阿根廷有使馆。

我作了肯定的回答,并说中国驻布宜诺斯艾利斯大使曾在几个月前作为特使在乌拉圭新总统就职时前往祝贺。

莫拉说,由于我是一位杰出的国际领袖,他曾希望我会率领使团参加庆典,但他了解到我在华盛顿工作的重要性不允许我进行这一使命。他还表示,他本人希望我将会写我的回忆录并付印出版。他说,从他做学生时起,就已经听到并景仰我在国际会议方面的工作。

我说,我一直希望写我的回忆录,但我仍在工作,感到很难在这方面做些什么。然后,把谈话转回到中国和乌拉圭之间建立外交关系的提议上来,我说,如果乌拉圭大使收到他的外长的信息后立即告诉我,我将很感激。

莫拉认为答复必将是赞同的,并说,他将乐于和我约定一个时间以便完成共同期望的目标。当我提到我也有同样的愿望,并认为如果答复是赞同的,可以在华盛顿制订出一个计划以便在商定的时间在台北和蒙得维的亚同时宣布。莫拉同意这是一个适当的程序。

稍后,我和巴拉圭大使恩西斯科·贝略索会晤,我先说明鉴于在联合国及其他国际性集会中已得到证实的巴拉圭和中华民国互相之间的友好感情,并为了进一步促进我们两国之间的友好关系,我国外长要求我提议建立外交关系。我说,我国政府的想法是,如果这个提议巴拉圭是可以接受的,则作为开始的步骤,中国驻巴拉圭邻国的大使可以暂时兼任驻亚松森大使或公使。我国政府希望巴拉圭将同样派出一位驻台北的大使或公使。如果由于它本身的原因,可能需要过一些时候才能派代表到台北,我国政府也会谅解的。

然后我提及中国驻罗马及马德里大使于焌吉博士去年出访拉丁美洲过程中,曾到巴拉圭访问,并对巴拉圭总统和外长作了礼节性拜访,向他们两位谈及建立两国外交关系的愿望。我说,据我了解,这个愿望得到了同情的接受。

巴拉圭大使说,他记得曾在亚松森会晤过于大使,并且他将高兴地把我的口信转达他的政府。他本人是赞成这个提议的,并且想把他个人的推荐意见连同我的口信一起送出。当我表示谢意并说,如果巴拉圭大使能在收到他的政府的答复后立即通知我的话,我将不胜感激时,大使说,他不会忽略做这件事。

大使然后询问远东局势的消息。他说,几天前他曾收到他的外长的指示,要求他对远东问题作一报告。他特别想知道,在即将到来的联合国大会上是否会提出中国在联合国的代表权问题。

我回答说,很可能苏联或其他几个会员国如印度和缅甸会在大会上提出这个问题,但我很怀疑他们能否纠合到足够多的票数使之通过。过去他们取得的最多票数是十七票,即约为大会成员国的三分之一。根据我得到的消息,共产党中国的朋友不可能达到简单多数,更少于通过该提案所需的三分之二的票数。

巴拉圭大使询问英国的态度。

我回答说,我认为英国将继续和美国合作,虽然它已经承认了北平政权。合作的方式是英国将赞成再推迟一年讨论该问题。

恩西斯科·贝略索询问美国的态度。

我答复说,美国继续坚定地反对接纳北平政权进入联合国。国务院不仅向我本人对此点作出保证,而且还指示美国驻台北大使向中国政府作出类似的保证。

巴拉圭大使说,美国的新闻界最近对这一问题议论颇多,并且似乎给人以美国将要或应当对共产党中国予以承认的印象。

我说,我由新闻界也得出相同的印象。实际上,据我了解,有来自很多方面的势力都在推行接纳共产党中国进入联合国的主张,并且不仅是美国的几个西欧盟国及亚洲的中立国家,而且连美国的左翼分子也在进行一场很大的宣传运动,以便对美国政府施加压力。可是,我知道国务院因这里新闻界的臆测而受到了很大的烦扰,但就美国政府的政策而论,这种臆测是毫无根据的。

巴拉圭大使问我,我是否认为美国的政策将不会改变。

我重复说明美国曾向我国政府作出坚定的保证,即它反对承认红色中国或接纳它进入联合国,我并补充说,我对于这些保证的诚意有极深的印象。作为一个例证,我指出,艾森豪威尔总统和杜勒斯先生两人对他们在举行日内瓦首脑会议之前作出的他们将不讨论远东问题的保证是完全信守着的。至于目前美国和北平政权之间在日内瓦举行的双边会谈,美国也曾向中国政府作出过保证,即在没有中国政府参加或同意下,它将不同中共代表讨论影响到中国政府的权利及利益的任何问题。双边会谈将仅讨论直接和双方有关的问题。我补充说,如果中共代表在双边会谈时提出台湾海峡停火的问题,那可能是议事日程之内的事,因为据我理解,美国急于得到北平政权作出一项放弃用武力解决国际争端的意向的单方面声明,但这不会是一项双边协议。

巴拉圭大使对我充分回答了他的问题表示感谢。他说,这在很大程度上为他澄清了形势,他将向他的政府报告。

在我们谈话的后一部分中,巴拉圭大使曾问及英国的态度,我告诉他,我以为英国将继续和美国合作,使代表权问题再推迟一年讨论。可是,正当那时,英国人对国民党政府干扰并甚至攻击经过台湾海峡驶往大陆港口的英国商船的行径甚为恼火。在6月份,曾发生几次涉及英国轮船的事件,结果英国政府提出了一项抗议。7月11日,英国人在国民党飞机于福州附近袭击英国"英奇韦尔"号货轮以后又提出了另一次抗议。

蔡文治将军于7月27日来访并表示敬意,他告诉我他曾拜访五角大楼的几位朋友。他获悉,他们对我们阻拦和袭击经过台湾海峡驶往大陆港口的英国商船的政策及行动非常关心,由于英国对这些事件甚为愤怒,美国人认为我们不应与英国人为敌,因为在联合国我们非常需要他们的支持。美国人还认为,我们的行动事实上对我们的事业毫无意义,只会使英国人感到愤怒并不愿在国际方面给我们以支持。蔡将军希望我将此事电告台北。

蔡将军的意思是,我应当警告政府不要再激怒英国人的感情。这样虽不会使局势改观和为我们赢得英国的好意,但至少局势将不会恶化。在军事方面,英国海军仍是强有力的,如果它采取扼制我们行动的步骤,我们很容易陷入困境。在外交方面,英国人可能一怒之下会撤销它对推迟讨论代表权提议的支持。况且,虽然英国人不见得真的会做其中任何一件事,但他们对国民政府的愤怒可能在外交战线上给美国造成不必要的困难。事实上,饶伯森在我们下一次会晤时就提出此事要我注意。

8月4日刚过中午,我和大使馆馆员中的高级人员举行了会议,讨论如何应付中国共产党人关于控制留美中国学生的声明。近几天来,这个问题日趋严重。由日内瓦传来的最近的报道表明,中共代表在会谈的第二天就提议指定一个第三大国与在美的中国留学生会面,以便核实他们确是自由地决定不回大陆的。《纽约时报》8月30日的一则电讯也说,尼赫鲁总理和梅农先生于

8月1日曾通过美国驻印度大使转给艾森豪威尔总统一封信,力请美国赞同上述提议。8月2日国务院官员对此提出异议,并声明说,早在一个多月以前,当梅农先生提出由一个第三国来这样做的建议时,已遭到美国的拒绝。但这些官员也暗示,对这种立场的任何改变是杜勒斯国务卿的事。

8月4日由我召集的会议,全面讨论了这个问题,并在我的提议下,以大使馆名义草拟了一个声明,以便立即发布。该声明说明了局势的全部背景,以及我国政府的立场。

报界报道表明,中国共产党在同美国代表举行的日内瓦会谈上曾经谴责美国政府对中国留学生离开这个国家前往中国大陆施加了限制,并且提出了中国留学生有这样做的"自由"问题。这是一种十分荒谬的要求,因为中共政权无权干预中国留学生的行动,也无权干预中国留学生不去中国大陆的选择。中国大使馆深信美国代表将不承认这种要求。

现在居留在美国的大部分中国留学生原是持目前暂时定都在台湾的中华民国政府核发的护照从中国大陆来到这里的,他们中间有些人是由中国政府发给奖学金的。但大多数学生是由他们自己的家庭资助的。由于大陆陷于中共统治之下,这些学生中的许多人谋求留在美国。据了解,他们当中不足百分之二的人已表明他们愿意回到大陆去,并且实际上他们均已离开这个国家前往他们选定的目的地。除了在朝鲜战争时期以及其后的一个短暂时期,美国当局出于安全的原因,对这些学生的离去有所限制外,中国留学生一直是可以自由离开美国的。

中华民国政府总是准备着欢迎和帮助愿意来台湾为国家服务的中国留学生。可以为他们免费提供到台湾的船票,并在到达后等待安排就业期间,免费提供膳宿。他们当中约有七十人已经去了台湾,并且预计还有更多的人继续前往。

北平政权企图干预仍然留在美国的中国留学生,这不可能是为了他们的利益。这是一种计策,以便为它自己取得美国某种不言而喻的事实上的承认。这种干预就其本身而言,也是一种伎俩,就像他们曾在板门店主张过的那样,通过再次采用已被摒弃的强行遣返的概念,威胁留在这个国家的中国人。他们当中的许多人,都有他们的家庭成员被中国共产党人清算的悲痛经历,并且他们都明白,如果他们回到有那么多无情管制及高压统治的大陆,他们能期待的是一种什么样的生活。

代表中华民国政府的中国驻美大使馆和领事馆,当需要时,随时准备对中国留学生的自由、利益及福利给以适当的保护。实际上,大使馆及领事馆经常代表他们向联邦、州及地方当局争取这种保护。大使馆和领事馆高兴能为他们提供服务。共产党人想对留美中国学生进行控制的罪恶企图,对所有有关的人都应当是清楚的,并且最终必将失败。

8月5日,美联社的两位著名记者海托华和斯潘塞·戴维斯,前来同我讨论留美中国留学生问题和中共为他们离开美国的自由而提出的要求。我告诉他们,我的观点和立场已体现在刚刚发布的大使馆声明中。

同一天,我收到叶外长对大使馆关于谭绍华和饶伯森6月29日谈话的报告的答复。在那次谈话中,饶伯森曾将有关给约翰逊大使的指示要点通知了我们。饶伯森当时曾说,一二天内将把实际内容电告驻台北的美国大使馆以便转送叶外长。但叶外长在他的电报中说,一直到8月5日,美国代办郭可仁才把指示的内容送到外交部。但在8月3日他(叶)曾经要求郭可仁前往会谈,并要求他进一步行动,要求国务院不时地将日内瓦会议进行情况秘密通知我方。叶要求我在华盛顿提出相似的要求。

叶接着说,我国政府和公众舆论对于美国和共产党中国将举行外长级会谈的可能性感到非常焦虑。可是,杜勒斯国务卿在8月2日回答记者的提问时说,他本人认为还不需要做到这一步,这有几分是用以慰藉公众情绪的。叶还说,当他在3日向郭可仁谈及此事时,曾要求他向国务院报告我们的焦虑。他要我和国务院及国会接触,并试图了解他们正在采取何种步骤支持我们,希望这样可以事先得到进一步的保证。

叶说,2日或3日,郭可仁在台北向记者发表了一项声明,说明美国对中国的立场没有变化。郭可仁引证了共同防御条约的实施,美国军援顾问小组的扩大,以及把美国一部分空军力量调到台湾,作为美国政策的明证。他表示希望中国政府和人民不要抱有不必要的或过多的怀疑。8月4日,他(叶)本人第一次就此事向外国记者发表了一项声明,强调我们的信心,即美国政府不会同意承认北平政权,也不会以任何方式做出影响我们权利和利益的行动。叶说,他强调了我方对美方就此两点所作保证的信任,同时表示我方反对如新闻界所报道的举行外长级会谈。

由外交部发给华盛顿使馆同时也发给其他使馆的一份通报,摘要介绍了叶外长在8月4日记者招待会上谈话的要点。这份材料既为各使馆提供情报资料,也可用于宣传政府的立场。这些要点是:

(1)在开始和中共在日内瓦对话前,美国曾以书面和口头向我保证,这种会谈绝不意味着对中共的任何方式之外交承认,而且美国将不讨论任何涉及我方权利和利益的问题。我政府坚信这些保证之可靠性。

(2)我们对于中共释放美国飞行员表示满意,因为美国政府恰像我们必须尽力营救我们大陆上的同胞以便使他们重获自由一样,对营救并使美国战俘获释确有道义上的责任。我们还认为,日内瓦对话的范围如果限于释放被扣押在中共地区的美国人的问题,并不违反中美共同防御条约。但是如果对话超出这一范围,我们将提出强烈异议。

(3)我们对杜勒斯国务卿强调没有和共产党人举行外长级会谈的必要的声明表示满意,因为这种高级会谈只能提高中共的地位,因此我们必须强烈反对之。

(4)我们不反对美国政府准许有限数量的留美中国学生由于他们自己的请求回到中共地区,但美国政府绝不可以违反他们的意志强迫把这些人遣返到中共地区。

我个人认为,为了抚慰台湾和国外关于在日内瓦进行的双边会谈的公众舆论,叶外长的声明是一个必要的和明智的步骤。

8月9日,我到国务院拜会饶伯森。我告诉他,我之来访是为了从他那里了解两个或三个问题。我说,首先是约翰逊大使和北平代表之间举行的日内瓦会谈,这是台北深为关切的问题,我一直在一封接一封地收到我国外长的来电,要求提供会谈进行情况及讨论内容的更多的情报。

饶伯森回答说,实际上他没有多少情况可以相告,因为没有取得什么进展。如我所知,讨论的题目是释放扣押在共产党中国的美国公民。截至目前,约翰逊大使一直未能和中共代表取得进展。饶伯森认为台北没有理由感到不安,因为给约翰逊大使的指示副本已经送给叶外长,而且该指示明确说明,没有授权约翰逊大使讨论任何影响台湾中国政府利益的问题。他强调说,指示的全文已转送叶外长,并且对他没有任何隐瞒。饶伯森补充说,中共代表曾经提出留美中国学生的问题,并要求提供一份他们的名单。但这些学生都是可以自由离开美国的,没有必要提供任何名单。

我说,显然共产党人是想把中国学生作为一个整体行使其管辖权。我肯定认为,北平完全了解留美中国学生在行动方面完全没有受到限制。依我看来,北平想把问题弄成似乎是美国政府在扣留着这些学生,并阻止他们返回共产党中国。它这样做是为了在世界人民面前歪曲美国,借以达到其宣传的目的。我说,我国大使馆已就此问题发表了一项声明,以便表明留在美国的中国学生的真实情况。正如声明指出的那样,那是北平政权方面的一种计策,旨在使自己得到美国某种不言而喻的事实上的承认。

饶伯森说,他已经看过该项声明,并认为很好。美国政府绝不控制中国留学生的行动。美国的立场是,这些学生任何时候愿意离开美国,都可以自由离去。正如大使馆的声明指出的那样,这些学生是持中华民国政府发给的护照来到美国的,并且有一些人享受中国政府的奖学金。如果有些人愿意回到中国大陆去和共产党人在一起,美国政府将乐于让他们尽快地离开这个国家,一定不会阻止他们这样做。

我提起饶伯森曾于上周告诉谭公使美国政府将在日内瓦会议上采取的立场,以及给约翰逊大使指示的性质。我说,但在该次会谈过程中,曾提到美国政府声明愿意找某一第三国来协助愿意回大陆的在美中国留学生。我说,我不十分理解那是什么意思。

饶伯森解释说,美国曾告诉北平,在美国的中国留学生可以自由离开,但美国不能担负他们回国的旅费,因此应由北平提供款项。但在现行法律和规章下,由共产党中国直接向美国汇款是不允许的。所以美国准备通过某一第三国作为中间人为学生们筹措款项;美国政府本身将不参与此事。实际上,他说,任何愿意离开美国的中国留学生都可以这样做而无须取得任何出国许可证或美国政府的任何批准,他们可以到任何一个旅行社去买票,一些第三国如英国可以为这些学生筹备旅费。饶伯森补充说,他也理解北平政权的企图是对中国留学生行使某种管辖权,但这是美国政府所不能接受的。

我说,我很满意了解到美国政府对此问题的立场。接着我说,台北对日内瓦会议的可能进展特别焦虑。谅饶伯森先生必然知道。如果日内瓦会议后,美国和北平政权之间举行部长级会谈,则政府和公众都会非常沮丧。首先,这种会谈将使台湾中国军队和一般中国人民的士气大为低落。自然,我理解美国政府已向我国政府作出保证,即在没有中国政府的参加和同意下,美国不会与北平讨论影响中华民国政府利益的问题。但举行会谈本身,我重复说,将在中国人民精神上起很坏的作用。我认为如果美国能以一项特别文件或信件、或备忘录的形式再次肯定美国政府的立场,对我政府作出某些保证,这对消除我政府和台湾公众舆论的疑虑将大有裨益。我说,根据我收到叶外长的另一来电,8月2日杜勒斯先生在回答一位记者提出的问题时所作的声明,大意说和北平举行部长级会谈的可能性是遥远的事,这已给台湾普遍存在的疑虑一些宽慰。两天之后,艾森豪威尔总统在记者招待会上关于美国和北平之间可能举行部长级会谈问题所作的声明,大意说他宁愿使此事按杜勒斯先生所说的那样去办,这也在台湾产生了类似的有益效果。

饶伯森说,他不能理解为什么台湾会有这样大的疑虑。按照当时日内瓦会谈的情况,可以说没有取得进展,除非中共代表方面的态度发生意外的根本变化,他认为会谈没有进展的希望。至于美国和北平政权之间举行大使级代表会谈的问题,只要这种会谈局限于同两方有关的问题,他说美国的盟国将不会反对。他接着说,美国政府已向中华民国政府作出保证,在没有它参加或同意的情况下,不会讨论影响它的利益的问题,并且一再重申了这种保证。事实上,正如我已讲过的那样,艾森豪威尔总统和杜勒斯先生都在记者招待会上清楚地说明了此点,并且他们的声明均在正式文本上记录在案。他想不出能有任何保证对国民政府具有更大的效力。

我接着说,还有一个问题我想同饶伯森先生讨论。我认为在今年9月的联合国大会上,一定会有某一个或某几个代表团提出接纳共产党中国进入联合国的问题。作为共产党的和平攻势和日内瓦的首脑会议,以及目前也在日内瓦举行的美国同北平政权会谈的后果,接纳共产党中国进入联合国的议论似有增强之势。我了解到,美国的一些西方欧洲盟国、亚洲的中立国家以及美国国内的左翼分子都在推动这个主张,以便对美国政府施加压力使其改变立场。我认为,在即将到来的联合国大会上,关于接纳共产党中国问题的形势将会比往年更为严重。我还了解到,那些推动这个主张的国家正在指望取得足够的票数,以便使他们的提案不顾美国政府的反对而能强行在联合国大会通过。我说,我国政府正在竭尽所能取得友好国家对自由中国事业的支持,但其影响必然是有限的。我希望美国政府将继续对各会员国施加影响,以便有把握取得足够的多数,击败任何接纳北平政权进入联合国的动议。

饶伯森说,他对即将到来的大会的形势与我同样忧虑。许多社会势力都试图造成一种有利于他们论点的气氛。8月7日锡兰大使在巴尔的摩约翰斯·霍普金斯大学国际问题研究所的讨论会上所作的演说,公开主张应使共产党中国进入联合国。饶伯森补充说,其他方面也有人在致力于同一主题。他认为本年联合国大会的形势对国民党中国的席位来说,是颇具威胁的。

我说,锡兰虽然是个反共的国家,但已承认了北平政权,并赞成接纳它进入联合国。尚未承认北平的一些国家似乎也持赞成态度。但是,我认为英国对此问题具有举足轻重的地位。我问饶伯森,英国过去对于这一问题要和美国在联合国合作的谅解是否仍然有效。

饶伯森答称,美国希望今年再次和英国取得这样一种谅解。但在这方面,他说,他愿提出国民党海军在马祖附近的闽江口海面袭击英国轮船"英奇韦尔"号的事件。这次袭击已在伦敦激起极大的愤怒,并在议会上对此问题提出了质问。英国人已提出强烈抗议,并要求国务院把抗议转给台北,因为他们说,他们驻台北的领事馆只行使地方性的职责,没有影响力。除非给英国人一些赔偿,饶伯森恐怕他们今年可能拒绝同美国合作,并对接纳共产党中国进入联合国投赞成票。他认为,为重大事件的利害关系计,台北应对此事加以认真地考虑。他问和往常一样在座的马康卫,抗议之事情况怎样,是否已把它转给中国政府。

马康卫答称,正在起草一份致中国政府的电报,拟拍往美国驻台北大使馆转交。电中没有表示美国对此事的任何态度。

饶伯森说,他实在觉得,对于台北来说,最明智的是向英国赔偿对他们的船只造成的损失。

马康卫说,英国人所以越发觉得不快的,因为这是第二次事故。以前他们的"恩登戴尔"号轮船就曾被国民党海军炮击并受到损失。

我说,我一定把饶伯森先生讲的向我国政府作全面报告。但我希望美国政府能采取措施,以便取得联合国多数会员国政府对于反对接纳共产党中国进入联合国的支持。我还希望美国像过去许多年一样,在这个问题上和我政府密切合作。

饶伯森向我保证,美国肯定会这样做,因为它和国民党中国一样强烈反对接纳北平政权进入联合国。

然后我提出中美共同防御条约在联合国登记的问题。7月底我收到外交部的一封电报询问最近的进展。该电报重申我们的立场,即换文并未形成条约的一部分,而且也未与条约同时签署,故不需要同条约一起在联合国登记。因此,我曾派谭绍华同饶伯森和马康卫二位商谈。饶伯森先生告诉谭公使说,杜勒斯国务卿仍然认为换文应与条约同时在联合国登记。马康卫说,国务院法律局认为,单送条约而不包括换文,不能认为是履行了联合国宪章中规定的关于条约登记的义务。此外,换文已经和各有关文件一起公布,因此联合国官员很可能问及此事。总而言之,这个问题成了僵局。因此,我希望直接和饶伯森先生讨论此事,并提出一些建议。

我告诉饶伯森,我了解美国赞成把换文同条约一起送交联合国,但我国政府仍然认为无须送交换文,特别是因为换文并未形成条约的一部分,也未同时签署。我记得,国务院曾同意在起草提交书时,将与我政府协商,我表示希望能这样做。

饶伯森问马康卫,现在情况如何。

马康卫答称,草稿仍由法律顾问处研究中,并且由于美国政府和中国政府对换文问题有不同看法,需要较多时间研究此事。

我说,自然我了解,美国政府已把换文连同条约送交参议院待批。条约及换文均被收入国会案卷,这样它们的内容已经公之于众。但我回忆起在国联时代,其盟约也要求其会员国缔结的条约进行登记,有些条约是在缔结并生效后几年才登记的。同样,联合国宪章也没有规定登记条约的期限。所以我认为没有必要仓促行事,虽然我理解西方的时间感和东方是不同的。

饶伯森微笑,并想起一句他认为很机智的中国格言。格言的意思是说,搅动泥水使之澄清是不行的,日久自然澄清。

我说,中国格言的意思是搅动泥水变清不但费力而且费钱,留给时间去完成将会更经济些。

我顺便提一下,在开始对话前,饶伯森对让我等待了几分钟表示歉意。他说,他会见了日本议会代表团,他们向他提出了一些问题,我说,我看见一长列日本人由饶伯森先生的办公室走出来,并且看来他们都很严肃。饶伯森说,他不知道什么时候才能让日本人看起来不严肃。他在远东工作的那些年发现中国人和美国人一样能够自我享乐,并且显出愉快的样子,而日本人看来总是很严肃,即使在社交舞会上也是如此。

8月11日,我接见了《纽约先驱论坛报》的杰克·塔特。塔特就有关美国和中共之间的日内瓦会谈,以及我们对中国共产党人意图的看法前来对我进行访问。其后下午四时,《时代》杂志的汤姆·兰伯特来了解我对美国和北平之间的日内瓦会谈的可能发展,以及我们对会谈的结果是否担心,因为谣传今年秋天可能接纳北平进入联合国。我告诉他,已将我们的观点通知国务院。但是我说,我不认为今年北平会进入联合国。我告诉他,我们正在对此采取反对的步骤。

次日,合众社的唐·冈萨雷斯也为了和其他记者相同的目的来访。碰巧我仍有一份他所写的我们会晤结果的专电草稿,我愿引用于此,以便具体表明我同各新闻界代表谈话时所采取的立场。

　　合众社华盛顿8月15日电:中国大使顾维钧今日警告自由世界不要被共产党人当前的"会谈和微笑"活动引诱到虚假的安全感中去。

　　在一次接见时,顾指出红色中国正在面对台湾及沿海的金门和马祖各岛进行军事集结。他说,共产党人正在扩建现有的机场,兴建新机场,布置很多新的炮位和补给站。

　　顾补充说,与此同时,俄国人正供给中共一种极先进的接替米格15的米格17喷气战斗机。(美国空军认为米格17与其F—100不相上下,是一种超音速喷气战斗机,时速等级为每小时800英里或800英里以上。)

　　顾以其四十余年的外交经验为背景观察了目前美国同红色中国的日内瓦会谈及最近其他世界事务的发展情况。他对整个局势的观点如下:

　　中共长期的战略是"谈谈打打,打打谈谈"。目前,共产党人系以"会谈和微笑"来赢得时间,以便集结他们的军事力量。他们这样做,是因为他们知道,如果他们挑起战争,他们是不能取胜的。自由世界的许多人不了解共产党的策略,他们以为共产党人可能正在经历着改邪归正的转变过程。

　　顾说:"共产党人在他们有把握达到他们的目的之前,是不会认真地进行攻击的。"

　　中国大使警告人们,不要试图在世界事务的现阶段或任何其他阶段姑息共产党人。他说,他的政府今年年初从大陈岛撤退,并没有缓和混乱的远东局势。

　　顾注意到最近报道的一桩"交易",通过这项交易,将把中国大陆沿海的国民党岛屿移交给共产党人。他说,即使是谈论这样一项计划,也是"非常欠考虑的",并且表明一些人决心遵循姑息的道路。

　　顾评论日内瓦会谈说,共产党人正在利用在红色中国的美国战俘狡猾地"敲诈"美国,以便逼迫美国进行外交谈判。他说,共产党人在日内瓦的策略是为了取得美国的外交承认,减弱美国对红色中国进入联合国的反对,使美国第七舰队离开台湾海峡,并终止美国对自由中国的军援。

顾还说,共产党人正试图对在美国的中国留学生以及对在美国的所有中国侨民宣称具有管辖权。他估计留在美国的华侨约有十三万人。他说,对于中共的努力,中国大使馆曾收到居留在美国的华人"完全否定的"反应。

8月11日我收到外交部来电,对共产党企图把持其对留在美国的中国学生的管辖权一事表示非常关注,电报颇为明显地指出,由于会谈在日内瓦进行,中共正在利用所谓遣返美国公民问题策划控制留在美国的十多万华人的命运,其图谋和目的确实是极为狡猾和危险的。电报说,我政府已向美方表达了我方的反对,并说明了我方立场。大使馆也应在此紧急关头,对驻美各领事馆加以指导和监督,以便暗中影响华侨组织和学生团体,使其采取某种行动。因此,外交部建议可以让他们用信件、电报或请愿方式向美国政府、议会及报纸,或者寄送传单征求签名,表示他们由于深切关心自身的幸福,反对美方的任何姑息或美国人类此的任何倾向。外交部要求我们将所做的工作及努力收到的效果,随时上报。

在复电中,我指出大使馆已于5日发表声明,谴责共产党的行径并揭露他们在这方面的图谋。我说,我还曾接待一些新闻记者,发表我们对此问题的观点,以便他们撰写文章宣传我们的立场。华侨团体和学生们也采取了行动。在过去几天里,华盛顿和纽约的华侨团体已经向各报发表声明,强烈反对中共的这种图谋。各大城市的华人正在征集签名表示他们的反对。在美国的中国天主教学生也于8日给艾森豪威尔发出信件表达他们的心情,并要求总统大力反对任何干涉在留美中国学生的秘密图谋。此外,我说,大使馆正在同由郭秉文博士和一些华裔美国教授组织的"文化咨询协会"及由于斌主教组织的"中美友谊协会",以及各其他华侨组织,洽商如何把他们的努力结合起来,以推行我们的反对。

另一方面,我说,我们曾秘密地请我们的美国友人与美国的重要组织,如"退伍军人协会"及"百万人委员会"接触。我们还正在同各电视及广播电台接触,促使其约请反共学生参加他们的专题访问节目,目的是给这些学生一个机会,当他们回答提问时能亲自告诉公众他们反对中共的图谋。我说,接奉外交部电报后,我们将相应地指导鼓励各领事馆增强这方面的努力,并将继续报告。

第二天,我向各总领事馆发出一份传阅电报,要求他们特别注意以下各点:

(1)要非常谨慎地同华侨组织及学生团体接触,鼓励他们采取行动,注意不要泄露我们的努力;当接触中国学生时,要特别注意避免使人们认为我们是为了本身的目的而图谋动员学生,这种印象会招致反对,并引起对我政府不利的评论。

(2)就美国对此事的立场而言,所谓遣返平民只限于已经完成学业的留学生;因此,嗣后发出的电报和信件应将上述学生与那些仍在学校及学院学习的学生及所有华侨区别开来。(换言之,那些已经完成他们学业并因而要回到中国,而共产党人希望他们转往大陆的学生,应被认为是一种个别的类型。)

传阅电报还要求各总领事馆把他们所做的工作随时向外交部和大使馆报告。

各地领事馆都及时地报告了他们的活动。例如,旧金山总领事馆在一周内答复说,总领事馆立即与各方面进行了接触,旧金山的中华公所和华侨反共协会现已决定以整个华人社团的名义向美国当局发送一份通电,表示他们反对同中共的任何和解。但是,总领事馆对学生团体方面进行工作倍加小心,因为学生中的情况是更为复杂的。

我要补充说明,中国留学生中间的情况无可否认是复杂的,因为很多学生对共产党是同情的,但也有相当多的学生是强烈地反对中共政权并担心日内瓦会谈影响他们前途,其中有些人希望公开发表其意见反对同中共进行任何形式的和解。

例如,8月18日《纽约先驱论坛报》发表了记者玛格丽特·希金斯写的一篇文章,报道她同三位反共学生的谈话。据这篇报道说,这些学生都表示了这样的观点,即使果然美国屈从了共产党的要求,并由于交给中国共产党人一份在美的中国留学生名单从而泄露他们的身份,共产党人就会利用它来讹诈和胁迫他们及他们的家属。他们还向她讲出了他们忠于我国政府和他们强烈反共的观点。

8月12日我派谭公使向马康卫了解有关前一天报道说日内瓦就关于释放扣押在中国的美国人的协商可能出现有利转机的情况。马康卫告诉他,报道的消息是不真实的。根据国务院收到的报告,会议没有任何进展,总的情况和我上次和助理国务卿饶伯森会面时他向我说明的情况相同。

几天以后,我有机会同参议员诺兰晤面并共进早餐。诺兰对美政府关于日内瓦会议的最终意向也感到捉摸不定。他担心公众舆论在英国、印度和美国人争取民主行动组织等左翼人士以及共产党宣传的影响下,会变得赞成承认北平和接纳它进入联合国。他认为当前的形势,特别是关于后一问题,今年比去年危险,而明年将会变得更坏。

8月17日我去波士顿,以便当晚向陆海军退伍英勇军团演讲并拜会马萨诸塞州州长。到达时,受到州长和波士顿市长的代表,以及波士顿退伍军团司令、警察局长,连同一个警察护卫队迎接,并送到喜来登广场饭店。在那里由经理亲自安排,把我安顿在艾森豪威尔套房,一套豪华的房间。之后不久,我拜会了州长克里斯琴·赫脱先生。他在华盛顿当国会议员之时我就认识他。和他一起照相后,我们被领到一个俱乐部,在那里他为我举行了午宴。约有二十人出席,包括马萨诸塞州的副州长和州首席法官。在客人中间,我还高兴地发现有五六位来自波士顿唐人街的中国同胞。州长邀请一些中国侨民出席真是考虑周到和体贴入微的。他们是华人社团的领袖,并曾到机场去欢迎我。当摄影记者要求我摆好姿势照相时,我请他们一起照相。

午宴上,州长讲了一些热诚欢迎之辞。在他的请求下,我致了谢辞。之后,赫脱州长陪我回到州议会大厦。在他的办公室里,我同马萨诸塞州众议院议员的一位代表会面,他带我到正在开会的州议会会场。议长向我表示欢迎,使会议暂时中止并介绍我发表演说。我讲了五分钟。其后我向他致谢,因为在州长办公室的历史上,他首次任用我的一位同胞做他的工作人员。我对他说,这位陈小姐是一位能干的女士。他回答说,她曾协助他当选,并且大概是开玩笑地补充说,如果在他的竞选活动中没有她的协助,他进不了众议院。

州参议院的一位代表正在等待着我,所以我们来到州议会大厦的另一侧。几分钟后,(这几分钟是重要会议上将要开始就某项重要问题进行辩论而这些问题州长与议会又存有尖锐分歧时,执政党为了取得策略上的一致意见所需要的时间。)会议主席招呼会议保持秩序并介绍我讲话。我再次讲了五分钟,像在众议院一样,我受到良好而热烈的欢迎。议员们看来都对自由中国至为友好,并报我以热烈的掌声。我强调了我们两国人民之间的传统友谊与良好愿望,这种友好关系甚至在我们的官方往来之前就存在,是从马萨诸塞州海岸驶出的美国人的快速大帆船到达中国和进行对华贸易的那些日子开始的。我强调我们共同热爱自由和我们共同忠于民主事业,对这方面,我们国民党中国曾努力向美国人民学习,实际上学到了很多东西。美国的独立宣言坚持了一个民有、民治、民享的政府,为世界人民引来了一个新的纪元和新的希望。这是伟大的林肯总统的完美概括的主张,也是孙中山博士的三民主义的基础。

从州议会大厦我被领到中华公所和中华商会,在那里两个团体的领袖聚在一起欢迎我。我再次被要求讲话,于是我用广东话作了发言。主席请大家提问,其中一人询及中共在日内瓦同美国进行双边会谈中,企图控制中国留学生,甚至所有在美国的中国侨民的情况。这给我一个机会向他们充分说明我国政府反对的坚定立场,和大使馆就此问题向报界发表的声明,以及大使馆就此事向国务院所做的努力和抗议。我让他们相信美国政府的立场是有利于我方的。

在当晚的退伍英勇军团宴会上,我成为主要的和唯一的演说者。州长代表只作了简短的讲话,对州长因在议会上为某个议案斗争而缺席表示歉意,并颂扬我和我的工作,使我颇为困窘。但是他的讲话以及我的演说均受到非常好意的欢迎。只有一件事使我稍感迷惑不解。我发现讲台前即演讲者或来宾的桌子前面的一张桌子是空的,而和它邻接的桌子只坐着一位中国小姐俞奎尔,其他的客人没有出席,所以美国的客人不时地过来陪她。整个空着的桌子是指定给唐人街的中国人的,但不知为何谁也没来。事后我了解到,他们接到了邀请,但两天前通知他们要像所有其他宾客一样穿晚会男礼服出席,这显然使他们不得不回避出席,因为他们中间几乎很少有人有参加宴会时穿戴的晚礼服,但又没有及时通知委员会,因而来不及重新布置桌子。

当晚我演说的题目是《在十字路口的自由世界》,这是我对当时局势的描述。我的论点是:

> 去春以来,在中立国家支援下,由共产党集团发动的和平攻势一直在逐步加强……他们突然放弃了他们的战争言论,戴上一副和平面具。他们与西方接触时,和颜悦色,在国际集会上谈吐温和……但所有这些表面上的新态度不应看作是共产党已经放弃了他们实现共产主义世界的根本目标……莫斯科和北平现在的和平面具,远不足以说明他们的最终目的有了改变,而只是他们的方法有所改变而已……他们最得意的做法是

"打打谈谈",根据不同情况而采取不同的做法。现在共产党人提出谈判,不仅因为他们还没有准备好和西方进行全面战争,而且因为他们希望,由于世界人民普遍渴望和平,他们可以通过外交手段而不是使用武力或武力威胁从西方取得更多的让步。他们知道,如果他们现在挑起大规模冲突,肯定会以他们自己的毁灭而告终。

这个新的局势把自由世界置于十字路口,一条路是通过姑息迁就导致危及自由国家的生存;另一条路通向安全和保障自由……

我极力反对姑息。我说:

让共产党人吐出他们自上次大战结束以来取得的不义的好处。例如,让我们看到苏俄由东欧撤出它的占领军并把自由归还给被奴役的国家;让我们看到由德国人自己重新统一德国;让我们看到共产党中国给在大陆的中国人民一种机会,在确实保证自由投票的情况下选择自由的治理者;让我们看到北平政权从朝鲜撤出它的庞大军队,并停止它在印度支那的干涉。

就姑息而论,我特别提到下述事实:

最近某些方面,特别是亚洲的中立国家及西欧某些国家,再度鼓吹接纳北平政权进入联合国。苏俄及其卫星国会一直坚持接纳北平是不足为奇的。但难以理解的是自由世界的一些非共产党国家,其中一些甚至是美国的盟国,也竞相鼓吹。

然后我举出由这些倡议者提出的主要论点,并一一说明他们的辩解是如何不能构成北平进入联合国的真正理由。最后我说:

那些叫嚣接纳北平政权的人正在玩弄联合国宪章,如果他们的企图得逞,最终的结局将是联合国本身的毁灭。

我说:

> 当我们看到自由事业和文明本身是如何濒临危险的时候,我们大家必须期望和祈求自由世界的领袖们终将认识清楚并且永远明智地选择走向真正的和平,确实可靠的安全和坚决尊重人权的道路,而不要引往姑息和最终危及自由世界的道路。

随后在夜晚十一点钟,俞奎尔小姐陪一位美国朋友来访。这位友人曾以为我是她丈夫在哥伦比亚大学的 1915 级同学。这显然是误会,因为我在 1909 年已经毕业,并于 1912 年离开该大学,但我们仍然进行了一次很愉快的谈话。然后她们重新回到欢迎会去参加晚宴主持人安排的小饮,但我已非常疲倦,就让顾毓瑞去作我的代表。

第二天上午,我参加了由约翰·海因斯市长为我举行的早餐会。我得知市长是一位年轻而精力充沛的波士顿大学毕业的天主教徒。他邀请了约八十位来宾,包括人数占很大比例的华人领袖。我理解新市长的选举一般是不同党派之间的一场不寻常的斗争,而华人社团的选票是举足轻重的。曾经是共和党据点的马萨诸塞到 1955 年已经成为两党接近平分秋色的一个州,由于该州的工业化不断取得进展和劳动力从美国其他地区,甚至从国外流入日益增多,而工厂的工人大多数支持民主党,所以在过去的几年,民主党的支持者增加了。这种新的形势已经在现在的州议会组成中明显地反映出来,民主党在众议院占微弱多数,而共和党则在参议院占微弱多数。

8 月 18 日,当天上午我离开波士顿回华盛顿。8 月 22 日,我收到外交部几封电报。一封询及我国在联合国中的代表权问题的形势,这个问题大使馆正在处理;外交部要求我就此问题提醒我国驻南美的各大使馆及公使馆。另一封电报要求我继续向国务院正式问询有关与中共在日内瓦谈判的最近进展。

后一电报还说,在台湾,人们对美国通过印度、英国及第三国的调停可能就中共要求干预留在美国的中国国民的迁移一事与中共达成协议,从而造成板门店事件的重演一事,极为焦虑。电报说,在美国和其他国家的华人组织都给政府发来电报表示反对,并要求政府积极地同美国政府谈判,以便挫败中共的这种阴谋。因此要求我再次和国务院磋商,以取得这方面的适当保证,以便我们可以公诸于众,以使在美国的华侨团体及台湾的公众舆论恢复信心。电报建议,如果美国政府与此同时,能对华侨团体为此请求它支持的电报,给以正面答复,那就更好,因为这会对当前流传的报道增加否认的分量。

次日,我派谭公使去拜会马康卫,首先问他有关美国同共产党中国会谈的最新进展情况。马康卫说,极少有所透露。第十一次会谈将于 8 月 25 日举行。目前他们仍在讨论议程的第一项,即有关双方在另一方国家的国民问题,美国的立场并无任何改变。并且在议事日程的第一项解决以前,不会着手讨论下一项。美国仍然坚持应把已知被拘留在中国大陆的四十一名美国公民立即一起释放。至于居留在美国的自愿回到大陆去的中国人,美国只是重申它将不加干涉并让他们自由行事。中共一方说,他们只能释放在中国的美国人的一部分而不是全部。此外,共产党代表自己说,对在中国的一部分美国人的审查工作已经完毕。马康卫说,在正常情况下,应当允许他们立即离开,但实际上共产党方面一直不愿意确切讲出何时可以真正释放他们,以及这批人的确数。美国方面完全了解,共产党人是故意拖延,以便了解如果释放他们能换到什么。不过美国肯定不打算作出任何政治上的让步。因此,马康卫要我们放心。

谭博士然后探问第三者可能介入有关留在美国的中国人的报道。马康卫说,这项报道只是一种推测,实际上不可能出现这种情况。根据美国的政策,美国政府不会对愿意回到大陆的中国人施加任何限制。至于美国政府将会怎么办,他说,他现在可以极秘密地告诉我们,美国政府只能做这样的许诺,即是凡本人已表明愿意返回大陆的,不管是谁,都可以回去,而为此目的应与印度驻美大使馆联系;但印度大使馆不得与没有表明这种愿望的留在美国的中国人接触。与此同时,想从中国大陆回美国的美国人,也需要有人帮助他们,因而美国政府已准备请英国政府办理此事。马康卫说,虽然已经提出此点,但尚未达成协议,因此他请我们保守机密。

最后,谭博士提出我们的要求,即美国对在美华侨组织的呼吁给予答复。马康卫说,虽然这件事是重要的,但国务院发表这种声明必须等待适当时机。他答应把我们的意见向他的上级报告,并且一旦作出决定,他将通知我们。

8月26日星期五,日本大使井口贞夫在日本大使馆为日本外务大臣重光葵举行午宴。重光葵是为了从8月29日开始的正式访问来到华盛顿的。井口约我赴宴,是因为他说重光葵希望和一些私交叙谈。实际上,我是参加午宴的十人中唯一的亚洲代表,其他客人有最近退休的美国远东司令赫尔将军,副国务卿帮办洛伊·亨德森,退休的外交官约瑟夫·戴维斯、伯西·休斯,丹麦大使考夫曼和日本驻联合国代表加濑俊一。当客人们到齐时,重光葵尚未到来,他正在另一个房间忙于举行记者招待会。亨德森问我,重光葵曾经一贯反对日本军国主义者是否确实。我告诉他,我在伦敦时,也曾从英国人那里听到过这种说法。英国人对重光葵在解决亚洲问题和开发亚洲资源方面主张和西方民主国家和平合作的政策,和他公开反对当时在东京统治日本的军国主义头子的战争政策留有深刻印象。但是,我说,他倒退了,这显然是由于他的政治野心要求他默认军国主义者的政策,并且终于当了东条的外务大臣,而就是这个东条内阁,发出了挑起第二次世界大战的袭击珍珠港的命令。

在午宴上,重光举杯向我和赫尔将军及考夫曼大使敬酒,除了说"为了旧日的友谊"外,没有别的话。然后约瑟夫·戴维斯被邀请讲几句话。他说,他在莫斯科同当时是日本大使的重光相识,他从未有过比他更可亲的同行。他还说,当第二次世界大战末提出把重光列入日本战犯名单中时,他曾亲自恳求罗斯福总统反对此事。总统同意了他的意见并将此问题交给麦克阿瑟将军处理,麦克阿瑟将军也想去掉他的名字,但俄国人坚持并威胁要退出讨论战犯问题的会议。洛伊·亨德森也插话说,约瑟夫·格鲁大使极力主张重光葵的名字不应包括在内,而他本人也完全同意。他还提出格鲁呼吁不要要求日本天皇逊位。所有这些言谈都是美国人表达个人感情的典型方式,虽说有些不够世故,却是坦率而可钦佩的。这些谈话似乎使致答辞的重光局促不安。他说,他对这种友好的感情深表感激,但他觉得除了用他本国的语言——日语外,他是无法充分表达他的感激之情的。他以这种口气结束了发言。

午宴之后,我到国务院拜会了威廉·西博尔德。西博尔德以助理国务卿的身份要我去会晤他,在会晤中他通知我日内瓦双边会谈的进展情况,并再次使我确信美国的善意。中国科科长马康卫也在座。

西博尔德开始说,他要求我来和他会晤是为了通知我日内瓦会谈的情况,实际上没有多少可说,因为会谈没有取得进展。美国急于使北平释放全部四十一名美国公民,但中共代表似乎想拖延,因而相持不下。

我问形成僵局的困难是什么。

西博尔德答称,那不完全是一种僵局而是一条死胡同。困难在于双方的不同提法。中共提出了一个措辞含混的方案。美国曾建议,愿回中国大陆的中国留学生如果需要帮助的话,可以请求印度驻华盛顿大使馆安排汇款及船票。如果有的学生愿回大陆但认为他们不能自由离开时,也可以向印度大使馆报告,该大使馆将调查情况的真相。

我问是否中共曾提出居留在美国的所有华人的自由问题,而不单是中国留学生的自由。

　　西博尔德回答说,中共方案的措辞如此之含混,以致可以把它解释为包括所有在美的中国国民在内,虽然截至目前,讨论仍一直限于留学生问题。可是中共曾表明他们要求由印度照管共产党中国在美国的利益,这一点美国不能接受,因为他并未承认北平政权,并且不愿意和它打交道。

　　我说,我认为很明显,他提到的中共的含混方案旨在诱使美国以承认北平政权保护居留在美国的中国国民利益的要求间接地给它以不言而喻的事实上的承认。北平提出居留在美国的中国国民问题或至少是中国留学生离开这个国家的行动自由问题,显然意图给外界造成一种印象,即美国正扣押着这些留学生,并以最终释放扣押在共产党中国的美国国民作为释放在美中国留学生的一种交换条件,从而证明北平起初扣留美国国民的行为是正当的。我说,我当然了解,正如两周前我在大使馆的声明中指出的那样,如果留学生们愿意,他们是都可以自由离开这个国家的。

　　西博尔德说,美国不会扣留愿意返回大陆的任何学生。实际上,如果他们是亲共的,对美国来说,他们越早离开这个国家越好。他还告诉我,美国和中共代表在日内瓦举行的最近一次会谈即第十一次会谈只进行了四十分钟。中共代表立即提议下次会谈应在星期六即 8 月 27 日进行,但国务院指令约翰逊大使拒绝这个提议,因为举行不能取得任何进展的会谈是无目的和无意义的。作为一项妥协,现已同意下一次会谈将在 8 月 31 日举行。他要我对美国拒绝中共提议在 8 月 27 日举行另一次会谈的事保守机密。

　　我说,关于中共企图将他们的影响或控制扩展到留在美国的全体中国国民一事,台湾的政府和人民以及海外华侨都感到不安和忧虑。我上星期访问波士顿期间,该市中华公所曾向我转达他们对日内瓦会谈的焦虑。他们唯恐美国向北平政权作出让步,致使该政权要求控制这里的华侨一事成为可能。我说我已尽最大努力使他们相信,美国无意应允中共的要求。但是我国政府一直在不断收到来自美国和其他地方的华侨社团的电报和信件,表示他们的焦虑并要求政府向美国交涉此事。我国外长曾要求我探询美国是否能作出某种公开声明,大意说美国绝不会接受中共要把他们的影响和控制扩展到居留在美国的所有中国国民的任何提议。

西博尔德说,美国不能那样做,因为那将使所举行的日内瓦会谈的目的归于失败。美国举行这种会谈的目的是为了使现被扣留在共产党中国的美国公民得到释放。按我所期望的意思作一个公开声明,只能危及释放这些美国人的前景。

我同意对美国来说,按我的要求发表一项正式声明,可能不是上策,但我认为,在某些适当的场合,例如在记者招待会上,国务卿或其代表可以用回答记者提问有关日内瓦会谈及其各方面情况的形式作具有同样效果的声明。

西博尔德表示他也许会考虑这点。但他说,中国大使馆最好让在美国的华人社团放心。

我回答说,我国大使馆在两周前发表的大使馆声明中已设法那样做了。我还说,我了解到在美国的华侨社团已经就此问题给美国政府发出电报和信件,并且我认为,对于美国政府来说,最好对这些呼吁作出答复,同时,用我上述建议的某种方式发表公开声明。

西博尔德说,他不曾看到过任何这种呼吁,目前这种信件不会送到他的办公室。

马康卫说,他获悉白宫,可能还有国务院曾收到一些电报。他将向公共关系处核对此事。

我料想这类电报一般将不予答复,但我强调,这些电报涉及一项重要问题因而值得答复。

西博尔德说，如果这种呼吁的目的被认为是公开宣传活动的一部分，例如根据任何一个活动中心的授意或建议发出的电报，国务院不会答复；但如果呼吁是由民众组织或团体就直接和他们有关的问题自行发出的，国务院一般将给予答复。

我说，在此情况下，答复将有助于在美国的华人社团，并间接地也使在其他国家的华侨社团恢复信心。

西博尔德以为我是指海外华侨。

我说，"是，作为一个整体而言"，虽然他们中的一些人是美国公民，但是由于这一事实，即他们享有双重国籍，他们中许多人曾向在台湾的中国政府侨务委员会请求保护。

西博尔德说，他将调查此事，以便考虑是否要对我提到的电报和信件给以答复。

然后我提出另一问题说，据我了解，联合国第十届大会有一项关于举行修改宪章会议的议程。我说，这是应该做的事，因为最初在旧金山曾作出一项安排，即在十年终了时应在议程上列上修改宪章的项目。但我国政府在仔细研究此问题后得出的结论是，鉴于现阶段的国际形势，举行这样的会议是不适宜的，不会得出结果，因为苏联及共产党集团虽然对自由世界故作某种和解态度，但并没有给人以在重要问题上能和自由世界积极合作的保证。此外，支配修改宪章的程序是繁缛的，因为宪章的任何修改都须经会议的三分之二票数建议，并由联合国三分之二，包括安全理事会全体常任理事国，各依其宪法程序批准后，方才发生效力。我不相信任何抑制滥用否决权的修正案能为苏俄所赞同，而它的赞同则是绝对必要的。如果没有对宪章作出重要修正的可能，还不如根本不举行会议更好些，因为会议的失败会进一步损害联合国的威信。我想知道美国对此问题的态度。

西博尔德回答说，严格说来此事并不在他的权限以内，但他了解此事业已研究了一些时候，但没有得出结论。他问马康卫情况如何。

马康卫证实了西博尔德所说的情况。

我设想联合国大会约在三周后开会,虽然该问题没有放在前一部分的议程中,但此问题在开会前会作出决策。

西博尔德同意我的意见,即很难对现行宪章做出任何重要的修改。他再三说美国政府对此问题尚未做出决定,但又说,他认为在 9 月份联合国大会开幕前将作出决定。

我说,关于即将到来的联合国大会,我想问一下是否已和英国就有关中国在联合国的代表权问题达成确切的谅解。我说,正如西博尔德先生所了解的那样,共产党人急于想取得现由中华民国拥有的联合国的席位,而一些会员国是同情北平政权的。但是英国的态度是重要的,因为无论如何他们能够影响一些其他代表团。

西博尔德回答说,这也不是他的权限以内的问题,但他获悉已就推迟一年考虑此问题一节已和英国达成一项谅解。

马康卫说,对此问题确与英国有推迟的协议。

西博尔德同意我的看法,即为此目的英国的态度是很重要的。在这一点上,他还说,他要说一说苏联油轮"陶甫斯"号事件。他认为,释放油轮对中国政府会是有利的,特别是鉴于联合国大会的形势。否则,已经对这一事件感到激怒的俄国人将利用这一事件加强他们对中华民国的攻击,而英国人,由于他们的两艘轮船"恩登戴尔"号及"英奇韦尔"号曾遭受国民党海军攻击,将会同情俄国人。

马康卫说,俄国人认为中国人扣押"陶甫斯"号是一种海盗行为,英国人对国民党人攻击他们的两艘船也感到极为愤慨。

我说,我国外长一直是很关心"陶甫斯"号事件的。我获悉外交部正在草拟一份建议,报请行政院考虑及批准,这会使得这一事件得到处理,一俟行政院的决议得到总统批准,就将授权外交部解决这一问题。我说,据我了解,尽快地解决这一事件一直是我国政府的愿望。

西博尔德说,为有利于中国政府计,应断然解决这一事件。

我说,在这方面我想问一下"陶甫斯"号上某些要求到美国来的水手是否已经取得入境签证。我记得这些人是四十九名水手的一部分。水手中有二十九名已决意返回俄国并已离开台湾,其余的二十人中,十一人已决定留在台湾,并且他们现正在岛上生活得很愉快。其余九人则打算来美国,我想知道是否已批准他们入境。我补充说,我听说此案已提交司法部。

西博尔德答道,尚未做出最后决定。

我猜想此事的推延在于移民局。

西博尔德说"是",并说此案一直在研究中,而移民局的程序通常是缓慢的。但他认为不会多久就将做出有利的决定。

五天以后,纽约中华公所收到艾森豪威尔总统的复信。该会曾于8月11日给艾森豪威尔总统写信,声称他们唯恐在日内瓦举行的中共与美国之间的会谈可能会招致中国共产党人企图控制华侨和在美国的中国留学生,因此他们愿意表达他们极大的忧虑。复信日期为8月25日,是由国务院中国科代理副科长霍奇先生代表国务卿签署的。复信简要地说明,白宫已考虑过这个问题并将它转送国务院答复。复信接着提及美国政府已经决定并已在日内瓦会谈上声明,这个会谈不能视为对中共的任何形式的外交承认。复信说,美国也曾声明它不准备在此会谈中达成影响其盟国中华民国的权利和利益的任何协议。鉴于上述政策,复信人说他特别愿意以书面形式向该会保证,目前的谈判肯定不会引起任何情况或局面致使居留在美国的中国人认为他们是在中共的控制之下。

我把上述情况汇报给外交部。外交部于9月3日来电要求将国务院致中华公所的复信文本寄去。电报还说,据情报人员报告,中共正在调查在美学习的中国留学生名单以便在日内瓦会议上提出。虽然此事尚无肯定的证据,电报说这清楚地表明美国方面必须坚决注意并拒绝把中共可能拿出的任何名单作为谈判的依据,以避免把中国留学生投入陷阱。电报要求我向国务院提出此点。

日内瓦下一个重大的进展是9月6日美国同红色中国就中共意欲释放十二名美国公民的联合通告,通告声明,在当日的会谈上,王炳南通知约翰逊大使,九名已申请出境许可的美国平民现在可以离境,另外三名平民可通过申请获得出境许可。在华盛顿,国务院发言人坚持说,在有关囚犯的释放上没有什么"交易"。一般说来,各种报纸把中共的这着棋描述为会谈的一大突破,并期待着王同约翰逊将于9月10日举行的下一轮会谈的结果。

早些时候,在9月1日,蒋廷黻由纽约给大使馆打电话报告说,他已收到外交部就有关第十届联合国大会我方代表权问题发出的新指示。外交部指示我们应设法提出一项措辞与过去几年不同的决议案。蒋说,他已经请美国驻联合国首席代表洛奇先生把我们的草案稿转交国务院。他希望大使馆与国务院接洽,请其接受我们的措辞或意见,并为同样目的与英国接触。

我让谭公使次日上午拜访马康卫,送去我方草案,要求美国政府接受我们的草案并请和英国、英联邦国家以及其他友好国家接触,使之以赞同我们的措辞来援助我们。马康卫答复说,国务院已经收到洛奇先生的报告,并且他了解美国政府有意赞同我方建议的方案。但我方是刚刚提出这一新方案的,由于时间已很紧迫,美国政府业已要求英国人在旧方案的基础上支持我方的代表权。

我于9月2日将上述情况报告给外交部。9月6日我就我们为赢得友好国家支持我方在联合国的代表权所做努力取得的某些结果报告给外交部。最近我大使馆曾收到其他中国驻外使节的报告。由于美国在日内瓦正与中共进行会谈这一事实,他们发现所驻在的一些国家如比利时等,对于采取何种立场开始产生怀疑和犹豫。我已将此种看法告知国务院,国务院回答说,无论何时美国驻外使团询及美国对这一点的政策时,国务院总是答复说美国绝对支持中华民国。此外,他们还告诉我,国务院正在起草一项通令秘密指示美国各使团注意这一事实。我国大使馆也曾由直接掌管此问题的美国官员非正式告知,国务院为了防止事态复杂化,因而目前不拟公布此事。

至于我们同时为了获得某些联合国委员会的席位所做的努力,我报告外交部说,国务院仍在考虑这个问题。但是,国务院认为我们不应奢望保持所有我们在各委员会中的席位。(作为安理会常任理事国之一,中国像其他四国一样,可在所有各主要委员会中享有代表权。)

9月8日我在给外交部的另一电报中进而报告,谭绍华曾拜访培根小姐,她是助理国务卿饶伯森掌管联合国事务的副手。她告诉谭说,国务院为取得对我方的支持不仅曾直接与联合国接触,而且还向大多数美国驻外使团发出命令,指示大使们同他们派驻的国家接触。但是,这些指令系在我们提出新方案之前发出的,因而美国的指令都是以去年所做的安排为基础的。她认为,当联合国大会即将复会之际,如果现在突然提出一个新方案,美国势必再次向各国提出这一问题,这将等于提出一项完全新的安排。这只会给那些不积极支持我们的国家以重新考虑这个问题的借口,而将使整个问题再次悬而不决。

她还说,我们在 1954 年也曾提出过一项新方案,但是很快把它放弃了。那时是有困难的,而目前则困难更显著了。因此,虽然美国不反对新方案并愿予以支持,但如果美国现在把它提出来,似乎难免使问题复杂化。这就会影响及我方代表权这个基本问题。她认为,这值得我们认真考虑目前是否是将它提出来的适当时机。她补充说,美国期待英国在即将到来的联合国大会的会议上,在去年支持我方代表权方案的基础上继续同美国合作。以她个人的看法,如果联合王国改变它的态度,那时美国可能会提出新的方案作为与英国取得一致的手段,她以为这种处理方法似乎更可取。可是她解释说,她本人的职责是在助理国务卿饶伯森授权下负责联合国问题,而不是掌管这一问题的主要官员。她要求我们把适才商讨的各点,当作她的非正式的个人意见来考虑。

培根小姐的观点同马康卫对谭绍华表达的观点相似,两人都认为推动提出一项新的方案已为时过晚。联合国大会定于 9 月 20 日召开。外交部终于同意暂时搁置新方案而继续推行已取得英国和其他友好国家同意的推迟投票方案。因此,当联合国大会第十次会议开幕,苏联代表莫洛托夫提议由共产党中国的代表取代我方代表时,美国代表洛奇提出推迟投票的反建议。这事办得非常成功,以后我还要详述。通过及时的行动以阻止不利情况的发展,使得我们能在代表权问题的投票上保持稳定。

美国和中共 9 月 6 日就释放十二名美国平民的联合通告曾宣布王炳南与约翰逊的下次会谈将于 9 月 10 日星期六上午十时举行。在华盛顿,9 月 10 日上午十一时四十五分,马康卫打来电话说,饶伯森先生由于某些急事希望会见我,并对如此唐突的通知向我致歉。这是要通知我约翰逊大使同中共代表王炳南已在日内瓦就被拘留在中国的美国平民及留在美国的中国国民问题达成了一项协议。他告诉我,一份以含意相似的两个单方面声明形式表现的公报将于同日下午一时发表,并且已将该项内容通知美国驻台北大使馆以便通知外交部。

根据我的谈话记录,饶伯森先开始说,他请我会见的目的是告诉我,约翰逊大使和北平政权的王炳南大使之间在日内瓦的会谈已经达成一项结论。

我说一些晨报已经刊登了关于中共代表许诺先释放十名美国公民的消息。

饶伯森说,像所有的报纸一样,一般说来报道是准确的,但在有关某些事实方面是偏离真相的。然后他交给我一份在日内瓦商定的声明副本。

我略一过目,得知其形式是准备向新闻界发表的声明。声明包括两部分。第一部分宣称,约翰逊大使通知王大使,留在美国的中国人可自由离开该国,并且如其中任何人遇到何种困难,他们可向印度大使馆报告,印度大使馆得调查其情况并向国务院交涉。必要时,印度大使馆也可以向那些愿意离开美国但由于手头拮据不能离去的中国人给予金钱援助。声明的第二部分则是王大使业已通知约翰逊大使有关在共产党中国的美国人问题,并说他们也可自由地离开该国,而且如果他们遇到任何困难,他们可以向在北平的英国代办报告,后者将给以必要的援助[①]。

饶伯森还向我读了一个声明,他说那是准备为国务院发言人用来在记者招待会上向新闻记者说明谈判的结果,而不是为了发表的。声明说,上述有关中国人自由离开美国及美国人自由离开共产党中国的声明仅是双方采取的相互通知的一项措施。其中既没有隐蔽的意义,也没有双方之间的任何秘密协议。声明还强调前一声明并不是双方间的一项协议而是"一致同意的相似的单方面声明"形式,而且不意味着是美国承认北平政权的任何步骤。美国反对这种承认的政策保持不变。然后饶伯森说,他们正在把两个声明的副本电告美国在台北的代办以便告知中国外长。由于前一声明将在当日下午一时向新闻界发表,他一直急于见我以便事先将此事通知我。

我表示了我的谢忱并询问在前一声明中使用一般名词"中国人"而不用"中国学生"之词是否有任何特殊意义。

饶伯森答称,其目的是指明所有的中国人都可自由地离开美国而不只是中国学生。

我说,我获悉中共代表曾一再索取在美国的所有中国人的名单,我问是否属实。

饶伯森答道,中共代表确曾一再索取这种名单,但约翰逊大使每次都予以拒绝,因为他明白这一要求的目的是企图取得在美

---

① 全文见附录十。

华人的保护权。

我说,中共一直企图使这种保护权得到间接承认。

饶伯森说,"的确如此",但约翰逊大使已经明确告知王大使,美国不能同意此点,因为美国只承认中华民国拥有此种保护权,并通过驻华盛顿中国大使馆行使这种权力。

我询问是否美国曾将华人的任何名单交给中共代表。

饶伯森答称"只是一份中国留学生名单"。

马康卫插言说,名单中只包括已表示希望离开美国的七十六名中国留学生的名字。在这七十六名学生中,五十人已经离开这个国家,剩余的二十六人中的一些人似乎犹豫不决,并想改变他们的主意。

我说,关于这方面我愿意告诉饶伯森先生,前天我大使馆收到一位两年前由美国回到大陆的中国学生的信。写信人说,在经受了无数苦难并对共产党的统治感到幻灭后,他已逃到香港,他由那里写了这封信。他对中共当局关于归国学生的政策做了生动的描述。他写道,在由九龙进入中国大陆时,他受到中共代表的良好照料。事实上,是把他作为受欢迎的客人对待的。但一旦他被送上北去的火车后,共产党人改变了他们对他的态度。开始要求他把他的过去经历作一叙述并受到共产党代表的仔细盘问。以后让他参加思想教育课,并分配他教授英语或为中共官员担任口译工作。他经常被监视并睡在一间有共产党员同睡的房间内,共产党员要对他的言谈和行动进行汇报。当他表示不满意分配给他的工作时,就允许他辞职了。但他辞职后,无法找到任何其他工作,因为不论私营机构或中共机关都不能雇用任何事先未得到共产党当局批准而去职的人。由于他放弃了分配给他的工作,他无法得到这种批准。而当他不能找到工作时,他无法得到食物,因为只对工作人员配给食物。他解释说,他写信的目的是把大陆当前的实际情况告诉在美国的其他留学生。他本人曾自愿选择返回大陆,但经过他两年来的痛苦经历,他对他所采取的如此鲁莽的行动感到极端懊悔。

饶伯森表示希望将此信公布，我说此信将在美国的中文报纸上发表以便使其他中国留学生了解他们回去后，他们在共产党中国会遇到什么。但是根据写信人的要求，将不公布他的名字。

饶伯森认为，如果不透露写信人的名字，则该信的价值将大为减少，因为中共会声称它是伪造的。

我说，写信人要求隐名以便保证他在香港的安全。

马康卫说，他了解香港的情况是非常混乱的，并且在那里有许多共产党工作人员对他们感兴趣的人进行监视。因此在写信人离开香港以前公布他的名字对他是不安全的。

当再次提到供国务院发言人参考所准备的声明时，我说我认为它非常重要。

饶伯森强调说，这是一个重要的文件，因为美国政府不愿意使它的官方声明被误解，或对它的政策和意图产生怀疑。

我问是否日内瓦会谈现在将开始进行议程上的第二项，以及是否共产党代表业已提出任何要讨论的问题。我还询问是否美国打算提出什么建议，以及下次会谈将在何时举行。

饶伯森答道，下次会谈将在 9 月 14 日星期三举行，并且据悉将开始议程上的第二项，因为释放平民问题已经解决了。关于被扣留在共产党中国的二十九名美国平民，他说，北平将先释放十名，并将迅速（expeditiously）释放其余十九名。由于共产党人已承诺使这十九名美国人离开大陆，他认为他们的离开只是时间问题。他问我"expeditiously"一字的中文译法。

我答复说，该字的中文是"迅速地"。

饶伯森说，关于议程的第二项，约翰逊大使将等待中共提出他们的建议并准备聆听他们的建议。美国方面将不提出任何建议，不过他已经准备好一份不打算同中共代表讨论的问题清单。

我问美国是否打算把这份清单交给中共方面。

饶伯森的答复是否定的，并说那是为了给约翰逊大使作指导用的。美国在会谈时要提出的是它深为关心的问题,例如释放美国军事人员问题。中共断言所有的美国军事人员都已释放,但美国获悉在共产党中国仍有很多其他人员,虽然不能确悉他们是否仍然活着。还有中共方面不分青红皂白地攻击美国民用飞机问题,这是美国想要中共今后停止这样做的事。但是他愿意向我讲明的是,约翰逊大使将不和共产党代表讨论涉及中华民国的权利和利益的问题。

我说,这是非常重要之点。对此我和我国政府感到极大的关切。我高兴的是,饶伯森先生再次重申了美国不同中共代表讨论这种问题的决心。我在结束时补充说,我将把他讲的全部内容向我国政府报告,并确信这将令人消除疑虑,恢复信心。

二、日内瓦会谈的"第二项议程"和联合国席位问题
1955 年 9 月 10 日—10 月末

美国大使阿历克西斯·约翰逊与中共大使王炳南在日内瓦会谈中议程的第一项是"遣返愿意返回各自国家的平民问题"。自 1955 年 8 月 1 日至 9 月 10 日连续开了十四次会议以后,这一问题以美国大使和中共大使在 9 月 10 日各自发表了内容相同的声明而可以认为获得解决。双方认为,有关平民完全可以自由离境,由第三方给以协助,印度大使馆协助旅美华人,英国代办协助中共境内的美国人。9 月 10 日,我与助理国务卿饶伯森谈话时,他告诉我下一次日内瓦会议将于 9 月 14 日召开。由于释放平民问题已得到解决,自然该着手处理议程中的第二项。

议程中第二项是"解决双方之间目前有所争执的某些其他的实际问题"。这项议程之广泛,措辞之含混,已经引起了各种揣测。一般猜想中共代表王炳南将会就某些根本性争议问题和约翰逊讲条件,例如联合国席位和台湾前途等问题。8 月 30 日,周恩来曾暗示,北平有意提出放宽对共产党中国贸易禁运问题。美方曾告诉我方,他们将听取中共之任何建议,但是谈判将限于与

双方有直接关系的争端范围之内。美方还讲过,他们最感兴趣的是释放美国军事人员和共产党袭击民航飞机的问题。他们说,绝不背后讨论影响中华民国权利和利益的问题。尽管有了上述保证,台北政府仍然十分关注日内瓦会谈的进展,这也是可以理解的。外交部焦虑不安,几次要求我密切注意事态的发展并与美国国务院保持联系。

9月14日,王与约翰逊再一次在日内瓦会谈时首次出现了新的进展。会谈开始后,双方之间显然有一种谅解,除联合声明外,任何一方都不发表任何情况。但新闻记者们则一直在间接探听有关会谈的消息。14日王炳南告知新闻界,他认为进行关于对共产党中国贸易禁运的会谈和由美国、共产党中国双方外交部长举行更高一级的会谈的时机已经成熟。约翰逊大使因而也对新闻界阐明了观点,说在全部美国平民未得到释放之前,讨论这些问题或者其他问题还"为时过早"。在华盛顿,国务院发言人苏伊丹解释约翰逊的声明说,这是一个"合理的暗示",在北平未履行9月10日诺言释放美国平民以前,美国将拒绝讨论与共产党中国举行外交部长级会谈的可能性以及其他新的议程项目,这些美国平民至今还没有一个离开大陆。他还补充说,事实上这些美国平民不释放,不能认为议程第一项已获解决。

两天之后,按照9月10日的协议,被共产党中国释放的首批两名美国平民跨过边境进入香港。17日,第三名美国人和一个意大利罗马天主教神父被释放。据报道,18日又有三名美国人抵达香港,他们都是罗马天主教神父。至20日,已有九名美国人被释放。

蒋委员长要求知道王炳南与阿历克西斯·约翰逊之间当时在日内瓦会谈中实际讨论了些什么。有报告说,正在进行关于解除贸易禁运的商谈,并安排与周恩来举行部长级会谈。蒋委员长对此项传闻甚感焦虑。他认为,这两个问题都牵涉到我们的重大利益,单是这些问题的讨论就会给中国人和亚洲人以美国已改变了对共产党中国政策的印象。同时,他还感到举行部长级会谈将被世界上认为是美国朝着承认北平政府的方向迈出了确切的一步,这与美国屡次向我们保证无意承认他们是不一致的。

蒋委员长的上述指示及看法由外交部次长沈昌焕扼要电告在纽约的外交部长叶公超。叶为参加当年的联合国大会于 14 日抵达纽约,他在 16 日来电话要我向美国国务院探听清楚蒋委员长想知道的事情,并直接答复台北。

9 月 17 日星期六,我赴纽约与叶长谈,我向他口头汇报了为我国在联合国的代表权问题争取联合国内友好国家政府支持的结果。还谈到其他许多诸如日内瓦谈判一类的重大问题。我于星期一返回华盛顿。

20 日星期二,联合国大会第十次会议在纽约开幕。苏联代表莫洛托夫好像是旧调重弹,一俟临时主席荷兰的约瑟夫·伦斯博士简短发言后,就抛出了他的决议草案,要由中共政权的代表取代国民党中国代表加入联合国的所有机构。与以往几年唯一的不同仅仅是他的陈述采用了较为温和的语言,与新的国际"缓和"气氛相一致。正如我前面提到的,美国代表洛奇跟着动议大会"在本年第十届例会上不考虑任何排除中华民国政府代表或者接纳中华人民共和国中央人民政府代表的提案"。洛奇还提议首先考虑他的提案。于是发生了争论,苏联、波兰、捷克斯洛伐克、印度、缅甸、印度尼西亚和罗马尼亚等国的代表赞成接纳红色中国,叶外长、英国、哥伦比亚和伊拉克的代表赞成美国提案,反对给红色中国以任何席位。洛奇本人却表示,鉴于"众所周知的原因",他的政府将不参与任何实质性问题的争论。最后,美国的提议先交付表决,以四十二票比十二票和六票弃权通过。投反对票的有苏联、白俄罗斯、乌克兰、南斯拉夫、捷克斯洛伐克、波兰、缅甸、印度尼西亚、印度、挪威、丹麦和瑞典。投弃权票的有阿富汗、埃及、以色列、沙特阿拉伯、叙利亚和也门。投票结果几乎与 1954 年相同,只不过那一次印度尼西亚投了弃权票,而以色列则投票赞成延期。

同一天,由日内瓦传来报告说,由于王炳南同意将第一项议程视作尚未解决,但可以进行议程中第二项,约翰逊大使表示同意。这就意味着两项议程的谈判将同时进行。然而,在此次王与约翰逊会谈后发表的联合公报中,仅仅提到他们就第一项议程,即释放平民问题"交换"了情报,并就第二项议程"交换了意见"。

新闻记者们就当日日内瓦公报与 9 月 14 日国务院的和约翰逊的声明认为讨论第二项议程还为时过早之间的明显矛盾提出疑问,国务院发言人苏伊丹回避作任何解释,只说他不能讲超出日内瓦联合公报以外的话。与此同时,国务院宣布三十九名愿意返回中国大陆的中国留学生中的最后一名已经离开美国。国务院的声明说,这三十九名留学生是朝鲜战争期间和战后被扣留在美国的一百二十九名技术专业学生中的一部分,他们被扣留至 4 月份撤销扣留命令为止。还提到其余九十名留学生尚未表示有返回大陆的愿望。

星期二下午,我接见了《芝加哥太阳时报》的弗雷德里克·库。他想知道我对日内瓦双边会谈情况的理解以及议程第二项进展的程度。他还想知道在进入第二项之前,美国还会就第一项提出什么问题。

21 日星期三,助理国务卿饶伯森飞往佐治亚州,与参议院外交委员会主席乔治参议员会晤,乔治参议员是在国会休会期间回到他的家乡的。22 日,饶伯森在华盛顿与众议院外交委员会主席詹姆斯·理查兹共进午餐。9 月 23 日,《纽约时报》一方面报道了饶伯森的目的是向这两位主席简要介绍日内瓦谈判的细节,同时又提到国务院发言人苏伊丹强调说:"饶伯森先生的谈话中没有重要内容。"杜勒斯国务卿只是要饶伯森通知乔治和理查兹有关"国会休会以来一些共同关心事态的进展情况"。

《纽约时报》在同一报道中还提到乔治参议员于 9 月 22 日,即他与饶伯森谈话的第二天在一次电话访问中的议论。文章说,乔治参议员声称他相信美国已逐步走向一个朝着中共和美国更高级会谈迅速发展的阶段。"国际事务发展的来龙去脉"表明北平宣布愿意停止使用武力和要"把事情谈清"的时刻即将来临。他说,到那时,美国要准备在国务卿杜勒斯与周恩来的"会谈问题上与中共合作"。22日,华盛顿报刊上登载合众社对饶伯森与乔治谈话的电讯报道,这篇电讯报道也给人以他们二人曾探讨了更高级会谈问题的印象。

饶伯森的佐治亚州之行,他和乔治的谈话以及他在华盛顿与理查兹的谈话,紧接着,乔治对新闻界发表暗示更高级会谈为期不远的评论——这一系列事件使人联想到日内瓦会谈已有了重大进展。我个人怀疑是否真的如此,但是揣测又多了起来。事实上,几天后,蒋委员长亲自指示沈次长,要他通知叶外长立即查明饶伯森与两院外交委员会主席谈话的全部内容,或通过其他人查清。沈于9月27日电告在纽约的叶外长,叶又打电话告诉了在华盛顿的我。

早在9月24日,沈次长曾发电给叶外长,同一天并用电话把电文传达给大使馆,以便让我获知。电报内容说,自从美国和中共就平民归国问题达成的协议公布以来,国际舆论推测,这一行动本身就是美国对中共的政策已有改变的证据,这种推测并非毫无根据。我们自己的舆论喉舌以及民间和军界的反应也显示出对美国政策非常焦虑和诸多猜测。现在,美国已经同意进入日内瓦谈判的第二阶段。对于举行外交部长级会谈和中止对共产党中国的货物禁运均不存在任何明显的反对意见。如果这些进展继续向前推进,那么在10月份举行四大国外交部长会议时,国际局势将会对我们极为不利。

电文还继续提到上述情况使我方深感忧虑不安。叶外长应立即要求美国政府对日内瓦会谈的真实情况作出全面的确切说明。与此同时,还必须通知美国政府我们的下述立场:

(1)日内瓦会谈应当在适当时候尽早结束。

（2）有关外长级会谈与解除贸易禁运的谈判是影响我国重大利益的两件大事。如果美国在日内瓦已经与中共方面商讨了这些问题，显然违背了美国向我们作出的保证。

（3）如果外长级会谈果真实现，那么美国所做无意承认共产党的保证便成了空话，对中美之间的基本关系势必造成严重的后果。以上就是我们要求美国坚决、确切地阐明自己立场并给我方以绝对保证的充分理由。

电文结尾中沈次长要叶外长决定，是由他亲自与杜勒斯就此面谈，还是由我将上述观点转达给国务院。由于我与胡佛副国务卿已经约好在 26 日会面，所以决定届时由我将此事在华盛顿当面讲明。

然而，艾森豪威尔总统心脏病暴发的消息突然使对日内瓦会谈的全部关切暂时显得不那么重要了。发病的消息是令人震惊的。总统是在 9 月 24 日凌晨突然发病的，当时他正在丹佛别墅度假。当叶公超打电话要我电告台北时，我已经给外交部和蒋委员长都直接拍发了电报。

9 月 26 日午后一时，我在华盛顿雷·亨利先生的办公室为美国全国广播公司作了广播讲话的录音。我对有关日内瓦会谈、旅美中国留学生、禁止向红色中国运送战略物资、台湾防卫、中美关系以及北平进入联合国等问题作了答复。

紧接着，我去国务院拜会了副国务卿小赫伯特·胡佛。胡佛与中国科的马康卫一同接见了我。他态度友善，由于我事先对马康卫讲过我准备谈的内容，所以我的问题得到了周详的回答。

谈话开始时，我表示听到艾森豪威尔总统突然患病的消息后十分遗憾，并向胡佛询问了总统最近的情况。我说，从当天上午报纸消息中得知昨天（25 日）由我转交的蒋介石总统打给艾森豪威尔总统表达亲切问候和良好祝愿的电报已送达无误，对此我感到高兴。

胡佛说，他对总统发病的消息也感到很震惊，因为太突然了。

当天早晨他没有得到有关总统病情的新消息,但他知道医生对总统的心脏和心肌是否有了病变,病变到何种程度,以及他的发病是否由于一条心脏动脉阻塞所致等病情,需要两周时间才能确诊。然后,胡佛对蒋总统以及我本人对艾森豪威尔总统的慰问和早日康复的祝愿表示感谢。

我也就美国政府在联合国中国席位问题上对我们的有效援助,转达了我国政府的谢意。我说,由于贵国的支持和援助,推迟考虑该问题的决议案才得以在大会会议的第一天以压倒多数票通过。我表示已了解到多数票只比去年少一票。

胡佛说,美国也很高兴决议案能在联合国大会上顺利通过。事实上,一些去年投票支持同样决议案的会员国最初还犹豫不决,但是大会实际上以同样压倒的多数票通过了同样的决议,为此他感到高兴。

我表示对大会通过的决议和过去几年的内容相同也很高兴,尽管一些国家企图在决议中加入一条"时机未到"的从句,那样的话就会带来一些不利的含义。

胡佛说,对于这一问题,美国和中国本身一样地十分关心,所以也急于协助使问题的讨论得以推延。

我说,对于在会议之前争取各成员国的支持,美国政府做过和我国政府所做的同样巨大的努力,从而使会议以多数票优势圆满结束,对此我和我国政府非常感激美国政府。

胡佛不久将同国际合作署的霍利斯特和莫耶一同访问台湾,这是他们亚洲之行的一部分。我这次拜会他的主要原因是代表官方对于他的访问表示欢迎。所以,紧接着我对他说,我代表我国政府向他致以诚挚的欢迎。我表示知道他访问时间相当短,因此问他在台北有什么特殊东西要看和准备与我国政府商谈些什么特殊问题。

胡佛回答说,除非杜勒斯国务卿进一步再给他指示,他只想与中国政府谈两个问题。第一,他将讨论美国军队的地位以及其在中国的待遇问题。他讲,尽管一般说来,美国人了解美国法庭对于外国军人犯罪或是违反美国法律是相当严厉的,但是他们仍然搞不清为什么外国法庭对于美国驻外军人拥有裁判权。美国政府渴望与中国政府对此问题尽早达成协议,以便出现紧急情况时,双方有某种协议可以遵循。

我说,我国政府对此问题也进行过研究和考虑。沈昌焕次长最近来华盛顿时,我同他谈起此事,了解到这个问题不久就可以研究完毕,将与美国政府举行谈判以达成协议。

胡佛提到的第二个问题是要求对仍被扣留在台湾的苏联油轮"陶甫斯"号案件加以讨论。可以这么说,既然此案的"尸体"已经处理完毕,余下的唯一问题就是决定如何处置"棺材"了,他认为最好尽快将其处理掉。

我推测胡佛是指处置油轮本身的问题,因为船员们已经各自做出了选择,或回苏联,或留在台湾,或去美国。我说,据我所知,我国政府对此问题已郑重考虑,我一定将胡佛先生这番话报告给我国政府。

然后我提出愿意了解一下日内瓦会谈的现况。我告诉胡佛,在我首次求见之后接到了蒋委员长的指示,说明中国军界以及台湾舆论对于这些谈判深感焦虑不安。我了解到释放扣留在共产党中国的美国平民问题已经解决,共产党曾经提出进行商定议程中的第二部分,即所谓北平政权与美国政府之间其他有争议的实际问题。我所要了解的是,中共提出的两点是否已经进行了商讨,即解除对红色中国战略物资的禁运和美国与北平之间举行更高一级会谈。

胡佛说,日内瓦会谈毫无进展,实际上处于停滞状态。至于更高一级会谈,约翰逊大使已经告诉王炳南,除非北平同意释放所有在押美国国民的许诺得到兑现,美国是不准备商讨这一问题的,也不会同意就解除对红色中国战略物资禁运问题进行谈判。中共回答说,释放其余美国国民的拖延是由于北平英国大使馆未能向中共当局继续办理此事,因此美国政府应对英国进行督促。但是美国的立场,则认为应由中共方面释放他们,但至今仍有十八人被扣留在共产党中国。胡佛还说,除此之外,尚有四百五十名美国军人在中国下落不明,美国方面坚决要求中共对于他们的目前状况加以说明。他说,尽管知道其中大多数人已经死亡,活着的可能为数不多,但是美国方面一定要求中共对此负责。这四百五十人的名单已经递交北平,但美国政府不准备公布,以免使他们的家庭产生忧虑。因为五角大楼早已向许多家庭发出通知,报告说他们的亲属已经死亡。

我谈到新闻报道中说日内瓦会谈现已进入议程的第二项,这消息不仅在台湾而且在中国大陆的中国人中间都引起了极大的不安。事实上,双边会谈的继续已经使所有亚洲人认为美国可能改变其不承认北平政权的政策。如果举行拟议中的部长级会谈,就会被认为是美国朝着承认北平方向迈出的第一步。

我接着又强调指出,中国政府认为,如果在双边会谈中进行解除对共产党中国战略物资禁运和举行部长级会谈两个问题的商讨,势必严重影响中国的利益。我国政府的观点是,美国政府曾一再允诺,绝不参加任何有损于中华民国权利和利益的会谈,而现在进行的会谈与这些诺言是相违背的;如果举行部长级会谈,那必将是美国承认北平政权的决定性步骤,这也和美国多次宣称的意愿相反。因此,我受命表达我国政府恳切的希望,要求近期中止目前的双边会谈,以避免给人以美国打算改变其不承认北平政权政策的印象。

胡佛说,尽管中共已经提出要讨论上述两个问题,但美国已予以拒绝。他认为近期内还看不到举行这类谈判的可能性。事实上,美国政府无意举行这种谈判。胡佛了解到乔治参议员对报界发表的谈话可能已经引起一些疑虑。但是他说,他认为我一定清楚,参议员是一位诚恳的好人。由于年事已高,又不必亲自处理实际外交问题,对避免使用含有并非本意的语言方面,他有时就不够注意,而报刊通讯便会抓住这点来歪曲他的真正意见。胡佛接着又说,中国政府对这个问题的情绪,他能够理解。但是他并不觉得,对美国来说,终止目前日内瓦双边会谈是一项明智的政策。美国的意图是继续会谈,直到中共本身感到再继续下去会徒劳无功而要求把会谈停下来为止。那样的话,全世界便会将终止会谈的责任推到中共身上,而不由美国负责。

胡佛说,我应该知道,饶伯森先生是坚决反共的,而且时刻铭记着中华民国政府的权利和利益。饶伯森先生是中国的伟大朋友,他(胡佛)与饶伯森先生的感情和观点是完全一致的。他将中华民国政府看做美国忠实的盟国,并向我担保,美国政府也会尽最大努力作为中华民国的忠实盟友。

我表示非常高兴听到胡佛先生再次保证的声明,我一定报告我国政府,确信我国政府将由此得到巨大的鼓舞。

我于会晤小胡佛后,紧接着就必须于下午三时四十五分赶往纽约,时间甚为短促,所以我在动身前只能起草有关会见报告的部分电稿,其余部分在飞机上写完,然后用电话告知华盛顿译电室的鲍文年,要他译码发给台北。9月27日,我在纽约向叶外长汇报了我与胡佛会谈的内容。

叶与我交换意见之后,共同审阅一遍他的讲话稿,这是他要在第二天上午用中文在联合国宣读的讲话。目前联合国仍在进行一般性辩论。我提了一些意见,他欣然接受,然后给他的秘书吴先生打电话,吴正在将该稿翻成中文和打印。我差不多提了十条意见,所以他打了多次电话。这样,两种文本都能同时迅速改好,没有耽误时间。

我28日返回华盛顿。原打算早些从纽约动身,然后在大使馆工作一整天。然而,虽然计划得挺好,旅行安排上却遇到了麻烦。这类事其实是屡见不鲜的。先是我订的上午航班因天气不好而取消,下一班的飞机引擎又发生故障。(而且,我因匆忙离开,将来回程机票忘在旅馆里,又重新买了机票。)于是,我决定改由铁路乘开赴宾夕法尼亚州的午后十二时三十分的列车返回。结果,全天计划都打乱了。我赶回大使馆,已经关门了。我的司机用他的钥匙开了门。我只呆了几分钟,浏览了一下当地的报纸。

9月29日中午,我拜会了古巴大使米格尔·安赫尔·坎帕博士。这是一次回拜。当问及有关最近阿根廷庇隆倒台之事时,古巴大使说,他认为这对拉丁美洲不会有很大影响。局势的这一进展前些时候早已预料到了。推翻一个独裁者总是要这样的。

9月30日,我到国务院拜访饶伯森,目的是按照蒋委员长的亲自指示,弄清楚饶伯森和参议员乔治、众议员理查兹都谈过什么。饶伯森告诉我,他遵照国务卿杜勒斯的指示去佐治亚州拜访了乔治参议员,想告知他有关在日内瓦与中共进行双边会谈的情况,以便让他对此有所了解。饶伯森说,当时乔治参议员似乎已经完全明白了这件事情,并不主张进一步把会谈提高到部长级。但是,第二天,饶伯森却在华盛顿报刊上看到一条合众社电讯,对他与乔治参议员的谈话作了报道,内容给人们一种主张举行部长级会谈的印象。与此同时,《纽约时报》记者也猜测他(饶伯森)是专门为了建议举行部长级会谈而和乔治参议员接触的。

饶伯森说,他对此极为震惊,所以打长途电话给乔治参议员,问他到底对记者们讲了什么。这样才了解到报纸上发表的消息是毫无根据的。乔治参议员原来就赞成举行高级会谈的,想法并未改变。但是,他对访问他的记者们实际所谈的内容却大致如下:世界舆论一致渴望和平,中共在世界舆论的压力下有可能同意宣布放弃其武力政策。如果作出这种宣布,那么举行部长级会谈便为期不远了。然而,乔治参议员也估计中共不会作出这样的声明。饶伯森说,他个人的观点是这种声明毫无希望。也就是说,中共不会放弃其武力政策。

接着饶伯森又告诉我,他曾于22日与詹姆斯·理查兹众议员共进午餐,当时他只告诉了他有关日内瓦会谈的情况。饶伯森还告诉我,理查兹的反共情绪一向很强烈,而且完全清楚共产主义思想意识的危险性。他在众议院发表的讲话中反复表明了他个人的观点。理查兹的观点几乎可以说与国民党中国的以及他(饶伯森)本人的观点相差不多。

我接下去问他关于最近日内瓦会谈的性质,以及是否集中讨论第二项议程中所谓其他实际问题。饶伯森回答说,9月28日举行的另一次会议未取得进展。尽管双方都谈了第二项,但讨论仅局限于辩论议程,并未触及任何具体问题。美方坚持只有遵照9月10日协议释放美国平民后才能讨论任何其他问题。共产党方面在中国留学生离开美国问题上也抱同样的坚持态度。

我向饶伯森询问尚未释放的美国公民确切人数。他回答总共有十八人,其中十七人尚在狱中。当我问及有关四百五十名美国军事人员的情况时,饶伯森回答说,在这个问题上,美国也坚持要求共产党拿出负责任的报告[①]。

当日下午,我参加海军陆战队司令莱缪埃尔·谢泼德夫妇为欢迎比利时阿尔贝特王子在海军陆战队兵营举行的招待会。这位年青的王子是第一次到美国旅行。他年约二十岁,看上去活泼愉快,和蔼可亲。我用法语告诉他,我曾有幸以我国特使身份参加过他祖父的即位典礼。作为招待会的一项庆祝活动,还举行了阅兵式。

叶外长10月3日午前自纽约乘飞机抵华盛顿。我到国民机场去迎接他,并陪他去参加海军上将雷德福为欢迎他在五角大楼举行的午宴。当晚,我设宴招待叶外长。邀请的宾客有副国务卿帮办洛伊·亨德森及夫人、雷蒙德·莫耶夫人(其夫是国际合作署远东区署长)、助理国务卿饶伯森、蓝钦大使及夫人(大使当时正在休假)、助理国防部长威尔弗雷德·麦克尼尔及夫人、助理商

---

① 编者注:上述谈话内容是根据1955年9月30日给外交部的电报报告整理的。通常由顾博士所做的常规谈话笔记并未存档。

业部长洛塞尔·蒂特及夫人、陆军上校罗伯特·古根海姆及夫人、国际合作署驻台北的中国代表团团长约瑟夫·布伦特及夫人、国务院中国科的马康卫及夫人以及大使馆的霍宝树夫妇和谭绍华博士夫妇。

晚宴是中餐,摆了两张圆桌。我首先作了简要的介绍,然后提议为"祝愿美国总统早日完全康复"干杯。我等待蓝钦大使作出反应,但是显然他有些犹豫。(后来我得知,出于礼貌原因他请亨德森代为祝酒。)稍隔了一会儿,罗伯特·古根海姆一跃而起,提议"为中国蒋总统和夫人"干杯。我们大家都有些吃惊。蓝钦大使紧接着站起来也提议"为中国总统"干杯。我事先已征得了叶公超的同意,这时便再次起身,请部长讲几句话,并举杯祝贺蓝钦大使夫妇结婚三十周年。叶公超讲完话,大家干杯。我在介绍时提到了在座的各位美国客人并表示欢迎,但是,我忘记了约瑟夫·布伦特夫妇,为了弥补,我再起身提议为他们干杯。然后,我又提议为亨德森夫妇、麦克尼尔夫妇和蒂特夫妇干杯。晚宴后,叶公超告诉我饶伯森对没有机会发表也早就准备好了的为中国外交部长祝酒的讲话表示失望,而且认为他的位次应在亨德森前面。我对叶说,礼宾司不会同意这种意见。为了搞确实,我请谭公使当日下午询问了国务院礼宾司,回答不出我所料:"亨德森应在饶伯森之前。"

第二天是星期二,整个上午和午后一段时间,叶外长、我和其他几个人忙于一起开会,然后我陪同外交部长去国务院拜访国务卿杜勒斯。会见时饶伯森和马康卫也在座。叶外长按照我的意见首先问候了艾森豪威尔总统的近况。

杜勒斯国务卿说,总统病况很有起色。星期一的病情公报中提到总统感到疲倦,引起了大家不必要的过分担忧。总统身体恢复很迅速。

饶伯森接着说,公报提到总统感到疲倦,其实不应引起惊恐,因为在这些紧张的日子里,谁都感到疲劳。

然后,叶外长提出与国务卿谈一下有关日内瓦双边会谈的几个问题。他知道目前美国和中共的代表正在讨论双方同意的议程的第二项。他指出,台湾人民非常敏感,对会谈深感不安,特别是对于有可能召开国务卿与周恩来的高级会谈感到不安,因为台湾人认为举行那种会谈实际上就意味着向承认中共方向迈出一步。他表示希望杜勒斯先生就他所说的予以说明。

杜勒斯说,有关更高一级会谈的猜测实际上是前些天乔治参议员对一些新闻记者的谈话所引起的。杜勒斯自己也在记者招待会上被问及有无此种可能,他的回答是,如果中共彻底放弃使用武力作为推行政策的工具,那么,举行更高一级会谈来商讨与双方有关的一些问题或许为期不远。他并不排除这种可能性,因为在外交辞令中不应当使用"永不"这个字眼。艾森豪威尔总统在他的记者招待会上也被问及他的看法,总统的回答与他(杜勒斯)的观点在很大程度上是一致的,因为他们两个人谁都不想与参议员发生争执。这样看来,与周恩来举行更高级会谈的说法是来源于国务院之外,国务院以及他本人并无这种想法。杜勒斯接着说,事实上,目前日内瓦会谈毫无进展。释放美国平民问题达成协议之后,共产党代表就立即开始坚持要美方代表同意进行议程的第二部分,并且安排更高一级会谈。而约翰逊大使则一直坚持立即释放全部美国平民。共产党代表指责约翰逊有意绕圈子。因此日内瓦会谈前途渺茫。

叶外长表示现在明白了举行部长级会谈还遥遥无期。

杜勒斯先生接着说:"十分遥远。"

然后,叶外长又说,他得知在有关放松对共产党中国贸易禁运问题上,美国受到了来自英国和日本的压力。

国务卿说,美国受到来自欧洲的压力要比来自日本的大。他的政策是绝不退让的,但是由于压力很大,也许有必要削减现行的禁运项目。如果必须放弃全部项目的十分之一以保留其十分之九,他认为这样的做法还是明智的。当然,如有可能,他还是愿意全部保留的。

叶外长提出国民政府坚决反对对中共禁运的任何放松，因为那就意味着帮助共产党增加实力，从而使它更容易袭击台湾。

国务卿表示他十分理解这种观点，美国并不想削弱禁运。但是，美国愿意像对待台湾一样地对待其他盟国，不愿意强行支配他们，有必要对他们的观点加以考虑。

叶外长表示知道美国的政策是设法使北平政权放弃使用武力，并同意所谓台湾问题应以政治方式也就是和平方式加以解决。但是他指出，中共的战略历来是实行打打谈谈的两手策略，如果他们认为谈判对他们有利，会毫不犹豫地那样做。所以，他很想知道假如北平同意以政治方式解决台湾问题，国务卿先生怎样打算。他们甚至有可能请求美国帮助和平解决这个问题。

杜勒斯说，美国支持和平解决台湾问题，这是它一贯遵循的政策，与对待德国、越南和朝鲜的立场是一致的。而且，事实上，正如他曾对尼赫鲁总理讲过的一样，在对待葡萄牙殖民地果阿问题上，美国也保持同一观点。国务卿沉思片刻后说，关于台湾问题，他将提议大陆在监督下举行自由选举，以便让中国人民可以自由地作出选择。

叶外长认为这种意见似乎来源于"两个中国"的概念，但是鉴于大陆的中国人所受严格统治以及自由中国与大陆在人口数量上的巨大差异，这样的选举不会是公平的。他料想国务卿的思想中重点是在"自由"这个字眼上。

国务卿表示同意，但是他不相信共产党肯接受这个建议。对此，饶伯森也表示同意，并补充说，要共产党接受是完全不可能的。

叶外长对国务卿说，他在纽约听一位联合国的朋友谈起，莫洛托夫告诉过或是准备告诉哈里曼，一旦美国承认红色中国，苏联对承认蒋介石委员长的政府也无所谓，而且会准备和它进行商务谈判。

杜勒斯感到这个消息很有趣,不过又说,美国设法使北平政权声明放弃使用武力的目的是为了预先阻止共产党对金门和马祖的进攻。万一出现这种攻击,他认为毫无疑问,中国政府会奋力抗击来保卫这些地方的。但是,他认为没有美国军事力量参战,就很难长期守住。如果中国政府在英勇抵抗之后还是丧失了这些岛屿,那么对于中国政府的威望和士气将会产生十分严重而深远的影响。他渴望避免发生这种情况,特别是在目前总统重病在身的情况下,如果共产党袭击这些岛屿,他将不能亲自决定美国该怎样做。国务卿说,他本人认为美国应当援助防卫,而且必须在后勤供应上支援中国政府。但是关于使用美国武力联合保卫这些岛屿,只有总统才可以根据国会的授权决议做出决定。1月份的国会决议授权总统,根据他的判断,如果认为这些沿海岛屿是保卫台湾及澎湖必不可少的有关地区时,允许他使用美国军队。杜勒斯又说,目前,美国在日内瓦继续进行双边会谈,希望能预先阻止共产党对金门和马祖发动袭击。他补充说,他觉得台湾人民和中国新闻界过于紧张,要叶外长相信美国的政策,对美国要有信心。

叶外长表示他自己并非神经过敏。但是,立法院以及台湾的中国新闻界,尤其是香港的新闻界都感到高度危险和忧虑。他回忆仅仅由于他在立法院回答问题时声称对杜勒斯具有信心,香港中文报纸就对他大肆攻击。然后,叶外长转入另一话题。他表示还想请国务卿谈谈他对未来的预见,特别是10月底将在日内瓦举行的外交部长会议可能得出的结果。他了解到议程已经商定。

国务卿回答说:"是的。"将要商讨三个问题。第一是德国的重新统一与欧洲安全。他认为苏俄并不真正希望看到东德与西德重新统一,因此,他对达成协议不抱希望。第二是裁军问题。美国的观点是先就检查和控制取得一致意见,然后再商讨裁减军备。而苏俄则坚持将裁减军备放在检查和控制的讨论之前。对于美国来说,检查和控制是首要的。这是美国的国策,绝不会屈从于苏俄。他认为，苏俄也不会放弃自己的立场而接受美国的观点。因此，杜勒斯说他对这个问题也不指望能够谈成多少。第三是"接触"问题。杜勒斯认为可以做一些工作来消除障碍和提供旅行、通讯方便，例如互访和停止广播干扰。对于即将访美的苏联新闻记者，他已下令不再验证指纹。国务卿还补充说，已经商定四国外长一致同意的其他问题也可以提出讨论。

我问，根据杜勒斯先生的看法，在即将举行的外长会议中，苏联是否会提出接纳红色中国进入联合国的问题。

国务卿回答说未必可能。

后来，我又谈到中东局势似乎正在加剧，希望国务卿谈谈他对这一地区发展前途的看法，以及他是否认为那里的局势会变得非常严重。

国务卿回答说，他认为中东局势十分严重。苏俄向埃及提供武器肯定要破坏这一地区脆弱的平衡，而且会鼓动暴乱。

我问杜勒斯先生是否在莫斯科提这个问题。

国务卿说，他亲自在纽约对莫洛托夫谈过两次。

我问到莫洛托夫的回答。

杜勒斯告诉我，莫洛托夫回答说，向埃及出售苏俄武器只是商业上的交易，并无政治意义。

叶外长说，他最近在纽约曾听到伊拉克外交部长贾马利说过，他和埃及总理纳赛尔谈过一次话。纳赛尔抱怨美国的中东外交政策缺乏一贯性，而且还暗示埃及正在发展与共产党中国的关系，因为，他（纳赛尔）认为美国很有可能在某一天承认北平。据纳赛尔讲，埃及不愿意总是效法美国去反对北平政权，以防将来可能突然被单独甩在后边。叶外长说，在他看来，阿拉伯国家的立场似乎已经在发生变化。举例说，伊朗在支持中国政府在联合国的代表权问题上开始时答复很含糊，最后又说这件事必须由内阁决定。中国政府与叙利亚和黎巴嫩也谈过这个问题。

国务卿说，叙利亚的局势不妙，苏联在那里的影响越来越大。

他还表示已经察觉到这次联合国大会上自由中国的处境不如去年。一些曾经支持自由中国的国家今年似乎有些冷淡。

叶外长说,伊拉克的贾马利先生在联合国大会上就阿尔及利亚问题对他紧逼不放。但是,中国政府不管是对美国,还是对法国,都忠于自己诺言。因此,尽管他(叶)自己在反对法国的投票问题上受到来自阿拉伯国家的很大压力,但中国代表团还是弃权了。但是,中国代表团不投反对票并不是没有感到处境艰难,因为中国政府历来宣称反对殖民主义和支持殖民地人民的自决权。

杜勒斯表示,他完全理解中国处境的艰难。

关于印度尼西亚局势,叶外长指出需要特别注意。目前那里进行的选举结果对于人数超过一百万的华侨社会极为重要。许多离开印度尼西亚赴台湾的华侨不准返回,或是在申请签证时遇到麻烦。他们认为印度尼西亚的共产党势力相当大。

国务卿说,他注意到了这次选举对马斯友美党不利。

饶伯森指出,这个党尽管在选举前预测乐观,但是却落在其他政党之后,得到的票数居第四位。他认为,如果共产党人取得控制权,那里的局势会变得严重起来①。

叶外长说,他接到一份报告,从中可以看出局势的严重。这份报告讲到刚刚由北平运往印度尼西亚的两船武器。他认为国务卿查证一下此报告是否属实颇为重要。

杜勒斯请饶伯森去了解此事。

饶伯森送叶外长和我离开杜勒斯的办公室时,他请我们在起居室小坐片刻,他要和我们谈几句话。他说他怀疑叶外长和我是否完全理解国务卿所说关于继续日内瓦双边会谈的目的以及防止共产党进攻金门和马祖的重要性。他说,总统的病给目前局势带来了一个不稳定的新因素。国会决议授权总统可以使用武力

---

① 马斯友美党强烈反共,后曾执政,由哈拉哈普任总理。

保卫那些根据他的判断可能与保卫台湾和澎湖有关的地区。决议说的很清楚,只有总统才能在共产党攻击金门、马祖时作出判断和决定。他说,显然目前总统是无法作出这种决定的。

我发表意见说,这个决议为何仅仅提到总统,会不会指的是总统办公室,而不是指艾森豪威尔总统本人。

饶伯森说,这是一个特殊授权,只能由艾森豪威尔总统本人做出判断。不在宪法条文所规定的"总统职责"范围之内。因此国务卿对目前总统抱病无法防止共产党向那些岛屿发动攻击的不幸情况十分焦虑。现在所以继续进行这种徒劳无功的日内瓦会谈,在国务卿心中只希望能起到上述的作用。

饶伯森谈到的第二个问题是关于美国驻军地位的协议,美国政府希望尽可能早些签订。他了解以前的协议已将大多数目前驻台湾的军事人员包括在内,但是,还需要有一个总的协议,以便将全部美国军队包括在内。

我回答说,中国国防部已在研究这个问题。

饶伯森表示,据他所知,国防部已向外交部提交过一个报告。然后,他又谈到第三件事,就是中国空军袭击外国商船问题。他说最近有两艘挪威商船和三艘英国商船遭到中国空军飞机轰炸。挪威商船上有多人死亡,七人受伤。他认为攻击这些商船毫无有利作用,考虑到中国本身的利益最好停止这类攻击。

叶外长表示他能理解饶伯森先生的见解。但是,他提起过去美国驻太平洋海军司令斯顿普上将曾对蒋委员长讲过,在阻止外国船只通过台湾海峡开往福州和厦门方面,中国海军做得并不得力,所以我方曾经对海军下过加强警戒的命令。

但是饶伯森则认为斯顿普上将所指的是在沿海岛屿周围海域布雷的事。

叶外长又说,最近国防部已向空军下达了新的命令,要求在阻拦商船进行检查时,不得投掷炸弹。此外,中国政府曾对英国和其他国家提出警告,要他们的船只不要企图进入沿海港口。

这时,马康卫又提起了有关美国驻军的地位协议问题,强调早日签订的重要性。

我说我会提醒叶外长给外交部打电话催办此事。

马康卫表示这样做很好,并表示赞赏。

刚刚结束与国务卿的会晤,我和叶外长就赶赴机场乘飞机去纽约。我去纽约主要是为了参加在华道夫—阿斯多里亚饭店举行的亚洲基金会的招待会和晚宴,我是作为贵宾受到邀请的。叶外长则当然必须返回纽约参加联合国大会活动。

星期三上午,我在纽约为叶外长起草给蒋委员长的电报,其中汇报了与杜勒斯的谈话,电文约二千字。我将此报告交给张慰慈秘书转交叶外长。当晚亚洲基金会举行了招待会和晚宴。由前美国驻印度、希腊和伊朗大使亨利·格雷迪主持。基金会主席詹姆斯·米切纳就他东南亚之行作了报告。主要讲了印度尼西亚、印度、阿富汗、缅甸和巴基斯坦和他们在建设、发展本国经济并提高本国人民生活水平方面作出的重大努力。关于台湾,他只提到访问了金门和马祖,将这些地方称为潜在的危险根源。保罗·霍夫曼是这次宴会的主要演讲人,他以《在亚洲私人援助的作用》为题,强调向亚洲不发达国家提供资金和专门技术对"实现和平"的重要性。

当天作为贵宾出席的有印度、锡兰、巴基斯坦、阿富汗、越南、韩国的大使,蒋廷黻博士、刘锴大使和我。锡兰大使古内瓦尔登坐在我的身边。他毫不拘束地和我交谈。他说锡兰一直遭受饥荒,并且抱怨美国和其他西方国家缺乏同情。他说,两年来锡兰努力争取得到小麦援助,但是事与愿违。锡兰甚至派出一个官方代表团请求美国政府出于人道主义提供六十万吨小麦,并不要求赠与,只要求给予专项贷款以支付麦价,并在十年内还清贷款,但遭到美国拒绝。这样一来,锡兰就不得不从北平弄到大米,用橡胶偿付。但锡兰是坚决反对共产主义的,曾经拒绝接待共产党中国派出的任何形式的外交或官方使团。易货协议期限只有两年。

古内瓦尔登特别恼火的是美国拒绝对锡兰这个坚决反共的国家提供援助,甚至于出于人道主义都不肯,但是却情愿给印度二百万吨小麦,其中部分作为捐赠,尽管印度是反对美国外交政策的。他说的都是实话,对此我也不能理解。

回到华盛顿后,10月6日星期四,我为中国双十节给"美国之音"作了广播录音。录音既用普通话又用广东话以便向中国大陆和南亚华侨广播。后来我又参加了哥伦比亚大使苏莱塔-安赫尔及夫人在其大使馆举行的告别宴会。

每年到了秋天,我总要举办一系列外交宴会。其中的一次季节性活动在8日晚上举行。客人有我刚参加过他们的告别宴会的哥伦比亚大使苏莱塔-安赫尔和夫人、南非大使霍洛韦和夫人、古巴大使米格尔·坎帕、法国前总理萧唐的夫人,还有一些美国名流以及我国大使馆官员等。

我提议为哥伦比亚大使苏莱塔-安赫尔及夫人干杯,赞扬大使在旧金山起草联合国宪章,特别是其中关于区域性公约的第51和第52条所起的重大作用,以及他担任伦敦筹备委员会主席所做出的贡献。苏莱塔-安赫尔大使作了令人满意的答辞,并对我大加赞扬,使我觉得简直像两个人互相吹捧。饭后,他对我赞扬他在旧金山所做的工作表示感谢。他回忆美国国务卿斯退丁纽斯曾原则上坚决反对拟议中的这两个条款,毫无疑问他是受到阿尔杰·希斯的劝告和压力而这样做的。他又说,就是这位身为大会秘书长的希斯与苏联关系非常密切,苏联的首席代表莫洛托夫就是这项提议的最激烈反对者。大使还追忆起,最后还是密执安州的阿瑟·范登堡参议员深信这两个条款的优点和必要性,没有这两个条款拉丁美洲国家就不会在宪章上签字。这位参议员先找斯退丁纽斯谈话,但没有见效,后来又写信告诉他,如果这两个条款不被采纳和宪章不能通过,他就要在参议院将国务卿的态度公诸于众,那么美国人就会知道这次会谈失败的始末和根由。大使说,这才迫使国务卿屈服并表示同意。

10 月 12 日,我到西班牙大使馆参加西班牙大使和莫特里科女伯爵的招待会。大使在招待会上告诉我,他的国家对中华民国抱有最友好的感情,并对我的到来表示谢意。我说,我们在世界上有着共同的奋斗目标。

早在 10 月 7 日,华盛顿发出的一则合众社电讯中说,有三名中国留美学生请求印度大使馆帮助他们返回大陆。这是中国留学生根据美国—中共 9 月 10 日联合声明向印度大使馆办理这种申请的第一个报道。10 月 14 日外交部来电要求我查明真相报告。

我询问国务院后于 10 月 18 日回电外交部。国务院告诉我,迄今为止印度大使馆还没有就有关中国留学生的任何确切问题与国务院接触过,只是简单提出了一些揣测性问题。主管官员还面带笑容非正式地通知我们,国务院听说有中国学生到印度大使馆打听,但他们想了解的不过是回到大陆后能否找到工作。

同一天,10 月 18 日,叶公超接到沈次长从台北发来的一封电报。次长在电报中说,有消息表明,比利时、法国和意大利在美国和中共正在日内瓦进行会谈这一事件鼓动下,也和中共在日内瓦接触,希望恢复经济关系。台北听说以比利时和法国为一方与中共为另一方的谈判并未取得任何结论。但是,意大利驻日内瓦总领事馆却确实说过,意大利与中共自 8 月 13 日开始商谈以来已取得很大进展。还有消息说,意大利与中共之间有可能进行贸易会谈。

沈次长还提到,尽管美国声称美国与中共之间的谈判不会影响到我们的权利和利益,但是事实上谈判已使中共能够建立起以往从未享有的外交关系。因此,他想要叶外长在方便时,与国务院联系,敦促对目前事态加以注意,并请求他们向驻比利时、法国和意大利的美国大使馆着重提一提下列几点:

(1)美国与中共之间正在进行的会谈仅限于释放被扣押人员的问题,并不包含有任何政治任务或目的。

（2）美国希望各国政府对中国共产党人不要抱有任何幻想。

叶外长将沈次长的电报送给我以便我在华盛顿提出。我已约好与助理国务卿饶伯森会晤，打听一下日内瓦双边会谈最近的进展以及有关问题。

10月20日下午，我到国务院拜访饶伯森。中国科科长马康卫也在座。我告诉饶伯森这次拜访是想证实一下日内瓦双边会谈的最近情况。根据新闻报道，目前正在进行既定议程第二项的讨论，可否请饶伯森先生告诉我一些真相。

饶伯森回答说，美国仍集中精力于议程的第一项，坚持立即释放拘留在共产党中国的其余美国平民。

我提到9月10日公报曾说中共代表声称在共产党中国境内的全部美国国民均获准自由离境，我不明白出于什么理由他们仍然未能获准出境。

饶伯森说，他和我都清楚共产党的话是不能信任的。王炳南现在向约翰逊大使解释说，除两人之外，其余美国人还全部在押。

我又问到共产党方面对此作何解释。

饶伯森回答我，王炳南曾解释说，这些人是由于犯有各种不同罪行而被关押，现在正在等待法院作释放前的复审。他（饶伯森）认为关押这些人可能是没有正当理由的。显然，共产党是故意拘留他们来迫使美国讨论他们感兴趣的其他问题。

我指出这显然是一种迫使美国作出政治上让步的讹诈，我个人早已预料到这一步。我问，是否共方代表又提出了旅美中国国民问题。

饶伯森回答说："是的。"

我说，我不明白为什么提出这个问题，因为我知道在美国的中国人并不受任何限制。

饶伯森说，这正是问题之所在。直到当年2月共有一百二十九名中国留学生被通知不准离开美国，因为他们了解战略情报。但是3月份所有的禁令均已解除，这些学生中有三十九人已经离境,其余九十人则根本无意离美。不过,无论他们什么时候要走,都不会受到任何阻碍。对他们的全部要求就是从国内收入署取得税款交清的证明,对于所有离开美国的外国人都是这样要求的。例如,旅美的中国人同旅美的英国人一样可以自由离境。对于任何希望回到中国大陆的旅美中国人,美国绝对不想留住他。

我接着又问印度大使馆是否曾向国务院作过申报。据我所知,印度大使馆受北平之托对那些愿意离美返回大陆的中国留学生加以照顾。我还希望知道有多少中国留学生找过印度大使馆。

饶伯森回答说,有三名美籍华人找过印度大使馆,他们都是没有钱而想访问共产党中国,因此才要求印度大使馆给他们以财政支援。据他所知,没有一个中国留学生向印度大使馆诉说过想要离境而未获许可。他认为这的确是给中共的一记耳光,他们自己也清楚。这就像那一万四千名中共战俘愿意选择去台湾而不回中国大陆的情况一样,使中共大丢脸面。饶伯森接下去说,现在美国仍坚持要求对四百五十名美国军事人员的下落加以说明;但中共拒绝提供任何消息,宣称没有一个人被扣押在红色中国。他们还声言又已释放了十六名美国国民。但是饶伯森解释说,这十六个人是包括在那四十七名美国平民中的,这些人不是信仰了共产主义,就是娶了中国妻子,他们拒绝返回美国。他还提到当天早上的报纸报道共产党又释放了四十七人中的两个人。不过这两个人是变节者,他们的名字如同那四十七人中的其他人一样,并未列入美国交给共产党的名单,由于他们已经信仰了共产主义,所以美国政府不要他们。他补充说,很明显,中共释放这些人仅仅是为了迷惑世界,冲淡他们因拒绝释放其余的美国平民给人们造成的不良印象,而释放这部分美国平民是美国提出的要求,也是共产党许下的诺言。

后来我又说,尽管日内瓦双边会谈未取得进展,但仍然继续进行却对一些国家的态度起着不良影响。我国政府已经收到比利时、法国和意大利都试图在日内瓦和中共代表举行对话的消息。据我所知,尽管比利时和法国的努力并未取得什么结果,而意大利却进展很大,罗马现在正打算派一个官方贸易代表团去北平。根据报告,叙利亚国会中有三十六名议员已经要求叙利亚承认共产党中国。当然,埃及对北平的态度已由纳赛尔总理清楚表明。换句话说,这些国家的态度正在向有利于红色中国方面变化,这是由于他们把日内瓦双边会谈的举行和继续进行看作是美国正在朝着承认北平政权的方向迈进的一个迹象。我补充说,如果美国政府能通过派驻这些国家的外交代表澄清美国这些谈判的真正意图,我国政府将十分感谢。

饶伯森说,会谈一开始,国务院就通知全世界美国使团,告诉他们这次谈判的目的是为了使被中共扣押的美国人获得释放。美国方面从未有过,现在也没有承认北平政权的意图。不应当把举行谈判看成是意味着美国方面存在任何这种意图。美国只是急于解救扣押在共产党中国的国民,而除非与中共会谈就无法达到这个目的。正如板门店谈判是为了结束朝鲜战争一样。这和遭到绑架一样。饶伯森解释说,如果他家里有一个人被绑架,他会毫不迟疑地和绑匪谈判,因为只有这个方法才能使被绑的人回来。

饶伯森回顾起他在国务院曾出席过的一次会议,其时比利时大使西尔瓦克鲁亚男爵应邀出席,目的是要明确地告诉他日内瓦会谈的目的,使他彻底了解美国根本就没有承认北平政权的意图。不能把举行会谈说成意味着有这种意图。与此同时,国务院还指示驻布鲁塞尔的美国大使将同样的内容通知比利时政府,并表示说美国对比利时过去在对待共产党中国所持政策和美国的政策相同表示欣赏,同时强调如果比利时现在要改变路线,必然会影响两国间的关系。饶伯森说,当华盛顿得悉比利时政府在对待北平态度上发生动摇时,就采取了这一步骤。他认为这些国家暗中想的其实是贸易问题。他们都想同北平做生意,而且对于什么是战略物资,什么是非战略物资和美国的概念不一样。但是,由于共产党中国对朝鲜的侵略,所以联合国规定的对共产党中国的禁运和对苏联及欧洲共产党集团的贸易限制立足点并不相同。饶伯森补充说,某些欧洲国家对战略物资并不采取同样的严格观点,因此他们希望把非战略物资货单扩大,以便能和北平多做些生意。

饶伯森接下去强调说,美国不仅反对承认共产党中国,而且反对其进入联合国,这个态度并没有改变。事实上,反对共产党中国进入联合国是和反对承认它相一致的。他提醒我,国会曾经连续通过决议反对承认共产党中国和接纳它加入联合国,每次投票都一致通过而无一票反对。国会中两党对外交政策问题能取得这样一致的意见,在他的记忆中还没有过先例。

我说我也注意到最近一次关于接纳共产党中国进入联合国的美国盖洛普民意测验中有百分之七十一反对,这给我印象很深。我了解在有关任何外交政策问题的民意测验中,这是最高的比例。

饶伯森表示,毫无疑问,在美国是压倒多数的人反对承认共产党中国,也不同意它进入联合国。

我谈到据报纸报道,美国曾在日内瓦提议由共产党中国发表一个放弃使用武力解决所谓台湾问题的公开声明。

饶伯森说,美国确曾作过这种提议,但是中共代表拒绝讨论,申辩说这是一个国内问题。他说,这种立场和我国政府的立场相同。对这个问题台北和北平似乎意见一致。

我问道,在日内瓦,美国对此问题采取什么立场。

饶伯森回答说,约翰逊大使曾经解释过美国已和中华民国缔结了共同防御条约,在这个条约规定下,美国有共同防御台湾和澎湖的明确义务。如果上述地区受到威胁,而且共产党使用了武力,美国根据条约就必须参预保卫。因此从美国方面来看,事实上美国已经介入,所以这个问题是一个国际问题。约翰逊大使还指出,中华民国作为联合国的成员,受宪章约束,有不使用武力的义务。他强烈要求中共声明放弃使用武力。饶伯森说,尽管他相信台北也和北平一样反对放弃使用武力,但是美国在日内瓦会谈中对这个问题所采取的立场确实是有利于中华民国的。他最后说,不过,中共拒绝在会谈中讨论这个问题。

（可以看出,无论是在日内瓦,还是在饶伯森与我的谈话中,美国的辩解都缺乏说服力。在饶伯森作出的解释中,他告诉我,约翰逊大使已经对中共方面指出,中华民国作为联合国的成员,根据宪章负有不使用武力的义务。而且还促使过中共也声明放弃使用武力来解决所谓台湾问题。中共代表的回答是:这是一个国内问题,北平政府很不可能作出这种保证。但是美国回答说,因为美国是中华民国的盟国,那样就会影响美国的利益,而且,由于缔结了共同防御条约,台湾问题对中共说来就不是国内问题,而是国际范围内的问题了。既然美国可以像上述那样辩论,也就可以论证中华民国有不诉诸武力的义务,也就是说,不能使用武力收复大陆,因为根据两国缔结共同防御条约以后换文的规定,中华民国不和美国商量是不能使用武力的。看起来这种论据是似是而非的。至于说到宪章禁止使用武力,那是清楚地指中国对其他联合国的成员国以及其他独立国家而言才负有此种义务,并不包括中共占领下的大陆,因为那是中共造国民政府的反之后所造成的。)

接着饶伯森回顾起蒋委员长最近在台北与副国务卿胡佛的谈话和我以前与他本人的谈话中,都曾要求美国中断在日内瓦的会谈。他说,不过美国是故意尽可能地拖延这次会谈的,提出美国军人问题的目的也是为了延长这次会谈。因为,正如杜勒斯向叶外长解释的那样,如果中共现在袭击金门和马祖岛,虽然美国应该参加防卫,但这种决定只能由总统去做,根据他的单独判断来断定袭击是否已危及台湾和澎湖的安全,然后方能派遣美国军队参加防卫。但由于总统尚在病中,不可能请他发出指令。因此,日内瓦会谈就正在不必要地拖长,恳切希望中国政府予以理解。

我问道,中共代表是否要求第七舰队和美空军撤离台湾。(这也是报纸报道的。)

饶伯森给予肯定的回答。他说,中共反复说明,为了缓和台湾海峡紧张局势,美国必须这样做。

我问道,目前正在讨论的更高一级会谈问题是否由王炳南提出的。

饶伯森作了肯定的回答。他说,这是由中共代表列入议程的,因为双方都有权利提出会谈的问题。但美国予以拒绝,指出这是程序问题,美国无意在日内瓦会谈中讨论。

我又问道,王炳南是否曾提出讨论贸易禁运问题。

饶伯森又作了肯定的回答,表示这也是由中共代表提议列入议程的,但也没有讨论。美国坚持要释放其余的美国平民,并对四百五十名军事人员的情况作交代。

我表示对于约翰逊大使在日内瓦会谈中所表现出的忍耐力感到十分钦佩。我猜想约翰逊大使大概采取了与芳泽谦吉相同的战术。芳泽谦吉是在我任外长时驻北京的日本公使。我回忆起那时每当芳泽谦吉遇到难以作答的问题时,总是几分钟一言不发而不感到一点困窘。

饶伯森说,约翰逊大使只不过是遵照给他的指示进行会谈而已。

然后,我又提到我国政府愿意与西德建立外交关系的问题。我说,我国政府要发表一个正式的声明,宣布与德国结束战争状态。这个文件已经备好呈给蒋总统,我希望能很快公布于众。我又补充说,在这个问题上,我想再一次说明,我国政府期望与西德建立外交关系,以前我曾提出过这个问题,而且也要求过国务院在波恩予以斡旋关照。我表示知道国务院已做过努力。然而现在,由于法国的犹豫态度,如能与波恩建立外交关系就更为理想了,对此,蓝钦大使在台北也说过赞成的话。我补充说,我国政府也曾为此事试图通过驻外代表与西德政府接触,但收效不大。因此,台北要我再次请美国从中友好协助。

饶伯森说,美国政府已在波恩不止一次提出这件事,现在仍愿再次为此做出努力。

马康卫说,根据以往所做努力的结果来判断,成功的希望恐怕不大。

饶伯森指出,他认为比起和中国建立外交关系,波恩更急于与共产党中国搞贸易。

我换了个新话题说,我得知最近梅农又一次拜访了国务卿,我希望饶伯森先生就其最近来访的目的告知我一些情况。(报纸上报道说,克里希纳·梅农 15 日上午拜会了杜勒斯。事后,尽管他拒绝对记者讲出谈话的内容,但又一次表示赞成杜勒斯与周恩来举行会谈。)我问到,梅农是否泄漏了更多的秘密和竭力在促成美国与红色中国之间更高一级的双边会谈?

饶伯森回答说:"是的。"这是梅农一贯竭力主张的事情。这次谈话实在是没有什么新的东西,他所说的似乎更多地反映出北平的意图。

我指出,尽管他自称为尼赫鲁个人的特使,这个自封的调解人事实上是北平政权的代言人。然后,我又改换了话题。我说自己一直惴惴不安地注视着联合国安全理事会非常任席位的竞选。我注意到美国正在赞助菲律宾当选,中国政府也完全支持这个候选者,因为我国政府认为,为了自由世界的事业,菲律宾将会成为安全理事会中一位可靠的成员。

饶伯森说,这正是美国的看法。

我说,我不明白英国作为美国的盟国为什么采取相反的立场,先支持波兰,现在又支持南斯拉夫。我不知道选举前美国是否与英国商量过此事,因为,两个自由世界主要盟国之间公开的分歧可能会给整个世界造成不良的印象。

饶伯森回答说,美国政府自然力图在此问题上与英国取得一致,但是伦敦声称,根据以往的谅解,这个席位应当给东欧,而美国则认为应当给亚洲,特别是因为安全理事会里还没有亚洲的代表。当然,中华民国也在安全理事会之内,但是他认为五个常任理事国与非常任理事国不同,他们组成的是一个完全不同的整体。他接着说,英国还坚持说,南斯拉夫在对待东西方之间的问题上,似乎更能采取中立态度。

我认为并不如此,因为南斯拉夫是个共产主义国家。

饶伯森非常同意我的看法,他说美国仍在为菲律宾的当选而努力。目前南斯拉夫已被选入经社理事会,他认为这也许是菲律宾入选安全理事会的一个好机会。他还说,洛奇先生一直在为此艰苦工作。

我表达了同样的愿望,并说,南斯拉夫被选入经社理事会,已经是在一次会期内同时被选入两个理事会了。如果仍同时作为安全理事会的候选国,我认为肯定会使大多数非常任成员国产生反感。所以我觉得菲律宾当选的机会就大为增加。

饶伯森说,他衷心希望菲律宾能当选。

第二天星期五的下午,我动身去纽约,随身带着叶外长和我在 10 月 4 日与杜勒斯谈话的记录,一式中英文两份,还有我在 10 月 20 日与饶伯森谈话的记录。我要在星期六见到外交部长时,一并交给他。星期日上午,我接见了立法委员杜光埙先生,他当时在华盛顿。杜先生是立法院外交委员会召集委员,为中华民国加入各国议会联盟而奔走,他就是为这个问题来到美国。

大使馆着手办理我国在各国议会联盟中的会员资格问题已有一段时间。8 月份,我到众议院新办公楼私人拜访了众议员亨利·塔利,讨论过这个问题。当时联盟的执行委员会正要在芬兰赫尔辛基举行会议,估计将考虑我国和北平入盟申请问题。

根据塔利的提议,北卡罗来纳州的众议员哈罗德·库利参加了我们的会谈。塔利和库利在这个问题上都是众议院的关键人物,二人都要作为美国代表参加赫尔辛基会议。尤其是库利准备担任联盟执行委员会的委员。他们两人都将要参加国务院决定美国态度的会议。所以我拜访他们提醒他们中国的态度,并把我们立法院希望加入各国议会联盟的申请能获得批准,以及我们反对北平加入这一组织的意见告诉他们两位。我还解释说,由于苏联重新加入联盟,形势变得严重了。

塔利十分同情我国,而库利的态度却不太支持我们。他说,苏俄以及其他亲共代表一定会联合起来为接纳北平进入联盟而争斗,因此局势很危险。而且,他不愿意过分得罪俄国人,因为他希望在会议之后能拿到签证访问苏联。但是塔利则站在我们一边。库利最后也表示他要在联盟的执行委员会为我们尽最大的努力。执行委员会准备在苏俄再次出席的情况下,先着手处理这个问题。我指出,事实上国务院对我们很同情。但是库利却说,联盟是非政府性组织。表面看来,他是对的。幸运的是,正如我所说的那样,他们两人都要参加国务院的联席会议来决定美国代表团的态度,我希望库利最终会转向国务院有利于我们的态度。

此事的结果是美国决定支持我国,各国议会联盟决定将我国和北平的申请推迟到执行委员会下一次会议上审议。下次会议订于11月在新德里召开。

9月30日,我访问助理国务卿饶伯森,打听他会见参议员乔治和众议员理查兹的情况时,乘机要求美国在即将召开的新德里会议上对我国加入联盟的申请给予支持。我告诉饶伯森,各国议会联盟的执行委员会将于11月在新德里开会,会上将讨论我国和中共申请加入联盟的问题。我说,我们希望该委员会能够同意接受我国的要求,而拒绝中共的申请。

我继续说,在联盟8月份召开的赫尔辛基会议上,多亏美国代表采取的策略帮助了我们,当时这两个问题才没有进行讨论,而推迟到委员会下一次的新德里会议上去解决。但是现在新德里会议即将召开,所以我们恳切希望美方能继续支持我国,使我国能够加入,并同时反对中共提出的要求。我还告诉饶伯森,我已经与委员会的美国代表谈过此事,并告诉他我们还要继续与委员会以及其他有关友好国家接触。我们现在衷心希望的是,美国能同时与这些国家的代表取得联系,以使新德里会议的结局可以满足我们的愿望。

饶伯森回答我说,他完全同情我们的观点,马上就按照我提出的意见去进行。他还请在座参加谈话的马康卫与执行委员会中的美国代表联系办理此事。

10月23日星期日,我在纽约会见杜光埙时,向他说明了为争取接受我国加入各国议会联盟的申请和正式拒绝中共申请,大使馆与国会议员及国务院所做的商讨和努力。我告诉杜先生,某些事实和条件会使我们的目标难以实现。中共提出申请比我国早得多,而且联盟理事会,即其代表机构,已经为共产党中国做了席位标志,由理事会授权决定这两项申请的执行委员会的成员已经由七人扩大到九人,其中还有苏联加入。对我们来说,这是另一个不利因素。执行委员会的九名成员中,有五名已经承认北平政权。第六名意大利的态度犹豫不定。而且这次会议在新德里举行,一切气氛对我们也不利。

杜光埙问我认为应当怎么办。我告诉他,大使馆已经发电给外交部,要求外交部指示我国驻外外交使团与联盟执行委员会个别成员进行接触,争取他们的支持。我还说,如果我们的立法院委员们和其中一些人有私交,也可以为这同一目的和他们接触,这也是很有用的。因为执行委员会的成员们是以个人的资格来工作的,所以不得不亲自找他们。

就在与杜光埙见面之后,我会见了叶外长,同他谈了几个问题。我们讨论的一个问题是我国申请加入各国议会联盟的问题,特别是通过与国务院和联合国美国代表团秘书弗兰克林·邓纳姆的谈话搜集到的有关执行委员会中的情况。另一个问题是北平进入联合国和来年的危机问题。

叶告诉我,他见过爱迪生州长。爱迪生对"百万人委员会"在反对接纳共产党中国进入联合国问题上语气软弱无力非常不满，认为很有可能在 1956 年实现加入。叶还告诉我，他已经见过了前总统赫伯特·胡佛。胡佛本人虽然反对接纳共产党中国进入联合国，但是他认为世界舆论会提出这个要求，因为，无法忽视共产党中国这样一个强大国家存在的现实。胡佛认为，两个中国是不可避免的。叶公超告诉他，我们反对这个观点，而胡佛则说，理应由台湾的中国政府与北平谈判解决，他认为没有任何理由不这样做。（这就是一位中国坚定的朋友胡佛的观点。他曾在中国生活、工作，对中国人民怀有深厚的同情和友谊。）

叶自己觉得，那一年联合国的人们对他和我国政府非常冷淡。对于我们在联合国的地位来说，下一年恐怕是一个关键年，因为红色中国有可能进入联合国。他按照蒋委员长的提议访问过爱迪生和胡佛。蒋委员长还希望他见一下参议员诺兰，但是当他 26 日返回台北途中到达旧金山时，诺兰正好离开，因而没有在西海岸见面。

10 月 24 日星期一，我返回华盛顿。当天下午，我接见了哥伦比亚广播公司的评论员比尔·科斯特洛。他告诉我他准备参加一次关于"红色中国是否应当被接纳进联合国?"的广播辩论，并提出反对接纳的意见。他请我为他列出反对接纳红色中国的辩论提纲，我给他列出反对理由以后，还给他一些与辩论题有关的资料，包括亨培克博士的文章、周以德的演说和我个人的讲话，这些文件内容都反对接纳共产党政权进入联合国。

三天之后，我设午宴，让杜光埙和弗兰克林·邓纳姆会面。邓纳姆是各国议会联盟美国代表团秘书，并且和我都是哥伦比亚大学校友。他继我之后担任了三年哥伦比亚《旁观者》的总编辑。闲聊一阵后，又商讨了如何击败共产党中国加入各国议会联盟的申请，以及如何确保我们加入联盟的申请得以通过。杜光埙的出席增加了这次会谈的重要性。邓纳姆根据成员情况，相信我们可以得到九票中的五票，而不是四票，这就是说加上瑞士一票，尽管瑞士已经承认北平,而它却是坚决反共的。

午宴的前一天晚上,我设宴招待杜先生和同时访问华盛顿的邱昌渭先生、郭秉文博士以及其他当时在华盛顿的中国名流。宴会当中邱昌渭提到最近有关俞鸿钧院长和陈诚副总统声明的消息,报道中称,如果联合国接纳红色中国,我国政府将在同一天退出联合国。邱说,蒋委员长让他告诉我和蒋廷黻博士,蒋委员长确信这是一项正当的行动,要我们不必为此担忧。蒋廷黻在纽约曾经和他说,政府当然可以作出任何决定,他也会服从,但是不应当过早地谈论这个问题,特别是不要公开谈论。当场有几位客人怀疑采取这样的步骤是否明智。当我问起政府是否真正作出这种决定,邱昌渭回答说,蒋委员长似乎是决定了,当然,他的决定会对政府起作用。但是,他也怀疑这是否是一个明智的步骤,感到应当事先慎重研究。在离开台北之前,他曾对张群谈起要把蒋委员长的意见转告我和蒋廷黻,张群表示仍然要对赞成和反对两种意见再研究研究。

我上星期日在纽约与叶公超的谈话中,对传闻的声明是否明智有所怀疑和表示关切,还提出对整个问题应进行极审慎的研究,不仅仅从北平进入联合国对我国威望是一个打击的观点来考虑,而应当从所有各个角度进行考虑,包括对我国国际地位和在其他国际组织中的位置,尤其是在所谓联合国附属机构中可能产生的影响。迄今为止,这些组织是唯联合国大会总决议的马首是瞻,推迟考虑"中国代表权问题"。我对他说,退出联合国必然意味着我国被迫退出其他国际组织。叶公超说,他反对这样做,万一果真如此,他一定辞去外交部长职位。

几个星期之后,关于我国未来在联合国中的地位问题我又进行过一次对话。我拜访了国务院助理国务卿帮办威廉·西博尔德商谈有关日内瓦双边会谈问题,同时抓住这个机会提出另一个问题。我告诉他说,根据中国驻黎巴嫩公使最近的报告,叙利亚政府对承认北平政权问题的态度,以我看来有些令人不安。我曾记得承国务院好意指示过驻黎巴嫩美国大使,提请叙利亚政府重视这个问题,我希望知道叙利亚政府对美国大使所做说明的反应。

西博尔德说,他对叙利亚的反应不太清楚,并转而询问同时在座的马康卫。

马康卫说,国务院至今还未接到任何报告。

西博尔德接下去说,显然是由于没有任何新的进展,所以没有报告,这可能是好的迹象。

我指出,我国政府认为阿拉伯联盟成员的态度非常重要,因为他们在联合国占了六或七票。

西博尔德问中国政府在以色列有无外交使团。

我回答说没有,因为以色列承认了北平政府。我又补充说,以色列的行为使我国政府吃惊,因为中华民国曾经支持以色列加入联合国。我说,我不明白为什么以色列进入联合国之后,不只承认北平政权,而且还在联合国大会上投票反对中华民国。

西博尔德回忆说,以色列驻联合国代表哈库恩有一次曾告诉过他有关以色列承认北平政权的事,但是中共并未作出任何反应。他知道,当时哈库恩正要到北平去。我说以色列在联合国对我国的不友好态度与印度的态度一样令人费解,因为中国也赞助过印度取得联合国会员席位,并且为此作出过很大的努力。西博尔德说,这两个国家的态度实在令人惊讶。

三、接纳联合国新会员国的一揽子交易威胁国民党中国在联合国的地位

1955 年 11 月—12 月

中华民国在台湾岛上每多滞留一年,其国际地位就愈为微妙。因此,我们在国际阵线中的关系往往似乎是每况愈下。中国代表权问题的讨论刚刚得以在联合国再推迟一年,我们就又把注

意力转向 1956 年的这个问题。而当我们这样做时,在联合国中的另一问题却使我们有招致敌友双方愤怒的危险。

第十届联合国大会(1955 年 9 月 22 日至 10 月 4 日)伊始,在一般性辩论中,常常提到接纳联合国新会员国的问题。许多代表表达了迅速走向会员资格普遍化的愿望。苏联外交部长莫洛托夫在发言中声明,"苏联赞成同时接纳十六个申请加入联合国的国家"。这大概是那年为接纳新会员国的"一揽子交易"的首次公开表示,以打开——用最简明的话来说——因西方集团反对接纳苏联卫星国的申请和因苏联否决亲西方的申请国而造成的长期僵局。事实上,前此最后一个被接纳加入联合国的新会员国是印度尼西亚,时间是 1950 年。

我国政府一贯采取反对整批接纳新会员国的坚定立场,同时出于明显的道义上和现实上的原因,也反对接纳共产党卫星国。但是,如果一个"一揽子交易"付诸表决,对我们来说并不是真正的主要问题。主要在于申请国中有一个是外蒙古,我国政府绝不赞成也不可能赞成接纳它加入联合国。

外蒙古是中国的一部分,是在 1945 年中苏协定签订时放弃的。作为莫斯科所坚决要求的一项特别补偿,以换取苏联只向国民党政府提供对华道义上和物质上的援助。莫斯科不久就违反了这项协定。大战结束时,苏联公然无视该协定,开始援助中共。与此同时,外蒙古在仅仅获得名义上的独立之后,变成了不折不扣的苏联傀儡。从那时起,中华民国就废除了中苏协定,因为莫斯科曾公然予以违反。台北希望有朝一日会看到外蒙古的状况发生变化。在一揽子交易中接纳外蒙古为联合国会员国会妨碍这种变化,甚至会为另一个包括接纳共产党中国在内的一揽子交易铺平道路。台北又怎能默许外蒙古加入联合国呢?但是,如果不予默许,后果又将如何呢?

11 月初,据悉加拿大打算向联合国大会提出一项议案,建议安全理事会把所有目前申请加入联合国的国家,除韩国和越南外整批(共十八国)①予以接纳。还得知由于在联合国大会上看来大多数国家赞同这项议案,美国倾向于予以接受。

到了 11 月 10 日,加拿大代理外交部长和中国驻联合国首席代表蒋廷黻联系,谈到这一问题。蒋廷黻除把中国反对接纳所有的共产党卫星国通知这位加拿大代表外,着重指出国民党中国将在安全理事会不遗余力地加以阻止,甚至将行使否决权以阻止接纳外蒙古。美国代表洛奇告诉蒋廷黻他尚未接到美国国务院的指示。但是他又说,杜勒斯国务卿一直蔑视外蒙古,而英国人也不准备同意接纳它。

我于 10 日收到的外交部来电强调指出,我们一直对整批接纳会员国作为一项违反联合国宪章的行动而表示反对。来电说,我们正进行工作,以使加拿大的这项议案在提交联合国大会前予以撤回。我们至少希望能从名单上排除外蒙古。因此,外交部已与美国驻台北大使馆联系,请它向美国政府转达我们的观点,并已电告蒋廷黻代表处理此事。外交部希望我也能立即与美方联系,并向外交部报告我向美国国务院交涉的结果。

收到外交部来电后,我派了一位大使馆官员前往国务院了解美国的态度。美方负责官员声称,原则上美国一贯不赞成整批接纳,而且格外反对接纳外蒙古。国务院当时正在这个原则基础上和有关各国协商。一俟作出决定,将立即通知我们。

我们还向国务院这位官员询问,如果接纳外蒙古问题在安全理事会提出,美国是否将不惜行使否决权。这位官员回答说,这个问题必须仔细研究,才能答复。然后他询问,我国政府在声明废除 1945 年中苏协定之后,曾否公开宣布我们对外蒙古的立场。大使馆手头无此答案。因此,当我立即把向国务院了解的结果报告外交部时,我也要求查明此事,并通知我们。

---

① 五个苏联卫星国——阿尔巴尼亚、保加利亚、匈牙利、罗马尼亚和外蒙古,以及奥地利、老挝、锡兰、芬兰、爱尔兰、意大利、日本、约旦、柬埔寨、利比亚、尼泊尔、葡萄牙和西班牙。

外交部于 11 月 12 日复称,政府在声明废除中苏协定时,考虑到外蒙古的独立曾经过外蒙古的公民投票予以确认,并由我国政府正式承认,政府曾决定外蒙古问题必须作为特殊问题留待日后处理。因此,我国政府未曾发表声明。但是我们曾多次在联合国大会指出,外蒙古不是一个独立自主的国家,不具备联合国会员国的资格。

两天后,《纽约时报》刊登一则联合国总部 13 日专电,内容为洛奇就美国代表团关于接纳申请国的一揽子交易所持立场的谈话。洛奇说,美国将在阿尔巴尼亚、保加利亚、匈牙利和罗马尼亚的申请提交安全理事会和联合国大会时弃权。他强调说,这个立场的目的是使十三个其事业得到西方支持的国家获得接纳。由于在洛奇的名单中外蒙古明显地被剔除了,洛奇解释说:"外蒙古显然不够标准。"洛奇后来在记者招待会进一步解释说,在试探各国代表的意见之后,他确信外蒙古得不到必需的赞成票数,也就是安全理事会的七票和联合国大会的三分之二多数。

我再次派一位大使馆官员前往国务院。但是当他询问是否洛奇的谈话确实反映美国的态度时,国务院的负责官员说,他不能答复。他只是说,当时在日内瓦参加四大国外长会议的杜勒斯国务卿一直和纽约的洛奇大使互通电报。国务院尚未作最后决定。但是,他可以告诉我们,美国政府确已决定,在接纳那些能在安全理事会获得必需的七票赞成票的共产党卫星国的问题上投弃权票,但是对外蒙古的立场,则情况有所不同。美国政府希望外蒙古问题根本不在安全理事会提出。因此,洛奇大使已提出一项十七国一揽子交易的议案,希望顶替加拿大整批接纳十八国的议案。

我的代表于是再次询问,如果接纳外蒙古的问题被提出,美国政府是否准备弃权?答复为"是"。但是这位官员又说,美国仍然希望外蒙古得不到七票赞成票。当问到英国政府是否将投票赞成所有五个苏联卫星国时,这位官员回答说,据他所知,英国尚未作明确决定,但倾向于赞成一揽子交易的议案。

同日,即 11 月 15 日,《纽约时报》报导了苏联代表团对洛奇 13 日谈话的反应。反应是"要么十八国,要么一国也没有"。据报导,英国代表团的一位发言人声称,英国代表团将接受全部十八国名单,但如果普遍赞成十七国,它也同意。他们的唯一目的是打开僵局,而且将同意任何能使例如锡兰那样的英联邦国家成为会员国的解决办法。英国认为这样的国家"特别合格"。据报导,英、美两国代表团都声称将不在安全理事会对共产党申请国行使否决权。

11 月 17 日下午,我收到了外交部叶公超部长的急电,他当时已回到台北。来电说,安全理事会即将处理接纳新会员国问题,并嘱我迅速约见助理国务卿饶伯森,告以如下两点:

(1)外蒙古的独立是在雅尔塔所达成的秘密协定,其最终结果是牺牲中国利益。因此,我们迫切希望美国尽力支持我们努力阻止把接纳外蒙古的问题提交安全理事会。如果能做到这点,我们就可以在接纳东欧四个卫星国问题上投弃权票。

(2)如果不能挫败把外蒙古的接纳申请列入议案,那么,为了阻止它进入联合国,我们将行使否决权,而且也反对接纳东欧卫星国。但我们将不把后者视为否决,以表明我们对外蒙古和对东欧各国的态度是不相同的。同时,我们希望美国在联合国大会和安全理事会对接纳外蒙古投反对票。

来电说,以上两点也已电告蒋廷黻,并嘱我就我向国务院交涉的结果与蒋廷黻保持联系。

我立即和饶伯森联系约见。就在第二天上午,我访问了他,以商讨我们反对接纳外蒙古加入联合国的立场,敦促美国支持我们,以及附带要求提供有关日内瓦双边会谈的更多消息。负责联合国事务的饶伯森助手培根小姐也在场。

我对饶伯森说,我来访的主要目的是把我国政府对集体接纳联合国新会员国问题的态度通知他。我国外交部长来电称,中国政府强烈反对接纳外蒙古,因为外蒙古作为苏联傀儡而存在是雅尔塔秘密会议的结果,该会议甚至事先未与中国磋商就牺牲了中国的利益。因此,中国政府急切谋求美国支持中国排除外蒙古于"一揽子交易"申请国名单之外的立场。如果不能排除,中国政府将在安全理事会否决外蒙古的申请。我接着说,我国政府也反对接纳东欧的四个苏联卫星国,并将投票反对接纳他们。但是为了表示区别对待,中国代表将在安全理事会声明其反对票应不视为否决。

然后我列举若干理由以敦促美国政府支持我国的立场。我说,除雅尔塔会议对中国不公平外,反对接纳这些共产党卫星国还由于其他一些因素。这些卫星国的存在是由于共产主义侵略,以与其他会员国平等的地位把他们接纳为这个世界组织的会员国,实际上就是对侵略的结果给予承认。这种行动还会使处于铁幕之后的各国人民重获自由和独立的希望归于破灭。此外,这也违反联合国宪章的精神和条文。宪章规定,申请加入联合国的国家必须能证明它们是爱好和平的,而且是能够履行国际义务和尊重人权的。我担心允许这些卫星国加入联合国会降低联合国的声誉。我国政府认为,接纳这些国家的问题涉及一些重大原则,而这些原则是不应放弃的。因此,我愿知道美国政府对此问题的立场。

饶伯森完全同意我刚刚提出的观点。他说,美国政府不愿看到这些卫星国被接纳加入联合国。但是接纳新会员国的问题已搁置多年,而且一些完全合格的国家如日本、葡萄牙、爱尔兰和意大利一直在敦促美国支持他们尽早加入联合国。总的看来,他认为"一揽子交易"给自由世界带来的好处比给共产主义世界带来的好处多,因为其中较多数是非共产党国家。但是美国特别反对外蒙古,而且也不愿意它被接纳。正是由于这个原因,洛奇一直在纽约努力活动,敦促其他各国代表团接受一个十七国的而不是十八国的"一揽子交易"名单。

我向他询问洛奇同其他各国代表团特别是同苏联代表团商谈的最近进展情况如何。

　　饶伯森回答说,普遍意见是赞成接纳十八国名单上的全部国家,苏联代表库兹涅佐夫在接纳外蒙古问题上态度依然强硬。他的态度是或者接纳全部十八国,或者一国也不接纳。

　　我说,这等于俄国方面的一种敲诈。

　　饶伯森说,正是如此。

　　我问美国的态度又将如何。美国在外蒙古问题上是否将行使否决权?

　　饶伯森回答说,关于投票问题,已故的范登堡参议员曾宣布,在接纳新会员国问题上不应行使否决权。如果安全理事会有七国同意对接纳外蒙古投赞成票,美国就弃权。

　　我说,如果发生那种情况,我国政府将如我所说明的那样,否决接纳外蒙古,并将对其他四个卫星国投反对票,但应不视为否决。但我国政府仍希望美国投反对票,至少是反对外蒙古。

　　饶伯森说,按照宪章的规定,在安全理事会投反对票将视为否决,而只有弃权才可解释为不反对。

　　培根小姐证实了饶伯森的说法。

　　饶伯森说,美国不可能投票反对外蒙古。

　　我说,我国政府不愿承受阻止接纳外蒙古加入联合国的全部谴责,考虑到我国政府在这个世界组织中的地位,就更为如此。因此,中国政府渴望获得美国在这个问题上的支持。

　　饶伯森说,他完全理解这种情况,而且美国政府肯定不愿看到其盟国单独遭受非难,从而进一步削弱其国际地位。然而,他不能肯定外蒙古可以凑足七票。直到现在尚未作最后决定,他将把我刚讲的话向国务卿报告。国务卿定于那天下午从欧洲回国。

　　我再一次问他,如果俄国在推行其敲诈策略方面依然强硬,美国怎么办。

　　饶伯森说,洛奇仍在和库兹涅佐夫商讨中,并已安排在第二天即 11 月 18 日再次会谈。但是迄今为止还丝毫没有迹象表明俄国会转而接受美国的观点。

我问，如果库兹涅佐夫顽强到底，美国怎么办？

饶伯森回答说，如果发生那种情况，美国也许不得不屈服于苏联的要求，以免使整个事情归于失败。美国可能被迫和中国政府磋商并力劝中国政府不要坚持反对外蒙古。

我说这将给我国政府造成一种非常困难的处境。

饶伯森表示同意，并且说，他完全能够理解。他又说，幸而到现在为止，还没有外蒙古可获得七票赞成的迹象。

我和饶伯森会谈以后，把谈话内容电告台北，并以电话把情况告知纽约的蒋廷黻，下一个星期一即 11 月 21 日晨，我在纽约时，谭绍华从华盛顿打来电话称，饶伯森有急事希望见我。我猜想是美国因在外蒙古问题上的立场和我们不同，而要求我们改变立场。我嘱谭绍华代表我会见饶伯森，因为我不能及时赶回。后来谭绍华来电话证实了我的猜想。第二天早晨我从纽约返回。他交给我一份详尽报告。他已以我的名义把内容电告外交部长。

他是在星期一上午十一点半访问饶伯森助理国务卿的，马康卫和培根小姐均在场。饶伯森说，美国认为接纳新会员国加入联合国是当务之急，因为这也涉及美国和各国的友好关系。正如我们所知，美国一直不愿看到苏联卫星国被接纳加入联合国。然而形势已经到了美国无法避免仔细审查这个问题的时候。杜勒斯国务卿最近访问了意大利和西班牙。两国当局均表示了加入联合国的愿望，而且都担心他们加入的愿望不能实现，因为这是和接纳其他国家的问题相联系的。国务卿已告诉他们，美国将设法解决这一整个问题，以便这两个国家能被接纳。饶伯森接着说，若干拉丁美洲国家也愿意看到西班牙被接纳加入联合国，并已向美国提出同样的陈述。美国最初反对接纳苏联的卫星国，对待外蒙古的立场尤为强硬。但是，现在如果整个接纳新国家的问题只是由于外蒙古而被搁置，国际反应必将十分强烈，还可能影响美国和其他许多国家的友好关系。

饶伯森接着说,上星期我曾来阐明中国对接纳外蒙古加入联合国的态度。我曾要求美国届时投票反对,他已将我的谈话向杜勒斯国务卿报告。国务卿经审慎考虑后,遗憾地决定他不能同意我们的请求。美国只能弃权。饶伯森然后说,他完全理解我国政府的立场,但是鉴于美国和中国以及其他国家之间的友好关系,并鉴于为了维护中国的权益,应从大处着眼考虑此事,美国政府诚挚希望我们在表决接纳外蒙古问题时也只弃权,而不行使我们的否决权,以免出现由于外蒙古问题而使我们都赞成接纳的十三国也被阻止加入的局面,这种局面本身将会有不幸的后果。

饶伯森还说,国务院收到了洛奇大使的最新报告。洛奇指出,蒋廷黻在纽约向美国代表团介绍的各点和我在华盛顿向美国政府转达的内容大体一致。按照洛奇的看法,如果我们行使否决权来反对外蒙古,那一定会引起一直同情并支持我们的国家的不利反应。这一年的联合国大会开始时,已通过一项推迟讨论中国代表权的决议,但如中国否决接纳外蒙古,而该否决却影响接纳新会员国的整个问题,有的代表就可能重新提出我们的代表权问题。如果这样,联合国中一些国家的反对态度将继续激化,而且肯定会造成局势的恶化。饶伯森说,这是一个急迫问题。因此,他请求我紧急报告中国政府,并希望对蒋廷黻发出勿行使否决权的指示。

谭绍华对饶伯森说,他将立即向我和向政府报告。他还对饶伯森说,我国政府反对接纳外蒙古,是基于正义和正当的立场。他说,如果美国政府回顾一下,外蒙古是我们的领土,苏联吞并它的企图是根据几年前在雅尔塔作出的决定,而且是该决定的结果,如果美国回顾苏联近年来对我们大陆的侵犯以及外蒙古并不是一个独立国家,那么,美国就不难理解我们的立场和重视我们民情的激动情绪。

饶伯森回答说,他完全理解所谈各点。但是我们应当同时考虑联合国的实际情况,以及各友好国家的感情状态。由于这些,美国决定谨慎处理。饶伯森又说,1946 年中国代表团实际上曾主张接纳外蒙古加入联合国,他希望中国注意到这一点。他说,此外,关于接纳新会员国加入联合国问题,美国曾提倡某些原则。美国目前对整个问题的态度是根据 1948 年的范登堡决议而采取的。该决议规定,美国不行使否决权以阻止接纳新会员国。杜勒斯国务卿考虑到这是一件举足轻重的事情,已起草一封致蒋介石总统的信,并即将电告蓝钦转交。饶伯森说,该信请求蒋总统理解美国政府的处境并指示蒋廷黻不要行使否决权。

我听取谭绍华的报告后不久,谭绍华致叶公超部长关于他和饶伯森会谈的电报报告就得到回电。该电注明特急和机密。叶部长在回电中称,尚未收到杜勒斯致蒋总统的电报。蒋总统已阅读过 11 月 21 日会谈的报告,阅后对美国试图迁就苏联,而对我们则强人所难,极为愤慨。为此,他立即约见蓝钦大使。会见时,叶部长本人在场,回电中将会谈要点告我。

据叶部长来电称,蒋总统对蓝钦大使说,他对饶伯森助理国务卿提到我们曾于 1946 年赞成接纳外蒙古一事极感诧异,因为我们那时是以沉重的心情接受外蒙古的独立,这一点是人所共知的。此事的依据是中苏协定,而该协定我们是以巨大的痛苦忍受下来的,因为它是雅尔塔秘密协定的结果,因此,必须追溯这个问题的起源。如果没有雅尔塔协定,就不会有外蒙古的独立,也不会有接纳外蒙古加入联合国的问题。如果美国考虑到以上各点,那么,它对我们反对接纳外蒙古加入联合国的态度就应当更为同情。从正义的以至从政治因素的观点看,美国应当支持我们。

蒋总统接着说,既然中国是在特殊情况下迫不得已接受外蒙古独立的,既然中苏协定已予废除,则外蒙古的独立理所当然地已失去其合法依据。我们认为,外蒙古问题仍有待于今后重新解决。如果现在它被允许接纳加入联合国,则将使目前国际上对其地位的承认永久存在,并将成为我们今后可以采取的合法步骤的巨大障碍。

蒋总统指出,外蒙古是苏俄一手制造的一个傀儡,其内政和外交均由苏俄严格控制。它不是独立的,而且直到现在还没有任何一个民主国家给予承认。它也不具备联合国宪章所规定的会员国条件,而且如果它被允许加入这个组织,就将为中共提供一个新的出路。这对联合国声誉的打击比接纳东欧卫星国实际上甚至更为严重。

蒋总统说,为了满足民主国家的愿望,我们已在有关接纳新的国家加入联合国方面作出最大的让步。我们已然走到放弃反对接纳东欧卫星国的地步。我们这样做,是为了解救危局而最大限度地背离心愿。因此,无论出现什么情况,我们都不能在外蒙古问题上再做让步。美国也不应强迫我们去做我们最感为难的事。

蒋总统对蓝钦说,我国人民和华侨全部都决心反对接纳外蒙古。如果我国政府最终未能阻止接纳外蒙古,并不得不和它在联合国坐在一起,那就等于丧失我们的国格,我国政府将无言可向人民解释。至于美国方面所说,即如果我们否决接纳外蒙古,就会产生影响我们代表权的后果,我们已经到了对此毫不介意、毫不担忧的地步。

蒋总统说,实际上,整个问题的关键全部取决于苏联。美国应该联合其他国家施加压力使苏联放弃接纳外蒙古的计划。否则,我们必将行使否决权以阻止其实现。但是,我们行使否决权显然是苏俄迫使我们这样做的。蒋总统说,我们行使否决权只是作为最后一着,而且我们绝无阻止接纳民主国家加入联合国的意图。蓝钦大使立即同意发电报告美国国务院。以上是叶部长告我的关于蒋委员长对蓝钦大使的谈话以供其转达美国国务院的内容。它表明蒋委员长对此事的感受是何等强烈。

美国当局对此事的感受也一定十分强烈。实际上,蓝钦大使于 11 月 22 日向蒋总统转交了两封信,即饶伯森所提及的杜勒斯

国务卿写的说明信,和艾森豪威尔总统的个人呼吁的简短信。艾森豪威尔总统简明地写道:

亲爱的总统先生:

杜勒斯国务卿即将就联合国会员国资格问题另行电达。如你所知,有一个接纳包括苏联五个卫星国在内的共计十八国的提案,其中有外蒙古。联合国中出现更多的卫星国是令人生厌的。但是情况的另一面是十三个自由国家热切希望加入联合国,而且绝大多数现有的自由国家会员国认为付出接纳五个卫星国的代价以获得接纳十三个非卫星国是值得的。

不论我们自己的国民看法如何,我认为我们如使用否决权武断地阻挡绝大多数的意志是不正当的。如你所知,美国在会员国资格问题上对行使否决权从未持赞同态度。现在使用否决权必将增强共产主义事业,并严重危害我们在联合国的影响。你不需要投票赞成你不同意的国家加入联合国,而只需弃权。

在我们方面,我们不拟采取赞同任何卫星国的立场。在程序许可的情况下,如果所有申请加入的自由国家看来均将被接纳,我们将在对卫星国进行表决时弃权。

鉴于这个问题对我们双方如此重要,而且其影响后果可能如此深远,我个人冒昧呼吁我们两国不宜在此问题上呈现分歧。

谨致我个人的热情问候。

德怀特·艾森豪威尔(签字)启

杜勒斯的长信写道:

亲爱的总统先生:

贵国政府就安全理事会投票表决外蒙古会员国资格问题时可能出现的局面所表达的观点,曾由顾维钧大使面告饶伯森先生，且亦承传达给蓝钦大使，我已经收悉并十分审慎地予以考虑。鉴于该问题对我们两个政府十分重要，我愿向你全面陈述我的看法。

我曾再三表示反对苏联的卫星国，而且对他们的不具备合格条件，我们与你们有同样的看法，这是不容置疑的。但日益明显的是，必须为联合国会员国资格问题求得某种解决办法。为努力打开会员国资格问题上的僵局和应付因遭苏联否决而被排除的合格申请国要求加入联合国的日益增大的压力，我们于11月13日宣布了我们愿意不对卫星国行使否决权。这个立场与范登堡决议的总精神是一致的。该决议于1948年为美国参议院的压倒多数所通过，以期各常任理事国在会员国资格问题上不行使否决权达成一项全体一致意见。正如洛奇大使所指出的，我们当时相信外蒙古得到的支持将为很少数，因而不会出现否决问题。

会员国资格问题目前正在纽约谈判中。也许正在外蒙古不被保证接纳的情况下，或者可能在安全理事会得不到其接纳所需票数的情况下，苏联有可能不妨碍接纳其他申请国，但我们估计苏联将使接纳合格申请国取决于接纳外蒙古。在这种情况下，我们相信绝大多数联合国会员国对于解决会员国资格问题的热切愿望，特别是对接纳奥地利、意大利、西班牙、葡萄牙、锡兰、爱尔兰及其他申请国的热切愿望是如此强烈，以致外蒙古很可能得到所需的票数。

考虑到这种可能性，我认为必须坦率地通知你，在这种情况下，美国将不行使否决权以妨碍绝大多数国家在这个问题上的意愿。如果中国在这种形势下行使否决权，从而阻止接纳合格的申请国，则对中国在联合国的持续地位的后果将极为严重。尽管中国代表权问题在本届联合国大会开始时得以推迟处理，但如果其他常任理事国虽强烈反对某一个或某几个申请国，仍然放弃行使其否决权，而中国的否决竟成为阻止解决会员国资格问题的决定性因素时,我相信你会预见到灾难性的后果可能出现,也许立即出现。

我相信,如果为了整体利益,我们能使所期望的接纳十三个合格申请国的目标不因外蒙古而受阻,则世界舆论将理解和尊重我们两国政府的立场。因此,我强烈希望你能指示中国代表团不要行使否决权以阻碍会员国资格问题的解决。您的代表团当然可以详尽说明其立场,美国代表团也将这样办。这样,我们就不至于被看作是在道义上支持或赞成这些卫星国。

谨致热诚问候

约翰·福斯特·杜勒斯(签字)谨启①

早些时候,在11月17日,纽约州罗切斯特市众议员肯尼思·基廷打电话请我在他的广播电视节目中露面,由他就当前关系到中美两国利益的问题和我晤谈。我接受了邀请。晤谈于11月23日在众议院旧楼举行。晤谈录下后,供11月27日星期日在纽约州北部地区播放。我知道大部分内容还将在华盛顿各报发表。我谨慎回答了各问题,其中包括拟议中的接纳外蒙古加入联合国问题,从而使我能澄清我们的立场并为之辩护。问题还包括日内瓦的外长会议、中国大陆的情况和中国人民对共产党统治的感受等等。

25日晨,我收到了叶公超的急电。来电称,蒋总统就接纳外蒙古加入联合国问题答复艾森豪威尔总统和杜勒斯国务卿给他的两封信的重要文电已在发送中,以备分别送达各收件人,特预先通知我。致杜勒斯的文电到达较早,原文较短,仅称我国政府的观点已详述于致艾森豪威尔总统的文电中,而第二封即致艾森豪威尔的文电直到傍晚才到达。文电很长,共一千三百六十个电码字。这意味着至少有大约两千字必须迅速译出。传达中还有

---

① 著者注:1955年11月26日下午国务院将此两信文本给我。大使馆当即抄送纽约的蒋廷黻。

一些遗漏，必须由台北补足。结果是到晚上十点我才得到一份全部译出的誊清抄件。

蒋总统的文电经全部意译润色后，读起来基本上是清楚的：

亲爱的总统先生：

我愉快地收悉来电及杜勒斯国务卿的另一封来电。两封来电均由蓝钦大使于 11 月 22 日转交。承来电表达关于接纳加入联合国的新会员国的观点，谨致谢意。我同意您的意见，此问题对我们两国如此重要，我们应努力避免在此事上出现分歧。

我国政府作为联合国的一贯拥护者和忠实会员，除对我国人民负责外，有坚持联合国宪章原则之责任和义务。仅两天前，我当我国外交部长之面向蓝钦大使详细说明了我们关于接纳外蒙古问题的立场，并请他向美国国务院转达我的观点。为答复来电，我愿进一步澄清我的立场，并衷心希望你予以同情的考虑。

外蒙古一直是中华民国领土的一部分，由于中苏友好同盟条约才从我国分割出去。该条约是我们在美国政府善意劝告的情况下缔结的。没有中苏条约，就不会有独立的外蒙古，接纳外蒙古加入联合国的问题也就不会出现。当我们同意外蒙古独立时，我们的希望是和苏俄和平友好往来三十年，以便我们能致力于国家的恢复和建设工作。但后来的事情打击了这种希望。苏俄以外蒙古为作战基地，进一步侵略新疆省和东北各省，后来又公开援助中共的叛乱活动，最终导致共产党占领大陆。至今中国人民仍以非难和谴责的心情回顾政府同意外蒙古独立的决定。自接纳外蒙古成为联合国的争论问题以来，官方意见和公众舆论均坚决反对此项接纳的实现。如果我们在安全理事会的代表不能阻止接纳外蒙古，举国上下以及爱国华侨将不仅对政府失去信心，而且将对他们长期信赖的盟国深感失望。

自中苏条约废除以来,中华民国同意外蒙古独立的环境已不复存在。因此,我们的意见是外蒙古的最终处置应推延至日后再议。如果在苏联的压力下,目前接纳外蒙古加入联合国,则无异于集体承认并使这种状况永久存在,从而排除任何其他解决办法之可能性。此事关系到我们的重大利益,类似于我们对中国大陆主权的要求。

　　外蒙古政权完全是苏联的产物,其内政与外交均由苏联严格控制,完全不具备联合国宪章所规定的会员国资格。如你所熟知,苏俄在过去数年间曾多次企图使北平共产党政权获准加入联合国。由于美国的领导和民主国家的支持,此项企图迄今均遭挫败。苏俄现已改变策略,坚决要求接纳外蒙古,以便为最终接纳北平傀儡政权铺平道路。此项新阴谋的得逞将导致严重后果。我并非不知,如果接纳外蒙古之议由于我们在安全理事会行使否决权而受阻,我们在联合国的地位可能受到不利影响。但如我们不能阻止接纳外蒙古,则对我们将产生同样的灾难性后果。对我们而言,这样承认侵略的果实无异于放弃作为一个国家的基本立场。对联合国而言,完全无视宪章的原则而接纳这样一个傀儡政权为会员国,将进一步损害其声誉。

　　就整个接纳新会员国问题而言,考虑到美国的早日达成一项解决办法的迫切要求和申请加入的自由国家的愿望,我们准备采取和解和宽容的立场。我们甚至准备不反对接纳东欧的四个苏联卫星国,并同意接纳十三个自由国家,尽管其中有几个国家事实上已承认北平共产党政权。我希望您会同意,虽然我们处境异常困难,我们正在作出真诚的努力以尽全力和贵国政府合作。

　　集体接纳新成员国显然违反宪章的有关条款,而且还和国际法院提出的咨询意见相抵触。记得我们两国政府过去均曾对此种做法表示反对。显然贵国政府现在出于需要使若干国家能被接纳加入联合国的考虑而准备改变立场。我们并无阻止接纳全部申请国的愿望,我们唯一反对的是外蒙古。但另一方面,苏俄现以除非同时接纳外蒙古,否则即阻止接纳十三个自由国家相威胁。因此,大肆滥用否决权的是苏俄,而不是中华民国。美国作为自由国家的领导和联合国的忠实的会员国,应联合其他会员国对苏俄施加压力,使其放弃将接纳其他所有申请国取决于接纳外蒙古的意图。如果未能成功,则中华民国为维护其自身利益,将不得不使用其可供使用的唯一手段以阻止接纳外蒙古。

我在处理外交事务中,始终置中美友谊于其他考虑因素之上。我们两国应保持最密切的合作,在此危急关头尤为如此。我曾多次告知杜勒斯国务卿,在解决国际问题方面,但凡有利于美国而又不影响中国重大利益的美国建议和要求,中华民国经常愿意依从。事实上,如中苏条约的签订、大陈岛的撤离,以及在其他场合下所作的让步,表明中华民国曾不止一次在立场上妥协,以便实现与美国的立场相一致。但接纳外蒙古问题对中华民国重大利益的影响如此严重,以致我深为抱歉的是,除非能寻求其他解决办法,我不能依照您的愿望,指示驻联合国的我国代表团不对外蒙古加入联合国的申请行使否决权。

谨致最良好的个人问候。

蒋介石(签字)启

我在日记中写道,蒋总统的文电:

……有力而有礼地陈述了我们的立场,而美国政府如不予以极为认真的考虑,势必陷于一种难以应付之处境。此事毕竟涉及国际道德和正义的某些基本原则,而不应只作为西方和苏俄之间的讨价还价问题予以处理。美国作为自由世界的领导者,在这些原则上应采取坚定的立场。此外,如果整个一揽子交易的十八个申请国未被接纳加入联合国,则应由苏俄而不应由中华民国承担阻碍的责任,因为苏俄以如不通过五个卫星国或甚至如果只有一个卫星国即外蒙古不获通过,即将否决全部十三个自由国家相威胁。我们反对所有五个卫星国,但我们将对四个欧洲卫星国弃权而只否决外蒙古一个。

第二天,把蒋总统的两封电报分装在致艾森豪威尔总统和杜勒斯国务卿的两个信封里,并按照我的建议,在事先向马康卫打招呼后,由谭绍华把两封信面交马康卫。我决定将致艾森豪威尔的信连同致杜勒斯的信均递交马康卫,因为总统正在葛底斯堡的临时白宫逗留,白宫可能无人能负责收信并立即将如此紧急的文电转呈上级收信人。

28 日,艾森豪威尔总统就外蒙古问题向我国政府作出第二次呼吁的消息传出来了。其结果是出现了关于美国对我国政府施加压力以及它还可能用何种方法影响我们的种种猜测。当时,我本人对这个第二封电报并无直接消息。

第二天清晨,我必须一早离开华盛顿前往宾夕法尼亚州詹金敦的比弗学院发表演说。我和顾毓瑞乘火车出发。学院院长和主持该节目的一位四年级学生在车站迎接我们。我们在学院的大厅会见了全体教员和四年级其他学生。当地广播电视台的一位代表要求作短暂采访,请我回答两个问题;第一个问题是关于共产党在台湾对岸的准备工作和我们的态度;第二个问题是关于我们在外蒙古问题上的立场和我们否决接纳它加入联合国的意向。这正是一个重申我国立场的好机会。随后为我举行了约有十六人参加的午宴。午宴后,我们直接去参加学生大会。会上,我向约五百名听众发表了以《共产党在亚洲的谋划》为题的讲演。我讲了四十五分钟,恰好是一节课,讲完立即返回华盛顿。

到达大使馆后,我见到了那天早晨收到的叶公超部长来电。来电称,美国大使馆刚刚转交了艾森豪威尔总统对我们总统电文的答复。复电的语气看来很温和,并仍劝告我们可在一项声明中表达我们对接纳外蒙古加入联合国问题的立场,而勿行使否决权。

叶部长的来电又称,我们暂时不拟作复。但蒋廷黻正联系美国驻联合国代表,敦促他先在安全理事会提出一个接纳十七国的议案,并建议将外蒙古问题提交一个特别委员会审查考虑。我们希望美国能按照此法进行。在目前阶段,我国政府不拟发表任何声明。

但同日,当记者就传闻中的艾森豪威尔第二封电报提出询问时,蒋廷黻称,他的代表团将在必要时对外蒙古行使否决权。他又称,他的说法是不可变更的。这就引起了第二天即11月30日报刊的更多猜测。《纽约时报》对他的宣告所选择的时机感到疑惑。该报称,有人问道,他的目的是否为1956年的代表权问题讨价还价。换句话说,他们认为我们会放弃行使否决权,以换取将代表权问题再推迟一年考虑。

11月30日各报关于我们在外蒙古问题上的立场的大字标题是令人吃惊的。有些报纸,如《华盛顿邮报》,称蒋委员长"无视艾森豪威尔的两次呼吁"。《纽约时报》头版的大字标题称,"艾森豪威尔的请求枉费心机"。各报纸上的文章一般都说,艾森豪威尔曾两次诚恳劝告和请求我国政府勿在接纳外蒙古加入联合国的问题上行使否决权,但我们对第一次请求的答复为"否",对第二次请求则根本不答复。《华盛顿邮报》甚至说我们根本不理睬艾森豪威尔的真诚劝告。

据报导,杜勒斯国务卿及白宫发言人在答记者问时声称,他们无可置评。然而在仔细研究各报文章后,我们立即发现主张我们不应否决接纳外蒙古的说法所列举的理由,一般均与艾森豪威尔致蒋委员长的两封文电所列举的理由相一致。由于这两封文电尚未公开,我猜想各报所载是美国官方为引起舆论的同情而透露的。

根据蒋廷黻告我的情况,纽约的美国代表团正在大力推进此项影响舆论的活动。各报还声称,那些在正常情况下同情我们的驻联合国代表团,在得悉我们有意行使否决权以反对接纳外蒙古从而将招致其他十七个申请国亦不能被接纳时,也感到意外和震惊。报刊文章称,其中有些代表团表示愤慨,又称我们行使否决权会影响我们在联合国的地位,无异自杀,等等。我认为美国采取此行动,可能是为了准备条件,以便日后万一出现有关我们的代表权问题时,对于可能对我们发生的情况拒绝承担责任,并将全部责任归之于我方。

　　我致电外交部,概述了反对我们行使否决权的气氛,并建议蒋委员长致电艾森豪威尔,首先表示已收到其第二次呼吁,然后表示一俟结合该呼吁观察整个局势后,即当详复。我说,我刚刚收到艾森豪威尔第二封电报的抄件,而且在我看来,措词非常坚定。①

　　12月1日,联大特别政治委员会在联合国总部开始审议接纳新会员国的提案,联合国大会是在9月30日将此项议程提交该委员会的。加拿大的保罗·马丁于是正式提出了二十八国联名的"一揽子交易"决议草案。二十八国是阿富汗、阿根廷、澳大利亚、缅甸、巴西、加拿大、智利、哥伦比亚、哥斯达黎加、丹麦、厄瓜多尔、埃塞俄比亚、印度、印度尼西亚、伊拉克、伊朗、冰岛、黎巴嫩、利比里亚、挪威、新西兰、巴基斯坦、沙特阿拉伯、瑞典、叙利亚、泰国、也门和南斯拉夫。决议规定:

　　　　大会深信联合国会员国如能有更为广泛的代表性,将使本组织在当前国际局势中能发挥更有效的作用,因此,(1)赞赏调停委员会的信和努力,(2)请求安全理事会根据赞成联合国会员国尽可能广泛的普遍意见,考虑那些不存在统一问题而其加入联合国的申请悬而未决的全部国家并(3)进一步

---

① 1955年11月28日艾森豪威尔致蒋总统电全文,见附录十一。

请求安全理事会在第十届会议期间就这些申请向联合国大会提出报告。

同日上午,记者弗德雷里克·库和雷·亨利相继来访,询问我们在外蒙古问题上的态度。我把我们对外蒙古问题所持立场的原因向库说明之后,他告诉我说,缅甸的吴努在最近的一次内阁会议上宣布接受苏联提出的制订并协助执行缅甸农业复兴计划的援助。库说,这个消息使国务院和世界银行甚为惶惑。世界银行在缅甸有一个专家代表团,其中包括美国农业部的一位专家。库说,现在将把这位专家从缅甸召回美国。

当雷·亨利前来采访我们在外蒙古问题上的立场时,我给了他一份我从纽约我国代表团收到的资料抄件。这份资料概述了安全理事会过去有关于这个问题讨论的情况。奇怪的是当苏联早些时候提出"一揽子交易"时,美国、英国和法国都曾表示强烈反对。事实上,英国代表埃里克·卡多根爵士曾一度称之为苏联的真正讹诈行为。

在这一天的其余时间里,大使馆接到了更多的关于我们对外蒙古问题意图的询问。我还收到了一份关于联合国局势的机密报告。因此,在下午晚些时候,我再次致电叶部长。我说,由于报纸对该问题的大量报道,各方面人士纷纷联系大使馆表示他们的关注,询问我们已否答复艾森豪威尔的第二封电报,并劝阻我们行使否决权。我说,我答称我们尚未接到确切消息,但是如果尚未答复第二封电报,则必由于我国政府极为重视此事,对如何答复仍在审慎考虑中。

我还告诉叶部长,我收到一份机密报告,大意如下:联合国各会员国曾一直把我们的代表权和接纳共产党中国看作一个问题。由于美国支持我们和美国舆论反对中共,此事曾一再推迟讨论。但是,现在那些一直反对我们的人,抓住了我们打算行使否决权,从而将使十八个申请国的任何一国都不可能加入联合国这件事,以此为借口,开始秘密进行煽动,以把这两个问题分开,并使我们的代表权问题先提出讨论,以便一旦我们行使否决权,联合国中的普遍愤怒情绪很容易争取绝大多数会员国赞同取消我们的代表权,而暂时空着席位。他们不打算立即接纳中共加入联合国,他们希望这样做可以避免美国舆论的反对。人们还认为当这个时刻到来时,美国政府将无法帮助我们阻止这一行动。我告诉叶公超,我已嘱蒋廷黻特别注意此事。

实际上,几小时以前,我曾和纽约的蒋廷黻通电话,他没有从台北得到改变态度的任何指示。但他自己对美国和其他国家的代表团不让我们行使否决权的压力,和我一样担忧。他证实了我的消息,即叙利亚和其他同情共产党的代表团正在活动,如果我们真的否决并阻止一揽子交易在安全理事会通过,就驱逐我们。他说,洛奇大使认为他(指蒋廷黻)提出的单挑出外蒙古交由特别政治委员会研究后提出报告的主意可能值得一试,但他同时敦促蒋廷黻不要否决外蒙古的申请。蒋廷黻曾说明我们改变立场需要时间。如果表决能推迟到明年2月或3月,我们也许能改变我们的立场。但如急于在本届会议采取行动,那就没有出路。决定是在台北总统府长时间会议之后作出的,虽然意见分歧,但绝大多数赞成否决。

蒋廷黻说,一揽子交易的负责人加拿大的保罗·马丁曾在私下谈话中敦促他不要采取僵硬态度。他为了争取支持,曾访问巴西代表。巴西代表说,尽管他个人同情我们的立场,而且如果我们否决,他将建议他的政府不参加任何反对我们的行动,但他没有把握能说服里约热内卢接受他的劝告。但是他答应,如果我们不行使否决权,他将在拉丁美洲各代表团中进行活动,争取赞同我们立场的集体表态。

我告诉蒋廷黻,一些美国朋友通过大使馆的崔存璘,建议我们在安全理事会表决外蒙古时走出会场,而不要留在会场投票否决。蒋廷黻根本不赞成这个建议。

蒋廷黻和我还讨论了我国政府答复艾森豪威尔的第二封文

电的问题。他认为由于那天特别委员会已开始讨论加拿大议案,由于加拿大、苏联和联合王国已宣布他们的态度,还由于他将在第二天申述我们的立场,因此委员会很可能在下周初通过这个议案,为此,他要求我电请叶部长设法把我们对艾森豪威尔第二封文电的答复推迟到委员会结束讨论并通过提案之后。到那时,他将向我国政府详尽报告各国代表所表明的态度。他认为我国政府在就如何答复艾森豪威尔的文电作出最后决定以前,应对各国的态度进行研究。这当然是对这个问题的一种谨慎处理的办法。

我对蒋廷黻说,根据华盛顿的气氛和舆论的一般趋势,我认为我们的答复不应推迟过久。如果不宜立即答复,我们可以采取一个中间做法,即向艾森豪威尔发出临时答复,说明我们已收到第二封文电,但由于此事严重地涉及我国利益,我们愿予以全面而审慎的考虑,而且我们希望在短时间之后,就能作出全面的答复。我说,这样做法,我们可以避免给那些反对我们的人以借口,说我们不理睬艾森豪威尔的劝告,从而也可以避免给他们以挑起我们两国之间的敌对情绪的机会。蒋廷黻也认为这个建议是应付当前形势的一个重要步骤。因此,我在大约下午七八点钟再电叶部长,报告我们对复电问题的意见。

大约晚上十一点,叶部长从台北以电话告我,他高兴收到了我关于外蒙古问题以及美国官方和公众对我们立场的反应的各电。虽然中央通讯社已从纽约和华盛顿发出相当全面的消息,蒋委员长阅读了我的去电并深表欣慰。我再次敦促早日答复艾森豪威尔的第二次呼吁。我还说,如果不能立即备妥答复,应先发出临时答复,表示已收到来电,并表示将根据来电审查整个形势,然后发出全面答复。叶公超说,已照此告知蓝钦大使转华盛顿,而且全面答复即将备妥,只待蒋委员长批准。蒋委员长在台北市外的角板山,但估计会立即予以批准。叶公超嘱我知照大使馆电报室彻夜守候。我当然照办。

叶公超还说,蒋廷黻曾建议我们要求安全理事会指定一个人数不多的委员会对外蒙古的申请进行研究和提出报告,从而在本届大会上回避这个问题,并使我们能避免行使否决权,同时使其他所有的人都能保全面子。叶公超说,台北的态度一直没有改变,但如可能,愿避免否决。我得到的印象是,蒋委员长的第二封复电将要求艾森豪威尔考虑某种方法以使我们避免行使否决。

第二天,我又致电叶部长,报告我为抵制对我们在接纳外蒙古加入联合国问题上的批评所一直采取的步骤。我首先说,美国政府人士、一般公众和新闻界以及联合国大多数会员国都主张权宜处理此事,而不主张坚持原则或按是非曲直予以处理。这种情况确实使我们为难。由于我们已收到艾森豪威尔的两次文电,诚挚地劝告我们在作出最后决定前,必须考虑这种情况对我们整个国际地位的利弊,我认为我们应当听从他的劝告,并予以充分考虑。但是,我也认为我们的立场是正当的和正确的,而且我们反对的理由是充分的。此外,我还说,我最近曾在电视广播和公开讲话中说明了我们的立场,我曾要求电台和电视台的特约评论员播送我的观点,以便美国公众能理解这个问题的实质和我们反对的基本理由。我还曾要求新闻界的评论员写文章在各报发表,我料想这将在一两天内办到。我向叶部长说明,我向他发出这个简短的报告,是因为我知道他对此事十分关注。

12 月 3 日星期六,在纽约举行的宋子文生日宴会上,我有机会向我国驻加拿大大使刘锴询问加拿大对一揽子交易的态度。他告诉我说,加拿大外交部长兼驻联合国代表保罗·马丁曾向他转达圣劳伦特总理的口信,要求中国为了自身利害,不要在外蒙古问题上过于固执。我认为这并不是对我们帮助,因为加拿大实际上是在联合国实现一揽子交易的主要推动者。

星期一我返回到华盛顿后,仔细阅读了蒋委员长对艾森豪威尔第二次呼吁的复电。该复电于星期六傍晚到达大使馆,并已于星期日中午附在我事先签署的信中送请马康卫转交艾森豪威尔。我事先就要确保不因我在纽约而耽误送信。如我所料,复电请求艾森豪威尔寻求某种办法或探索可能的方案,以避免我们有否决接纳外蒙古的必要。①

星期二上午,我在美国国务院访问了饶伯森。我们长谈了一小时十五分钟,其中大部分时间用于讨论外蒙古问题和我们两个政府的各自立场。看来他对我们的立场感到激动。首先,我等候了十几分钟,他才出来接见我。(迟延说明有紧要事件在进行中。)他出来时,显得心神不宁。他为使我等候向我致歉,并立即解释称,他刚刚在开会讨论对我们有重大关系的问题,然后他继续和我交谈。但是看来他始终相当激动。这种情绪不只是对我们的,因为他说蓝钦大使也未能理解这个问题的严重性,这使他极其惊异。他还把国务院刚刚发给蓝钦的电报指示大声读给我听。我发现电报所用语言相当尖锐,从中可以得知华盛顿对我们立场所持态度的一般概念。

根据我的会谈记录,我提出了我们对外蒙古的立场问题。我说,我相信蒋总统对艾森豪威尔第二封文电的复电必已到达收件人手中。我询问艾森豪威尔总统对复电的反应以及已否复电告诉台北妥收。

饶伯森回答说,很可能不作答复。他说,艾森豪威尔总统再电蒋总统是无用的,因为他已发出两次呼吁,而看来蒋总统不为所动。蒋委员长的最后复电表明他不了解由于各友好国家政府为接纳诸如意大利、西班牙、葡萄牙、日本及爱尔兰等迫切要求成为联合国会员国的十三个非共产主义国家对联合国所施加的压力的严重程度。

饶伯森接着说,蒋委员长强调一揽子交易是错误的,外蒙古不应予以接纳。正如艾森豪威尔总统致蒋委员长文电中所明确的,美国在原则问题上完全同意蒋委员长的观点。美国并不比蒋委员长更喜欢一揽子交易。但是整个问题不是一个是非问题,而

---

① 1955年12月4日送请国务院转交艾森豪威尔的文件全文,见附录十二。

是接纳十三个非共产党国家加入联合国的问题。美国同中国一样，反对接纳五个共产党卫星国，但是接纳这五个国家是使那十三个国家能加入联合国的唯一办法。饶伯森又说，正如已故的范登堡参议员几年前所公开声明的，美国不打算否决任何要求加入联合国的申请。这位参议员曾声称，任何国家都不应在会员国资格问题上行使否决权。

我力陈联合国虽无坚持和平的实力，却是道义上的权威。根据联合国宪章的文字和精神，五个共产党卫星国都不符合会员国的资格。

饶伯森承认他们都不合格。他又说，美国和英国也不喜欢一揽子交易中的某些国家。例如，英国强烈反对接纳阿尔巴尼亚，美国则不喜欢任何一个共产党卫星国，因为这些卫星国在国际法意义上并不完全独立，还因为他们蔑视人权。但是，饶伯森说，现在的问题是应否行使否决权。如果中国代表团在安全理事会否决一揽子交易，就会在其他成员国中激起一阵愤怒，以致他担心他们会提出中国代表权的问题。这个问题，如我所知，一直是个现实问题。如果中国陷入这样一种微妙的处境，这正是苏联和其他共产党国家所愿意看到出现的。它将使中国成为联合国中绝大多数会员国的众矢之的。

我说，通过包括外蒙古在内的一揽子交易，实际上意味着屈服于苏联的讹诈，因为正是苏联过去多次否决十三个申请国中的某些国家，从而阻止他们加入联合国。

饶伯森对此表示不同意。他说，同中国不喜欢外蒙古一样，苏联也不喜欢一揽子交易中的某些国家，例如西班牙。此外，通过一揽子交易后，反对俄国的国家将多于赞成它的国家。他又说，虽然他能理解中国反对外蒙古并将否决接纳它加入联合国的申请，但他不能理解为什么中国不否决包括阿尔巴尼亚、保加利亚、匈牙利和罗马尼亚在内的所有五个共产党卫星国。在他看来，中国是前后矛盾的。

我回答说,中国不喜欢五个卫星国中的任何一国,但是为了尽可能满足大多数国家的愿望,中国准备通过对其他四国的申请加入只表示反对而不予否决,以附和大多数。至于外蒙古,则有对我国具有特殊重要性的更多原因。外蒙古是中华民国领土的一部分,而且按照公认的独立一字的意义来看,它从来也不是独立的。它是苏俄推行侵略政策的产物。

饶伯森带笑地说,据他知道,中国几年前确曾承认过外蒙古的独立,并曾在安全理事会投票赞成它加入联合国,而当时美国则投反对票。

我说,确是如此,但情况已有改变。当我国政府在莫斯科和俄国谈判并于 1945 年和它签订友好条约时,我们是在美国的敦促和劝告下这样办的,美国在雅尔塔事先未经与中国政府磋商就向俄国作了承诺。俄国人坚决要求外蒙古脱离中国。中国政府发现这个问题是缔结上述友好条约的主要障碍,并且不愿中断谈判而使美国失望,就提出可以接受在外蒙古举行公民投票的结果。俄国人迅速安排了公民投票,嗣后宣布其结果为压倒多数赞成独立。中国政府信守诺言,勉强接受了公民投票的结果。当莫斯科为外蒙古提出申请加入联合国时,中国政府再次言而有信,投票赞成。我强调说,所有这些,我国政府都是考虑到中苏条约中的一条规定而行事的。这条规定是苏联政府保证承认中国政府是中华民国唯一合法的全国性政府,并保证向中国政府而且只向该政府提供道义上和物质上的支援。但是,苏联政府实际上做了些什么呢?中苏条约缔结后,苏联政府就着手把从满洲日军所缴获的全部武器装备移交中共军队,以增强其实力,从而使中共部队能进攻政府军并横行于大陆。由于俄国对中苏条约的这种公然违反行为,中国将此事提交联合国。中国的申诉被束之高阁达两年之久。但在朝鲜战争爆发和持续以后,联合国终于考虑了中国的申诉并通过一项决议,宣布俄国违反了它对中华民国的条约义务。这一重大的国际行动证明,中苏条约根本未为俄国所遵守,因而亦不再对中国政府有约束力。这就是中国政府改变其对外蒙古的政策并决定反对接纳外蒙古加入联合国的原因。

饶伯森说,他能够理解中国政府的立场,而且在是非问题上他百分之百地同意中国政府的观点。如艾森豪威尔在文电中所阐明的,这也正是美国政府的立场。但是,饶伯森强调说,美国不可能同意中国的要求,也否决接纳外蒙古加入联合国;由于有范登堡决议,更不能否决。

我说,我国政府并不坚持要求美国对外蒙古行使否决权。但中国自己不能同意外蒙古成为联合国的会员国。如果中国对外蒙古的申请行使否决权,这将是它第一次这样做,因为正如饶伯森所熟知的,中国以前从未采取否决的手段。我再次询问是否将对蒋委员长最近致艾森豪威尔的电报作复。

饶伯森再次答称不复。他说,这是因为艾森豪威尔的两次呼吁都证明是无效的,他认为蒋委员长的两次电报表明,他不了解此间的或联合国的气氛。他认为叶部长未曾使蒋委员长了解全部实际情况。他指出,当蓝钦大使遵照国务院的指示,请求在日月潭会见蒋委员长时,蒋委员长拒绝接见。当蓝钦大使表示愿意与国会小组一起乘专机前往日月潭,以便向蒋委员长汇报美国在此情况下所持态度时,蒋委员长嘱他去会见叶部长。

饶伯森接着说,他惊奇地收到蓝钦大使的报告称,叶部长在与蓝钦的一次谈话过程中,要求了解在联合国曾否商讨这样一宗政治交易,即中国如同意不否决外蒙古,将向中国提供好处作为补偿。饶伯森说,他可以坦率地告诉我,在联合国并无这种交易的商讨。国务院于前一天以十分清楚的语言电复蓝钦大使,以供转告叶部长。饶伯森随后派人取来一份抄件,向我宣读。复电的要点是,国务院致蒋总统的文电曾全面说明美国敦促中国政府不要对外蒙古行使否决权的原因,而且为了支持国务院的文电,艾森豪威尔总统曾两次致电蒋委员长。所有这些文电都是在最充分地探索其他解决办法的一切可能途径后才发出的。美国曾反对一揽子交易和外蒙古加入联合国，只是经过十分审慎的考虑后，总统和政府其他成员才决定采取目前的立场。复电嘱蓝钦大使强调美国政府的决定是不可更改的，并指示蓝钦要使叶部长切记中国否决外蒙古意味着整个一揽子交易的失败，其后果是极为严重的，而且美国不愿意看到中国在联合国中陷入如此困窘的境地。

饶伯森接着说，我必须明白中国的代表权问题一直是个现实的问题，而且许多代表团的看法可把这个问题归结为资格问题；这意味着联合国应承认那一个中国政府的问题。可能出现一个反对中国否决一揽子交易的怒潮，认为这是滥用权力，而美国将无法阻止随之而来的严重后果。

我说，我虽未从台北得到直接消息，但我确信蒋委员长必有充分理由未能按蓝钦大使所要求的时间和地点接见他。我问饶伯森，蒋委员长提出的未能接见蓝钦大使的理由是什么。

饶伯森回答说，提出的理由是日月潭的招待设备不足。但是，他指出，蒋委员长在日月潭接见并款待了美国国会小组，而对要求陪同小组以便会见蒋委员长的蓝钦大使却未予同意。

我说，我知道日月潭的招待设备确实很有限，只有一个小旅馆和两三个招待所。然后我说，关于把外蒙古列入一揽子交易问题，如果把局势作为一个整体来考虑，那么，迫使中国同意外蒙古的申请确实是不公平的，因为中国已经勉强放弃了它对其他四个共产党卫星国的反对。我询问是否有可能把外蒙古问题和一揽子交易分开，并提交一个人数较少的委员会研究，再在适当时候提出报告。我说，我认为这样一个步骤会意味着外蒙古的申请未被拒绝，而是留待日后考虑，从而保全所有人的面子。

饶伯森说，不可能这样办，因为苏联已经声明，要么十八国都接纳，要么一国也不要。

我说，真正的反派角色是俄国。

饶伯森表示同意。但他重申，中国在外蒙古问题上不与其他会员国合作,就恰好是对俄国有利,因为一揽子交易失败的全部责任会落到中国头上,还会给俄国一个玩弄阴谋诡计的机会使红色中国加入联合国以取代自由中国。

我说,我听说古巴代表团曾建议在一揽子交易中增加南朝鲜和南越,使总数成为二十国,并询问美国对此将采取什么态度。

饶伯森回答说,他认为美国不会赞成这个建议,因为俄国随后也会作为反建议坚持要求列入北朝鲜和北越。

我说,我从他的谈话所得的印象是,把外蒙古排除在一揽子交易之外是不可能的,而且美国在这一点上的立场是不可更改的,如果是这样,我认为艾森豪威尔总统应当表示收到蒋委员长对他第二封电报的答复,并将美国的立场告知蒋委员长;这特别是由于蒋委员长出于愿尽可能和美国合作的愿望,而向总统询问是否有可能寻求折中办法,以使中国政府能不在安全理事会否决外蒙古的申请。我相信蒋委员长必在期待着对他的问题的答复,而且不论总统的答复性质如何,都会大有助于蒋委员长考察整个局势并作出最后决定。

饶伯森表示同意,并嘱马康卫起草复电请总统核批。

我建议艾森豪威尔总统最好如同前两次那样再致电蒋委员长本人,因为蒋委员长非常重视总统的两次文电,并且都复电总统本人。

但是饶伯森认为从蒋委员长的复电,特别是第二次复电,看来他并不了解局势的严重性。此外,饶伯森惊奇地发现,正当蓝钦大使转交临时答复,声称蒋委员长正在考虑总统的第二封电报并将尽早全面答复的时候,这个答复却由蒋委员长在记者招待会上首先予以宣布,也就是说,宣布是在复电到达艾森豪威尔总统之前。

我说,蒋委员长并未在台北举行记者招待会宣布他对艾森豪威尔总统的答复。

饶伯森说,蒋廷黻博士曾在纽约的记者招待会上以中国政府的名义宣称,中国在必要时将否决外蒙古的申请。

我说,我想蒋廷黻博士是陷入了《纽约时报》驻联合国记者托马斯·汉密尔顿的圈套。众所周知,他不同情中华民国的事业。汉密尔顿把蒋廷黻的谈话向《纽约时报》报导后,蒋廷黻认为有必要向合众社和美联社的记者发表同样的谈话。

饶伯森说,从蒋委员长的复电看,他认为蒋委员长和叶部长都只凭蒋廷黻博士的意见行事,而不了解局势的现状是那样的严重。

我说,我相信蒋廷黻博士完全了解局势,而且洛奇必然已将饶伯森对我所谈告知蒋廷黻。此外,蒋廷黻也一定已将此间全部情况向台北报告。

饶伯森说,洛奇肯定已将美国立场通知蒋廷黻。

我指出,蒋委员长和叶部长在台北也有他们的困难。立法委员和舆论对接纳外蒙古加入联合国的问题非常激愤。他们对此事都声明反对,而且他们的理由是很容易理解的。几乎全部立法委员都是被迫离开大陆来到台湾的。他们的唯一愿望是有朝一日返回故居。对他们来说,接纳外蒙古只不过是走向接纳共产党中国加入联合国的先步,而这一步将使他们返回大陆故居的希望破灭。

饶伯森说,他明白这一点,并理解蒋委员长和叶部长的困难。但必须认识到中华民国在联合国的地位目前十分脆弱。俄国正和亲共的各代表团一起,阴谋把中华民国赶出这个世界组织,中华民国不应给他们以可乘之机。

我说,如果美国确信没有进一步拖延或妥协的机会,那么,不仅应对蒋委员长的最近来电再次答复,而且应将美国的观点告诉他,以便他能再次考察局势。

饶伯森说,他将立即照办。

我的会谈记录还有如下的补充:

> 关于外蒙古问题,饶伯森还说,中国在过去三十年间在

那里没有多少影响。

　　顾维钧说,中国在外蒙古的影响大小虽时有起伏,但它依然是中国领土的一部分。

　　饶伯森说,他知道中国在外蒙古的影响大小是有起伏的。

　　问题在于为什么美国以可能危及整个一揽子交易为理由,如此坚定不移地向中华民国施加强大压力,以阻止其否决外蒙古的申请。但这恰好是中国方面不能十分理解的一点。我们认为有其他解决方法。我们认为可以在不列入外蒙古的情况下实现以接纳另外的苏联卫星国加入联合国换取接纳亲西方国家。我们认为如果美国坚定不移,苏联就会让步。我们认为,苏联愿看到其卫星国加入联合国的心情,实际上远比美国愿使意大利与西班牙以及日本加入的心情更为迫切;因为卫星国都是傀儡,他们对莫斯科唯命是从,而意大利与西班牙虽然都对美国友好,但并不总是听从美国对他们的要求。可能美国政府也已看到这一点,但在苏联以要么接纳十八国,要么一国也不接纳相威胁的情况下,便仓促作出了同意的决定。

　　当然,美国之所以默许,其因素之一是美国艾森豪威尔政府的"欧洲第一"政策,这是和英国的论点一致的。美国的重点所在,依然是欧洲而不是亚洲,因而,最为渴望的是使意大利、西班牙和葡萄牙加入联合国,以便加强其欧洲盟国的地位,使他们的关系更加紧密,从而加强其自身的欧洲阵线。那些申请加入联合国的对美国友好的欧洲国家自然渴望获得会员国资格,并敦促美国帮助他们。另一方面,外蒙古如此遥远,又如此鲜为人知,它对美国利益的关系,当时不可能予以认真考虑。

　　同日即 12 月 6 日下午,我接见了西班牙大使何塞·阿雷尔萨。他前来说明西班牙对此问题的立场并向我们保证它的同情。他说,西班牙决不使我们的否决影响我们两国的友谊,尽管否决会延迟它加入联合国。它等待接纳已达十年,当然愿意尽早成为联合国的会员国,但再多等一些时间也不介意。我认为西班牙这样表态是很友好的。由于我照例作了会谈记录,现在提一下会谈的内容。

会谈开始,西班牙大使说明了他来访的目的,即向我告知西班牙对加入联合国问题的立场,以及向我询问外蒙古的实际情况。他说,西班牙政府当然愿意被接纳加入这个世界组织,因为它认为它完全具备这个资格。但是,如果中国对认可一揽子交易有困难,西班牙将予理解,并且不会影响两国间的友谊。由于和中国同样强烈反共,西班牙将尊重中国对外蒙古的立场。

我对他的陈述表示感谢,并告以中国政府一直赞成接纳西班牙加入联合国。事实上,中国外交部长9月在联合国大会上的发言中曾公开声明中华民国愿意看到西班牙加入联合国。至于一揽子交易,我说,我国政府并不喜欢,因为它不符合联合国宪章的规定。由于包括美国在内的其他若干会员国目前赞成这个一揽子交易,我国政府不愿出面加以阻止。我说,中国愿意十三个非共产党申请国都被接纳。至于苏联的四个欧洲卫星国,中国虽然认为他们不具备会员国资格,但准备勉强予以承认。然而,我国政府不能同意接纳外蒙古,因为它是中华民国领土的一部分,再者,外蒙古是克里姆林宫的傀儡。它既无主权,又不独立,和包括苏俄在内的任何国家都没有外交关系。因此,中国政府必须最强烈地反对接纳外蒙古。

这位西班牙大使说,有人对他讲,几年前中国政府曾投票赞成接纳外蒙古加入联合国。他想知道此事是否属实。

我的回答是肯定的,但我说明了我国政府这样做以及嗣后改变立场的原因。我的说明和我在此之前向饶伯森所作的解释大致相同。

于是这位西班牙大使说,他的政府完全理解中国的立场,而且不会因西班牙目前未能加入联合国而责备中国。

我说,我国政府正在设法赢得时间,以便为此问题寻求一个满意的解决方法。把一揽子交易问题推迟几个月作决定是一个办法。但是,我知道西班牙在联合国中的许多朋友都非常急于看到接纳它加入联合国,而且正在各方面施加压力。

这位西班牙大使说,他的国家确实在联合国有许多朋友,但它对这个问题将不公开提出它的观点,因为它认为这样做是不合适的。但由于两国间的友谊,他愿意把他的政府对这个问题的真正态度通知我。

我说,我认为还有一个打开僵局的办法,即接纳十七个申请国,而把外蒙古问题留交一个特别委员会研究,由该委员会日后向安全理事会提出它是否合格的报告。

这位西班牙大使说,这将是一个妥善的解决方法。

我说,我的两个建议都体现了我国方面的和解态度,因为我国也并非愿意接纳其他四个苏联卫星国。当这位西班牙大使询问苏联对这个问题的态度时,我回答说,苏联的态度仍然是要么十八个申请国都接纳,要么一国也不接纳。

这位西班牙大使说,事情很清楚,俄国想把僵局全部归咎于中华民国。

我说,我认为我的两个建议中的任何一个如能实现,就可以结束目前的僵局。但不幸的是,联合国大会正接近闭会,大部分代表团都急于回国,因此能否说服他们接受其中一个建议还有待观察。

这位西班牙大使重申,西班牙当然愿意加入联合国,因为它完全具有这样的资格,但即使整个一揽子交易失败,他的国家也完全理解中国的困难。他还告诉我,他前一天见到了国务卿。他说,杜勒斯曾向他表示,尽管美国一直在敦促中国政府在接纳新会员国问题上合作,美国不想对它施加任何压力,例如停止经济或军事援助。杜勒斯认为这样做是不公平或不正确的。国务卿还说,中国政府作为美国的盟国,美国高度重视它的友谊。

我说,我将向我国政府报告此事。这位西班牙大使又说,如果我从台北得到关于这个问题的任何消息,请惠予通知。我说,我乐于照办。

当晚,我向外交部发出四份电报,报告我当天的两次会谈情况。我知道有关我和饶伯森会谈的电报必须特别详尽,因而电文很长,故未按通常做法,转而嘱傅冠雄起草关于日内瓦双边会谈那部分的电文,嘱沈允公起草有关参加海牙常设仲裁法院行政理事会预定会议的电文(这是会谈中提到的其他两个问题);我则专就外蒙古问题起草电文。我到晚九点十五分才离开办公室,为的是把所有公事办完,俾得在家心情安宁。

虽然我起草电文时很仔细,但第二天我还是考虑到需对我已报告的两次会谈内容补充几点。因此,我再次致电叶公超。首先,我强调了西班牙大使所告我的有关他和杜勒斯的谈话内容。我说,大使认为杜勒斯的表白非常重要,因此他也特别向西班牙外交部长作了报告。我的第二点是强调饶伯森和我讨论外蒙古问题时的口气和激动情绪。我还告诉叶公超,我感到国务院给蓝钦的指示使用了尖锐的语言,这是我从饶伯森向我大声宣读这个指示所得的印象。我说,这充分表明了华盛顿所持的态度。

此外,我告诉叶公超,我秘密获悉,诺兰参议员曾于12月3日访问艾森豪威尔,商讨了政府准备提交国会的各项议案。当时他也谈到了外蒙古问题,并强烈主张美国反对接纳它。但是看来艾森豪威尔根本不为所动,而仍坚持美国认可和赞同集体接纳十八国的全部理由。

12月8日上午,我打电话给纽约的蒋廷黻,准备把我和饶伯森的会谈要点告诉他,但他不在。下午四点,他回电话和我长谈。在这期间,联合国大会着手处理了特别政治委员会所同意推荐的"一揽子交易"提案。决议草案以五十二票赞成、两票反对和五票弃权通过。会员国的投票情况和他们在委员会的投票情况完全相同。

我在电话中把美国在外蒙古问题上的立场,以及美国对我们在此问题上持僵硬态度似感烦恼的情况都告诉了蒋廷黻。但是我说,我了解我们政府的困难处境。他说,他和台北通过电话和电报一直保持经常联系,政府还没有改变立场的迹象。他告诉我说,联合国大会采纳了加拿大决议案的建议,主张接纳全部十八个申请国的一揽子交易;安全理事会将于 12 月 10 日星期六上午开会处理。他已正式否认他将于 1 月份前往台北劝说我国政府改变立场。他还告诉我说,仍有可能外蒙古在安全理事会无法拼凑到七张赞成票。

我说,根据联合国大会投票情况的报道,美国、法国、比利时、希腊和以色列均弃权。蒋廷黻说,他不了解比利时为何弃权,但此事很重要,因为比利时是安全理事会的理事国。中国、美国、法国和比利时不投外蒙古的票,我们只要再有一票即可阻止安全理事会通过。他说,他仍在为此进行工作。我说,这样最好,因为我们就不须否决。蒋廷黻接着说,他还提出了另一个决议案,内容是接纳所有十三个非共产党申请国,但更换其中两国,即以大韩民国和越南共和国取代已承认北平政权的芬兰和尼泊尔。① 他的设想即将出笼。我表示希望他的努力获得成功,并表示同情他的艰难任务。

当天晚上七点半,大使馆收到叶公超的一封长电,是绝密的急电,但直到夜间十二点半才全部译出。我等着看电文,原来是蒋委员长在台中与蓝钦大使会谈的记录,会谈时叶公超在座。电报是 12 月 9 日台北时间下午约五点发出的,谈话可能是同日下午进行的。

电报称,应蓝钦大使的要求,叶公超和他同机飞往台中谒见蒋总统。总统和蒋夫人设午宴招待他们,席间就外蒙古问题进行了长达三小时的商谈。叶公超把商谈内容概括如下:

---

① 原注:至于锡兰,它也已承认北平政权,但蒋廷黻未予提及。我料想这是由于英国特别关心使这个英联邦国家成为联合国会员国,因而蒋廷黻决定区别对待。

（1）蓝钦大使重申了美国的立场，并详尽说明了在这个问题上赞成与反对的理由。蒋总统回答说，我们在接纳外蒙古问题上的态度是同我们反共反苏的立场一致的。我们绝非利用这个问题向美国提出要求或施加压力。他希望美国对此予以理解。他接着说，过去三年间，美国在各方面援助和支持我们，并把我们看作亲密的朋友。因此，他(总统)冒昧地诚挚劝告美国不要在接纳外蒙古加入联合国的问题上采取中立态度，从而削弱美国在自由世界的领导地位。

（2）蒋总统还说，杜勒斯自担任国务卿以来，在各项成就中作出了贡献，但如他不改变他目前在接纳外蒙古问题上的态度，终将铸成大错。他(总统)本人担心由此产生的后果，并诚挚希望美国立即采取积极反对接纳外蒙古的立场和态度。

（3）蓝钦诚挚地劝告我们帮助美国渡过当前的危机。他进一步说明了美国将继续支持我们。然后蒋总统对他说，解决这个问题的钥匙实际上在美国手里。例如，法国和比利时在外蒙古问题上已在特别政治委员会弃权，而且在安全理事会就外蒙古问题投票表决时，他们很可能也弃权。因此，如能再有一个国家在安全理事会弃权，那么，连同美国和中国，就有五国弃权，足以阻止接纳外蒙古加入联合国。我们也就不需要行使否决权了。总统认为这是美国应该并且能够办到的。但是，总统说，他提出这一点，只是用以说明美国能办的事情，而不是作为我们不行使否决权的条件而提出的。

（4）蒋总统说，苏联曾行使二十五次否决权以阻止接纳新的会员国，现在则进一步公开宣称如不接纳外蒙古，苏联就投票反对其他所有申请国。另一方面，中国只是打算在别无他法时，对接纳外蒙古行使否决权。然而美国不谴责苏联滥用否决权，反而谴责我们阻止新的国家加入联合国。从公平和正义的观点考虑，他感到难以理解。蓝钦大使承认我们的立场是适当而正确的。但是他又说，我们不应忽略或轻视此事的实际后果。美国认为，如果从中国本身的实际利益和利弊考虑此事,我们应将中国之留在联合国看作更为有利的选择。美国也希望我们留在联合国,我们不在这个组织对美国也不利。美国绝无使中国退出联合国的密谋,他希望中国不要对美国有任何怀疑。

(5)蒋总统说,我们有两大理由需要留在联合国:1.作为反共立场的象征;2.美国愿意在道义上和原则上支持我们。如果美国将中国之在联合国视为障碍,那么,我们留在联合国就没有意义了。在这种情况下,我们宁愿不顾我们退出联合国的严重后果,以便我们不致给美国造成困难。

叶部长在电末加上了他自己的评论。他说,蓝钦早些时候曾和蒋总统商讨过这个问题,而且只是在那次商讨之后才有艾森豪威尔的来电。直到前一天晚上,蓝钦从未要求前往台中会见蒋总统,蒋总统也从未拒绝会见他。此外,他(叶)经常用电话向蒋总统请示报告,有时一天通电话五六次,来电也随时送呈蒋总统。因此,蒋总统完全了解这个问题的性质。我们行使否决权以阻止接纳外蒙古的意图,是政府经过充分考虑后的政策,而不是蒋廷黻的建议。叶公超补充说,蓝钦大使已以电报将上述各点向国务院报告,叶发此电是为了供我参考。叶电最后说,前一天国务卿又致电蒋总统,对我们仍拟行使否决权表示失望和焦虑。

第二天下午,蒋荫恩前来报告称,驻国务院的新闻记者都为我们打算否决外蒙古加入联合国的申请所造成的处境担心。他说,许多记者告诉他,中国最好在安全理事会就外蒙古的申请进行表决时退席以示抗议,而不要加以否决,以免引起公愤和危及中国在联合国的地位。《先驱论坛报》、《巴尔的摩太阳报》和《华盛顿明星晚报》都就外蒙古问题发表了社论。他们虽然认为中国的立场确实在道义上是正确的,但都表示希望中国与其否决,不如弃权,以免危及其本身在联合国的地位。

安全理事会就在第二天即12月10日开始考虑接纳新申请国的问题。我注视着巴西和新西兰提交安全理事会的一揽子交易决议案以及蒋廷黻的接纳包括南朝鲜和南越在内的十三个非共产党国家的可供选择的决议案的进展情况,苏俄也提出一个决议案,内容是联合国大会在安全理事会表决下一个申请接纳国之前,先办完安全理事会已推荐的每一个国家的接纳手续。苏联代表不愿冒在表决中出现"事故或意外"的风险。但表决实际上要到13日星期二才进行。

随着星期二的即将到来,我不无忧虑地等待着表决。我们的立场没有变化。叶部长13日寄来的代电十分清楚地明确了不可能有变化。此外,台北对被迫处于绝境,甚至有些怨恨。

叶的代电说,艾森豪威尔总统的外交政策声明公开承认了崇高的原则和深厚的感情,然而实际上给人的印象是放弃原则以迁就实用和现实。这使民主阵线的忠诚之士感到沮丧,使他们对何所遵循产生疑问,这也使他们的队伍进一步分裂。长此以往,将贻害自由世界,百劫不复。

叶的代电接着说,就金门联防问题而言,曾商定发表联合声明,不料美国对此项谅解感到后悔,而且不予执行,甚至不准我们发表单方面的声明,这使所有当初参加商谈的人都感到沮丧。就当前有关整批接纳新会员国加入联合国的情况而言,虽然各国之间曾长期进行商讨,而且美国从一开始就参加,但只是当他们决定如何进行时才开始向我们透露。他们这样做甚至不给我们一个讨论的机会。同时,他们把阻止接纳其他自由国家全部归咎于我们。这不合乎对待友好国家的正常做法。我国各界极为愤慨。然而饶伯森和我谈话时却责怪我们不了解现实。蒋总统阅读我报告会谈情况的去电后极为不满。事实上,我们已将我们的最后态度告诉了美国。总统非常坚定地坚持这个态度,而且避免使人感到仍有重新考虑余地,以及我们可能让步并采取其他某种适当的办法。

代电接着说,我们原则上不能同意整批接纳新会员国。此外,还担心这种行动是在我们背后进行阴谋。如果开创这样一个恶劣的先例,那么,中共将来就可仿效这个先例。这就是为什么我们必须尽最大努力在原则上反对整批接纳,并坚定地申述我们的反对意见。我们特别必须坚定地反对接纳外蒙古加入联合国,甚至不惜行使否决权,其原因是在目前情况下我们无论如何不能再做放弃领土的行动。如果我们这样做,就必然伤害大陆民众和华侨的感情,甚至台湾军民的士气也会损坏到不可能把他们团结在一起的地步。情况比我们自己最初所预料的甚至更为严重。我们只是在和立法院、监察院和其他民众代表联系之后才认识其严重程度的。我们向他们通报了行使否决权的可能后果,诸如最终丧失我们在联合国的代表权,以及和美国关系恶化,从而影响美国对我们的援助等,但即使这种解释也未能影响民众坚决反对的坚定立场,而不顾其利害如何。当然,只有深刻了解我们的外国朋友才能理解我们民众的这种心理状况。

这就是外交部长给我个人的代电的大意。我于12月27日收到后,再次肯定了我这样的印象,即由于我国民众的感情,我们的立场不可能再改变。当初外蒙古的丧失实在是一桩难于忍受的屈辱。

星期二一整天,我焦急地等待着安全理事会对"十八个新会员国一揽子交易"的表决结果。下午六时,我通过无线电和收报机得到消息称,在分段表决中,苏联首先否决了南越和大韩民国,这两个申请国是蒋廷黻事先增入名单的;这是他迫使苏俄首先使用否决权的机智的一着。阿尔巴尼亚获得通过,中国和美国弃权。接着,蒋廷黻否决了外蒙古。随后,匈牙利、罗马尼亚和保加利亚获得通过,但苏联否决了名单中的所有其余国家。因此,分段表决的结果是,只有四个共产党申请国以七票或七票以上获得通过。接着,把只列阿尔巴尼亚、匈牙利、罗马尼亚和保加利亚为申请国的修正议案交付表决,结果被否决,只有一票赞成(苏俄),四票反对(中国、巴西、秘鲁和土耳其),其余弃权。多么奇怪的情况,只有一票赞成!

无线电还播放了局势紧张以及阿拉伯和印度开始进行反对中国的活动的消息。同时,据报导,印度的克里希纳·梅农正在活动,以促使重新考虑受挫的决议案。

晚上,我出席了饶伯森夫妇举行的宴会,其他来宾包括泰勒将军夫妇、海军部副部长盖茨夫妇以及国务院的马康卫夫妇。我和饶伯森谈话时,彼此都不提安全理事会的开会情况。但是我的夫人在桌旁用汉语小声对我说,坐在她右侧的饶伯森对我们否决外蒙古非常激动不安。饶伯森说,艾森豪威尔总统和杜勒斯国务卿曾作出三次努力,而终归未能得到蒋委员长的注意或重视。

美联社的斯潘塞·戴维斯于星期三来电话称,他钦佩我们否决外蒙古申请加入联合国的立场。埃德加·莫勒来电话称,他深感否决是我们唯一可行的办法。他还对他本国的立场感到惭愧,这种立场是对苏联讹诈的姑息行为,而把维护联合国宪章交给可怜的中国独自承担。还有其他一些人的鼓励和支持。如我当天下午致电外交部所说的,最近几天有二十多人前来大使馆,他们以私人身份向我们表示支持我们的立场。其中一些人说,他们还曾向美国当局书面表示对美国政府立场的不满。此外,前一天晚上,在安全理事会表决结果宣布以后,大部分美国新闻广播电台都谴责苏联而赞成我们的立场。上午,合众社和另一家通讯社都赞扬了我们的立场。我还刚刚接到另一份报导,大意是六十多位驻国务院的记者在对此事的简短谈话中,都认为我们的立场是崇高的。他们还认为我们迫于形势而投票否决,是坚持联合国宪章的正确步骤。报导称,没有一位记者表示不同意见。

因为是星期三,我在大使馆举行了政府各部门代表的每周例会。我事先曾与霍宝树商定,请他为发言人,报告中国的石门水坝计划,这是我向他建议的一个题目。但是在他说明之前,谭伯羽问及联合国有关会员国资格问题以及我们的立场和美国的态度等情况。我即席做了十五分钟的报告。我说,这是第一阶段,我认为事态将继续发展。

同日晚上,在我即将离开大使馆前往参加司法部长布劳内尔举行的招待会之前,收报机传来消息称,安全理事会应苏联的请求,举行了特别会议,以重新考虑会员国资格问题。在会议进行过程中,苏联提议把接纳外蒙古和日本的问题留待明年再议,而对其余十六国进行表决。这正是蒋廷黻所预见的情况,即苏联最急于使其卫星国加入联合国,而不愿在一揽子交易失败后无所作为。短暂休息后,美国试图把日本重新列入名单,但归于失败。①接着,把苏联的建议交付表决。表决时,中国对所有四个共产党申请国都弃权。美国也都弃权。(比利时也对保加利亚弃权。)但每个申请国在分段表决中都以刚好足够的票数获得通过,而且整个决议草案以八票赞成,零票反对,和三票(美国、中国和比利时)弃权通过。

　　同日即12月14日晚间晚些时候,联合国大会表决接纳了十六个会员国,即安全理事会刚刚表决通过并推荐接纳的申请国。因此,除日本外,所有亲西方的申请国都在当年正式被接纳加入联合国。这件事是在中国没有在外蒙古问题上屈服的情况下完成的。

　　在司法部长的招待会上,外交使团团长挪威大使和韩国大使以及更为感人的是奥地利大使,都前来和我紧紧握手,并对中国在安全理事会的立场和投票向我表示祝贺。我在告别时,还见到了西班牙大使,并走向前去对他说,他一定对最后结果——接纳包括西班牙在内的十六个国家——感到满意。他高兴地说:“当然。”在我后来参加的晚宴上,还有更多的好评。雷·亨利对我们否决外蒙古的立场表示欢欣鼓舞。他认为其余十六个申请国的随后通过,使美国处于把整个事情都办错了的不光彩的地位。然而他担心把我们赶出联合国的活动将日益强烈,但他说将乐于帮助我们对付这种活动。

---

① 原注:美国提出一个重新列入日本的修正案。这个修正案立即被苏联否决。

我于 12 月 16 日与纳尔逊·洛克菲勒晤谈。他在谈话开始时说,他高兴地看到中国在联合国就外蒙古申请为会员国问题上所持的立场。我说,中国由于事关重大原则而被迫行使否决权。中国是非常不得已而为之,但认为这不仅是为了中国自己事业的利益,而且也是为了联合国本身的利益。中国不能屈服于苏联的讹诈,从而损害联合国的声誉,并使台湾、海外和大陆的中国民众失望。我说,中国政府曾希望安全理事会的其他爱好自由的国家对局势能和中国的看法一致,并采取同样坚定的立场。我说,如果他们这样行事,我相信苏联早就会转而支持将接纳申请国减为十六国的一揽子交易。但是由于看到自由世界的领导人准备迁就苏联明显的强硬态度,苏联最初曾坚持其无理要求。它认为这种局势是获利的好机会,而且它也许不相信中国代表真的会行使否决权。但是,我说,苏联后来改变政策这一事实,使其他赞成整个一揽子交易的国家在世界面前处于不光彩的地位。洛克菲勒表示他完全同意这个看法。

我在一次招待会上见到了一位萨姆纳先生。他以前曾在美国外交部门工作。他告诉我说,他是多么同情自由中国的事业,和多么钦佩中国否决接纳外蒙古加入联合国的勇敢立场。他但愿他的本国政府采取同样立场,而未迫使蒋委员长屈服于苏联的讹诈。国务院以外的许多人均有此感。

至于决议通过后的我国官方态度,外交部 16 日致我国驻美大使馆并转其他驻外使馆的通报电是这样讲的:

(1)我们对接纳十三个自由国家感到满意,并对日本由于苏联轻率行使否决权而未获接纳感到遗憾。我们强调苏联应对此事承担全部责任。苏联否决接纳日本,其目的不仅是利用日本为质以换取接纳外蒙古,而且是利用这个问题为苏日谈判的资本,以迫使日本让步。

(2)我们对接纳大韩民国和南越的支持,是我们之间的友谊和我们重视这两个国家的明证。但又由于苏联的否决而未能接纳这两个国家,我们对此也深感遗憾。

(3)我们投票赞成芬兰和尼泊尔以及我们对四个苏联卫星国弃权,证明我们在有关接纳新成员的国际交往中的合作愿望。这一点应在和我们有外交关系而尚未被接纳加入联合国的国家中予以特别强调。

(4)在目前情况下,我们否决接纳外蒙古是不可避免的,并应根据蒋廷黻代表在联合国的声明予以说明。

外交部的通报电还要求驻外代表迅速报告驻在国的官方和公众反应。由于事关重要,外交部还希望把所有的评论和剪报资料报部。

外交部的另一封来电引述了最近的一则新闻,内容是《中国新闻》编辑在安全理事会投票表决后的第二天上午采访叶公超部长的报导。报导称:

> 叶外长重申中国政府对接纳新会员国的所谓一揽子交易的立场,并再次表示其政府今后仍将支持大韩民国、越南共和国和日本加入联合国。叶公超说:"现在很清楚,苏俄继续反对日本加入联合国,不仅是利用日本为质以换取接纳外蒙古,而且是作为迫使日本在伦敦谈判中在某些问题上让步的手段。由于这个原因,苏俄对日本极为不公平。苏俄利用其安全理事会常任理事国的地位,在联合国外钓取外交上的让步。台北时间今天清晨,安全理事会的表决确定无疑地证明,绝大多数会员国一旦摆脱了一揽子交易的束缚,就会并且确实是按照联合国宪章的原则,根据每一个申请国的是非曲直进行投票表决。中国政府将继续与安全理事会的其他理事国合作,以支持接纳大韩民国、越南共和国和日本。"

> 编辑要求叶公超就一项据认为是日本驻联合国大使加濑发表的声明予以评论,该声明把阻止日本加入联合国的责任不归咎于苏俄而归咎于中国。叶公超停顿一下后说:"我无法核实你刚刚提到的新闻报导的可靠性。如果加濑确实

讲了所报导的这番话,我认为他的判断相当轻率,而且对日本在联合国内外的一位朋友是不公平的。"

外交部嘱我把该电抄件转送纽约的我国代表团,以便他们送一份给加濑大使。

就在那周内,我在一次家庭招待会中见到了日本驻华盛顿大使井口。他对我说,已安排他在 1 月底回东京述职,并将回来继续担任大使。但是,他说,最初东京曾想使他成为日本被排除在一揽子接纳加入联合国之外一事的替罪羊,原因是由于我们否决外蒙古而致苏联否决日本。我告诉他说,真正的祸首是苏联。我还说,虽然我们非常希望和赞成接纳日本,但我们被迫而不得不否决外蒙古。实际上是美国的犹豫不决和屈从于权宜之计给我们造成了困难。苏联的转变和倡议十六国的一揽子交易,这个事实说明,如果美国自始至终坚持十七国的一揽子交易,苏联是会接受的。他和我有同样的看法,并且说,东京现已了解情况,并认为苏联应对排除日本在外一事负责,而美国则应对其犹豫不决负责。

12 月 22 日中午,我回访了土耳其大使海达尔·格尔克。他说,他钦佩中国在安全理事会就外蒙古申请加入联合国问题所持的立场。他认为这件事办得对,并且为中国这样办而感到高兴。

我说,我国可以说被逼得走投无路,除了否决外蒙古以外,别无其他办法。中国以前从未使用否决权,而且不愿使用,在有关会员国资格问题上尤为如此。但是,就外蒙古问题而言,中国不得不采取否决的手段以阻止其加入联合国。中国宁愿这种局面永不出现。其他一些安全理事会理事国,特别是美国和联合王国,本来可以对苏联的不妥协态度采取坚定立场,从而使中国无须在外蒙古问题上行使否决权。我解释说,从中国的观点看,接纳外蒙古加入联合国的问题不仅涉及中国本身的利益,而且涉及联合国的声誉,还可以说,涉及联合国自身的权威。令人遗憾的是,把阻止外蒙古加入这个世界组织的全部责任均置于中国政府一身;鉴于除俄国以外的其他所有会员国都认为外蒙古既非独立,又无主权,就更为令人遗憾。外蒙古和苏联的其他东欧卫星国相比,实际上是苏联的一个省。由于不仅台湾和海外的我国同胞,而且大陆同胞都普遍对外蒙古的申请抱有强烈反感,中国政府清楚地懂得,无论如何不能在这个问题上屈服于苏联的讹诈。

我又说,俄国在中国否决外蒙古后赞成一项新的十六个申请国一揽子交易。这一事实证明,如果西方大国,特别是美国,坚定地站在反对把外蒙古包括在一揽子交易之内的原来立场上,苏联是会同意的。然而却把压力加在我国政府头上,甚至由美国施加压力,要我们同意外蒙古。这就使我国政府在安全理事会的处境更加困难。我对格尔克大使说,我认为自由世界的真正困难,如最近在接纳新会员国加入联合国的争论中所表明的,在于自由世界方面在与共产党国家交往中缺乏坚定的立场。

回到大使馆后,我会见了外交部情报司司长陈清尧。他从纽约来。他作为中国代表团的一位成员在纽约参加了联合国大会。他说,尽管其他国家的许多代表投票赞成包括在十八国一揽子交易之内的外蒙古,蒋廷黻的否决却受到他们的欢迎。

在国务院以外和我谈话的人中,唯一反对我们否决外蒙古的是黎巴嫩大使维克托·胡里。他于 2 月 3 日来作礼节性的访问。他解释说,虽然他前一年夏天已经到任,但由于在纽约担任黎巴嫩驻联合国代表团团长而未能早日来访。

胡里说,在接纳联合国新会员国问题上,黎巴嫩对中国代表团否决外蒙古的行动很不满意。他自己曾倾听蒋廷黻说明中国立场的论点,虽然他完全理解,但他认为这不是一个是非问题,而是一个实际策略问题。黎巴嫩同中国以外的其他会员国一样,希望一揽子交易获得通过,因为它坚决认为诸如意大利、西班牙、葡萄牙及日本等国,特别是利比亚和约旦两个阿拉伯国家,都应被接纳加入这个世界组织,但是中国的否决使之成为不可能。

我说,中国的处境极为困难。我无须概括中国无论如何不能赞成接纳外蒙古的原因,但是中国的立场是仅仅否决外蒙古。它对四个共产党卫星国弃权,对其他十三个申请国投了赞成票。苏俄是真正的反派角色,因为它坚持要么通过一揽子交易的全部十八国,要么一国也不通过。苏联不相信中国真会否决接纳外蒙古,但是中国这样做了,因为它不可能予以同意。

这位黎巴嫩大使说,他本人曾和苏联的各位代表谈话。他们的立场坚定不移,因而黎巴嫩代表团赞成整个一揽子交易,所有其他国家几乎也都赞成。

我指出,实际上莫斯科的不妥协态度旨在试探中国代表团的真正意图并恫吓其他代表团,以便达到其本身的目的。但如事情结果所表明的,俄国来了一个大转变,提出一个减为十六国的一揽子交易。这个提案由安全理事会予以通过。我说,其他代表团谅必对此感到满意。

胡里表示同意。但他认为日本被排除在外是令人遗憾的,因为日本是远东的一个重要国家,应成为联合国的会员国。

我说,我和我国政府也持有同样的观点,事实上,中国外交部长在上年9月在联合国大会的发言中已声明中国政府希望日本被接纳加入这个世界组织。

胡里说,他记得中国外交部长发言中的这一点,但是苏俄坚持以接纳外蒙古作为其同意接纳日本的条件。他知道驻伦敦的苏联和日本大使当时为缔结苏日和平条约正进行谈判。如果谈判成功,他认为俄国就不能再对接纳日本加入联合国提出异议。

我对他说,我相信上述两位驻伦敦大使也在商讨接纳日本加入联合国的问题,而且俄国显然利用此事作为讨价还价的本钱,以取得日本的让步。我也同意他的看法,在两国圆满结束谈判和签订和约后,俄国方面可能不再反对日本加入联合国的申请。

我以前的武官皮宗敢将军当时在美国。他和国防部第一厅厅长毛景彪将军及一些其他军官前来美国利文沃思堡学习专业课程。他于12月31日来访称,他最近曾在纽约访问了魏德迈将军,在国务院访问了饶伯森,在周以德的办公室访问了周以德,并分别同他们谈话。他简要地汇报了三次谈话的情况,内容以我们否决外蒙古加入联合国的申请为中心。皮宗敢说,饶伯森仍强烈认为我们对外蒙古行使否决权是错误的。他的理由是,那是不明智的,因为在联合国会员国中激起一阵愤怒。他还说,除了削弱我们在这个世界组织的地位外,我们还是前后矛盾的,因为我们未投票反对接纳其他四个共产党国家,还因为我们早在 1946 年曾投票赞成接纳外蒙古。周以德虽然对我们削弱我们在联合国的地位感到遗憾,但认为我们坚持原则是正确的;他还为他的本国政府迫使我们不得反对接纳外蒙古而感到抱歉。魏德迈将军和饶伯森一样,认为我们行使否决权是错误的,这将给那些在联合国中反对我们的人以借口,他们会加倍致力于接纳北平和驱逐我国。他也认为我们在原则问题上前后矛盾,因为我们并未投票反对阿尔巴尼亚、保加利亚、匈牙利和罗马尼亚。

顾毓瑞按照我的指示,也访问了周以德众议员。他的目的是讨论周以德最近作为众议院外交委员会远东小组委员会成员的近东和远东之行,行程包括台湾。他们是在 12 月 30 日交谈的。会谈中,周以德告诉顾毓瑞说,他于 29 日见到了杜勒斯国务卿。他说,国务院有些人依然因我们未听从美国不让我们否决外蒙古的劝告而气愤。周以德个人则认为我们的行动是正确的。他说,蒋总统对来访的众议员小组说,如果联合国由于中华民国做了我们认为有益于这个世界组织的事情而驱逐我们,那就请便,因为它将不再是一个值得中国参加的组织。周以德又说,小组的一位成员,弗吉尼亚州的伯德众议员,对蒋总统的议论如此信服,以致他出面支持我们否决外蒙古的立场。周以德还向顾毓瑞读了一封小组委员会发给杜勒斯国务卿的电报的抄件,该电敦促杜勒斯不要迫使我们一方面不得否决,另一方面要反对一揽子交易。周以德说,众议院外交委员会将于 1 月 5 日听取杜勒斯的意见,并将和他一起审查整个问题。

周以德同意顾毓瑞的意见,可能需要国会再次作出决议,表示坚决反对接纳红色中国的代表参加联合国或其所属机构。然而,他这次难于肯定我们究竟能指望从美国政府得到多少支持以促使决议通过。在这一点上,他还把他从叶公超部长和美国国务院人士所听到的有关我们早些时候同意一揽子交易的不同说法告诉了顾毓瑞。他说,按照叶公超的说法,我们直到11月13日加拿大代表马丁提出议案时才知道一揽子交易的范围。当时,提案并不包括外蒙古。美国敦促我们接受该提案和不要否决卫星国,我们同意照办。因此,周以德说,国务院现在认为我们拒绝接受一揽子交易是说话不算数。他们还争辩说,名单从一开始就包括外蒙古。

几天后我会见了立法委员杜光埙。他来美是探望几位他曾在台湾会过面的参议员和众议员,询问有关我们在各国议会联盟中的成员资格问题,以及了解美国的远东和全球政策。谭绍华为他约会了众议员乔·马丁、周以德和哈罗德·库利,以及参议员约瑟夫·麦卡锡、玛格丽特·蔡斯·史密斯和保罗·道格拉斯。谭绍华陪同他访问了周以德、库利、道格拉斯,顾毓瑞则陪同他访问了其他三人。

道格拉斯对杜光埙说,他对他本国政府的政策极为不满。他还坦率地说,作为一位民主党员,他的观点可能在某种程度上不受重视。但他坚信共和党政府在国际交往中只是口头上讲道义原则,而这正是共和党自己早先对民主党的指责。他担心现政府尽管声称帮助自由中国,但由于其所谓西方盟国的要求和压力,终将"出卖中国"。周以德和马丁坚决支持我们在外蒙古问题上的立场,而不赞成他们本国在联合国中对这个问题的态度。但是,他们俩人都向杜表示,他们对这个世界组织中共产党和亲共集团为接纳北平所作的努力感到不安。周以德特别怀疑华盛顿政府在这个问题上的真正意图。马丁认为国务院的政策受到左派分子的影响,但是他相信艾森豪威尔总统最终会正确行事。

据杜说,玛格丽特·史密斯参议员也同情我们反对外蒙古。但是她说,虽然她坚决反共,她看不出如何能避免一个基于两个中国概念的和平解决办法。她自己并不喜欢这样,但她相信即将出现。

美中不足的是,在对我们在外蒙古问题上所持立场的祝贺和同情声中,出现了这种令人不安的论调。我在1956年1月5日回复叶公超部长,1955年12月13日发出的中文代电时写道:

> 这确实是我国政府不得不处理的最困难问题之一,在任何行动步骤中,比较正反理由和权衡利弊时尤为如此。我们的此间朋友本来能帮助我们避免这场危机,但是他们自身立场的摇摆不定和他们对我们的压力使我们的处境更加艰难。
>
> 在过去三周内,我收到了来自美国各地的六七十封信。除极少数写信人之外,其余我都从未见过。他们对我们在安全理事会就外蒙古问题所采取的英勇立场都表示钦佩,其中有些人但愿他们本国采取了和我们相同的政策。
>
> 这场危机已暂时克服,但当然并未终止。很可能在下届联合国大会再次出现,而且还要加上某些会员国集团方面日益为接纳北平傀儡政权孜孜努力的问题。我以前各电已经述明,我们正尽力遏制这种趋势。

四、日内瓦的"第二项议程"谈判在东西方缓和精神减退的情况下继续进行
1955年10月末—12月

1955年10月25日下午,我接待了《芝加哥太阳报》的弗雷德里克·库先生。他前来和我核实日内瓦双边会谈的情况,因为最近报刊上有非正式而相互矛盾的新报导。他也认为中共放弃以武力解决国际争端问题当时是在日内瓦商谈之中。但他听说北平加上了两个条件,即撤回第七舰队和从台湾撤回军事援助顾问

团。然而据我所知,中共提出这两点只是一种间接反对拟议中的由它放弃使用武力的方式。按照库的说法,拟议中的放弃使用武力是相互的,而我对此的理解则又不同。据我所知,那是单方面的,并不采取条约或协议的形式。

库还告诉我,他参加了印度大使梅达为克里希纳·梅农举行的午宴。加拿大大使希尼和四五位英美记者也应邀出席,其中包括《纽约时报》的詹姆斯·赖斯顿。库说,梅农趁机敦促美国在日内瓦向红色中国的要求让步。梅农说,不然的话,红色中国会进攻沿海岛屿。(这是一个含蓄的恫吓,梅农最近会见杜斯斯国务卿时,也曾提出。)库说,当梅农注意到午宴上的美国来宾的反应不很有利时,他缓和了语气,他说,这种进攻不一定在最近的将来发生,可能在来年春季或甚至更晚出现。

当天,我回访了哥斯达黎加大使唐·费尔南多·富尼埃。我们谈到了哥斯达黎加宪法的一些有趣的特征。这些特征是对美国宪法的改进,大多数拉美国家的宪法都以美国宪法为蓝本。哥斯达黎加的内阁成员们官称为 ministers。不再像美国那样称为 secretaries。如富尼埃大使所告,总统的全部训令与命令,要由这些内阁部长副署。此外,由于这些官员对国会负责,国会各委员会的权力远不及美国国会各委员会那样大。至于哥斯达黎加的最高法院,它任命下级法院的全部法官,而其本身的法官则由国会推选。还有一个选举法庭,在全国各地设有下级法庭,与监察员共同解决选举纠纷,这些监察员由法官任命,以监督选民登记。他们有权在各地选举期间命令警察甚至武装部队指挥官协助维持秩序和治安。这位大使解释说,宪法中这些规定的全部基本观念不仅是维护司法独立,而且是使选举摆脱执政当局的控制。他补充说,这是因为任何政府都不可能不想增进其主要成员的政治利益。他说,促使政治稳定的另一条规定是不准总统竞选连任。总统只有在间隔另一位的任期之后,才能再次竞选。

第二天晚间,莫里韦瑟·波斯特夫人在陆海军乡村俱乐部举行鸡尾酒会和宴会。酒会约有一百八十人参加,围坐十八张自助餐桌,每桌十人,按抽签号数入席。酒会后有方阵舞。英国大使和参议员拉塞尔·朗以及所有其他男宾都脱掉了西服上衣跳舞,露出了五颜六色的背带。女宾则大都穿着化装服饰,许多外交官的夫人穿本国服装,因而看他们踏着美国农村方阵舞步翩翩起舞颇为有趣。

27日,我出席了伊朗大使恩泰扎姆为庆祝沙阿·默罕穆德·礼萨·巴列维国王诞辰而举行的招待会。豪华的自助餐摆满了几间屋子,场面之大,令人难忘。要求来宾都穿晚礼服。11月2日,我参加了两次类似的活动。一次是危地马拉大使克鲁斯·萨拉查夫妇在泛美联盟大厦为危地马拉总统卡斯蒂略·阿马斯夫妇举行的招待会。第二次是埃塞俄比亚大使在大使馆为庆祝海尔·塞拉西皇帝加冕二十五周年而举行的招待会。

两次招待会中,我对危地马拉大使的招待会更感兴趣。我见到了总统。他看来很年轻,可能刚过四十岁。他不会讲英语,因而我用法语和他谈话。我还与另一位来宾、意大利大使布罗西奥进行了有趣的交谈。我问他,意大利一定对中东形势非常关心,中东形势是否如报界所述那么严重,他认为在整个中东局势中,包括希腊与意大利关系的恶化以及因塞浦路斯要求与希腊合并而引起的塞浦路斯动乱,其背后的共产党影响大到什么程度。

布罗西奥答道,埃及与以色列之间的局势是严重的,但他个人认为以色列未必会发起所谓先发制人的战争。在军事上,以色列比阿拉伯集团强大,如果他们之间爆发战争,开始的几仗以色列可能打赢,而且可能在三四年内占上风,但最终会被阿拉伯各国打败,因为阿拉伯各国正在像埃及目前那样,不断增强其实力。

我认为以色列的地理位置要求它谨慎从事,因为它实际上受到阿拉伯国家的三面包围。

布罗西奥说,为了与阿拉伯各国和解,以色列必须同意改变他们之间的现有边界,这特别是因为以色列在1947年宣言确定边界之后占领了内盖夫。

我说，埃及似乎急于通过亚喀巴与沙特阿拉伯在陆上接壤。

布罗西奥说，埃及的确有此愿望，而且以色列不难把亚喀巴让与埃及，因为该地在军事上不很重要。他又说，以色列在巴勒斯坦的阿拉伯难民问题上也应当与阿拉伯国家和解。然后他接着说，他不知道他的政府在以色列与阿拉伯各国之间的争端方面将如何行事，但是他将建议其政府，除非双方都提出要求，否则就不要出面调解。

我说，由于犹太人在美国的影响，又由于美国不愿与阿拉伯人为敌，我认为中东局势给美国带来了一个非常棘手的问题。

这位意大利大使说，由于英国看来渴望不支持任何一方和不介入争端，阿拉伯国家的处境更为困难。

我认为如果以色列与阿拉伯各国之间发生战争，英国与约旦和伊拉克的联盟将置英国于为难的地位。

布罗西奥说，这正是英国急于把问题交给美国处理的又一个原因。至于共产党在中东的影响问题，他认为该地区目前的局势不是共产党造成的，但是会被他们利用。民族主义情绪非常强烈，共产党正在利用这种情绪追求其本身的目的。

我接着询问了意大利对北非，特别是对摩洛哥局势的态度。

布罗西奥答道，意大利政府出于政治上的考虑正在支持法国。然而，非洲穆斯林的民族主义情绪非常强烈，他个人认为法国在应付该地区民族主义情绪高涨方面所做的事情太少了，而且太晚了。

在这次招待会上，我还与日本大使井口贞夫畅谈。他问我对目前在日内瓦的外长会议有何看法。

我回答说，我认为会议对德国统一、欧洲安全和裁军等问题都不会有多少成果，很可能在放宽贸易壁垒和旅行限制问题上达成某种协议。在我看来，美国人过分看重了起源于7月间四国首脑会议的所谓日内瓦精神。

这位日本大使说,美国政府很了解国内的这种普遍情绪。

我说,值得注意的是近几周来美国政府终于看到了在共产党微笑的后面缺乏实质性的东西,而且开始告诫不要对外长会议的可能结果持过分乐观态度。接着,我询问了伦敦苏日会谈的进展情况。(我指的是当年6月开始的两国关系正常化的谈判,这个谈判后来在12月又结合着苏联把日本排除在联合国接纳新会员国的一揽子交易之外的动议进行讨论。)

井口回答说,谈判处于僵持状态。苏联代表马立克仍在纽约;松本大使现在东京,要12月才返回伦敦。会谈业已停顿,而且即使以后恢复,他认为也不会产生任何结果。苏联人暗示,如果日本人像西德那样前往莫斯科与他们谈判,他们就会向日本让步。但是他认为日本政府恐怕不会接受这个建议。

井口接着告诉我说,驻台北的芳泽大使将由前外务省次官、驻美大使崛内谦介接替。

我问到芳泽大使是否将退出公职,因为我最后一次在台北见到他时,他依然精力充沛。井口回答说,芳泽返回日本后将参加来年初的日本参议院竞选。

约一周之后,我设宴为陈之迈送行。他最近被提升为驻马尼拉大使,即将赴菲律宾就职。其他客人有助理国务卿饶伯森、纳尔逊·约翰逊夫人、助理国务卿乔治·艾伦、助理国务卿帮办威廉·西博尔德、中国科科长马康卫、韩国公使夫人、菲律宾大使馆公使衔参赞卡林戈夫妇、越南大使馆伊丽莎白·邓小姐,以及康斯坦丁·布朗夫妇和谭绍华夫妇。

在介绍中,我提议为陈之迈夫妇举杯祝酒。我讲述了他在华盛顿大使馆九年多来对我的宝贵帮助。我还说,他将前往我国的友好邻邦菲律宾领导我国使团。我提到了菲律宾和中国都是美国的亲密朋友,正如韩国和新的越南共和国既是我们的朋友,也是美国的亲密朋友一样,而美国作为自由世界的领袖,在远东起着重要的作用,我又说,负责这个地区事务的饶伯森先生常常感到头痛,但是当时更大为头痛的是负责中东事务的乔治·艾伦先生。(埃以危机,以及苏联集团向埃及出售武器。)我说,这使他们之间有了更加密切的联系。我说,我确信饶伯森将关切地注意中菲之间友好关系的发展。

饶伯森应我之邀发言。他谈到了他在中国的经历以及他对中国文化与文明的高度赞赏。然后按照事先安排,陈之迈起立致答辞,并向我和我的夫人祝酒。他叙述了他在华盛顿作我的助手的宝贵经历,以及我在北京任外交总长时,他父亲曾在我手下任职,他父亲经常嘱他学习我的榜样,熟练地处理中国的外交难题。助理国务卿艾伦、菲律宾的卡林戈、韩国的公使和越南的伊丽莎白·邓小姐都讲了话,而且讲得都很好。饶伯森的手彩魔术像往常一样使来宾都很开心。

就在那天早晨,《纽约时报》刊登了一则华盛顿 11 月 7 日电讯。据该电讯称,美国官员刚刚承认了日内瓦的中共代表曾向美国建议发表放弃以使用武力为推行国策的手段的联合声明。电讯还称,共产党同时还提出了另一项建议,内容是在美国以三项让步为交换的条件下,中共保证尊重美国在亚洲的领土利益。这三项让步是:(1)从台湾海峡撤出第七舰队;(2)撤销对蒋委员长的支持;(3)取消对共产党中国的贸易禁运。但据电讯称,国务院拒绝对第二项建议加以评论。然而电讯称,据自"权威方面"获悉,美国本身并不反对发表一项所建议的声明,但中共的类似声明不能令美国满意,除非声明中特别阐明中共不诉诸武力以"解放"台湾。

《纽约时报》文章的本身显然是由伦敦、澳大利亚和其他各地有关日内瓦双边会谈进展的一系列电讯引起的。伦敦一家早报曾声称,会谈中的"僵局已经打破",并归功于中共的一项建议,即中共可能在一定条件下准备放弃使用武力解决领土问题。据该报称,此项建议是两周前提出的,而且是由"共产党方面"向伦敦《工人日报》"透露"的。澳大利亚的一则电讯宣称,有关放弃使用武力的一项协议已在日内瓦达成。欧洲的其他报导称,杜勒斯国务卿和周恩来同意 1 月份在日内瓦会晤,美国还同意讨论解除对中共的贸易禁运问题。

在为新任命的陈之迈大使举行的晚宴上,当我向西博尔德探询日内瓦双边会谈的最近进展情况时,他悄悄告诉我,他打算再和我谈一次,以使我了解最新动态。他说,并无进展。他对澳大利亚的新闻电讯极为烦恼;该电讯的大意是,在日内瓦已对放弃使用武力问题达成协议。他说这根本不是事实。莫洛托夫在外长会议上的新的"一揽子建议"也令人大失所望。这使得饶伯森与艾伦出席晚宴都迟到了,因为他们与代理国务卿胡佛一直会商到晚上八点十分。

四大国外长会议在短暂休会后,当天在日内瓦刚刚复会。来自日内瓦的初期报导对继续会谈议程的第一项,即欧洲安全与德国统一问题,持乐观态度。而接着就是莫洛托夫在一次长篇发言中,断然拒绝了西方所有关于德国统一的建议。他实际上是宣称除了苏联方案之外,别无解决办法。根据日内瓦的报导,苏联方面这种毫不愿意让步的态度,使得杜勒斯要求再次休会以仔细考虑苏联的立场。

次日,11 月 9 日早晨,各报报导称,日内瓦的一位美方高级人士断然否认美国与中共的会谈讨论已达到杜勒斯与周恩来的会晤指日可待的时刻。同一人士还否认杜勒斯与周恩来曾就这样的会晤交换信件。显然,这些声明都出自约翰逊大使的总部,目的是平息近日来到处流传的大量谣言。

当天下午,我访晤了西博尔德。马康卫也在座。西博尔德再次表示他请我相见,为的是把日内瓦双边会谈的最新消息告诉我,尽管实际上没有多少可以相告。

我说,据来自日内瓦的最新报刊消息称,双方似乎已达成某种协议,我想知道消息的真实程度。

西博尔德说,真实情况是没有多大变化。美国依然致力于释放拘留在共产党中国的余下的美国公民。在原来的四十一人中，双边会谈开始后的最初几周内，共产党曾宣布释放十二人。剩余的二十九人中，有十二人先后获得了自由。但仍有十七人被拘留在共产党中国。（十六人在狱中，一人软禁在家中。）约翰逊大使一直坚决要求释放他们，但近几周来毫无进展。

我问道，根据王炳南本人发表的公报，不使他们获得自由的理由是什么。

西博尔德说，王炳南没有提出正当理由。他只是解释说，这些人违犯了中国法律，为了释放他们，司法当局首先必须审查他们的案件。西博尔德认为是共产党故意拘留他们作为政治人质，以迫使美国让步，因为王炳南本人曾反复申明，如果会谈情况好转，这些人可以很快释放。

我说，我听说王炳南一直在迫切要求达成一项另外举行一次杜勒斯与周恩来之间的部长级会谈的协议。

西博尔德说，王炳南曾经坚持这一点，但已经告诉他，这个问题不在会谈范围之内，因为这不是两国争论中的问题。如果王炳南想使会谈讨论这个问题，就必须把它作为一个不同的单独问题予以提出。不管怎样，目前约翰逊大使无意在日内瓦讨论这个问题。

我说，据某些报刊报道，双方一直在起草一项联合声明。

西博尔德说，两周前，王炳南确曾提出中共方面准备的声明草稿。该声明的措词看来就像是中共提出这项声明以供美国表示同意和含蓄的政治承认。然而美国拒绝予以讨论。

我问道，王炳南曾否提出台湾问题与拟议中的放弃以武力为政策手段的声明相联系。

西博尔德作了肯定的回答。他说，王炳南明确表示北平政权认为这是内政问题，拟议中的声明不适用于台湾。西博尔德还告诉我，美国拒绝接受中共的声明草稿，并通知王炳南称，该声明草稿是完全不能接受的。他又说，美国现正准备另一份草稿。

我问道，美国的草稿是联合声明的形式，还是由分别发表。

西博尔德答道，那将是单方声明形式，并分别发表，但将用完全相同的辞令。

我询问声明中是否会提到所谓台湾问题。

西博尔德说："会的。"他说，所用词语将为"一般地和特别在台湾地区"。

我说，既然美国过去未曾诉诸武力，我不明白为什么美国应当发表这样一个意向的声明。

西博尔德说，美国不反对发表这样的声明，因为美国的一贯政策是不用武力处理国际关系。实际上，美国是凯洛格非战公约和联合国宪章的签署国之一。此外，美国一直想使北平政权发表这样的声明。他接着说，美国的草稿现已备妥，并已由约翰逊大使呈交杜勒斯国务卿审批。然而西博尔德不能肯定草稿能否保持呈交的原样，因为杜勒斯可能予以全盘否定或者加以修改。他还说，美国因报端披露拟议中的声明而感到烦恼。美国曾允诺对此事保密，而且并未发表任何这方面的消息。

我说，《纽约时报》上以华盛顿电头报道了整个事情。

西博尔德说，他注意到了。但他指出，所载文章不是国务院发表的。他记得一位《纽约时报》记者曾用电话向国务院询问此事，结果一无所获。

我说，我注意到文章所述与西博尔德刚刚告诉我的基本一致。

西博尔德表示同意。他知道是伦敦《工人日报》发表了日内瓦会谈情况的报道，而且他确信该报是从共产党方面获得的。《纽约时报》上所写的实际是《工人日报》所登消息的改头换面。他认为是共产党方面故意透露消息，为的是造成这样一种印象，即拟议中的放弃使用武力的声明是由共产党主动提出讨论的，或者是以此作为试探舆论的行动。

此外，西博尔德接着说，约翰逊大使仍在催问在共产党中国的四百五十名美国军事人员的问题,并坚决要求北平说明他们的情况。然而王炳南拒绝讨论此事。他声称军事人员问题在朝鲜停战谈判期间已完全解决,若要再次予以提出,则应提交朝鲜停战委员会。另一方面,美国政府坚决要求中共说明这些人的情况,因为根据他们之中有些人在共产党中国的广播节目中出现以及其他一些报道来判断,他们之中还有人活着。然而王炳南断然拒绝讨论这个问题,尽管美国意欲使用一切办法敦促此事。

我询问关于贸易禁运问题的讨论有否进展。

西博尔德作了否定的回答。

我询问美国是否准备开列可以解除禁运的货物名单。

西博尔德再次予以否定。他说,这个问题是北平政权列入议程的,因而应由王炳南提出清单,但迄今尚未讨论这个问题。

我说,日内瓦会谈已进行三个多月,而仍毫无进展,也许不如予以终止。

西博尔德说,他不这样认为,因为会谈还是有某种作用的。他以提出在共产党中国的四百五十名美国军事人员问题为例,说明会谈是有用的。会谈中,美国还可随时察觉北平的态度。他还说,除此以外,美国不愿突然中断会谈。然而开会的次数已经减少,目前每周只举行一次会谈。

我接着询问了日内瓦外长会议的最近情况。这是我最后一个问题。

西博尔德答道,昨夜得到了最新消息,而且不是好消息。当天他未收到消息,但根据昨夜收到的消息。大肆宣传的莫洛托夫从莫斯科带回来的"一揽子建议"一点也不好。

11月10日,我前往缅因州刘易斯顿访问,目的是在贝茨学院发表讲话。该学院正在举行它的"大使会议"。我在下午三时左右到达波特兰,贝茨学院院长查尔斯·菲利普斯的助手阿内特博士前来接我。他用他的汽车送我和陪同我的顾毓瑞前往刘易斯顿。我们从城里开出不到三英里,汽车就坏了,尽管阿内特说那是辆新车。他只得去找美国汽车协会的人,那人一小时之后才来修理。我们于下午五点十五分到达刘易斯顿。一到学院,就把我安顿在女生宿舍。那是一幢私人住宅式的建筑。我住在顶楼的一间舒适的房间,由女管家掌管。当晚,菲利普斯院长夫妇为我举行宴会,来宾包括刘易斯顿的一些头面人物。晚宴后,我们就前往参加我将发表讲话的集会。

在讲话中,我预言目前日内瓦外长会议不会达成东西方之间的任何重大协议。我认为很有可能会议不久即将不了了之,并将一些未决问题留待将来的会议解决,以免造成彻底失败的印象。我说,共产党一直力图造成这样的印象,即他们希望与世界各国共处和做买卖。然而苏联对世界事务的处理表明国际共产主义只是采取了新的战略以追求其称霸世界的根本目的。我列举了大量实例,以证实我的观点。然后我说:"总之,共产党也许表面上放弃了冷战,然而实际上他们正以其他手段继续进行冷战。"我说,冷战的这种形式比威胁与武力政策更为危险,因为它造成一种莫须有的形象,似乎和平即在眼前,从而诱使世界人民产生一种虚假的安全感。

后来的情况表明,我对外长会议的预言基本上是正确的。日内瓦的四大国会议于 16 日夜结束,议事日程上的各项没有一项达成协议,各方都把失败归咎于对方,而且也未商定新会议的日期。

我讲话时听众有约四百五十名学生和另外一些来自市内和附近地区的人。看来他们都听得聚精会神,津津有味。讲话后,他们提了一些有关的问题,提问与解答的时间持续了二十分钟左右。然后有人陪同我到约八英里外的波兰泉,以记者采访的方式发表电视广播讲话。我这样做是前任缅因州长、当时美国驻巴基斯坦大使霍勒斯·希尔德雷恩先生的主张,但当时他已在返任途中,未能出席。我于夜间十一点三十分左右返回住处。这对那个年代的女学生来讲是非常晚了。当我按铃时,有一位睡得特别警醒的女生穿着晨衣出来为我开门。

第二天早晨,我七点前起床,可是附近宿舍的学生已经挟着或拿着书本在大雪中涌向食堂。我得知他们是去吃早点,然后再去教堂。他们真是早早地开始了一天。我不知这种天气能否飞回华盛顿,但顾毓瑞查询了波特兰机场,得知没有问题。我们于早晨八点十五分动身,阿内特博士乘另一辆车送行。我们到达波特兰,及时赶上了直飞纽约的飞机。在飞往纽约的半路上,忽然阳光灿烂,碧空晴朗,这使我们更放心了。我们准时到达纽约。顾毓瑞为探望朋友,暂留纽约。我乘另一架飞回华盛顿参加欢迎艾森豪威尔总统从丹佛归来。他自9月24日患心脏病后,一直住在丹佛。

在军事空运局的军用机场聚集了大批高级官员、头面人物和各国使馆的负责人。各国使馆负责人的到来是出于外交使团团长的建议。国务院曾经很周到地请他提醒我们总统的返回。我与古巴、玻利维亚、委内瑞拉、智利、南非、韩国和日本的大使闲谈。艾森豪威尔总统的专机、大型的"哥伦拜因"号从明朗的蓝天下降时,十分美观悦目。飞机降落时,前总统胡佛、副总统尼克松和国防部长威尔逊趋前欢迎艾森豪威尔夫妇。接着,总统被引导到话筒前讲了几句感谢的话后,就立即登车。汽车徐徐开向我站在其中的人群时,我们让开了一条路。汽车离我很近时,我举起了帽子。总统左右转身向欢迎的人致意。他看见并认出了我。他立即就伸出来握手,可是他发现是一辆塑料顶的车,而不是敞篷车,于是他就挥手示意,我则躬身致意。我离开机场,遇到了小威廉·伦道夫·赫斯特夫妇。他们问我可否让他们搭车,因为他们的车停放得较远,很难穿过人群走到车旁。我很高兴地让他们上车。随后,我前往国民机场,飞往纽约出席刘锴约请的晚宴。这真是漫长的一天。

当天早晨,《纽约时报》的一篇文章报导说,约翰逊大使于11月10日在日内瓦戳穿了"中共试探舆论的行动",他们说周恩来与杜勒斯国务卿的会晤可以看作是实际可行的,以及如果不是专指台湾,美国会与共产党中国就放弃以使用武力为推行国家政策手段的声明进行谈判。文章还说,"据高级人士"称,美国认为只有中共释放了拘留在大陆的美国人,双方才能解决其他争论中的问题。

11月16日,我收到了外交部几封关于日内瓦双边会谈的电报。台北对美国有意与中共联合发表放弃使用武力的声明的报道,不论声明采取何种形式,都十分关注。事实上,我早在10日曾收到外交部的另一封电报,嘱我查明情况。当然,我已于9日与西博尔德交谈时提出了这个问题。因此,在复电中,我请外交部参阅我有关那次交谈的电报汇报。那封去电很可能刚好与外交部来电交叉而错过,也可能是外交部看到了我的电报汇报,但对西博尔德告我的情况真相仍不放心。政府决定以叶公超部长的名义致函杜勒斯国务卿,对美国的意向表示反对。我于16日收到的一封电报包括这封致杜勒斯函的全文,另一封电报则是叶公超的说明。

说明电称,叶公超曾约请蓝钦大使于台北时间11月17日上午十时会见,以便将致杜勒斯函面交蓝钦转交,并向蓝钦全面说明我们对此事的立场。根据来电,致杜勒斯函的内容如下:

亲爱的国务卿先生:

我国政府关切地注视着日内瓦有关遣返(战俘)的会谈的最近发展情况,特别是据传美国准备发表一项约定的声明,其内容为一般地和特别在台湾地区放弃使用武力,与中共采取的相应行动相平行。

我们完全有理由认为,这样一个声明即使由双方各自单方面发表,亦将不可避免地被共产党解释为美国走向承认中共政权的又一步,而且将被中国大陆人民以及自由世界视为如此。这将有利于提高北平政权在内部及外部的声望,而有损于中华民国的国际地位,并可能进一步损害自由中国在台湾及海外的民众士气,尤其是其战斗部队的士气,这种士气从日内瓦会谈一开始已受到不利的影响。

美国明确声明放弃在台湾地区使用武力,这似乎是暗示美国一直在用武力侵犯该地区,而且还有助于证实中共经常重复的美国侵略台湾的指责。这实际上等于承认美国方面对台湾海峡的目前局势负有同等责任,而本来是应当并必须由中共单独负责的。

可以回想一下,周恩来于1955年7月30日在北平的所谓人民代表大会的讲话中,详述了"和平解放"台湾是"战争"或使用武力的一种替代办法。显然,许多月来中共一直期待有机会提出一个同美国政治解决台湾问题的办法。我们估计,中共在日内瓦的代表将通过同意美国放弃使用武力的建议,试图开始政治解决台湾问题的谈判。

考虑到上述情况,中国政府真诚希望美国政府能设法避免达成上述的约定声明,并拒绝中共可能提出的任何旨在政治解决台湾问题的谈判。任何这类建议的讨论将严重危害中华民国的权利、要求和基本利益。

叶公超启

第二天即11月17日,我访问了助理国务卿饶伯森。我的主要目的是与他讨论联合国接纳外蒙古的问题。我还告诉他,我希望趁这次会晤的机会向他询问日内瓦双边会谈的情况以及在我上次与西博尔德面谈后是否有何进展。

饶伯森答道,尚无新的进展。美国方面仍坚决要求释放拘留在共产党中国的美国公民。北平政权又释放了一些美国公民,但是他们都属于四十七名变节者名单上的人。这些人的名字不在美国提交的名单之内,美国不想与他们联系。美国提交的十七人名单中,十六人在狱中,一人软禁在家中。英国代办只能探望其中的一人。

我说,我获悉前一天在日内瓦又举行了一次会晤。饶伯森说,国务院尚未接到约翰逊大使关于此事的报告。我于是说,我从西博尔德处得知,美国正就放弃使用武力问题起草声明。我询问草稿已否由国务卿批准以及已否提交会议;如已提交,采取的是什么形式。

饶伯森答道,草案已提交会议。草案实际是由杜勒斯本人拟定的。

我询问草案是否保留了"一般地和特别在台湾地区"的词语。

饶伯森作了肯定的回答。

我接着说明了我国政府十分关注有关放弃使用武力问题的讨论和双方发表同样声明的计划。我对他说,叶公超外长已就此问题致函国务卿并正请蓝钦大使转交。

饶伯森说,信件尚未收到。

我说,关于发表放弃使用武力声明的问题,我不明白为什么美国同意也发表声明。美国要求北平政权发表声明是可以理解的,因为北平政权一直在执行侵略政策,尤其是在朝鲜,还因为它一直在威胁进攻台湾。如果美国也发表声明,就会造成这样一种印象,即美国过去也一直在进行侵略,而这当然是不真实的。换言之,我不理解为什么这个声明必须是相互的。

饶伯森说,这对美国来讲并不新鲜,因为和平政策一直是美国的政策。此外,作为联合国的会员国,美国负有不诉诸武力的义务。

我说,美国是联合国的会员国,因而负有遵守宪章条款的义务,这一事实本身就足以证明美国的和平意向。

饶伯森说,他确信我作为东方人懂得保全面子的问题。北平政权最初曾建议就不诉诸武力问题发表联合声明,正如它曾建议就美国公民与中国公民有离开中国和美国的自由问题发表联合声明一样,9 月 10 日关于后一问题的公报也是相互的形式。

我说,就放弃使用武力发表公开声明涉及国家的政策。如果双方平等地发表声明,共产党就会声称这是打算作为美国承认北平政权的一个步骤。再者,这将提高北平的声望,而同时降低美国的声望。我还担心,如果美国以与北平政权相同的措辞发表一个不使用武力的声明,这还会削弱中美共同防御条约的作用。我说,我对军事战略战术一无所知,但我认为如果共产党进攻沿海岛屿或者台湾和澎湖列岛,中国军队就会抵抗,而且必要时会实行所谓"穷追",而这转过来又会使共产党扩大军事行动;或者,国军会认为有必要对共产党的进攻予以反击,这也会使共产党进一步扩大攻势,从而需要履行共同防御条约。

饶伯森说,如果共产党进攻台湾及澎湖,美国参加防御是毫无疑问的。这是在条约中明确的,而该条约依然是适用的。

我说,还有共产党进行颠覆的可能性,例如郭廷亮上校案件。① 此人由共产党派来煽动国军暴乱和叛变,从而造成一种可能要求美军协助的局面。

饶伯森说,颠覆不在该条约范围之内。中美共同防御条约与东南亚共同防御条约不同,后者明确规定了防止颠覆的措施。中美共同防御条约并未规定在中华民国政府本身的军队采取颠覆与反叛手段时,需由美国予以援助。

我说,我关心的只是由北平政权派遣特务煽动的颠覆活动。

饶伯森再次指出,该条约只涉及外部的进攻。

我问道,如果共产党同意发表放弃使用武力的声明,美国政府下一步作何打算? 美国是否将接着与北平开始讨论所谓台湾问题的政治解决办法? 我确信这种讨论将严重危害中国政府的权益。

饶伯森说,美国曾反复保证并公开声明决不与北平讨论任何涉及中华民国权益与要求的问题。他可以向我保证,美国政府将直截了当地拒绝开始这类谈判。

我说,我很高兴再次得到这个保证。

---

① 原注:这个案件与第十一章第三节所谈的孙立人将军案件有密切联系。

饶伯森说,此外,中共不可能接受美国发表声明的方案。正如他已提及的,美国的草案是杜勒斯本人起草的。杜勒斯是一位非常优秀的国际律师。饶伯森认为共产党不会接受美国的草案,正如美国完全拒绝讨论中共的草案一样。

外交部接到我汇报这次会谈的去电后,立即回电证实我有关共同防御条约适用于颠覆事件的印象。我曾在回到大使馆后,亲自查阅了该条约。条约的第二条明确包括共产党的颠覆。而且,正如外交部所指出的,在这一点上,我们的条约比东南亚条约组织的条约清楚得多,具体得多。因为后者只是提到颠覆活动,而未清楚说明共产党的颠覆活动。

外交部来电说,既然助理国务卿饶伯森在这一点上的说明与事实不符,我可酌情告诉他。

我再次见到饶伯森是 1955 年 12 月 6 日在国务院。我要求约见以讨论三件事。第一件涉及海牙常设仲裁法庭的常设行政理事会。中国是理事会的理事。该理事会由各缔约国驻海牙的大使组成。海牙是荷兰政府所在地,也是常设仲裁法庭所在地。这样组成的理事会每年开会一次,以讨论和通过常设法庭和国际法院所在大厦的管理费用的必要预算。然而由于荷兰与中华民国断交并承认共产党中国,海牙就没有中华民国大使参加理事会会议了。中国政府曾试图派驻在附近的布鲁塞尔的大使出席会议,但是荷兰政府表示反对,声称这不符合理事会的规约规定。这就成了一个未决问题。他们搬走了理事会会议中的中国坐椅。(每个参加该理事会的建立规约的国家都有一张带有其盾形纹章的坐椅。)但中国赠送陈列在常设理事会举行年会用的大厅里两个约和我一样高的景泰蓝大花瓶,却和其他政府的赠品一样,仍然摆在那里。

我于 12 月 6 日访问饶伯森时,该理事会即将开会。如我向饶伯森所说明的,问题在于据传荷兰政府已邀请中共政权驻海牙代办参加会议,大概是以中华民国政府在海牙没有外交代表为借口。如果所传可靠,则荷兰政府的行动违反了和平解决国际争端的 1907 年海牙公约的第 49 条。根据该条,荷兰外交部长只不过是主持理事会会议,而有权安排程序规则和其他全部必要规定的则为常设理事会。我接着说,理事会是由各缔约国驻海牙的外交代表组成的。荷兰承认北平共产党政权和撤销对中华民国政府的承认,这一事实并不授权荷兰政府擅自邀请中共代表参加会议,因为尽管中华民国受荷兰的阻挠而未能在海牙保留外交代表,但他仍为缔约国之一,因而有与其他缔约国同样的权利和特权。我还说,我已备妥一份备忘录,概述我国政府对此问题的意见,并请求美国代为向荷兰政府说项,以使我国政府能派代表参加即将召开的理事会会议。

饶伯森说,他同意我的陈述,而且也认为荷兰政府不应当采取这种独断行动。

马康卫说,国务院根据美国驻台北大使馆的要求,曾电嘱美国驻海牙大使馆向荷兰政府提出此事,并已得到答复。答复表明荷兰政府感到难以承认中国政府派出参加理事会会议的代表,并有意邀请中共驻海牙代表参加会议,但尚未向他发出邀请书。

我说,我感谢美国驻海牙大使馆所进行的查询。我认为荷兰政府承认参加理事会会议的中国代表不应有任何困难,因为这不涉及荷兰政府给予北平政权的那种政治承认。我又说,理事会是根据海牙公约设立的,该公约是一种多边协定,理事会会议具有国际会议的性质。如果荷兰政府反对中华民国的代表参加,此事应当提交整个理事会决定,荷兰政府本身不应对此事作武断的决定。

饶伯森认为,正如我所说明的,事实和证据有利于中国。他说,国务院将电嘱美国驻海牙大使立即再次向荷兰政府提出此事。

我接着提出了我准备讨论的第二件事情,即日内瓦双边会谈。我表示希望听到有关会谈迄今发展的实际情况的另一次简要介绍。我说，几天前，我看到纽约一家报纸刊登的一篇报导。撰稿人赫伯特·埃利斯顿是《华盛顿邮报》的编辑。他对中国不友好。据该报道称，日内瓦的中共代表提出讨论的不仅有联合国接纳北平政权的问题，而且还有美国承认中共以及召开更高级会议的问题，报道又称，国务卿认为这些建议是不能接受的，因而已决定吩咐美国代表中止会谈。我不知该报道的真实性如何。

饶伯森回答说，这个报道完全不真实。共产党代表既未提出承认问题，也未提出联合国接纳问题。即使王炳南予以提出，美国也不会与他讨论这些问题。饶伯森说，他不明白为什么蒋委员长和叶公超外长总是怀疑美国会谈及这些问题。美国总统和国务卿都曾一再在记者招待会上声明，美国在日内瓦不会与共产党代表讨论任何可能涉及中华民国权益的问题。饶伯森补充说，他本人最近在印第安纳波利斯举行的美国对外政策协会会议上发表的演说中，曾清楚地说明美国反对接纳共产党中国加入联合国并反对给予它外交上的承认。（后来他寄给我一份讲稿，供我详阅。）

我说，台北的心情是不难理解的。双边会谈已持续四个多月。台北自然想知道在这么长时间里究竟谈了些什么以及究竟有何进展。

饶伯森回答说："什么也没有。"但是，他说，美国无意中断会谈。原因是想尽一切可能使仍拘留于共产党中国的美国公民获释。他确信我会同意这个目的是正当的。

我表示同意，并且说，虽然通常把耐性视为亚洲人的美德，但具体到当前这件事情，美国在日内瓦的代表持续对话时间如此之长而成效如此之微，确实是表现了极大的耐性。

饶伯森说，美国不得不耐心，以期下余的美国公民能离开共产党中国，因为这是唯一的办法，而美国不愿意使他们之中的任何人任凭共产党摆布。

我认为会谈的拖延正在产生某些不良影响。比如，有几个国家,如意大利和叙利亚,在会谈之前一直不承认北平政权,现在则正与北平暗中勾搭。他们的理由是,既然美国显然为了就日后关系达成一项协议而在日内瓦与北平代表进行着认真谈判,那么,他们就应当早日采取与红色中国友好的步骤,以免落在后面,而不得不在日后追随美国的先例。

饶伯森说,他知道有些国家怀疑美国在双边会谈中的意图,但是美国政府已一再指示驻外外交代表向驻在国政府解释美国继续进行会谈的真实目的,以免他们误解。

我询问是否中共代表已接受美国的发表放弃使用武力声明的建议。

饶伯森答道,中共笼统地同意发表一个声明,但是他们坚持认为台湾问题和台湾地区是北平与台北的内部事务,而不是国际问题。然而美国对此不能同意。饶伯森说,美国认为台湾地区的安全完全是国际问题,因为美国与中华民国订立了共同防御条约,因而只要中共对台湾或澎湖采用武力,便同时涉及美国。另一方面,中共反复宣称,缓和台湾地区紧张局势的唯一办法是美国从台湾撤出第七舰队和军事援助顾问团。这些要求是美国完全不能接受的。美国不仅拒绝讨论这些要求,而且还坚决要求在拟议的中共声明中明确提到台湾。

我说,我曾获悉中共要求美国发表一个类似的声明。我想知道美国是否同意;如果同意,声明以什么形式发表。

罗伯逊说,美国作为联合国的会员国,已同意不使用武力。中华民国也承担了同样的义务。美国一直按此原则办事,因而不反对公开予以重申。

于是我说,联系饶伯森方才提到的中美共同防御条约,我记得上次交谈时,我曾说该条约不仅适用于中共对台湾或澎湖的公开进攻,而且也适用于从外部指挥的共产党特务的颠覆活动。

饶伯森记得他曾表示颠覆活动不在条约范围之内的看法。

我说,我那时曾认为不是这样,而且现在发现条约第二条的内容提到了共产党的颠覆活动,这就使条约同样适用了。

饶伯森很惊异。他转身要求马康卫予以证实。马康卫说,条约中确有此说。饶伯森派人取来副本。他和我仔细看了第二条,内容如下:

> 为期更有效达成本条约之目的起见,缔约国双方将个别并联合以自助及互助之方式,维持并发展其个别及集体之能力,以抵抗武装攻击及由国外指挥之危害其领土完整与政治安定之共产颠覆活动。

饶伯森接着细看了条约的其余部分,并指出了第五条,其内容为:

> 每一缔约国承认对在西太平洋区域内任一缔约国领土之武装攻击,即将危及其本身之和平与安全,兹并宣告将依其宪法程序采取行动,以对付此共同危险。

他认为第五条要求双方采取行动以应付武装进攻,而第二条则只是规定"缔约国双方将个别并联合以自助及互助之方式,维持并发展其个别及集体之能力,以抵抗武装攻击及由外国指挥之危害其领土完整与政治安定之共产颠覆活动"。因此,他认为两条有很大差别。

马康卫说,第五条要求双方派遣武装部队抵抗武装攻击,而第二条只规定自助和互助。

我说,在我看来,虽然两条有区别,但区别在于共同抵抗的时间选择问题。根据第五条,如有在西太平洋地区针对任何一方领土的武装攻击,各方应依照其宪法程序采取行动以应付共同的危险,而根据第二条,则对武装攻击和共产颠覆活动的最初抵抗必须由承受方进行,如果其抵抗力量不足,则要求缔约的另一方予以援助。在这一点上,我回顾了郭廷亮案件。他是大陆共产党的特务,在台湾从事颠覆活动,并被及时发现,而使其阴谋未能得逞。

饶伯森问道,郭是否真正承认了这种颠覆活动,他的阴谋是否有证据。

我作了肯定的回答。我说,查获的郭的日记清楚地表明他所联系的军事单位的番号以及他所罗致的协助他执行阴谋的各军官的姓名。

饶伯森显得很惊讶。他询问对那些人是如何处置的。

我说,逮捕了约一百零三名军官,其中除七八名直接参与阴谋的军官现正审讯中外,均已释放。孙立人将军本人受到了宽大处理,对他未予惩罚。

饶伯森似乎对释放大多数被捕的人感到高兴,对孙立人将军的处理尤为高兴。

我说,该阴谋企图发动武装叛变,很可能成为非常严重的事件,也许单靠中国政府本身的抵御是不够的或无效的。如果发生这种情况,看来就适用中美共同防御条约,以共同防御台湾与澎湖。

饶伯森再次说,中美共同防御条约的第二条与第五条差别很大。然而他承认他不是国际律师,也许对这两个条款的解释并不正确。

我说,我不想把这一点强加于人,特别是我们目前的讨论实际上是学术性的,但我想请饶伯森注意条约第二条关于抵抗由外国指挥的共产党颠覆活动的提法。我说,第二条实际上并无新内容,因为那是根据东南亚条约组织的条约中一个类似的条款,而后者是在中美条约之前缔结的。

我们这次相当长的交谈的其余部分涉及联合国的外蒙古问题。在这个问题上,饶伯森对于我国拒绝接受艾森豪威尔总统与杜勒斯国务卿的呼吁,表示失望和烦恼。他们呼吁我们不要在安理会使用否决权以阻止外蒙古进入联合国。综合我所提出的三个问题并从美国对其中外蒙古与日内瓦双边会谈两个问题的立场来看,可以想象当时台北感到何等窘迫。

12 月 7 日晚,乌拉圭大使莫拉夫妇为乌拉圭议长夫妇正式访问美国举行招待会。我知道乌拉圭政体与瑞士差不多,即就其本身而言,没有总统,只有国民议会议长;议长是由议员间推选的,而议员是普选产生的。行政权力属于作为一个机构的国民议会。这位议长四十四五岁,讲西班牙语。我们交谈时,由乌拉圭大使翻译。

我在招待会上见到了土耳其新任大使海达尔·格尔克。他通知我,他已向艾森豪威尔递交了国书,而我不知道他是怎么递交的,除非他曾前往丹佛或葛底斯堡。但萨尔瓦多大使卡斯特罗告诉我,格尔克、菲律宾的罗慕洛将军和另外两三位递交国书是由国务院特别安排的。他们都将国书面交国务卿,并由国务卿通知他们,他们的驻美大使身份随之即得到总统的承认,但总统需俟健康情况允许时接见他们。

在此以前,我于 11 月 16 日接待了南越大使陈文柯。他仓促来访,目的是通知我南越政府愿与中华民国互换外交使团。我致电外交部汇报了会晤情况。

12 月 8 日,我与一位陈敦陞先生就印度支那的一般情况进行了一次有趣而有益的交谈。他是西贡华人商会会长,原籍厦门。这是他第一次访美,但他曾多次访问法国。当问到南越的局势时,他对我说,当时的总统兼总理吴庭艳颇受欢迎,他征服了三股叛乱势力,即和好、高台和宾徐雁,这三个集团都得到法国的暗中支持,法国不愿南越获得真正的独立。只有美国人真正盼望看到吴庭艳成功。法国内心仍希望挽救他们在印度支那的既得利益,他们正与北方的胡志明和南方的持不同意见分子暗中勾搭。

陈先生近期曾前往巴黎,与法国殖民部长交谈,目的是了解如果有朝一日共产党侵占该半岛,法国是否愿意接纳华人实业家和商业界领袖。陈解释说,他们将无处可去,因为新加坡和香港同样受到威胁,而在台湾则投资没有多少前途。他说,法国殖民部长向他保证欢迎他们前往法国或法属赤道非洲,因为几十年来华人一直与法国商业界、银行界和实业界领袖密切合作,并且对发展印度支那经济起了重要作用。陈对我说,印度支那的约一百万华人,一般都很害怕有可能被共产党征服。他们想走而无处可去。他不相信美国会把他们作为难民予以收留。

在美国,陈敦陞应国际合作署和美国商业部的邀请,就印度支那的情况作了简要的介绍。他强调了印度支那局势的危急性和共产党统治的危险,除非美国专心一意地予以支撑并向南越提供慷慨的援助,不仅增强南越的军事与政治力量,而且保证其经济安宁。陈说,美国首先应当把维持印度支那货币的责任接过来。法国人一直负责保持十皮亚斯特对一法郎的比价,但到本年年底他们就不再负责了。除非美国插手支撑皮亚斯特,币值很可能下跌,从而造成老百姓的苦难,使他们很容易成为共产党宣传与渗透的受害者。他说,美国人对他的讲话印象很深。

一周之前,我参加了古巴大使坎帕和他的女儿坎帕·阿瓦霍夫夫人为纳尔逊·洛克菲勒夫妇举行的宴会。其他来宾有印第安那州参议员凯普哈特夫妇以及尼加拉瓜和萨尔瓦多的大使。凯普哈特说,他热爱人民,总愿意使人们幸福。他邀请我们所有的外国使节参加来年肯塔基州的赛马会。洛克菲勒说,他想和我谈谈世界形势。我说我乐于走访他。我们已相识多年。

我于 12 月 16 日前往国务院旧楼访问他。我们就共产主义对自由世界的巨大威胁以及应付这种威胁的最好办法交换了意见。我强调了需要有一项长期政策以应付共产党集团为进行冷战所制造的每次危机。他表示完全赞同。对于最近安全理事会就接纳包括外蒙古在内的新会员国的投票表决情况,我们也进行了讨论并取得了一致的意见。读者也许还记得这些情况。

根据我所作的谈话记录,洛克菲勒说,对于日益增长的国际共产主义威胁,以采取什么对策为最好,他愿知道我的见解。他还说,因为我在处理国际问题上有长期的经验,他很早就想弄清楚我对这个问题的看法。

我答道,我一贯相信而且仍然相信为了对抗共产主义的威胁,自由世界最需要的是一个积极而长期的政策。我说,这种威胁不是零星的或一时的,而是俄国赤化全球的深思熟虑而长期不变的政策。我认为,首先,自由世界不仅应继续加强其军事力量,而且应当在与共产党打交道时保持坚定。为了保持坚定,自由世界必须团结一致。只有实力、坚定和团结才能影响共产党世界,首先遏止其进一步扩张,而后迫使其后退。我接着说,我所说的积极而长期的政策指的是整个自由世界作为一个整体所采取的政策。这个政策帮助弱小国家建立抵御共产主义侵略的军事力量,而且同时发展他们各自的经济和提高其生活水平。只要不发达国家和灾难深重的国家依然弱小贫穷,他们就必然成为共产帝国主义热衷的狩猎场地。共产帝国主义抓住一切机会,以推动其目标的实现。然而我又说,我认为现在苏联还不敢挑起一场全面战争,因为它仍然需要时间作准备。这也许是苏联改变策略的主要原因。布尔加宁和赫鲁晓夫的活动与出访充分表明了这种改变。他们最近在印度的公开声明蓄意把西方民主国家描绘为殖民主义者,在亚洲人民中播下不信任西方民主国家的种子。

洛克菲勒说,他完全同意我的观点,即自由世界在与国际共产主义的斗争中,所需要的是以团结与力量为基础的一个积极而长期的政策。他说,他本人在这场斗争中曾竭尽自己的一份力量,但他认为由于不容再推脱的家庭责任,现在到了他回到平民生活的时候了。

我说,听到洛克菲勒将离开政府,我感到遗憾。(当时他是总统特别助理。)我说,我认为他总有一点可以感到满意,那就是他为祖国贡献了他的全部力量。

洛克菲勒说,这样说是过奖了。他又说,虽然作为一家之长,他不得不离开政府以照顾家族利益,但将来只要需要他效劳,他将乐于随时回到政府,然而不能继续无限期地担任公职了。

12月22日,我回访了新任土耳其大使海达尔·格尔克。几周前,我在乌拉圭大使的招待会上曾会晤过他。我告诉他,我早就想回访他,但知道他曾回国述职,最近才回来。格尔克大使讲流利的英语,这和他的前任不同,他的前任大部分时间讲法语。在谈论联合国一揽子交易的结局和中国的投票及立场之后,我们就共产党在中东的战略以及美国的反复无常和缺乏经验交换了意见。

提到中东的动荡局势时,我说,由于土耳其离中东很近,对该地区的事态一定非常关注,我希望知道格尔克先生对局势的看法。

格尔克答道,在中东,自由世界特别是美国方面,所需要的也是一个坚定而一贯的政策。他说,两天前发表了美国愿意帮助埃及修建阿斯旺大坝的公告。他认为这个公告本应在两年前埃及请求美国援助时发表。在俄国向埃及建议资助大坝的建设之后,美国才匆忙主动争取英国的合作并向埃及提供援助,但是埃及现在无论如何对美国的这种表示不会十分感激了。

我重复了我对洛克菲勒所讲的话,即为了对抗共产主义的威胁,自由世界需要的是一个积极而长期的政策。

格尔克完全同意我的这一看法。他说,由于某种原因,美国未能理解共产主义危险的真实含义。中国曾长期与这种威胁作斗争,认识到国际共产主义是何等危险。他记得美国政府把中国共产党人视为土地改革者并试图说服中国政府接纳他们组成联合政府。这清楚表明美国人既不理解共产主义,也不理解共产党人。他认为美国人一直以为在一定情况下共产党人会作出和他们自己一样的反应,但共产党人信奉的是一种完全不同的哲学。

我说,他这番话非常中肯,因为自由世界所珍视的诸如正直、信义、礼仪以及对人权的尊重等,在共产党人看来都是一钱不值的。我于是提到了美国人对最近访问美国的苏联农民代表团的欢迎。我说看来美国人根本未注意到苏联代表团是由苏联农业部副部长率领和完全支配的。我认为美国人相当天真,这或许是由于他们缺乏处理国际问题的经验。

格尔克表示同意,他以艾森豪威尔总统在日内瓦最高级会议上保证美国人民对俄国人民友好亲善为例,说明美国的天真。他问道,俄国人民能怎么样呢? 他回顾了二十年前他驻在莫斯科时,当时只有约二百万党员的苏联共产党绝对控制着一亿四千万俄国人。现在俄国总人口已近两亿。苏共依然只占少数,却能控制全部人口。他认为共产党以少数人控制绝大多数人的方法看来是美国人根本想象不到的。

我说,我认为除我国外,土耳其也完全理解共产主义的威胁,因为土耳其靠近苏联而且不断受到它的压力。我询问在土耳其,共产党是否也像在中国一样是非法的。

格尔克作了肯定的回答。他说,根据土耳其的法律,对参加共产党的惩罚是非常严厉的。但这并不意味着土耳其没有共产党的地下活动。他说,去年土耳其逮捕了一百四十六名共产党活动分子。他们是俄国人为其自身目的而利用的土耳其人。然而美国人不了解土耳其的情况。他们认为既然土耳其已宣布共产党是非法的,国内就不存在共产党问题。

我认为在某些方面,共产党处于非法地位的国家面临的危险更大,因为共产党活动分子是在地下活动,而在法国和意大利这样依然承认共产党的国家,共产党的许多活动可以很容易予以监视。

格尔克说,共产党人一直在自由国家之间挑拨离间和颠覆现有权力机关与政府。比如,在中东,苏俄不仅正在阿拉伯国家与西方民主国家之间制造摩擦,而且正在煽动塞浦路斯人采取暴力手段,从而造成土耳其、希腊和英国之间关系的不和。格尔克接着说,苏联的目的很明显。它不喜欢巴格达条约,也不喜欢土希南共同防御条约。它决心拆散这些集团。这正是克里姆林宫派赫鲁晓夫访问南斯拉夫的原因之一,其目的是动摇南斯拉夫对三国条约的忠诚,使其脱离西方。他又说,在目前的中东形势下,苏联的目的显然是尽量制造纠纷,以使所谓北方联盟不能有效地发挥作用。这位土耳其大使然后回顾了 9 月份在伊斯坦布尔的骚乱由于共产党的活动而大大恶化。土耳其群众对塞浦路斯的局势不满,并反对希腊的立场。但利用这一局势并煽动土耳其学生采取闯进希腊商店放火等暴力手段的却是共产党人。

我说,我在与美国政府领导人谈话中经常强调对国际共产主义需要一项坚定而一贯的政策,以及除非他们采取这项政策并掌握主动,否则他们便永远不能制止共产主义的扩张。到目前为止,共产党人仍保持主动,西方国家只是在每次新危机出现时,疲于奔命。我又说,西方人民对战争的厌恨是完全可以理解的。实际上,没有人喜欢再次爆发世界大战。但这并不意味他们就不应当通过使用一切力量执行一项积极而长期的政策,以遏止共产党的进一步扩张并逐渐迫使其后退。除非这样办,否则共产党就会继续尽力威胁恐吓西方。另一方面,如果自由世界对某一个特定的问题采取坚定的立场,那就会像封锁柏林和共产党入侵希腊事件所表明的那样,俄国人很可能打退堂鼓。

格尔克说,这些都是很好的事例,说明俄国人一旦面对决心与实力时会做什么。他也认为苏联还没有为一场重大冲突作好准备。他相信俄国比自由世界更需要时间。

12 月 28 日,我召开了政府各部门代表、三军武官和大使馆馆员的每周例会。如我所安排的,谭绍华汇报了红色中国与我们自己的议员团分别申请加入各国议会联盟的情况。谭绍华叙述了大使馆与外交部所作的努力,其目的是先在赫尔辛基会议上,然后在 11 月份的新德里会议上,使执行委员会及理事会拒绝红色中国的申请,批准我们的申请:新德里会议令人失望的结局,尽管美国国务院的态度有助于我们;以及库利众议员无法出席新德里会议的原因和影响。谭绍华还汇报了我们为阻止执行委员会批准北平申请为联盟成员所重新做的努力。

一周后,我接待了立法委员杜光埙。他是立法院有关这个问题的委员会成员。这是他两个月内第二次访问华盛顿。如我在前一章中所提到的,大使馆为他约会了几位国会领袖晤谈。除我国立法委员团及北平政权申请为各国议会联盟成员的问题外,他还急于了解他们对远东整个局势以及特别对美国外交政策的观点。他会见了参议员埃弗雷特·德克森、保罗·道格拉斯和玛格丽特·蔡斯·史密斯以及众议员马丁、周以德和库利。我们还为他安排了访问尼克松副总统,但因尼克松有病而未能实现。

杜光埙的来访是向我汇报这几次会晤的情况。读者可能记得前文述及,参议员保罗·道格拉斯对他讲的并由他转告的那种颇为指责的评价,即共和党人只是口头上讲道义原则和中国的利益,而实际上是出卖中国。前文还述及玛格丽特·史密斯担心"两个中国的解决办法是不可避免的"。至于杜光埙为各国议会联盟会议而特意会晤的库利,他只是对联盟执行委员会在新德里接纳红色中国而拒绝我国立法院申请的行动表示遗憾。

这些就是1955年结尾的调子。这一年以联合国秘书长哈马舍尔德访问北平、中共大规模空袭大陈岛和入侵一江山岛开始。这是共产党人颇为成功地开展一场"甜言笑脸"运动以诱骗民主国家放松警惕的一年。这又是临近岁末国民党中国在联合国集体接纳新会员国问题上坚持了原则而为此付出了其本身在此世界组织及其所属机构面临新威胁的代价的一年。这一年就这样以8月份在日内瓦开始的美国与中共会谈无限期拖下去,但提高了共产党的威信并造成了对美国对华意图的怀疑而告终。会谈双方甚至有可能同意发表一个放弃使用武力的声明。

从国民党政府的观点来看,这是动荡的一年。台北似乎一直提心吊胆,唯恐美国改变其亲国民党的政策。我本人认识到美国对国民党政府的支持已经只限于使这个政府自立于台湾。在可以预见的情况下,这种支持不很可能扩大,但就当时来看,还是坚定的。美国人民和美国政府领导人从本质上无意迁就中共,或承认共产党政权,或同意接纳北平加入联合国,因为他们知道国民党政府更符合他们的利益。因而我尚不担心中美关系会发生任何根本性的变化。另一方面，在这一年中，我觉得一直有必要掌握局势，把国民党对每个特定问题的立场提醒美国，并事先采取措施以防止国际妥协最终对我国政府产生不利影响。因为美国只是由于环境所迫，不时觉得有必要作出某些让步，出于其维护与西方盟国的联合阵线的愿望，更为如此。但是，在我看来，如果这种让步严重危害中美关系，美国是不会心甘情愿的。

第三节　美援、孙立人案及其他

1955 年 5 月—12 月

在以上的最后几章里，我已谈到了一些中美关系中具有国际意义的事。在 1955 年 5 月到 12 月这一时期中，和往常一样，引起大使馆和我个人注意的其他事情也是多种多样的。我将谈到其中一些人们比较感兴趣的问题，这将涉及一些我访问别人或接待来访时有趣味的谈话。

台北的财政部曾经酝酿过整理对进出口银行未清偿债务的计划。这个计划包括销除已落入共产党手中的那一部分剩余物资的贷款，只承认现在运到台湾的船只、货物和剩余物资，同时相应地把原先的利率降到 1.5% 或 1%，并且对新债务的偿还要本着逐年递增的原则。5 月 12 日我接见了中国驻华盛顿技术代表团团长霍宝树。霍告诉我，他已经接到财政部长徐柏园的指示，让他首先非正式地拿财政部的计划向进出口银行进行试探。霍对我讲，他是来和我商量这件事的，并且建议我首先以我的名义非正式地向进出口银行提出来。他和我一样，怀疑进出口银行能否考虑这样一个基于一厢情愿的单方提议。但是我认为，这种注意到此笔未清债务的态度，比以往多年不闻不问总要好些。然而一开头就把财政部的计划提出来并不好。我对霍说，可以询问一下进出口银行,在我们目前的财政能力限度之内,他们对我们如何处理这笔债务的问题是否有所考虑。如果他们不打算提出任何具体建议,我对霍说,这时他就可以提出我们的计划来。

台湾省警察厅副厅长李德洋将军带着台湾省主席严家淦的介绍信于 5 月间来拜访我。李是在美国国外业务署的资助下到美国来的。他曾经在日本学习过,过去在重庆,以后又到台北做台北市警察局局长,他告诉我,这是他首次到美国来。台北市长高玉树第二天也来访问我。他刚刚来到华盛顿。他和我谈到的事情中,有一件就是他对台北市警察局只是名义上的管辖。因此,非常有意思的是,当第二天晚上,这位市长和李将军都来作客的时候,又谈到这个话题。高市长说,他对市警察局只能进行名义上的管辖,这是因为市警察局同时接受台湾省警察厅的指挥与控制,必须服从有人事任免权的警察厅,而李将军是该厅的副厅长。李将军不同意这个看法。席间,两位客人对于究竟谁对台北市警察局更有影响力的问题争辩起来。

5 月 27 日,我在国民机场为俞国华返台送行之后,到海军陆战队营地参观了一次检阅,并且参加了一个家庭招待会。这是海军陆战队司令谢泼德夫妇为招待海军上将雷德福夫妇而举行的。阅兵式和往常一样的壮观,而演习的精确性却很有些新异之处。复杂的滑步和队形变化,进行得既快速又准确,说明这支队伍是用了大量的时间进行训练,才能达到这样的水平。雷德福海军上将检阅了陆战队,随后又作了招待会上的贵宾。他刚刚被艾森豪威尔总统再一次任命为任期两年的参谋长联席会议主席。顺便我也说一下,特文宁将军也被再次任命为空军参谋长,而卡尼海军上将和李奇微将军则获准从他们的海军和陆军职务上退了下来。

为数不少的外国使团团长出席了这次检阅式,其中包括英国、意大利、法国、挪威、荷兰的大使,还有许多南美洲国家的使节。罗慕洛将军和夫人来迟了一些,但我很高兴,顺便同他谈了谈我儿子在菲律宾居留的问题。他甚是关照，答应立即写信给马尼拉当局，并且向我保证这件事会得到安排，以便我正在马尼拉经商的儿子可以继续在那里居留和工作。

几天以后，我参加了一个由海军作战部长卡尼和夫人主持的花园招待会，是位于海军观象台的海军上将官邸内举行。卡尼的招待会显然有向朋友们提前告别的意思。我在与会者中间对雷德福海军上将再度受到任命一事表示祝贺。他很高兴，并很幽默地说，他应当从他的朋友那里得到一些同情。

更晚一些时候，在 8 月里，我参加了海军部长托马斯和夫人为海军上将卡尼夫妇举行的招待会。这位上将即将退休，由海军少将伯克来接替。我希望伯克和他的前任一样，对国民党中国表示同情。至于陆军领导人员，艾森豪威尔总统已经任命泰勒将军接替李奇微将军为陆军参谋长。我认为新的陆军首脑比他的前任更加同情国民党中国的事业。

有些谣传说，陆军部长史蒂文斯也将退休。我于 7 月 14 日参加了史蒂文斯部长和夫人在麦克奈尔堡军官俱乐部举行的国旗日招待会。参加招待会的人很多。史蒂文斯的夫人和他们的大约十二岁的小儿子同陆军部长一起招待客人。他给我一份招待会的节目单，也分别给每位客人一份。我多少有这样的感觉，举行这个招待会不仅是为了庆祝国旗日，也预示着部长的告别，报纸上预期他的辞职已经有些时候了。但到那时为止一直是被否认的。然而报纸的说法证明是对的。他在 7 月里由威尔伯·布鲁克接替了。

在 5 月 27 日当我离开海军营地的时候，对于参加下一个活动来说，已经太晚了——下一个约会是参加在马里兰大学举行的关于中美文化关系的圆桌会议，并要在宴会上讲话。因为海军陆战队营地的阅兵式开始得太晚，许多时间消磨在等待来宾上，因此，尽管以我以最快的速度赶路，也只是在晚七点半才赶到马里兰大学校园，比我预定七时在会上讲话的时间，大约晚了半个小时。我很高兴的是,他们没有等我,宴会已经开始了。

亨培克博士是另一位演讲人。他的讲话和我以及我的工作有多方面的联系。他坦率地说出共产党人在中国大陆的威胁,并且指出,除非中华民国能够收复大陆,否则大陆将不存在真正的中国文化。我接着发言,也谈到了中美文化合作问题,表述了同样的意思,但用语更为谨慎。马里兰大学代理校长、农学系主任西蒙博士是大会的主持人。他向我表示歉意,他解释说,他们的校长因公将去德国,因此未能参加会议。参加大会的有我的许多中国朋友,他们是特意从纽约赶来参加马里兰大学和华美协进社主办的这次宴会和一天的会议的。

早些时候,在5月24日,我接见了姚荣龄,他是中国驻联合国麻醉药品委员会代表魏学仁博士的顾问,他参加了最近的几次会议。会上,他带到联合国的关于中国共产党人大量制造并出口海洛因的材料曾被美国代表安斯林格关于红色中国搞非法运输以换取外汇的报告充分利用。但是,姚对我说,其他国家的代表并未发言支持美国和中国的陈述。但苏联和其他卫星国则发言对这份控告的正确性提出异议,试图保护红色中国。

6月1日,我接见了魏学仁博士,他还兼任中国驻联合国裁军委员会的候补代表。他来是向我汇报他和国务院官员们关于和平利用原子能的一些想法的。同时,他告诉我,就建立核能利用的研究机构及其他有关工作在台北应采取的步骤问题和我国政府交换意见的情况。事情有了很大的进展。内政部、财政部、经济部、教育部为推动这项工作,已在台湾建立了联合委员会。

魏的来访很巧。因为国务院刚刚交给我一份待签的关于和平利用核能,如果需要,申请并接收一定的设备和原料的协议。于是我请魏写一份备忘录,概括介绍在台湾实际进行的与核能有关的活动情况,以使我自己熟悉这个问题。

中国技术代表团的副团长李骏尧也于同日来访,他即将离此返台北,帮助准备美国对自由中国援助的资料,以便同参议员德克森和克莱门茨进行讨论,他们将在两天后和孔令傑一起去台北,两位参议员都是参议院拨款委员会的成员。我们希望在台北能够得到比现在所考虑的防务和经济援助金额再多五千万美元,因为上一年度经济援助为一亿四千万美元,而我们却有六亿台币的赤字。但到那时为止,打算给台湾的援助为一亿零二百万美元,比前一年的数目还少三千八百万美元。不过我们所希望的1955—1956年度更大的援助额是包括四千万美元的补充援助在内的。

李骏尧对我讲,他主张以稳定我们的货币作为稳定经济的重要步骤。他说,目前我们每年大约损失二千万美元,因为在台北的军事援助顾问团、西方企业公司和各外交使团都把他们手里的美元带到香港黑市上去兑换台币,那里的台币兑换率比台湾低100%。也就是说,他们可从香港得到两倍于台北的台币。他的意见是我们可以在香港设立一个机构按黑市行情用台币兑换美元,这样我们可以为国库获取更多的外汇。

财政部长对美国人员在香港黑市以美元兑换台币问题另有他的主意。当李骏尧在台湾停留一个多月再回到华盛顿的时候,他告诉我,由于财政部长的令人不满的政策,台币波动情况更加严重,他向我说,财政部长曾同意对美方公职人员用二十五元台币兑换一美元的特殊兑换率,以制止他们到香港去兑换台币。这件事传出之后,黑市上美元对台币的比值更加上涨。最高当局和公众对现在政府的财政和货币政策甚为不满,尽管行政院曾被认为是由一些财政和货币专家组成的。

6月3日,我和蒋廷黻在电话中谈及在印度尼西亚的中国人的合法国籍问题。我给他打电话,是因为我想知道他是不是已经得到指示,把北平—印尼协定中关于决定中国居民的国籍问题提到联合国去。他说他已接到指示,但正在研究这个问题。我问他将在什么基础上提出这个问题。他说,在人道主义的基础上,因为协定强迫中国人或者选择印尼或者选择共产党中国,没有选择中华民国籍的条款。我告诉他,国务院一位官员私下对我表示他对我们的提案是否根据充分以及我们在联合国是否能得到其他国家支持表示怀疑。

6月9日,我接见了小罗伯特·韦尔奇和夫人,他是马萨诸塞州人。韦尔奇从容而健谈。他对我谈到他对远东问题的兴趣和他对美国对中华民国政策的不满,这种政策使中国大陆落入共产党人手中。他说,这对全世界来说是个悲剧。他的著作《上帝宽恕我们》,原来是他的一些批评美国当时政策的通信组成的。但是这些信受到了广泛的重视,一位芝加哥的出版商在征得他的同意后出版了这部书信集。他于是就去台湾搜集第一手资料,并会见我们的领导人。一个时期以来,他一直渴望这样做,因为他常得很不好意思地承认从未到过台湾,虽然他的书信和书都谈论台湾和台湾问题。他想见见委员长,并为他写一本简短的传记。

对于他论述亚洲的共产主义危险的立场,对于他对我们事业的同情,对他启发美国舆论的努力,我表示了极高的赞赏。我欢迎他到台湾去的决定,并愿为宣传他的观点,实现他的目标而提供帮助和便利。我说我将为他写介绍信给外交部长和政府发言人。我还要把他介绍给驻东京的董显光大使,董已写完了一本相当完整的委员长传,对他很可能提出有用的建议,以便更好地完成他的工作。在我们的谈话中,我了解到韦尔奇夫人将不能陪他去进行这次访问,尽管我劝她这样做。韦尔奇告诉我,他不是有钱的人,拿不出两个人的费用。我的二等秘书告诉我,韦尔奇1952年曾经竞选副州长,虽然失败,但他对政治生涯仍然很感兴趣。

6月初,我曾和我的情报与新闻秘书陈之迈和顾毓瑞开过一次会。我们决定对美国舆论关于与我国直接有关问题之发展的舆论趋向,每周向外交部电告一次。我告诉他们用这种汇报代替报告重要新闻的电报。这种重要新闻电报,外交部已经明令停止,而代之以指示华盛顿的中央社发送更详尽的新闻报道。中央社的报导通常比大使馆的电报能更快地到达台北。

6月11日，我和陈之迈、顾毓瑞举行另一次会议，讨论每周一次向外交部报告美国舆论的问题。我告诉他们，每日阅读报纸时对有兴趣的题目要记下来，这将能为每个星期五向外交部发出总结性电报做好准备。通常他们要等到星期五才匆忙考虑报告的题目。

14日的早晨，我接待了两位台湾著名的实业界领袖，一位是华南商业银行经理，这是一家官商合办的企业。另一位是经营进出口业务的大公司的经理。他们两个人到美国来都是参加在芝加哥举行的国际扶轮社会议的。在回答我关于台北的利率太高，不利于私人企业，特别是小商业的时候，他们说，现在已经降下来了，月息百分之一。我向他们提议，去年我去台北时，也向当局提议过，筹措周转基金，发放小额贷款给合格的个人，例如台湾大学的毕业生等，他们之中并不是所有的人都能在政府部门找到工作的。这些贷款将使这些个人开始自己的某些经营。这不仅给他们提供了一个谋生之路，也将帮助他们生产更多的出口小商品，从而有助于岛上的经济发展与稳定。这位银行家很感兴趣，但是他说，在这方面已经作了一些努力，但贷款不要担保，在台湾不是个好办法。这是一个典型的银行家的观点。

那天下午，为了要草签和平利用原子能的协定，我到国务院去。经过反复商讨之后，国务院终于决定下午在国务院举行签字仪式，我被引到西博尔德的办公室，但是当我们刚刚坐下准备开始的时候，马康卫进来说，仪式在五楼接待室进行，各方的代表、摄影师、电视记者们正等待我们去。我们于是一起上去，但我心里多少有点焦急不安，因为我在唯一的一份协定稿上加了一些提示，是我准备在签字仪式上讲话用的。这份材料在顾毓瑞手里，我在西博尔德的楼里没有见到他，所幸在五楼见到了。原子能委员会主席斯特劳斯也预定要来的，但是因为他必须去国会出席作证，不能来，派了他的副手来参加。协定是两份。我事前派谭绍华到国务院去仔细核对过条文。因此在斯特劳斯已经签字的两份协定上,我只要也在上面签名就行了。于是,西博尔德读了他的半页长的讲话,我接着发言,我说①:

> 我得代表中华民国初签这个协定,深感愉快。这个协定含有一个崇高的目标,这个目标由艾森豪威尔总统首先宣布,并感谢美国的发起,现在已经趋向实现。我们政府一向关心于我国人民生活水准的提高,尤其欢迎美国在和平使用原子能方面高瞻远瞩的合作。

美国之音希望把我的声明用汉语录下来,我必须在现场把我刚才用英语讲的话译成中文。在仪式进行中,有一大群记者给我们照了许多相。

这个协定的正式签署仪式,实际是在一个月后的 7 月 18 日举行的,我到国务院去完成了这项任务。我幸亏曾请崔存璘去访问明白,在签字之后,是否要我说几句话,他回来时,给了我肯定的回答。我必须先准备几句话,正如在草签协定的现场那样。那些话是这样的②:

> 本人代表中华民国签订本原子能和平用途协定,感觉本人已完成一项愉快任务。中国人民传统上酷爱和平,并且诚心支持他们政府的国际合作政策,将欢迎本协定。美国签订本协定,已树立事例,表明其真诚献身于世界和平和促进人类福利两项目标。本人今日签订此项协定所目击之此种感觉,我国人民均有同感。我国人民并保证衷心合作,以促其实现。

美国之音的代表再一次让我重述对协定的谈话。我用十几分钟快速阅读全文,以保证译文的准确和对应得体。我不希望有些人会抓住中文词句,说和我用英文讲的不一样。就在那次会

---

① 发言原文录自 1955 年 6 月 16 日台湾《中央日报》。——译者
② 发言原文录自 1955 年 7 月 20 日台湾《中央日报》。——译者

上,饶伯森告诉我,美国之音让泰国大使用暹罗语讲几句话,录下来对泰国播放,这位大使很不好意思,因为他的英语讲话没有文稿,讲的是什么他已不能准确地回想起来了。

回大使馆后,我接见了李熙谋。他是在去日内瓦参加国际原子能会议途中经过这里的。他是一位科学家,正在教育部工作。李向我传达了教育部长张其昀的三点意见。第一,他希望大使馆向福特基金会接洽,在台湾建设一座供试验用的原子能反应堆。我告诉他,成功的希望不大。最好是找些大公司,如通用电气公司或一些科研基金会,或者是一些大学来实现这个目的。李熙谋说,胡适博士曾经表示过和我一样的看法。第二,他希望大使馆能寻求支援,复制国立博物馆中收藏的名画,以便流通。第三,希望大使馆帮助驻美国的文化关系顾问委员会做好帮助中国学生的工作,和推动美国宣传中国文化的工作。这些事在前几章里已经谈到过了。

6月15日的上午,我接见了中国银行总经理陈长桐和纽约中国银行经理李德燏,并招待他们吃午饭。这次约会是在两周前安排好的。因为陈先生只在华盛顿停留一日,而我们必须讨论由于中共提出对大陆落入共产党手中以来国民政府在美财产的要求而产生的案件,这已成为中华民国和美国纽约花旗银行之间的诉讼案了。

早在1955年3月,我接待了萧庆云博士,他是政府驻华盛顿采购服务机构中交通部的代表。他给我一份美国最高法院的判决书,乃是关于中华民国政府向纽约花旗银行要求索回二十万美元的款项的案件的。法院根据证据,以四票对三票通过不利于中华民国政府的决定,理由是对银行的反诉要求外交豁免权是站不住的,弗兰克福特法官宣读多数的意见,里德法官宣读少数的不同的意见。我们讨论了补救的办法,一是要法院重新研究这个案件,一是由大使馆要求国务院宣布,这种对外交豁免权的否决,将使美国对外关系陷入为难的境地,特别是最高法院已经说过,国务院既没有给过,也没有人要求过给予外交豁免权,以作为他们做出这样判决的若干理由之一。

我和陈、李两位谈这件事时,上述行动已经开始。同时,在另一方面,我们也已努力和银行直接交涉,要求他们撤回他们的反诉。陈告诉我,在访问中,他作个人努力,劝说花旗银行撤回反诉,因为他们手中也有一些太平洋发展公司的债券和中国政府于1937—1938年发行的金元债券。他说,他曾见到花旗银行董事长,知道他甚为同情。陈说明,他的论点主要是在友谊的基础之上,因为花旗银行过去和我国政府有大量的生意往来,而且这位董事长前一年曾访问过台北,看到了那里将来会有更多的业务前景。

那家银行的三位副董事长,包括麦凯(他是中华教育文化基金会的董事),也已建议他们银行友好地解决这一问题,解除对中国邮政局、中国海关在那里的存款的控制。陈对此事很抱希望,并且给我一份他给董事长的备忘录,这是那位董事长让他写的。我阅读了这份材料,并且看出陈已经做了许多有益的工作。

后来,9月间,花旗银行提出了一项折中建议。但这个建议仍然坚持只能把邮政储金局存款的50%支给我们,其余的50%则留作支付太平洋发展公司借款和支付他们手中的1947年中国政府的库券之用。由于我们撤到台湾后经济和财政状况不稳定,这两项债务长期以来不得不一直拖欠未付。

萧庆云10月中旬来访问我,让我对银行的折中建议提出意见。我坚决主张反对接受这个折中方案。因为它树立了一个先例,其他人,凡持有此项未清偿的债券者,或在公开市场上买来这些债券的人,也将援例提出清付的要求,甚至控告我们的政府以求得到偿还。而且我们存款的50%将达三十五万美元左右,其结果所得不偿所失,还会留下很多后患。我还给他举了一个与毛邦初案有关的芝加哥德克尔案为例。萧完全同意我的看法,并且决定打电报给交通部要他们当心。不要接受花旗银行提出的折中方案。至于我本人,实际上外交部或交通部都没有征求我的意见,所以我提议用他的名义打电报,只说我是应他的要求提出了上述意见的。

李榦博士在年初来见我,带来一份国际复兴开发银行主办组织国际金融公司的备忘录和报告。建立这个组织的设想和计划,五年前就开始了。参加国际复兴开发银行的不发达国家从一开始就主张早日建立这个组织。他们认为,这个新公司将从事对国际复兴开发银行当时认为不合格的计划的财政资助。发达国家,特别是美国,一直拖这个计划的后腿,明白地表示他们不准备对这个组织投资。后来,到 1954 年 11 月美国突然改变了主意。1955 年 2 月 13 日,这个组织的章程草案诞生了。这时,中国的国际复兴开发银行执行董事李榦来访,迫切地想和我讨论中国是否要参加的问题。(那是一个政府间的团体,国际复兴开发银行的任何成员都有权签字参加。)

主要的问题关键还在于我们是否有能力支付我们入股的份额。在当时,2 月间,财政部还没有决定是否参加,虽然在两个月前他们已经得到通知,李榦自己倾向于让我们的政府留在这个组织之外,我则从另一方面着想,着眼于鼓励海外华人或美国人在台湾的投资,感到有限度的参加更为有利。

李榦对我的意见考虑了几周,回来告诉我,他仍对参加这个组织没有信心。他担心我们外汇不足或短缺,无力参加这个新组织。他的观点很明显,完全是从财政角度来考虑的,而我则是从国际政治观点为我们的国家考虑的,也考虑到海外华人和对台湾工业发展有兴趣的美国人对华进行私人投资问题。因此,我请他向财政部长徐柏园报告我们讨论的情况,并且说清楚,我的意见是私人意见,是仅供参考的。

大约三个半月之后,我在 6 月 28 日再一次和李榦谈到这个问题,因为还没有作出决定。我曾经在中国银行总经理陈长桐在华盛顿的时候和他谈过这个问题。我发现陈也非常赞成参加。

李榦说,问题并没有结束,我们保留了席位,直到 8 月底以前可以决定参加或不参加。不过,最后的决定还是赞同参加这个组织。

1955 年 4 月雷德福海军上将和助理国务卿饶伯森访问台北之后的几周里,中美两国政府之间的接触很少。关于从金门和马祖撤兵的问题,杜勒斯国务卿曾通过蓝钦大使给叶外长一封简短的信,原文如下:

> 海军上将雷德福和助理国务卿饶伯森详细报告了他们和蒋总统的谈话。艾森豪威尔总统充分理解国民党中国防卫沿海岛屿的需要。斯顿普海军上将近期将去台北和蒋总统及中国当局就改善有关岛屿防务的军事需求问题进行讨论。最重要的是蒋总统应当理解,美国政府将继续在军事上和政治上给他以坚强的支持。

> 杜勒斯

美国太平洋地区总司令斯顿普海军上将为讨论军事需要问题于 5 月 9 日抵达台北。

上述情况是叶外长以个人函件通知我的,日期是 1955 年 5 月 17 日,但我于 6 月 15 日才收到,因为是机密文件,是由国务院外交邮袋寄来的。信中还谈到斯顿普海军上将和我们的军事首脑们讨论的情况。按信中所谈,斯顿普和国防部长俞大维以及我们的高级参谋人员举行了会谈,他还和委员长进行了三次长谈。除去军事细节之外,斯顿普海军上将此行还向委员长谈到下列几件事:(1)他受艾森豪威尔总统之命,想确切了解使金门、马祖更加坚不可摧的紧迫需要;(2)艾森豪威尔总统将优先考虑这些需要,不论是否包括在当年的共同防御援助计划之中;(3)中国政府可以确信美国政府的援助将继续下去;并且,(4)美国政府对任何使沿海岛屿中立化的计划,将不参与。委员长也要求他向艾森豪威尔总统转达他的意见。这些意见是:(1)他对艾森豪威尔总统派斯顿普海军上将到台北来就如何加强沿海岛屿的防务问题征求他的意见,表示感谢;(2)他重视艾森豪威尔总统承认台湾海峡局势的紧迫性,把两个岛屿的防务所需的军事装备给予优先考虑;并且,(3)他向艾森豪威尔总统保证他将继续遵守条约义务和其他承诺,也衷心希望艾森豪威尔总统也信守他的诺言。

叶部长的信继续写道:

一个经常被讨论的军事问题,即关于对共产党在大陆进行军事集结采取什么行动的问题。我们的观点是,一俟敌人新建的五个机场建筑完工,敌机开始使用时,我们应当采取步骤,摧毁机场上的敌机,作为一种自卫措施。美国方面的意见是,在海岛实际受到敌机攻击之前,我们不应采取报复行动。而斯顿普海军上将认为,从纯军事观点来考虑,我们提出的军事行动是合乎逻辑的,但他仍然坚持劝告我们把政治含义考虑进去,重要之点是避免先动手,招致中立国家的批评。我们的总统在这点上并未让步,所以分歧仍然存在,所有这些会谈我都在场。

我们现在的立场是,在我们努力实现对美国的承诺之时,也希望美国政府同样实现对我们的许诺,在当时,无论艾森豪威尔总统或是我们都没有把雷德福、饶伯森和我们之间的会谈的实质问题通知各自的立法机关或其他领导人。我发给你的电报原是通过保密人员送交你的,很不幸,错误地用电报发出去了。所以,我希望你在将来打电报时不要涉及此事,如果需要提到此事,请提 RR① 会谈。

与此同时,沿海岛屿的防务正在大力加强。我们希望使这些沿海岛屿十分坚固,能够抵御敌人的炮击,甚至当制空权落入敌人之手时,也能保住。你当然了解,保卫这些岛屿主要是依靠制空权或空中优势。现在,我们可以说仍然保有

---

① RR 是雷德福和饶伯森两个名字的第一个字母。——译者

空中优势,因为敌人尚未对此提出挑战。敌人希望在9月中旬完成福建沿海五处机场的修建任务。据估计,每处机场的活动容量大约是五十架战斗机。当然没有任何指挥官会同时调用全部飞机。通常的实战只能调动备用总数的四分之一到五分之一的飞机。到9月或10月,我们希望将有足够的战斗机可供使用,以抵制敌人夺取空中优势而保持制空权。但这仅仅是一种希望。在我们大举空袭他们的机场,并在海岛卸下供应品后我们可能维持一段时间的制空权。

美国的观点认为,共产党人不一定进攻沿海岛屿,除非到了他们准备好从事更大范围的冲突的时候。我们总统则持有这样的看法,一旦发生他们对沿海岛屿的进攻,——他所说的"进攻"的意思是企图实行登陆而占领那些岛屿——台湾的安全必然受到侵犯。敌人不会仅为占领那些岛屿而付出代价,这些行动只能是进攻台湾的组成部分……

叶外长本人那时按计划将于6月17日到达旧金山参加庆祝联合国成立大会。因此,我写了一封信给他,托驻旧金山总领事带去。信中说明我已收到他的信和随信寄来的其他材料。我的信大部分是告诉他我在国务院关于梅农访问华盛顿的谈话。信中还表示希望他在会后能东来作一次简短的访问。如果他不能来,而又有急事须与我讨论的话,我可以到旧金山去。我提醒他,我始终还没有收到关于雷德福、饶伯森和委员长会谈记录,并且请他回台北后寄一份给我。

我的信是6月17日早晨寄出的。当天早晨我接见了阿奇·麦吉,一位加利福尼亚州格伦代尔的承包商,他打算送给蒋夫人一座活动医院。他和曾在台湾军事援助顾问团工作的里斯上校一起来的。麦吉曾送给冲绳人民一座活动医院,他发现他们很珍视这套设备,已有十四万人利用过它。他当时准备好了另一座送给蒋夫人。他说,去年他曾在台湾征求过蒋夫人的意见,蒋夫人表示愿意接受。这座流动医院和送给冲绳的那座不同,是用卡车而不用拖拉机拖带。这座流动医院有各种必要的设备、手术室、供分析用的化验室、病房和 X 线透视室等等。这种礼物给我很深刻的印象。因为,正如我对他所说,这将使医院接近人民,不用让人民去找它。这像美国援助下建立在小城镇和乡村的公共诊所一样。事实上,上次我访问台湾时,曾参观过一些这样的诊所,我看这很受人民重视,很有用,但是,方便是很有限的,病人必须自己从家里走到诊所去。

大约在下午两点,我将要离开大使馆的时候,接到叶公超从旧金山打来的电话。他刚从台北来,想和我谈话。他不能像我希望的那样东来,因为他在美国只能停留十天,就要途经印度支那回去。在那里,他将会见南越总统吴庭艳,争取和他们建立外交关系。他说,他对此事并无把握。他还说,他对参加联合国建立十周年大会本有些犹豫,但他被政府说服了。他说,委员长曾要他到华盛顿去处理五千二百万美元的直接军事援助,那是上一年度一亿美元补充援助的余额。但是,他知道,这笔款项已经被美国政府用完了。他曾经在台北和蓝钦大使讨论过这个问题,蓝钦就是这样对他说的。如果我们的需要很紧迫,我们可以提出一个合理的方案和一个可行的计划,他(蓝钦)将提供华盛顿考虑,但警告我们,不要过分乐观,5 月间已经拟就一份计划交给蓝钦转送华盛顿。尽管如此,叶感到事情难于完成,并已对蒋委员长讲过。但是委员长要他在到达旧金山时告诉我把这项任务负担起来。

我告诉叶,我当然应该这样做,但我对此事一无所知,也没有任何资料。叶认为,外交部在他的指示之下,在一个月前已经把一份给蓝钦大使的计划给我送来,他想我已经收到这份计划。同时寄来的还有雷德福、饶伯森于 4 月间在台北的会谈记录,以及斯顿普海军上将 5 月间的会谈记录,是由美国军事信使递送的。还有他的私人信件和一张给大使馆傅冠雄的支票,是转给叶的家里人和大学校友会的。我告诉他,后者我已收到,傅已遵嘱办理。还有一份用英文写的公文,系委员长和斯顿普海军上将的谈话要点,别的什么都没有。我说,查博士从台北给我带来了关于军队训练的补充计划,以及实施原订储备计划的各个方面的日期计划一份,但未提到它的费用,也没有谈到五千二百万美元的对武装部队的直接支援计划。叶当时要求我给外交部打电报要这个文件,并且说他授权这样做,并把材料直接送给我。

在和叶公超谈话之后,我给外交部打了电报,让他们查明,他们是否曾经给我一份补充军援计划和雷德福、饶伯森在台北谈话记录的材料。也有可能材料正在途中。几个小时之后,我乘飞机去纽约参加几个约会。晚上我参加了前驻伦敦大使郑天锡的宴会,这次小宴会只有五个人参加。客人之一是王宠佑,他是中国著名法学家王宠惠博士的兄弟。王宠佑本人则是研究锑和钼的专家,他在这方面享有国际声誉。他已七十七岁,但看上去非常健康。席间,我们先谈到了中国人的"风水"迷信。因为王博士想写一篇讨论这个问题的论文。然后,我们一般地谈到我们每个人的养生之道。王告诉我们,他过着天主教徒式的生活。这是他按照他阅读大量的有关健康和长寿书籍的心得而制定的生活计划。他告诉我们,他的饭食是特殊的,供早餐用的有十三种不同的谷物、蜂蜜、大豆、奶等等;一天喝八杯水,他严格执行。此外用些维他命丸、葡萄糖和水果,不吃面包和大米,但是吃适量的高蛋白的粥。尽管如此,没有多久,他还是死了。

6月21日,我和饶伯森接触,他刚刚休假回来,约定要讨论援助问题。我还打了一封电报给台北的沈次长,索取关于五千二百万美元直接军援计划的文件。因为外交部已经通知我,不曾给我寄这份文件,当然也不在途中。为了给我在华盛顿对此事进行交涉提供方便,在等待文件到来的同时,我要沈次长先用电报通知我这份计划的主要内容。

那天午餐我招待台北市长高玉树。他刚刚顺道访问古巴后回到这里来。我请的另外一些客人,包括国务院的马康卫还有雷蒙德·莫那,他是国外业务署远东区署署长,其他的客人是美国政府中和中国有关的官员阿奇·麦吉、里斯上校以及大使馆的官员。我提议,为高市长应美国国务院和国外业务署的联合邀请到美国作非正式访问,为中美合作而干杯。我说我认为高市长是台湾民主政治进步的一个例证。高玉树用恰当的语言致答辞。他说他是在竞选中战胜了强有力的国民党支持的另一位候选人而当选市长的。而另外那一位候选人由于有国民党支持,没有像他那样艰苦地从事竞选活动。他说,他极愿圆满干完他的任期。他的妻子仍在工作,以增加家庭收入。有人劝她辞去工作,因为那和市长夫人很不相称,她说,他的任期只有四年,不当市长之后,他们无论如何还必须生活下去。这时,我的两个朋友约翰逊和罗克斯举起杯来发言,对高表示赞扬。他们两人在台北就认识高,这次又照料高到美国来旅行。

我告诉莫耶博士说,叶公超部长给我急电,让我立即着手办理关于五千二百万美元的直接军事援助问题。我要求他做些澄清。(叶过去没有对我讲清楚事情的起源和在台北讨论的状况,只是说外交部已把一份谈判细节送给蓝钦大使转送国务院,并且也送给我一份。但是,大使馆什么也没有收到。)莫耶十分了解事情的真相,他说,这件事起源于去年的对华一亿美元补充军事援助,由于印支战争的停止而使这笔援款成为可能,因为这笔钱是分配给印支战争使用的七亿美元的一部分。但是他指出,在一亿美元中已有四千八百万美元用于防务采购开支,其余的五千二百万美元已经用武器作为军援给予台湾。因此,全部金额已经用完,他不认为还剩下什么钱,也不认为我们还有什么机会获得我们所需要的东西。

莫耶说,1955财政年度即将结束,从1956财政年度补充援助总额中提出要求可能会更好一些,这项拨款法案仍在国会讨论中。他又说,这样做恐怕也为时稍晚了,因为参议院已经通过这项法案,而众议院很快就要付表决。而且,鉴于在国会和在群众中的情绪,都主张减少对外援助,他感到追加补充援助是很困难的。1956 年年度预算中指拨给中国的金额,在远东各国中位于第三,总数为一亿零二百万美元,在这笔款项中,三千七百万是直接军事援助,六千二百万是防务支持,三百万用于技术合作。

我告诉莫耶,鉴于远东地区,特别是台湾海峡总的形势,我国政府认为拟议中的计划有极大的紧迫性。我向他请教推动这件事的最好的途径。他说,那需要美国政府对这项补充援助做出政策决定。但是,他再一次说,鉴于美国国会主导情绪是减少而不是增加对外援助,增加援款的目的很难达到,我说,无论如何要把这件事提交国务院,并力促国务卿给以支持,莫耶认为那可能有些用处。

助理国务卿饶伯森已预定 6 月 23 日星期四下午,同我讨论这件事和一些战斗机机场的问题,这是国防部长俞大维和外交部次长沈昌焕分别要求我向国务院提出的。我打电话告诉叶外长,预定的会谈在两天之后,并且告诉他,外交部已经回答了我的询问,说没有把补充军援计划送给大使馆,也没有把雷德福、饶伯森和斯顿普海军上将与委员长谈话的记录寄给我。我希望叶部长给我关于补充军援的更多情况,但他在当时通讯不便,告诉我给外交部打电报(我已经这样做了)。他当时急于去会见杜勒斯,答应我,他将把和杜勒斯在旧金山谈话的要点打电话告诉我。

23 日早晨,收到了沈昌焕次长对我要求更多信息的答复。答复来得正是时候,我还有时间在会见饶伯森之前看一遍。我在下午三时会见了他,马康卫也在场。

谈话由我开始,我说,我要求会见饶伯森先生讨论三四件事。第一件事是关于建议在台湾公馆区建筑一座喷气机机场的问题,我对这件事的具体细节并不熟悉,但是外交部和国防部要我请求美国政府加速这项工程的建设,因为台湾海峡的局势很不稳定。

饶伯森从口袋里掏出一张纸来,看了一眼说,事情正在考虑中,但尚未作出决定。对美国政府来说,问题是如何找到建设机场所需的二千五百万美元。他说,这类问题像在其他国家建设空军基地一样,需要有国会的授权。他现在还不知道这一机场的性质,是美国空军专用或者中美两国空军共同使用。如果是前者,所需款项要通过五角大楼;如果是后者,则要在国会授权之后通过国外业务署拨款。

我说,我对这些细节不熟悉,并问饶伯森,美国政府对这个问题的看法如何。

饶伯森的回答说,这是正在考虑的问题之一。无论如何,美国在开始修建机场之前,一定要和中国政府商谈,并签订一项协定,规定这个空军基地的状况和使用方法。他于是询问中国政府对这几点有何意见。

我说,我只收到一份简短的电报,要我催促美国政府尽快开始进行机场的建设。我说电报里没有提供任何细节。

饶伯森重复谈到,修建这样的机场不是一件简单的事情,关于财政、程序,例如缔结一份基本协定等等,有大量的问题需要考虑。

我表示希望尽快作出决定,有结果时希望通知我。

饶伯森答应和我就此事保持联系。

我于是把话题转入下一个我要和饶伯森讨论的题目,即关于五千五百五十万美元特别直接补充援助问题,用于为中国武装部队提供装备和供应品,诸如营房、码头、医院、燃料、弹药的制造、交通设备、机场、军服、食品补充项目、仓库、电站等等。我说,我了解这件事起源于去年军事援助中一亿美元的补充援助。这项总额中已经用掉了四千八百万美元,还有五千二百万美元未曾动用。中国政府希望把这笔钱变为直接军事援助。表中所列的物资都是中国武装力量所紧急需要的,鉴于目前局势不稳,从美国运来物资的绝大部分必须为制成品而不是在台湾本地采办并以对应款项支付,像通常一般用途项目那样。

我继续说,按外交部电文所说,中国已向台北美国大使馆谈判此事。蓝钦大使表示那笔款项已经用完,如果中国政府认为它的要求是紧迫的,最好提出一个方案,他将转报美国政府给予考虑。这项方案于5月7日送交蓝钦大使,大使确认5月24日收到了这份文件,并且声称他已转送国务院。我想,国务院已经收到了。

马康卫说,三周以前已经收到这份文件。

我说,我想了解这个问题的进展如何。

饶伯森说,他对这些事并不熟悉。

马康卫说,这个问题已在有关各部共同考虑之中。但是这个方案中有个很长的项目单子,他发现,其中有很多并不是紧迫需要的。他从一张纸上指出一些项目,如四座电视台、干电池、三百公里长的海底电缆、五千辆自行车、在花莲修建码头等等。他说他看不出这些项目的紧迫性,而且这也不是严格意义上的军事项目。我说,我所收到的电报中也有项目单,我认为全部都系紧迫军用项目。当然,电报里并没有给我项目单的全部。如果依照国务院的意见,有些项目不应列入,我相信这份清单可以在互相协商一致的基础上加以修订,并且建议在台北对这些项目进行讨论。

马康卫说,这件事不仅在台北,而且也要在华盛顿进行研究,因为要在这里作出决定。

我说,我的意见是,重要的是双方必须首先对这一计划的必要性在原则上取得一致意见,细节由双方再进行具体商讨。

饶伯森认为,美国首先要决定的是从什么地方找出实施这个计划所需的款项来。他看不出这笔款项从何处拨付,因为目前正在国会讨论的援外总额三十五亿美元将被削减。而且就在那天早晨,他听说众院委员会已经削减了一亿五千万美元。除此之外,他说,总统提交国会的援外预算案,是以每个国家所得援助份额的目前数字为基础的。如果国会最后削减了总额,那么,问题就是各受援国如何相应地进行削减。对任何国家增加援助数额的问题,实际上已经无从谈起。

我提醒说,在上一年度有一笔具体剩余款项,由国会提交总统根据他的判断进行支配。我希望总统能在财政上找出解决这一问题的办法来。

饶伯森说,去年的情况是很特殊的。印支的战事突然停止下来,因此,原来通过的给印度支那的款项转由总统重新分配。增拨给台北中国政府的款项就是这样来的。但是今年不会有这样的款项了。尽管如此,他还是想先和国外业务署讨论一下这件事,再看他能对此做些什么。

我们谈话的其余部分,是关于印度的梅农在华盛顿的会谈和类似的问题。我已于6月24日把全部情况向叶部长作了报告,并附去一信。关于修建一处新的喷气战斗机机场的问题,我已按照俞将军的要求和沈次长的电报照办了。我向叶作了说明,两份电报给我的印象是,事情已经协议一致,问题只是要美国政府尽快执行而已。但是饶伯森却肯定地要我知道,事情尚在讨论中,首先必须在原则上和在基本协议方面作出决定。正像美国援助其他国家建设空军基地一样,这乃是必不可少的先行步骤。

叶部长于6月27日回信给我,对俞大维让我交涉在公馆建设新的喷气战斗机机场一事表示惊讶,因为他(俞)应该知道,那个空军机场完全是美国的项目,是参谋长联席会议批准了的。他们将用他们自己的办法去找钱。那甚至不是共同防御援助计划的项目,事实上我们已从军援计划预算中把这个项目排除出去了。他说,换句话说,他们应当自己去筹款,因为那是美国在台湾的一个空军基地,而且美国很可能要求与此有关的一些特权和优惠。叶还说,早在四个月前,蓝钦大使已经告诉他这事已是囊中物了。为了避免耗费我们建设飞机场的人力物力,他们已计划进口他们所需的一切。但是蓝钦大使表示担心对进口劳力有困难,并且,事实上已同意他们在不影响建设我们自己的飞机场的需要情况下,雇用中国劳工。叶说,这是他了解的情况。而且他想,饶伯森在谈起这件事时认为这需要得到国会批准,可能是由于他未能得到正确的情报。他向我建议,和俞大维将军核实一下。我这样做了。

6月21日晨,我接见了石门水利设计委员会总工程师徐世大。这个水库是一大投资项目,需要六年完成。徐工程师看来专业水平很高,又很有经验,过去曾在河北省水利委员会任职多年。他说我们正从事石门水库的兴建,并要美国国外业务署提供资金,全部计划约需五千万美元,五年完成。

几天以后,一群招商局和交通部的官员来访。招商局的官员是进行礼节性的拜会,但也向我谈到航运情况和中国政府希望从美国得到援助。招商局的王先生谈到,因为难于得到财政援助从美国购买更多的船只,他们的分公司已经从日本订购了一艘二万八千吨的油轮,用的是与日本的换货货款中所积存的款项。交通部来的官员都是民航局的成员,主要谈到他们来美国的使命是学习民用航空的管制和监督问题。他们没有提出什么特殊问题。

6月23日,高玉树市长来辞行。他曾访问了很多城市,包括休斯顿、新奥尔良、芝加哥、波士顿、纽约和旧金山。他发现,台湾的情况和我国政府在很多方面取得的进步并没有很好地为人所了解。他感到我们需要做很大的努力,使别人了解我们。我原则上同意他的看法。但是,我告诉他,在美国,宣传工作已经发展到这样的水平,要有计划用钱,还要有合格的专门人材的不懈努力,才能产生效果。我说,在美国,政府及其下属机构都雇用负责公共关系的专人,以便使他们的工作能为公众很好地了解。我告诉他,过去我们用可怜的三万美元经费,请一位宣传专家,他向新闻出版家、编辑、专栏作家、电视节目编辑等,做过很好的工作,每年还能到全国各地去做三四次访问。到1953年底,这项工作也不再继续了。现在大使馆没有一美元的经费干这方面的事。而韩国、菲律宾、印度、巴基斯坦,且不说欧洲的国家,都有数目相当可观的专款用于此项工作。像他这次访美时向公共团体发表演说,我过去也常常这样做。有时还在全国电视广播节目中露面,那也是有作用的。但,所有这些效果很有限。在一座礼堂里听众不过一两千人,电视和无线电则有更多的听观众,但这些事,据我的经验,需要用大量的时间、精力做准备工作。高市长说,他将把他在这方面发现的问题报告陈诚副总统。我欢迎他的意见,但是,我感到对这种情况的任何改进都将受到外汇短缺困难的限制。

与此相关的,我还可以谈谈阿姆斯特朗的来访。他是前国会议员,现在的公共关系官员。他希望去台湾访问,为发表一系列文章搜集资料,他访问我是想让我了解他的计划,并要求我对写什么的问题提出建议。我建议他写中国共产党人在海峡对岸进行集结,和沿海岛屿对台湾安全的重要性的问题。我告诉他,看来中国共产党人将来如果进攻这些岛屿,其目的只能是夺取台湾。阿姆斯特朗同意我的建议。

6月22日,我接见了空军武官衣复恩上校,他把新任空军助理武官蒋贻曾少校介绍给我。几小时后,我接见了柳鹤图海军上校,他把海军助理武官贺军捷介绍给我。事实上那一年工作人员变动很多。6月23日,我单独接见了柳上校,他收到了参谋总长彭孟缉一份电报,让他一周之内返回台北。他要求我授权给洛杉矶总领事张紫常接办从美国早日接收两艘舰艇的问题。他解释说,他要几天的时间,清理一下他的工作和私人事务。我敦促他还是首先办理预定的接舰工作,而要求推延回台北汇报的日期。他同意了,当时,柳是召回晋升的。随后,在7月1日,我设午宴为他饯行,并表示祝贺。空军武官衣复恩10月间辞职了。杨绍廉上校接替了他的职务,新的海军武官则是郑天杰上校。

叶公超外长于6月25日从旧金山给我打电话。他告诉我,他已见到杜勒斯,他将把谈话的记录送给我。他发现旧金山总领事馆的文书班子和设备都不如华盛顿的大使馆那样好,因此,他必须亲自动笔书写各类文件。我问他这回带来几位秘书,他说,他只从台北带来一位秘书,全程只给了两千美元旅费,现在已经用了三千美元,旅馆开支太大了。我告诉他,他可以按实际情况多用一二位秘书,补助也可以按实际需要相应提高。

我们讨论了按外交部命令把大使馆专门秘书张慰慈调回台北外交部工作的事。叶非常同意让张再留在大使馆工作几个月。因为有必要由他继续帮助处理毛邦初案,当时该案正在关键阶段。叶说,只要张回台北工作,那么再在此间多留几个月,对他的工作并无多大影响,虽说由于刘参事离职,外交部非常需要张。张以前是外交部长的秘书,但他曾经在我的大使馆里工作了好几年,特别是办理有关毛案的工作。最后张和外交部长一起于11月回到台北。部长在美国的停留时期比他原来的打算长得多。

叶告诉我,蒋委员长坚持对外事工作系统进行改组。并且对他(叶)在处理人事问题上的软弱不满。委员长已经组织了以副总统陈诚为首的,包括秘书长张群、行政院长俞鸿钧和他为成员的委员会。这个委员会对外交部认为需要留在海外继续工作的人应不调回台北一事,已取得谅解。叶说,大约有六位大使将要更换,有二十多项任命已经作出来。正在海外工作的人员将要进行更换的,令其回外交部述职。叶说,一般的原则是,已在海外工作六年或六年以上的,都应召回。我提醒他,那应当包括我在内,但他立刻回答说,蒋廷黻和我因为现在职务的需要,不在此列。然而一些大使,包括驻联合国代表团成员,将被年轻人代替,他们应当有机会取得经验。

出国的愿望在台北军界,特别是在外交部人员中,日益增长。他们感到了而且经历了在台北的艰难。生活条件不佳,报酬很低,各部又是人手不足,因此,他们希望派往国外。我们可以想得到,人们幻想国外的生活会遂心得多,工作更有趣,报酬要高得多,因为他们将由外币支付工资,而在台北,他们只能得到台币,并且数额又很少。在当时,外交部长本人的工资为三百元台币,正好是七十五美元。当然,级别越低工资便越少。另一个想出国去的真实原因是,许多人感到他们必须这样做。他们从来没有去过外国,想把出国作为一种机会,了解那里的情况,学习更多的知识,为自己的将来做准备,这种想法是很自然的。但是,当然,他们想出国所持的理由,并不总是合理的和真实的。

在海外工作同样艰苦,工时同样长,特别是在美国,因为我们总是在忙碌之中。同时,较高的收入大部分因生活费用较高消耗掉了。驻美大使馆的职员和代办,是有一些财物,如汽车,似乎是特殊的享受,但实在是必需品。一些工作人员没有条件住在城里,房租太高。为收支平衡,他们必须到郊区去住,这就意味着路上要用一小时,对于一个必须工作到较晚时间的人来说,这是一个很长的时间,因有紧急任务而突然被召唤时,情况更是如此。在美国,甚至我们大使馆的佣人也有自己的汽车。我的司机就有一辆汽车。我的女仆和她的丈夫也有他们自己的车,因为这是他们最省钱的办法。那时候在美国用二百美元甚或更少的钱可以买到一部相当过得去的旧汽车。但这并不等于说一个人有很高的生活水平。

这些都是不能指望在台北的人能够了解的,但这是事实。所以,我感到整个问题不能只从表面上看。很早以前,我在回台北时就曾对这个问题做过说明,但那些在台北的人对此并未注意。他们急切希望到国外呆一个季度或半年。这也和国民党的政策正相吻合。这项政策就是急切地使外交人员变成"清一色",所有的人都是一色的。换句话说,他们想撤掉外交界里不是国民党员的人,换上那些忠心的活跃的国民党员。

7月17日我参加了华盛顿的专栏作家和新闻评论家黑兹尔·马克尔的早餐会。其他来宾还有南达科他州参议员蒙特、艾奥瓦州的马丁和他们的夫人,还请了白宫的帕森斯夫妇,但他没有来。参议员蒙特告诉我,参议院拨款委员会(他是其中的成员)试图恢复援外法案中被削减的部分,但对于恢复多少数额还未作出决定。这是一点有用的消息,这条消息若干天之后才为公众所知悉。

7月20日,我拜访助理国务卿饶伯森,讨论特殊直接军事援助问题。为了向饶伯森提出援助问题,我回顾了早些时候我和他进行的有关中国政府申请总额五千三百万或五千四百万美元特别直接军事援助的谈话。饶伯森曾经对我讲过,他将首先和国外业务署讨论这件事,我不知是否有什么好消息。我援引了早晨报纸上报导的参议院拨款委员会已提出恢复大部分被众议院削减的援外预算的消息,并且说,我发现委员会在报告中提出的一亿二千万美元直接军事援助应该指定给中华民国或泰国的论点,特别令人高兴。我表示我知道委员会的建议还要参议院全体会讨论,还要和众议院代表开会共同研究,但希望这项拟议的追加援款能够成为事实。

饶伯森说,众议院坚决砍掉了政府要求的数额,虽然参议院拨款委员会提议恢复许多被削减的数额,但是否能由参议院通过,他并无把握。正如我所说的,无论如何这还要提交两院会商,而通常只能得到一个折中的数额。他确信,最后的数额将比行政当局要求的要少一些。他说,国会经济观点很强,而且对国防部把上一年度六亿美元的预算拨款用得一干二净,似乎有意要压迫国会对今年的预算通过更多的款项一事,颇为恼火。他说,这实际是国会方面的误会。因为提及的这笔拨款总额并不是可以自由支配的钱,都有指定的用途。国防部所做的只是正式履行手续予以落实而已。

我说,我也注意到,参议院拨款委员会的报告中有一亿五千万美元是由授权总统作出判断进行支配的。我想,为满足我所提出的给予中国特别补充援助的要求,是否在这笔款上还能作些文章。

饶伯森给以否定的回答,他说,行政当局对这项拨款的最初要求是两亿美元,众议院砍掉了一亿美元,参议院拨款委员会又给恢复了五千万美元。所以,拨款委员会的建议如果被两院联席会议通过,总统将在特殊授权之下,有一亿五千万美元可根据他的判断予以分配。全部款项是为亚洲的长期经济计划之用,不包括直接军事援助或防务援助。坦率地讲,对满足中国的特别补充援助来说,他看不出有多少机会。

晚些时候,在 8 月 10 日,我接见了蓝钦大使,当时他正在华盛顿休假。那天下午我设宴款待了他。大使承认,我们的特别直接军事援助补充要求,提出得太晚了,在任何情况下,已没有更多的款项可拨。实际上这个问题已再没有谈判的余地了。

7 月 23 日,我接见了蔡文治将军,他是来拜会我的。我在别的章节里曾谈过他的访问。他经香港到纽约,再从纽约来的。他曾到台湾去过,并且见过蒋委员长。他说,他在冲绳岛训练中国军队的事,得到美国的支援和鼓励。他说,冲绳的训练是为了从事在大陆上进行游击战和情报工作的。他说,他开始搞这项工作是在五年前的 1950 年,当美国人对台湾生存下去的前途感到十分暗淡,并且感到需要他们自己着手做一些事以制止共产党侵犯的时候。他们和蔡一起工作,特别是因为蔡曾主张在大陆继续抵抗,并且曾经主张在长江北岸阻止共军的前进。(很多人支持这种主张,蔡并不是创始人。许多人,包括我,主张采取坚定的立场守住长江北岸、阻止共军过江。如果不能守住全中国,也要守住一半。从历史上看,宋朝就是这样做的,当时中国的南部都保存下来了,首都也从洛阳迁往杭州。)甚至在广州,他说他也曾经主张继续战斗,并且在他自己作厅长的国防部第三厅时,曾草拟了一个作战方案,但他的大部分同事都反对这个方案。

蔡将军说,最后,在朝鲜战争打了一些时候之后,在美国的同意之下,他把他的部队交给台北政府。他的部队总共牺牲了九百人左右,他并且呈递了一份名单,要求蒋委员长承认死者是为自由中国而牺牲的,因此,他们的家属按照兵役法应当受到抚恤。由于政府拒绝这样做,他感到自己不能再留在台湾了,否则,他的支持者将对他的动机发生怀疑。因此,他在美国的劝告和支持之下,来到了纽约。我很注意地听蔡将军的陈述,但我有充分的理由对他所说的持保留态度。他曾在美国中央情报局资助之下率领一支部队进行秘密训练。对此,他用他的说法作了解释。

8月9日,外交部给我打来一份电报,告诉我,外交部次长沈昌焕将肩负秘密使命来和我商谈。我奇怪这究竟是怎么回事,特别是电报里要我请蒋廷黻到华盛顿一起会商。这件事显得很神秘。我和蒋取得联系,商定8月12日到华盛顿,迎接沈次长的飞机到达。

12日,蒋廷黻博士准时到达。但沈次长所乘的班机却因飓风迟到了。他在下午一点四十五分才到。他没有吃上午饭,因此我们找了一个快餐馆,吃点三明治,喝点咖啡。我建议他充分休息一下,明天再开始会谈。他透露了他的使命是有关孙立人案的。

孙将军已于8月3日"辞去"了他的总统府参军长的职务,因为他和郭廷亮上校的共党间谍案有牵连,郭上校是孙将军的可靠部下,他被控告阴谋鼓动军队暴乱。据传,孙将军本人在军队里曾组织秘密联络活动,在部队里组成忠于他自己的派系,这种情况不仅是非法,而且使这位郭上校得以利用来达到他的目的。

关于沈昌焕的表面使命,外交部于8月12日打来一份转交给沈的电报。要他向美国说明,他是途经东京来美的,是来视察使馆、使团、领事馆。首先到美国来,完成使命后,将到墨西哥和其他中南美国家作同样的视察。同一份电报要求我把沈的公开任务通报蓝钦大使,并且告诉他,沈将在华盛顿和他晤谈。

第二天早晨,我和沈昌焕、蒋廷黻还有谭绍华在双橡园进行一次会谈。会谈进行了两小时,我们在那里一起用午饭。沈昌焕介绍了孙立人的下属郭廷亮上校和其他五名部下的供词,还有一组他们在宪兵队秘密受审时的供词记录。最能说明情况的文件是孙立人亲笔辞呈的照相复制件,他在呈文中承认两点:(1)他未能察觉郭的共党间谍活动;(2)他未能有效地监督他部下的动向与活动,他对他们的行为负有责任,因此请求辞职。这个辞呈是写明直接送给总统的。这次会谈是保密的,我招待沈昌焕吃晚饭的时候,什么也没谈。参加晚宴的人都认为沈是来视察海外使、领馆工作的。

从我个人来看,在中美关系处在这样一个转折关头的时候,这是一件非常不幸的事。孙立人将军在美国有很高的声誉,美国的官方和公众对这件事肯定是有反感的。因此,我们的工作是尽最大的努力使这件事化小到最低限度。我对沈昌焕和蒋廷黻说,我们应该采取的最重要的步骤就是,向全世界表明,政府将公正无私地处理这一案件,其行动将以一个公正团体对事实真相的调查为依据。我建议成立一个调查委员会,它的成员的身份、地位与公正态度应是公认的,至少要包括一位有国际声誉的法学家,像王宠惠博士,还要有一位高级官员,如果可能,他的级别应在孙立人将军之上。蒋廷黻博士提议何世礼将军,他是联合国军事参谋团的中国代表。我认为他的级别比孙立人低,按照中国传统的观念,他是不合适的。但是蒋廷黻强烈坚持他的推荐,因为何回到美国之后,可以向美国军界至少向他在军界的朋友说明事实情况,我认为何应钦将军更合适些。但是沈也赞成何世礼,我就没有坚持。

蒋廷黻在午饭后即返回纽约。沈昌焕则起草一份关于我们的讨论和建议的报告,给外交部去电报,我建议电报用他自己的名义更合适,他接受了。

8 月 15 日,星期一,沈应我的要求再次前来。我们的谈话很简短,接着他便对使馆人员讲话。我安排了这次集会,以便让他讲讲外交部的国内国外人员交换的计划,说明这样可以使国外人员有机会了解国内情况,并使部里的人员有机会获得国外的经验。

会后,我访问了哈罗德·史塔生,他最近担任了艾森豪威尔总统的裁军特别助理。他要求见我,是想向我介绍美国政府的裁军政策,以及进行的计划,以便向台北报告。会见之后,我立即给外交部打了电报,同时也给总统府新闻局发了电报。

中午,我再一次和沈次长会见,他已经会见了蓝钦大使,并且向他详细谈了孙立人案的情况。但,蓝钦对很多细节已经很熟悉了。沈说,事实上在蓝钦大使离开台北的前一天晚上,委员长曾经宴请他,他曾询问过案情,并要求蒋委员长发表一项主张从宽处理的声明。蓝钦告诉沈,照他看来,孙立人是忠诚的,但是有些"欠谨慎和幼稚"。

我可以这样说,蓝钦大使的结论和我有些一致。可以说孙立人将军多半是不小心或者可能有几分不自觉的放纵,因为这位将军对军队状况非常不满,诸如处理问题的方式方法,对他的建议毫不考虑等等。他的部下利用了这种情况策划了阴谋,使案情达到了危险的境地。

我记得我在台北和孙立人将军的一两次谈话,他是一个非常坦率的人。我很重视这一点,但是,我告诉他,在和别人谈话的时候,他应当稍加谨慎和注意,因为并不是和他谈话的每一个人都能理解和重视他的观点和态度。他们很可能误解他,给他造成麻烦。但他常常是直言不讳的。这就是我们对他的为人的一般印象,我们认为这是他过去曾经接受过美国军官训练的结果。美国军人一向以语言简洁有力而闻名,不顾对方的反应,只想把他们所想说的话全部说出来,尽最大的可能强调自己的观点。有这样一个故事,这个故事可以说明美国军人的思想方法。两个士兵在一个健身房里,一个说:"你说话太简单了,我不明白。"这样,另一个士兵朝他的鼻子打了一拳。旁边一个人间这个士兵是否懂得"简单"一词的意思。他回答说,他不管那些,反正听起来不正确,所以给他一下子搞准确了。

15日的下午,我和沈次长一起访问西博尔德,他是代理负责远东事务的助理国务卿。沈和我商定,不首先提出孙立人案,除非他首先提出来。他没有提出来,所以谈话只限于其他事件,像约翰逊和王炳南在日内瓦举行的会谈,以及美国对这些事的意图等等。同样,次日早晨我和沈一起对参议员诺兰进行礼节性拜会,我们一起在大都会吃早饭,谈话的内容大部分集中在日内瓦的双边会谈上。

同一天,外交部对我们关于孙案的电文来了回电。电文表明我们的联合建议的大部分已被接受,已经成立了一个调查委员会,成员增加到九人,而不是我们建议的五至七人,由何应钦代替了何世礼。我曾建议何应钦,因为蒋廷黻极力推荐何世礼而沈昌焕又支持他,所以电报里建议的是何世礼。一个很好的增补人员是许世英,他是中国的法学家、前司法部长,是孙立人的好朋友,都是安徽人。

第二天我有一天半在波士顿,为的是对陆海军退伍英勇军团讲话。但是 18 日在早餐会上作了另一次简短的讲话之后,我匆忙赶回华盛顿,主持大使馆人员宴请沈次长的晚宴。

8 月 19 日早晨我和沈次长一起去访问副国务卿帮办罗伯特·墨菲。我很高兴,墨菲和西博尔德一样,也没有询问孙立人案件情况。沈和我一致表示台北方面希望让蓝钦大使比他预定的计划早一些返回任所。这使墨菲提出问题,蒋委员长是否对在台北的郭可仁代办有所不满。这是一个使人为难的问题,因为郭可仁并不为人喜爱。我们解释说,他在处理和外交部的关系方面一切还好,但是蒋委员长不限于外交及日常事务方面的问题往往与蓝钦会谈,蓝钦在台北已有好些年,他交了许多朋友,他看起来有些像中国人,他懂得中国问题和中国人的心理。随后在双橡园有一个招待沈次长的午餐会,邀请的其他客人有国务院的成员、国际合作署①和大使馆的官员,我为沈次长祝酒,他作了郑重的答辞。

下午晚些时候,在拜访众议员塔利讨论关于国民党中国参加各国议会联盟问题之后,我再次和沈会晤。我希望在他和我以及谭绍华、陈之迈、顾毓瑞在大使馆开会之前,先和他谈一谈。我们要开会讨论如何进行与宣布孙立人案有关的宣传工作。台北将

---

① 从 1956 年预算年度开始国际合作署就代替了国外业务署。

在次日下午两点半宣布,在华盛顿,对应的时间是 8 月 20 日早晨三点半。这项新闻已经由台北通过无线电话在早些时候通知叶公超,他已经传达给我。我们决定在会议上对这项新闻不作任何评论,不回答任何方面提出的问题,但我们将说明调查委员会的组成是最高水平的,我们可以满怀信心地等待委员会对调查事实提出的报告。大使馆将对每一位提问的人提供一份调查委员会成员的简历材料。

晚间,我单独约沈一人和我同饭,以便对外交部、大使馆的各方面的问题私下交换意见。他告诉我陈之迈将被任命为驻马尼拉大使。我们研究了陈在大使馆工作的继任人选。我劝说把顾毓瑞提升一步。沈说,叶公超将在稍后一些时候决定此事。

第二天上午十时,我去五角大楼拜访海军上将雷德福。这次访晤是前一天下午,在我得到宣布孙立人案的准确时间消息以后约定的。雷德福上将可能已经意识到这一点,并且心中有数,所以很快接见我。另一方面,我也表示,希望尽快地见到他,如果对他方便的话,甚至在前一天晚上也行。在会见过程中,他倾听我就我所收到的电文和沈次长告诉我的孙案实情所作的简明而全面的叙述。我要求他发表他的看法。他似乎是早有准备,他谈到了他对这个案件的想法和希望,态度坦率而坚定。

按照我所作的关于这次会谈的记录,我首先说明我来拜访他的目的是告诉他孙立人案这件事,随后谈到台北方面对此将有一个公告,并要求我事先把这件事通知他。我说,这是一个不幸的案件,有些方面牵涉到孙将军本人。我告诉他,孙将军的一个部下郭廷亮上校如何在东北被共产党俘虏,接受了强制的训练后,被派到台湾来为共产党从事间谍活动。还有,郭廷亮是如何遇到一位开粮店的朋友,这位粮店主人又如何给郭介绍了一位女朋友,后来他们结了婚,以及后来郭上校和他的妻子来到台湾,郭参加了孙立人部队,并没有告诉孙立人他负有共产党的使命。

我进一步告诉这位海军上将,郭上校如何利用了孙立人将军和他的追随者对他的参谋总长职务被撤换一事的不满情绪。按照郭及其他孙将军部下五名主要成员的供词,这项计划以上书蒋总统、并以军事游行来支持,要求总统接受若干条件,包括重新任命孙立人为参谋总长,撤销对孙将军部下的甄审,改善对他们的待遇。没有任何情况表明孙将军将加害总统本人。但是,另一方面,郭上校则似乎是在替共产党人工作,计划在每年一度在屏东(台湾东岸)军事演习,在委员长亲自出席时,发动军事冲突。这样可以给孙立人一个出面恢复秩序的机会。

在六个人的供词中,有一部分是归罪于孙将军的,至少是对他有损的。但是,无论是总统本人或其他政府成员都不认为孙立人将军在感情上是亲共的。总统一直认为孙立人将军是他的最能干的部下之一。甚至在孙立人的某些旧部下有为共产党工作的嫌疑时,他也没有提过。蒋委员长似乎完全信任孙立人将军。在案件发生之后,孙将军提出辞呈,总统接受了。总统于是任命了一个调查委员会,由政府和国民党里的九名成员组成,对所有的供词、六人在被捕后审讯问答的记录进行研究,向他提出报告,这是一项保密活动,不加以公布。

我又告诉雷德福上将说,委员会的成员都是著名人士,像王宠惠博士是司法部部长,他曾多年担任国际法庭的法官;许世英是孙立人的同乡,曾做过行政院长、司法部长和驻日本大使;还有何应钦将军、国防部长俞大维将军。委员会的主席是副总统陈诚。我表示相信,委员会对案情的调查是会公正无私的,将会向总统提出报告供他考虑和作决定之用。我还补充说,雷德福上将一直是我国和蒋总统个人的朋友,一贯深切关心自由中国的利益,我应该向他说明有关的事实。

雷德福上将在细心地听了我的谈话之后说,他必须坦白地告诉我,他认为这个案件是非常不幸的。他和我抱有同感,相信孙将军永远不会是亲共产党的。他认为孙将军是中国军界最有能力的而且是忠于总统的。他说,如果将来需要进行另一场战争,孙将军将会作出贡献。但是他知道,孙将军一直对中国军队的领导方式不满意,他从未消除这种感情。相反地,他经常表示他的不满。雷德福上将认为,调查委员会的组成人选是绝好的。但是他说,造成孙立人将军不满的原因是严重的,中国军队里的一些情况一定是太坏了,否则不可能有分散在军队里的一百多人自愿参加倡议中的示威。

这位海军上将了解,中国军队里的晋升,并不是由于谁的工作好或是司令官的推荐,而是由政工人员提名。他更进一步了解到,孙立人将军对蒋经国领导的政工人员对军队的控制体制非常不满。美国在台湾的军事代表发回来的报告也证实了他的印象,中国武装力量的官兵对政工人员都非常害怕,因此士气很低落。雷德福强调说,打起仗来,这样的军队不能有效地进行战斗。雷德福回顾了当年苏联有同样的由政工人员控制军队的制度,在对芬兰作战时,苏联人发现由于清洗了那么多能干的军官,剩下能胜任的将军已经很少了。因此,第二次大战开始后,苏联完全抛开了这种体制,大家都知道,后来苏军打得多么好。

雷德福上将谈到,作为孙立人案的结果,如果,对军队政工制度能进行认真的研究而予以废弃,以恢复中国军队的士气,即使孙立人调出军队,不能再利用他的服务,中国还会有所得的。这位上将在结束谈话时说,他曾多次亲自对蒋总统讲过他的这些看法,然而还未曾在关键时刻对我谈过。但是他希望我转告委员长,他同情他处理这个问题的困难情况,并且相信蒋总统有决心以公平恰当的方式处理这个问题。

我对雷德福坦率讲明他的意见表示感谢。并且说,我将认真地向蒋总统报告,他也肯定和我一样,会重视这些意见。于是我告辞离开。

我和雷德福上将的会见用了一个多小时,因此,错过我去纽约的班机时间。我只能乘十一点的班机去纽约参加一个关于孙立人案和如何处理宣传工作的会议,这是我们在华盛顿商量好的。参加会议的还有胡适、蒋廷黻、中华新闻社的倪源卿、游建文及沈次长。沈比我走得早些，他于上午九点钟离华盛顿前去参加会议。我原预计和雷德福的会见只需半个小时。但是和这位上将的会谈如此重要，甚至当他的副官进来说我的司机提醒我注意要搭乘的班机时刻，我也不愿轻易地离开。因此，我在十一点零五分才结束了谈话，直接去国民机场。顾毓瑞、谭绍华已在那里等我。我让顾毓瑞去买下一班的飞机票，我们在机场的咖啡室坐下来，起草了一份我和雷德福谈话情况的电报稿，发给外交部以报告委员长。我努力避免耽搁时间，然而，不会有人想到，大使会在机场口述一份电报。

我告诉顾毓瑞给纽约我们驻联合国代表团的办公室打电话，（会议将在那里进行。）告诉沈次长我将迟到。到达拉瓜地亚后，我给蒋廷黻博士在恩格尔伍德的家里打电话，让他不要等我吃午饭，他准备在会后招待大家。于是我直接到他家去，很高兴他们没有等我。他们已经用过午饭，胡适和沈次长坐在蒋的起居室里舒适地交谈。蒋太太很客气地作了西班牙煎蛋饼、黄油面包和咖啡招待我，我一边吃一边讲了我和雷德福上将的会谈。

我问蒋，罗伊·霍华德对此案的具体反应，特别是霍华德打给蒋廷黻的第二次电话。原来，蒋先给霍华德打了电话，并且于16日星期二，去见了他。霍华德感到困惑，但他同意他的报纸将不发表意见，并特别关照他的工作人员不要作评论。但是，在星期四，霍华德给蒋打电话说，他曾在这段时间试探了他在纽约和华盛顿的一些朋友们的反应，他对他们的反应感到不安。他们对此事极为关切，并且很失望。他们感到这是一桩虚构的事件，可能出自蒋委员长的儿子之手。他们无论如何不能相信孙立人会对蒋委员长不忠，或者是一个共产党。他们不会就此事公开或正式地对我们表示任何意见，但是，他们感到，指望我们能和美国进行有效合作，以及由他们继续给我们以帮助和支持，都毫无用处。美国对过去已经决定给我们的援助，将要谨慎小心地执行，而且今后绝不会再想尽办法援助我们。他们对由我们自己对我们的危急情况所作的估计,已失去信心,他们对孙立人案感到很痛心。这就是蒋廷黻转述的霍华德的看法。

当然,同一天,政府对孙立人案的官方声明公布了。在随后的一周左右,沈次长在纽约和华盛顿之间往来奔走,致力于减轻各方对孙立人案的不利反响。8 月 29 日他从纽约去墨西哥城,打电报给我,对我给他的盛情款待致谢。

8 月 26 日,新到任的大使馆参事凌先生见我谈工作。他要求对他宽限几天以安顿一下他自己和家人的生活。我告诉他不要急于工作,若有时间,可以阅读 1955 年的国会议事录,以便使自己熟悉一下美国的政治、国会的对外政策,特别是关于台湾和亚洲的政策。还需要熟悉美国的通讯社和主要报纸的言论和新闻政策。从我个人讲,我又说,我希望他能逐步接管通信工作。不管怎样,今后我都会根据我的经验和他的兴趣给他详细的指示。事实上,几个月后,我让凌接替了陈之迈博士的部分工作,那就是起草文件和备忘录,有关的发言材料,以供我的一些较次要的发言之用。

在 8 月 31 日,我设晚宴招待到华盛顿访问的一批中国官员。其中包括王抚洲,他在国际合作署的资助下,用削减了的财务补助来学习美国公务人员待遇制度,以便改进考试院的制度。王是考试院职位分类计划委员会委员,这是该院处理中国官员的等级和资历的一个机构。不过,这次晚宴主要是为了招待出席国际原子能会议从日内瓦回来的中国代表团的,他只是客人之一。

9 月里,我曾和一位来访的中国官员作了一次有趣味的谈话。他是台北一个有关现役军人(陆、海、空军的士兵)福利的委员会的主席。他是在率领一个中国青年代表团到土耳其参加一个国际青年会议之后,从欧洲到美国来的。他一个人到美国来,是想看一看美军慰问协会如何为美国现役军人工作的。他告诉我,他在土耳其之所见给了他很深的印象。那里的人民对穆斯塔法·

凯末尔·阿塔土耳克的怀念与崇敬，远比中国人之于孙中山为高，尽管凯末尔揭下了土耳其妇女的面纱、推行了土耳其语言的拉丁化。照土耳其人的说法，凯末尔还有如此的智慧和勇气，在他自己的党内建立起一个反对党，而当时，他的党是土耳其法律承认的唯一政党。现在土耳其的总统就是从前反对党的领导人。

另一位来访者是胡光泰。他在美国各地考查研究台湾物产的销售市场。他说像柳编或竹制的家具、椅子和茶桌可以找到很好的市场，如果运费能降低的话。他说，如果把构件包装成密实的运件，运到美国太平洋岸再组装为成品，那就可以降低运费，从而售价也可相应减低。

在 9 月 14 日来访的许多人中，有一位是驻台的国际合作分署署长布伦特。布伦特在休假，但先到华盛顿来商谈一下。他说，蒋委员长要求他着手处理九个预备师的问题。

关于政府所要求的九个预备师的问题已经拖了一些时候。6 月 21 日，叶部长曾在旧金山和杜勒斯讨论过此问题。其时这问题已在美国国防部压了四个月，尚未作出决定。在叶和杜勒斯会谈时，国务卿曾经表示对此一无所知。叶部长首先向他介绍这个计划的历史，它是怎样产生的，又如何经在台北的军事援助顾问团提交美国国防部请予批准的。叶告诉杜勒斯，早在 1955 年 1 月初，雷德福海军上将在台北时，就和委员长对此问题取得一致意见。军援顾问团在 3 月间将此事提交国防部，在国防部手中已达四月之久，由于没有美国方面的正式同意，使有关的计划拖延下来。在结束他的说明的时候，叶公超谈到，无论是杜勒斯或是也在场的西博尔德，对于存在这样一个协议，都不清楚。然而，杜勒斯同意在他返回华盛顿的时候尽快处理这个问题。

我和布伦特在三个月之后，谈到这件事，因为蒋委员长曾要求他解决这个问题。布伦特说，军援顾问团 8 月 8 日对政府询问这个问题所作答复，实际上推翻了过去在台北国防部与军援顾问团之间已经取得的协议。委员长对此十分不高兴，何况军援顾问团员一直表示,不只他们赞成,华盛顿也会同意。布伦特说,他将去见他的老朋友、助理国防部长戈登·格雷,还将和海军上将雷德福以及饶伯森商谈。

我们接着讨论了石门水库和大坝计划。布伦特同意我的意见,我们应当利用美国政府可能给予的年度拨款开始进行,而不必坚持要美国承诺为期若干年或对全部计划给予援助。他也认为,要美国政府取得国会对长期援助的承诺,几乎是不可能的。他说,美国有些州要求联邦政府支持他们建设更多电厂的提案,尚未能成功,也是由于这将使联邦政府承担若干年的义务。

大约同时,我收到国防部长俞大维的电报,让我转交给在纽约的叶公超部长。俞大维只希望叶部长了解一下雷德福海军上将是否知道军援顾问团在 8 月 8 日对预备师问题给了否定的回答,但不希望叶和雷德福讨论此事。我在 9 月 16 日打电话给叶,告诉他这份电报的事,但是叶认为没有必要去问雷德福,很明显,雷德福可能知道这种回答,也可能就是他本人同意了的。

第二天 9 月 17 日,我到纽约去见叶外长进行了长达两小时的谈话。我对以下各方面的工作结果向他作了口头汇报,即努力寻求联合国中友好成员对我们的代表权的支持;关于毛邦初案的现状;关于九个预备师的问题以及布伦特受蒋委员长委托在华盛顿的使命;以及美国政府对孙立人案的看法。叶本人也就孙案和他从事的化小孙案的努力向我作了说明。

按叶所谈,行政院副院长黄少谷从一开始就主张不公布此案,因为他担心对美国政府方面人士和美国政府的政策会产生极为不利的反应。副总统陈诚则认为,这样做已不可能,因为我们军方人士都已知道此事。因此,从军队士气和纪律的观点来看,这个案件必须处理。叶公超本人,在翻阅案件有关文件之后,得出结论认为,案件比他最初想象的更为严重,他认为,在孙立人将军方面至少有纵容的问题。

叶说,在他离开台北之前,他曾请求委员长采纳他的三点建议:(1)不要把案情建立在指控孙立人试图在军界建立自己派系的基础上,因为,这太带有共产党清洗高级人员那一套手段的气味,也就是,建立一个秘密的小组委员会,观察并且汇报某个高级领导人的情况,目的在于最后除掉他;(2)不要把孙立人下属的供词作为孙案调查委员会研究问题的基础,而只作为参考材料,因为这些供词是如何得来的,并不清楚,充其量也只是从一些级别很低的小军官那里取得的看来自相矛盾的证词,而案中的被告却是如此一位高级长官和二级上将。(3)纵容可能是对孙立人起诉的最严重的指控,必须允许他可以亲自出庭作证,并回答调查委员会的询问和一切调查。叶公超告诉我,考试院副院长、调查委员会的成员王云五受委托代表委员会询问孙立人将军。

次日,我回到华盛顿。9月23日,我拜访了霍利斯特,他是从本预算年度开始任命为国际合作署署长的,当时,国际合作署已经代替了国外业务署。我的拜访有几个原因。第一,是礼节性的拜访;第二,欢迎他不久以后到台湾访问,是否有什么我可以提供帮助的事,并想了解他到台湾后有什么特殊问题要提出来解决。霍利斯特将和副国务卿小胡佛、国际合作署远东区署署长莫耶博士等一起去远东,这是他的亚洲之行的一部分。第三,我想了解国际合作署的活动和权力范围和国外业务署有什么不同。

霍利斯特和莫耶和他的私人助理塞奇先生一起接见我,塞奇将在他的办公室里担负重要的任务。据我的笔记所载,我首先发了言,简要地谈到我拜访的前两个理由。我还对他说,我将代表我的政府写一封欢迎他的信,行政院长俞鸿钧,也打来电报让我代表他个人表示欢迎。

霍利斯特说,他在去参加哥伦坡会议途中,肯定要访问台湾,他正期待着这次访问。

我估计莫耶博士已向霍利斯特就台湾的一般经济情况有所提示。我说,我虽然没有什么特殊问题要讨论,但愿意说明,台湾的经济问题和亚洲其他国家的问题是不一样的。但是我国政府的政策是促使经济发展,以便将来能较少地依靠美援,虽然现在还看不出如何能完全不再需要这项援助。但是这肯定将是一项长期的政策。

由于国外业务署更名为国际合作署,我对新机构的职能和权力有什么变化还不清楚。我说就我所理解,美国对外国的援助有四种主要形式,即军事援助;直接武力支援;防务支援;和技术援助。如果我说错了,霍利斯特先生可以纠正。

霍利斯特说,我的描述是十分正确的。关于他的机构的职能,艾森豪威尔总统在他的指令里已经说明,它是和国务院合作的半独立机构。新名称国际合作署,依他看比旧名称好,因为所有的援助都有国际合作的性质。至于军事援助和直接武力支援,他接着说,五角大楼将处理那些事。直接武力支援的细节,也由五角大楼处理。防务支援在实质上是经济援助的另一种形式,而技术援助也等于是一种经济性质的援助。他将是使这些不同形式的援助成为尽可能有效的统一体的协调者。至于政策方面的决定,则一定要得到国务卿的批准。

霍利斯特说,他是第一次到远东去,并将把他访问台湾的日程提前,以便参加 10 月 10 日中国国庆日。按照修改过的行程计划,他将于 10 月 8 日下午六时半到台北,于 10 月 11 日上午八时半离开台北,他很遗憾不能在台湾多作停留,因为他必须和小胡佛先生一起去参加哥伦坡会议。

我问霍利斯特,他是否有什么特殊问题需要和中国政府讨论或者他想在台湾看到哪些特殊的事情。我说,我将很高兴地预先向我国政府提出霍利斯特先生的愿望,我知道他们正期待着他的访问。

霍利斯特说,他将和胡佛一起旅行,一起工作,并且他了解到,在台北的分署和美国大使馆已经为他们安排了活动计划。

我要求霍利斯特事先让我了解,我的大使馆能对他的台湾之行提供什么帮助。

霍利斯特对我表示感谢,并且说,如果我有什么想提醒他注意的事,请我面告或者以备忘录的形式交给他,他将对此非常感激。

我祝愿他有一次愉快的旅行。

在陪同我一起走出来的时候,莫耶博士说,霍利斯特夫人、胡佛夫人都将陪他们的丈夫同去,但莫耶夫人不去。他认为,如果霍利斯特能看到中国的一些工业或一两项美援计划中的建设,那将是很合乎理想的事。他想,也许基隆周围的一些工厂,是霍利斯特想看的。他感到遗憾的是这次访问时间如此之短,实际只剩下9日一天,因为10日将被庆祝活动和阅兵式占去。也可能在10日下午安排一些参观基隆及其附近建设的活动。我感谢莫耶博士的建议,并表示肯定把他们的话报告台北。几天以后,我拜访了副国务卿胡佛,也向他表示欢迎,也想看看他是否会有什么特殊问题要讨论。

9月24日,我邀请美援运用委员会秘书长王蓬一起吃午饭,还请了技术代表团的霍宝树和大使馆的崔存璘参加。王蓬计划去纽约会见叶公超。他不打算回台湾去欢迎霍利斯特。因为,据莫耶说,布伦特将留在华盛顿作进一步讨论,并度过他应享的两个月休假。

王蓬当时来美是和美国1956年度援华计划有关。早些时候,在20日,我曾和他概括谈论了我们的经济和贸易平衡问题。他说他曾向政府提出改善我国经济和外汇平衡的三项措施:(1)谋取美国的剩余农产品;(2)向美国的私人资本举债;(3)可以作出对日对美之间贸易的三角安排,利用我们在日本的大宗存款,偿付我们超过美援数额的采办各类物资的用款。例如,我们主要出口是蔗糖,但又不能在美国市场上出售蔗糖,日本需要我们的蔗糖而我们需要美国的货物,我们可以通过三角贸易关系的安排,以偿付从美国购进的货物价款。所有这些,都是很好的意见。

9月29日,我接待了蒋梦麟博士。他来是为了参加中华教育文化基金会年会的,同时也恢复了他和国际合作署政策制订者的接触。我问他对台湾局势的看法和一般人的感觉如何。他是现实主义的。他不相信我们在有生之年能看到收复大陆,但是也许我们的下一代有可能。他认为世界人民需要和平害怕战争,特别是美国人。而没有美国人的帮助,我们就不可能成功,除非大陆人民起来造反。但是,面对共产党统治者无情镇压的危险,这种造反是非常困难,而且未必能实现的事情。与此同时,那些从大陆逃到台湾来的人,正处在日益增加的困难之中,他们的资财已经耗尽,而在台湾谋生的机会很少。另一方面,台湾本地人,由于政府实行了改革,获得比以往稍好的生活。蒋博士说,他曾在向蒋委员长辞行的时候谈过这些,委员长对他的话表示惊讶,并认为大陆来的人并没有多少困难。蒋博士说,但是,事实上大陆来的年纪大的人,愈来愈老,不久将去世。年轻一些的,在大陆时年纪小,对过去的生活记忆少,已经适应在台湾的生活,对回大陆没有热切的愿望,这是很现实的图景。

不久之后,我和邱昌渭谈到同一话题。他到华盛顿时,曾来见我。邱先生是一位政府官员。以前他是李宗仁将军主要的秘书之一。他说,在台湾有一些人认为,收复大陆是必须的,但也不能靠现有的军队,即使是将现有的部队增加到一百万人也不行。这些人认为没有美国的有效援助和支持,我们单独干不成这件事。而以此为目标的那种援助,在可以预见的将来是不大可能的。持有这种意见的人,包括他自己,认为我们应该裁军百分之五十,在等待收复大陆的时机的同时把省下来的钱用于政治和社会改革,如提高公务人员的工资,修建马路、公路,增强经济,以提高人民的士气。他曾向副总统陈诚提出过这项建议。陈认为,要说服委员长使之理解裁军,是困难的。他的看法是对的,情况到今天依然如此。

在早些时候和蒋梦麟博士的谈话中,我问他对孙立人案的看法。蒋博士说,他相信孙将军对阴谋是了解的。他还说尽管他可能心中有所不满，孙仍是个好将官，只是太不谨慎了。在那种时候出现孙立人案是很不幸的，蒋博士对此有同感。

9月30晚上，我设宴招待中华教育文化基金会的成员。晚宴，一方面像通常一样，是为招待董事会的中国成员，一方面也是为事先讨论一下准备在次日上午的正式会议上正式提出什么问题来。我告诉大家，我受叶公超的委托，带给大家他作为前官方董事的一点意见。叶的意见是在他来美国之前和教育部长张其昀讨论过的。他表示希望清华基金的年度收入全部应该用在台湾，而不像过去那样留一部分在美国使用。我建议这个问题主要应由清华大学校长提出来和教育部长直接解决，大家一致同意。至于董事会的义务，则主要是保管好清华基金和它本身的行政工作。基金如何使用，是董事会无权也无力处理的问题。因此，我在第二天开会时的发言，只记在会议记录上就可以了，用不着辩论和研讨。会议普遍同意了我的建议。这就是第二天董事会开会时我们所遵循的议程。

外交部长叶公超于10月3日午前到达华盛顿，和饶伯森一起去五角大楼雷德福海军上将的办公室吃午饭。我到国民机场迎接他并一起去参加午宴。其他的客人有助理国防部长戈登·格雷、雷德福海军上将的私人助理杜鲁门·赫丁海军上将、蓝钦大使、国务院的马康卫。雷德福首先提出了关于委员长要求的九个预备师的问题，并且说，他已同意中国方面的提议称之为"师"而不是美国方面原来所坚持的"大队"。雷德福进一步说明，其所以迟迟未能对计划全部同意，有种种原因。一个原因就是从何处找到多余的装备来满足中国方面全员装备三个预备师的需要。另一个困难是按照他自己的想法，二十一个常规师都要武装到具备十足的战斗力量。因此他认为，这些在美国军事援助计划内用于装备常规师的武器弹药，其中部分被中国当局转给了协议援助计划外的预备师的，应该退还给计划内的二十一个常规师，使他们的战斗力达到100%。他说，全部问题应由双方在台北进一步讨论,取得解决。他的谈话表明,妨碍取得预备师计划协议的症结,还是双方对维持常规军的军力的同样的意见分歧。

饶伯森提出孙立人案的问题,要求了解情况。叶外长对案件的起源、性质、处理的进程作了详细介绍。他认为,孙立人将军对郭上校及其他一些部下的不正常的、有问题的活动有纵容、默许的过失。但是,很清楚的是,孙将军并不知道那位上校是共产党的间谍。同样清楚的是,孙将军本人也没有任何问题应被认为是亲共的。叶外长强调了奉派为调查委员会各位成员的卓越品格。他同时指出,依照他向总统的建议,委员会将不以被捕人员的供词、审询记录作为调查的基础,而只作为参考。关于孙将军部下在部队各单位建立所谓"联络组织"的事,也不能认作是证据确凿的犯罪。

雷德福上将提到我早先给他的关于此案的详细摘要说,他仍然相信孙将军是中国军队最能干的将军之一。他再一次批评政工制度是妨碍而不是鼓舞中国军队士气的。他说,如果孙将军的事业与服役就这样终止的话,那将是一个重大的损失。我指出,台北的中国报纸已经在猜测,孙将军将会重新被任命,很可能做总统的主要军事助手。雷德福说,那将是一个很好的意见。

雷德福也说,他了解孙立人将军是一个个性坚强的人,他对中国军队方面的情况发表意见时,从不含糊其辞。他回忆,第一,孙将军和蔡斯将军相处并不很好,孙将军经常不同意蔡斯将军的看法,因为那只适用于美国军队,而不适用于中国军队。双方的传统、背景、习惯不同。但是后来,他们能够很好地在一起相处。接替蔡斯将军在台北工作的史密斯将军,和蔡斯将军一样,不只一次报告说,委员长几次外出视察,指出中国军队的缺点和低效率,也正是美国顾问认为必须改正之点,在这方面孙将军起了很大的作用。雷德福认为,孙将军如果不能再任委员长的主要助手,最好推荐他统帅金门、马祖的军队,因为,不利用孙将军的能力、经验和效率,那将是很可惜的事。

孙立人将军后来再也没有被重新任命统率军队或其他职务。另一方面,按照中国的观点,他被宽大处理了。该案的调查委员会于 10 月 3 日完成了调查任务,10 月 8 日将报告提交给总统。报告说,孙将军并不了解郭廷亮上校是共产党间谍,但无论如何应对长期失察负责。然而,报告在结尾中说①:

> 惟念孙立人将军曾为抗战建功,并有悔过自责之请,且已引咎辞职,谨请总统于执行法纪之中,兼寓宽宥爱护之意。

按中国政府于 10 月 20 日发表的官方声明所说,总统接受了调查委员会的调查和建议,同时颁布命令②:

> 前总统府参军长陆军二级上将孙立人因匪谍郭廷亮案引咎辞职并请查处,经予照准免职,并派陈诚、王宠惠、许世英、张群、何应钦、吴忠信、王云五、黄少谷、俞大维组织调查委员会,以陈诚为主任委员,秉公彻查,报候核办各在案。兹据调查委员会主任委员陈诚、委员王宠惠等呈报彻查结果,一致认定该上将不知郭廷亮为匪谍,尚属事实,但对本案有其应负之重大咎责。姑念该上将久历戎行,抗战有功,且于该案发觉之后,即能一再肫切陈述,自认咎责,深切痛悔,兹特准予自新,毋庸另行议处,由国防部随时察考,以观后效。此令。

我陪叶外长于 10 月 4 日拜访了国务卿杜勒斯,讨论日内瓦双边谈判及有关问题。在此之前,我同叶公超,胡适和霍宝树共进午餐,这是一次非正式的聚会,不过请霍宝树来是为了可以讨论中国军队的一万吨小麦和三千吨大豆所需的增加贷款问题。这是因为行政院长俞鸿钧于 10 月 1 日给我和叶打来电报要我们关照此事。关于 1956 年度对中国的军事援助,据电报说,已向国

---

① 以下录自 1955 年 10 月 21 日台湾《中央日报》。——译者
② 命令原文录自 1955 年 10 月 21 日台湾《中央日报》。——译者

际合作署中国分署进行了交涉,但是他们尚未从华盛顿方面得到任何指示。同时,长期拖延已对我们补充军需的能力产生了严重的后果。因此,行政院长希望我们催促美国有关机构,迅速行动,以便满足我们的紧迫需求。关于小麦和大豆这两个特殊项目,电报说,目前的储存量已只能满足到本月底的需要。电报说明了应付目前情况所应采取的步骤以及所需美元的数额。并说,情况紧迫,要求叶和我向国际合作署进行交涉、作出安排。因此,我们同技术代表团的霍宝树进行了讨论,但霍告诉我们,这件事在台北已经有所安排。

当天,10 月 4 日叶外长回到纽约,10 月 10 日又返回华盛顿。我到国民机场迎接他和叶夫人,随即举行了欢迎他们,特别是欢迎叶夫人到华盛顿来的宴会。当天下午,我为庆祝双十节举行例常的招待会,有三百八十多位来自华盛顿及其周围的人士参加。我对出席的人讲了话,强调了政府的收复大陆政策,坚守沿海诸岛的决心。与美国合作并坚信美国的许诺,正如我们坚守我们对美国的承诺一样。随后,我介绍叶部长发表长篇讲话,他对共产主义哲学、战术进行了分析,赞扬了海外华人的爱国主义精神。会后,叶外长乘下午班机回到纽约,参加预先的晚宴。叶夫人到马里兰州的弗雷德里克,准备和几位美国朋友盘桓几天。

10 月 12 日,叶外长和夫人又回到华盛顿参加招待他们的午餐和晚餐。午餐是由亨培克请的,也是为了招待亨利·格雷迪的。那是一次只有七个人参加的小招待会,包括国务院的艾伦、布鲁金斯学会的主席利特尔。他对共产党中国及其现状很感兴趣,他问了我许多关于中国大陆的问题。晚餐是由罗伯特·古根海姆请的。

晚上,我和我的夫人都参加了古根海姆招待叶外长夫妇的晚宴,晚宴是为答谢在他访问台湾时叶部长对他的殷勤照顾而举行的。正好这一天是叶外长的生日,我和我的夫人事前送了一份生日蛋糕到古根海姆那里,以备晚餐结束时拿出来。大家共唱了庆祝生日快乐的歌,并举杯祝贺。宴会后,叶外长去国民机场再赶乘班机回纽约。

次日,我设午宴招待一批从台湾来的官员,包括台湾警察厅副厅长,席间,我问他,为什么和美国比起来,台湾各地都能看到那么多警察。他作了一些恰当的解释。他说,在美国各地都树立了交通信号,指挥汽车并不需要很多交通警察。美国人惯于遵守法律,愿意遵守交通规则。而且,中国警察比较贫困,许可他们下班以后仍然穿警察制服,而美国警察不值勤时就要换上便服。

叶外长于10月17日从纽约打电话给我,告诉我,委员长给他电报,要他回台北之前做两件事:(1)做好在美国有效地进行宣传的计划;(2)恢复驻美大使馆、领事馆和联大代表团的汇报制度。他说,委员长提议,除去在华盛顿和纽约每周一次会议之外,每周可以开一次联席会,轮流在纽约和华盛顿举行,由蒋廷黻和我共同主持会议。

正巧我已经考虑到恢复在大使馆每周一次的会议,并计划在下一个星期三举行。我把这件事告诉了叶公超,并且问他这次纽约的联席会如何主持,在什么地方开:是在领事馆还是在代表团办事处。他说,地点以后再定。至于如何主持,他将和蒋廷黻商量一下,因为委员长的电报还没有告诉他。他问我的意见。我说,如果我和蒋廷黻同时出席在纽约的集会,由谁来主持的问题,必须首先解决,这样可以避免我和蒋之间出现尴尬局面。会议如果在代表团办事处举行而蒋又不主持会议,那将使他难堪。除非我对此全不负责主持,否则我建议会议在纽约领事馆举行。他说,他将命令蒋廷黻每月到华盛顿来一次,参加联席会,这个会永远在华盛顿举行,由我主持。

我告诉叶外长,几个月来每周例会一再延误,是由于工作忙迫之故,首先是关于中美共同防御条约的谈判,然后是沿海岛屿大陈岛的撤退,金门、马祖的危机,日内瓦四国会议和日内瓦的双边对话等等。很明显,大使馆有些人定时主动向国民党总部作汇报,每周例会不能按时进行,对他们很不方便。因为他们在这些会议中能够听到事情发展的许多情况,还可以提问、要材料,以便向台北写出定期的报告,对他们来说,这是政治任务。

下一个星期三10月19日,每周例会恢复。参加会议的有政府各部门的代表、参事和使馆人员。我承担了主要讲话的任务,我讲的题目是"日内瓦会谈中的精神变化"。自此以后,此会循例于星期三举行,会议情况都报告台北。

下一周的会议,我事前安排了立法院的邱昌渭和杜光埙讲话。邱讲的是光复大陆设计研究委员会的组织、目的和分工。他说,这个战后设计委员会包括一千八百名成员,为了方便,按台北、台中、台南分为三个区,每区设立主席一人。邱说,设立这个机构的目的,是为满足人民要求设立永久性的国民党和国民代表大会的组织,为他们提供一个对国家和公众问题陈述意见的讲坛。邱说,把他们包容到这一新机构中来,使之全都可以陈述意见,提出建议,而不必再对政府作不负责任的批评,这种批评,对群众是曾有过一些影响的。这个委员会是一个政治设施,可以把许许多多从大陆来台而没有工作的政界人士照管起来,虽然邱并没有这样讲。

杜光埙讲的是立法院外交委员会的组成和工作。他说和过去相比,这是一个较小的机构。和以往一人可以参加若干项工作不一样,每个立法委员只能参加一个委员会。还谈到教育部的一项新政策,允许私人办中学、大学,为想进一步求学的学生增加入学的机会。以前教育部曾有过禁止任何私人办学的规定。

在另一次会议上,我又一次谈到日内瓦的双边会谈,关于中共代表在会议上提出的在美中国侨民和留学生问题。李榦、霍宝树被要求在另一次会上发言。因为他们刚刚参加了在伊斯坦布尔举行的国际货币基金组织和国际复兴开发银行的会议。我想与会者会很愿意听这方面的情况。后来李榦同意和谭伯羽一起准备这个报告,因为谭也参加了那个会议,而霍宝树则同意在做些准备之后,讲一讲同进出口银行交涉合并我方债务的问题。

在以后几周的会上,其他一些有意思的报告有:三军武官关于各自军种在美国培训军官及学员的情况,以及毛景彪中将所谈的军队人事工作概况。毛景彪中将是国防部主管人事的第一厅的厅长。在报告里他强调了军队里以年轻人代替年纪大的人的负担问题,因为对老年军人还要发饷,否则他们无法生活下去。每一次,我都要求报告人按原定的题目讲。

10月23日,我在纽约会见叶外长,作了一次长谈,包括七点内容:第一,从与美国国务院以及美国议员团秘书邓尼姆博士的谈话中获得的关于我们申请参加各国议会联盟以及其执行委员会的情况;第二,我提醒叶外长注意宣传工作,以及尼古拉·罗什福尔教授对这方面提供服务及对他的报酬问题;第三,关于任命俞国宾到大使馆来接替陈家博主管教育部的文化事务。这项事务目前暂由顾毓瑞代管。俞当时是外交部的人员,我想了解他何时可以派到大使馆来。陈家博是大使馆二等秘书已于4月间辞职;第四,关于陈之迈的接替人选问题,因为他已被任命为驻菲律宾大使;第五,我告诉叶,政府机构代表们的每周集会,已由大使馆负责恢复了①。

11月1日,我接见了杨继曾将军,他是国营台湾糖业公司的董事长,是和台糖驻美代表一起来的。杨将军到美国来是为了要讨论我们因参加了国际食糖协定而产生的我们的处境问题,并要会见美国有关机构谈论我们退出该协定的意图。我们提出的十五万吨食糖特殊份额的要求,因为古巴投反对票而被否决,尽管得到多数进口和出口国的同意。我们经常的份额是六十万吨,由于世界糖价下跌,减为原数的百分之八十。他说,事实上我们当年将有二十五万吨的剩余。从下年度的收成中还将另剩十万吨。这是一个严重的局面。除去损失三千万美元的外汇之外,还要支

---

① 上文说七点内容,但这里只有五点,原文如此。——译者

付六百万美元的储存费,因此,杨将军在政府的同意下,主张退出协定,除非美国政府帮助我们使国际食糖会议暂停实施第二十一款,并许可我们在份额之外在自由世界市场上以任何价格出售食糖。在生产和出口蔗糖的各国中,我们和多米尼加同居第二,仅次于古巴。

次日,我接待了一位张太太,她是台湾的一位教师,她到美国来是参加12月间在大西洋城举行的公共学校教师会议的,同时也想在美国的海外华人中募款修建更多的校舍,这些工程已经由在菲律宾和泰国的华人捐款动工了。她带来几封介绍信,一封是张群将军写的。她说,她想从旧金山、芝加哥、纽约、华盛顿和费城等五个城市募集一万五千美元。我向她建议接触面要更灵活点。华盛顿的华人社团是比较小的,拿不出她所希望总数的五分之一,最好访问更多的地方,像底特律、奥斯汀、休斯顿,并且可以提出以捐款者的名字命名教室。她看来很能干,是一位有公共事业心的工作者。

我在第二天中午设宴招待了台糖公司的杨董事长和学校教师张太太。那天下午,我还请杨在大使馆的每周一次的集会上讲话,谈到我们食糖出口不平衡的问题,他说,这是我们外汇的主要来源。他还说明了他主张我们退出国际食糖协定和会议的理由,因为这限制了我们的出口份额。他说,我们的会籍实际成了我们的负担,因为世界市场糖价下跌了。

布伦特和王蓬两人都曾因部分与1956预算年度的美国对华援助有关而留在美国,他们将要返回台湾,分别在11月向我辞行。国际合作署驻台分署署长布伦特,在离美前一天,即11月9日访问了我。他说,公馆机场问题原则上在这里已经解决了,但如何找到两千五百万美元修建费的问题未解决。在回答我的问题时,他说,这个机场名义上叫中美机场,但是,按照俞大维将军的愿望,它将只供美国空军使用,这样就可以缓和台湾中国空军机场的拥挤状况。布伦特解释说,他曾经提出由于名义上叫中美机场,它就不能由美国空军用它的经费来建设,那将导致空军管理方面的许多困难,而只有使用海军经费或共同防御援款来建设。

布伦特说,九个预备师的问题在原则上也已解决。问题只是从哪里拨款。关于这些师的装备问题,则将按需要来供应。随后我问他关于石门水库和大坝的问题。他回答说,资助石门水库和大坝的修建,作为一个援助项目,须待从丹佛来的技术顾问们的报告,他们能够说出实际需要多少钱。他还说,预备师和机场问题的复杂性,至少是由于牵涉到太多的重重叠叠的有关机构。很难了解,美国方面由谁,在什么地方可以作出最后的决定。他认为,第七舰队司令海军上将普赖德将要,而且实际上已经和我国政府领袖们讨论了政策方面的问题,没有通过军援顾问团,这在方法上是一个改进。然而,他同意我的看法,这里的当局,特别是五角大楼或参谋长联席会议,在作出决定前将先征求军援顾问团的意见,这种做法仍将使程序复杂化。

王蓬于 11 月 30 日在他即将离美之前来访。他谈到了关于技术代表团的两件事。第一,技术代表团的副团长李骏尧,曾给副总统陈诚去信,内容包括莫里和查普曼机械公司的建议,从美国政府弄到剩余农产品换取中国货币,以此为修建石门大坝征集私人资金。这项建议是以事先取得国际合作署的同意为前提的。对于我们来说,问题在于这是否将美援计划削减。王蓬来此的主要目的则是告知第二件事,即台湾于前一年提出来的技术代表团的前途问题。将它和大使馆合并的意见曾在考虑之中,叶公超支持这一意见,但是代表团团长霍宝树强烈反对,他认为,大使馆行动迟缓。近一些时候,国际合作署提出了这个问题,他们表示不愿意用相应的款项资助这个代表团,因为按照国际合作署的政策,受援国的行政费用不能从援助计划中开支。王蓬提醒我,这个问题很可能即将再向大使馆提出来。

陈之迈已由驻华盛顿大使馆的公使衔参事晋升为驻菲律宾

大使,也将于 11 月间离开华盛顿。我在 11 年 8 日,为他夫妇举行了一次祝贺兼送别的晚宴,14 日,国务院的马康卫为这位新大使举行送别的鸡尾酒会。大部分客人都是中国官员和国务院的官员。当天晚上,我还参加了詹姆斯·霍特林夫妇举行的酒会,他们是艾森豪威尔家的亲密朋友。在那次招待会上,我见到两党中许多老朋友,虽然客人中大部分是罗斯福派的共和党人。我非常高兴见到了麦考益将军的遗孀麦考益夫人,麦考益是李顿调查团的美方成员,在那个代表团里,我曾作为中国代表参加工作。

俞大维部长在 11 月底来到华盛顿和五角大楼的美方高级军事人员会谈。他在 11 月 30 日对我作礼节性的拜访。他秘密地告诉我根据他的情报对台湾海峡局势所作的分析。这些情况大部分是从现地观察,甚至深入内地,也就是进入大陆得来的。为了说服美国人,他自己必须亲眼看一看那里的情况。按照他自己的估计,来年春天,可能在 5 月间,局势将会有爆炸性的变化。事实是,9 月份以后,海峡风浪较大,但未必妨碍共产党的空袭或大炮轰击,只是会影响大规模的海军活动。假如入侵到来,俞说,我们将进行反击,并打退他们。进攻当然将从金门开始,攻防的结果将是影响深远的。首先,我们有三分之一的军队在金门。如果金门失守,那将严重影响我们的民心和在台湾的全部军队的士气。

俞将军说,因此,我们必须补充装备,特别是 200 毫米口径的大炮。目前,中共的大炮可以从大陆打到金门,这些炮的口径比我们的 155 毫米大炮要大。并且,共产党正在修建更多的炮位,以便把金门完全置于他们的炮火控制之下。与此相对应,我们必须有更大的炮。是否供应这些武器给我们,完全看美国方面的决定了。但是,如果我们得不到这些武器,在受到攻击时,我们将出动轰炸机破坏他们的炮位和设施,在这种情况下,他们肯定将进行报复,因此,冲突的中心会扩大,把美国也卷进去。他得出结论说,这样,问题将由美国去选择和决定,究竟是哪一条路好。俞将军答应,在和五角大楼的首脑们进一步讨论之后,将再给我一份谈话纪要。

一周之后,我在乌拉圭大使的招待会上有机会见到美国海军作战部长伯克海军上将,他和他的夫人到我桌上来一起交谈。他对他和俞大维将军的会谈有着深刻的印象。他正设法为俞安排到贝塞斯达海军医院作一次检查。

12月9日,我和俞将军进行了另一次谈话,我去看他是因为外交部转给我委员长的指示。指示要求我们通过外交途径向美国当局询问美国军事援助项目的"单价",因为在台北的军援顾问团告诉国防部说,美国的政策是不许透露这类消息的。俞将军告诉我,了解这些情况毫无用处,美国政府对任何受援国也不说明军事项目的价钱。我也有同样的印象。而且美国有各种可以报出的价格,如原生产加采购费价、重置费用价、剩余物资价等等。俞将军劝我完全不必费心去打听这些价码。他将亲自去美国军令部探听一下。

我们于是把话题转到美国对台湾地区局势的态度和政策方面来。俞说,他曾和斯顿普海军上将的代表安德森海军上将以及斯顿普上将本人谈过多次,最近还在五角大楼和雷德福海军上将谈过,当时有他的一位参谋在场。俞说,他(雷德福)对台湾的政策主要集中在战略方面,他不愿意陷入战术问题,特别是武器项目等等。这些事是参谋人员的工作。他(俞)因此告诉五角大楼的领导人,如果美国不想卷入的话,有哪些战略问题应该讨论。他强调了一些事实,留给美国方面去下结论。

俞将军于是向我谈了就台湾局势向美国军事领导人所作分析的提纲。他首先告诉他们,依照他的看法,有三个地区极为重要。欧洲是一个,如果德国不能统一,德国人将自己试图解决这个问题。最后将在那里爆发第三次世界大战。他们的历史、文化、思想显示了这问题。不过,无论苏联还是德国都还没有作好在欧洲发动战争的准备。中东是另一个危险地区。但是,那里的局势是,虽然有一个动乱的中心,但是对立双方还没有发动第三次大战的力量。第三个地区是远东。现在是一个进行着有限战争的地区,还没有严重到发展成第三次大战的程度。美国有可能避免卷入。但这意味着台湾必须有保卫自己抵抗共产党进攻的适当防卫力量。

俞大维对他们讲,有四种可能的选择:(1)美国政府发表一项声明,表示要参加沿海岛屿防卫的意向,这将有效地制止共产党夺取这些岛屿的行动,正像在第七舰队出现的情况下从大陈岛屿撤退时一样。共产党人不敢进攻任何美国飞机和船只以免触犯美国舰队;(2)在沿海岛屿受到攻击时,美国提供必要的武器和飞机,以便进行有效的防御;(3)如果共产党人开始进攻,美国可以参加防御;(4)如果共产党人进攻,美国人什么也不管,让国民党中国尽自己的力量防御沿海岛屿。俞将军说,沿海岛屿丢掉了,自由中国仍将在台湾岛上存在,但在精神上将受到很大的震动。共产党人占领沿海诸岛之后不会停下来。他们将进攻台湾和澎湖,根据共同防御条约,美国将不得不进行干预。事实上如果中国必须单独防卫沿海岛屿,就必须轰炸共产党的沿海阵地和炮位,这将无可避免地招致共产党人的报复性轰炸,从而导致美国的卷入。因此,他告诉他们,如果美国试图避免卷入,就要由美国决定作出何种选择。照他自己讲,雷德福海军上将对他的话印象很深,并且同意他的分析。当问雷德福是否将向上级报告时,他说,他必须这样做,以使他自己良心得安。

俞大维对我着重谈到制空力量的绝对必要性。他说,我们的制空力量一旦丧失,沿海岛屿就将落入共产党人的控制之下。连台湾岛本身也需要有制空力量,它很像面临德国空袭的英国,英国熬过来,就因为有力量保持它的空中优势。

俞还说,中国(台湾)不但不希望看到美国的卷入,自己也不想发动任何战争。理由很简单,就是必须先做好准备。训练后备力量至少需要一年。但是与此同时,共产党人已经发展了他们的进攻能力了。俞说,事实上他曾多次进行过亲身的侦察,拍摄共产党人的机场和军事设施的照片。这样,美国人可以亲眼看一看。他说,事实本身可以说话,而美国人是有能力看到事实的。然而,他们的结论和推断则可能和我们不一样。

俞告诉我,我们的军事力量在 1957 年夏季可能达到高峰。从那以后曲线将转为下降。因此,从军事观点看,最好的反攻时间将是 1957 年中期。他还说,他很高兴地看到国防部和美国军事当局之间的合作在过去一年里已大有改进,变得更为亲近和友好了。

众议员周以德对台湾的军事形势发表了一些见解。记得在将近 12 月底之时,众议院外交委员会远东小组委员会成员周以德及其他一些人到近东、远东(包括台湾)等地视察回来,我让顾毓瑞去和他谈谈、讨论有关问题。12 月 30 日,顾毓瑞报告说,周以德以及其他小组委员会成员对他们在台湾看到听到的情况所得的印象都是有利于我们的。他们和蓝钦大使、史密斯将军、普赖德海军上将谈了话,得到更多的关于局势的有益的报告。他们作出结论说,如果共产党进攻,我们已经做好充分准备去对付他们,而第七舰队也将在得到通知后立即行动起来。

顾于是问周以德,他所说的进攻是指台湾岛还是包括沿海诸岛,周以德说,他的意思是包括沿海岛屿。他接着说:

> 你知道,美国对沿海岛屿的立场已经比以前更加坚定了。在五角大楼和在前线的军人一致同意保卫沿海岛屿的必要性。因此,你可以期望第七舰队在这一地区附近对抵抗共产党的进攻,处于经常的戒备状态。

顾说,在这方面,周以德表示了这样的看法。世界的注意力已经不再集中在台湾海峡,这是一件好事。因为,过多的宣传,可能使那里的战地指挥官的行动受到限制。情况是这样,如果共产党有所活动,第七舰队将采取直接行动而不必事前对这些行动的可行性进行辩论。

顾又问周以德,共产党是否将在近期发动进攻。周以德说,他不这样想。他说,虽然中国共产党狂热地在沿海地区修建机场,我们的侦察飞行所得的照片并未发现任何陆军和空军集中的迹象。并且第七舰队的司令认为,无论他们的行动怎样保密,我们至少在他们发动进攻前一周,就会发现他们的部队在集中。再者周以德认为,在海峡对岸增强他们的能力,更多的目的不是为了实际进攻而是为了恐吓和讹诈我们的政府和美国。

顾毓瑞还就台湾的一般形势和需要解决的问题请周以德发表意见,周以德回答说,情况比前几年好得多,小组委员会的成员对我们的效率颇有印象。至于需要解决的问题,他举出需要紧迫注意的三点:

(1)超龄士兵的退役:现在台湾岛上有七万五千到十万名士兵和海员年龄超过四十岁。他们应该退伍或另行安排。然而,一下子把他们解职或遣散不可能不造成不良后果。一个可能的后果是,他们将成为共产党煽动或瓦解的最好目标。一个补救的办法就是给这些人养老金,这笔款项可以列入军援计划之中。然而,也会使人感到实行起来有问题,因为这将立即引起美国退伍军人组织的反对。

(2)军援机构的人员迅速增加的问题:美国已经决定,在几个月内将军援顾问团的人员从一千七百人增至二千七百人。周以德认为,这种迅速膨胀可能招致的反应弊大于利。他感到岛上的美国人员过着比之大多数中国人员明显地奢侈得多的生活。举例来看,蒲立德大使和他本人和沈昌焕一起吃晚饭。沈住在一间小木屋里,还有一位太太和三个孩子,只有一个女佣人。在他家的两侧,住着两个美军中士,每家都有四个女佣人。他认为,让岛上美国人员的生活超过中国的高级官员如此之多是很不明智的。因为这将不可避免地产生内在的不满,如果不是仇恨的话。

(3)新机场的需要:美国空军打算在台湾建设一处新的

机场为美国空军战斗机使用。将要求国会拨款二千五百万美元为修建这个基地之用。现在,一队美国战斗机使用着一处中国空军的基地①。

几周之后,在 1 月间,我接到了彭孟缉将军打来的转给俞大维将军的电报,谈到雷德福海军上将最近访问台湾时说:

(1)根据各方面的观察,我们的武装力量过去一年来取得的进步是很大的。

(2)在公馆机场中的建筑应逐步完成。先从修好跑道和其他重要设施开始,愈快愈好。然而,不能公开说是一处为美国军队使用的空军基地。

(3)美国军事顾问的人数似乎太多,应该考虑减少人数的可能性。

(4)为美国军方选择适当的负责人之事仍在考虑之中。目前,斯图尔特·英格索尔海军中将似乎是合适的②。

(5)我们可以着手和英格索尔研究沿海诸岛的防御问题。

12 月 13 日,我接见了助理商务专员石道生。他报告说,美国农业部通知他,供我们参考,美国农民已允诺为八位中国农民提供便利条件,在他们学习考察美国耕作方法期间,在他们家里接待他们。可是又告诉他,他们找不到美国农民接待另外九位中国农民到这里来学习种植甘蔗、大米和花生。我想由美国农民在他们家里接待中国农民是很好的。这确实是一件好事。我很怀疑,在那时,会不会有任何中国农民能同样作出接待美国农民的安排来。中国农民对海外情况和外国人了解太少。

中国农民预计在 1 月中旬到达美国。在此之前石道生再一次找我,和我商量大使馆是否能照国际合作署的建议,派一个代

---

① 顾毓瑞于 1955 年 12 月 30 日写给我的关于他与国会议员周以德会谈的备忘录。

② 英格索尔接替普赖德为第七舰队司令,从而也成为美国的台湾防卫司令。

表到纽约去欢迎,并指导将于 18 日到达的八位农民。我告诉他,我们要这样做。

12 月 15 日,我的武官萧勃将军招待我们晚餐。杨绍廉上校、郑天杰上校等空军和海军武官以及他们的妻子都参加了。正如萧将军在为委员长和我祝酒致辞中所恰当表示的那样,三个军种的武官团结在合作的精神之中。我在答辞中表示,我很珍视政府各个机构驻华盛顿代表和大使馆之间良好的合作。这证明了很好的合作精神。

毛景彪中将于 12 月 9 日和皮宗敢一起来拜访我。毛是国防部人事厅长,是蒋委员长的内侄。他到莱文沃思接受训练,已经完成了学习任务。皮将军和毛将军还有其他一些人都是来美国参加同样的学习的。毛告诉我,他们是怎样成功地在那些美国官员中和教师中进行一些发展友谊的工作的。他说,他和三十来个中国官员一同派到美国来进行这种特殊的学习课程。这是美国政府单独为他们安排的。他还补充说,皮宗敢在所有的课上都担任翻译。那里的许多讲师,都不像他们那样有从事实战的经验,对中国学生在回答问题时表现的知识才能感到惊异。毛将军认为,美国的教员在教学中的受益和中国学生一样多。

次日下午,我请九个人吃晚饭,主宾是毛景彪将军和空军医院院长刘大夫。刘大夫很有趣味地、令人印象很深地谈到台湾的精神病患者增加了,特别是在军队里。他到美国来就是要研究最新的护理方法,以便在台湾介绍和应用。

12 月 22 日,我接见了外交部情报司长陈清尧。他作为我国代表团成员之一,到纽约来参加联合国大会。这次会议将讨论一些接纳新会员国的问题。他说,许多代表考虑我们在这个问题上的立场时是支持的,但在为我们的事业进行宣传方面,却做得很少。他认为无论是我们在纽约的代表团或中华新闻社都没有在这方面做出什么有效的工作。我告诉他,这项工作的困难之处,需要一个全面协调的计划,并要有适当的经费和一个效率高、有经验的工作小组来实施。我告诉他大使馆所作的努力,以及最近为促进反对红色中国进入联合国的宣传工作,同美利坚大学罗什福尔教授所作的安排。我说,在此之前,诺曼·佩奇深入群众基层的宣传工作是相当成功的,他采用的是悄悄地同出版商、专栏作家、无线电和电视评论员、经理人员、俱乐部和其他组织如产联、劳联和妇女协会的领袖们进行接触的方法。

陈还告诉我,大使馆关于美国舆论的报告引起我国政府及领导人的兴趣与重视,包括总统、副总统以及行政院长。他说,因此,每周当外交部接到报告时,都抄写分送政府各部门和中央党部,他们都认为这些报告有用,急切希望继续收到这些材料。

次日我设午宴招待陈清尧,继续对推动宣传的最好的办法交换意见。我们也讨论了需要有一份在美国作宣传的外交部的材料的问题。我请来了大使馆的顾毓瑞、蔡友祺、凌参事还有谭绍华一起就餐,为了对此进行全面的讨论。

下午我前往纽约。差不多已是圣诞节。我是在纽约市外宋子文的家里庆祝圣诞节的。马上就是 1956 年的元旦。

那一年的新年正好是一个星期日。早晨很早我便开始起草一份讲话稿,是准备在双橡园举行的新年午餐招待会上讲的。我只想好一个提纲,但是,当我讲演时,回顾了对我国有重大影响的主要国际事件,大陈岛撤退的危机,日内瓦的首脑会谈,美国北平双边会谈,四强外长会议,关于联合国接纳新会员国的一揽子交易以及我们的理由和立场等等。我还谈到大陆人民对北平政权敌对情绪的增长等等。

大约有四百一十人,包括妇女、小孩,参加了这个招待会。大会供应了快餐,饭后还在花园里合影留念。于斌总主教特别从纽约赶来参加。国防部第一厅厅长毛将军和皮将军也一起从纽约赶来。招待会一结束,我便赶去为"和平进军"节目作广播讲话,参加这个节目活动的还有十位其他国家的大使或他们的代表,包括泰国、南越、老挝、委内瑞拉等。户外集会的听众很少,可能比主席台上的人还少，虽然，有一些人在附近的广场上来回走动着。所有做报告的人都脱下大衣才讲话，但是我请听众原谅我穿着大衣讲话，因为户外实在太冷了。

第十二章　使美任务终了

1956 年 1 月—5 月初

第一节　驻华盛顿最后阶段的
几个国际问题

1956 年 1 月—5 月

一、从国民党中国的立场看英美会谈和日内瓦会谈

1956 年 1 月—2 月初

英美两国首脑已有一整年未曾进行双边会谈,白宫新闻秘书哈格蒂宣布,英国首相安东尼·艾登和他的外交大臣应艾森豪威尔总统邀请,将于 1956 年 1 月访美。这项声明是 1955 年 12 月 5 日公布的。在声明公布后的几周里,我密切注意着能说明即将举行的英美会谈实质的一切新闻,并仔细分析各种可能性。12 月 30 日,我起草一封电报,发给外交部长叶公超,并转呈蒋委员长,我在电报中谈到英国首相一行在即将对华盛顿进行的访问中可能会提出的影响我国根本利益的各种问题,以及我打算首先找饶伯森,然后和约翰·杜勒斯商谈,重申我们的立场和观点,敦促他们不要受英国来访者的影响。英国人的主要意图是要使美国的中东政策、远东政策及其对苏联和中立国家集团的总政策与英国自己的政策一致起来。我还询问我国政府的观点。我的电报是这样说的:

即将进行之对话异常重要。据测,此次访问之潜在目的乃在于获得美国经援,如借用美元贷款以维持英镑在国际市场的汇率,逐步恢复英镑之自由兑换货币作用,伦敦虽宣布此次会谈之目的仅为就国际局势交换意见,但其总的必然在于影响美国的观点,使之与英国观点一致,俾英国得以实行其外交政策。另一方面,苏联近来更加突出其冷战政策,此种政策正在政治、外交、经济和技术领域中积极推行,旨在瓦解西欧、近东及远东各独立国家所形成之集体防御体系,并破坏美国之遏制政策。因此,英国急于与美国进行讨论,以制定一项击败这种行动的政策。其结果必将使一切与此种形势有关之国际问题,诸如推迟德国统一,北大西洋公约组织力量之明显减弱,以色列与阿拉伯国家经常冲突所引起之由来已久之不和,以及动荡不宁之中东局势问题等等,均包括在华盛顿会谈的范围之内,因而对我极为重要。

窃以为英国当局所急于与美国当局讨论者为下述问题:

(1)北平政权加入联合国问题:自就新成员国集体加入联合国的问题进行磋商与争论以来,关于北平政权加入此世界组织问题已经常成为话题。为此目的正进行大量活动,法国总统日前在巴黎陈述之观点即为明证,英美两国也正在讨论此事。美国仍然坚持应推迟此问题在联合国之解决,但英国并不同意此种立场。

(2)邀请北平政权参加裁军会议:此建议原为苏联提出。由于英国甚为注意中共之军事力量并认为其政权为世界五强之一,故英国很可能支持苏联建议,或以之作为同意推迟至明年于联合国全体大会讨论接纳共产党中国进入联合国之交换条件。

(3)解除对共产党中国之封锁:英国将施加压力解除此种封锁或者至少大幅度减少禁运物资之品类,使之不超过禁止欧洲销售或运往其他共产党国家的品类,以便增加英国与共产党中国的贸易,从而加强其国际地位。

（4）英国人民害怕战争、要求和平之愿望一直非常强烈。鉴于中共之军事力量,认为世界所有地区中,远东地区乃战争危险最大策源地。因此,一贯热衷于鼓吹缓和台湾海峡危险局势。英人持此观点,自欲讨论我沿海岛屿之防御问题,乃至提出台澎之地位问题。

（5）英对我于厦门、福州附近公海扣押开往香港船只表示不满,曾反复要求美方敦促我停止此种政策。因此,彼可能提出此问题与美讨论,以达避免冲突及便利公海航行之目的。

（6）尽人皆知,召开远东会议以消除东亚地区之紧张局势,并设法解决越南、朝鲜之统一及所谓台湾问题之构想,乃北平政权首先提出,后由苏印和其他"中立"国家赞同。英为利用此形势,可能亦将提出此问题与美讨论。

上述问题于我皆至关重要。因此,弟拟于下周拜会助理国务卿饶伯森及国务卿杜勒斯……

1956年1月6日我收到外交部长的答复。台北方面通过自己的渠道了解到,英国首相和外交大臣此次访美,除了要解决中东和北大西洋公约组织问题之外,还将涉及东亚问题,例如放宽对共产党人的禁运和接纳共产党人进入联合国的问题,甚至可能讨论台湾和澎湖的问题。因此,叶公超部长希望我向美国方面了解它是否将就东亚问题提出任何建议以及在与英国会谈中打算怎样解决东亚问题。他还希望我对美国方面提出要求,英美会谈如果涉及台湾问题,应首先和我们进行讨论,并警惕英国方面故意泄露英美双方的意图,以制造不利于我们的气氛。

我收到这封复电的同时,还收到叶公超转来委员长命我近期去台北议事的电报。

同一天,即1月6日,中共外交部长的发言人表明,北平对日内瓦双边会谈不耐烦。他把这种会谈说成是"越来越长"的休息,并指责美国拖延时间。他暗示,美国要求在解决任何其他问题之前先释放美国公民不过是一种花招,他声明对因违反中国法律仍被共产党中国拘押的美国公民,"必须根据中国的法律程序进行处理,不能为他们的释放规定限期"。

因此,我在 1 月 9 日按计划拜访助理国务卿饶伯森时,增加了讨论的题目。鉴于我即将去台北议事,我不仅希望涉及英美会谈和中国共产党最近发表的声明,而且希望全面讨论美国对远东、自由中国和北平政权的政策和可能出现的政策变化。

根据我的谈话记录,当时我告诉饶伯森,鉴于英国首相艾登和他的外交大臣劳埃德即将来访华盛顿与艾森豪威尔总统和美国政府其他官员进行会谈,我国政府一直很重视这一访问,我希望了解英国方面提出了哪些讨论议题,特别是有关远东地区方面,美方准备与他们讨论哪些问题。

饶伯森回答说,他刚刚参加过国务院为此召开的一次工作人员会议,英美双方一直在就讨论议题进行磋商,但尚未决定任何议事日程。

关于将要与英国方面讨论的具体问题,饶伯森提到北大西洋公约组织的问题、德国的统一问题,法国局势问题,以色列—阿拉伯冲突问题,当然还有整个中东的局势问题。关于远东地区,饶伯森说将讨论印度尼西亚问题。他说,越南北方指责越南南方不履行日内瓦关于印度支那问题的协议,南越总统一直坚持说他的国家从来没有签署这项协议,因此并无履行协议的义务。饶伯森补充说,美国没有签署这项协议,也不是协议的一方,但是鉴于越盟方面咄咄逼人的态度,以及英国和苏联一起主持了日内瓦协议的签署,英苏两国有义务帮助解决这种形势。他指出,老挝丰沙里和桑怒两省,仍处于共产党部队占领之下,这是违反日内瓦协议的。

饶伯森说,还有对共产党中国的贸易禁运问题,就我所知,西欧国家如英国、法国和意大利,和远东的日本,一直敦促解除这种禁运。这些国家迫切希望完全解除对北平政权的非战略性物资的禁运。饶伯森本人认为,红色中国并不需要任何非战略物资,而总是希望得到战略性物资。但是即使这样,他提到的这些国家仍在不断地对美国施加压力,要求部分解除禁运,禁运物资的种类应该与对苏联和欧洲的共产主义集团的禁运物资种类相同。换句话说,这些国家认为禁运应该仅限于战略物资。美国的立场是这种禁运应该保持现状。但是,提倡部分解除禁运的其他国家施加压力,认为如果不修订禁运物资种类,他们可能径自与红色中国就他们视为非战略性的物资作交易。因此,美国政府认为不如就具体的物资种类达成一份各方同意的禁运清单,将四百项禁运物资减少为一百五十项,其中包括非战略性物资在内,这比没有规定项目要好。为此目的设立了两个委员会,这两个委员会不时在巴黎举行会议,以便解决此问题。

我说鉴于共产党中国的侵略意图,在我看来,部分解除对它的禁运将是错误的。

饶伯森说,这正是美国的立场,但正像他已经指出的那样,西方的其他国家迫切希望扩大对共产党中国的贸易。

我询问英国是否提出了接纳红色中国进入联合国的问题。

饶伯森回答说,这个议题不在此次会议的议事日程之内。但是如果英国提出这个问题,他向我担保美国将会反对这样做。美国是一直反对这样做的,这种立场仍然没变。他说,正相反,美国将会对艾登施加压力,要求英国在联合国继续像目前这样不提这个问题。

我说,英国去年夏天非常急于召开一次四国首脑最高级会谈。就我所知,美国对英国的这种坚决主张做出的反应是,同意在日内瓦召开这次最高级会议。从那次会议产生出来的所谓日内瓦精神,更加剧了英国对于苏联的态度和政策所抱的幻想。但是现在此种精神已经化为乌有,苏联又一次全面展开冷战,这可以由最近赫鲁晓夫和布尔加宁的彷徨以及他们对西方的恶毒攻击表现出来,甚至连英国也一定会意识到共产党人缺乏诚意而采取更现实的态度。我说,此外我认为,艾登在国内的政治处境似乎麻烦很多,这对美国来说将是坚持自己的立场并使英国与之合作的好时机,而不要总是跟英国合作并追随它的观点。

饶伯森笑着说他们很愿意试一试。他补充说,奇怪的是赫鲁晓夫和布尔加宁发起的攻击主要是针对英国,把它说成最坏的殖民者。

我说,在我看来,英国现在应该对苏联的亚洲政策和欧洲政策的实质有更清楚的了解。随后我问到英国是否另外又提出要讨论台湾海峡的问题。我告诉他,我收到叶外长根据蒋委员长指示发来的电报,命我要求国务卿将任何可能影响中华民国根本利益的讨论议题告知我国政府,并望提前通知,以便我国政府能够及时提出自己的观点。我说叶外长还要我提出,希望美国政府不要让英国方面将影响中华民国利益的任何讨论情况泄露出去,因为这种单方面的过早泄露常常造成对中国政府的不利,使之更难于应付立法院和报纸中的批评意见。

饶伯森说他很理解这个问题的重要性,他当即要求做协助工作的中国科副科长克拉夫草拟一项备忘录提请国务院注意。

谈到日内瓦双边会谈问题,我问自从我们上个月会谈之后是否已经有所进展。

饶伯森回答说,没有任何进展,形势仍和一个月前一样。仍有十三个美国人被拘押在红色中国,现在中共甚至指责美国编造和发表各种各样的假话,对就释放双方的国民已达成的9月协议进行曲解。他说,他们声称这个协议不适用于这些被控犯了违反中国法律罪行的美国人,这些案子必须根据中国法律进行审判。饶伯森认为这是荒唐的,因为此协议并无例外,美国要求释放所有美国国民,特别是那些被中共当局监禁的美国人。中共释放了一些已经和中国女子结婚的或变节的美国人,但是美国从来没有要求释放这些人,而且真不需要他们回国。他清楚地知道,中共从来没有打算履行9月协议。所以,他们现在为了自己的方便就拒绝进一步履行此协议。他补充说,他本人对此并不感到吃惊。

我说，这是共产党的一贯伎俩，只要对他们有利，他们就签订协议。

饶伯森说，他本人从来不对任何共产党的协议抱有信心，因为他们只是在对自己有利的情况下才履行协议的。

我说他的话一语中的，但是我认为，在某种意义上，共产党人这样做是一件好事。正好用以帮助美国和其他自由国家的人民意识到共产党人是什么样的人，并使他们认清共产党人的本来面目。

随后我问到就中国共产党在台湾海峡地区放弃武力的问题进行的讨论。

饶伯森说，没有取得任何进展，红色中国在一份公开声明中指责美国拖延时日。

我说我知道美国和中共代表的下一次会议将于 1 月 12 日星期四举行。

饶伯森证实了这一点。

我说在与共产党代表继续进行这些会谈过程中，约翰逊大使表现出极度的忍耐，我常常纳闷大使在这些毫无成果的冗长会谈中究竟在谈些什么。

饶伯森说，红色分子在无意取得任何成果的时候，在谈判中总是采用翻来覆去重复同一话题的伎俩。

随后，我说我希望提出两三件事进行讨论。首先，我国政府对于黎巴嫩的局势十分关心。黎巴嫩刚刚与北平政权达成一项贸易协定。根据中国驻贝鲁特公使的报告，黎巴嫩政府在答复他提出的正式抗议时声明说，它不得不与北平签署贸易协议。其理由在我看来只不过是借口，因为他们主要是针对美国才这样做的。黎巴嫩人指出，美国在以色列—阿拉伯冲突中站在以色列方面。他们还声称，为了他们国家的经济利益，他们不得不处理掉他们的过剩产品。

饶伯森说，黎巴嫩的形势不好。黎巴嫩的大枣和烟叶过剩，希望美国购买,但美国不能买。美国在对其他国家的援助中已经花费了几十亿美元,它本身正面临着过剩的问题。储存剩余农产品的费用每月达一亿美元。他说,此外,缅甸总理吴努曾对他说,缅甸欢迎美国技术人员和美国产品,但缅甸需要处理剩余的稻米。饶伯森问道,美国本国每年就有一亿吨剩余稻米,又怎么能再从缅甸购买更多的稻米呢。

我提到一个意大利贸易代表团去北平的事。

饶伯森说,意大利和其他一些国家迫切希望与共产党中国开展贸易。不过,美国已对他们提出正式抗议,劝阻他们不要这样做。

我说,听到这话很高兴,因为我确知,共产党中国的对外贸易和其他共产党国家一样,掌握在共产党政权自己的手中,提倡扩大对共产党中国的贸易的人注定会失望以至幻想破灭的。

我还提出选举亚洲及远东经济委员会新的执行秘书的问题,并说我国政府同意选举菲律宾的巴尔马塞达(?)①。我说我知道巴尔马塞达已被提名或即将被提名担任这个职务,我国政府希望他能当选。因此,我国政府要求我争取美国对此事的支持。我解释说,巴尔马塞达曾任菲律宾政府贸易和商业部长,曾一度率菲律宾代表团参加亚洲及远东经济委员会的会议,所以他很有资格担任这个职务。

饶伯森说,他对即将举行的亚洲及远东经济委员会会议很感兴趣。他回忆说,现任印度秘书最近对联合国做亚洲经济情况报告,但他认为这个印度人没有权力在此报告中编入中国大陆的贸易、生产、工业和其他经济项目取得进步的记录。他认为这个印度人没有尽力核对他所引用的数字的正确性。饶伯森说,美国将在下一次亚洲及远东经济委员会会议中处理这个问题。他还说,他记得在新德里举行的亚洲及远东经济委员会上一次会议时,印

---

① (?)为原稿所有。——译者

度当局迟迟不给中国代表发签证,他们得到签证时会议已经结束。他说,这次美国一定要使中国代表能够及时到达。

克拉夫说,签证已经办妥。他对更多了解巴尔马塞达所具备的条件很有兴趣,并同意考虑此事。

我说,还有其他一些候选人,但我国政府迫切希望菲律宾代表团能获选,并且相信如果美国也支持他,他一定会获选。

会谈结束时,我告诉饶伯森,我即将到台湾去议事,能和他进行这次会谈我很高兴。我说,我还希望在临行前拜见国务卿。饶伯森说,这很好。他将为我安排一下,并希望在我离开之前再见到我。

返回使馆后,我给饶伯森挂电话,我说我查看我的记录时发现,我忘记提到另一个问题,即柬埔寨首相计划对北平进行访问。我说,中国政府认为这次访问从自由世界的观点看来是十分令人不满意的,因此希望美国能够采取措施阻止这次访问。

饶伯森说,对这次访问,美国也持同样的看法,并且已经发去几封电报,劝告柬埔寨首相放弃此行。但尚不知道这种努力是否会奏效,因为据说柬埔寨首相是个相当固执的人。

我再次指出,如果能够劝说柬埔寨首相放弃拟定的对北平的访问,那将是符合整个自由事业的利益的。

我第二天的计划排得很满,我的来访者之一是新任危地马拉大使,他前来进行礼节性访问,克鲁斯—萨拉查大使本是位年轻的军官,在一年前的危地马拉政变中发挥过重要作用。他是个三十五岁的年轻人,看起来很有才智。我们就广泛的问题进行了交谈。同一个星期,我还接待了新任阿根廷大使阿道弗·比奇先生进行的礼节性访问。他也代表着由最近一次政变产生的新政府。

1月14日,我在纽约会见蒋廷黻,就许多问题进行交谈。他在两星期前的星期四即12月29日打来电话,问我是否将去纽约,他希望与我谈话。当他得知我不准备去时,他说他希望与我讨论的是红色中国可能被接纳进入联合国的问题。他了解到美国驻联合国代表洛奇已找过英国代表,建议把下届(第十一届)联合国大会分为两个阶段,第一阶段在 4 月份召开,第二阶段在美国总统大选以后的 11 月 15 日召开。目的是要把联合国中提出接纳共产党中国问题及其辩论推迟到美国大选结束以后。其程序是在 4 月份大会中通过一项与往年类似的决议,即在本届大会期间暂不考虑此问题,实际就是把此事推延两年到 1957 年 9 月召开的第十二届联合国大会再议。蒋说英国人畏缩不前,不肯合作。因此这个建议悬而未定。我对蒋说,我将于 1 月中旬去纽约,到时我将再推动此议。我和华盛顿国务院的人们都十分重视此事。

我于 1 月 14 日在纽约见到蒋廷黻,他告诉我,洛奇到 11 月 15 日即美国大选结束以后,就可专门致力于联合国的工作。他还说,对于推延讨论中国在联合国席位和接纳共产党中国进入联合国问题之议,英国迄未同意。不过洛奇已答应在艾登近期访美时,美国政府要设法取得他的切实允诺。我对蒋说,饶伯森也告诉我,美国要迫使艾登同意继续推延的建议。

我们接着讨论出席联合国会议的问题。鉴于我即将去台北议事,蒋也计划在我回来以后去台湾一行,我俩曾就我国政府各种政策讨论我们应持的态度。我提到我国政府曾有一旦中共被接纳进入联合国,我们应立即在当天退出联合国的意向。前文曾提到,上年 10 月邱昌渭曾给蒋廷黻和我带来蒋委员长的信,说是委员长已肯定这样做是正确的。可是秘书长张群却告诉邱昌渭,对此举的利弊还要仔细研究。从那以后,政府一直在考虑一旦中共被接纳进入联合国,我国就发表一项退出联合国意向的公开声明,但尚未得定论。在与蒋的谈话中,我敦嘱目前不可作任何不成熟的事先声明,否则只会促使共产党中国被接纳进入联合国。鉴于在我们否决接纳外蒙古事前事后所引起的激动情绪,我认为任何公开提出和讨论这个问题的做法都只会引起更多不利于我们的反应。蒋廷黻说,关于发表此项声明的问题还没有完全定下来,他将根据我的建议继续仔细研究其利弊。

两天后,我拜访了国务卿杜勒斯。按我原来的打算,专门讨论了艾登即将访美的问题,同时因为我即将到台湾去议事,又讨论了所有关系中国切身利益的问题。国务卿和往常一样,请国务院的人出席会谈,协助工作或记笔记。出席这次会谈的有为我安排这次拜访的饶伯森和中国科的马康卫。

根据我的谈话记录,我首先表示相信国务卿在纽约已经得到休息。

杜勒斯说,他在纽约停留了几天,除夕参加了一次晚会,但在随后的两天做了一些工作。

随后我说,我希望拜见他是为了英国首相艾登和他的外交大臣即将来访之事,我国政府对此十分关切。除了关于中东和欧洲问题外,我想英美华盛顿会谈也会讨论对远东有影响并且关系中华民国切身利益的问题。我补充说,上一周我与饶伯森先生会谈过,询问了即将进行的会谈的议事日程的实质和范围,特别是关于远东的问题。

杜勒斯说,议事日程已经拟定,其中包括与中东有关的问题,那里的局势不令人满意,另外还有解除贸易限制的问题。他解释说,英国和其他一些国家希望把对共产党中国的禁运物资种类减少到对苏联和欧洲其他共产主义国家的禁运物资的水平,但并不是把对后者的禁运物资种类增加到对前者的水平。他还说,他相信英国并未提出过任何关于远东的问题,而美国则要提出一些问题,如接纳共产党中国进入联合国的问题,解除贸易禁运问题以及日内瓦双边会谈问题,他希望就这些问题向英国方面通报。

随后杜勒斯召见国务院参事麦克阿瑟第二,麦克阿瑟很快就到了,他在回答杜勒斯的问题时说,英国方面没有就议事日程提出任何特别的问题,但确实提出全面解除贸易禁运的问题,这当然包括远东地区。

我说,虽然英国方面不会提出任何特别的议题,我预料在讨论世界各地区局势的过程中,也将会对远东局势的问题进行讨论。

杜勒斯同意我的话,他说,讨论中一定会涉及远东问题。随后他对麦克阿瑟第二说,如果他不希望留在这里,就可以离开了,因为他不想打断他的工作。麦克阿瑟说眼下他没有什么重要的事要做,他将很高兴留下来。

我说,关于接纳共产党中国进入联合国的问题,我非常希望美国政府把美国坚决反对这样做的立场告诉艾登,并争取英国的谅解,支持这种立场。我说我切望美国此次要对英国方面施加压力,以便就支持对此问题的所谓延期解决达成一项谅解,不是在每届全体大会上一年讨论一次的基础上,而是隔几年,如过三年或五年再讨论的基础上达成谅解。这一谅解将有许多好处。它将平息各个方面对美国的意图所做的揣测,并打消许多非共产党国家为赶在美国之前讨好北平政权的活动与尝试,或者至少使他们感到泄气。我接着说,目前有许多方面,特别是在联合国的走廊,甚至在华盛顿的外交界,正在忙于散布一种印象,即1956年是国民党中国的关键年头,虽说今年是美国的选举年。他们认为,在选举之后,接纳红色中国进入联合国的问题将成为首要问题,北平政权将在年底或1957年被接纳进入这个国际组织。我认为,这些揣测和活动只能使美国阻止北平进入联合国的工作变得更复杂。因此,如果把反对接纳中国共产党政权加入联合国的时期定为几年,就此与英国方面达成一项明确的谅解,将能澄清局势,从而使美国能够集中注意力于对抗共产主义世界的主要问题。

我说,我敦促这样做不只是为了我国的利益,而且这样做对整个自由世界的利益也有影响。作为对国际形势不抱偏见的观察者,我相信——而且我国人民也都怀有这种信念——英美合作不仅是理想的,而且是必要的。从自由世界的利益出发,现在正是英国对美国加强合作并取得一致立场的好时机,而不是由美国来迁就英国。我觉得,为了解决共产主义威胁这样一个共同问题,英国在它目前的处境中需要美国的援助和支持,而不是美国更仰仗英国。在国际事务方面,艾登具有丰富的经验,他应该理解并确信,共产主义的危险对英国和对任何其他国家一样大。布尔加宁和赫鲁晓夫在最近对印度、缅甸和阿富汗的访问中所发表反对英国和它过去的政策的声明,应该使艾登和英国人民受到启发。过去英国的对苏政策是要劝使苏联采取一项更温和的政策,但由于以苏联为首的国际共产主义的基本目标,英国的对苏政策不会成功。英国承认北平政权已经五年多了,它得到了什么呢?北平政权对英国及其驻北平的使节毫不尊重。当然,通过承认中共政权英国能够和北平保持联系,但是中共政权并不甚重视这种联系。

饶伯森认为我还没有充分说明实情。

杜勒斯说,不仅共产党政权,就连中国人民也不特别喜欢英国人。

我说我提到中国共产党是因为我不希望把其他中国人与共产党人等同起来。

杜勒斯说,英国在北平建立的联系也不是非常有用的。例如,英国驻北平的代表并不能从共产党那里得到有关扣留在中国的美国人的必要情报。

我说艾登应该能够理解和支持美国的反对共产党中国的政策,这种政策也将促进面对共产主义世界的英国的更广泛的利益。我希望艾登在近期的会谈中会较易接受美国的影响,特别是因为他在国内的政治处境对他不利。我认为艾登一定迫切希望获得美国对中东问题的支持,使此次华盛顿会谈有所获益。

杜勒斯说,美国反对接纳共产党中国进入联合国的立场是坚定不移的。

我说,我希望杜勒斯先生能够使艾登先生确信这一点。我觉得英国方面有时并不理解美国,而有时则非常理解美国的心理并设法利用一切机会,以期获得美国对其政策的支持。但在我看来英国的政策是不现实的,即使从他们抗衡共产主义世界的长远利益的角度来看也是如此。例如,如果英国方面在国际领域处理共产主义问题时与美国的作法相左,那将是不利的。在对安理会的一个非常任理事国的选举中,英国与美国发生公开冲突,实属不幸。我认为,在对付共产党人时,对他们采取温和的手段,希望他们能受影响是徒劳的。必须以实力为基础,表现坚定。共产党人惯于采用蓄意施加威胁的政策,向这种威胁低头,就会使他们掌握主动权。只有以实力为后盾的威慑,加上有意识冒险的政策,才能发挥作用。这才是共产党人能够理解的唯一语言。

杜勒斯说,听我说话的口气好像读过他最近在《生活》杂志上发表的文章①。

我说我很欣赏这篇文章,一直从头读到尾。事实上,我刚刚用过的"威慑"和"有意识冒险"二词就是从这篇文章中借用的。在我看来,对这篇文章进行批评的人,他们对许多外交方法都不了解,尤其不了解和共产党人打交道时采取的外交方法。

杜勒斯说,威慑政策指的是让对方知道他应该期望什么结果,而执行威慑政策就是一种有意识冒险。譬如说,有意识冒险这个词和"俄国轮盘赌"②并不相同。他说,"俄国轮盘赌"是用生命赌博,因为赌的人不知道会得到什么样的结果,而有意识冒险一词指的是一个人已准备好应付行将出现的任何情况③。

我说,关于接纳红色中国加入联合国的问题,我希望杜勒斯

① 编者注:这一定是指詹姆斯·谢普利 1956 年 1 月 11 日在《生活》杂志上发表的文章《杜勒斯怎样避免战争》。这是对杜勒斯的采访报道。杜勒斯声称,美国通过及时发出警告,说它将用优势力量,包括核武器,来对付共产党的侵略,从而在朝鲜、印度支那和台湾海峡避免了战争。换言之,美国为避免战争"已经走到亚洲战争的边缘"。

② "俄国轮盘赌"是以生命作赌的,赌徒快速转动左轮手枪只装有一粒子弹的旋转弹膛,然后瞄准自己的头扳动枪机。——译者

③ 原编者注:谢普利的文章立即引起了民主党人的批评。12月中旬宣布将作为民主党总统候选人的艾德莱·史蒂文森,在顾氏会见杜勒斯两天以前说,他对国务卿"愿意拿我们国家的生命去玩俄国轮盘赌"感到震惊。

先生不仅告诉艾登美国的坚定立场，而且必要时要进一步指出美国将投票否决这种提议，以便通过强调普遍性这一原则或敦促对此采取现实的政策来阻止使北平加入联合国的任何进一步的尝试。我接着说，我认为，接纳中国共产党政权进入联合国的问题，不应该也不能够视为由全权证书委员会决定的全权证书鉴定问题。这本来就不是全权证书问题。此外，这也不是接纳一届继任政府的问题，因为就此事而论，中华民国在联合国创始时就是签订宪章的会员国，并且一直作为这个国际组织的一个成员而存在并发挥着积极作用。北平政权是个新的实体，接纳他的问题超出了代表证书鉴定的范围。

杜勒斯说，以他本人看来，我谈到的是这个问题最重要的一个方面。但他希望强调指出，如果这件事当作接纳一个新会员国的问题来处理，美国就不能投票否决，因为美国根据范登堡宣言反复声明过，它认为对接纳一个新会员国不应投否决票。他希望能从我这里得到一份备忘录，陈述反对接纳共产党中国加入联合国的理由，供他研究。

我说，如果国务卿需要的话，我很高兴这样做。

杜勒斯认为，中国不应该采取任何不利于美国支持反对接纳北平政权的立场。另一方面，他完全同意我的意见，接纳北平的问题不是个简单的全权证书问题。他说，这个问题应需全体大会三分之二的票数通过，并且在安理会可以使用否决权。正如我所正确阐述，这个问题也不能作为一届继任政府的情况来处理，像最近阿根廷政府更迭那样，新政府承继了原政府的国际义务和权利。杜勒斯重复说，由于接纳共产党中国进入联合国属于重要事项，美国可以投否决票加以阻止。但是他认为否决的是北平的会员国资格。他说，共产党中国进行了国际侵略，无视国际义务，不尊重人权。因此，如果美国像他所说的要否决接纳共产党中国，那是根据它缺乏会员国的资格而不是否决它申请加入联合国。

我说我完全同意国务卿的想法。我所说的接纳一个新会员国可以使用否决权,仅仅是可以用来否定接纳北平的许多道理之一,只不过是强调接纳新会员国并不是个次要问题,而是个实质问题。此外还有许多其他反对接纳共产党中国的实质性理由。我回忆说,联合国宪章本身规定,由安理会讨论的问题除程序问题外均需要安理会五个常任理事国一致通过,实质性问题的范围是广泛的和无限制的。杜勒斯先生的观点和我的观点都是符合四国宣言中关于使用否决权问题的规定的。随后我再次要求向我提供英美对影响到远东和我国根本利益的问题的讨论情况,我说,我国政府还希望了解英国方面是否会提出任何与远东或与我国有关的问题。

杜勒斯说,一定向我提供有关情况,此事将由饶伯森先生负责。

饶伯森说,他在我们上星期会谈时就说过他会照办的。

我表示希望杜勒斯能向英国方面暗示,对影响中华民国利益的问题所作的任何讨论都要保守秘密,在台北得知之前不得公开。我解释说,英国方面惯于泄露情报,以影响讨论的进程或推行他们危害我国利益的政策,这种在报纸上透露消息的做法,使我国政府很难平息中国立法机关成员或中国报纸上爆发出来的批评或抗议。

杜勒斯说他也有同感。他将设法将我的建议暗示给艾登,但不知是否会有好处。

我说,在美国很尊重报纸的自由,对此我很欣赏。至于英国在香港、新加坡和整个远东办的报纸,英国当局惯于对他们透露消息和影响他们的评论,这些消息和评论都会被其他国家的报纸引用。

谈到这里我起身告辞,杜勒斯祝我台湾之行一帆风顺。他还请我向蒋委员长转达他的问候。

在与杜勒斯的会谈中,我们讨论了所谓的战争边缘政策。杜勒斯对我简单明了地解释说,对他的声明所作的批评是不公正的,因为这种批评暗示国务院为达到它的目的正在推行一项不顾后果的政策,不考虑美国永远不发动一场战争的传统政策。我本人深信,这种批评是为达到一定的政治目的,有意识地耸人听闻地报道了杜勒斯的立场。因此,我对他说我理解和敬佩他的政策,因为那是与共产党人打交道的唯一方式。如果不坚定地表示出抗击侵略的意图,共产党人就不会停止这种尝试。杜勒斯的立场就是对共产党人自己的政策的正确回答。

　　为此,让我回顾一下 1945 年旧金山会议上的一件事。我曾与利奥·帕斯沃尔斯基交谈,当时他是国务卿特别助理,也是美国代表团非常活跃的成员,尤其是在起草联合国宪章方面更是如此。当我们在一个宽敞空荡的会议厅中交谈时,我们碰见苏联代表团的一个军事顾问,他向帕斯沃尔斯基问候。帕斯沃尔斯基是俄国血统人,便开始用俄文和他交谈起来。我不希望打搅他们,便走开了。过了一会,帕斯沃尔斯基来找我,并说我会对他们的谈话内容感兴趣的。总的说来,他们谈到的是美国代表团的态度。帕斯沃尔斯基有意促进美国与苏联的良好关系,他对那个苏联军事顾问说,美国政府的态度坚定是当真的。因此他认为莫斯科与美国的真正意图唱对台戏是在冒险。帕斯沃尔斯基说,"那个苏联人的回答实在令人吃惊",他说,"我们知道这一点。但我们能够干到最后一刻,也能够马上停下来"。

　　当然,不可能总是做到要停就停下来,但那是苏联人的作法,和轮盘赌一样冒险。但正如杜勒斯所说,美国不是在玩俄国轮盘赌,而是在执行"边缘政策",他对我解释说"这完全是另一码事"。玩俄国轮盘赌不能够掌握后果,永远不能肯定最后结局如何。但"边缘政策"却表现出决心。杜勒斯希望使此点提前得到理解,如果一方面诉诸武力,就会得到还击。"边缘政策"并不意味着美国将首先动用武力,而只是表明已经准备好以更强大的武力来对付武力。国务卿当时认为,对他进行批评的人没有充分解释出"边缘政策"的真正含义。当然,现在已经是 1956 年,是选举年,从史蒂文森、汉弗莱和其他人的声明中可以看出,他们对即将进行的选举非常重视。

会见国务卿杜勒斯之后,我来到饶伯森的办公室,对他说我希望和他简单交谈。这次会谈马康卫也在场。

饶伯森有些怀疑,在我首先提出的否决接纳共产党中国加入联合国的问题上国务卿是否阐明了自己的观点。他理解,杜勒斯的想法是,如果中国政府根据这是个可以否决的问题来反对接纳共产党中国,那将会引起否决接纳一个新会员国的问题,使美国难以对此给予支持。因为美国曾反复声明反对在任何申请加入联合国为会员国的问题上行使否决权。国务卿的立场是,共产党中国不具备联合国宪章要求的会员国资格,故不应该接纳他为会员国。资格的问题比全权证书问题重要得多,全权证书的鉴定只是一种手续。

我说我完全懂得这一点,换句话说,国务卿考虑接纳共产党中国的问题是个实质性问题,不应该仅作为全权证书问题来处理,对所有实质性问题在安理会都可行使否决权。而接纳新会员的问题虽然也是个实质问题,美国却由于它不赞成对单纯申请参加为会员国的问题进行否决的既定政策,不愿行使否决权。

饶伯森说正是如此,正是为这个原因杜勒斯先生希望明确,美国和中国是为同样的理由反对接纳北平政权。

我说,国务卿希望我就中国反对接纳北平的理由写一份备忘录给他,我当然很高兴照办。

饶伯森认为这不是必要的,他说,国务卿的想法是要能够了解中国的观点,并强调两国采取同样立场的必要性。

马康卫认为,有一份中国政府的备忘录作为参考记录,可能会有用。

我说,起草备忘录并不困难,因为大使馆和外交部都一直在仔细研究这个问题。然后我对饶伯森说,有一点我未得机会引起国务卿的注意,因此希望对他提出。我希望,美国政府在和英国方面讨论反对接纳共产党中国进入联合国的问题时,还要讨论接纳北平政权进入各种国际组织的问题上给予的支持,这些组织中有许多是联合国的下属专门机构。我们很钦佩国务院在争取各国政府和代表团支持中国的立场方面所费的时间和精力。如果英美双方达成我们所预期的谅解,为支持推延数年再考虑中国的代表资格问题在联合国作出一项决议,不仅反对接纳共产党中国进入联合国,而且反对接纳它进入联合国所属各机构,那就能澄清局势和减少国务院的工作,节省大量的时间,减少许多麻烦。

饶伯森完全同意我的意见。他说,他知道某些专门机构自己有权决定接纳新会员,他回顾了在亚洲及远东经济委员会的中国代表资格问题上曾花费了多少时间和工作。

在又一次表示了我的感谢之后,我说我知道尼赫鲁近期内将访问日本,我认为对此次访问予以注意是明智的。我希望知道国务院是否收到任何有关的情报。

饶伯森回答说,他没有注意此事。

我说,尼赫鲁的这次访问是值得注意的,因为这位印度总理在国内是反共的,他把许多印度共产党人投进监狱,但在国际上他力图建立一个以他为领袖的中立国家的世界,他不知道这样做就把主动权交给了国际共产主义者。我说,在我看来尼赫鲁对美国的政策、目的和动机特别不了解。他不了解美国,他也不想从他的妹妹潘迪特夫人那里了解美国。

随后我重新提起两星期前我与饶伯森讨论过的两个话题。首先,我提到柬埔寨首相西哈努克(前国王)访问北平的计划,并谈到这类访问在自由世界的观点看来是令人不快的。

饶伯森说西哈努克已经辞职。不过关于他对北平的访问计划,饶伯森本人和我持同样的看法,他一直在设法阻止这次访问。

我说,我推测饶伯森先生已经要求美国驻柬埔寨大使施加影响。

饶伯森说:"是的。"

我随后提到意大利将派遣贸易代表团去北平的事。我认为这样做非常不幸,希望能够阻止意大利这样做。

饶伯森说,意大利和许多其他国家一样,希望与共产党中国进行贸易。当我指出中国共产党人将购买他们所需要的东西,而和他们做生意不能使非共产主义世界获得很大收益时,饶伯森表示同意,他说许多国家仍然迫切希望扩大与共产党中国的贸易。当我起身告辞,饶伯森祝我旅途顺利,早日返任。他还请我代他向蒋委员长转达他的敬意和个人问候。

两天后,即1月18日,是我离美赴台湾的日子。那天上午,我按约定,拜访了民主党众议院外交事务委员会主席詹姆斯·理查兹先生。我提出了一些问题,首先是艾登和劳埃德对华盛顿的访问,特别是此行与接纳北平进入联合国的问题有关。关于此事,我对他说,由于英国首相艾登和他的外交大臣劳埃德即将前来与美国政府举行会谈,我和我国人民对此极为关切,因为英国方面将设法影响美国的政策,使之符合英国的观点。我说,我知道美国反对接纳共产党中国进入联合国,我希望美国将设法使其坚定的立场给英国来访者留下深刻印象。

理查兹说,他了解这两位英国政治家,特别是塞尔温·劳埃德,他可以像对朋友那样和他谈话。不幸的是,他们到美国时他不在,因为本月底他担负使命去参加巴西新总统的就职典礼。但他告诉我,美国人民是反对接纳共产党中国进入联合国的,今天的民主党大概比共和党更反对这样做,今年是选举年,他认为政府当局的政策不会发生任何变化,不论选举结果如何,1957年也不会出现任何变化。以后的事也就不能预见了。他不清楚政府当局的打算。他不能为他们说话,但他预计这将取决于国际形势的发展。

在后来的交谈中,我们简单涉及日内瓦会议的问题,我说我认为中共很可能利用今年是选举年这一点,一面做出某种进攻沿海岛屿的姿态,一面施加压力,谋求国务卿杜勒斯与周恩来举行高级会谈。

理查兹说,周恩来是个聪明人,他会利用各种形势。他认为,周恩来的真正目的是要与杜勒斯先生进行会谈,那将大大提高中共政权的威信。他说,现在举行的日内瓦大使级会谈已经使中共获得威信,给亚洲人民留下印象,然而违反中共的心愿,会谈一直拖下去没有结果,中共在此同时施加压力,要求与美国进行更高级的会谈,但他认为他们不会如愿的。不过,他说中共不希望使日内瓦会谈破裂。

我是早晨九时半拜访理查兹的。不到三小时以后,我乘飞机去西海岸,这是我去台湾旅程的第一站。在我旅行途中,事态发生了新的变化,影响到美国和共产党中国举行的日内瓦会谈。1月18日,北平外交部就日内瓦会谈进展,特别是就关于放弃武力争端问题的讨论和互换声明草案情况发表声明。这违背了美国和中共关于未经磋商达成相互协议不泄露任何情况的不成文协议的原则①。但是这则消息指出,北平采取这一行动是由于美国不愿就任何悬而未决的问题达成任何可以接受的协议,而且是因为"最近美国还加紧了在台湾地区制造紧张局势的军事活动,美国国务卿杜勒斯甚至重行叫嚣对中国进行原子战争"。声明说,杜勒斯"最近又公开叫嚣,为霸占中国领土和侵犯中国主权,将不惜挑起原子战争"。这显然是对杜勒斯在《生活》杂志上的访问记的有意歪曲。

中共的声明全文如下:

中美大使级会谈自从1955年9月10日对双方平民回国问题达成协议以来,在四个多月的时间内一直没有能够对第二项议程取得任何协议。中国方面所提出的取消禁运和准

---

① 在1956年1月24日的一次记者招待会上,杜勒斯说,他不会说泄露情况是不讲信用的行动,从而承认美国事先已注意到北平打算公开会谈进展情况。他还说,不存在任何"在任何情况下不许泄露任何情况的严格规定",而只是"如果我们不把它变成宣传战,会谈将更易于取得顺利进展"。

备中美外长会议来讨论和缓和消除台湾地区的紧张局势的两项议题,至今还没有进入实质性的讨论。美国方面提出了所谓放弃使用武力的问题,但是又不愿对这个问题达成双方都能同意的协议。不仅如此,最近美国还加紧了在台湾地区制造紧张局势的军事活动,美国国务卿杜勒斯甚至重行叫嚣对中国进行原子战争。在这种情况下,中国政府认为有必要公布中美会谈的经过,说明中国方面的立场。

一、在中美会谈对双方平民回国问题达成协议后,我方就立即提出"禁运问题"和"准备更高一级的中美谈判问题",作为第二项议程的两项议题。但是,美方拒绝对这两项议题进行任何实质性的讨论。直到 10 月 8 日,美方才提出中美双方应该首先发表放弃使用武力的声明。

如果说,所谓放弃使用武力的问题就是中美两国应该根据联合国宪章的宗旨和原则,和平解决两国之间的争端不诉诸武力,那么,这正是中国所一贯主张的。中国在万隆提出的中美两国应该坐下来谈判的建议,就是为了实现在国际关系中不使用武力的主张。中国在中美大使级会谈中提出举行更高一级的中美谈判的建议,也正是为了实现这个主张。但是,在中美两国的国际关系中不使用武力的问题,绝对不能同中美两国中任何一国的国内问题混为一谈。就台湾问题来说,美国侵占中国的领土台湾是中美两国之间的国际争端;中国人民解放自己的领土台湾,这是中国的主权和内政。虽然中国政府曾经一再声明,愿意在可能的条件下,争取用和平的方式解放台湾,但是,这个中国内政的问题,决不可能成为中美会谈的题目。

二、中国方面在会谈中阐明了上述立场以后,在 10 月 27 日就美方提出的放弃使用武力的问题提出了中美两国大使协议声明的草案。它的全文如下,

"王炳南大使代表中华人民共和国政府、约翰逊大使代

表美利坚合众国政府共同声明：

根据联合国宪章第二条第三款，'各会员国应以和平方法解决其国际争端，俾免危及国际和平、安全及正义'；

并且根据联合国宪章第二条第四款，'各会员国在其国际关系上不得使用威胁或武力，或以与联合国宗旨不符之任何其他方法，侵害任何会员国或国家之领土完整或政治独立'；

中华人民共和国和美利坚合众国同意，应该用和平方法解决它们两国之间的争端而不诉诸威胁或武力：

为了实现它们的共同愿望，中华人民共和国和美利坚合众国决定举行外长会议，协商解决和缓和消除台湾地区紧张局势的问题。"

如果双方都具有诚意的话，那么，根据中国方面提出的这一声明草案达成协议是不应该有任何困难的。美国是联合国的一个会员国，它对于联合国宪章的明文规定不应该有任何反对，美国在台湾地区对中国使用了武力和威胁，造成了台湾地区的紧张局势；为了在中美关系中实现联合国宪章所规定的不使用武力的原则，显然只有通过中美外长会议的途径，才有可能解决和缓和消除台湾地区紧张局势的问题。

三、但是，在会谈过程中，美方却表示不愿意在声明里具体提到联合国宪章的特定条款，也不愿意明确规定举行中美外长会议。一直到 11 月 10 日，双方对第一项议程达成协议的整整两个月后，美方才第一次具体提出了它自己的关于放弃使用武力的声明草案。美方提出的声明草案的主要内容是：

"约翰逊大使代表美利坚合众国通知王炳南大使如下：

一般来说，并特别对于台湾地区来说，除了单独和集体的防御外，美利坚合众国放弃使用武力。

王炳南大使代表中华人民共和国通知约翰逊大使如下：

一般来说,并特别对于台湾地区来说,除了单独和集体的防御外,中华人民共和国放弃使用武力。"

正如中国方面在会谈中所指出的,美方提出的声明草案实质上就是企图混淆中美两国在台湾地区的国际争端同中国政府和蒋介石集团之间的国内问题,要求中国承认美国侵占中国领土台湾的现状,放弃解放台湾的主权;这是中国方面绝对不能接受的,台湾是中国的领土,对于美国来说,根本不发生防御的问题。由于美国在台湾地区已经对中国使用了武力和威胁,如果谈到防御的话,正是中国应该使用它的防御权利来驱除这种武力和威胁。但是,美国反而要求它在台湾地区有防御的权利,难道这不就是要求中国承认美国长期霸占台湾,永远保持台湾地区的紧张局势吗?

四、虽然如此,为了使会谈能够有步骤地取得进展,中国方面做了又一次的努力,在12月1日提出如下的新的草案:

"王炳南大使代表中华人民共和国政府、约翰逊大使代表美利坚合众国政府协议声明:

中华人民共和国和美利坚合众国表示决心,它们应该通过和平谈判解决它们两国之间的争端而不诉诸威胁或武力;

两国大使应该继续会谈,寻求实现这一共同愿望的切实可行的途径。"

中国方面认为,只有中美外长会议才是解决中美两国之间的争端的切实可行的途径。特别是像台湾地区紧张局势这样严重的问题。但是,为了促使会议的进展,中国方面同意先发表上述的声明,然后再由双方大使具体商定举行中美外长会议的问题。同时,应该指出,鉴于美国已经在台湾地区对中国使用了武力和威胁,如果中美大使级不能就举行中美外长会议达成协议，那么，上述声明中的愿望也将无从实现。

由此可见，美国政府如果真正具有放弃使用武力和威胁的诚意，它就没有任何理由再继续拖延会谈，而不就我方新草案达成协议。

五、可是，美方却在我方提出这一新草案以后的接连三次会议上拒绝作任何具体的评论，既不表示反对，也不表示同意。一直到1956年1月12日，美方才提出一个对案，全文如下：

"约翰逊大使代表美利坚合众国政府、王炳南大使代表中华人民共和国政府协议声明：

美利坚合众国和中华人民共和国表示决心，它们将通过和平方法解决它们之间的争端，并且它们将在不损害单独和集体的自卫的固有权利的情况下，不在台湾地区或其他地方诉诸威胁或武力；

两国大使应该继续会谈，寻求实现这一共同愿望的切实可行的途径。"

显然，美方的这一对案，在实质上早已为中国方面所坚决拒绝的11月10日的美方声明草案没有任何差别。美方继续要求我方承认美国在我国台湾地区有"单独和集体的自卫的固有权利"，这是我方绝对不能同意的。

六、自从9月30日以来，美方一方面拖延对第二项议程的讨论，拒绝对所谓放弃使用武力的问题达成双方都能接受的协议，另一方面又不断对第一项议程协议的执行问题进行纠缠。事实上，违反第一项议程协议的正是美方自己。根据协议，美国有义务采取措施，使在美国的中国人能够尽速行使返回的权利。但是，美方至今没有向我方提供在美国的中国侨民和留学生的全部名单和情况，使印度难于执行协议中所规定的第三国任务。最近，美国政府还规定在美国的中国人必须取得台湾的入境证,公然剥夺他们在将来回国的权利。中国在美国的侨民有几万人,由于美方违反协议,继续进行阻挠和威胁,使他们当中的绝大多数人至今不能或不敢申请回国。至于在中国的美国人,他们本来就为数不多。在中美会谈期间,五十九名守法的美侨中,十六名要求离境者都已经得到了批准,就是在四十名犯法的美国人中,也已经由于中国政府采取的宽大政策,提前释放了二十七人。情况如此,美国方面仍然在会谈中不断提出毫无根据的指摘,其目的只能被认为是企图逃避自己违反协议的责任,并且为拖延会谈制造借口。

七、台湾地区的紧张局势是中美之间的关键问题,而紧张局势的根源是由于美国武装侵占中国领土造成的。虽然如此,中国方面仍然主张通过谈判来解决中美之间的这一争端,并且在中美大使级的会谈中一直为寻求实现这一主张的切实可行的途径而努力。但是,美国方面却蓄意拖延中美会谈,拒绝对和缓和消除台湾地区紧张局势的途径达成协议,并且反而要求中国承认美国武装侵占台湾的现状。同时,美国国务卿杜勒斯最近又公开叫嚣,为霸占中国领土和侵犯中国主权,将不惜挑起原子战争。美国侵略者以为这样就可以吓倒中国人民,迫使中国放弃自己的主权,那是绝对办不到的。几年以来,朝鲜的停战、印度支那和平的恢复和大陈岛的撤退,都一再显示了要求和平和主持正义的世界人民的力量,宣布了实力政策和原子恐吓政策的破产。美国侵略者如果还想把这种原子恐吓政策继续推行下去,它将必然得到更大更惨的失败。

中国政府认为中美会谈应该为和缓和消除台湾地区的紧张局势寻求切实可行的途径。中国方面已经提出了完全可为双方接受的合理建议,中美会谈应该根据这一合理建议迅速达成协议,并且进而解决取消禁运和准备中美外长会谈的问题。拖延和恐吓是不能解决任何问题的①。

据《纽约时报》1月19日报道,约翰逊大使在读到中共的声明后,就会谈情况发表了他历来发表过的最长的一篇公开声明。他说:

　　中共就王大使与我的会谈问题又一次采取宣传手法,对此我感到失望。在会谈开始时,我们一致认为,只有立即公布我们的协议和避免公开透露我们的分歧意见,才能够使会谈取得最顺利的进展。

　　这篇声明在某种程度上反映出到目前为止为寻求使中国红色分子对放弃使用武力实现他们的目标承担义务所能取得的进展。

　　可是,这篇声明用断章取义和曲解对我们为这项义务的确切作用而进行的讨论情况加以歪曲。

　　这篇声明还企图掩盖中共未能充分履行他们1955年9月10日所宣布的义务。未能尽速释放中国大陆上所有愿意返回美国的美国人的情况。

美国对中国共产党人的声明作了正式答复,国务院1月21日发表一篇带有充分附录的声明。声明说:

日内瓦大使级会谈。

　　1月18日,中国共产党人就美国大使约翰逊和中共大使王炳南举行的日内瓦会谈情况发表了一篇容易造成误解的声明,因此有必要澄清事实真相。

　　这些会议是去年8月为讨论遣返公民问题和其他一些"存在争执的实际问题"而开始进行的。

遣返公民的协议。

　　1955年9月10日,双方代表根据协议发表了各自的公

---

① 声明全文录自 1956 年 1 月 19 日《人民日报》。——译者

民有权返回自己的祖国的声明(附件甲)。

中共的声明说:

"中华人民共和国承认,在中华人民共和国的美国人愿意返回美利坚合众国者,享有返回的权利,并宣布已经采取、且将继续采取适当措施,使他们能够尽速行使其返回的权利。"①

迄今,这篇声明发表已经四个月,但美方9月10日提出的十九人中仅有六人获释。另外十三个美国人仍然被关押在中共的监狱之中。

就美国来说,任何中国人可以自由离开美国,去他所选择的任何地方,没有一个人被拒绝出境。被指定协助任何自愿离开的中国人的印度大使馆,至今未曾向美国政府提出过任何中国人声称被阻止离境的情况,也没有声称它在执行9月10日协议声明所规定的职责中受到任何妨碍。

关于放弃武力问题的讨论

在发表了此项协议声明之后,双方着手讨论"两国间存在争执的其他一些实际问题"。

中共提出了终止对共产党中国的贸易禁运和举行双方外交部长会谈的议题。

约翰逊大使在1955年10月8日的会谈中指出,由于面临着共产党用武力夺取台湾的威胁,进一步的讨论不会取得预期的进展。他提议双方同意宣布全面地,特别是在台湾地区放弃使用武力并同意用和平方式解决两国的争端。美国代表阐明,此项放弃使用武力并非要中共承担义务,放弃实行以和平方式解决台湾问题之政策。建议全文参见附件乙。

美国提出放弃使用武力的建议三星期后,共产党人于10月27日提出一项草案……见附件丙。共产党在这项建议中

---

① 此段文字录自1955年9月11日《人民日报》——译者。

断然删去与台湾地区有关或与承认自卫权利有关的一切文字。并插入一段关于立即召开一次外长会议的条款。

这项建议是不能接受的，因为它将使中共得以声称这项建议不适用于台湾地区，而中共的威胁恰恰是针对这一地区，中共还会进一步声称美国已经放弃用武力自卫的权利。约翰逊大使进一步指出，在目前的情况下考虑召开更高级别的会议是不合时宜的，并且是不能接受的。

1955年11月10日，约翰逊大使为达成一项可以接受的宣言，提出了一项新的草案宣言(附件丁)。这项宣言明确指出，放弃武力并不损害任何一方用和平方式推行其政策，它是普遍适用的，特别是适用于台湾地区；它不剥夺任何一方的自卫权利。

中共拒绝了美国的建议，并于1955年12月1日提出一项反建议(附件戊)。这项反建议比他们过去的建议有进步，因为它删掉了关于召开外长级会议的条款并赞成继续进行大使级会谈，但是仍旧断然删去了关于台湾地区和承认自卫权利的一切文字。

为了进一步努力达成协议，约翰逊大使在1月12日的会议上对共产党的反建议提出两项简单的修订，即加入了"不损害单独和集体自卫的固有权利"和"在台湾地区或其他地方"。美国对中国的反建议的这一修订见附件己。

中共的公开声明

下面是中共1月18日发表他们的声明时的讨论情况：

共产党的声明显然拒绝了美国的提议，它声明："台湾是中国的领土，对于美国来说，根本不发生防御的问题。……但是，美国反而要求它在台湾地区有防御的权利，难道这不就是要求中国承认美国长期霸占台湾，永远保持台湾地区的紧张局势吗?"它还进一步声明："美方继续要求我方承认美国在我国台湾地区有'单独和集体的自卫的固有权利'，这是我方绝对不能同意的。"

美国方面的立场

还有两点必须明确。第一,美国没有霸占台湾,台湾也从来不是共产党中国的一部分。关于这一地区,共产党中国的要求和美国的论点是众所周知的,并构成两国间的主要争端。正是由于这一争端,美国提出了放弃武力和和平解决争端的原则。这正是共产党人表示已经接受的原则。

在这方面,美国已经完全表明,放弃使用武力,任何一方也没有放弃其目标和政策,而只是放弃用武力实现这些目标和政策。

第二,美国对台湾地区拥有权利和义务:它还签署了一项共同防御条约,因此它才在台湾地区出现。中共拒绝声明放弃使用武力并不损害抵御武装进攻的自卫权利,这只能解释为企图使美国同意,如果受到进攻,它将放弃保卫在这一地区的合法存在的权利。

单独和集体防御武装进攻的权利是固有的;这种权利受到国际法的承认;这种权利在联合国宪章中得到特别证实,任何国家也不会放弃这种权利。实在说,中共也必定像美国一样迫切希望保持这种权利。

结论

迄今的相互接触表明:

(1)中共宣布将采取措施使在中国的美国人返回美国已经四个月,但目前仍有十三个美国人被扣押在中共的监狱之中。

(2)美国提议双方在不损害抵御武装进攻的单独和集体自卫权利的情况下放弃使用武力,以便使会谈在不受战争威胁的情况下进行。

(3)美国阐明这种放弃武力的义务并不损害任何一方用和平方式实现其目标和政策。

（4）中共虽然声明接受放弃武力的原则，但是却拒不同意其不损害抵御武装进攻的单独和集体的自卫，拒不同意其适用于台湾地区，从而取消了这种接受的价值。

简言之，到目前为止，中共似乎只有首先达到他们想使用武力取得的目标，才愿意放弃武力。

美国本身打算坚持和平的方式。我们寻求中国共产党人履行他们早该履行的义务，尽速允许目前在中国的美国人回国。我们寻求这样做，不仅是出于人道主义的原因，而且是因为尊重建立在稳定的国际秩序基础上的国际义务。我们还将不懈地寻求有意义的放弃武力，特别是在台湾地区。①

据报道，在发布上述声明时，国务院官员说，北平的目的似乎是要美国抛弃中国国民党，包括从台湾撤回第七舰队和军事援助顾问团，废除中美共同防御条约，但美国根据此条约承担的权利和义务是不可协商的。据报道，美国官员们还说过，如果中共放弃在台湾地区使用武力并释放仍然在押的美国战俘，美国届时将愿意讨论解除对共产党中国的贸易限制问题。

中央社将声明全文及其附件转发给外交部。大使馆报告外交部，要求在台北将声明全文及附件转交给我。大使馆发来的一份补充报告中记载国务院发表声明后助理国务卿饶伯森与通讯记者的私人会谈。这份报告说，饶伯森在回答通讯记者的问题时说，中国共产党18日的声明显然是要歪曲日内瓦会谈的实际情况，以便混淆事实，掩盖北平没有履行关于释放美国公民的协议的情况。关于中国共产党声明台湾是中国领土的一部分以及他们不能认为美国对台湾的保护是自卫的问题，饶伯森说美国不同意这项声明，因为美国人认为：

（1）这对美国来说是自卫。事实上，这不仅包括自卫的权利，而且包括中美共同防御条约中规定的共同防御的权利，美国武装

---

① 见 1956 年 1 月 22 日《纽约时报》，第 12 页

部队的军事领导人一致认为,台湾是美国安全链条上的重要一环。

(2)自从日本放弃台湾之后,还没有合法解决对台湾的主权问题的途径。这种主权没有转移给中国。(当某一个记者问这指的是哪个"中国"时,饶伯森回答说,这种主权没有转移给任何方面。)

这份报告还说,在问答阶段以后,出席会见的顾毓瑞向饶伯森了解日内瓦会谈是否行将破裂。饶伯森说,他们必须观察中共的企图,目前难以预言会出现什么情况。(后来,24日,国务卿杜勒斯在一次记者招待会上说会谈不会破裂。他说:"我们计划谈下去……我们继续耐心地、不懈地努力,以获得在该地区实现和平和放弃武力的更大的保障。")

美国的1月21日声明在一些重要方面有损国民党中国的利益。收到这份声明文本后,我立即写下了我的直接印象和想法:

(1)继续进行日内瓦会谈是不受欢迎的。

(2)就放弃武力问题达成一项双边协议,将等于事实上承认北平。美国的声明在谈到美国对台湾地区的防御义务和权利时没有提到中华民国,这助长了两个中国的想法。

(3)美国声明已经阐明,在放弃使用武力的同时,任何一方也不会放弃其目标和政策,这自然是暗示它不反对共产党中国对台湾的侵略政策的本身,而只反对在实施这种政策时使用武力。这种明显的暗示很容易使对共产党中国友好的国家解释为最终同意接纳北平政权进入联合国。

(4)它还会助长共产党中国对其他亚洲国家的颠覆和心理战。

(5)声明似乎毫不尊重在台湾、澎湖和沿海岛屿前线的我国武装部队的士气。维持这些作战部队的士气是至为重要的,而美国的任何政策或声明,例如此项声明,将瓦解他们的士气,特别是因为它明显暗示,在美国看来,除了采取和平方式以外,国民党中国要光复大陆是不可能的或不可取的。实际上这打击了世界各地几百万爱国华侨的士气,也打击了大陆上广大人民对台湾的国军所抱的希望。

1月22日早晨我到台北后,即与政府领导人就美国的声明、它所揭示的问题以及我们如何做出最适当的反应等议题进行了讨论。我提出的有关看法与我的上述印象相同。

到1月25日,台北外交部已就日内瓦会谈和美国1月21日的声明的问题拟好一份致美国政府的备忘录。叶公超部长在(台北时间)1月26日会见时将它交给美国大使蓝钦,请他将内容转告国务院。

实际上,蓝钦与叶公超26日进行了一次长时间会谈,会谈的问题很多。叶外长首先提出了拟议中就美国在台湾和澎湖驻军的地位达成一项协议的事。他对蓝钦说,外交部已经起草一项反建议,他现在希望交给大使。他回顾说,他过去曾告诉过蓝钦,美国的建议的最初文本与日本和美国、美国和北大西洋公约组织国家的协议文本有较大出入。他说,因此我们方面与此有关的所有各机关都一致认为,这项提案是难以接受的。我们自己的反建议是在参考了美国与上述其他国家签署的协议之后起草的,特别用了日本与美国的协议作为蓝本。叶补充说,在蓝钦将中国的文本交给国务院以前,外交部和美国大使馆可以交换意见。随后他将一份提案文本交给蓝钦大使。

蓝钦说,在与外交部长讨论此事之前,他希望先对此文本进行研究。不过根据他(蓝钦)个人所知,美国政府和日本政府实际上对他们之间的协议并不满意。

在谈到中共与美国的日内瓦会谈时,叶外长说,1955年11月17日,他曾亲自要求美国大使转交一封写给国务卿杜勒斯的信,他在信中声明我们反对在美国与中国共产党人的会谈中讨论"放弃诉诸武力"的问题,但到目前为止我们未收到答复。原来我们不希望就此问题做出任何进一步的声明。但由于美国国务院1

月 21 日就此问题发表一项声明,我国政府对声明中的一些地方不理解和不满意,因此,经过仔细考虑后准备了一项备忘录,重申我国政府对此问题的观点。随后叶外长将备忘录交给蓝钦大使,请他先浏览一遍,然后他将补充一些解释。

蓝钦大使浏览了备忘录后,叶外长接着说,中国政府可以理解美国的目的是要利用这次会谈,把它作为阻止或延缓中共进攻沿海岛屿的机会。但中国政府坚信,这些会谈已经超出了美国过去向我们说过的范围,现在应该结束这些会谈。事实上,现在是结束会谈的最有利时机。美国政府应该充分理解,在目前的情况下,北平政权与美国的谈判对中国军民的士气和情绪产生了极为严重的影响。例如,美国国务院暗示,中国共产党有权对台湾提出要求。在发表这项声明后,美国国务院官员甚至声明,台湾的地位在法律上还没有明确规定。这种声明显然与中美共同防御条约的精神和条款相矛盾,因为该条约规定台湾和澎湖列岛是我国的"领土"。公众对国务院对此问题做出的限定性法律区别肯定无法理解。当自由中国的人民看到美国政府作出这种解释时,他们自然会认为美国承认共产党对台湾拥有权利。这对我们和我们的事业起了极为有害的作用。

外长接着说,很可能国务院认为它在日内瓦采取的做法是非常明智的。不过,中国政府真诚相信,共产党人和美国的会谈一旦超出了遣返国民问题范围,就只能给中共带来好处。叶外长指出,美国 1 月 12 日关于放弃诉诸武力的草案,实质上是一份双边宣言,形式上与 1955 年 9 月 10 日中共与美国关于遣返公民问题的协议不同。现在的这份草案包含着这种可能性,可以把它当作暗示要承认共产党政权的步骤。因此,外交部长希望美国政府将对此予以特别注意,以便加以纠正。

谈到这里,蓝钦大使要求宣读美国宣言的原文。读过之后,他对外交部长提出,他愿意接受叶外长请他将备忘录转交华盛顿的要求。随后外交部长继续解释了为什么中国政府对美国方面对美国与中共会谈所做安排给予如此严重的关注。

外长说，自由世界的绝大部分国家，包括自由中国，把美国视为自由世界的领袖。美国采取任何表现出意义含混的步骤都立即足以影响人民的信念和信心。目前，美国继续为我们提供军事援助，但是有效地使用这些根据军事援助计划提供的物资和武器，取决于军队的士气和精神。美国方面采取的任何对军队的士气起反作用的举动，都会削弱其军事援助的效果。中国人民相信，如果中共与美国达成一项放弃使用武力的协议，中共就会被视为热爱和平的人，就会因此被认为具有加入联合国的资格。为此，中国人民非常担心。叶部长说，此外，他认为中共有可能最终接受美国方面起草的关于放弃使用武力的声明草案，他们目前没有下决心这样做的目的是要诱使美国方面同意举行一次外交部长级会谈。因此他恳切希望美国政府有所警惕。

叶外长还解释说，蒋总统对此事感到极为关切，他不能理解为什么美国在它的协议草案里不敢明确声明它承认我国政府为中国的唯一合法政府。美国也不敢明确声明它和自由中国签署了一项共同防御条约。蒋总统还认为，如果中共和美国的日内瓦会谈继续下去而不早日结束，这种形势事实上只会鼓励共产党，为他们提供进一步宣传的机会。这种形势对中国或美国，甚至对整个自由世界都不会带来任何好处。

叶外长还解释说，近来中国公众和政府机关的人士对此甚为关切，引起了许多问题。他已做出最大的努力，用美国的观点解释这种形势，但由于美国的立场不很明确，所以遇到很大困难。他说，因此他想借此机会坦率地请教蓝钦大使。他希望大使向国务卿转达他的请求，并希望国务卿能够向他说明美国政府的真正立场。设若美国的确认为以后的政策将以"两个中国"的政策为基础，中国政府真诚希望美国政府能坦率告知，以便对此事加以考虑并决定如何因应形势。

叶外长说，事实上，正如他曾对杜勒斯先生说过那样，对共产党问题没有简捷的解决方法。他说,美国政府本身在面临某些棘手的问题时并不急于寻求解决,台湾海峡形势问题就是一个例子。他说,对此问题中国政府自然愿意履行它对美国作出的保证。实际上,目前还不存在由我方挑起战争的可能性。但美国政府本身也可以采取步骤,国会已经通过一项决议,指明如何行动。因此,美国政府看起来没有必要对台湾问题做出其他安排。真正需要的是美国坚持坚定的立场,那样中共就不敢对台湾和沿海岛屿采取任何行动。

蓝钦大使将外交部长谈到的各点做了笔记。他当即同意起草一项备忘录转交国务院。后来,应外交部长的要求,他简单地表示了他个人对此问题的看法。他认为国务院发表的声明似乎相当匆忙和草率。如果国务院让中国政府先有机会见到,那些不适当的问题就可以避免。但是,他说美国的声明自然是对中共声明的答复。为了节约时间,忽略了某些问题和考虑。

蓝钦大使随后提出了一些问题,关于中共最近突然进攻金门的问题,蓝钦大使说,过去他曾和叶外长谈过金门国军曾炮轰共产党占领下的大担岛上的桥梁工事。共产党对金门岛进行了还击。随后国军为了预防的目的又炮轰了厦门。蓝钦说他听说双方平民损失严重。他对叶外长说,从美国的观点来看,轰击敌方的军事目标是可以理解的,但轰炸居民区则是另一回事。他希望国军能对此加以注意。

蓝钦提出的其他问题,包括在泰国举行的东南亚条约组织会议,雷德福海军上将 1 月初对台北的访问,以及我们希望在西德建立领事机构。关于后一问题,蓝钦说,根据叶外长的要求,他曾请美国驻西德大使试探西德政府是否能同意建立中国领事机构,但他已经得到答复,在目前的情况下,美国方面不便为中国提出这个问题,以探明西德当局对此的反应。

1 月 28 日是星期六,上午我对蒋总统最后晋见后离开台北,这次晋见实际上是一次会商,出席的还有秘书长张群、副总统陈诚和叶外长。我于1月30日星期一上午到达华盛顿。2月1日星期三,我给国务院打电话,安排与饶伯森会见。我想提出我在台北访问期间发现对台北的政府领导人来说特别重要的几个问题,并了解我离开这里以后发生的情况,尤其是关于英美会谈的情况以及艾登首相和艾森豪威尔总统星期一开始的会谈。

饶伯森首先表示欢迎我返回华盛顿。他说恐怕此行对我来说一定是非常紧张的。

我对他表示感谢。我说这是一次快速的公务旅行,在台北的六天时间排得非常紧。我与蒋总统和叶外长会见了四五次。在我离开的那天上午,总统又和我作了一次更深入的商议,出席商议的还有副总统、行政院院长、总统府秘书长和外交部长。我说,所有这些商议都是关于远东的局势和美国的政策问题,特别是国务院最近就日内瓦双边会谈发表的声明中所暗示的政策问题。他们对目前在华盛顿举行的英美会谈也非常关心。我说,关于日内瓦会谈问题,叶外长已经将一份备忘录交给蓝钦大使,我想蓝钦大使已经向国务院作了汇报。蒋总统本人在报纸上发表了一份声明,这是我在返回华盛顿途中见到的。

我接着说,就我个人来说,我希望向饶伯森先生转达并通过他向国务院转达蒋总统和我国政府对日内瓦会谈所持的观点。他们对美国政府于日内瓦会谈所持态度感到不满和不安。他们感到,继续与王炳南进行这些会谈将有损于中华民国政府的国际地位。从中国的观点看来,他们和我本人都以为继续此种会谈确实无此必要,因为这倾向于造成一种印象,即通过这些谈判美国对北平政权已经给予某种事实上的承认。美国提议与北平政权就放弃使用武力解决国际问题,特别是台湾问题达成一项决议,这种做法造成的印象是美国与北平政权平起平坐,它造成的进一步印象是美国有意对北平政权予以事实上的承认。在中国政府看来,美国的确没有必要承担义务去做出这样一项声明,因为美国并没有诉诸武力。

我接着说,在国务院为答复中国共产党关于日内瓦会谈的声明而发表的声明中,美国政府提到已经签署的共同防御条约,但是没有说这项条约是与中华民国政府签署的。我个人相信,这样的忽略是无意的,特别是因为这整个声明意在反驳北平的声明,但是我国政府感到这个忽略是令人困惑甚至是灾难性的,这是可以理解的。他们认为这暗示着美国政府提出了两个中国的概念,我国政府和我本人历来是反对这种提法的。此外美国代表对王炳南做出保证,按美国的提议,北平政权放弃在台湾地区使用武力,现在和将来都不会有损于北平政权在台湾地区的任何要求、权利或根本利益。这项保证已经造成这种印象,即美国甚至已准备好接受一个中国的概念,而这个中国就是红色中国。北平很快就利用了美国的这项声明。事实上,它已经加强了颠覆活动,呼吁台湾的我国政府和人民投降并参加共产党政权,许诺保证他们的人身安全,保证他们在大陆的财产,保证旅行自由和知识分子的就业。我认为,从心理战的角度来说,美国对北平实在帮了大忙。

　　随后我说,我希望提出另一个问题。我国政府对北平可能会同意宣布在台湾地区放弃使用武力而感到更加不安。正如饶伯森先生所知,只要还能为他们的目的服务,共产党人不惜对承担任何义务作出允诺,也会遵守他们的国际义务。因此可以想象,中共为了取得某些即可到手的利益,会同意按照美国的要求发表一项声明。然而此后将会出现什么情况? 美国政府是否会认为北平已经为它加入联合国的热爱和平的会员国资格提供了证明? 如果美国的盟国利用中共的誓言施加压力同意接纳北平进入联合国,美国将如何表示?

　　饶伯森回答说,美国不会因北平做出任何这样的声明就认为他已具有被接纳进入联合国的会员国资格。他说,中共军队仍然驻在朝鲜,并正在印度支地继续其侵略活动。美国坚持要北平发表一项声明的目的是要为中华民国保护沿海岛屿,迄今为止中国共产党人顽固地拒绝在建议他们发表的声明中包括台湾地区。在过去的几天里,他们甚至再次声明,他们必须解放台湾,如果可能就用和平方式,如果必要就用武力。

我说,由于我驻在华盛顿,离美国政府很近,我意识到蒋总统和我国政府从日内瓦会谈中得到的印象不都是准确的。但是,他们和台湾人民,而且在这个问题上也包括中国侨民和大陆上的中国人民,对于在华盛顿和日内瓦关于远东局势的言论和行动自然十分敏感,我说,因此我仅能向饶伯森先生提出恳切请求,美国政府关于北平政权和远东局势的任何言行,都应该充分考虑台湾中国政府、台湾和大陆中国人民以及中国侨民的根本利益和感情。他们对美国可能做出的一言一行都十分关注,因为美国是自由世界领袖和中华民国的盟友。

饶伯森说,美国历来是中华民国和蒋委员长的好朋友和盟邦。他希望我已经听到艾森豪威尔在最近与艾登会谈中说过的话。总统对英国首相强调说,美国的政策是支持蒋介石总统和他的政府。他(饶伯森)不能理解为什么蒋委员长和他们的政府对美国的意图仍然怀有疑虑,随后他重申,美国和中国共产党代表在日内瓦举行的谈判只有两个目的:(1)使扣押在共产党中国的美国公民获释;(2)获得北平的保证不用武力解决国际问题,特别是在台湾地区,这样做的目的是保障台湾的中华民国的安全。

我说,台湾的心理很易于理解,整个政府和它的武装部队(除了一小部分从台湾生长的青年中征募的服役人员以外),以及从大陆去台湾的二百万中国人和海外华侨,都怀着终有一天能够返回大陆家园的强烈希望而工作着。这种希望也正是被迫生活在共产党统治之下的大陆中国人民精神之所寄。因此全中国的人民都密切注意被视为自由世界领袖的美国政府的言行对这种希望的作用和影响,任何可以解释为有损于这种希望的美国政府的言论或行动,肯定都会使他们意气消沉。蒋委员长和他的政府当然觉得有义务维持中国军队的士气,并且不仅要维持台湾的中国人和海外华侨的精神,而且要维持大陆上中国人民的精神。我表示恳切希望美国政府能理解蒋委员长和我国政府以及全体中国人民的这种自然的感情,对有关日内瓦会谈和与它的盟国的讨论,一言一行都要充分考虑这种感情。

饶伯森强调说,美国的政策是支持蒋委员长和他的政府,这种政策一如既往。他相信美国是中华民国的最好的朋友。美国不仅与中国政府签署了一项共同防御条约,而且一直为它提供广泛的军事援助和经济援助,以便帮助加强它的力量。他认为,蒋委员长最近公开声明他已经准备好进攻中国大陆,这是很不幸的。这在美国人民中和美国的盟国中造成了不好的印像。他评论说,这种声明不能带来任何好处。虽说蒋委员长有三四十万人的军队,中国共产党则有好几百万人的军队。蒋委员长必须意识到,如果他进攻大陆,没有美国给他全面帮助并参加这项举动,他是没有希望获胜的。但是美国人民永远不会同意美国参加一场先发制人的战争,即使是为了统一中国。美国人民也希望其他国家统一,例如德国、朝鲜和越南,但他们不会同意通过使用武力实现这种统一,尤其是使美国卷入战争。

饶伯森接着说,正如国务卿去年亲自对蒋委员长说过的,委员长最明智的办法是继续壮大中华民国的力量以等待他(国务卿)认为国际形势中注定要出现的有利时机。例如,如果中共会对朝鲜,或印度支那,或台湾海峡地区发动进攻,从而危及台湾和澎湖的安全,或者如果大陆上的中国人民发生暴动,那时蒋委员长就可以派兵前去与共产党作战,美国不仅会为他提供最充分的物质援助,而且还会同他一起阻止共产党的进攻。美国甚至会呼吁蒋委员长采取这种行动。但是他现在宣布他已经准备好进攻大陆,是非常不明智的。饶伯森重复说,这使蒋委员长在美国人民和美国的盟国心目中留下不利的印象,使他们更有理由对他进行批评。此外,蒋委员长不断宣称他已经准备好进攻大陆而不付诸行动,(他知道他独自行动就没有希望获胜。)这只会有损于中国人民对他的信任。

我说,蒋委员长的做法是可以理解的,他和美国及其盟国一样热衷于推进世界和平。但他相信,值得争取的和平必须是长期的和平,这意味着是一种正义和体面的和平,而不是一种最终会有损于真正和平的不稳定和平。为了争取真正的和平,必须首先争取亚洲的和平,这种和平只有在中国共产党政权倒台之后才能获得,因为该政权得势后不仅使中国大陆陷于动乱,而且在朝鲜和印度支那引起战争,并对亚洲其他地区造成威胁。蒋委员长为了履行他的使命,一方面等待着有利的时机,同时还必须尽一切努力维持他的军队的士气和各地中国人民的精神。但是我知道蒋委员长在对大陆采取任何重要军事行动之前一定会和美国磋商。

饶伯森说,他也相信蒋委员长是个诚实的人,可以放心他一定能履行他在这个方面对美国作出的保证。

我说,在台北议事时,我曾指出美国在处理远东局势问题遇到的主要困难是由于英国不现实的政策和美英两国间的意见分歧。我本人不能理解,为什么英国人在处理国际局势时非常精明,而在对待中共政权却奉行一项既无益于他们真正利益,也无益于自由世界事业的政策。英国已经承认北平六年多了,这样做的主要目的是要保护它在共产党中国的投资和促进与中共的贸易。但结果一无所获。在我看来,英国承认了北平,而对中国共产主义的实质和目标却毫不理解,中国共产主义是国际共产主义的一部分。

饶伯森完全同意我对英国对待北平所推行的那种不明智政策的分析。他了解英国的政策是受大企业的影响的,这些大企业寻求保护它们在中国大陆的投资。但是时间已经说明了那种政策是一种错误,因为实际上英国在那里的所有投资、财产和企业已经被共产党政权没收了。

我说,共产党人把贸易视作一种政治手段,而不是当作双方为了相互利益而进行的商业交易。此外,共产党国家的贸易受到政府的严格控制。如果英国希望收回他们在大陆上的投资和其他财产,并扩大那里的贸易,那只能在中华民国政府返回大陆后才能办到。因为我国政府的一贯政策和作法是根据其条约义务保护外国人的生命和财产。我补充说,如果英国人迫切希望达到这些目的,我国政府随时准备为他们提供一项保证,在返回大陆后,中国政府将为他们提供这种保护。如果饶伯森先生认为这种保证会有帮助的话,他可以转告英国人。

饶伯森说,他已经告诉英国人中华民国政府可以更好地保护他们的利益,由于我现在向他明确申明了我国政府的这种意图,他将找机会转告英国方面。

随后我说,我希望向饶伯森先生了解有关最近在华盛顿举行的英美会谈的一些情况,因为这次会谈特别涉及到我国根本利益的许多问题。首先,我希望了解英国方面对接纳共产党中国进入联合国的问题持什么态度。

饶伯森答说,英国方面没有提出这个问题,但美国却提出了。国务卿杜勒斯在星期二(1月30日)上午与英国外交大臣劳埃德会谈时对他说,美国坚决反对这样做。在1月30日在白宫举行的午餐会议上,艾森豪威尔总统对艾登特别强调了这个问题,饶伯森希望我已经听到总统对英国首相说过的话。总统对艾登说,不仅美国国会,而且美国人民,实际上都一致反对接纳北平进入联合国,而且他本人也强烈反对这样做。他请艾登完全理解美国坚决反对接纳中国共产党政权进入联合国的任何尝试,他敦促英国首相与美国共同防止出现这种情况。

我问英国方面是怎样答复的,艾登是否同意所谓的延缓讨论中国在联合国的代表资格的问题。

饶伯森回答说,英国首相未表示同意,艾登说英国已经承认北平政权,所以在此问题上不能和美国持同样的观点,艾登指出,议会中的反对党工党议员强烈赞成接纳北平进入该国际组织,而且英联邦成员之一的印度也坚决提倡这样做。英国需要考虑印度的友谊,认为这种友谊是重要的。然而,艾登说他将把艾森豪威尔总统的意见带回伦敦,并将仔细考虑怎么做。

我随后问到英国方面是否曾提出沿海岛屿的问题。

饶伯森先生回答说没有。他说,艾森豪威尔总统就此问题发表了一项措辞强硬的声明,以至整个讨论只进行了四五分钟,英国方面也没有再提这个问题。总统对艾登说,蒋介石总统反复声明金门和马祖岛是中国领土的一部分。他决心为保卫这些岛屿坚持到最后一刻。艾森豪威尔补充说,美国的政策是支持蒋委员长,因此他不能建议蒋委员长放弃这些岛屿中的任何一岛。

我说,我听说还讨论了对红色中国的贸易禁运问题。

饶伯森说:"是的。"他补充说,英国方面敦促要解除禁运。可是美国希望维持禁运现状。由于英国方面要求解除禁运,美国坚持原则上维持禁运,但同意在十五国委员会中审查具体的禁运品种,该委员会是为处理此问题在巴黎成立的。饶伯森进一步评论说,在这次会谈的整个过程中,一直是美国提出具体问题并使英国方面意识到与美国合作的重要性。英国方面没有采取主动态度,也没有坚持要讨论任何关于远东的具体问题。饶伯森补充说,在适当的时候,将就英美会谈发表两份公报。(这两份公报实际上是在当天下午发表的)公报由国务院起草,英国方面只作了少许改动。他说,从公报中我可以看到美国在讨论的各个问题上态度何等坚定。例如,美国提议两国应该遵循一项相同的政策,对于亚洲的自由国家在自卫和维持国内安定及福利方面提供援助。

我认为这是个非常重要的问题,并想知道英国对有关北平政权问题方面是否还有保留意见。

饶伯森回答说没有,他说英国方面接受美国的建议,作为他们的亚洲政策的一项基本原则。

我说,听到这些我很高兴,因为共产党中国肯定已经证明它本身是亚洲的一块化脓疮疖。它的出现在亚洲引起了战争,并且仍然是对该地区和平的一个威胁。

饶伯森说,北平政权是亚洲所有动乱的根源。

英美联合公报的发表标志着华盛顿官方会谈的结束。几天后,行政院院长俞鸿钧在台北召开一次记者招待会。关于华盛顿英美会谈问题,他宣布中华民国将不受此次会谈所达成可能影响中国权益的任何决定的约束。他说:

> 此次会谈原则上无权干涉我国的权益,我国通过反攻光复大陆的政策在任何情况下都不会改变。

俞院长的声明表明了台湾的态度。

事隔不久,蓝钦大使拜访了外交部,他向叶部长介绍了华盛顿会谈的实际情况。根据我2月9日收到的一份外交部电报,蓝钦告诉我方,在艾森豪威尔和艾登的会谈中谈到三项关于中国的问题:首先,英国方面目前不坚持把对中国共产党人的贸易禁运放宽到对苏联禁运的水平。美国方面当时同意在今后几天里双方专家将就此问题交换意见。第二,艾森豪威尔总统特别强调美国反对接纳共产党政权进入联合国。艾登未作肯定答复,但他答应尽早作出答复。艾登还声明,他并非不同意拖延在联合国大会上讨论中国的代表资格的问题,但他必须与英联邦各成员国磋商,特别是加拿大和澳大利亚,然后才能作出决定。第三,双方同意加强东南亚条约组织的力量,反对共产党提出的召开一次国际会议讨论越南问题和其他远东问题的建议。蓝钦还说,他将在几天内向外交部长通报有关这三个问题的某些细节供他参考。

后来蓝钦大使向叶部长通报说,英国方面目前不坚持放宽对中国共产党人的贸易禁运。不过,2月1日的英美联合公报声称,他们同意"对共产党中国的贸易禁运应该继续下去,并应该根据正在变化的条件定期审查其范围,以便能更好地为自由世界的利益服务"。这实际上是对英国或其他一些希望增加对共产党国家出口的国家的最大让步。这暗示,今后共产党中国通过接受禁运物资种类中的任何特殊商品而可能增加的利益,将根据非共产党出口国家可能增加的利益来权衡,以便在不使共产党的军事潜力有任何明显增长的情况下,出口国家的利益能处于优先地位。

美国国会对此事十分关切。参议院政府工作委员会及其所属常设调查小组委员会的主席约翰·麦克莱伦在 1 月 29 日已经说过,他将提议就向苏维埃政权国家运送战略物资问题早日召开公开听证会。英美联合公报和艾登 2 月 3 日的公开声明更促进了麦克莱伦在参议院的活动,艾登在声明中说,他的政府赞成"逐步"放宽对红色中国的贸易禁运,使之与对苏联禁运的条件相同。显然,国会的某些成员担心美国对贸易控制的新立场预示着远东反共战线的全面削弱。自然,国会的这种态度是受大使馆欢迎的。不过,国会委员会进行的辩论对中华民国产生了令人难堪的副作用。

3 月 26 日,副国务卿小赫伯特·胡佛在参议院政府活动委员会常设调查小组委员会上就东西方贸易问题作证。参议员约瑟夫·麦卡锡问他,美国为什么不应该中断对任何与中国共产党人进行贸易的盟国的援助。胡佛回答说:

> 对中国共产党人输送物资有许多引人注意的情况。例如,其中最为有趣的事实之一是,中国国民党人现在每年向中国共产党人输送价值好几百万美元的物资,如果我们对那些以任何方式向共产党人输送物资的盟国断然停止援助,我认为那将是我方采取的最不利的做法。这是一件需要非常仔细对待的问题。

国务院新闻发布官林肯·怀特后来对路透社一个提问题的记者说,根据他能够找到的情报,国民党中国确实在香港间接与中国共产党人进行非战略物资交易,每年交易额达二百万美元。希尔斯随后询问了大使馆。大使馆对他提供的情况是:

（1）我们这里没有任何情报可以证明胡佛先生的陈述。

（2）关于与中国共产党人进行贸易问题,中国政府的政策仍和我们发布港口封锁令以后一样,即阻止共产党人得到任何物资——战略物资或非战略物资。

（3）我们确实对香港人,包括香港的中国人销售过商品,至于他们有无可能将这些商品转卖给中共,则我们无从得知,也无法控制。

问题在于,台湾确实向香港销售商品,共产党人又从中国商人手中买去这些商品。当然就台湾而论,它并非不愿意把商品运到香港销售,如果香港的中国商人再转卖给北平,它也无法控制。但是台湾和北平之间没有任何直接交易。台湾肯定不想进行这种交易。台湾的谍报网非常灵敏,它大概知道这些商品要转卖给中共,但是问题在于它经常要在任何可能的地方争取外汇。台湾的经济和金融处境仍然艰难,以致对它的可销售商品的最终流向不能追问过深。我认为实际上国务院与此有关的人员对于我国政府的处境是理解而且同情的。但是目前人们对东西方贸易问题和放宽贸易限制问题很感兴趣;此外,由于容许美国的某些盟国向共产党国家销售战略物资,甚至连美国制造的战略物资也由一些欧洲人借口本国消费买到手,然后倒卖给大陆,这就引起了一些美国人的愤慨。上述情况使国会的一些成员,如参议员麦卡锡等,要求对所有参与这种贸易的盟国断绝援助。这样,胡佛先生便不得不代表国务院说明这种要求实际上多么不合情理。

顺便说一下,胡佛因而对记者宣读了一份事先准备好的声明,他说他的意思不是指国民党中国和共产党中国之间进行了任何直接贸易。他说:“这种贸易是通过香港进行的。没有任何可以证明直接贸易的证据……”3月30日,他的声明得到国际合作署署长约翰·霍利斯特的附和。

关于放宽禁运物资种类的问题还可以再补充几句。英国同意暂时不改变禁运物资种类之后仅仅三个半月,又在5月16日通知美国,它计划把现行对共产党中国禁运战略物资品种清单中的若干项目"免除"以扩大对共产党中国的贸易。

2月2日星期四,我返回华盛顿四天之后,与大主教于斌进行了一次长谈。这次谈到的是我国政府希望与西德和南越建立外交关系的问题。刚刚不久之前,于斌访问了欧洲,通过他的朋友弗朗西斯枢机主教的安排会见了西德总理阿登纳,弗朗西斯枢机主教和他一同参加了会见。于斌敦促阿登纳与台湾的中华民国建立外交关系,不要继续与北平政权进行贸易。他警告阿登纳说,北平总有一天会承认东德,以支持苏联分裂德国的政策。

阿登纳总理对于斌大主教说,他本人是现实的。在与北平进行贸易时,只要美国反对红色中国和支持台湾,他就不打算与北平建立外交关系。但是他也不认为西德应该与台湾建立外交关系。

于斌感到阿登纳对台湾的情况以及正如西德之在欧洲,台湾的中国政府是远东的反共堡垒的重要性所知甚少。于斌敦促说,在这场战斗中,中华民国是西德的天然盟友,两国应该携手合作。但阿登纳似乎无动于衷。不过,于相信,阿登纳现在会更加认识到他话中的道理,因为在他的此次拜访后北平承认了东德,并接待了东德的一个特别代表团。因此北平事实上在支持苏联分裂德国的政策。它虽然声称赞成统一的德国,但那是按苏联条件的统一。

阿登纳把他与于斌的谈话要点告诉了他的外交部长布伦塔诺。在第二天与于斌进行的一次单独会谈中,布伦塔诺对于斌的想法甚表同情。但是,于说,实际上掌握德国远东政策的人是德国外交部长的特别顾问菲舍尔。菲舍尔曾任驻中国领事和代办达三十年左右,受德国特别是汉堡大企业的影响很深。于说菲舍尔不起好作用,他同情承认北平的想法。他曾试图请于到他的办公室会见,但是于相信菲舍尔会阻止他会见总理,便另寻途径。只是在他拜会了总理之后才请菲舍尔一同用茶。于说,到目前为止,我们为建立外交关系所做的一切活动,都是找外交部,而那里总是要听菲舍尔的意见。因此,当我国外交部请中国驻巴黎公使段茂澜设法做进一步努力时,他也只能在波恩会见菲舍尔。

于斌心中的第二件事是我国与南越的关系问题,南越总统吴庭艳是他的私人朋友,最近同意与台湾互派外交使团。于斌认为我们应该派某个能与他密切合作的人,如中国驻西贡公使那样的天主教徒。于赞成台湾、南越和韩国结成三角同盟,这三国最反共,而且受共同敌人共产党中国之害最深。他说,为了光复大陆,我们需要各盟国与我们协同行动,如韩国从北方行动,南越从南方行动,我们从台湾行动。虽然南越和韩国的关系已经非常密切,但它们与台湾的关系并不那么密切。据于斌说,李弥将军的名声在东南亚很有影响。他认为还可以谋求李弥参与推动我们的共同事业。

于斌主教进一步认为,我国加强与日本友谊的政策是错误的,这使我们更难以接近朝鲜。因为朝鲜的反日情绪依然很强烈。于斌本人对日本的最终意图有所怀疑。他知道,我国政府的许多领导人,包括蒋委员长在内,曾在日本留学,自然对东京有怀念之感。但他认为,日本的立场不是很靠得住的,而且日本目前是我们接近朝鲜的障碍。我对他说,李承晚对我国的个人态度也无助于我国与韩国建立更密切的合作的愿望。

我的意思是这样的:虽然许多朝鲜人受过日本教育,但李本人受的却是美国教育,他不喜欢中国现领导人的态度,因为他们中的许多人受的是日本教育,这些人包括蒋委员长本人、他的秘书长张群和其他人如何应钦等。例如这些人都强烈赞成加强与日本的友谊,而李承晚因为他的国家受过日本的蹂躏而以他的合乎情理的反日情绪出名。

2月7日,我接待了合众社的唐纳德·冈萨雷斯,他采访我在最近的台湾之行后有何印象。在我们的会见中,我警告不要放松各盟国对红色中国的贸易禁运。我强调说,北平和其他共产党政权一样,把贸易视为进一步推行其侵略政策的政治手段。我说,英国敦促放宽贸易限制只会有助于建立北平的"打击自由世界的战争机器"。我补充说,北平由于各盟国的贸易禁运而缺乏战略物资,因而其军事野心受到某种程度的抑制。我还说,共产党中国仍然扣押着十三个美国人,把他们作为人质,以便强迫美国在贸易方面作出让步并进行一次杜勒斯与周恩来的会谈。我说,国民党中国相信,美国与中国共产党人举行的日内瓦会谈应该停止。当问我自由世界在目前的形势中应该怎样做时,我强调说,只有坚定的立场和强大的实力才能为共产党人所理解,我还说,因此对仍然自由的国家来说,认识到共产党侵略的危险、增强实力、建立牢固的统一阵线是很重要的。

二、在共产党的政治和外交攻势不断加剧的形势下结束我在华盛顿的使命

1956 年 2 月初—5 月初

1956 年 2 月 12 日星期日,我离开华盛顿前往西雅图,准备在西雅图中国俱乐部成立四十周年庆祝会上演讲。演讲是在 13 日,题目为《四十年的外交——中国的昨天、今天和明天》,是由俱乐部提出的。演讲第一部分,我列举了中国整个现代外交史上一些重要史实。这段历史以共产党人征服大陆而告结束。继之又爆发了朝鲜战争,出现了朝鲜和印度支那的分裂局面。基于这一背景,我强调了对"任何形式"的共产主义侵略给予坚决抵抗的必要性;并对接纳中共为联合国成员,向中华民国施加压力、迫使放弃金门和马祖,以及放松对中共的贸易禁运等一系列企图提出了警告。另一方面,我着重指出了美国援外政策的必要作用:援助"希望维护和平的弱小穷国,使它们能够建立自己的经济和军事力量,进而加强自由世界的共同防御"。

事态进展很快。第二天,即 2 月 14 日,苏共第二十次代表大会在莫斯科开幕。全世界都目睹了共产党人近来战术上的变化。

这种变化在苏共总书记赫鲁晓夫的开幕辞中已有所表达,表明已得到官方批准。赫鲁晓夫说,与"资本帝国主义"进行战争已经不是不可避免的了。苏联今后将奉行一种"和平共处"以及为共产主义的最后胜利而竞赛的政策。赫鲁晓夫还抨击了个人崇拜的做法,说这是对马克思—列宁主义精神的背叛。这一攻击是后来一段时期对约瑟夫·斯大林个人传奇和学说进行全面攻击以及非斯大林化的先兆。

外交部长叶公超 17 日在台北讲话时指出苏联领导人在苏共二十大期间对斯大林死后进行的大清洗是一个精心策划的"骗局"。其目的是要自由世界相信苏联已改变了它的侵略性政策。他强调指出,不管俄国人玩弄什么花招,国民党中国反共反苏的政策坚定不移,并将继续作为外交政策的指导方针。

国务卿杜勒斯 2 月 24 日在国会作证时指出,苏联贬低军事侵略作用的做法证实了西方地位稳定和力量坚强。他说:

> 那些(建立在歧视和暴力基础上的)政策对他们来说已逐渐不起作用了,(这是因为)……自由国家已经联合起来,显示了他们的力量,显示了他们日益增长的团结……(其结果)苏共不得不变换他们的纲领……现在他们正在想方设法如何再搞一个好一点的出来。

杜勒斯还暗示,苏联的改换策略实际上是选择了一条他们更没有希望达到目标的行动路线。因为这是一条美国已实行多年的路线。接着,在指出苏联曾是搞暴力和颠覆活动的老手之后,他说:

> 现在他们说一切都已结束,"我们将致力于共同安全援助和经济援助等事业"。这原是我们(美国)十年来一直在做的事。如果我们在这场较量中做不到击败他们的话,我们应当感到自愧。我想,我们是能够做到的。

不久以后,在 2 月 26 日的一次演讲中,杜勒斯并不否认共产党人在已获得独立、但尚不发达国家中采取的策略意味着对美国及其工业发达盟国增加了压力。但他警告说,切勿仅仅由于苏联的一系列经济活动,便在一片惊慌中匆匆拨款。

2月13日,我还在西雅图时,助理国务卿饶伯森向大使馆询问我是否能去访他。由于我当时不在华盛顿,而且第二天回来较晚,谭绍华便约定代替我在第二天下午去见他。饶伯森希望当面转交美国政府对我们1月25日关于日内瓦会谈备忘录的答复。

当谭绍华见到饶伯森时,饶伯森告诉他,我国政府曾多次阐明了对中美日内瓦会谈的态度,美国政府也几次解释了美国政府的立场。他要求我们不要产生疑虑。接着他又谈到叶外长1月25日交给蓝钦并要求他用电报发给国务院的我国政府的备忘录。他说,国务院也准备了一份备忘录作为答复并希望大使馆转呈台北。饶伯森还告诉谭绍华,国务卿杜勒斯到卡拉奇参加东南亚条约组织外长会议之后将于3月份访问台北。抵达时间约在16日或17日。国务院希望了解我们的想法并建议如有希望讨论的问题,可以在访问期间提出。饶伯森将亲自陪同国务卿前往。

谭和我通过电话后,又将谈话内容用电报向外交部做了报告并另用电报发出美国的备忘录全文如下:

> 国务院认为1月25日在台北转交给美国大使馆的关于中共与美国日内瓦会谈的备忘录中所表示的疑虑是缺乏事实根据的。
>
> 正如外交部从国务院代表所提供的关于日内瓦会谈的详细情报中所悉,美国进行会谈的首要目的是争取使被中共无理拘留并受到虐待的美国侨民得到释放。这方面目前已取得某些进展。尽管中共履行9月10日关于遣返侨民的共同声明不尽令人满意,但是在会谈开始时被监禁和拘留的二十九名美国人中,已有十六人得到释放。约翰逊大使仍在努力促使中共实现其全部释放其余十三名美国人的诺言。
>
> 美国的第二个目的是从中共那里得到一个不使用武力,

特别是在台湾地区不使用武力的保证。而中共方面尚无迹象将以任何可令人接受的方式发表这样一个声明。他们只想在口头上对不使用武力的原则做一些模糊而泛泛的解释，但拒绝将这一原则用于台湾地区。美国代表指出，在目前形势下，一个不包括台湾地区在内的不使用武力的声明，是毫无意义的。

至于认为美国政府为了从中共方面获得一项不使用武力声明的努力，以及对美国在不使用武力问题上重申其肯定立场的意愿，竟会在某种程度上损害中国政府的利益，这种看法，国务院是不能同意的。如果中共一旦公开作出不使用武力的声明，尽管他们不会自觉履行诺言，甚至很可能为他们自己所践踏，但都会使那些违背诺言的新的侵略行径更加有害于他们自己。随着新的侵略行动，中共将使自己处于更加难于为自己辩护的地位。在美国看来，中共方面任何新的破坏和平的行径都更会增加其受到国际制裁的可能。

另一方面，如果中共拒绝作出一项不带附加条件的不使用武力的声明，将会使他们自己在全世界面前处于一个更加软弱的地位。他们不愿放弃使用武力以实现其扩张主义计划和危害国际和平与安全的野心就会充分暴露。中共一贯声明维护和平，但他们的所作所为难以自圆其说。

国务院方面认为，自由的权利不会由于中共在这一问题上提高身价而受到损害。他们要么作出一项至少使自己受到约束的许诺，要么就在世人面前暴露其侵略野心。

国务院已表明，日内瓦对话并不意味美国政府对中共政权作任何形式、任何程度上的外交承认。外交部可以回顾，美国在前一时期与中共在板门店和日内瓦进行对话时并未出现过承认问题。没有任何理由认为先前会谈中并未出现的问题一定要在目前的日内瓦会谈中出现。

美国随时准备重申其致力于不使用武力原则的立场。在不损害独立和集体自卫权利的前提下,美国准备重申在世界任何地方以及所有地方实行这一原则。没有任何理由可以认为在台湾地区实行这一原则时,就会赋予某些不相宜的含意。

当然,日内瓦对话并不涉及美国对中国在联合国席位的立场。美国坚决反对接纳中共为联合国会员。无论是在联合国内或是在其他任何场合,美国将一如既往支持中华民国政府为中国的唯一合法政府。

国务卿将于 3 月 16 日或 17 日访问台北。他希望能与蒋委员长和中国其他代表充分交换意见,并认为利用这次机会,就 1 月 25 日备忘录中提出的问题进行全面、深入的探讨将十分有益。

2 月 22 日上午,我访问了众议员詹姆斯·理查兹,和他讨论日内瓦的双边会谈。我对他说,我和我国政府始终不能理解为什么美国坚持要求中共作出不在台湾海峡使用武力的声明。是否由于美国当局思想中存在着两个中国的概念?

身为众议院外交委员会主席的理查兹回答说,这一点毫无疑问,但是他认为美国政府不会在承认问题上让步。据他了解,美国政府坚持将台湾包括在不使用武力的范围之内,但中共要求不包括这一地区,因为它认为台湾问题是它的内政。理查兹说,这一分歧是会谈取得进展的一个障碍,但他认为政府不会在这一点上对北平让步。

交谈转向另一话题。我对理查兹在他的委员会中任命一个专门小组,调查并报告在红色中国拘留和关押的美国公民这一问题所做出的积极努力表示赞赏。我说,将这些事实全部向美国公众公布很重要。

理查兹说,他希望将所有有关非法监禁和虐待美国公民的事实记录下来并永久地保留在美国人民的记忆之中。北平当局在这方面的所作所为是野蛮的。这怎能让人们表示赞同承认中共并接纳他们为联合国成员?

我又问理查兹对最近艾登和劳埃德来美与艾森豪威尔总统和国务卿杜勒斯进行的英美会谈是否满意。

理查兹告诉我说,他认识艾登和劳埃德。特别是和劳埃德曾在联合国一起工作过。遗憾的是在他们访问华盛顿时,他前往巴西参加新总统就职典礼去了。他接着说,他已写信给劳埃德,对没有能在华盛顿见面表示遗憾,并且已收到了劳埃德先生令人至为满意的答复。关于会谈的情况,他只是说,从巴西回来后,尚未听到任何有关会谈的重要消息。

我说,据我所知,在远东问题上达成了一个在某些观点上,如承认北平政权,允许其加入联合国,以及加紧对北平的贸易禁运等仍有分歧的协议。

理查兹说,他确实不了解这次会谈有哪些结果。但他认为不会有什么重要结果。

2月29日,正在华盛顿访问的意大利总统乔瓦尼·格隆基在美国国会联席会议上发表讲话。所有的大使都被邀请前往参加会议。我也怀着极大兴趣前往。格隆基曾在即将离开意大利之前的一次公开讲话中声称,他乐于看到北平政权进入联合国,以承认一个国际事实。据我所知,他的国家对和北平做生意也颇感兴趣。因此我在国会十分仔细地听取了格隆基的发言,可是他的讲话根本就没有涉及中共,甚至没有谈到远东的形势。当天下午,我参加了布罗西奥大使和夫人在使馆举行的欢迎格隆基总统的招待会。我们见面时,也仅仅相互寒暄了几句,应付场面而已。

3月1日,我再次到国务院拜访了饶伯森。马康卫当时也在座。我谈到大约在一个月以前,饶伯森曾向我简单介绍了日内瓦会谈的情况。我说,如果能向我们提供更多一些有关会谈举行以来是否取得某些进展的情报,我将不胜感激。

饶伯森回答说,目前形势与五个月前完全一样。

我说,据我了解,会谈目前每星期举行一次,令人难以理解的是既没有任何进展,那么每次都谈些什么呢?

饶伯森说,约翰逊大使坚持要求中共释放十三名仍被扣留的美国公民并提供一份下落不明的四百五十名美国战俘的名单。作为交换条件,中共代表要求提供一份在美国的中国人名单。约翰逊大使拒绝了这一要求。理由是,在美国的中国公民的保护权应属于为美国所承认的唯一合法政府——中华民国政府。我问他中共所要的是中国留学生的名单还是侨民名单,饶伯森回答说,两者他们都要。

　　我对美国拒绝共产党的要求表示满意。我认为,这一要求是迫使美国政府对北平政权作出某种形式承认的一种狡猾手段。

　　饶伯森说,对任一愿意离开美国的中国公民都毫无限制,这一点我是非常清楚的。

　　我说,我知道这是事实。我反问他,在这件事情上,中共何以能装作不了解美国的真实情况。

　　饶伯森说,王炳南指责美国阻止某些中国侨民返回大陆并且提出了一份名单。

　　我很奇怪,中共如何得知这些名字的。

　　饶伯森指出,中共的名单没有提供住址,因此约翰逊向王炳南表示美国对此无能为力。他接着说,事实上,中共名单中所列的人都是因触犯了美国的法律而被监禁的人。

　　我又问道,关于要求中共做出不使用武力的保证一事进展如何。

　　饶伯森回答说,美国仍坚持中共的声明中应包括台湾地区。但中共强硬地坚持台湾是他们的内政。

　　我说,记得饶伯森曾经告诉我艾登首相答应过对中国在联合国的代表权问题推迟到下一年度联大讨论一事给予考虑并与他的同事以及英联邦成员进行磋商。我问道,关于此事,伦敦方面有什么消息。

　　饶伯森说没有得到任何答复,但是他希望向我澄清一点,即美国的立场是:提议的推迟是指推迟到下一次大会而不是仅指推迟到下一年度。特别是因为联合国本届大会将于11月中期美国总统选举之后召开。决议中如使用"本年度"一词,则进一步解释仅意味着这一推迟仅将持续到年末,所有问题将在下一年的开始就可再次提出。而使用"本届大会"一词则意味着该决议在本届联大期内一直有效,也就是说推迟的期限实际上为一年多一点。

我问道,美国是否已设法提醒艾登首相履行其诺言。

饶伯森回答说,美国已经如此做了,但尚未听到任何回音。

我说,我个人认为英国的立场特别重要,希望美国敦促英国人不仅要他们对其本身做出一个有利的承诺,还要限制他们对其他联合国成员国施加赞同接纳中共加入联合国组织的影响。

饶伯森认为今年是极为困难的一年。中国否决接纳外蒙古为会员国的做法在国际上引起了巨大的、不利于中国的反响。

我说我也感到此点,并且认为接纳十六个新的联合国成员,肯定并不能改善中国的处境。接着我转到另一个问题,我说,蒋委员长和我国政府正期待着国务卿和饶伯森先生的来访。我问道,他们是否有什么特别问题准备带到台北讨论。

饶伯森回答说,杜勒斯和他本人都没有什么特别问题要提出。国务卿希望同中国政府就共同防御条约中规定的一些条款再次进行协商并就远东形势广泛交换意见。杜勒斯还希望倾听蒋委员长的看法并向他解释美国在日内瓦会议上所采取的政策。饶伯森补充说,国务卿还希望对委员长澄清一点,即美国政府仍然坚决反对接纳中共为联合国会员。接着他问我,蒋委员长和中国政府方面是否有什么要提的特殊问题。

我回答说,就我所知,他们希望与国务卿和饶伯森先生就远东局势,特别是台湾海峡的军事形势交换意见。我认为我国政府将再次强调美国反对中共进入联合国这一立场的重要性。接着我说,我要向蒋委员长和政府汇报杜勒斯先生和饶伯森先生即将与他们进行的讨论的实质。

当谈到意大利总统格隆基对华盛顿的访问时,我说,在格隆基离开意大利之前的一次公开讲话中,曾表示他赞成接纳北平政权为联合国成员,因为他认为这仅是承认一个国际事实。我说,我在国会联席会议上听了格隆基的讲话并注意到当意大利总统谈到欧洲和中东形势时,并没有涉及远东。不知道格隆基在与艾森豪威尔总统和杜勒斯国务卿的讨论中是否再次表示了他对中共进入联合国问题的个人看法。

饶伯森说他没有听到任何这方面的消息并且怀疑格隆基在此地的谈话中是否涉及过远东。

我说,我相信,如果意大利总统和美国政府之间曾就远东问题交换过意见的话,饶伯森会很快得知的。因此,我希望能让我知道讨论的结果。

饶伯森再一次表示说,以他看来,我所设想的情况并未出现。

当谈到柬埔寨首相西哈努克最近的北平之行,我说,我已获悉西哈努克和周恩来共同签署了一份旨在加强柬埔寨与共产党中国之间合作的联合声明。我对饶伯森说,我认为这一访问是不幸的,特别是当我得知西哈努克是乐于同美国以及自由世界广泛合作的。他很可能是受了印度尼赫鲁的影响,采取了一种中立政策。但我认为西哈努克是特意去讨好中共。

饶伯森觉得这个对他的国家有着很大影响的年轻人是极难估价的。他对西哈努克的态度也很不满意。其北平之行更使他感到吃惊。他认为,西哈努克之所以转向中立是因为惧怕邻近的红色中国所致。

我问道,美国驻柬埔寨大使馆最近是否向国务院报告过西哈努克的活动。

饶伯森回答说,美国大使馆试图说服西哈努克不要访问北平,但西哈努克的态度使大使先生大为不满。

我问道,美国是否在柬埔寨保留着一个军事和经济援助使团。

饶伯森回答说,在柬埔寨的美国军事援助顾问团是由为数不多的一些官员组成的。对柬埔寨的经济援助也十分有限。

在谈话开始不久时,我曾向饶伯森了解尼赫鲁总理访问美国的可能性。我最初是从《芝加哥太阳时报》记者弗雷德里克·库那里得知这一消息的。库在 2 月中旬曾告诉我最近返回美国述职的美国驻印度大使,极力敦促美国政府重视与印度的友好交往。大使建议:

(1)艾森豪威尔总统应邀请尼赫鲁访美。其重点并非仅表现在礼节上,而是应当通过面对面的谈话,互相交流看法,以消除两国之间的误解,增进人民之间的感情。这样的会晤最好在艾森豪威尔总统的葛底斯堡乡间别墅进行。

(2)印度在五年内需要十几亿美元外汇以执行其建设计划。为此,大使建议美国给予印度的援助由每年六千万美元增加到七千五百万美元,暂订为期三年。

库说,艾森豪威尔总统打算同意接受这两项建议,并准备请国务卿杜勒斯在访问印度时亲自向尼赫鲁提出邀请。

鉴于弗雷德里克·库的情报一向是很可靠的,加之我认为蒋委员长对此一定很感兴趣,我于 2 月 15 日将上述情报直接电告委员长。我补充说,据我了解,去年梅农访问华盛顿时,曾代表尼赫鲁邀请艾森豪威尔访问印度,但被婉言谢绝了。我说,由于这一做法可能会使尼赫鲁感到不安,现在向他发出访问美国的邀请也能起到表明美国重视与印度的友谊的作用[①]。

在我和弗雷德里克·库谈话以后,新闻界也报道了艾森豪威尔总统要在不久的将来邀请尼赫鲁访问华盛顿的消息。为此,3 月 1 日与饶伯森交谈时,我谈到了这些未经证实的报道。我说,根据我的推测,杜勒斯参加了在卡拉奇举行的东南亚条约组织会

---

① 我的电报中的第二点是关于美国的总统大选。第三点是关于曼斯菲尔德参议员对我讲的一些事。他说,一年前,当他去东南亚调查那里的局势时,亲眼看到华人社会团体的领导人中,有些人受共产党人的诱惑或威胁,似乎失去了对国民政府的忠诚。他要求我们密切注意这一动态。

议之后将会访问新德里。

饶伯森说,国务卿是要去新德里的,但并无报道中提到的要邀请尼赫鲁访美之事。

我接着说道,我认为尼赫鲁或梅农很可能会敦促杜勒斯直接和周恩来进行对话。这一想法梅农已不止一次地提出。我认为,如果对这种想法表示任何赞同之意的话将是一个极大的错误。

饶伯森对我说,国务卿和他本人曾多次向我保证,美国政府绝不会与周恩来进行任何有损于中华民国利益的谈判或讨论。他说,美国政府将始终不渝地奉行这一政策。他认为不存在杜勒斯与周恩来会谈的可能性。

第二天下午,国务卿杜勒斯和助理国务卿饶伯森动身前往亚洲。我到军事空运局机场为他们送行。3月13日,当国务卿及其一行,作为亚洲之行的一部分,结束了对印度的短暂访问后,我访问了国务院并与负责远东事务的助理国务卿帮办西博尔德进行了交谈。国务卿访问印度之行是我的第二个话题。

根据我的谈话记录所载,我对西博尔德说,我感到怀疑的是杜勒斯与尼赫鲁之间的会谈是否包括一些涉及我国以及我国利益的问题。国务院是否从国务卿那里得到过这方面的情报。

西博尔德回答说,国务院已从国务卿那里得到一些报告。但这些报告都很简要并表明谈话主要集中在中东局势和克什米尔问题上。而且尼赫鲁本人对远东形势似乎也没有多大兴趣。

我说,尼赫鲁在公开讲话中曾多次表示出亲北平政权的态度。这次尼赫鲁是否提出过要杜勒斯与周恩来直接对话的问题。

西博尔德的回答是否定的。他说,尽管如此,尼赫鲁向国务卿递交了一份周恩来提出的关于美国无理滞留几千名华人的备忘录。其内容当然是不真实的。

我说,周恩来完全了解事实真相。他的上述指控是不诚实的。

西伯尔德说,饶伯森先生正在准备一份备忘录以驳斥共产党的指控并且重申所有在美国的华人都享有离开这个国家的自由。

我问道,尼赫鲁是否提出过承认红色中国的问题。

西伯尔德说,尼赫鲁曾表示,美国反对北平进入联合国的做法是个极大的错误,但是我准能够想得出杜勒斯先生是如何回答他的。

我问道,会谈是否讨论了印度支那问题,特别是(1954年)在日内瓦会议上协议的选举问题。

西伯尔德回答说,尼赫鲁提出,印度支那应举行选举。接着他说,他个人认为尼赫鲁在这一点上的看法还是对的,因为监督这次选举的中立委员会主席是印度人。但是美国政府认为,在目前这种情况下举行这样一次选举是不可行的。当我问及尼赫鲁是否会应邀访美时,西伯尔德说他不太清楚,但是,国务卿在谈话中作为一种友好的表示,而不是正式邀请,是可能会提出请尼赫鲁到这个国家来的。

第二天,尼赫鲁总理应邀对美国进行正式访问的消息公布了。紧接着,美印双方同时宣布尼赫鲁总理应美国总统艾森豪威尔的邀请对美国进行为期四天的访问,并将于7月6日或7日抵达华盛顿。

3月15日,我拜会了诺兰参议员,和他讨论了红色中国进入联合国的问题。我对严重的局势以及政府和使馆为应付这一局势可能要采取的对策考虑了很多。

3月1日,我曾打电报给蒋委员长,总结了我对形势的看法,并提出了一些建议。鉴于我已对我在华盛顿的职务递交了辞呈,所以其中还包括我对我的华盛顿继任者的一些建议。

我告诉委员长,近年来,在联合国席位问题上,我们做了很大努力并渡过了一次又一次危机。但是最近以来,美国政府和公众以及我们的朋友都觉得今年将更为困难。首先,联合国又增加了许多新的成员国,而且,除了英国、印度以及所谓的中立国家以外,阿拉伯联盟的一些国家反对中共的立场也产生动摇。第二,尽管大多数美国公众对中共持反对态度,但这里的最高级人士仍视两个中国为解决中国问题的唯一途径。此外,一年一度的联合国大会被推迟到美国总统大选后举行。因此,联大一旦召开,美国政府便会毫不犹豫地说出他们的真正想法。(换句话说,由于担心在美国选民中引起分化,在大选之前,政府的代表很可能并不想坦率地说出他们对于中国在联合国代表权问题的想法。)

随后,我提出了我的建议。我认为应付这种局面事先采取的最好办法就是在共和党的竞选宣言中增加明确反对中共进入联合国的一条。这样即可对那些非常有希望获胜的候选人起到某种约束作用。由于民主党重要成员中也有一些赞成两个中国提案的人,因此,如果能在民主党宣言中也写进同样的内容则更是再好不过。我说,这件事对我们来说是至关重要的。尽管很难说能有什么结果,但还是值得做一番努力的。我要求蒋委员长对此给予考虑,并要求我的后任大使继续为此做出努力。同时我认为,为节省时间,应指示孔令傑在两党之间进行活动以达到上述目的。

蒋委员长于3月5日回电批准了我的建议,并希望我指导和协助我的后任按照我在电报中提出的设想行动。他说,美国对联合国代表权问题的态度是极为重要的。

鉴于上述原因,我于3月15日拜会了诺兰参议员。他对中共加入联合国问题一贯持反对态度。三个月前,他甚至在参议院中要求两党的总统候选人明确表态,是否打算阻止中共进入联合国,甚至在必要时为此使用否决权。

根据我的谈话记录所载,我开门见山地对诺兰说,我希望和他磋商一件对我国政府来说至关重要的事情,即接纳中共为联合国会员的问题。我说,据我了解,不仅联合国内部的共产党集团会员国和中立国家,甚至连美国在此世界组织中的一些盟友都在为承认北平政权而奔走。因此,今年的形势要比去年严重得多。

诺兰参议员说,他对形势也有同感。

我说，我最近在洛杉矶和西雅图发表了一些讲话，并发现太平洋沿岸的人民强烈反对北平政权进入联合国。我知道他近来曾在全国各地巡回演说，不知在他印象中公众对这件事情的反应如何。

诺兰参议员回答说，坚决反对中共进入联合国的态度不仅仅局限在太平洋沿岸地区，美国其他地区的人民都持同样态度。

我说，国会通过的反对中共进入联合国的决议已经不止一个，每次表决都是一致通过的。

诺兰参议员回答说，这是事实。因此他认为没有必要再搞一个新的决议案，否则又会给那些对此问题持有不同观点的议员一个发表意见的机会。他还认为，假如国会通过一个新的决议案的话，一旦不能做到一致通过，这将会削弱中华民国的地位。

我完全赞同诺兰参议员这一观点。我说，我所考虑的是能否在共和党当年的竞选宣言中加入阐明反对接纳中共为联合国会员的一条。这样做将会在众多的会员国中产生一些有益的作用。

参议员说，这个想法值得探讨，但是他指出，在竞选宣言中涉及某一专门问题的情况还是少见的。

我说，我同意参议员先生的看法，并建议把这个意见在宣言中泛泛地提一下，例如，可以阐明共和党一贯支持联合国，但是它反对接纳那些犯有国际侵略行径或推行侵略政策的国家为其会员。

诺兰参议员表示同意，并说他将与党的其他领导人进行磋商。但他又说，共和党的领袖将是总统候选人，按照传统，将对竞选宣言的制定拥有很大的发言权。

我说，据我所知，将要任命一个委员会负责宣言的起草工作。我问道，该委员会何时任命，又将由哪些人组成呢？

诺兰参议员回答说，起草委员会成员将由决议审查委员会讨论决定。决议审查委员会通常在候选人提名大会开始时成立，其成员为来自美国四十八州和其他美属领土的代表各一名。总计约五十人,主席一般在提名大会召开一两个月之前指定。共和党上一届的决议审查委员会主席是米利金参议员。他接着说,美国人民是反对中共进入联合国的。所以,他认为也有可能说服民主党在其宣言中表明同样的想法。

我说,我认为这是一个极好的设想。在谈到国会先前做出的关于反对接纳北平进入世界组织的决议时,我建议道,如果竞选演说人能经常地提到这些决议将是很有用的。这样可使美国以外的世界对美国人民在国会中的代表所阐明的美国坚定反对接纳北平政权进入联合国的立场有所了解。

以上是我与诺兰参议员关于这一问题的谈话内容。在华盛顿的最后任职期间,我和我的同事们继续与朋友们接触,向他们说明在两党的竞选宣言中写入反对中共进入联合国以及反对承认中共政权这一项的好处。

4月11日,我打电报给委员长,向他报告说通过上述接触,已与诺兰参议员的几个民主党的同僚就此事进行了秘密讨论。他们之中大多数人都表示同情和赞成。诺兰本人曾参加了去年竞选宣言的起草工作,今年可望仍被选入宣言起草委员会。他说,他会竭尽全力帮助我们的。我还报告了民主党全国委员会决定于4月21日在华盛顿召开全体会议。我说,在这次会议上,众议院多数党领袖、上一届选举的竞选宣言起草委员会主席、众议员麦科马克有希望再次当选。麦科马克是天主教徒,与共产主义势不两立,对我们一贯表示同情。

5月3日,在永远离开华盛顿以前不久,我进一步报告说民主党全国委员会全体会议在民主党总统候选人和南部种族歧视问题上产生了分裂。因此,宣言起草委员会主席没有能够选出,只好搁置到下次会议。

在当天的另一份电报中,我报告了与接纳中共为联合国会员有关的另一件事。我从一个朋友那里私下听说美国政府正在考虑参加联大的美国代表团人选问题,并打算任命原经济合作署署长保罗·霍夫曼和原负责远东事务的助理国务卿迪安·腊斯克为主要代表。由于此项提名必须经参议院通过，政府已在参议员当中摸过底，了解到有某些参议员对这一提名表示反对，因他们认为这两人一向倾向于赞成接纳中共为联合国会员。我在电报中报告委员长说，这些参议员的反对意见能够坚持多久还很难说。

见到诺兰参议员一个星期之后，事态的变化使我将注意力再次集中到尼赫鲁总理即将对华盛顿进行的访问上来。我参加了美国陆军部长威尔伯·布鲁克为从北大西洋公约组织退休的美国军事代表举行的招待会。席间，我遇到了美国朋友麦伦·考恩先生。他是民主党的重要成员，曾任美国驻菲律宾大使，随后又任艾森豪威尔总统的特别助理。我们交谈一通。他用开玩笑的口吻批评我不应该在国家多难之际辞职，特别是在我国"最可怕的敌人"印度的尼赫鲁即将访问华盛顿的时候。他说我应给予百分之百的注意。我讲了几句有关我引退的常套，以便将话题从这个私人问题上引开，随即问他，为什么他认为我应该全力注意尼赫鲁的来访，他说，他本人对华盛顿最高权力机构的意图总是感到不安。当我力图要他讲得详细一些时，他只是说，作为一个民主党人，他经常对当局的意图提出质问。他借口我的情报要比他详细，因而不愿意讲得太多。当时恰巧有些来宾走过来打招呼，于是我们便分手了。

考恩的话绝非无因而发，但他自己不愿意对我明说，因此，我要求弗雷德里克·库设法从国务院和白宫了解一点情况。经过两天努力，库比较完整地了解到考恩暗示情况的真相。

弗雷德里克是我认识很久的一个好朋友。作为芝加哥一家大报的高级记者，他经常往返于芝加哥和华盛顿之间。此人聪明而有涵养，非常重视朋友间的信义和诚意。他从不将情报的来源告诉他人。因此，他通过与各阶层人物的关系，能获得别人所得不到的情报。今年2月，美国驻印度大使建议艾森豪威尔邀请尼赫鲁访问华盛顿,以推进两国之间友好感情的情报就是他在 2 月份告诉我的。十三年前的一个早晨,我还在伦敦任职的时候,也是弗雷德里克·库告诉我,罗斯福总统在征得邱吉尔的同意之后,邀请委员长前往开罗参加三国首脑会议,讨论重要军事和政治问题。他想知道委员长是否打算接受这一邀请。我告诉他我对此一无所知,并且也没有从政府那里听到什么消息。最初,他怀疑我的回答是否真诚,以为我仅仅是为了保密。但后来发现我对此确实一无所知,他便向我告辞,并告诉我说他听到的消息是绝对真实的。他还说,如果事态有所进展,他会再来向我报告。当日下午,正当我要去英国外交部证实此事时,库再次前来告诉我,蒋委员长已经接受了这一邀请,并且已经踏上了前往开罗的旅程到了印度。仅从这一件事,我觉得库的情报是很可靠的。而且他总是在恰当时机才透露,而且从不把得到的消息写出来在报纸上公开发表,而是作为报社的情报报告自己所属报社的领导人,这说明他从不想从报告中为自己谋取好处。

总之,我对库的真诚可靠是毫不怀疑的。3 月 25 日,当他前来告诉我有关尼赫鲁定期访美的消息后,我立刻打电报给蒋委员长让他知道此事。我报告委员长尼赫鲁从 7 月 6 日或 7 日开始对华盛顿进行为期四天访问的消息早在一星期以前已经宣布。我说,根据可靠情报,艾森豪威尔对尼赫鲁的来访极为重视。为了做好准备,白宫成立了以哈罗德·史塔生为首的委员会对此次访问进行专门研究。委员会的结论是预期尼赫鲁此行将提出某些具体问题和论点要求美国给予评论。委员会还提出,从稳定亚洲局势的角度考虑,美国应建议或推荐尼赫鲁为亚洲的领袖。这样,他可以随时掌握缅甸、印度尼西亚和马来西亚共产党活动的情况以及产生的影响,不断提醒和协助这些国家的政府制止这些活动。

我接着说,此项研究报告中就我国与中共的问题提出四点看法。首先,建议暂缓考虑承认中共政权的问题,因为美国人民仍然强烈反对它。第二，研究表明，由于金门和马祖的问题和那里的形势容易在东亚引起争端，在这种情况下，有必要重新考虑美国是否应继续全力支持我国的问题。简言之，设法致力于消除台湾地区的紧张局势，缓和中共与美国之间的敌对态度是更为合宜的。第三，是关于接纳中共为联合国会员的问题。研究报告中说，美国可以公开继续坚持反对态度，以避免引起美国人民的误解，但实际上，这个问题应留待联合国的多数会员国做出决定。由于这项决定是通过民主程序作出的，美国人民对此应当是能够理解的。同时，它还可以修正一下中共的态度，缓和东亚的紧张局势。第四，是关于对中共实行禁运的问题。研究报告建议放松对中共的贸易禁运以促进国际贸易，缓和盟国对此的不满情绪。

我报告说，据我所知，艾森豪威尔细读了研究报告后表示完全赞成。该委员会的负责人史塔生鼓吹美国利用英国做美苏关系的调停者。因此，他提出，美国向尼赫鲁表达的观点将通过尼赫鲁本人秘密透露给英国首相艾登。这样，当苏联部长会议主席布尔加宁和苏共总书记赫鲁晓夫 4 月底访问英国时，艾登也会秘密地将这一情报转达给他们，以证实美国的和平政策是充满诚意的。美国决心与苏联一起为缓和国际紧张局势做出努力。

我接着报告说，哈罗德·史塔生是总统裁军问题的特别助理，并且一直参加联合国五国裁军小组委员会议。最近，我阅及美国的裁军提案。该提案除了提出采取空中检查系统外，要求美苏双方首先各划出一个面积为三万平方英里左右的地区用于进行军备控制和检查的试验。提案中还提出了建议裁减地面力量的数字。还是为了满足苏联的再三要求，进而表明美国在其对苏政策中，正在努力消除两国之间的偏见，增进相互了解，以巩固世界和平。我说，提案似乎带有一种绥靖思想。因此，未来几个月的国际形势很可能朝着不利于我国的方向发展。为此，我要求蒋委员长指示新任驻美大使董显光在其任命正式宣布后尽快赶来华盛顿就职，以便他迅速对此事和其他问题加以注意并与美政府各有关机构接触,更重要的是如何开展宣传,特别是如何推行我们最近确定的新的全面宣传计划,以达到预期效果。

这份电报是在 3 月 26 日发出的。第二天,我又打电报给蒋委员长,向他报告了从其他方面得来的一些新的秘密情报。我说,根据这一情报,印度的克里希纳·梅农在两星期前曾来过华盛顿,但报纸并未公布这一消息。他在访问期间,会见了史塔生。史塔生一开始就问他,印度是否有充当共产党和民主国家之间的中间人的打算。梅农回答说,印度从未提出过由它来当中间人。我在电报中报告委员长说,我理解梅农所说的真正含意是,一旦印度接到这样的要求时,它将乐于效劳。我补充道,史塔生还向梅农询问了些什么尚不清楚。但梅农曾向史塔生了解艾森豪威尔总统是否准备在尼赫鲁来访期间提出某些特别问题进行讨论。史塔生未作回答。而是把他介绍给总统的首席助理舍伍德·亚当斯并且为他们安排了一次交谈。亚当斯对梅农提出的问题做何答复尚无报道,但听说亚当斯问梅农,如果艾森豪威尔总统访问亚洲,亚洲人民会有什么反应。梅农回答说,他们将表示赞同和欢迎。我告诉蒋委员长,我将设法探明艾森豪威尔是否确有访问亚洲之意。如果属实,是否准备在大选之前进行访问或是在大选之前宣布这一消息。正如四年以前参加总统竞选时,他宣布准备访问朝鲜的消息,得到了美国选民的广泛欢迎。

两天后,蒋委员长复电说,尼赫鲁美国之行一定有他自己的目的。对此,我们必须密切关注。他又说,董大使来美接替工作的日期要略为推迟。他要求我继续坚持工作,接着在 4 月 3 日。他又打电报要求我提供我在 3 月 26 日电报中所提供情报的来源以及从何处透露的。归根到底,委员长肯定不甘于不加疑问地接受这个消息,说艾森豪威尔总统批准了一项对中国如此不利的研究报告。他指示我可以将情况写成密信,让即将回台湾的武官萧勃将军亲自交给他。为此,我写就一封信请萧将军带呈。信中说明我如何先从麦伦·考恩那里听到风声,如何又找到弗雷德里克·库,请他帮助探明情况以及我为何认为库的情报完全可靠。

4月6日,我拜访了刚刚陪同杜勒斯国务卿结束了亚洲之行于3月21日归来的助理国务卿饶伯森。谈话一开始,我说,上次交谈是在他陪同杜勒斯先生访问亚洲国家之前进行的。我对他们的归来感到高兴。我说,杜勒斯先生在与蒋委员长的会谈中所作的声明使欢迎国务卿来访的中国政府消除了顾虑。接着,我说,我已得悉尼赫鲁即将应艾森豪威尔总统的邀请访问美国。了解到尼赫鲁对中华民国政府的不友好态度以及众所周知的对北平政权的同情,我国政府对尼赫鲁将要向美国提出何种建议和主张而感不安。我希望艾森豪威尔总统和杜勒斯国务卿向尼赫鲁重申美国坚决反对接纳北平政权为联合国会员的立场以及不承认它的决心,这是他们在去年1月艾登访问华盛顿时曾经强调指出,以及杜勒斯先生最近在台北对蒋委员长所讲过的。

饶伯森说,国务卿发现他和他的随员此行所访问的十个国家的态度,并不像所说的那样糟。例如,印尼的苏加诺总统,他的政府一直奉行所谓中立主义政策。他对杜勒斯先生说,他希望美国在对外政策中最好不要采取中立主义。早在几年前就已承认中共的斯里兰卡政府向国务卿表示,美国应继续援助和支持中华民国并且不承认北平政权。饶伯森认为,所有这些表示都有重要的意义。至于印度,他说,在杜勒斯与尼赫鲁的谈话中,后者并没有像对直接与印度利益有关的其他问题那样,过多谈论中国地区和远东的形势。尼赫鲁并不认为布尔加宁和赫鲁晓夫最近对印度的访问具有多么重大的意义,对他们在印度所作的某些声明也不感到特别高兴。而且尼赫鲁似乎对这些苏联来访者的真正意图颇感怀疑。饶伯森接着说,应尼赫鲁的要求,杜勒斯先生和他进行了一次私下的谈话。这次没有任何别人(包括美国驻新德里大使库珀先生在内)参加的谈话持续了两个多小时。

我询问这次私下谈话的性质。

饶伯森说,那是要保密的。他指出,总之,尼赫鲁并没有过分强调他对中国问题的关心。当我问尼赫鲁是否很重视克什米尔问题时,他的回答是肯定的。我又问他,关于远东形势,尼赫鲁有什么看法。他回答说,尼赫鲁不仅鼓吹尽快承认北平政权,并且竭力劝说应将沿海诸岛、台湾以及澎湖交给中共。饶伯森又补充道,尼赫鲁还代表北平向杜勒斯递交了一份关于传说美国扣留了希望返回大陆的中国侨民问题的备忘录。饶伯森认为这份备忘录纯系一篇蓄意捏造的谎言。他正在全力起草一份备忘录,对上述谎言予以有力驳斥。

我谈到了《纽约时报》最近发表的一篇关于加拿大总理圣·劳伦特和他的外交部长莱斯特·皮尔逊在怀特萨尔弗斯普林斯拜会艾森豪威尔总统的报道。我说,报道中皮尔逊认为美国对北平进入联合国问题的态度过于僵硬。对沿海岛屿的态度也引起了盟国们日益增长的关注。皮尔逊指出中华民国犯不上为这些沿海岛屿进行一场战争,对于美国则更不值得。

饶伯森说他已经看到了这个报告,加拿大已不是第一次极力主张这一观点,而且也不只是它一国如此。

谈到建议联合国推迟讨论中国席位问题时,我问道,美国向英国提出的询问是否已经得到答复。

饶伯森作了否定的回答,并补充说,英国外交大臣塞尔温·劳埃德最近在新德里宣布说,关于恢复中共在联合国的席位问题还存在很多困难,考虑到这些困难,他认为目前时机还不成熟。但是尽管如此,美国仍未收到英国对下一届联大中国席位问题的态度的答复。他说,艾登很可能在国内遇到些麻烦。

我认为如果近期内得不到英国的回答,美国政府应催促伦敦尽快作出答复。这是因为一个来自伦敦的有利答复,将有助于美国和中国政府推迟讨论从联合国会员国中争取更多的支持。

饶伯森说,他的政府一定会这样做的。

我又问他,日内瓦的双边会谈,都取得了哪些进展,如果说有一点的话。

饶伯森回答说,没有任何进展。

我猜测讨论的焦点可能仍然是释放十三名被中共拘押的美国公民以及在台湾地区不使用武力的声明问题。当饶伯森说这两个问题均未取得什么进展时,我对约翰逊大使就相同的问题进行长达数月之久的谈判所表现出的能力和忍耐表示钦佩。

饶伯森说,每次会谈后,约翰逊大使都向国务院提供详细报告,国务院随即召开会议并对下一次会谈做出指示。

谈到柬埔寨形势时,我说,情况看来不太妙。西哈努克似乎倒向共方,替北平政权说话。

饶伯森说,西哈努克是受了尼赫鲁和他自己北平之行的影响。从北平返回柬埔寨后,西哈努克发表了一些荒谬的讲话,如除了电冰箱和汽车之外,柬埔寨什么也没有从美国那里得到等等,尽管后来他自己对这一说法又做了修正。西哈努克现在已辞去了首相职位,饶伯森补充说,他把职位交给了原来的副首相,一个稍好一点的人。但是这位继任首相能当多久还要拭目以待。

我说,据我了解,驻华盛顿的柬埔寨大使金尼已应召回国磋商事务。这是个挺好的人,而且据说可能要出任副首相兼外交部长。随后我问由于柬埔寨通过西哈努克之口,公开表达了对北平的同情和对西方的不友好态度,美国方面是否有停止向它提供援助的打算。

饶伯森回答说,将考虑任何可以抵制这股逆流的措施,包括停止援助。但是他指出,采取这种行动必须十分谨慎,否则至少会起到将柬埔寨推向亲共阵营的作用。

我问饶伯森访问南越后有何印象。就我所知,两年前在日内瓦协商好的选举并没有在南越举行。但是,艾登在尼赫鲁的要求下,将问题理所当然地提交给了莫洛托夫。我很想知道美国政府在这一问题上的立场。

饶伯森回答说,过去的一年中,南越的形势有了很大改进。目前,吴庭艳反对进行选举。因为他认为形势还不宜于在明年7

月进行选举①。吴庭艳的立场是南越既然没有作为参加日内瓦协议的一方,当然不受协议的约束。由于一切反对势力均被制服,下余的只有零星的游击队,形势正朝着有利于他的方向发展。饶伯森认为,只有在南越的地位变得更加强大之后,吴庭艳才会考虑选举问题。

我问他共产主义在南越的渗透是否严重,饶伯森回答说,渗透是有的,但是从最近绝大多数人支持吴庭艳的选举②结果来看,似乎还不算严重。

当我推测英国一直在把与莫洛托夫会谈的内容透露给美国时,饶伯森回答说确系如此。他接着说,他觉得整个南亚和东南亚的形势要比上一年好。

4月12日,我应阿莫斯·皮斯利先生之约,访问了他。皮斯利是艾森豪威尔总统的特别助理,也是哈罗德·史塔生关于裁军问题的助理。他要我去访问的目的是要让我了解裁军问题的进展情况。这是我们之间的第二次交谈。我第一次访问他是在3月9日,即联合国裁军小组委员会在伦敦恢复工作之前。

根据我第一次的谈话记录,皮斯利一见面便对我亲自前去访他表示高兴。他说史塔生先生星期六(3月10日)前往伦敦参加联合国裁军小组委员会的一次会议。该委员会由美国、英国、法国、加拿大和苏联的代表组成。小组委员会会议将于下星期一开始,为期一周。在此之前,史塔生首先和英国、法国、加拿大的代表交换了意见。皮斯利补充说,史塔生希望美国的盟国和朋友随时了解会议的进展情况。

我问会议是否有议事日程。

皮斯利回答说,没有。每一个代表都有权提出任何问题在会上讨论。但是史塔生将代表美国要求会议首先讨论艾森豪威尔

---

① 日内瓦协议规定的全越南选举。——译者
② 南越自己单独进行的选举。——译者

总统在答复苏联总理布尔加宁的来信中提出的建议,即在首先建立一个经过一致同意、十分可靠的检查系统条件之下,冻结目前储备的核武器并停止生产用于制造核武器的材料。他补充说,美国的建议还包括一种曾由艾森豪威尔总统在 1955 年日内瓦最高级会议上提出的空中照相问题。

我说,据我所知,苏联提出了一种在战略要地和铁路枢纽站建立的检查的系统。

皮斯利说,该建议将与美国的建议一起提交小组委员会讨论。美国的想法是首先讨论冻结现有的核武器储备和停止生产用于制造核武器的原料的建议。这样可以为讨论裁军问题的其他方面打开一个缺口。

我认为尽管我国在原子科学的研究方面落后于其他国家,但我们对这一问题非常感兴趣。这是因为核武器和裁军问题与世界和平密切相关。我说,和美国一样,我国也希望世界和平能够得到维护而不受危害。但是积我们过去与苏联打交道的经验,中国政府对苏联鼓吹甚至再三要求限制和削减军备的诚意深感怀疑。我担心苏联人居心利用世界人民普遍渴望和平的感情并企图在宣传战中取胜。我认为苏联是企图在自由世界内部造成一种虚假的安全感。

皮斯利说,美国对于诡计多端的苏联外交并非一无所知。

我问如果苏联原则上同意艾森豪威尔总统冻结现存核武器的建议并要求互相交换情报,美国是否愿意将自己的核武器储备情况告诉他们。

皮斯利作了否定的回答。他说这一问题并未包括在给史塔生的指示范围之内。但是他又说,如果出现这样的问题,史塔生必将要求给予进一步的指示。

我说,我很高兴美国不向苏联提供上述情报。因为绝不能信赖苏联会同等交换情报。接着我问,小组委员会是否将讨论限制地面力量的问题。

皮斯利回答说,随着关于冻结核武器储备问题的讨论,以后可能会转到这个问题上来。但这要取决于那一讨论的进展如何。核武器的制造逐步升级以及对此事实的广泛宣传已经引起全世界人民普遍不安。这正是艾森豪威尔总统提出冻结核武器储备的理由。

我说,记得前不久英国曾就限制大国地面力量提出如下建议:美国、苏联和中国各为一百万到一百五十万人,英国和法国各为六十五万人。苏联原则上接受了这一建议。我继续说道,如果这里的中国是指北平政权,那么,这个被联合国决议指控为朝鲜战争的侵略者是无权拥有任何军队的。如果指的是中华民国,需要指出的是,它目前正处于远东地区共产主义侵略的前线,因此,一直在努力建设武装力量,而且在美国的资助下,业已取得可观的成效。为此,在目前形势下,任何限制地面力量的做法将不适用于中华民国。

皮斯利表示完全理解,并说中华民国不仅处于前线,对自由世界来说也是后方。他说这就是他当初所说美国要使其盟国和朋友随时了解美国的意图和建议的原因。美国意识到根据共同防御条约,应对中华民国承担义务并将忠实这一义务。美国提交伦敦小组委员会讨论的提案不会影响它对任何盟国和朋友所应履行的条约义务。

我仍希望知道史塔生有无可能在伦敦会议上取得某些成果或相信克里姆林宫是有诚意的。

皮斯利回答说,美国希望了解一下苏联的意图。这次会议可以达到这一目的。

我问,如果在小组委员会上提出举行裁军会议的问题,是否以及何时才能取得进展。我解释说,我国政府关心此事是因为举行这样的会议必然涉及中国席位问题。我坚决认为北平政权没有资格参加这样的会议。

皮斯利说,召开裁军会议的问题还很遥远。他认为这个问题不会提到伦敦会议上来。一旦提出,他会通知我。此外,他将随时让我了解伦敦四国协商的进展情况以及小组委员会的讨论结果。他在回答我的另一个问题时说,小组委员会要开多久还很难说。因为这取决于会议的进展情况。

一个月后(4月12日),皮斯利要求与我再见一面,我很高兴地答应了。当时在座的还有国务院的培根小姐等三名助手。

谈话开始时皮斯利说,从上次会晤至今已经一个月,他希望向我介绍一下在此期间所发生的情况。他说,关于裁军问题的小组委员会继续在伦敦开会。美国和苏联都就这一问题提出了提案。美国提出的是一份工作文件草案,对与会的五国政府均无约束力。他估计我或许已经看到了这个文件。

我说,我已从《纽约时报》上看到此件的概要,并说,就我所知,英国和法国也拿出了一份联合提案。皮斯利说是那样的。

我问他,关于美国的工作文件草本的讨论都取得了哪些实质性进展。

皮斯利回答说,几种不同的文件都在研究中。苏联代表尚未提出自己的意见。他猜测,在小组委员会的苏联代表表示态度之前,这一问题很可能会在英国与苏联部长会议主席布尔加宁及党的总书记赫鲁晓夫的会谈中提出。但小组委员会将继续进行,不等待英苏会谈的结果。

我说,我和我国政府对美国提案中的某些观点极为关注。正如我在上次会议中所阐述,由于中国人民和各国人民一样热爱和平,并对任何有助于促进世界和平的做法表示欢迎,所以,我国政府对裁军问题很关心。中共已被宣布为朝鲜战争的入侵者,如果允许它拥有一支二百五十万人的军队则必将有损于和平事业。我国政府认为没有必要将中共和苏联分开来对待。北平政权与其他共产党国家一样,也是苏联的仆从。苏联善于利用和指挥其他共产党国家武装力量以实现其统治世界的共产主义目标,共产党集团一贯都是在它的领导下统一行动的。我接着说道,美国工作文件草案第 9 节(a)中,建议联合国裁军委员会邀请其他一些国家参加一个军备限制组织,并准许中国保持一支二百五十万人的军队。我问道,这里的"中国"意味着什么? 是北平政权还是中华民国?

皮斯利说,对于只承认中华民国政府的美国来说,只有一个中国,那就是中华民国。

我对这一解释表示满意。但是我说,这一段的文字不够清楚。我担心,对承认了北平政权的苏联和英国来说,"中国"一词将指中共。对此,我国政府理所当然地表示反对。苏联几乎在每一次国际会议上都敦促接纳北平为联合国会员,并且总是得到英国的支持。

皮斯利说,这是一个政治问题。美国无意在小组委员会上与其他成员讨论这一问题,正如不提德国的统一以及东德的地位一样。

我指出,规定允许中国拥有二百五十万人的军队,并邀请参加国际裁军会议,而不加以像皮斯利所作那样清楚的解释,势将引起我国政府的误解和极大不安。

皮斯利用一种质疑的神情问我用什么来代替这个字眼为好。

我回答说,最好是不提此事,就像不提及德国问题一样。如果规定中国军队为二百五十万人的话,公众将会认为这里的中国是指北平政权也就是中共。因为中华民国目前只拥有一支六十五万至七十万人的军队。这是众所周知的事实,美国当局当然也不例外。因此公众将会把"中国"一词理解为中共。这将是十分令人遗憾并为我国政府所反对的。我还是坚持,凡是涉及中国的地方,总以略去为好。

皮斯利说,美国衷心希望裁军问题能取得进展。但是,无视中国大陆上存在着一支庞大的军队是不现实的。就美国而言,希望由中华民国做到与中共的军力相抗衡。但是他怀疑中国政府将怎样做到这一点。

我说,我国政府当然要尽最大努力。为了实现这一目标,正在美国的资助下,建立自己的武装力量。但是,我仍然强烈地感到,共产党中国不仅对中华民国,而且也对亚洲和自由世界构成威胁。最近在朝鲜和印度支那所发生的事件已充分证实了这一点。我认为没有必要间接地承认北平政权或为其军队的多少而担心。我说,在我看来,北平政权的周恩来将十分乐于在原则上接受限制其军队为二百五十万人,以便能够被邀请参加国际裁军会议,从而得到美国方面的间接承认。换句话说,美国在继续推行不承认中共以及反对其加入联合国政策的同时,就裁军问题,在战术上承认它是一个政治实体。这样,美国就朝着与自己所宣称的政策相反的方向迈出了一步,并且在裁军问题没有取得任何实质性进展的情况下,对中共做了政治上的让步。我接着说,一旦北平同意将军队保持在提案中规定的水平上,没有谁能保证它会真诚信守自己的诺言。另一方面,美国主动对北平给予间接承认的做法不仅对中华民国人民,而且对亚洲反共人民的信念也是一个沉重打击。

　　皮斯利说,中共所作保证之不可信赖,美国是深有体会的。他问我认为美国应该怎样做才好。他说,美国是不会无视中国大陆存在一支庞大的军队这一事实的。他认为,当两个国家坐下来,在国际会议上进行磋商时,并不一定意味着这两个国家要相互承认。中美之间的日内瓦双边会谈已达数月之久。美国已明确表示,这一会谈绝不意味着美国对北平政权任何形式的承认。

　　我说,那仅仅是美国的解释。全世界公众自有他们的不同想法,并担心这样的解释意味着美国最终还是要承认共产党中国。我说,在工作文件草本中,最好还是删掉任何特指中国的字眼,如果苏联和英国愿意的话,可把问题留给他们提出。一旦问题提出来,对美国来说,最好的办法是向他们解释美国不承认北平政权和反对接纳其为联合国成员的一贯政策。我衷心希望皮斯利考虑一下我所阐明的看法并向史塔生转达。接着,我再次询问了史塔生在伦敦讨论时是否见到有何进展迹象。

皮斯利回答说,苏联的文件表明他们态度比以前稍好。尽管它的代表尚未对英法联合提案做出任何评论,苏联似乎倾向于接受其中某些观点。

我再次指出在裁军问题上必须分外谨慎的重要性。否则西方国家在裁军问题取得某些结果之前,至少会在政治上和心理上蒙受损失。我接着问他,苏联提案和英法联合提案什么时候可以得到。

皮斯利当即交给我一份美国的工作文件草案并解释说,这份文件对与会的五国政府均无任何约束力。他说,英法提案将很快提出来,但苏联提案何时能公布他还不大清楚。至此我便告辞了。

1 月末从台北回来后,我与外交使团的同仁们进行了几次很有意思的谈话,并按照惯例,与各国新任驻华盛顿大使作礼节性互访。我先后接待了哥伦比亚、海地、黎巴嫩和日本的新任大使。回拜了意大利大使布罗西奥、阿根廷大使比奇、沙特阿拉伯大使哈亚勒、利比亚大使蒙塔塞尔以及智利大使罗德里克斯。我还参加了为庆祝各国国庆以及欢迎国家领导人来访而举行的外交宴会和使馆招待会。

我回到华盛顿后不到一个月,黎巴嫩大使胡里博士来作一次礼节性拜访,我和他进行了一次谈话。我们讨论的主要内容能够反映国际形势,特别是东西方关系正在逐渐变化的中东局势。

一见面,我们先作了礼节性的介绍,随后他解释说,尽管他去年夏天就来到了华盛顿,但由于一抵达这里,便作为黎巴嫩代表团团长出席了联合国大会,所以未能早些来访。

我对他被派到华盛顿来表示祝贺,并说,当他还在伦敦任职时,就很想认识他。当时他是首席公使,以后又担任了近八年的大使任务(直到 1955 年)。(我是 1946 年转任来华盛顿的。)

胡里博士说,他还担任过黎巴嫩驻伦敦公使馆的参赞。

我说明了中东对自由世界的重要性,并询问了黎巴嫩的外交政策是否与阿拉伯联盟其他成员国一致。我说,据我了解,在联盟内部,由于伊拉克加入遭到埃及和沙特阿拉伯反对的北层同盟问题而存在着分歧。

胡里回答说,黎巴嫩在这一争论中采取中立政策。他说黎巴嫩与其他阿拉伯国家一样,不能理解西方国家对以色列采取的政策以及在有两千四百万犹太人散布于世界各地的情况下,建立一个只有一百五十万人口的以色列国的目的。他认为,建立以色列国并不能使犹太问题得到解决,相反却为侵略成性的犹太复国主义者提供了一个大本营。事实证明,这个大本营是整个中东动荡和骚乱的根源。他接着说,他的国家对共产党与非共产党国家之间的争端保持中立。

我谈到了苏联在中东采取的策略。

胡里说,他的国家对苏联的战术是有所警惕的。但他们不想卷入东西方之争中去。

我说,最近,中共政权打着促进贸易的招牌,派遣一个所谓的贸易代表团访问阿拉伯国家。但其真正的目的是想从这些国家得到承认它的保证。据我所知,在访问了叙利亚之后,这个代表团抵达黎巴嫩并与黎巴嫩政府签署了一项贸易协定。

胡里说,他还没有从政府那里得到关于签署贸易协定的消息。但是他知道政府并不打算承认北平政权。他补充说,黎巴嫩对中国的文明与文化是非常仰慕的。黎巴嫩本身也有着悠久的文明史。它人口的53%是基督教徒,47%是穆斯林。黎巴嫩的基本政策是削弱宗教影响,强调黎巴嫩各族人民都是黎巴嫩人这一事实。但是,与其他阿拉伯国家的人民一样,黎巴嫩人民对以色列所推行的政策和态度极为不满。被它驱逐的一百多万穆斯林难民目前正在各阿拉伯国家寻求避难。

我对黎巴嫩政府无意承认北平政权的做法表示满意。

黎巴嫩大使说,他在伦敦时,就经常和当时的中国大使郑天锡博士（我的后任）见面，但从未与1954年来到伦敦的共产党中国临时代办来往过。

我说，我非常高兴听到这些。我国政府极为重视中东地区，并希望发展与所有阿拉伯国家之间的友好关系。为此，我国政府正派遣了一个贸易代表团访问中东。代表团由一个很能干的中国人率领。此人毕业于宾夕法尼亚大学并担任了几年中国国家的铁路局局长。希望黎巴嫩政府对代表团给予良好的接待。

胡里只是说他很高兴听到这一消息。又闲谈了一会儿，他便起身告辞了。

一星期后，我回拜了沙特阿拉伯大使阿卜杜拉·哈亚尔酋长。讨论的问题仍然是中东形势。根据我的记录，双方寒暄了一番后，我谈到了中东地区，以色列与阿拉伯国家之间的紧张局势，并问哈亚尔，他是否认为双方有武装冲突的危险。我补充说，尽管中东距离我国很远，我国政府和人民对那里的形势极为关注。这是因为它对自由世界具有重要意义，那里发生的任何事情对整个和平与安全事业有着深远影响。

哈亚尔大使回答说，形势不能令人满意。但他不相信会爆发战争，除非以色列主动进攻。他说，动乱的原因完全是由于以色列一方缺乏谅解以及它所推行的敌视阿拉伯国家的错误政策造成的。阿拉伯联盟成员国共有人口四千万，而以色列人口仅有一百五十万，如果以色列希望作为一个独立国家存在，那么，它应该采取与阿拉伯国家友好合作的态度。与此相反，从以色列好斗的态度以及从其领土上驱逐一百万穆斯林的做法来看，它所推行的完全是一种敌对政策。他说，尽管如此，以色列在与包括苏丹和利比亚在内，拥有九个成员国的阿拉伯集团作对时，其力量是有限的。他认为主要的过错是出于美国和英国，特别是英国，极力利用阿拉伯国家之间矛盾的错误政策。有伊拉克参加的巴格达条约的缔结就是英美政策的最好写照。事实上，尽管阿拉伯国家内部有时发生争吵，但面对以色列的敌对态度，他们总是结成一条统一的战线。对英美来说,比较明智的政策是对包括一些北非国家在内,拥有八千万人口的阿拉伯国家采取友好态度。此外,对自由世界来说,阿拉伯国家所处的地理位置具有重要的战略意义。他接着说,从经济上来讲,有些阿拉伯国家很穷,但其他国家则拥有丰富的自然资源。

我说,我知道沙特阿拉伯有巨额的石油收入。

哈亚尔大使说,他的国家石油资源很丰富,年产约四千万桶。其他阿拉伯国家则生产大量的粮食和水果。因此,阿拉伯国家作为一个集团,利用自己的资源,可以生产他们所需要的一切。他很不理解,为什么美国这样一个国家要支持以色列。

我说,有意思的是,美国的犹太人在热衷于支持以色列之时,却很少有人愿意到这个新的国家去定居。由于这些人在美国的金融界、新闻界和娱乐界有庞大的势力,他们对政府的影响很大。

哈亚尔大使说,局势需要美国和英国对中东采取一种建立在公正基础上的、建设性的坚定政策。这样的政策才能赢得阿拉伯国家的信任与合作。我们的谈话到此结束。

我还要提及一下我与外交界另一位同仁所进行的一次交谈。4月24日,我即将离开华盛顿之前拜访了埃塞俄比亚大使耶尔马·德里萨。话题仍是中东形势和其他几个感兴趣的题目。但我来访的主要目的是想非正式地了解一下海尔·赛拉西皇帝应邀访问台北的前景如何。

谈话一开始,我便告诉大使先生,根据我国政府的电报指示,我荣幸地接受了一项使命,我国政府从新闻报道中得知,埃塞俄比亚皇帝海尔·赛拉西陛下即将访问日本,但不知这一消息是否确切。我国政府要求我一旦证实这项报道,可非正式地询问一下,皇帝陛下是否乐于接受中华民国总统的邀请,他与全体中国人民一样,对皇帝陛下反对侵略的崇高立场以及维护国家自由与独立的精神充满钦佩之意。我说,他们都希望在台北欢迎皇帝陛下,以表达他们的敬慕之情。

德里萨大使说,皇帝陛下访问印度的消息已经公布了,但具体时间尚未确定。他还没有听说皇帝访日的消息。他接着说,尽管皇帝陛下不能长时间地离开他的国家,但还是十分喜欢旅行的。他将和亚的斯亚贝巴政府核实一下,皇帝是否将访问日本。

　　他补充说,他知道皇帝陛下对蒋介石总统十分崇拜和敬慕。如果皇帝访问日本的话,他将会乐于安排与总统会见的。

　　我说,我只是非正式询问一下。在谈到中东形势时,我说,皇帝陛下对此一定很关注。我问德里萨,他是否认为形势会有重大转机。

　　德里萨回答说,由于联合国创造了一个为阿拉伯国家所厌恶的以色列国,中东形势变得日趋复杂了。

　　我说,就我的理解,以色列国是在英美的影响下建成的,而阿拉伯国家内部的不团结又使形势变得更加复杂起来。

　　德里萨说,只有伊拉克对此持不同看法,但它不是阿拉伯联盟的主要成员。埃及是阿拉伯国家的领袖,尽管它在中东保持不参与一方的中立态度,他的国家与埃及仍保持着极为友好的关系。他指出,这一友好关系并非完全因为它们都是非洲国家,还由于他们都坚信万隆会议的原则。

　　谈到苏丹作为一个独立国家所面临的危机时,我问大使先生对苏埃关系的发展有何见解。

　　德里萨回答说,苏丹走上了国家独立的道路,曾经统治它的英国和埃及都承认了它的独立。他的国家与苏丹保持着密切关系并且是第一个承认苏丹的国家。埃及与苏丹之间的紧张关系主要是由于尼罗河水的支配问题引起的。在英—埃统治时期,苏丹仅对尼罗河水体拥有十分之一的份额。独立后,它不满足这小小的份额,要求再多些。

　　我说,据我所知,苏丹地域辽阔,资源丰富。

　　德里萨说,苏丹并非是一个名副其实的大国。它的粮食依赖进口,其矿产资源,作为殖民国家的英国也未进行开发,因为它把苏丹当作推销英国货的一个主要市场,正像它在印度所做的那样。

我问道,苏丹是否像比属刚果一样出产铀矿石。

德里萨回答说,自从越来越多的代替物诸如钍等大量发现后,铀的地位已不是那么重要了。他说,他的国家蕴藏着大量具有开采价值的钍矿。我问到了苏丹的主要粮食作物,德里萨回答说:"玉米和谷物。"他接着说,由于气候干热,苏丹只生产少量的小麦。在谈到他自己的国家时,德里萨说,埃塞俄比亚国土的三分之二是盛产小麦的高原地带。三分之一靠近海洋,气候炎热。他说,埃塞俄比亚的主要问题是交通问题,像埃塞俄比亚这样一个大国需要花很多钱去修筑道路。

我说,航空事业的发展将在某种程度上满足交通事业日益增长的要求。

德里萨说,他的国家已经有了一个经营得很好的航空公司,但还是远远不能满足交通运输的需要,特别是在货运方面。

我说,据我所知,前些年有个叫里基特的英国人曾经从埃塞俄比亚政府获得了石油开采特许权。

德里萨说,是如此。但这一特许权在意大利入侵时取消了。他的政府目前已给予一家美国的辛克莱石油公司开采石油的特许权。当我问到这一特许权是指全国范围还是某些地区时,德里萨回答说,在现阶段,所谓特许权是指全国范围。一旦勘探完成后,该公司将只在它提出的有限范围内进行开发。我揣测说,埃塞俄比亚目前是否正从附近的中东获得石油,德里萨回答说,尽管中东很近,但水路运输很慢,而且从口岸到内地缺少相应的道路,运费也非常贵。

谈到我国政府打算邀请埃塞俄比亚皇帝海尔·赛拉西访问台北时,我希望大使先生一旦接到政府方面的答复便尽快告诉我。

德里萨先生答应了我的要求。

当我站起来告辞时,德里萨说,他已经知道我辞职的消息了。

我说,几年前我就已经有退休的打算,现在我很高兴的听到政府接受了我的辞呈。

在本章的一开始,提到白宫为尼赫鲁总理即将对华盛顿的访问成立了专门研究班子时,我曾提到过4月份布尔加宁和赫鲁晓夫对伦敦的访问。这一访问是在4月18日至27日进行的,并作为苏联在1956年为宣传其"和平意向","缓和国际紧张局势"的愿望和恢复东西方之间"正常"贸易、文化关系等等所做巨大努力的组成部分。我在4月30日呈报委员长有关上一周内报纸报道的美国公众舆论的电报中,谈到了美国对苏联这一访问的反应。我说,一般认为,英国对这次访问给予了很高的礼遇,但这并没有提高苏联领导人在英国人心目中的威信。我还报告说,美国的公众舆论似乎认为访问结束时发表的英苏公报仅是旧调重弹。英国想对布尔加宁和赫鲁晓夫的企图摸底,以及推动两国之间贸易的目的未获得任何实质性结果。充其量只能认为日内瓦所建立的国家领导人之间进行个人接触的做法得到了保持和发展。

我在电报中向委员长论及的另一件事是"陶甫斯"号事件。1954年6月在台湾附近被国民政府俘获的苏联货轮"陶甫斯"号所引起的风波早已平息。4月7日,"陶甫斯"号的五名船员从美国返回苏联后在莫斯科宣读了一纸声明,指控美国官员施尽各种手段,迫使他们留在纽约。为此,这一已平息多日的事件又引起了各方面新的关注。这五名海员是要求在美国获得政治避难并得到允许的九名苏联海员中的一部分。还有十二名海员已向美国提出了寻求避难的申请,但目前仍留在台湾等待美国方面的批准。

《纽约日报》4月27日全文刊登的这五名海员的声明指责国民政府劫持"陶甫斯"号的做法是海盗行径。声明还说,他们受到了"威胁"和有计划的"毒打",以迫使他们"背叛自己的祖国"。《纽约日报》的另一篇文章也援引苏联驻联合国代表团的话,说是苏联海员受到了中国国民党分子的虐待。

事实是国务院指责苏联代表团未经允许,插手了此事。人们还怀疑当五名海员在美国时,苏联对他们进行了绑架或某种干预,以达到把他们弄回苏联的目的。国务院甚至要求苏联代表团的两名低级官员离开美国,理由是他们参与了把苏联海员弄回苏联一事。这一做法将有助于防止美国公众相信苏联海员在声明中所做的辩解。我在电报中报告蒋委员长,美国国会对该事件极为关注并正在进行调查。有些国会议员甚至要求将插手把五名海员弄回苏联的苏联驻联合国代表团团长驱逐出美国。

苏联海员在莫斯科发表声明的几天以后,留在美国的另外三名"陶甫斯"号上的海员在参议院内部安全小组委员会上作证。他们指责4月26日的声明是彻头彻尾的谎言,并确信这五名海员是被绑架回苏联的,他们还有力地戳穿了强加于中华民国政府的不实之辞。他们说,国民政府以"真诚"、"友善"的态度对待他们。并没有人阻止他们返回祖国,苏联本可以通过法国驻台北大使对此做出安排的。

作为一种补充措施,我决定以大使馆的名义,于5月3日发表一项声明。声明指出,苏联海员的声明如此虚假,根本不值得一驳。但是,"必须指出""苏联当局以海员的名义"发表这一声明是为了达到宣传的目的。大使馆的声明还指出,苏联海员在声明中所做的辩解与"参议院内部安全小组委员会上的证词截然相反⋯⋯"。把声明交付新闻单位之后,我向外交部做了报告。在我们看来,该案到此结束。

第二节　辞去华盛顿职务

1956年1月—5月初

1956年1月6日,我收到蒋总统指令我近期内去台北议事的电报,1月18日,我乘飞机去洛杉矶,这是我去台北途中的第一站。我事先已决定尽快启程,这意味着行前的十二天是非常紧张的。我不仅想多了解一些台北政府领导人至为关切诸问题的最新情况,而且作为驻外大使,还有我正常的工作。和往常一样,日程排得很满,而且是几个星期前就安排好的。

1月7日,我需要离开华盛顿去印第安纳波利斯两天,这个城市正举行向台北致敬活动。中午到达时,市长贝特、世界问题研究所副所长哈勒尔先生、活动节目主持人印第安纳波利斯交响乐团指挥兼副董事长艾伦·克洛斯先生到机场迎接并陪我到旅馆。稍事休息后,我前去参加一次特别安排的报社、电视台记者招待会,回答问题。一个小时后,又接待了更多的报社记者。这两次招待会上的主要提问是关于中共在台湾对面的集结,共产党企图对台湾发动一次全面进攻,以及我们对共产党企图的判断等。记者们还想了解我们是否想要美国或我们自己使用核武器对付中国共产党。其中一些人显然把美国空军作战部长在报纸上发表的一个声明误解为美国将为台湾提供核武器,我否认说,如果我对空军作战部长的声明理解正确,他并没有明确如此表示过。

晚上,世界问题研究所为我举行晚宴,该州约四十位要人出席,其中有市长贝特和夫人,美籍中国人陈博士和夫人,陈博士是美国最大的抗菌素生产厂家伊利来公司的药剂部经理。我作简短即席讲话,讲到大陆的统治情况和共产党成员中普遍存在的不安情绪和萌现的意见分歧,共产党刚经历十四年来的第七次清洗。我还回答了一些问题。例如,国际问题研究所副所长哈勒尔先生问到我们打算怎样在美国不参加的情况下夺回大陆。晚宴及讲话后,我出席了温德尔·威尔基的嫂子弗雷德·威尔基夫人举行的鸡尾酒会,会见了该市的一些未能出席晚宴的要人。

第二天星期日,我接待了许多来访者,参加了一次午宴、一次音乐会和一次广播节目。在与艾伦·克洛斯的约会中,他带我去他父母家鉴赏他父亲收藏的名画。老克洛斯曾作过伊利来公司的基础研究部主任,对该部业务的发展作出过贡献,他主持过将胰岛素用于医疗并改进了包括盘尼西林在内的许多抗生素药剂。此时他已经退休,但仍在继续进行研究工作,他对癌症的病因很感兴趣,正在努力进行探索。他说他已经提出一种理论。随着年龄的增长,人的细胞开始退化到原始阶段,不像人类肌体内的各种高度发达的细胞那样起不同的特殊作用。癌症即是这种原始细胞在人体内发展的结果,它们侵蚀和毁掉那些起特殊作用的细胞。老克洛斯自信选择了一条正确的研究方向,他认为荷尔蒙可能是解救癌症的途径。

哈勒尔举行的十四人午宴是一次精彩的聚会,我遇到一些有意思的人,特别是诺曼哈灵顿夫妇。哈灵顿二次世界大战时曾在国务院工作,是史迪威将军的密友。他说,史迪威脾气很倔,难于对付。国务院总是派他(哈灵顿)去和史迪威谈话,解决这位将军与国务院之间的争议。哈灵顿告诉我,第二次世界大战时,他还曾作为观察员,与英国特使斯塔福德·克里普斯爵士一道派往印度首都新德里,和尼赫鲁及印度穆斯林领袖一同拟订一项英属印度分治的计划。

下午举行的"向台北致敬"音乐会有大约二千多听众参加,音乐厅满座。这是该市交响音乐团历来听众最多的一场演出。音乐会结束后,贝特市长宣读了台北市长高玉树的信,感谢印第安纳波利斯市对台北的友好表示,并宣布台北也将举办一次同样规模的中西音乐会,回敬印第安纳波利斯市,促进两国人民之间的友好情谊和相互了解。我应邀在贝特之后作了简短讲话,随后,我和贝特市长在后台为美国之音节目作了短评,加以录音送往台北市播放。随后,我匆忙赶往机场乘飞机回华盛顿。

我在访问印第安纳波利斯的二十七个小时之内,程序排得很满,参加两次新闻招待会,作了三次讲话,参加了一次鸡尾酒会,一次午宴,一次晚宴和两次广播节目。星期日深夜到达华盛顿时,我觉得疲惫不堪,但心情很愉快,会谈和宴会中遇到的人都很友好,对中国的事业表现出真挚的同情。人们不断问到的问题,特别是哈灵顿先生问到的问题是,我们在台湾和美国不进行先发制人战争的情况下如何恢复大陆。我的回答是,任何国家的人民都不喜欢战争,中国人民也热爱和平。自由世界,特别是它的各国人民,应该认识和了解共产主义立场的危险性质,协力抵制任何进一步的侵略行动并加强自己的力量。共产党正像所有集权主义政权一样,必定要不断扩张,一旦他们的扩张被制止,他们必然要退缩,如果共产党不能取得进一步的进展,他们必将衰落直至最后崩溃。

星期一上午,我与谭绍华和崔存璘会商,安排我的台北之行,我们讨论了美国对远东,对自由中国和对北平政权的政策,及其可能发生的变化。当天下午,我到国务院拜访了饶伯森,主要就英国首相和外交大臣即将对华盛顿进行访问之事和他交换了意见。但我还提出了一系列影响中国利益的其他国际问题,一方面为了陈述中国的观点。另一方面为了在我离美赴台北之前了解美国的最新态度。

星期二下午,蒋廷黻博士打电话给我,说见到了中国报纸发布的消息,询问我去台北的时间。我告诉他我的行期,并说如果他也要去台北,请他与我同行。蒋告诉我说,外交部长叶公超要求他在我返回美国后再去台北访问,叶不愿让我们同时离开,因为在此期间可能会发生许多重要情况,尤其是英国首相艾登即将到华盛顿进行英美会谈。当时蒋廷黻敦促我在这次会谈开始前返回华盛顿。我解释说,由于我在 1 月 23 日(华盛顿时间)才能到达台北,所以不易办到,但他的建议很好。

当天下午,我召开使馆工作人员会议,就改进工作效率,特别是就工作时间准时,改进交换台工作,以及做好电报、文件收发、约会、来访、电话记录,晚宴、午宴和招待会等各项统计工作问题进行了布置。统计数字将使我们清楚了解使馆一年的工作量。我委派谭绍华公使充任一个由他指定人员组成的小型委员会的主席,负责讨论和推荐有关问题的改进方式方法。

晚上,我参加了参议员玛格丽特·蔡斯·史密斯为庆贺弗朗西丝·博尔顿夫人在美国国会任职十五周年举行的晚宴。两党的大多数重要参议员和众议员,如马萨诸塞州的参议员索顿斯托尔、俄亥俄州的参议员布里克及马萨诸塞州的众议员乔·马丁等都出席了晚宴。一百名来宾列坐八桌。外国大使和夫人都坐在贵宾席,女主人和博尔顿夫人坐在贵宾席的两端。除我之外,参加宴会的还有印度、德国、缅甸和土耳其的驻美大使。参加宴会的还有当时任总统特别助理的哈罗德·史塔生、助理国务卿乔治·艾伦、美国最高法院法官伯顿等。博尔顿夫人为答谢祝酒词,作了亲切动人的讲话,她回顾了最近的非洲之行。除了呼吁对美国派驻在这个"黑暗"大陆各地的精明强干、努力工作的外交及领事代表们给予更多的支持外,她还强调说,她本人发现,非洲各国人民在受到同情和善意的对待时,会热诚坦率地欢迎白人来访者。她说,她曾与许多非洲妇女谈话,发现她们的反应和美国妇女一样并渴望了解美国妇女。她说,再没有比两个妇女交谈更能使双方互相了解了,她相信,通过私人接触和友好交往,是进行和平事业的最好办法。

晚宴前,我曾和乔·马丁交谈。他认为艾森豪威尔有可能竞选连任。他和我一样认为心脏病并不总使人丧失工作能力,同时我向他介绍了胡适博士的情况。不过,马丁暗示,如果艾森豪威尔真的竞选连任,他的竞选伙伴可能会有变化,虽然艾森豪威尔很喜欢"迪克"并且可能还需要他,但为了获得更多的选票,很可能要调整副总统的候选人名单。

在以后的几天里,我接待了一些来访者并与谭绍华和赖家球就国际局势及中国关心的一些其他问题进行了讨论。周末,我去纽约和几位中国朋友和同事会谈,蒋廷黻非常希望在我离美赴台北之前与我晤谈,这尤其是因为他也计划去台北。

1月14日,我和蒋晤面长谈。在讨论了联合国的形势后,我们谈到宣传问题,这个问题对蒋博士,对我,对他的代表团,对我的使馆以及对台北都是很重要的。我拿出一份记载着许多有影响的刊物、记者和出版商名称的名单,他们对中国都是友好的,他们的不断帮助在普遍意义上以及对于在联合国出现的中国问题都将会大有裨益:哥伦比亚广播公司的安东尼·利弗罗,《新领袖》杂志、《国际新闻社》的皮埃尔·黑斯、弗丽达·乌特丽、特拉斯·科芬、詹姆斯·赖斯顿、约翰·海托华、劳伦斯·斯皮瓦克、小威廉·赫斯特、弗雷德里克·库以及中华新闻社、我认为该社应该多搜集一些国内新闻以供在美国发表。

随后,我们转到台湾的政治问题。蒋廷黻对此十分关切,他一直想建立一个第三党,这与胡适没有什么不同,虽然后者对于第三党本身不那么感兴趣。换言之,胡博士不认为第三党能很起作用,但他相信,在一个卓有成效的民主的政府里,反对党是个必不可少的因素。蒋和我都一致认为,我们的政府应该更民主一些,我们认为,为对付共产主义,我们应该把所有反共的领导人集合起来,举行一个救国会议,并争取像顾孟馀和张君劢博士一流的人物合作,以十字军的精神推动一个反共产主义运动。我们觉得这样的运动在美国将获像鲁斯和保罗·道格拉斯那样的人的赞助,这些人是中国人民的好朋友并强烈地反对共产主义。我们一致认为应该做出更多的努力,改进台湾的法律秩序并消除人民的恐惧心理。面对共产党渗入和颠覆的威胁,台湾政府为维护和平和秩序而作的努力中,似乎过于独断专行和依靠秘密警察及武装部队。我们认为,生活和自由应该得到更多的保障,使人民无论在家庭还是在生活中都有广泛的安全感。

蒋廷黻和我都觉得,应该减少国营企业数量,多兴办私人企业。一开始,国民党的基本政策之一是以国营企业形式建立主体工业,终而推行到一些中小型企业。例如,政府控制了糖、酒等主要物品的制造和销售。同样的道理,我们认为在鼓励外国资本投资方面应做出更多的努力,以加速国家的工业发展和经济发展。

我们认为应该了解一下为什么中国国民愿意在香港、新加坡和马来西亚等国找职业,并能够取得很大成就,而在他们自己的国土上就不能取得同样的甚至更大的成就。最后,我们一致认为,政府应该实行一项能使人民有改善生活条件机会的财政政策。

助理国务卿饶伯森安排我去台北前在 1 月 16 日与国务卿杜勒斯进行一次会谈。16 日是星期一,我返回华盛顿与国务卿会见,然后与饶伯森做最后会谈。返回使馆后,我与谭绍华和赖家球又进行了一次讨论。

星期二下午,我到贝塞斯达海军医院拜访俞大维将军,以便在去台湾之前也和他谈一谈。我们谈了一个小时,听说他要留在医院进行复查。他曾去纽约的哥伦比亚医疗中心做过检查,医生建议他再做一次手术,并告诉他说,在该中心的医疗史中,仅遇到过两例多发肿瘤病。他们告诉他,询问这些瘤子是良性的还是恶性的毫无用处,只有做手术后才能确诊。但俞大维说,他不想再动手术,或至少在得到海军医院同样的意见前不做。他急于回国,因为他预料 5、6 月份可能会出现一次危机,他希望亲临现场。即使中国共产党不发动进攻,他也希望再次到其他岛屿走一走,以便鼓驻军的士气。如果共产党真的发动另一次进攻,他希望到前线去鼓舞士气,在撤出大陈岛时他就是那样做的。

俞大维觉得此次访美大有裨益,他不仅与陆、海、空三军首脑分别进行了会谈,而且与他们三人和五角大楼的参谋人员一起进行了会谈,向他们解释了为对付共产党的进攻所需采取的战略的个人想法。他告诉我,美国人起初认为共产党所进行的是防御性准备,但他告诉他们,共产党人深知美国决心不挑起与中国共产党人的战争,实际上任何人都知道这一点。此外,如果美国不打算进攻,共产党就能够把现在驻扎在台湾对岸的军队调到西北地区使用,并将有力量承受在西北地区铺设道路,钻探油井的费用。他在参谋长联席会议上与太平洋舰队的斯顿普和五角大楼官员们讨论了有关问题。

俞接着说,他不想请求给予援助或任何武器,那是要由美国官员研究了他陈述的情况或事实后来决定的。他已经告诉他们,需要采取的是保卫岛屿战略,就是英国在第二次世界大战中采取的那种战略。这就需要掌握制空权。为了能够保卫金门和马祖,我们必须掌握制空权。如果共产党人发起进攻,他们将首先争夺这种制空权。因此,在正常情况下,我们所要采取的防御措施就应当包括轰炸共产党大后方的机场。但是由于美国不允许这样做,害怕战争升级并使美国卷入,因此,这就不得不加强各沿海岛屿的火炮攻击能力,尤其需要加强防空火炮的攻击能力。美国人要他把要求提出来,但他拒绝了,他说应该由美国人决定是否需要更多的火炮,需要就提供。

俞大维向我解释说,在与美国人打交道时,他觉得有必要先要他们接受政策问题,至少是原则上接受,这是很重要的。一旦这一点做到了,实施政策就成为必然的事了。在台北与军事援助顾问团新任团长史密斯将军进行的多次冗长谈判都没有取得任何效果,就是因为这个原因。就某个细节问题争论不休毫无用处,重要的是要首先决定原则,这只有在华盛顿才能办到。他还说,若是能早些来美就好了,那样他对更新我们军队中老弱病残的问题就能更快一些解决了。

俞大维随后解释说,他已经做了三件重要的事,首先是解决了更新和扩大后备力量的问题。他所说的更新和扩大后备力量指的是用重新训练过的军人更换老弱病残。新兵在军队中服役两年后将复员并重操旧业,如务农或零售贸易等,此后每年在军队中服役一个月以加强训练。这一套制度如自动奏效,中国的武装力量就将保持百分之百的战斗力。俞说,这是一项重大收获,因为此制度实施后,中国军队就将第一次成为一支国家的军队,军阀主义就不会再出现。俞提到的第二个重要问题,是对现役军队加以实际训练使之具有战斗力。第三个问题是对沿海岛屿的防御,为此已经与参谋长联席会议原则上达成一项协议,根据此协议,美国将派人与中国国防部共同制订沿海岛屿防御计划,并为这种防御提供必要的物资。俞大维告诉他们,他不打算要求达成一项共同保卫沿海岛屿的协议,他知道美国人不愿签署这种协议。但他说,为使中国武装力量能够有效地保卫这些岛屿,应该事前与我国共同拟定一个提供必要装备的计划。

俞大维请我见到蒋委员长时向他复述上述想法,并恳请他"趁热打铁",施加压力,使之早日实现。换言之,他希望我请委员长与美国人接触,告诉他们俞所提出的纲领。俞已经告诉美国人,我们愿意在他们提出各种问题时再作相应的修改。所以他接受了美国提出的仅为一个预备师提供装备的允诺。但训练后备役的计划一经付诸实施,那就意味着每年将更新十万人,三年之后,实际上全军士兵将都是二十六岁以下的年轻人。他重申,这些士兵服役两年后,将全部退伍回乡,但以后每年要在预备部队服役一个月。他个人赞成组建六个预备区,因为他觉得要把所有预备部队送到一个地区去接受一个月的训练费用太大。他说,由于这种主张和美国的体制基本相同,因此,美国人也就会很快认识到,预备部队将需要更多的武器装备及设立更多的训练中心。

俞大维说,在共产党人进攻沿海岛屿时,我们必须奋起打好这一仗,否则美国人民就会大失所望,就不会支持政府对台湾提供实质援助的任何政策了。因此,重要的是要提高中国军队的士气,并在战争开始后让美国公众清楚的了解中国防卫战争的进程和英勇战斗的情况。我完全同意他的话,我说美国人民是富于感情的人民,尽管他们反对战争,但他们仍然会同情和支持经过奋勇作战而战败的斗士。俞将军说,我们最终可能失败,但至关重要的是,我们一定是经过英勇战斗到最后才失败。

俞大维年轻时曾在哈佛大学学习,体察过美国的生活和美国的特点,他了解美国人民和他们的思想情况,在这一点上和我相同。因此,我曾屡次力图向蒋委员长解释与美国人打交道的最佳方式。委员长采取他认为可以使美国人信服的那种方式。但他的思想和推理方法是中国式的,不甚适合美国的情况,特别是不适合美国人的性格、心理和背景。这儿看得出,国防部长俞大维完全了解美国人,与他们打交道的方式是十分正确的,也正是我力图向委员长陈述的那种方式。在和美国人打交道时要顺其性情,不宜披其逆鳞。

1月18日,星期三,我在离美赴台北的这一天拜见了众议院外交委员会主席詹姆斯·理查兹。我们谈及的一些问题已在其他地方叙述过,例如理查兹对我们在联合国否决外蒙古一事的态度以及他对日内瓦双边会谈的态度。此外,我们还讨论了沿海岛屿的形势,美国对外援助议案及1956年的选举等。

詹姆斯·理查兹说,他对于金门和马祖的局势十分关切。他认为《生活》杂志中关于杜勒斯声明说美国曾有三次处于战争边缘,(一次是在台湾海峡地区)但是避免了实际冲突的那篇文章是欠考虑的,尤其在选举年里就更不妥当了。他认为这种看法按共和党的政治观点来说并不坏,但错乱不当。应当用其他方式把它表达出来,就不会引起这么多的批评了。当我说到文章的作者显然不善于外交辞令时,理查兹说,他的确知道作者根本没有外交经验。

关于理查兹所说他很关注的金门、马祖岛问题,他表示深信美国应该参加这些沿海岛屿的防御。他说,这些岛屿对于台湾和澎湖的防御是很重要的,而为了台、澎的防御,美国已经与中国政府签订了共同防御条约。他认为,如果金门和马祖失守,共产党人必将进攻台湾和澎湖,美国就会卷入战争。他告诉我,自一年前这个问题开始出现时,他就深信美国应该参加沿海岛屿的防御,而且他相信当时政府也是这种想法。今年是选举年,政府当局将以和平与繁荣为竞选纲领,但是如果共产党真的要进攻金门和马祖,他很难相信政府当局能袖手旁观,他说他不能代政府说话,但他本人赞成美国参加这些岛屿的防御。此外,他认为,美国应该表明美国将保卫这些岛屿的意图,那就会阻止共产党对这些岛屿发动进攻。不过他认为共产党人近期内不会真的对这些岛屿发动进攻。他认为,共产党人在使用武力解决台湾问题之前大概先要设法巩固他们在印度支那的地位。

我说我认为共产党人非常可能利用今年是选举年这个情况,一方面做出进攻沿海岛屿的姿态,一方面施加压力迫使国务卿杜勒斯与周恩来进行一次较高级的会谈。

我问到理查兹对于国会通过政府所提援外法案的前景有何看法,他回答说,他认为国会不会通过这项法案。他说,国会很可能仅通过二十亿美元的援外拨款,因为过去通过的援外拨款中仍有一大部分尚未动用并正在提供之中。此外,他不认为政府提出的对某些长期援外计划项目(例如援助埃及和印度的计划)予以支持的请求会在国会通过。但他说,关于台湾的那一部分计划会得通过,而且他将支持这项计划。

我提出了需要五年建成的台湾石门大坝和水库的问题,中国政府已经自筹经费开工,但仍然需要美国援助一千五百万美元作为必要的设备购置等费用。我问理查兹,像石门大坝这种需要美援的长期计划是否会因其本身的优点而有可能得到国会的通过。

理查兹回答说,他认为不行。他说,国会大概会拨出一小笔资金对各个项目进行初步调查。他说一项授权议案在任何情况下也不会使国会承担义务,因为要由拨款委员会对它认为切实可行的计划拨款。

我问理查兹对艾森豪威尔总统竞选连任的前景有何估计。

理查兹回答说,他认为自从艾森豪威尔总统患心脏病后,不利于他竞选连任的机会是百分之九十九。他相信艾森豪威尔本人并不想再竞选,目前不利于他再参加竞选的概率为百分之七十五。不过他仍然不能肯定以后会出现什么情况。总统大概会受到很大压力,不得不同意作候选人。共和党领导人们会设法编造一个竞选理由,即美国和世界都需要艾森豪威尔,但他们的真正动机是要挽救共和党。理查兹补充说,民主党能够击败艾森豪威尔以外的所有共和党候选人,并将推出艾德莱·史蒂文森为该党的候选人,如果艾森豪威尔不与他抗衡,史蒂文森肯定能够当选。但很可能艾森豪威尔只参加电视竞选活动,而让副总统候选人去进行实际的竞选游说。

会谈到此我必须告辞了。临行前,理查兹请我代向蒋委员长和蒋夫人问安,并祝我一路顺风。

返回使馆后,我真的不得不匆匆赶到国民机场搭乘 12 日中午的飞机去洛杉矶。所有中国政府官员都到机场送行,美国国务院中国科的拉尔夫·克拉夫代表国务院为我送行。

下午五点我到达洛杉矶机场。总领事江易生和领事馆工作人员、中华公所主席和其他中国团体的领导人到机场迎接。我住在斯塔特勒旅馆,晚上去中华公所的新会址访问,并参加侨界领袖为我举行的晚宴。我应邀作简短华语讲话,简要介绍了台湾的军事、经济和政治局势,及政治朝民主化方向迈进的情况。我强调了台湾政府和人民光复大陆的决心和他们对这种努力的必胜信念。同时,我解释了大陆共产党政权的暴虐本质。最后我强调了海外华侨与台湾人民合作的重要性,着重指出,大陆上人民的精神及对于自由的热爱永远不会丧失。

第二天早晨,我打电话给前行政院长孙科,告诉他我将去台北,短期述职后即赶回。我问他是否也打算去台湾,并建议说,因为他从来没去过台湾,到那里去看一看会是很有趣的。孙科说他想去一趟,可是还不能肯定何时才能成行,其实他除了帮助他的儿子经营房地产外并没有什么其他非做不可的事。事后不久,我接待了两个正在西海岸处理毛邦初讼案的律师。这个案子仍在进行,这正是我当面向这两位律师谈一些问题的好机会。

中国中央银行前总裁、曾在南京任过交通部长、这时在罗耀拉大学当教授的张嘉璈博士来访。这是离别多年老友的重聚,他主要是来询问我到台湾停留多久,何时返美。

我当天下午从洛杉矶机场起飞,晚上到达檀香山机场。我受到唐榴总领事、邝友良夫妇及当地其他华人领袖的迎接。檀香山市长也前来迎接。不过此次停留是短暂的。我早上十点左右离开檀香山机场,继续向西飞行。

由于飞经国际日期变更线,我丢掉了1月20日一整天。因此,飞机到达威克岛为去东京的航程加油时,已经是1月21日了。飞机到达东京机场几乎晚点三个小时。中国驻东京大使董显光、杨云竹公使、张平群公使和其他一些人已在机场等候多时。我们直接去使馆,在使馆领导人为我举行的午宴上,我用中文作了简短讲话。

晚上,董大使举行鸡尾酒会和晚宴,我又一次遇到约翰·艾利森大使。出席晚宴的其他客人有日本重要外交人士,其中有新任驻美国大使谷、前外相冈崎、我在北平当外交部长时曾任日本驻北平公使最近任日本驻台北大使的芳泽,实际上,芳泽刚刚辞去他的大使职务。

22日,我离开东京机场去台北,清早到达。到机场迎接我的有外交部长叶公超,次长沈昌焕和周书楷,及外交部其他高级官员,总统府秘书长张群,蒋经国将军和其他高级官员,如考试院长莫德惠、财政部长徐柏园、台北市长高玉树、黄仁霖将军、俞国华、王蓬和吴南如;美国方面在场的有蓝钦大使、陈纳德将军和国际合作署的布伦特先生。当然,到机场迎接我的还有我的儿子全家。

许多记者也前来机场,遵照叶公超部长的意见,我回答了他们提出的问题。离开机场时已经是上午九点半。十点到十二点,我和叶外长谈话,并接待了台湾省主席严家淦、俞国华等人。下午我先到叶外长府上拜访,然后到士林官邸谒见了总统。晚上我和叶共进晚餐。从1月22日到达,到1月27日离开,我忙得不可开交。虽然这次去台为时不过一周,但我作了二十五次走访,接待了三十次来访,参加了十二次晚宴、午宴,作了四次讲话,其中包括在新闻招待会上的一次和总统让我参加的会议上的两次。

这两次会议之一于 24 日在总统府举行。蒋委员长邀我参加这次就所收到的宣传报告及国外宣传问题举行的会议。我再次应委员长之嘱就国际总形势特别是美国的形势做简短讲话。

1 月 26 日，作了另一次讲话。我应立法院外交委员会之请，在该委员会为听取我的报告召开的一次特别会议上讲话并回答问题。会议开了一个半小时，大约三百人出席，除委员会正式成员外，还有立法院其他成员。

当天十二时三十分，总统邀请我参加午宴并参加在台北宾馆举行的一次国民党评议委员的定期月会。出席会议的有国民党元老和政府高级官员六十多人。这些老党员实际上是党的老前辈，大部分是老一辈的政治家，其中包括五院院长，虽然行政院长俞鸿钧和立法院长张道藩大概还不能视为老一辈的政治家，因为他们的年龄还不到六十岁或刚刚六十出头。应蒋委员长之嘱，我也在会议上做了简短发言。随后，委员长讲话，他谈到在国内和国际形势中影响中华民国利益应该引起政府和国民党关注的各项问题。

现在，让我简单概括一下我此行的目的和缘由，外交部长叶公超根据蒋委员长的指示给我发来电报，要我安排一次旅行去磋商问题，我一收到电报就想起国民党在纽约办的一份中文报纸两年前说的话，"顾维钧老矣"。我还回想起 1954 年我奉召要我去台湾议事，特别是讨论我是否愿意接受考试院院长职务的事。1954 年我到台湾并与蒋委员长面谈，当我告诉他我觉得不能胜任那个职务，而且对考试院的工作所知甚少时，委员长只是一笑置之，这件事非常怪。显然，在从我收到说我将被任命为考试院院长的电报到我在台湾见到委员长的这段时间里，他已经改变主意。根据这些回忆，我猜测 1956 年要我回台湾的目的是想谈一谈我自己的出处问题。我相信台北觉得这是个非常难办的事，希望了解我如何看待。

我历来服膺接受职务要大方，辞去职务也要大方，任职不是终身制。我一直赞成政府和外交界输入新血,为较年轻的新人创造获得经验的机会。此外,很久以前我就表示过辞去职务的愿望,在我感到中美关系及中国的局势已充分稳定,我决非离开一艘"危舟"时,便向外交部长叶公超提出要辞职。由于这些原因,我决定在对1956年召我回台的目的加以明确之前辞职。我知道我的坚决态度将使政府和我个人之间更易谅解。

我到达台北之日,当外交部长驱车送我去他的住所时(即我去官邸谒见蒋委员长的一个半小时前),我问他要我来台湾的真正目的是什么,这时他才开始告诉我。他说他认为蒋委员长意中对华盛顿的职位已另有了人选。但他是以提问方式表达的,说是在跟我讨论,看我对此有何意见。他还说,我的继任者很可能是董显光。

所有这些,似乎都证实了我一路上,特别是在东京与董显光夫妇谈话之后自己的猜测。在董大使和夫人为我设的晚宴酒阑人散后,我们三人闲聊片刻。由于我和董夫妇相知颇深,当他们问我打算何时返回华盛顿时,我说这取决于我在台湾讨论的结果。我告诉他们,我切望辞职,因为我已在华盛顿好多年,对大使馆的工作已感到很吃力。我说我实际上已对叶外长表示过此意。我还问他们是否喜欢华盛顿。董对我说,他也越来越老了,蒋委员长要他任驻东京大使是因为他曾当过一家报纸的驻日记者,对日本情况比较了解,对许多日本高级官员也非常熟悉,他仍然完全服从委员长的调遣。他的意见是,他已经心满意足,但他愿意听从安排。董夫人更直率,她说她不喜欢日本的职位,她不会说日语,不很了解日本人,但她很了解美国人。于是我说我可以理解他为什么不很喜欢日本,他们最理想的地方是华盛顿,在那里董夫人就更能发挥工作效率了。当董显光说他在华盛顿大概做不到我那样好时,我说我越来越上年岁了。(虽然实际上他比我大几个月,他的身体仍很健康。)

这就是我与董显光夫妇谈话的大意①。因此当叶公超告诉我的第一件事暗示委员长也有同样想法时,我干脆告诉他这已经不是新闻了。我回来的真正目的就是要明确提出辞职,正因为如此我才这么快到台湾来。当我问叶公超委员长招我来的直接理由时,他只能推测。

22 日我告别叶公超后立即对蒋委员长首次拜谒,我向他汇报了情况,没有谈辞职之事。1 月 26 日我第二次进谒委员长时,向他解释说,我已经上年纪了,现在虽然身体无恙,但不想过于劳累,华盛顿的职位需要一位更年轻的人。我深知这背景是怎么回事,所以还像 1954 年那样,说我确实觉得应该休息,做我自己想做的事。我告诉蒋委员长,华盛顿需要一个新人,我已经像一匹老马,体衰力竭了。委员长问我是否见到副总统并和他谈过此事,我回答说将在第二天下午见他。这时蒋夫人宋美龄走进来。委员长下午有用甜食和热点心的习惯,宋给他端来,我的话就被打断了。他们请我一起吃点心,但我没有这个习惯,便告辞了。

第二天下午,我确实见到了副总统陈诚,由于他正患胃溃疡,周末没有出门,因此他在家中接待我。我预料副总统会告诉我委员长不想亲自告诉我的事。陈诚将军待人一向非常友好坦率。我告诉他我与蒋委员长的谈话情况,我说我确实希望辞职,大使工作非常繁重,需要一个年轻一些的人去承担。副总统说他能够理解,他本人也已经推迟辞职,工作的时间也过长了,结果胃溃疡越来越厉害,现在不能出屋了。他说,即使我要辞职,也仍要为国家工作,由于我的经验和名望,国家仍然需要我。他说已经和委员长商讨过,我可以辞去职务,但必须担任特命巡回大使,把办事处设在纽约,在我力所能及的时候,都可以进行巡回访问,对南美洲或欧洲一些国家进行亲善使命访问。我不需做很多事,只在我

---

① 编者注:上述谈话和 1956 年台北之行的谈话细节,不是根据文字记载整理的。因为顾氏的资料中找不到 1956 年 1 月 19 日至 31 日的逐日记录,只能找到旅行期间逐日约会的议事日程。谈话细节是根据顾博士的回忆整理的。

能够做的时候做我所能做的事。可以为我提供办事处或工作人员,享受大使待遇,只要我愿意,随时都可到台北议事。我可以量力而行,但政府和委员长都认为不能完全不要我的服务。

我说我很感谢副总统的话,但我觉得有两个原因我不能承担这个使命。首先,我确实不想承担任何义务,以便整理一下我自己的文件,大概要写一点东西,并为供养我个人和家庭将来的生活找个出路,因为我的一切财产都丢在大陆了。其次,巡回大使做不了多少事,各国外交部长都是非常繁忙的,如果我不承担某种具体目的的使命,就不会给对方留下什么印象。陈诚指出,我已经闻名遐迩,许多国家的外交部长在学龄时期就知道我了。我说那是可能的,但要进行正式访问或承担亲善使命,有一些问题需要考虑。由于当今的政府领导人都工作繁忙并悉心于政务,他们首先要知道来访目的,以便安排对具体问题或项目进行会谈。此外,亲善使命应该得到合乎礼仪的接待,应该得到我国政府和政府使者应该享有的礼遇。我说,因为我们已经安排了正式的常驻大使或公使负责那里的事务,他们能够很好地处理这种工作,无需再派一个一般的亲善使团。只有在出现了非同一般的特殊问题时,才需要派出特别使团或礼节性使团,以示对该问题的特别重视,例如派使团去参加一个国家首脑的就职典礼等等。一般情况下,亲善使团即使不被认为是一种麻烦,也至少被认为是不必要的。所以我告诉陈诚,我觉得我起不了多大作用,但我觉得无论如何确实需要一段时间的休息,需要一些时间做点个人的事。

这就是当时蒋委员长问我是否见到副总统的原因,他显然不希望他本人首先提出这个问题,而是指示副总统做这件事。

我计划第二天即星期六上午十一点离开台北,我已经通过张群将此事转陈蒋委员长。张群告诉我委员长已同意了。英美会谈即将在华盛顿举行,我已经说明我想在会谈开始前及时赶回去,以便继续了解我临行前向美国国务院提出的意见有何效果。

于是委员长定于星期六上午九点三十分与我再次晤谈。

我到总统官邸晋见总统时，惊异地发现，在座除秘书长张群之外，还有外交部长叶公超、副总统陈诚、行政院院长俞鸿钧。这次会议要讨论的是，鉴于美国对日内瓦双边会谈所采取的政策和华盛顿的英美会谈，我们应当采取什么对策和行动。我借此机会告诉委员长，他曾问我是否见到过副总统，我已经见到了，并告诉他我们谈话的情况。

我开始解释为什么不准备接受巡回大使职务，委员长说中国对外关系是非常重要的，并提出赴美使命问题，这件事叶在华盛顿曾与我谈过。蒋委员长说，英国对我们的政策和态度不能令人满意，我们应该采取一些步骤使之发生变化。他认为，由于我与英国首相艾登非常熟识，并认识他的一些内阁部长，而且我在英国政界和公众中很有名望，我可以担当这个使命，这样会很有帮助。他说我可以与艾登和政府其他领导人会谈，使他们更清楚地了解中国共产党的真正威胁以及英国与中华民国之间将来的一致利益。他希望我会同意考虑这项使命。（当然叶公超一直很赞成这项使命，并希望我能够承当。）

我说这是个好想法，但他们应该现实一些。在目前的形势下，我认为要影响英国人改变政策，任何人也起不了很大作用。目前，由于公众舆论，由于商业利益和政府态度的压力，英国的政策已经定型，共产党中国地方广袤，对局势影响很大，以及与英国利益密切相关，都对英国产生了深刻印象。英国的商业团体一直受到有吸引力的大陆中国市场的诱惑。

我接着说，如果承担这项使命，我还将遇到另一个令我为难的困难，过去我在英国受到崇高的礼遇，但是现在，由于英国甚至不承认中华民国颁发的护照，而只接受宣誓书，我甚至很难获得签证。多年来我一直受到贵宾的款待，而现在我却不得不乞求入境，还不知道他们签证要用多长时间。假令他们同意给我签证，可能我还需要签一份宣誓书，这将尤其令我为难，因为根据英国护照条例，由于我的国家未得到外交承认，我将需要以无国籍人身份签一份宣誓书申请签证。我说，也许其他与国事无关并以私人资格去访英的人可以做这件事，我则不能而且也不应该做这件事。

这样，他们知道此事是行不通了。副总统陈诚和外交部长告辞了。（出于礼貌，我正等他们首先告辞，因为他们都是政府领导人，我是他们的下属。）他们离开后，我起身告辞。委员长说："请坐，请坐。"他说，如果我不想接受另一个政府职务，也不能中断与他的私人关系。我说我没有这种想法，只是觉得劳累了，而且像我的医生常对我说的那样，我需要长期休息。我说等我身体好一些，委员长如果有什么吩咐，我随时都准备效劳。说过客气话之后，我即告辞。张群陪同我走出起居室，委员长送我到起居室门口，没有出屋。以前会见他总是陪我一起出来，送我上车的。（如果不是在他的办公室或政府大楼，而是在官邸会见的话。）张群边走边告诉我，我应该知道总统是很失望的。我告诉他我讲的都是心里话。我们快走到门前时，一位副官追出来说："秘书长，总统要见你。"张请我稍候片刻。

我等着他回来，他出来后对我说，总统要他转告我，希望我担任总统府资政。他解释说，在现有的十五个资政职位中，委员长总是保留两三个空缺，授予资政职位是非常郑重的，现在他希望我充任其中之一。我说我很感谢委员长，但我真的需要全面的休息，身负任何职务也会使我得不到休息。张说，委员长这次是诚心诚意的，我不可再不接受。他提醒我，我在拒绝赴英使命时，已经表示同意不中断同委员长的私人关系，如果我拒绝资政之任，委员长就会生气了。他说，总统府资政是个荣誉职务，担当这个职务并不一定意味着还要为任何人或为政府工作，而只是以高级顾问身份保持同委员长的私人关系。他说我这次不能再说不接受，否则就会伤他老人家的心，于是我默认了。

我从委员长官邸直接去机场。那是星期六 1 月 28 日，刚过上午十一点飞机起飞了，一百多人为我送行。

当天晚上飞抵东京机场，在那里停留一天。董大使和杨公使到机场欢迎。因为正是晚餐时间，我请董大使和夫人、杨公使和夫人在我的旅馆与我共进晚餐。第二天上午，他们带我去一个著名的日本疗养胜地，此地离东京一百英里，比横滨远一些，坐汽车到那里通常要用两三个小时。但此次因路途结冰，用了十个小时才到达。下午很迟我们才在那里吃了一次日本式午餐。

1月29日晚上，董大使和夫人为我设宴，庆贺我的生日。有趣的是，我第二天到达檀香山后，又参加了一次生日庆祝会，因为我越过国际日期变更线后又赶上另一个1月29日。

与董显光夫妇共进晚餐之后，我又和董大使进行一次长谈。我告诉他我台湾之行的情况，并说我已经决定辞职。我说他接替我的工作最合适，而且无疑他将是我的继任者。我告诉他最好提前做好准备，因为叶公超已经得到委员长同意并向我保证，用多长时间做好离开华盛顿的准备悉听我的方便，政府并没有为我规定离任时间的任何意见、计划或愿望。我大概只需要两三个月时间就可以结束工作，我告诉董，一如我已对叶说过，此事最好尽快解决，我希望我的继任者能够迅速得到美方的同意，这不仅是为了我国政府，而且也是为了我自己，因为我不希望有所耽搁，因此，我希望尽快由我亲自办理由他接替我大使任务的提名通知，并迅速取得驻在国的同意等具体手续。一旦行政院作出正式决定并由叶外长通知我董为我的继任人，我当立刻向国务院办理此事。我相信我一定能迅速为董获得美方的正式同意。当董说他觉得做不到我那样好时，我提醒他说，虽然他的年龄比我大几个月，但他身体健壮，熟悉美国国情，特别是熟悉美国报界情况，并与好几位美国要人非常熟悉，一直保持着联系。我还告诉他，政府希望他在我离任后尽快到华盛顿就职，我本人也希望他在接到驻在国的正式同意后立即到任，那就不致发生间断。

我当天晚上离开东京，中途在中途岛（飞机被迫改变航向，搭载几个困在那里的乘客）、檀香山和洛杉矶停留之后，到达华盛顿机场。就我个人来说，辞职已成事实，只差具体细节和正式交待手续。

我未来的计划早在 50 年代之初就已经大体上确定了。我一直在想，像我这样的年龄——那时我已六十好几岁了——应该赶快退出外交界，享受几年生活的乐趣，做我喜欢做而不是不得不做的事。同时也要为我的家庭经济谋一点出路，因为共产党夺取大陆后，我父亲留给我的农田、出租房屋、中国公司的股票、银行存款等全部私人财产完全丧失。我原来一直认为，这些继承下来的财产虽然为数不多，但加上我一心努力工作，我和我的家庭是不会有冻馁之虞的。但是，中国大陆出人意料地易手，继以我在老家的财产丧失之后，我就不得不为一个差堪温饱的条件而操心了。

随着 50 年代的进展，中华民国的情况有所好转，我要辞去政府职务的问题较易解决，我的计划也就更易实现了。当时我已年近七十，我希望做的事有三件，第一，休息或度假以恢复健康，尤其在我如此高龄之时，只有长久退休才能使我摆脱公务的压力对我的健康带来的损害。第二，我希望写一些东西并做一些研究，这是我一直想做的。但由于没有时间总未遂愿。第三，我希望安排好家庭的经济生活，我本想——这纯粹是个人的梦想——依靠我在国际事务和国际法律方面的经验和学识以及我的许多交往，我可能会对某个大公司或国际法律咨询机构有些用处。约翰·福斯特·杜勒斯在华盛顿担任政府职务前就曾这样做过。他的法律事务所处理了许多国际法律讼案。但我也觉得我的年龄是个巨大障碍，我知道美国公司都在找年轻人，任何年过五十的人就不易博得别人的青睐。特别是在与一个非常有能力和经验丰富的朋友谈过之后，我更信服这一点。他五十多岁从政府退休后，曾设法在美国公司找个工作，但他失望了。他告诉我，当他经人介绍和一家大公司的某大经理见面时，第一个问题就是："您多大年纪了?"当他说出他的年龄以后,对方的脸色表明他们已经失去所有的兴趣。

我想,或者我可以靠写作谋生,实际上我已经收到了几家美国著名出版社的约稿,当时我还没有想到在国际法院任职,虽说在我从驻美大使退休以后实际上得到的正是这项法官的职位。我是在已经离开华盛顿的职务后,才得到要我同意做法官候选人的要求。这个职务虽然很有吸引力,却是我意料之外的事。

我于 1 月 30 日星期一晚上回到华盛顿,随后与我的馆员们就使馆事务问题开了几天会,了解形势发展的最新情况,处理积压的函电,打电话给美国国务院约定拜会助理国务卿饶伯森,做其他访问并接待来访者。我访问的人之一是国防部长俞大维,他仍在华盛顿疗养。我告诉他,我已向蒋委员长转达了他的意见,即迫切需要指示国防部对美国方面施加压力,就讨论和拟定沿海岛屿的防御计划问题与斯顿普海军上将特派的美国军事官员进行磋商。俞大维问我委员长是否很赞成他的想法。我说我的印象是如此,并补充说,我也将此想法告诉过代理国防部长马纪壮海军上将。

我告诉俞大维,蓝钦大使说我们在大金门和小金门的士兵觉得难以操纵六英寸火炮,如果改成八英寸火炮就更困难了。俞说那是不足为奇的。在岛屿上安设火炮总是困难的工作,我们撤出一江山岛后,共产党人登陆和安装大炮用了两个星期。我告诉俞大维,另一个美国人说,他发现金门岛上的掩体都是原始的,主要用于防御登陆部队,而不是用于防御空中攻击。俞将军说,防御空中攻击的能力从来就难以达到充分的程度,问题在于是否值得增加防空力量。

俞随后说,他发现海军部长托马斯对防御问题不很精通,他曾建议派几位军官与他讨论改善沿海岛屿的防御问题,托马斯接受了他的建议,派来丹尼斯海军上将。俞将军对丹尼斯提出十个问题,其中五个是中国空军的问题,三个是海军的问题,两个是陆军的问题。前五个问题中有三个确定的项目：（1）需要及早为美国喷气式飞机中队建设公馆空军基地的问题；（2）怎样更新我方逐渐过时的 F-84 战斗机的问题；（3）更新 B-47 轰炸机的问题。第四项是需要更多的八英寸大炮，第五项是需要增加一个飞行中队，以完成三个喷气式机中队的计划。俞说丹尼斯不知怎样回答第二个和第三个问题。将把这两个问题交美方最后解决，大概将提供 F-100 战斗机和 B-57 轰炸机。

需要补充说明一下，美制 F-84 闪电式战斗机和一些更快的 F-86 佩刀式战斗机是台湾空中防御力量的中坚。近一年来，美国空军已在台湾各基地保留一些补充的佩刀式战斗机。不过，苏联已向共产党中国运去一些更新式的米格-17 战斗机。这些苏制战斗机据说比 F-84 和 F-86 速度都快。因此，比苏制飞机速度更高的美制 F-100 超级佩刀式战斗机对台湾会更有用。至于 B-57 轰炸机，它们是更新式的美制轰炸机，台湾也需要一部分这种飞机，因为苏联正为北平提供更新式的、战斗力更强的轰炸机。

俞大维接着说，关于海军的三个问题是：（1）需要在金门和大陆沿岸之间的浅水域部署快艇；（2）需要更多的大型驱逐舰和驱逐护卫舰；（3）需要坦克登陆舰或其他登陆艇以供战时的后勤支援和运输。陆军的两个问题是：（1）需要二十一个师的全部装备；（2）需要两个预备师的装备，因为只有一个预备师的装备意味着所有预备役军人必须送到同一个训练中心去，这样就需要花更多的时间和费用。

俞大维重申，他相信今年从政治上和军事上讲都是关键的一年，他认为共产党可能用武力进攻金门和马祖，但宣布无意进攻台湾和澎湖，从而使美国无法根据共同防御条约行动，同时共产党将竭力要求加入联合国。俞说，他不指望赢得决定性的沿海岛屿战争，但只要我们能够避免败退，并证明我们能够保卫这些岛屿，共产党就会放弃进攻，从而使我们取得一场战术性胜利，这对我们的声誉和地位都会具有深远的影响。因此，俞说，他希望再用一年时间完成准备计划,他说到今年 10 月,预备部队的训练计划即可完成,并希望在今后六个月中能获得所需的全部美式装备。但他强调说,沿海岛屿的失守将使我们在国际上和心理上受到致命的影响。

俞大维希望当年年底结束他的军事生涯并退休,因为那时他制订的改进军事力量和防卫沿海岛屿的计划就能够实现了。我说,新的一年确实是关键性的一年,我们的处境从来没有如此艰难过。我还说,我已为国服务四十余年,现在正打算退休,我在台北已经向蒋委员长和政府其他领导人陈明我的愿望和打算。

第二个星期,美联社记者唐纳德·冈萨雷斯来访。他知道中华民国对于保持台湾海峡地区的制空权甚为担心,并询问了一些有关问题。我告诉他,苏联为共产党中国提供了更新的米格-17喷气战斗机,会威胁中华民国对台湾海峡地区的制空权,但我国政府为保持空中优势而进行的战斗,会得到美国提供更新式喷气战斗机的巨大援助。他希望了解,杜勒斯 3 月 16 日去台与委员长会谈时,是否会讨论这个问题。我说有这种可能,我还说台湾海峡地区的制空权控制在反共力量手中对自由世界是十分重要的。因为中华民国的制空权正面临挑战,增加那里的空军力量是符合美中两国利益的。

他要求我就共产党要“解放台湾”的新威胁发表评论,我说,中华民国及其武装力量已作好抵抗进攻,为保卫台湾战斗到底的准备。我说,我不愿猜测共产党到底对台湾、澎湖、金门和马祖采取什么行动或何时行动,但他们决不会仅仅坐在那儿重复他们的口头威胁。我解释说,共产党人实际上已经在台湾海峡附近按弧形建成七个前线空军基地,第二线空军基地也正在建设,以供苏制轰炸机使用。此外,共产党人正在厦门港建设一道通往金门对过的大担岛的长堤,最近又加强炮击马祖岛群中的一个小岛,并抢修通往金、马对岸地区的铁路线。在回答他另一个问题,我说,中华民国还需要更多的重型火炮和在台湾海峡巡逻的舰艇。来年夏季的几个月是对海峡地区发动入侵或其他军事行动最有利时机,共产党人随时都可能发动进攻,我们的防卫部队随时随地都要警惕。

同一个星期,我进行了数次访问并接待了一些新派驻华盛顿的外交使团成员的来访。外交使团还有一些人将离开华盛顿,因此我参加了日本驻美大使井口及夫人在使馆举行的告别招待会,和利比里亚大使辛普森及夫人举行的告别宴会。

2月15日,在使馆成员和其他政府官员的一次周会上,我介绍了最近台湾之行的情况。当天我直接电呈蒋委员长报告关于即将进行的美国选举的机密情报。委员长和政府其他领导人对我在台北时报告他们有关美国选举的情况甚为关心,因为选举结果显然对美国援助和支持国民政府的政策会有影响。因此,返回华盛顿后,我设法继续让蒋委员长本人对局势的明显发展和趋势有所了解。

我在15日的电报中提到几个问题,其中之一是,返回华盛顿后,我与美国两党和报界的一些要人讨论过艾森豪威尔连任的可能性。除了罗伊·霍华德认为艾森豪威尔不会再竞选外,共和、民主二党的每个人都预料艾森豪威尔会竞选。

2月22日,我访问了众议院外交委员会的理查兹先生,主要目的是要转致蒋委员长对他的问候。我去台湾那天曾与他相见,此次见到他,我首先回顾了我们上次会谈的情况。我还说,我几次谒见过蒋委员长,向他转达理查兹先生的问候,并告诉他理查兹先生打算年终退出政务生涯。我说,蒋委员长要我也向他致意,同时对理查兹先生即将退休感到遗憾。蒋委员长要我转告理查兹先生希望他重新考虑此事。

理查兹非常感激蒋委员长的周到考虑,但他说他已考虑再三,他经过仔细考虑并和他的家庭成员讨论后才做出决定的。正如他过去告诉我的那样,他已在国会服务二十四年,现在已经六十多岁了,他觉得必须有时间考虑家庭事务。他从父亲那里继承了一个中等规模的农场,想用一些精力谋求农场的发展。他认为,他对家庭有很多义务,而服务政界根本不能使他收支相抵。他说,为了公平对待他的家庭,他需要做一些事,积攒一些钱。他补充说,他的长子刚刚以实习律师身份开始其生涯,他也希望帮助他儿子成功。

我问他有几个孩子,理查兹回答说,除大儿子之外,他还有一儿一女。他已经六十一岁,从体力和精力上讲还能为家庭做点事,但如果他推迟退休时间过久,就不会像现在这样健康,就不能做他想做的事了。

我同情他的话,并告诉他我能够理解,因为我在公务生活中度过了大约四十五年,现在也计划退休,而且也在考虑类似的问题。

后来,理查兹又问我是否见到他最近所作的声明。我说见到了,中东局势一定让美国政府感到头痛,这一点已经由最近向沙特阿拉伯运送十八辆坦克的事件反映出来。

理查兹说,他十分关切国务院对他和他的外交委员会的总的态度,国务院从未及时让他了解情况,而只是在最后二十分钟寻求他对这个或那个问题的支持。因此他觉得很难让他和众议院外交委员会的同事们作出正确的判断。他不得不临时应付,并在没有掌握充足情报的情况下处理问题。理查兹不能理解为什么国务院在向沙特阿拉伯运送坦克的问题上三天之内两次改变其决定。这种反复无常的政策在他看来简直是不可思议。就以运送坦克一事而言,他认为美国是行之有据的。美国曾与沙特阿拉伯签署一项协议,根据协议,美国向沙特阿拉伯提供这些坦克;作为补偿,沙特允许美国在沙特建立一个空军基地。这本是一种条约义务,如果国务院一开始就让公众知道,是不会引起误解的。但是国务院却保持缄默,而在十八辆坦克装船待运,被一家报纸披露之后,却又惊惶失措。他重复说,他对于国务院在重要外交问题上对他和他的委员会隐瞒情况的做法甚为关切,因此,发表了他的声明。

理查兹还问我蒋委员长对中共进攻沿海岛屿的可能性有何看法。

我回答说,根据中国的军事情报,中国共产党为进攻沿海岛屿,已经扩大了军事力量,特别是空军力量,这可以从他们扩建原有空军机场,建设新机场及在沿海铺设公路的情况中反映出来。此外,他们正在加速铺设两条铁路,一条将杭州和南昌与厦门连接起来,一条与福州连接起来,以便向这两个与金门岛和马祖岛隔海相望的城市调运物资。我说,我国相信,中共4、5月份会认真进行攻击沿海岛屿,以便探明中国方面和美国方面的反应。但是谁也不能完全肯定中共的意图。我问理查兹,根据五角大楼收集的情报,他有什么看法。

理查兹回答说,他认为,中共在进攻沿海岛屿前会首先完成在亚洲其他地区的工作。这时,我插嘴说"例如越南",他同意了。他还进一步同意我的看法,即中共将对沿海岛屿发动一场进攻,以便试探中国方面的反应,特别是试探美国方面的反应。如果中美双方反应不大,他认为中共会扩大行动。但他还认为,中共将慎重行事,以免激怒美国参与这场冲突。

后来,在我们就日内瓦双边会谈及英美华盛顿会谈问题交换了意见之后,我问理查兹对艾森豪威尔决定竞选连任的可能性持何看法。

理查兹回答说,过去他一直倾向于认为总统不会考虑做连任总统的竞选,但他必须承认,根据报纸的报道和最近的迹象,他不能再像过去那样深信总统不愿竞选连任了。

我问,如果那样,尼克松先生是否会做总统的竞选伙伴。

理查兹回答说他相信会那样的。他补充说,民主党人会集中抨击尼克松,因为他在民主党人和部分共和党人中不很受欢迎。他还相信,艾森豪威尔总统如果接受提名就能当选,如果不接受提名,他认为共和党人就会提名首席法官沃伦,因为他们很希望维持住 1952 年赢得的政治权力。

会谈之后,我又给外交部发出例行的电报,同时直接给委员长发出电报,汇报了会谈情况,因为委员长本人要我向理查兹问好。

2 月 25 日星期六,即将在星期一回台北的俞大维前来告别,我们谈了一个半小时,他仍然很担心他的健康,特别是面部。我离开后,他又做过一次手术,这次为治疗他耳后的恶性多生瘤,切断了他面部的几根神经。他说,现在他将迅速返回台北,去金门和马祖视察一次,他定要继续工作到年底再退休。我又告诉他我想退休和辞职的打算。他敦促我坚持到年底,因为这是非常关键的一年,我应该过了这一年再离任。他认为总统不会接受我的辞职,但我表示我已和总统见过几次面,我的印象是,我的愿望能够实现。

俞大维说他认为他对美国的访问不是徒劳的。他说,他由于不再坚持要求获得三个训练师的装备,使美国签署了九个预备师的训练计划。他只得到了一个师的装备,这是美国的一贯立场。他重申,他所以如此,只是因为得到一个师的装备总比为了坚持要更多装备而等待和浪费时间强。不过,他在五角大楼还告诉美国人,为此他们就不能责成我们在紧急时刻配备齐二十一个全部装备的正规师,因为我们目前不得不用现役部队的一些装备进行训练。他还敦促在台湾设立两个训练中心而不是一个,不使受训人员远离家乡和因之而增加政府的运输费用和培训人员的家庭负担。

关于我国空军需要的物资,俞说,他将接受更多的 F-86 战斗机代替 F-100 战斗机,因为 F-100 战斗机尚不敷美国空军之用。他还将接受更多的 105 口径火炮而不等待 155 口径火炮。他推论说,如果我们的炮兵力量得不到加强(我们需要依靠自己的火力轰炸共产党沿岸的空军机场),我们就不得不诉诸于轰炸共产党的空军机场,这是美国不希望我们做的。他对于解决公馆空军基地问题感到满意。

我们详细讨论了这些问题之后，俞大维将军告辞了。我直到星期一去国民机场为他送行时才再见到他。

大约在那时，我决定给台北发电报，正式提出辞职，使此事早日落实。我在台北谈完此事已过了近一个月，仍未收到委员长或外交部长的回话。因此，2月28日，我亲自按固有的格式起草了辞呈。

辞呈写给外交部长叶公超，转呈蒋总统。

3月1日下午，我到国务院拜访了助理国务卿饶伯森，讨论日内瓦双边会谈问题和其他国际问题，并了解他或国务卿杜勒斯是否打算在台北提出任何特殊问题进行讨论。前已提及，他们即将在下星期离开华盛顿开始他们的亚洲之行，并于3月16日—17日到台北。我们进行了详细讨论，随后我起身告辞，我对饶伯森说，由于他和国务卿将远赴卡拉奇并作远东之行，我希望非正式地告诉他，我将辞去大使职务以便退休。

饶伯森说这很令他吃惊，并询问我辞职的原因。

我回答说，我已为国家服务了四十多年，早就应该退出公务生活，以便得闲照管一下我的个人事务。

饶伯森和他的助手马康卫都表示，希望中国政府不会同意我辞职。但我说已经下定决心，希望这次能使我国政府理解我希望辞职的原因。我补充说，如能获准辞职，我的继任者很可能是董显光博士。他在美国有许多朋友，他将和我一样做好这里的工作。

饶伯森说，从未见过像我这样富有社会经验和外交经验的人，听到我要辞职的消息他深感遗憾。他补充说，今天对他来说是个不吉利的日子。

我对饶伯森的好意表示感谢，我说，每个公仆都迟早要退休，现在是我退休的最合适的时刻。

饶伯森揣测说，有关情况目前似乎还不应该透露给报纸。我重复说，我的话都是非正式的，仅供他参考，我相信，一俟我国政府就我的辞职一事做出决定，将会有所公告。

整整一星期后，即 3 月 7 日，我国政府就我辞职事采取了初步行动，我收到蒋总统直接发来的电报，说同意接受我的辞呈，随后又收到叶外长的两封电报，一封是以私人名义，一封是以官方名义发出的。

委员长在他的电报中说，已经收阅我 2 月 28 日电报，并很踌躇地决定同意我的辞职要求，现已任命董显光接替我的职务。随后他说，多年来我为国戮力工作，功绩卓著。但我国的形势十分困难，为挽救局势，要依靠具有丰富经验和德高望重的人出谋划策。他说他希望我做他的顾问。他还说，对于我给予的任何帮助他将不胜感激。电报正式落了下款。

叶外长的第一封要我亲译的电报说：

> 来电收悉，您长期为我国外交事业服务，博得大家敬慕。近年来，在华盛顿任职期间，为贯彻国家政策和加强两国关系，取得巨大成就。政府本希望依靠您的继续服务，不希望您退休。但由于您的电文如此恳切，我已根据您的要求将电报转呈行政院院长，并报告总统请求指示。我现已收到行政院指示，宣布同意顾维钧大使的辞职要求。知道您正期待我的回信，特此电告。

叶外长的公务电报通知我，我辞去驻华盛顿大使职务的要求已获批准，政府已内定任命董显光继任。随电文附来董博士履历书，要我将此电报转交美国国务院，要求予以同意。

3 月 10 日，我发电报给叶，通知他已收到电报并在准备一份交国务院的正式通知并请代理国务卿安排约会，以便我亲自通报情况。这次约会安排在 3 月 13 日，我将会见副国务卿帮办罗伯特·墨菲先生。因为杜勒斯和饶伯森都已外出，副国务卿胡佛非常忙,当我如约到达国务院时,接待人员告诉我墨菲正在开会,请我稍待片刻。十分钟后,马康卫走过来说,墨菲先生仍在开会,会议将在十五到二十分钟后结束,我是否愿意见负责远东事务的助理国务卿帮办西博尔德先生。我同意了,马康卫陪我到助理国务卿帮办办公室并留下来参加会谈。

　　一开始我说,世界各地同时发生这样多的重要事件,国务院一定非常忙。

　　西博尔德说,因为许多人在国外旅行,国务院人手短缺。

　　随后我告诉西博尔德我想和他讨论两三件事。第一件事是旧金山大陪审团发传票给旧金山的二十六个华人社团,包括中华公所和所有宗姓联谊组织。我说,这些传票直接发给这些团体的负责人,要他们携带所有的会员登记簿、账册和档案去大陪审团回答问题。最近,该城市约有十名华人照相师也被传讯,要求他们携带在过去十五年中拍摄的照片底片去陪审团。这一举动不仅在旧金山,而且在美国其他城市的华人团体中引起了极大的恐惧和不安。这一举动的动机如何尚不清楚,但是据报道曾有两三个中国人以假的借口申请加入美国籍。

　　我接着说,如果这仅仅是个牵涉到中国血统美国公民的问题,大使馆无可置疑。但旧金山的地方检查官传召二十多个华人团体到大陪审团出庭的做法极不寻常,对华埠各业起了严重损害的作用,顾客不敢再光顾华人商店,唐人街荒凉无人。华人团体的许多人不禁怀疑美国政府采取了反华政策。其他人担心美国由于中国共产党人在日内瓦双边会谈时要求提供在美国的中国人名单,打算编制这样一个名册交给北平,我说,我个人知道这不可能是美国政府的意图,但这些传华人团体负责人去大陪审团的传票使华裔居民感到恐惧。旧金山和纽约的华人团体给蒋总统和中国外交部长发去电报,要求他们向美国政府交涉,他们还向美国国会议员、中国大使馆、领事馆发去谋求帮助的呼吁。我补充说,我已经几次派谭公使和崔存璘去见马康卫先生,敦促国务院采取措施,阻止这种不加区别任意传讯华人社团的做法,而且我现在以个人名义希望为此向国务院提出请求。

西博尔德说,发这些传票的目的是要彻底检查许多中国人以假借口获取美国公民身份证的问题。严格说来,这是关系到美国公民的问题,要由美国自己解决。这也是出于安全的目的,因为共产党的代理人正设法在香港取得身份证,以便非法打入这个国家。

马康卫说,向华人社团发传票的目的是要查明那些已经取得美国公民身份的人是否是按照法律规定而取得的。旧金山地方检查官的率先举动实际上是由两三个中国人引起的,因为他们在联邦法庭控告国务卿否认他们的美国公民身份。五天以前,驻香港的美国总领事发来报告,指出中国人以假借口取得美国公民身份的案例有七百多件,而中国人认为这位总领事对中国人民是富于同情的。马康卫坚持说,被传讯的华人社团的领导人都是美国公民。

我说,这些传票是发给华人社团的,没有具体提出任何人员,那里的华人社团认为这种程序是不合情理的。我回忆说,一家中文报纸争议说,如果一两个因触犯法律受到当局传讯的美国人在一家纽约旅馆中停留后不见了,绝对不能想象当局会召集该城所有旅馆经理携带他们过去若干年的全部旅客登记资料去大陪审团。

西博尔德说,加利福尼亚的联邦政府当局传唤那些人的动机绝非出于他们是中国人血统。国务院已经就此事咨询过司法部,该部保证并没有损害在美华人的任何民权。

我说,我不反对美国当局采取措施对付触犯法律的中国人,但我希望强调的是,采取不分青红皂白的措施以致引起旧金山的整个华人社团的恐惧是毫无道理的。我重申,美国当局在此问题上采取的措施是不必要的,引起了各种各样的疑虑。

西博尔德说,他可以向我保证,美国根本不打算制订在美中国人名单,而且即使已经有这样的名单,也不会交给北平政权。美国的立场是,保护这里的中国人是中华民国的责任,因为美国只承认中华民国。

我对美国对此问题所持的立场表示赞赏,但我说我仍然希望敦促美国政府采取行动阻止不分青红皂白的传讯。

西博尔德回答说,传讯是不能阻止的,但他将和司法部讨论这个问题,以便减轻华人社团的不安心理。也许美国方面就传讯的目的发布一项声明会起到作用。

我同意这样做,并再次要求暂停采取所有针对旧金山整个华人社团的措施。

西博尔德重申,他将和司法部探讨应付局面的办法。我随后询问了关于杜勒斯国务卿在新德里短暂停留的情况,并略加讨论。最后我提出我的辞职和任命继任者的问题。我告诉西博尔德,我最后想提出的是个人问题。我说,我两周前已经告诉饶伯森先生,我已向我国政府提出辞呈,以便退休,现在已得到我国政府允准。我国政府内定任命董显光博士为我的后任,他曾访问过美国,在这里有许多朋友。我希望知道董博士的任命对美国来说是否可以接受。随即我把为此准备好的照会交给西博尔德,并说如果他将此事提交上级并给我答复,我将十分感激。

西博尔德说他将愉快地照办,国务院将首先给我个人一个答复,随后另具公函。

两天之后,我拜访了参议员诺兰,和他讨论了接纳北平进入联合国的问题,我利用这个机会感谢他对旧金山大陪审团传讯该市各华人社团出庭证实一些中国人以假借口取得美国公民证的问题所作的努力。我对他说,旧金山、纽约和美国其他地方的华人社团,由于旧金山大陪审团采取的行动而惶恐不安,这一行动不仅引起该地华人的恐惧,而且还严重影响了华埠的贸易。我说我认为共产党人在他们的反美宣传中会对此事加以利用。

参议员诺兰说,他对此事很关心,当他收到纽约市的一个华人团体呼吁他给予帮助的电报后,他立即向白宫和司法部提出此问题。

我说,参议员的及时行动对局势的最新发展一定起到了很大作用。因为旧金山大陪审团已经缩小了传讯的范围,改变了传讯方式。

据参议员诺兰了解,美国存在着非法的华人诈骗集团,这些人为一些谋求进入美国的中国人开假证明文件说他们是住在美国的某些中国人的后代,以非法诈骗钱财。利用这种假证明而进入美国是非法的。他还认为,旧金山的大陪审团采取的行动不仅是针对中国人的,而且还针对有同样的违法行为的其他外国人。

我说,触犯美国法律的人自然应该受到追究,但我希望追究的范围应该限于有关个人,而不应该像旧金山的情况那样,把这作为传讯所有华人社团到大陪审团作证的依据。如果这种行动是有限度的,我相信华人社团不但不会提出反对,而且还会与美国当局配合,以便加强法律。

参议员诺兰说他很赞同这种意见。

我还向参议员诺兰询问了即将进行的选举的情况。我说,因为艾森豪威尔总统已经宣布决定继续竞选连任总统,我认为副总统尼克松也会作为总统的竞选伙伴,但我的许多朋友告诉我,包括参议员诺兰在内的其他一些人也会被提名为副总统。

参议员说,很显然共和党还会像1952年那样分别提名艾森豪威尔和尼克松为总统和副总统候选人。当我问国会何时休会时,参议员回答说国会大概在7月中旬休会。

参议员诺兰关于共和党企图再提出1952年时的竞选名单的预言当然是正确的,但这仍是个悬而未决的问题,因为在我们讨论时,尼克松还没有公开表明愿意竞选连任,艾森豪威尔还没有声明愿意让尼克松作他的竞选伙伴。这也是影响共和党在投票中获胜的机会的重要问题,因为在美国,民主党比共和党人多势众,尼克松虽然在大部分共和党人中很得人心,在民主党和无党派选民中就不很受欢迎了。因此我继续询问一些问题,以便使我国政府了解情况。

最后,尼克松与艾森豪威尔总统进行了一次谈话之后,于4月27日告诉记者说,如果总统和共和党希望他接受提名他为副总统候选人,他将照办。关于艾森豪威尔总统是否有此希望,新闻秘书哈格蒂在对尼克松的采访中插话说,总统要他告诉记者,他很高兴听到副总统的决定。几天后,我给蒋委员长直接发去电报说,此间主要舆论似乎是,尼克松在美国公众心目中是个有声望的人物。但是艾森豪威尔在患心脏病后做出的继续竞选连任的决定,使这个副总统候选人的地位比以往更重要,根据各方面的推测,即将在秋季举行的大选将成为另一次紧张激烈的竞赛。

在这一点上存在的几个大问题是谁将为民主党候选人打前阵,民主党将怎样与共和党竞争,我仍然要使台北了解情况,间接或直接给委员长发去电报,直到我离开华盛顿。我为此问题从华盛顿最后一次给蒋委员长直接去电是5月3日。在5月2日的一次招待会上,我和共和党的一位重要参议员交谈。正如我给委员长电报所述,该参议员告诉我说,如果史蒂文森出面作民主党候选人,艾森豪威尔重新获选是毫无问题的,如果民主党人提名前空军部长赛明顿或纽约州州长艾夫里尔·哈里曼为候选人,艾森豪威尔的重新获选就不是那么有把握了。参议员还对我说:这次选举肯定将使民主党人在众议院获得多数席位,而在参议院中哪个党能获得多数席位将取决于来自四个中西部州的四个共和党参议员是否能重新获选。

我在3月15日与参议员诺兰讨论了选举问题后,我说我想提出一个关于我个人的问题。我在两个月前访问了台湾,见到蒋委员长身体很好,他要我向参议员问好。我说,我还利用这次访问的机会向蒋委员长重复了我希望退休的愿望,最近并已提出辞呈。我很高兴我的要求得到委员长的允允,董显光博士已被任命为我的后任。

诺兰参议员说，听到我的决定令他甚感遗憾，并问我何时退休。

我回答说，了结手头的工作将用两三个星期。

参议员说，他将想念我和我的夫人，诺兰夫人听到这个消息也会感到遗憾的。

我对参议员的美意表示感谢。

当我和参议员诺兰谈话时，我非常希望在 4 月初离开华盛顿。当天，3 月 15 日，外交部公开宣布接到我的辞呈。3 月 21 日，政府宣布接受我的辞呈。3 月 26 日，我收到美国国务院对我的 3 月 10 日照会的回信，声明"美国政府接受董显光任中国驻华盛顿大使"。我立即将此消息电告台北的叶外长。万事似乎具备，可是 3 月 29 日，蒋委员长发来电报，答复我几天前就尼赫鲁 7 月间即将对华盛顿进行访问以及我的后任怎样能尽善处理这个问题发去的电报，委员长通知我董显光的赴任还要推迟数日。电报说，由于任命董在日本的继任者的问题尚未解决，董到美国来的时间还要推迟一些，他要我继续工作，并说他将无任感荷。于是，整个 4 月和 5 月的第一个星期，我一直留在华盛顿。

助理国务卿饶伯森陪同国务卿结束亚洲之行回国后，我于 4 月 6 日对他进行了第一次拜访。我们就一些国际问题进行了颇有收获的讨论，随后我即起身辞行。我临行时说，我想对他谈一个关于我们的共同朋友宋子文博士的私事。我说，听说宋博士正在申请在美国的永久居住权，所需的一切必要手续均已审批，他已准备好到国外去，以便以移民法所要求的新身份重新进入这个国家。

饶伯森请我再坐一坐，希望与我谈谈这件事。当我说宋博士要求保证他能获得重新进入美国的签证时，饶伯森说，国务院不能作此保证。

马康卫与往常一样出席了这次会谈，他解释说，宋博士应该按移民法要求向司法部申请重新入境的许可。

我说这不是获得重新入境许可的问题,我听宋博士说,他到古巴后就能取得重新入境许可,他所希望得到的是保证他能够得到重新进入美国的美国领事签证。我希望饶伯森先生能够给予一些帮助。

饶伯森问我是否正式提出这个问题。

我回答"不是",我说我想以个人名义提出这个问题。

饶伯森希望知道我和我国政府是否希望宋博士的申请会得到不同于其他人的对待。

我回答说,不是。

马康卫说,应该由驻在宋博士将要去的国家的美国领事馆发给他签证。

饶伯森说,国务院不能指示有关领事馆这样做,因此他不能通过官方渠道帮忙。

我问饶伯森,作为宋博士的朋友,他能否对美国驻哈瓦那使馆施加影响。

饶伯森回答说,如果他以普通公民身份给领事馆写信,那不会起作用,唯一有效的办法是以助理国务卿名义指示领事馆发签证。但就此事而言,如果我或我国政府不提出对宋的情况予以特殊考虑的请求,他也不能这样做。

我说我和我国政府都无这种打算,但我听说蓝钦大使对中国外交部长谈过此事,外交部长对他说中国政府不反对这样做。我推测国务院已经收到蓝钦大使的报告。

马康卫说,此问题不是由他的办公室主办的,一定是由国务院负责移民法的办公室主办的,他的办公室可能已经收到蓝钦大使的报告,但他还没有见到。

我表示希望饶伯森先生将对此事予以考虑,设法给予帮助。我离开时,饶伯森说,听说我已提出辞职和退休,他甚以为憾事,他问我计划如何。

我回答说,首先我将休假三至六个月。

饶伯森希望我去台湾。

我说,休假之后,我将对一二个题目进行研究和学习,但无论如何,我将在美国和台湾之间往来。

饶伯森说,如果我想获得在美国的永久居住权,他将很高兴为我操办。

我对他表示谢意,但我说我不希望特殊化。

饶伯森说,他将只为我自己办这件事。

4月11日,我收到总统府秘书长张群的电报说,当天公布的一项总统命令批准我辞职。总统的命令还说,由于我为国效劳多年,功绩卓著,总统特聘我为他的资政,并于当天授予我最高荣誉勋章,即一级卿云章。张群说,他以个人名义祝贺我获得这个新的荣誉。三天后,我收到任我为资政的任命书。

我驻华盛顿的使命即将结束。朋友们为我举行了几次送别的宴会,4月28日使馆成员为我举行了一次送别宴会,华盛顿的中国居民为我在国泰饭店举行了一次送别的宴会。4月27日,我对国务卿杜勒斯作告别拜访。

对国务卿的拜访是在下午进行的。我对杜勒斯说,我前来辞行,我对他和国务院所有成员多年来与我的友好合作表示欣慰和感谢。国务卿杜勒斯表示对我的辞别深以为憾。他的态度和言语显得非常热情。

随后我说,在过去的数年中,共产党的威胁一直是使东方和西方不安宁的原因。国务卿和艾森豪威尔总统一直坚持一项支持防御共产主义的政策,这项全球性政策对亚洲和欧洲给予同等重视。我说,我认为这是对付共产主义威胁的一个非常明智稳妥的措施。共产党近年来在近东、远东、北非的活动只是更清楚地表明执行一项全球性反共政策是必要的。

接着,我对两个问题表示了我的希望。首先是尼赫鲁即将对华盛顿的访问。我说,尼赫鲁在这次夏季的访问中一定会力劝美国相信他的单方面见解是正确的,我希望杜勒斯先生和艾森豪威尔总统不会受他的这种企图的影响。

杜勒斯说,三个月前他与尼赫鲁在新德里会谈,尼赫鲁陈述了他的意见,但他(杜勒斯)不能同意这些意见。杜勒斯说,在他看来,尼赫鲁并非头脑简单之人,他的心中所想与他和其他人会谈时所说的话是有差异的。杜勒斯说,尼赫鲁表面上说得天花乱坠,以影响听他谈话的人。但尼赫鲁和他谈到克什米尔问题时,表示了他对巴基斯坦的不满,他的话似乎完全出自另一人之口。杜勒斯说,艾森豪威尔总统对这一切,也就是说对尼赫鲁本人非常了解,不会受他影响。

我表明的第二个希望是,希望美国继续对中华民国给予经济上和军事上的援助,加强我们的力量,使我们能够实现光复大陆,拯救五万万中国人民的政策。这不仅有惠于中华民国,还将有助于稳定亚洲的局势,而且实际上也可以稳定整个自由世界的局势。

杜勒斯说,艾森豪威尔总统和他本人都赞成支持自由世界抵御共产党入侵的政策。他说,他把台湾和它的一千万军民视为在远东抵御这种入侵的堡垒和大陆民众希望之所寄,一旦时机到来,这些可贵的希望必能实现。他又举例说,如果为避免国内危险而移居苏联国外的一千万自由俄国人能够组织起来坚强抵抗共产主义,从而增强苏联国内人民的反共情绪,使他们也抵抗共产主义,那么今天苏联就不会具有如此的影响了。

我说我们的一千三百万海外华人一致支持中华民国,而且他们的力量也十分重要,杜勒斯说,听说共产党在新加坡威胁利诱极力控制当地居住的华人。他觉得那里的局势颇为不好。我说,他所说的与我收到的报告所反映的情况相符,我国政府对此一直十分关注。

随后我起身告辞。杜勒斯转向出席和协助这次会谈的助理国务卿帮办西博尔德说,他和我已经相识三十多年了。每当出现双方感兴趣的问题时,我们都进行讨论,而且他总觉得这种讨论大有裨益。随后他转向我,表示以后仍希望和我会见并讨论问题。

我回答说,作为国务卿,他的工作非常繁忙,我不应该常常打扰。但他说他说的是真心话,没有一句客气话。随后他突然从书桌中拿出一封信交给我,并说这封信可以充分表达他对我的感情。我后来读过这封信,在我看来它似乎表达了他对我的深厚友情和对分别的无限感慨①:

> 亲爱的大使先生:
>
> 　　由于您准备辞去中国驻美国大使职务,我希望告诉您,我和国务院的同事们将深感遗憾。对于您决定退出中国的外交事业,我感到尤为遗憾,因为我们之间的长期的个人关系可以回溯到三十七年前的凡尔赛会议。我十分珍重这种友谊。
>
> 　　您在困难的十年中,出色地代表您的国家驻在这里,为维系自由中国的利益和建立中美两国坚强的新关系做出了卓越贡献。令人快慰的是,您退出外交事业并不意味着您的公务生涯的结束。我祝贺您被任命为蒋介石总统的顾问并希望这将使您能够分享工作和休息之乐。
>
> 　　祝您健康愉快。
>
> 　　　　　　　　　　　　　　　　　　　杜勒斯谨启

几个星期前的一件事也使我感到杜勒斯对我本人和对我即将辞去驻华盛顿大使的职务所怀的感情。记得在我和夫人参加的一次宴会上,我见到杜勒斯夫人。我们作了简短的交谈。她告诉我,听她丈夫说我将离开华盛顿,她感到惊讶和不好受。我夫人也和杜勒斯夫人进行了交谈,宴会后她告诉我杜勒斯夫人说的话。杜勒斯夫人对我夫人说,她丈夫告诉她,我的辞职令他吃惊,

---

① 编者注:1956年4月27日与国务卿杜勒斯的上述谈话记述是根据顾博士给叶外长的电报稿整理的,此次谈话无正式记录。与胡佛·墨菲和西博尔德的谈话记述也是根据电报稿整理的。

他将打电报给蒋委员长,告诉他没有比顾维钧更能干的人,顾正在为中国做有益的工作,不应该让他辞职。我要我夫人尽快给杜勒斯夫人去电话,转达我的谢意,请她恳求杜勒斯不要这样做,我了解蒋委员长,我知道这样一个电报不会起作用,而委员长会作出杜勒斯难以意料的反应。

5月2日下午,我在双橡园举行告别招待会,第二天下午我到国务院作最后辞行。首先我会见了副国务卿胡佛,利用这个机会告诉他,中国政府和公众一致强烈希望收复大陆,虽然难以预料这一天何时到来,但他们深信这个目标可以实现。我表达了我的真挚希望,当这个时机到来时,美国政府将给予我们道义的和物资的支援,帮助我们完成这个使命。我补充说,这不仅有助于我国的利益,而且将有助于稳定亚洲的和整个世界的和平。

胡佛说,美国政府和美国人民也怀有这样的希望,并希望能够实现。到光复大陆时,美国无疑会提供援助。他说,根据最近的报告,中国共产党人正在积极推行颠覆计划,他们正广泛利用大陆对亚洲各国的无线电广播,在这些国家制造麻烦和挑拨离间。他说,这是个值得重视的问题,国务院已经指示中央情报局有关部门设法用拦截和干扰发射的科学设施阻止这种宣传。他补充说,同时,国务院已经请助理国务卿帮办西博尔德继续研究怎样对付这种情况。西博尔德恰巧也参加了这次会谈。

随后,我拜见了副国务卿帮办罗伯特·墨菲。我向他辞行并告诉他,我国政府和我本人都殷切希望美国政府将坚决拒绝承认中国共产党政权并反对接纳他们进入联合国。墨菲回答说,美国人民对中国共产党政权怀有很深的敌意,美国政府不打算改变其政策。

我向墨菲询问了苏联领导人最近访问英国所取得的成果。这是否会有助于缓和国际紧张局势?他们是否讨论了远东问题,对台湾问题又怎样估价?墨菲回答说,他们好像没有讨论这些问题。他说,这次苏英会谈的重点是中东局势问题。英国对中东危机极为重视,这似乎引起了苏联的关注。苏联似乎希望苏、英两国政府一致努力消除中东的战争危险。墨菲说，苏联人访英的另一个目的似乎是想唤起英国公众的注意，以便使苏联最近的宣传取得成效，但结果适得其反。

最后我拜访了助理国务卿帮办西博尔德。我利用这次辞行的机会和他讨论了日内瓦双边会谈的问题。他告诉我，会谈未取得任何进展。他说，中共的意图是要强使国务卿杜勒斯与周恩来会谈，但国务卿没有这种打算。我重申了我当年常在国务院提到的一个问题，我说，拖长日内瓦会谈只会引起亚洲人民对美国的意图产生误解，因此，这些所谓的会谈应该早日结束。西博尔德回答说，他个人也持同样的意见，因为共产党不会改变或修订他们的基本的侵略政策，如果中共希望结束会谈，美国肯定会照办。但是，他说，中共因为杜勒斯拒绝与周恩来接触而提出这种威胁不过是虚张声势。

五天后，即 5 月 8 日，我离开华盛顿。像往常送别离任大使时那样，到机场为我送行的不仅有使馆全体人员，而且有华人社团的重要代表。国务卿派饶伯森和马康卫为我送行。我就这样结束了我十年驻美的使命。这次离任是在我 1920 年结束作为驻美中国公使的第一次使命的四十年后，那一次使命于 1915 年 12 月开始，我当时应特别邀请正好赶上参加在白宫举行的伍德罗·威尔逊总统的婚礼。

回顾我第二次赴美使命的十年，对中国驻美外交代表所面临的各种问题的本质区别略加说明也不无趣味。虽然中、美两国在两次世界大战中，特别是对日战争，都是同盟国，但两国关系中出现的问题，是非常棘手的。

1945 年秋日本投降后，在违反 1945 年 8 月中苏条约的情况下，中共得到苏联军事顾问、军队和武器装备的支持，我国政府镇压大陆上的共产党人而进行的战争不仅仅只是在财政上耗费巨大，还需要美国源源不断地接济大量武器和战略物资，当时美国是唯一愿意援助中国的友好国家。南京政府要华盛顿提供更多的军事援助和经济援助的要求，大大加重了我的大使馆的工作。我国政府转移到台湾后，对这种援助的要求就更加迫切了。

经济援助和军事援助，朝鲜战争，根据中国战俘的意愿把他们遣返台湾，为维护中华民国在联合国及其所属机构和其他国际机构中的代表权利而进行的斗争，由于政府转移到台湾而出现的特殊问题，谈判和签署中美共同防御条约，北平与美国的日内瓦会谈，外蒙古申请加入联合国——诸如此类的问题当然占去了大使馆的大部分精力，使它担负着繁重的工作，而这些还都是通过正常的外交途径解决的。意外地加重大使馆的工作和困难的还有不寻常的和棘手的问题，即一些声望卓著的中国政治人物和军事人物不服从政府领导，在美国国土上公开批评甚至谴责台湾政府。

例如，蒋委员长的亲戚和长期亲信之一毛邦初将军公开倒戈；普林斯顿大学哲学博士吴国桢在他的一些著名的美国朋友的支持下，特别是在芝加哥，公开谴责政府，而吴和夫人多年来一直受到委员长和他的家庭的特殊照顾；冯玉祥将军以代表政府名义在美巡游期间进行反对蒋委员长的宣传战；广为传闻的孙立人将军属下士兵的变节事件，孙是马歇尔将军的母校弗吉尼亚军事学院的毕业生，他因此事件被免职在美国官场引起灾难性的影响；在这以前发生的更出人意料的事件是李宗仁将军对华盛顿的访问，李宗仁当时是中华民国副总统，委员长暂时引退时曾代理总统职务，但甚至在蒋总统重新任职时李还宣布自己为实权总统。李宗仁的私人秘书甘介侯在这次访问中在华盛顿进行了不寻常的活动，谋求国务院承认李将军提出的要求。所有这些事件使中国当众出丑，使驻华盛顿大使的工作非常为难，在杜鲁门政府时期，白宫、国务院和美国报界对这些事件总的说来都是不同情或不理解的，因此必须做出极大努力使他们了解这些事件的真实情况并正确估价这些事件的重要性。

不过，幸运的是我在对这些事件做出必要解释时总是得到华盛顿和整个美国的所有高级官员的注意,甚至对我的困难处境加以同情和谅解。因此,不论是杜鲁门总统、马歇尔国务卿或后来的迪安·艾奇逊——其中没有哪一个能看做是中国国民党政府的富有同情心的朋友——虽然从他们的表情上可以看出他们所同情的是我的困难处境,而不是我向他们解释的事实,但我总是能有说话的机会。

当然,我知道引起这些不明智的人发泄不满的所谓事实和情况其背后是有某些内容的。但是这些人应当在国内发表意见,而不应当在国外"扬家丑",无论他们能找得出的任何个人理由,也无法证明由此造成的损害是正当的。大使馆的处境是很艰难的,但是这些不幸的事件原本就不该发生。

我早年在美国就学,后来又二次作为外交代表驻在华盛顿,并多次在美国参加华盛顿会议,敦巴顿橡树园会议和通过联合国宪章的旧金山会议,后来又几次参加联合国大会和安理会会议,合起来我在美国生活了四分之一个世纪多。我可以满意地说,无论我走到哪里,无论我为了维护和促进我国的利益与何人打交道,我总是受到尊重。实际上,这种经验不限于官方接触和外交活动。我在美国各地旅游和任何人相遇交谈时,总是得到令人愉快和满意的款待。在结束我的回忆录的这一部分时,我必须借此机会记录我对这种不寻常的、令人满意的礼遇的衷心感谢。

至于我刚刚谈到的各种不寻常的困难,也许在 1911 年推翻满清之后,一个要享有在世界各国大家庭中合法地位并在世界中发挥应有作用的新中国在它的孕育和诞生之时就已经继承下来了。

附录一 中华民国与美国
1954年12月10日换文[①]

美利坚合众国

杜勒斯国务卿

阁下：

准贵国务卿本日照会内开：

本人就最近贵我两国政府代表迭次会谈之结果，证实会谈所达成之了解如下：

中华民国对于民国四十三年十二月二日在华盛顿所签订之中华民国与美利坚合众国共同防御条约第六条所述之领土及其他领土，均具有效之控制，并对其现在与将来所控制之一切领土，具有固有之自卫权利。鉴于两缔约国在该条约下所负之义务，及任一缔约国自任一区域使用武力影响另一缔约国，兹同意，此项使用武力将为共同协议之事项。但显属行使固有自卫权力之紧急性行动，不在此限。凡由两缔约国双方共同努力与贡献所产生之军事单位，未经共同协议，不将其调离第六条所述各领土至足以实际减低此等领土可能保卫之程度。

本部长谨代表本国政府证实贵国务卿来照所述之了解。

中华民国外交部长

叶公超

---

① 换文录自顾氏所存档案。——译者

附录二　（甲）1955 年 1 月 6 日 艾森豪威尔总统致美国参议院 建议批准中美共同防御条约的咨文

合众国参议院：

为了得到参议院对批准条约的意见与赞同，谨附上 1954 年 12 月 2 日在华盛顿签订之美利坚合众国与中华民国共同防御条约。

另附上文献一份，其中包括国务卿与中国外交部长于 1954 年 12 月 2 日草签条约时发表之声明，连同一份 1954 年 12 月 1 日于华盛顿和台北同时公布之关于结束谈判之共同声明，供参议院参考。

又附上国务卿向我所作关于本条约之报告，亦请参阅。

最后，附上国务卿与中华民国外交部长于 1954 年 12 月 10 日换文之原文供参议院参考。此件虽非条约之一部分，但对履行条约之某些方面表明一致之谅解。

美利坚合众国与中华民国间共同防御条约具有防御和相互之性质，其目的在于制止中国共产党政权在条约区域实现其军事侵略野心之任何企图。

此项共同防御条约连同已经与日本、韩国、菲律宾、澳大利亚及新西兰缔结的类似条约将增强太平洋地区之集体安全体系。同时也是对 1954 年 9 月 8 日在马尼拉签订之东南亚集体防御条约之补充。

兹建议参议院对随函附上的条约给予尽早而有利的考虑，并予以批准。

随函附件：

1.国务卿之报告。

2.与中华民国缔结之共同防御条约。

3.关于结束共同防御条约谈判之共同声明。

4.国务卿与中国外交部长在草签条约时之声明。

5.1954 年 12 月 10 日换文的原文。

（乙）1954 年 12 月 22 日杜勒斯国务卿
向总统报告条约问题的全文

总统：

我荣幸地向您呈上 1954 年 12 月 2 日在华盛顿签订的美利坚合众国与中华民国间共同防御条约，目的在于请您转达参议院促其审议批准。

这项条约的谈判历史可以追溯到去年。最初考虑缔结这一条约是出自中华民国在 1953 年 12 月首先提出的一项建议。随着 1954 年 9 月 8 日马尼拉条约的签订，看来缔结这一条约的时机似乎比过去任何时候都更为适宜。因此，我于 1954 年 9 月 9 日访问了台北，与蒋介石总统讨论了这一酝酿中条约的范围及性质。我回到美国后，在原则上已经决定要积极着手缔结这一条约。为此，远东事务助理国务卿饶伯森先生又于 1954 年 10 月去台湾一行。嗣后的谈判在华盛顿进行。中华民国的主要谈判者是外交部长叶公超阁下，他当时正在华盛顿担任中国出席联合国代表团的团长。

这一条约代表着西太平洋地区集体防御措施链条上的另一个环节，上述链条把具有共同决心抵抗共产主义势力进一步侵略的自由世界国家团结在一起。这一条约的性质和目的都完全是防御性的。它是建立在相关利益与责任的基础之上的。虽然这条约只是双边的,而且其范围仅限于世界的一个地区,但在它的序言第一段和正文的其他部分都重申了签约国对于实现联合国原则和目标的信念及深切责任感。

这条约包括一个序言和十项实质性条款。序言重申了两国政府对联合国目标的坚定信心和他们的和平意愿;回顾了第二次世界大战期间他们的亲密关系;表明了他们的团结意愿及保卫自己不受外来武装攻击的决心,"俾使任何潜在之侵略者不存有任一缔约国在西太平洋区域立于孤立地位之妄想",并且期望进一步发展西太平洋地区更广泛之区域安全体系。

第一条包括着与其他安全条约相似的条款。在条文中双方重申它们履行联合国宪章规定的庄严义务,用和平手段解决它们可能被卷入的任何国际争端,并在其国际关系中不以任何与联合国宗旨相悖之方式作武力之威胁或使用武力。

条约第二条体现了范登堡决议的原则(见第三十届国会239号决议),该决议表明美国参加的区域和集体安全组织是建立在持续的自助及互助的基础上。据此双方保证为了他们领土完整及政治安定,应维持并发展其个别及集体之能力,以抗拒共产党的武装进攻与颠覆活动。

第三条进一步确认双方一致同意加强自由的根据地,并在经济和社会进展方面实行合作,这与成功地抵制共产主义及提高人民的福利都有着密切关系。

第四条规定,在必须履行条约时,双方应进行协商。

第五条,每一缔约国都承认在西太平洋地区对任何一方领土的武装进攻都将危及其本身的和平与安全,因而宣布将按照各自的宪法程序采取行动以对付这种共同危险。条约对此再一次明确重申,这样做与联合国并无抵触,因为用以应付外来武装进攻的措施将立即向联合国安全理事会报告,而且只要安全理事会一经采取了必要措施以恢复和保持国际和平与安全,它们所采取的措施即将终止。

由联合国出面号召在台湾海峡停火,很可能得到联合国内和整个自由世界的广泛支持。许多国家,其中包括那些已经承认了红色中国的国家,都有可能被劝导支持停火,这样就能阻止通过使用武力使台湾和澎湖与大陆统一。因此,从美国本身的利益考虑,应该使台湾和澎湖脱离为了控制大陆而进行的权力斗争,而把我们的立场建立在遵守联合国宪章和尊重人民的自决权利的基础之上更为有利,因为联合国宪章禁止在国际关系中使用武力,要求以和平方式解决国际争端。看来,这是使我们与我们的朋友和盟国之间的立场达到协调一致,避免在没有他们的支持和帮助之下单独被卷入战争风险的最好办法;即使不是唯一办法。这样做并不意味着我们要把蒋介石赶出台湾,除非台湾人民对此有坚决要求。看来蒋介石如果能够做到不使台湾人民卷入对大陆的战争,他将大有机会得到他们的拥护。

6.在杜勒斯先生所发表的关于支持拟议中的美中共同防御条约的声明中(见1954年12月1日国务院新闻发布稿第686号),他因这项条约与美国和大韩民国、日本、菲律宾、澳大利亚及新西兰等国所缔结的防御条约相类似而感到满意。他并且特别强调美韩条约与该项拟议中的条约有许多共同点。其实,这两个条约所涉及的情况存在着重大差别。

1949年1月1日我们对大韩民国的承认是基于1948年12月12日联合国大会的决议,该决议宣布:“已经建立了一个能够有效地控制和管理朝鲜那部分地区的合法政府——大韩民国政府,朝鲜问题临时委员会有可能对该地区进行视察和咨询,而且在该地区内居住着全体朝鲜人民中的大多数。”决议还宣布:“这个政府是通过选举产生的,这种选举有效地体现了朝鲜该部分地区全体选民的自由意志,并且是在临时委员会监督之下进行的,因此韩国政府是朝鲜唯一的合法政府。”

杜勒斯先生在他说到“我们承认中华民国是中国的唯一合法政府,正如我们和联合国承认大韩民国政府是朝鲜的唯一合法政适用于第二条和第五条的"领土"，在第六条中被规定为："就中华民国而言，应指台湾与澎湖；就美利坚合众国而言，应指西太平洋区域内在其管辖下之各岛屿领土。"还规定第二条和第五条将适用于经共同协议所决定之其他领土。

第七条规定，给予美国依共同协议之决定在台湾澎湖及其附近为其防御所需要而部署美国陆海空军之权利。但此项部署并不是必然的或强制的。

第八条明确规定，双方根据条约所承担的义务决不影响其根据联合国宪章所承担的义务，并承认联合国的主要任务是维护国际和平与安全。

第九条和第十条说明这一条约在台北互换批准书后生效，还规定条约没有明确期限，如果要终止条约，须在一年前通知对方。

为了提供参议院参考，兹并附上 1954 年 12 月 10 日国务卿和中国外交部长换文的文本。换文表明缔约国双方关于贯彻执行条约的某些方面的了解、换文表明双方承认中华民国对其现在与将来所控制之一切领土具有固有之自卫权利。换文确认双方了解，自上述领土使用武力，将为共同协议之事项，但属于行使自己权利之紧急性行动不在此限。换文确认双方的共同利益规定凡由双方共同努力与贡献所产生之军事单位，未经共同协议不将其调离条约区域至实际影响其防御能力之程度。

我相信条约将对可能出现的共产党人在西太平洋地区致力夺取阵地的尝试起到重要的威慑作用，因为他们如果企图做这样的活动，势必要激起美国方面的反应。条约清楚地表明，我们将把对条约区域发动的武装攻击看成是对我们本身的和平与安全的威胁，我们将采取行动对付这种威胁。这样我们就告诉了全世界，我们有理由希望条约将能阻止敌对方面的错误估计，从而对这个地区的和平与安全作出贡献。因此，我期望参议院将条约给以尽早而有利的考虑。

约翰·福斯特·杜勒斯

附录三 本杰明・科恩关于拟议中的 中美共同防御条约的备忘录全文

1.本备忘录提出一些涉及到批准最近与中华民国谈判的共同防御条约有何可取之处的问题。

应该在一开始就说明本备忘录并不怀疑:(1)使台湾和澎湖保留在友好国家手中对于美国的极端重要性;或(2)保卫这些岛屿使其免遭无端的武装攻击的政策。提出这个备忘录的目的在于研究拟议中的共同防御条约对美国保卫它在台湾和澎湖的重要利益,阻止对这些岛屿的任何武装攻击,以及一旦发生攻击时进行反击,究竟是有益还是将使美国陷入困境。

2.拟议中的共同防御条约如果获得批准,将是美国第一次正式承认台湾和澎湖是中华民国领土。在这以前,美国一直谨慎地回避正式承认这些岛屿已移交给中国,并且对这些岛屿的未来地位持保留态度,不作定论。根据对日和约,日本放弃了对这些岛屿的权利主张,但并没有明确其现在或将来的地位。

诚然,开罗宣言和对开罗宣言给以再肯定的波茨坦公告曾宣称美国、英国和国民党中国代表的"意旨"是把台湾、澎湖归还中华民国,但这种意旨尚未被任何正式批准的和约所实现,而且在此期间中国大陆的形势已经发生了巨大变化,以致使人们深感怀疑,原来以为按照大西洋宪章和联合国宪章的原则可以实现的这种意旨现在是否还能像原来设想的那样实现。中国大陆已陷入内战与革命,发表开罗宣言的时候人们既不能预见,也没有期望台湾和澎湖卷入那场内战与革命。现在不顾这些岛屿上居民的愿望与利益而强使他们卷入,这是不符合自决原则的。

3.正式承认台湾和澎湖是中华民国的领土将为中国共产党人的主张提供依据,即他们认为对这些岛屿的武装攻击不属于国际侵略,而不过是内战。在内战中,其他国家如强行干预,其权利与动机将招致外界的严重怀疑和责难。台湾和澎湖现在实际上是脱离中国大陆而独立存在的。肯定的一点是,不仅是为了美国的利益,而且是为了和平的利益,应该使这些岛屿保持分离与独立,不要使它们为中国大陆的权利与主张所纠缠而不能解脱。据报纸登载,蒋介石总统已提出保证,他将不对大陆发动挑衅性的进攻,但此类保证并未载在条约本文之中。想要通过条约对任何自称为全中国合法政府的政府在中国本土行使主权强加限制,那确实是个很尴尬的问题。条约本文以外的保证容易引致争议,执行起来有多样的解释甚至放弃保证。一个被确认为对台湾和澎湖列岛拥有主权的中国不可能期望它放弃对中国大陆的主权,但更为重要的是,一个控制了大陆的中国会更加理直气壮地坚持它对台湾和澎湖的权利,如果这些岛屿被正式确认为中国的领土。我们承认了台湾、澎湖是蒋介石中国的领土,包括我们盟国在内的其他一些承认毛泽东中国的国家就可能不得不承认这些岛屿是毛泽东中国的领土。

4.正式承认台湾和澎湖列岛是中华民国的领土,那就会使得美国和联合国万一将来有朝一日认为与其作这样的确认不如另行考虑台湾和澎湖的合法地位更为适宜时,感到十分为难。现今中国大陆已在共产党控制之下,而美国此时却失策而自缚手脚,以致不能自由地考虑这些岛屿的地位是否以完全独立或甚至由联合国托管为更好,如果这种选择可行而有利。既然共产党人对中国大陆的统治在一段时间内不大可能被摧垮,看来从美国的利益考虑,似乎应该赞成并致力于使台湾与澎湖从大陆分离,至少暂时应该如此。任何把这些岛屿与大陆不可分割地联系在一起的条约,看来都是有损于美国在这一地区的利益的。

5.我们的大部分朋友和盟国都希望台湾海峡保持和平,如果府一样"时,并没有提到我们对承认大韩民国所附加的实质性限制。我们和联合国从未承认大韩民国有权使用武力把它的有效控制和管辖范围扩展到朝鲜其他部分,因此显而易见,大韩民国想要凭借武力这样做的任何企图,都将被认为是违反美韩共同防御条约第一条的规定,该条规定禁止以任何与联合国的目的相抵触的方式使用武力。

但是,拟议中的美中共同防御条约并没有明确规定如果中华民国企图自台湾扩展其有效控制和管辖范围到中国大陆将被视为违反该项条约的第一条。

当问到这项条约是否以我们的名义承认中华民国有统治大陆的权利时,杜勒斯先生回答说:"条约从未以任何方式明确涉及这一问题。"又问到在这项条约中是否存在任何谅解,即中国国民党在进攻大陆之前必须与我们磋商,只有达成协议后才能行动。杜勒斯先生答道:"我们希望将做出实际安排,以便双方都不在这个区域采取有损于另一方的行动,我们将以协调一致的方式行事。既然已经承担了防卫这些岛屿的义务,我们不愿意、国民党人也不愿意鲁莽行事,以免在某种程度上使这些岛屿遭到危害。我们期待按照条约的实施条款,双方对于如何应付局势将作充分的磋商和协议。"

杜勒斯先生的话丝毫没有谈及中国国民党人如果从台湾进攻大陆就是违反这项条约第一条;也没有谈到在 1953 年国情咨文中曾经宣布过的关于第七舰队不干涉中国国民党人从台湾进攻大陆的政策在原则上已被放弃。

如果要使这项拟议中的条约完全能和美韩条约相比拟,那就需要进行修改或提出一些保留意见。应该明确:在台湾和澎湖的中华民国不打算通过使用武力的方式,把它的有效控制及管辖范围从现在它所控制管辖的地区扩展到现在还不在它控制管辖下的地区。还应明确:任何这类企图都将被认为是违反条约第一条。

7.尽管可能出现一些针锋相对的争论,根据以上考虑,似乎可以说,和中华民国签订的共同防御条约,按其现有条款来看,对于维护美国在台湾和澎湖的重大利益和避免卷入那个地区战争的作用而言,可能给美国造成的是困难而不是助益。现在提出的这项条约对于为了美国、联合国、这些岛屿居民以及世界和平的利益而致力于和平解决台湾海峡争端的工作,是弊多于利。看来更为可取的办法是:在试图缔结针对这个多事区域的任何共同防御条约之前,先通过联合国谋求在中国大陆与台湾及澎湖之间的水域达成停止武装冲突的协议,这样就可以表明我们正致力于寻求和平,而不是庇护在台湾和澎湖的中华民国,使其能够在那里作进攻大陆的准备。

附录四 (甲)国务院关于 1955 年 1 月 19 日午后三时四十五分会谈的备忘录

国务卿说,他想说明一下,如果中国政府能够接受时,总统准备采取的立场:

(1)为大陈两岛的撤退提供美国的海上和空中掩护。

(2)宣布在目前情况下及联合国采取适当的行动之前,美国准备与中华民国联合维护金门区域的安全。(国务院记的原稿上用的是"金门"一词,但经谭绍华与马康卫先生在电话上核对后,改为"金门区域"。)

(3)在安全理事会中发动已经考虑数月之久的联合国行动,即呼吁共产党中国及可能有关的其他国家在沿海岛屿区域停止军事行动。

国务卿说,他相信有关保卫金门区域的声明将大大抵消由于撤出大陈而产生的不利于士气的因素。撤出大陈的行动可解释为重新集结部队,以便中国政府把军队集中到更利于防守的阵地。它可以作为一种调整行动提出来。还可强调指明中美两国将并肩站在同一立场上。

国务卿说,我们不能依赖作为联合国倡议之结果的安全理事会的具体行动,必须预见到苏联的否决,共产党人的否决将使中国政府博得很大程度的国际支持。

国务卿说,总统认为需要一项国会的联合决议。因为如果必须与共产党中国从事战争,我们将不得不进行准备。我们可能有必要攻击大陆上的共产党阵地。但如未经国会授权,就不能采取这样的行动。他已经安排了明天(1 月 20 日)上午与国会两院领袖们会商,届时他将指出,美国政府认为金门有必要保持在中国政府控制之下。因为中共如果能够有效地利用金门岛对岸的厦门港,那就将是一个入侵台湾的理想集结地。美国采取这种暂时性措施是经过深思熟虑的,但这是一项重大措施,可能导致与共产党中国的战争。

至于马祖,中国政府必须决定是否要守住该岛。国务卿说他强烈主张撤出马祖,可以在大陈行动的掩护之下做到这点。如果中国政府力图守住马祖,最后终将落空,美国不能把它的掩护范围扩展到马祖,而且这个阵地是无法防守的。中国的兵力可以很好地集中部署于台湾、澎湖和金门。如果加上防守其他沿海岛屿阵地,这将意味着中国政府兵力过度分散。如不付出与这些岛屿的价值极不相称的人力物力,这些沿海岛屿阵地是难以守住的。而且把主要兵力牵制在防守一群贫瘠不毛的礁石也没有意义。因此,美国除金门以外不打算承担任何义务。另一方面,人们认为如果放弃所有沿海岛屿阵地会对整个远东的民心士气产生极坏的影响。问题在于采取什么措施来抵消从这些阵地撤退的影响,在放弃那些超出中国军队负担能力之外、难以防守的阵地后,我们将通力合作守卫缩小了的阵地。

叶外长问道,总统是否打算以行政命令而不是根据条约的义务来完成此项任务?

国务卿说正是如此。

饶伯森先生说,中国政府最好能宣布一项重新部署兵力的行动。

国务卿说,需要有一致的行动。中国政府可能会宣布其重新集结兵力的意图,说明它不再强求固守那些没有重大战略意义的阵地,而把兵力集中于台湾、澎湖和金门。很可能美国也会宣布,在条约批准以前,美国将采取临时性行动以保证金门的安全。因为金门对于保卫台湾和澎湖至关重要。“安全”一词在文告中具有广泛的含义,它意味着无论美国军队或是中国军队都可据以攻击大陆上的军事集结,只要这种集结看来是针对着金门或台湾及澎湖的,我们不必等到他们果真对这些地区发动进攻。

叶外长说,他要把美国的建议立即报告中国政府,同时他希望国务卿尽力对此事保守机密。

(乙)1955年1月21日上午十一时四十五分,中方叶公超外长、顾维钧大使与美方杜勒斯国务卿、饶伯森助理国务卿会谈的国务院备忘录(标明绝密)

叶公超外长说明中国政府对杜勒斯国务卿与他在1月19日会商中所阐述的主张未能及时答复,其原因是台北希望首先能澄清某些问题。现在中国大使馆正在译一份台北复电,他已嘱咐把中国政府的复电尽快转达国务院。

叶外长说,台北提出的一个问题是,在撤出大陈岛之前或以后,联合国是否要采取行动?叶外长曾报告台北,他听到国务卿说过,当撤出大陈后联合国将采取行动。叶外长说,中国政府认为在从大陈以至于从马祖撤退之后,不需要联合国再作出任何决议。中国政府在撤退以后不会再试图夺回这些阵地。

国务卿回答说,他对这两个行动的时间安排问题并无具体意见。联合国的行动我们无法控制,至于从大陈撤退的时间选择则取决于军事形势和需要多长的准备时间。我们已经开始从马尼拉地区向冲绳岛调动航空母舰,但无法肯定撤出大陈与联合国提出停火决议之间的时间关系。

国务卿说他要把美方的计划通知叶外长,他说艾森豪威尔总统正拟向国会提出咨文,要求授权为了下述目的在台湾及其周围区域使用美国军队:

(1)如果中国政府提出请求,美国准备帮助中国军队在台湾区域进行重新集结和增强防务。国务卿指出:中国政府守住一些沿海岛屿主要是出自历史的理由而不是出自军事的理由。但从军事观点来看,对这些阵地重新集结兵力和增强防务则是适宜的。

(2)要进一步增强台湾的防务,使其能对敌方的攻击有迅速反击的准备。当敌方发动进攻后,可能没有充裕时间让总统与国会从容磋商。

国务卿宣读了几段致国会咨文的草稿,但着重指出咨文的言辞还没有确定,他打算当天下午与总统进一步讨论咨文的措辞。咨文应该阐明总统要求授权使用美国军队于台湾区域,其目的是非挑衅性的,而是为了适应形势的发展,以备将来万一需要时可以使用。这项建议也不是要扩大美国承担防务的区域。

国务卿告诉叶外长,美国现已决定不仅准备帮助防守金门,还准备帮助防守马祖。不过,目前对这个问题尚不宜发表公开声明。他只是通知叶公超外长,以便使中国政府了解美国现在的意图。国务卿说据他看来,这个提交国会要求授权在台湾区域使用美国军队的咨文将使全世界震动,我们需要看一看它的影响如何,再发表进一步的声明。

顾维钧大使问道,这一咨文有没有提到金门和马祖?

国务卿重申,在咨文中没有指名提到这些地区。

叶外长表示他认为这一咨文很好,不过他还有一点需要提出。他想知道是否能够避免使用"重新集结"这样的词,因为他不清楚这个字眼怎样译法才算贴切,也许用"倘若重新集结"更为恰当。

饶伯森指出,这只不过是从非战略阵地撤退到战略阵地的问题,这样做等于加强中国的阵地。

叶外长说,蒋委员长曾经询问从大陈岛撤退时美国军队有无可能支援中方防守该岛。由于大陈岛没有足够的船只停靠设施,中国驻军不能立即撤离。蒋委员长想知道美国能否在掩护撤退的后卫战斗中给以帮助。

国务卿说,他知道大陈岛的港湾是暴露在敌方攻击之下的。他向叶外长保证,为撤退提供掩护正是美国的初衷,这意味着美国将击落任何试图干扰撤退的共方飞机。

叶外长问道,他能否报告蒋委员长说美国准备参与大陈岛的后卫行动。

国务卿说,美国将掩护大陈的撤退行动,也就是说,如果在撤退中遭到中共攻击,美军将起而应战。

回到关于使用"重新集结"这个词的问题,叶外长建议在致国会的咨文草稿中,当提到"重新集结"一词时,最好加上"一旦需要"这几个字。

国务卿把这个建议记在了咨文草稿上。

叶外长说,他对于台北宣布从大陈撤退的时间选择上有个问题:这个撤出大陈的声明是否应该与美国参与金门防务的声明同时宣布?国务卿答道,美国现在对于金门还不打算发表公开声明。他建议中国政府可以在艾森豪威尔总统的咨文提交国会时发表撤离大陈的声明。

顾维钧大使问道,国会对这一咨文可能会有什么反应。

国务卿表示,他认为总的看来国会的反应将是赞成的。他觉得众议院的行动会迅速一些,因为众议院的章程不同于参议院,不允许无限制地辩论。国务卿预计可能有四五个参议员持反对态度,这也许会拖长几天辩论的时间。他还说明按照正常程序,决议草案将提交到委员会进行听证。然而,他希望参议院能在一周内通过决议草案。

顾维钧大使建议在国会两院联席通过决议之后再发表大陈撤退的声明。叶外长提出中国方面不能在星期一发表撤出大陈的声明。

国务卿赞同顾大使的建议,认为等到国会联席通过拟议中的决议之后较为适宜。

叶外长接着问道,关于联合国可能采取行动的情况如何?

国务卿答道,那里群情颇为激动,如果此事下周在联合国内提出,他也不会感到意外。

叶外长说,台湾对于联合国可能采取行动的报道的反应是相当冷漠的。

国务卿说,他理解台湾的感情,但他认为联合国考虑的结果十之八九有利于中国国民党的地位。他确信中国共产党人不会来到联合国,而且他们也不愿承认联合国在此问题上有任何权威。根据哈马舍尔德的报告,周恩来甚至不承认联合国关于被扣押飞行员的决议案,拒绝在联合国决议的基础上与哈马舍尔德讨论此事。国务卿认为中共既已拒绝接受联合国有关朝鲜问题的裁决,他们更将藐视联合国对这个问题的裁决。

国务卿说,报纸上对昨天与国会领袖们会商的报道非常不妥,他们把事情说得好像正在变得对中国国民党不利,实际上,考虑中的计划将收到与此相反的效果。

叶外长说明,台北曾征求他的意见,询问台北对报纸的谣传应采取何种态度进行公开回答。他说他已提出了下列两点建议:(1)说明中国政府没有向美国表达任何从大陈撤退的意图;(2)说明中国政府未曾请求美国在从大陈两岛撤退中给予任何支援。

国务卿提起刚收到蓝钦大使的电报中述及的四个问题:

1.从大陈撤退的建议是否与哈马舍尔德的访问北平有任何联系?

国务卿说,答案是"否"。实际上从我们得到的情报估计是,拟议中的美国行动将使被拘禁的飞行员更少获释的可能。

2.参议院批准防御条约的行动能否加速进行,以便使中国公众和军队消除疑虑。

国务卿说,他已向参议员乔治谈起此事,乔治说他准备迅速促成通过中美条约。国务卿指出,在总统星期一致国会的咨文中,也强调有必要迅速通过该条约,因为该条约是台湾区域安全的基础。在宣读咨文草稿的辞句时,国务卿着重说明这仅是一份草稿,他不能保证在最后定稿时措辞相同。

叶外长说,他希望能把他关于重新集结一句中所提的修正意见保留在咨文内。

顾维钧大使再次提出马祖和金门是否在咨文中被提到的问题。

国务卿再次回答说,咨文中不会提到马祖和金门。可是,国家安全委员会在那天上午已经作出决定,认为协助防守金、马乃是美国的政策。这是属于美国的政策问题,而并非与中国政府的协定问题,因此,正如任何其他政策一样,美国可以加以改变。

顾维钧大使问道,艾森豪威尔总统曾否批准此项政策?

国务卿作了肯定的答复。

3.第七舰队的分遣舰队能否立即驶向大陈?

国务卿说,他已说过航空母舰正在驶往冲绳附近的途中。

4.美国能否为帮助撤退而提供运输工具?

国务卿说,对于这个问题他尚不能回答,但他认为不一定必须提供帮助。

顾维钧大使说,他认为中国方面缺乏足够的运输工具以进行迅速撤退。

国务卿认为,既然在进行撤退时美国将参加防卫大陈两岛,所以撤退不必过于匆促。

叶外长接着提出急需从太平洋司令部派一个人去台湾,这个人应该拥有能作出决定的权力。

饶伯森说,这件事是在斯顿普海军上将的管辖之下。

国务卿和饶伯森表示他们认为派一位高级军官立即前往台湾是个好主意。国务卿建议由饶伯森与雷德福海军上将商量下这个问题。

附录五　国务院公布的 1955 年 1 月 24 日 艾森豪威尔总统致国会咨文

合众国国会：

我国外交政策的最重要目的乃是建立并维护公正而光荣的和平以保证美国的安全。在西太平洋的台湾海峡现在发展着一种局势，严重危及和平与我们的安全。

自 1945 年对日战争结束之后，台湾和澎湖列岛一直在我们的忠实而友好的盟邦中华民国的控制之下。我们已清楚地认识到让这些岛屿保留在友好者手中是至关重要的，如果由不友好者控制了台湾和澎湖列岛，将会严重打乱现存的心理、经济和军事力量上的平衡（即使是不稳定的平衡），而这种平衡正是太平洋地区和平之所赖。这样会在西太平洋的岛屿链条中打开一个缺口，而这串岛屿链条对美国和其他自由国家来说，正是组成它们在这个大洋地区安全结构的地理支柱。此外，这个缺口将隔断该屏障区内其他重要国家的南北联系，破坏我们友好国家的经济生活。

美国和友好的中华民国政府以及一切自由国家都共同关注到，台湾及澎湖列岛不应落入侵略的共军控制之下。

基于这种考虑，我国政府于 1950 年 6 月共产党在朝鲜发动武装侵略时，就果断地命令我们的第七舰队保卫台湾，防止共产党自大陆发动入侵。

这些考虑现在仍然有效，第七舰队继续遵照总统指示履行保卫任务。我们也对中国国民政府提供了军事和经济援助，并且以各种适当和可行的方式与国民政府合作，以促进其安全与稳定。所有这些军事及其他相关活动仍将继续进行。

此外,在去年 12 月美国政府与中华民国签订了一项适用于台湾及邻近的澎湖列岛的共同防御条约,这是一种纯属防御性质的条约。该条约现在已提交合众国参议院。

同时,共产党中国进行了一系列挑衅的政治和军事活动建立了一套以侵略为目标的行为模式,他们声称其目标就是征服台湾。

1954 年 9 月,中国共产党对通向台湾的天然门户之一金门岛发动了猛烈炮击,这个岛屿几年来一直处于中华民国无可争议的控制之下。接着又对其他自由中国的岛屿开始了猛烈空袭,明显地集中于台湾以北的大陈诸岛附近区域。经过几天实力悬殊的英勇战斗,一个名叫一江山的小岛在上周已为共方的空军及两栖作战部队的协同军事行动所占领。最近大陈两岛本身又遭受着狂轰乱炸与炮击。

中共自己宣称这些进攻是征服台湾的前奏。例如,在一江山陷落之后,北平的广播声称,这一胜利显示了"通过战斗解放台湾的决心,全国人民将竭尽全力去完成这一任务"。

显然,这种现存和发展着的局势对我国和整个太平洋地区的安全,甚至对世界和平都构成了严重的危险。为了结束这个区域的现存军事冲突,我们认为此种局面需要联合国根据宪章采取适当的行动。我们将欢迎该组织行使此项裁决权限。

同时,这种局势已经变得非常紧急,迫使我来不及等待联合国的行动,而必须要求国会现在就进行干预,通过特别决议,采取一定措施以改善和平的前景。这种措施就是在一旦需要时使用美国的军事力量来保证台湾和澎湖列岛的安全。

美国必须准备承担的行动是多种多样的,例如,我们必须应中华民国的要求,帮助它重新部署和加强兵力。由于历史而非军事上的原因,国民政府的兵力中有一部分零散分布在较小的沿海岛屿上,直接影响到台湾的防务。由于这个区域的空中形势,如果没有美国军队的帮助,中国国民党军队为了重新部署而进行的撤退是不能实现的。

再者,我们必须警惕中共军队显然为了有利于进攻台湾而作的任何集结和部署,对此必须准备采取适当的军事行动。

我并不主张美国把它的防御义务扩大到正待批准的条约所规定的台湾及澎湖列岛范围以外。但不幸的是,对那个地区武装进攻的危险迫使我们不得不密切注视有关的地区及行动。在当前的情况下,这种行动可能决定对方武装进攻的成败。国会授予的权力将仅使用于下述情况,即可以判明是对台湾、澎湖列岛主要阵地进攻的一部分或其明确的准备行动。

有些行动所要求的权力属于总司令固有的权限,在国会能够作出决定之前,只要不超出宪法所赋予我的权限,我将毫不犹豫地采取任何迫不得已的紧急行动,以便保障美国的权益与安全。

然而,一项适当的国会决议可以公开而明确地授权总统,作为总司令,为上述目的自行判断是否需要迅速而有效地使用我国的军队。此项国会决议,也能明确表示我国政府、国会和人民的统一郑重意向,从而减少中国共产党人由于错误判断我们的坚定决心与全国的团结一致而向美国挑战,甘冒他们始料所不及的严重危机。

为了有利于和平,美国必须准备在必要时为了保持台湾作为自由世界的重要支柱而战,以及为此目的而采取任何必要的行动。我们必须清除对此的任何疑虑。

为了彻底做到这点,不懂需要总统的行动,而且需要国会的行动。鉴于我们现在面临的形势并根据现代战争的条件,坐等国会对突然事件作出决议将不是谨慎万全的办法。那时可能已为时太晚。警报信号已经升起。

我相信如果我们果敢对待,目前局势的危机性质将是暂时的。因此我建议,一俟总统能够向国会提出报告,说明这个地区的和平与安全已由于联合国行动或其他原因所形成的国际条件而得到合理保证,上述决议即告失效。

我愿再次声明,我们欢迎联合国的行动。这种行动能实际结束那个地区正在进行的敌对行为。目前的严重局势是中国共产党造成的,责任不在我们方面。中国共产党曾通过宣传和行动向全世界炫耀他们的进攻性军事意图。正像他们能够造成当前的局势一样,如果他们愿意,也能够中止这种局势。

　　我们目前寻求的基本上是澄清现行的政策,并在执行时争取步调一致。我们并不是在制定一项新的政策。所以,我的建议不是要增加美国的军队或加速军事物资的采购或提高防务产品的标准。假若出现任何预见不到的紧急事件需要任何变动的话,我将与国会联系。无论如何,我希望一项适当的国会决议的效果将是安定局势而不是造成进一步的冲突。

　　最后一点,我所要求的行动当然不是为了代替我们与中华民国签订并经我提交参议院的条约。确实,现在的环境使这项基本协定应该迅速付诸实施的重要性比以往更为增大,它可以作为我们决心的庄严明证屹立在协议的条约区域,挫败一切针对该区域的进攻。如果拖延,将使我们显得在这个基本方面优柔寡断,那么,压力与危险必然会增加。

　　我们的目的是为了和平,如果我们在国会的帮助之下,证实了我们的团结,表明了我们的决心,我们是能够实现这个目标的。在我们的一切行动中,我们将仍然忠实于履行作为一个联合国会员国的义务,准备在国际和平、安全和正义不受危害的情况下,通过和平手段解决我们的国际争端。

　　根据上述理由,我敬请国会采取适当行动,俾便实现咨文中的建议。

德怀特·艾森豪威尔

白　宫

1955 年 1 月 24 日

附录六 （甲）新西兰代表致安理会主席函文本,1955 年 1 月 27 日会谈时由助理国务卿饶伯森交顾大使

联合国安理会主席

莱斯利·诺克斯·芒罗爵士阁下:

在中国大陆沿海某些岛屿一带发生的中华人民共和国与中华民国之间的武装敌对行为清楚地表明存在着这样一种局势,如任其继续下去可能危及国际和平与安全。

我国政府基于对维护国际和平与安全之关切及对于影响太平洋区域之事态发展具有特别的与固有的关心,愿就此事提请安理会注意。我因而受政府指示,请主席早日召集安全理事会会议考虑此事。

（乙）新西兰提出的在沿海岛屿停火的决议草案文本,1955 年 1 月 27 日会谈时由助理国务卿饶伯森交给顾大使

安全理事会:

注意到在中国大陆沿海岛屿一带发生了中华人民共和国与中华民国之间的武装敌对行为;

业经断定这些敌对行为已经造成一种局势,如任其继续下去可能危及国际和平与安全;

呼吁中华人民共和国和中华民国立即停止敌对行动。

建议采取和平手段以防止敌对行为之再度发生。

并宣布继续对此问题进行审议。

附录七 1955年2月7日外交部致驻外使馆 关于宣布从大陈撤退一事的通报[①]

在美国国会通过艾森豪威尔总统要求之授权法以后,中美双方曾对协防台湾军事战略所需之新部署进行讨论,达成协议,并于5、6两日分别发表声明。我国已发布命令撤出大陈,并转移兵力以加强重要岛屿如金门与马祖之防务。在宣布此事件时,各驻外使馆应强调此一行动对于全球战略之重要性。在进行宣传时并应强调以下要点:

(1)美国政府及公众现承认台湾之重要性,并肯定将共产党看做远东之敌人。中美双方之合作从而加强,而与共产党进行任何和解之可能性已被排除。与此同时,计划出卖我国以绥靖共产党之所谓中间道路国家已不能再施其伎俩。

(2)保卫沿海岛屿新部署乃一项积极行动,特别由于此乃继中美条约签订之后,协防台湾、澎湖及有关地区谈判之更进一步,亦即对共党叫嚣攻击与攫取台湾之坚定有力回答。

(3)关于撤出大陈之原因已在中美所发声明中阐明。海战的机动性至大。我自无必要在我海、空军处于不利条件下防卫并保持此等岛屿到底。大陈对于冲绳较之对于台湾尤为重要,美国定已认识此点,但仍继续与我一致行动,足以证明我之撤防并非出于消极意图。即以大陈撤防行动本身而论,在面对敌人之前沿作如此部署,即足以显示我方之实力。

(4)新部署与停火无关。巩固复兴基地台湾、澎湖显然即系

---

① 通报录自顾氏所存档案。——译者

加强我光复大陆之力量。而由于自大陈撤退,金门及马祖之防御部署进一步得到加强。再者,此举亦为我国与盟国之间在军事领域精神团结之明证,有利于我光复大陆之前途……

附录八 （甲）艾森豪威尔总统关于 1955 年 4 月派遣饶伯森—雷德福外交 使团去台北时的叙述，见《白宫岁月： 授权变革，1953—1956》第 481 页 （包括脚注），纽约道布尔戴出版社版本

……因此，我决定（1955 年 4 月初）设法弄清楚，在我们答应在台湾部署并保持军事力量（包括海军及一个空军联队）之后，蒋是否会自愿从金门、马祖撤出大部居民及不必要的军事人员，从而使这些象征着中华民国的威望的朝不保夕之地，变成可供使用的坚强设防的前哨基地。如果我们能物色到一位蒋所信任的人，他可能让这位委员长采纳这种观点。我和蒋都是军人，要知道这个计划出自于我，他可能予以接受。

我提名雷德福海军上将和饶伯森二人作为密使去见蒋委员长。饶伯森以前是里士满投资银行的银行家，也是一位对远东具有直接知识的外交家，他作为负责远东事务的助理国务卿，自 1953 年起一直是杜勒斯国务卿制订政策时的得力助手。

4 月 20 日他们离美去台。他们的任务是要寻求"劝说蒋委员长作出一项他和我们都能接受的有关解决台湾—金门—马祖问题的计划"、"一个既不使美国为保卫这些沿海岛屿而卷入战争，也不致造成意味着美国政府摈弃这位委员长的印象"的解决办法。可是，尽管他们苦口相劝，也未能为蒋所接受，他不同意就他

所控制的地区重行部署兵力①。

（乙）《白宫岁月：授权变革，1953—1956》一书的附录第 611—612 页

1955 年 4 月 5 日致杜勒斯备忘录摘要：

我认为，维护我们和自由世界的利益，以及挫伤共产党的最好局面与行动，可以简述如下：

（一）不放弃沿海岛屿，但明确说明，无论是蒋还是我们自己，都没有承担全力保卫金门、马祖的义务，所以，无论两岛遭受攻击的结果如何，都不会使自由世界在那个地区的地位有垮台的危险。

（二）马上主动提议蒋注意，如果把他现在的军事计划加以某种变更，将会在政治上、军事上获得最大好处。变更之点如下：

（1）把沿海岛屿视为前哨基地，按照前哨基地的要求派兵守卫，包括警戒侦察部队和最坚强的防御工事，在适当位置配备自动武器、轻型火炮，以及有效的障碍物、防御地雷，等等；还得有足够的军火、食物及医疗设备的储备。这些物资都须妥善加以保存，在需要时随时供应守军营地。不需要的人员（不愿离开的平民除外）须从岛上撤走。

（2）台湾国军须协助岛上防军进行空中及海上侦察及战斗支援。防御计划须使前方部队及台湾机动部队能充分

---

① 1960 年竞选总统中，参议员肯尼迪指责政府曾试图劝蒋自金门、马祖撤军。副总统尼克松否认肯尼迪的这种说法。他说，没有人（包括雷德福和饶伯森在内）曾试图劝说蒋从沿海岛屿"撤退"，也就是说"放弃"这些岛屿。饶伯森和雷德福去商谈的，只是有关在台湾、澎湖、金门和马祖如何更好地部署地面部队。

尼克松的话是对的，这一点可从使团代表们所接受的行动指示里看出。（见附录十六）

配合。

（3）须作出坚决和持久的防御计划。撤退（如果最后成为必须）也须在守卫部队给来犯者予惨重打击之后方才撤退。

（4）台湾岛上军队的集中、装备和训练进程必须加速，美国应该也愿意在这一进程中给以帮助，使蒋有最大可能的力量来支援其金门、马祖前哨基地的驻军，以及训练和维持其主干部队，使之成为能够适应时机的武装力量。一旦抓住大陆上出现政治上、军事上或经济上对我们发动进攻有利的情况时，就能够使我们的进军获得成功。

（5）为了维护蒋的威望和他的军队的士气，任何有关军事的及政治的变动计划，必须由他领导。尤其不能使人认为这种改变是美国从中干预或强制的结果。

（丙）斯图尔特·艾尔索普关于饶伯森—雷德福使团 1955 年 4 月去台北的评论，摘录自 1958 年 12 月 13 日《星期六邮报》第 88 页《金门幕后》

4月间，总统把杜勒斯召到他在佐治亚州奥古斯塔休假总部。总统说，他已得出结论，认为对国民政府各方面最终都有好处的事，莫过于由美国给予后勤上的支援，从沿海诸岛上撤出。杜勒斯同意，两人当即起草一封致蒋的信，由总统签字，主张由美国协助从这些岛上撤军，加上对防卫台湾及澎湖给予铁的保证。杜勒斯建议派两位蒋的好友——助理国务卿饶伯森和海军上将雷德福——去台湾递交这封蒋介石一定会认为是一杯"毒酒"的信。

这项任务是一件可怕的艰难任务——当饶伯森从口袋里拿出总统那封信的一刹那，一定是异乎寻常地尴尬。国民政府的军官们曾经在雷德福的指使下,终于劝动了蒋介石把这些岛屿变成一些小堡垒,从而成为蒋重返大陆梦想的象征,而现在蒋的那些朋友又到蒋的家里来,劝他放弃他们原先曾帮助他建设的东西,这同时也就是劝他放弃其梦想。

那么,这种劝说究竟有多大力量呢?据说饶伯森和雷德福两人对他们自己的使命信心不足,因此有点应付了事,因为此行能否达到目的,并无把握。因而他们的调子低,容易作出让步。有人问到饶伯森这事时,他回答说:"如有人说我未尽力,我就要当他的面说他是撒谎者。"饶伯森是一位诚实的人,有人看过当时他与蒋的谈话的机密记录,证明饶伯森的话是真实的。无论饶伯森和雷德福对蒋具有多大说服力,可能都作用甚微,因为当时蒋勃然大怒,心寒齿冷,他说,要他放弃这些岛屿,就等于污辱他的祖坟。他们两人在台湾呆不到两天,于 4 月 26 日就飞回美国。他们的使命是失败的。

附录九 由顾维钧大使转交的 1955 年 7 月 28 日叶公超外长致杜勒斯国务卿信件全文

亲爱的杜勒斯先生：

我们曾获得贵国保证称,拟议中之日内瓦谈判将不涉及"中华民国政府的要求、权利及基本利益"。对此,我们已正式表示满意。但在设想的议程中宣称列入"其他实际问题"一项以及您提到的停火一事已在此间报刊与立法人士中引起混乱与忧虑。

贵我两国政府曾达成正式谅解,除双方同意外,任何一方不在本地区采取任何重大的军事行动。撤出大陈岛并未带来和平。台湾海峡的侵略行动来自而且只会来自北平。贵方代表任何有关讨论停火之建议很可能引起北平的更多要求。

我们将信守与贵国作为可信赖的盟国所达成的谅解,但请允许我再次强调,我方任何公开的停火保证必将毁灭我们存在的真正基础并将摧毁我们大陆同胞最后解放的全部希望。我相信保持这种希望是符合贵我双方利益的。我们对你们的保证不应用以或借以换取共产党的许诺,我们深知共产党是不会信守诺言的。如承对此予以保证,我将不胜感激。

你也许同意当今世界的许多问题都没有迅速而轻易的解决方法,而且自由世界缺乏行动上的一致。当前我们最好的办法就是采取一个最低限度的坚定立场,不使共产党获得更多的利益。我强烈要求你在适当时机公开声明,在开始与中共政权代表进行探讨性对话中:(1)美国不愿看到在亚洲有更多的领土和人口置于共产党统治之下;(2)美国无意承认世界上任何地方的侵略结果。贵国总统和阁下本人曾不止一次地支持这种观点。在此关键时刻,需要重申这种观点。您的这样一个声明会给被奴役的人民带来希望,并会增加濒于共产主义边缘的人民的勇气。它还会进一步加强美国在道义上的领导作用。

叶公超启

附录十　1955 年 9 月 10 日中美两国大使就双方平民回国问题达成协议的声明全文[①]

中华人民共和国和美利坚合众国两国大使协议的声明：

中华人民共和国和美利坚合众国两国大使协议公布各自政府就平民各回其本国问题所采取的措施。

关于在中华人民共和国的美国人问题，王炳南大使代表中华人民共和国通知尤·阿·约翰逊大使如下：

（一）中华人民共和国承认，在中华人民共和国的美国人愿意返回美利坚合众国者，享有返回的权利，并宣布已经采取、且将继续采取适当措施，使他们能够尽速行使其返回的权利。

（二）联合王国政府将被委托对愿意回国的美国人返回美利坚合众国提供协助如下：

（1）如果任何美国人认为同中华人民共和国所公布的政策相反，其离境受到了阻碍，他可以通知联合王国驻中华人民共和国代办处，要求代为向中华人民共和国政府交涉。如果美利坚合众国愿意的话，联合王国政府并可对任何此种事件的事实进行调查。

（2）如果任何在中华人民共和国的美国人愿意返回美利坚合众国而筹措回国旅费有困难，联合王国政府可给予所需的财政援助，使其回国。

（三）中华人民共和国政府将对以上安排广为公布，联合王国驻中华人民共和国代办处亦可照做。

---

① 声明全文录自 1955 年 10 月 11 日《人民日报》。——译者

关于在美利坚合众国的中国人问题,尤·阿·约翰逊大使代表美利坚合众国通知王炳南大使如下:

(一)美利坚合众国承认,在美利坚合众国的中国人愿意返回中华人民共和国者,享有返回的权利,并宣布已经采取、且将继续采取适当措施,使他们能够尽速行使其返回的权利。

(二)印度共和国政府将被委托对愿意回国的中国人返回中华人民共和国提供协助如下:

(1)如果任何中国人认为同美利坚合众国所公布的政策相反,其离境受到了阻碍,他可以通知印度共和国驻美利坚合众国大使馆,要求代为向美利坚合众国政府交涉。如果中华人民共和国愿意的话,印度共和国政府并可对任何此种事件的事实进行调查。

(2)如果任何在美利坚合众国的中国人愿意返回中华人民共和国而筹措回国旅费有困难,印度共和国政府可给予所需的财政援助,使其回国。

(三)美利坚合众国政府将对以上安排广为公布,印度共和国驻美利坚合众国大使馆亦可照做。

附录十一　艾森豪威尔
1955 年 11 月 28 日致蒋介石电

亲爱的总统先生：

我通过贵国大使馆收到您 11 月 26 日复我 22 日函的文电。对目前控制外蒙古的政权并不具有独立性的有力论证，使我得到深刻的印象。我认为十分清楚的是我们两国都不承认外蒙古目前比白俄罗斯、乌克兰或阿尔巴尼亚更具有独立性。双方都不应同意迫使外蒙古脱离中华民国的合法性或合理性。

我认为我们两国可以而且应当明确我们对外蒙古的态度。主要问题不在于是否有充足论据反对外蒙古，而在于是否有充分理由证明在安全理事会行使否决权为正当，五个常任理事国中的任何一国均可凭此具有高度随意性的表决程序阻挠大多数的意愿。

美国从不认为否决权可用于安全理事会以阻挠经联合国大会三分之二多数和安全理事会十一个理事国中七国通过的国家当选为会员国。在这种情况下，我们本身从未行使否决权。其他四个常任理事国中的三个，即法国、英国和苏联虽然感到拟议中接纳的十八国各有为其本身所十分厌恶的某些国家，但仍认为应服从世界的多数意见，接受绝大多数现有会员国及其他十三个申请加入的自由国家所希望的结果。

我强烈希望您将作出如下的决定，即为了维护你们有力阐明的法律和道义地位，可在表决时发表一项澄清立场的声明，而不凭借此纯属根据法律的投票权利，这种权利将使各会员国在实现全面解决会员国资格问题方面的占压倒优势的意愿遭到挫败。

我们亦将按照同样的程序行事。

您一定记得五个常任理事国在旧金山一致同意否决权应极为谨慎地使用,且不得滥用。鉴于您可通过适时的声明澄清您所陈述的公正立场,我担心贵国政府在这种情况下使用否决权会被我们都需尊重的世界舆论视为"滥用"。

为此,请允许我以我们之间和我们两国之间友谊的名义,敦促您根据我冒昧提出的观点重新考虑此事。

德怀特·艾森豪威尔

附录十二 由顾维钧转交的蒋介石 1955 年 12 月 4 日致艾森豪威尔电

亲爱的总统先生：

您复我 11 月 26 日函的来电已由贵国大使馆于 11 月 29 日转交。我高兴地注意到我们一致不同意迫使外蒙古脱离中华民国的合法性。这对我国政府与民众是头等重要的立场。

收到第二封来函后，我细心地回顾了上次来函所阐明的立场。我确信您同意最好的解决方法是我们不必对外蒙古的申请使用否决权。不知你我双方驻联合国的代表能否设法或者使外蒙古的申请作罢，或者从技术上予以推迟考虑。如我前信所述，若从现有的十八个申请国名单中略去外蒙古，则即使接纳十七个新会员国可能削弱我国政府在联合国的地位，我们也完全愿意附和您的意见。我们之所以采取这种和解的态度完全出于尽全力与贵国合作的愿望。无疑您会理解，即使没有您友好的忠告，鉴于我们目前在联合国的地位，我们自亦切望避免使用否决权。

我清楚地知道，对其他各国政府而言，外蒙古可能只是苏联的另一个卫星国。然而对我国来说，则接纳外蒙古加入联合国，其后果极为不利，影响极为深远。我认为这还将严重损害联合国的声望以及美国在道义上的领导作用。

苏联采取一揽子交易的方法，显然是企图诱使我们大家不顾联合国宪章的规定而接受外蒙古的申请。接受这种"交易"势将开创一个先例，使不具备必要的会员国资格且曾有侵略行径的申请国可获准加入，从而为北平共产党政权最终加入联合国铺平道路。苏联坚持以接纳外蒙古为不对其他申请国中的十三个国家使用否决权的条件,纯属讹诈行为,这是人所共知的。最令人遗憾的是联合国的若干会员国竟予以支持,甚至以再次提出中国代表权问题相威胁,迫使我国政府接受这笔交易。如对此予以容忍,则联合国将不再是国际和平与正义的工具,而不久将沦为苏联共产主义的工具。我诚挚地认为美国以其实力与声望,坚定地反对以接纳外蒙古为接纳其他申请国的条件,是义不容辞的责任。就中国而言,仅仅发表一个我们反对接纳外蒙古的声明是不够的。这无异于丧失我们的民族立场和不履行联合国宪章的义务。

为此,我作为朋友再次向您呼吁,希望您能指示贵国驻联合国常任代表进一步探索不涉及外蒙古申请加入联合国的解决办法的可能性。

获悉阁下迅速康复,不胜欣悦,谨祝时绥。

蒋介石